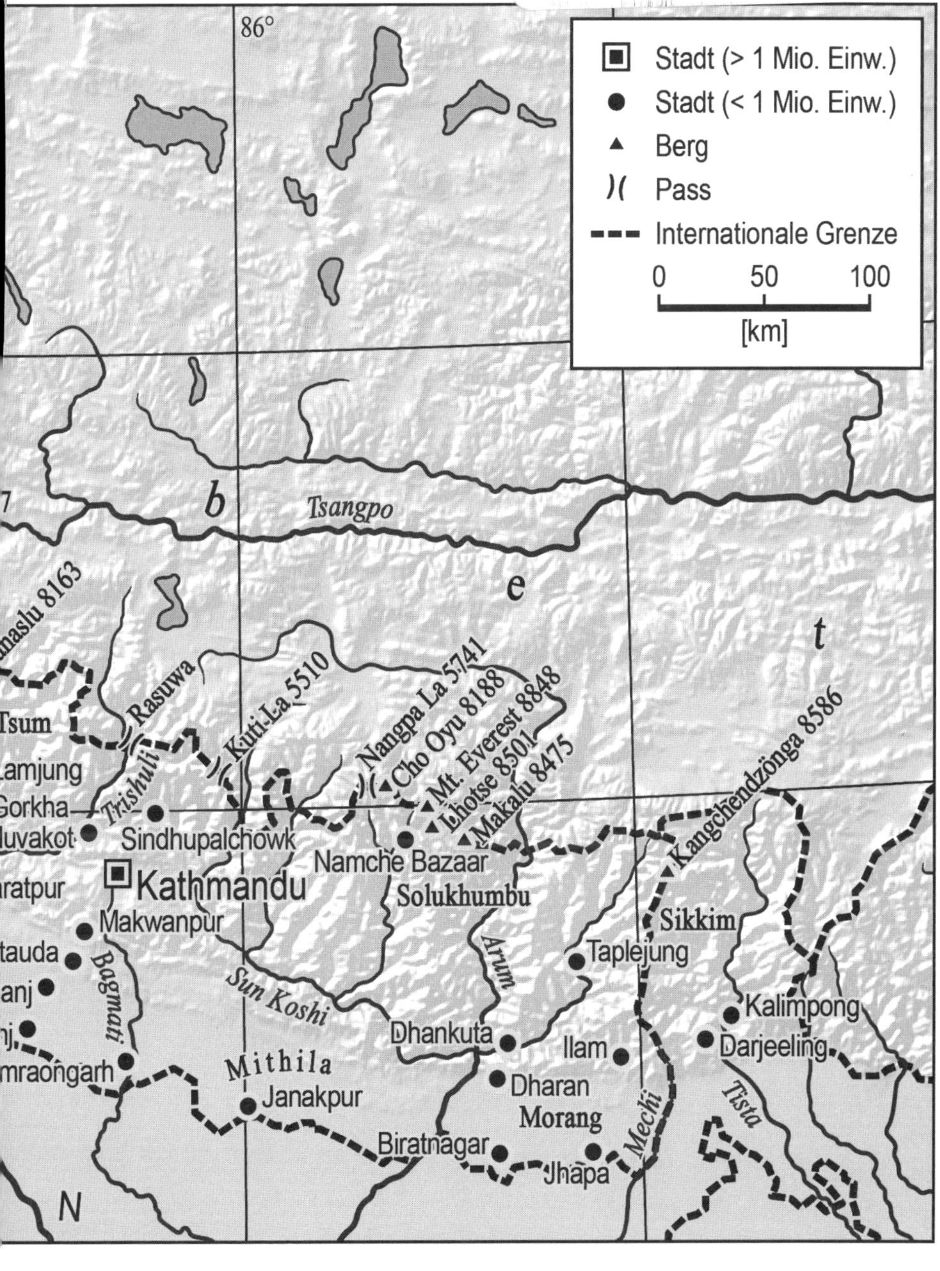
86°
Stadt (> 1 Mio. Einw.)
Stadt (< 1 Mio. Einw.)
Berg
Pass
Internationale Grenze
0
50
100
[km]
b
Tsangpo
e
t
Rasuwa
Kuti La 5510
Nangpa La 5741
Cho Oyu 8188
Mt. Everest 8848
Lhotse 8501
Makalu 8475
Kangchendzönga 8586
Tsum
Lamjung
Gorkha
Trishuli
Sindhupalchowk
Namche Bazaar
Kathmandu
Solukhumbu
Makwanpur
Bagmati
Sun Koshi
Arum
Sikkim
Taplejung
Kalimpong
Darjeeling
Dhankuta
Ilam
Mithila
Janakpur
Dharan
Morang
Biratnagar
Jhapa
Mechi
Tista
N

Axel Michaels begann seine Laufbahn als Direktor des Nepal Research Centre in Kathmandu, seit 1996 ist er Professor für Klassische Indologie am Südasien-Institut der Universität Heidelberg und seit 2015 Leiter einer Forschungsstelle zur Geschichte Nepals an der Heidelberger Akademie der Wissenschaft. Zu seinen Auszeichnungen zählen der Manfred-Lautenschläger Forschungspreis und der Höffmann-Preis für interkulturelle Kommunikation der Universität Vechta. Er hat mehrere erfolgreiche Bücher zum Hinduismus und Buddhismus veröffentlicht.

Axel Michaels

Kultur und Geschichte Nepals

Mit 27 Abbildungen und 3 Karten

Kröner Verlag

Axel Michaels
Kultur und Geschichte Nepals
Mit 27 Abbildungen und 3 Karten
Stuttgart: Kröner 2018
ISBN Druck: 978-3-520-21201-6
ISBN E-Book: 978-3-520-21291-7

Unser gesamtes lieferbares Programm sowie viele weitere Informationen finden Sie unter www.kroener-verlag.de

Umschlaggestaltung: Denis Krnjaić (www.adenis.de), Stuttgart
Gesamtherstellung: Friedrich Pustet, Regensburg

Inhalt

Vorwort IX
Zur Schreibung und Aussprache indisch-nepalischer Wörter XIII

1. Die Quellen 1
Die Erforschung Nepals 1
Archäologie, Inschriften und Münzen 6
Manuskripte und Dokumente 9
Archive und Museen 12
Die einheimische Geschichtsschreibung 16

2. Das Land 21
Die Infrastruktur 22
Heilige Berge und Bergbesteigungen 24
Der Everest 27
Erdbeben 30

3. Die Menschen 37
Familien- und Sozialstrukturen 40
Die Stellung der Frau 48
Witwenverbrennung 51

4. Die Geschichte des Kathmandu-Tals 55
Die Ur- und Frühgeschichte 57
Die Kirāta, die Licchavis und die Ābhīra-Guptas (3. bis 8. Jahrhundert) 59
Die Übergangszeit (9.–12. Jahrhundert) 67
Die Newar und die Malla-Zeit (13.–18. Jahrhundert) 71
Die Monarchie der Gorkha-Śāhas (1768/69–1846) 80
Die Zeit der erblichen Premierministerschaft (1846–1951) 90
Die Gurkha-Soldaten 102

Von der Monarchie zur Republik (1951–2017) 106
🔎 Macht und Autorität: König, Brahmane, Premierminister und Maoistenführer 127

5. Die Geschichte einzelner Regionen 137
Das Khasa-Malla-Königreich 137
Das Tarai: von Mithila bis zu den Madhesi-Unruhen 142
🔎 Elefanten 151
Die Sherpa 153
🔎 Lastenträger und das Postläufertum 161
Mustang 164
Die Kiranti (Rai-Limbu) in Ostnepal 169

6. Staat, Wirtschaft und Gesellschaft 175
Landbesitz und Landwirtschaft 177
Migration und Arbeit 196
🔎 Sklaverei 200
Handel 209
🔎 Der Wald und heilige Bäume 215
Das Verwaltungssystem 219
Das Rechtssystem 227
🔎 Heilige Kühe 233
Das Bildungswesen und die Medien 239
🔎 Nepalische Gelehrsamkeit 244
Das Gesundheitswesen 249
🔎 Hexerei 254

7. Die Religionsgeschichte 257
Der Buddhismus 260
Der Hinduismus 270
Der Śivaismus 273
Die Göttinnen 282
🔎 Guhyeśvarī: Die Göttin des Verborgenen 285
🔎 Kumārī: Die lebende Kindgöttin 289
Viṣṇuismus, Rāmaismus und Kṛṣṇaismus 292
Rituale und Feste 299
Die Ritualspezialisten 300

Die lebenszyklischen Übergangsrituale (*saṃskāra*) 301
Die Götterdienste 305
Blutopfer 308
Feste 313
Das Fest der Göttin Vatsalā 315

8. Kunst und Kultur 321
Die Sprachen und Literaturen 321
Die Kunsthandwerke 329
Töpferei und Keramik 330
Steinmetzarbeiten 331
Bronzen und der Cire-perdue-Guss 335
Holzschnitzkunst 338
Masken 342
Malerei 343
Die moderne Kunstszene (von Christiane Brosius) 347
Musik 351
Die Schamanentrommel 357
Tanz 359

9. Die Baugeschichte des Kathmandu-Tals 363
Die urbane Kultur der Newar 363
Tempel und Paläste 365
Stūpas und Klöster 371
Wasser und Wasserarchitektur 375
Die Bauperioden 379
Die Licchavi-Zeit (3.–8. Jahrhundert) 380
Die Übergangszeit (8.–12. Jahrhundert) 381
Die Malla-Zeit (13.–18. Jahrhundert) 382
Die Śāha- und Rāṇā-Zeit (1768 – 1951) 395
Die moderne Stadtentwicklung und das Kulturerbe 400

10. Nepal in der Welt 405
Nepal als letztes Hindu-Königreich 406
Nepal als Vielvölkerstaat 412
Die Entwicklung zum unabhängigen Nationalstaat 417
Ist Nepal gescheitert? 419

Zeittafel 425

Könige und Premierminister 428
Śāha- und Rāṇā-Herrscher 432

Abkürzungen 434

Literaturhinweise 435
1. Die Historiographie und ihre Quellen 435
2. Das Land 435
3. Die Menschen 436
4. Die Geschichte des Kathmandu-Tals 436
5. Die Geschichte einzelner Regionen 437
6. Staat, Wirtschaft und Gesellschaft 438
7. Die Religionsgeschichte 440
8. Kunst und Kultur 442
9. Die Baugeschichte des Kathmandu-Tals 443
10. Nepal in der Welt 444

Literaturverzeichnis 445
I. Texte 445
II. Dokumente 446
III. Sekundärliteratur 449
IV. Filmographie 474

Glossar 476

Personenregister 480

Orts- und Sachregister 484

Vorwort

Wie schreibt man eine Geschichte Nepals? Eines Landes, das weit über hundert Ethnien und ebenso viele Sprachen kennt, in dem sich alle großen und viele kleine Religionen ausgebreitet haben, in dem modernste Entwicklungen rückständigen Verhältnissen gegenüberstehen, in dem Politik ebenso zwischen den Machtblöcken Indien, China und dem ›Westen‹ stattfindet wie in Tälern, die von der Welt nahezu abgeschnitten sind? In diesem Buch versuche ich, auf diese Frage eine Antwort zu finden. Es handelt von der Entwicklung der kulturellen, gesellschaftlichen und politischen Vielfalt Nepals und enthält daher nicht eine, sondern viele Geschichten. Es sind transkulturelle Geschichten und dementsprechend verflochtene Geschichtsschreibungen.

Weil es für diese verschiedenen Geschichten Nepals über die Jahrhunderte hinweg nur wenige oder schwer datierbare Quellen gibt, folge ich dabei nicht nur einer politischen Chronologie und Geschichtsschreibung. Stattdessen biete ich je nach Kontext eine Religions-, Kultur-, Kunst- oder Wirtschaftsgeschichte an und orientiere mich dafür streckenweise eher an sprunghaften Narrativen als an einem linearen Geschichtsverlauf. Eine Einteilung der Geschichte nach politischen Kriterien und den großen Männern und Frauen, die angeblich die Geschichte machen, ist hier wenig sinnvoll. Vielmehr erscheint es mir angebracht, exemplarisch in speziellen Foci, markiert durch eine Lupe (🔍), historische Vorgänge, besondere Einschnitte oder bedeutsame Themen zu vertiefen und sie in einer *longue durée* zu betrachten. Die Geschichte des Wassers, der Elefanten oder der Schamanentrommel folgt anderen Zeitläuften als die Geschichte von Dynastien. Dass ich dabei eine Auswahl an Themen und Schwerpunkten vornehmen musste, versteht sich von selbst. Mit einem Anspruch auf Vollständigkeit ist Geschichtsschreibung nicht möglich. Sie ist immer die Kunst des ermessenden Maßes.

Es mag ein Klischee sein, aber in Nepal scheint tatsächlich die Zeit (und damit die Geschichte) bisweilen stehengeblieben zu sein. Viele Traditionen, Rituale, Feste, Handwerke oder Künste bestehen weitgehend unverändert fort. Ich beschreibe diese daher bisweilen im Präsens, aber es ist ein historisches Präsens, das sich vor allem durch die Kapitel 7 und 8 zieht.

Natürlich bin ich nicht der Erste, der sich an eine Geschichte Nepals gewagt hat. Das begann schon mit den chinesischen Pilgern, die im 7. Jahrhundert über die hohen Pässe nach Nepal kamen. Und es setzte sich im 19. und 20. Jahrhundert mit Forschern fort, mit denen ich mich nicht messen will, denen ich aber viel verdanke, namentlich Sylvain Lévi (*Nepal – étude historique d'un rouyaume hindou*, 1905–08) und Dilli Raman Regmi (*History of Nepal*, 1965–66 und 1975) sowie den wirtschaftsgeschichtlichen Arbeiten von Mahesh Chandra Regmi (besonders *Landownership in Nepal*, 1976, und *Land Tenure and Taxation in Nepal*, 1978). Nützlich waren auch *A History of Nepal* (2005) von John Whelpton und vor allem der hervorragende kulturgeschichtliche Abriss von Mary Slusser in ihrem Standardwerk *Nepal Mandala. A Cultural Study of the Kathmandu Valley* (1982). Aber bis heute gibt es keine Geschichte Nepals in deutscher Sprache, und es ist wieder einmal an der Zeit, die vielen neueren Forschungen zu spezifischen Themen, besonders auch die in der Nepālī-Sprache geschriebenen, zu bündeln. Dabei waren für mich teilweise neu erschlossene Dokumente des überlangen 19. Jahrhunderts – von der Eroberung des Kathmandu-Tals durch die Śāha-Dynastie 1768/69 bis zum Ende der Rāṇā-Herrschaft (1951) – entscheidende Quellen.

In diesem Buch erwähne ich immer wieder Forscher, von denen ich auch persönlich viel gelernt habe. Vor allem denke ich da an den Architekturhistoriker Niels Gutschow, die Ethnologen Martin Gaenszle, András Höfer, Michael (›Mark‹) Oppitz, Joanna Pfaff-Czarnecka, Charles Ramble, Anne de Sales und Prayag Raj Sharma, die Indologen Bernhard Kölver († 2001) und Siegfried Lienhard († 2011), die Kunsthistorikerin Mary Slusser († 2017), die nepalischen Forscher Mahes Raj Pant, Hemraj Shakya († 2010) und Gautam Vajracharya sowie die Newar-Spezialisten David Gellner, K.P. Malla, Alexander von Rospatt und Gérard Toffin. Ich schätze mich glücklich, dass die meisten dieser Kolleginnen und Kollegen, die ich in der Regel in Nepal kennengelernt habe, zu Freunden geworden sind. Es ist übrigens kein Zufall, dass viele von ihnen Deutsche sind, denn nirgendwo sonst ist Nepalforschung so stark und so lange gefördert worden wie in Deutschland, vor allem durch die Thyssen-Stiftung, die schon ein Jahr vor der Deutschen Botschaft in Nepal war, und durch die Deutsche Forschungsgemeinschaft (DFG). Auch ich habe über die Jahre bei zahlreichen Projekten von der DFG profitiert und bin sehr dankbar dafür.

Besonders danke ich Martin Gaenszle, Niels Gutschow, Marcus Nüsser, Michael Oppitz, Joanna Pfaff-Czarnecka, Charles Ramble und Alexander von Rospatt, dass sie Teile dieses Buches kritisch gelesen und viel zu seiner Verbesserung beigetragen haben, zumal ich mich für einige Themen, namentlich bei den tibetischen Quellen und den Hochgebirgsregionen, nicht auf die eigene Lektüre der Originaltexte oder die Anschauung der Verhältnisse vor Ort stützen konnte.

Zu danken habe ich auch den Mitarbeiterinnen und Mitarbeitern meines Heidelberger Akademie-Projektes »Religions- und rechtsgeschichtliche Quellen des vormodernen Nepal«: Manik Bajracharya, Simon Cubelic, Rajan Khatiwoda, Frederic Link, Astrid Zotter und Christof Zotter. Ohne ihre mannigfache Hilfe, die vielen Diskussionen und ihre ebenfalls kritische Lektüre von einzelnen Kapiteln wäre dieses Buch nicht möglich gewesen.

Niels Gutschow, Stanislaw Klimek, Michael Oppitz, Perdita Pohle und Ashesh Rajbansh danke ich für die freundliche Bereitstellung von Fotos und Nils Harm für die Zeichnung der Karten.

Mein Dank gilt ferner dem Verleger Alfred Klemm, der dieses Buch angeregt und mit großem Interesse und großzügigem Entgegenkommen bei Sonderwünschen begleitet hat. Ebenso gilt mein Dank der Lektorin des Kröner Verlags, Julia Aparicio Vogl, die mit bewundernswertem Spürsinn für Unstimmigkeiten und Fehler sowie feinem Sprachgefühl erheblich zur Verbesserung des Manuskripts beigetragen hat. Schließlich gilt mein Dank der Manfred-Lautenschläger-Stiftung, die mir durch den gleichnamigen Preis Unterstützung bei der Quellenbeschaffung und -überprüfung ermöglicht hat.

Ein Dank besonderer Art gilt erneut Christiane Brosius, die mit mir das Leben und meine Herzenswärme für Nepal teilt.

Um der besseren Lesbarkeit willen werden die benutzten Quellen erst im Anhang unter Verweis auf die jeweiligen Themen bzw. Seiten nachgewiesen. Da die einzelnen Kapitel weitgehend für sich lesbar sein sollen, ließen sich wenige Wiederholungen nicht vermeiden. Sofern nicht anders angegeben, stammen alle Übersetzungen aus den Originalsprachen oder fremdsprachigen Publikationen von mir.

Ich habe mich um Akkuratesse bemüht, aber gewiss sind mir Fehler unterlaufen, für die ich allein die Verantwortung trage. Ich wäre den Leserinnen und Lesern dankbar, wenn sie mir solche Fehler mitteilen könnten, damit ich sie bei einer allfälligen Neuauflage oder der geplanten englischen Übersetzung berücksichtigen kann.

Zur Schreibung und Aussprache indisch-nepalischer Wörter

Sofern nicht anders angegeben, stammen alle fremdsprachigen Begriffe aus der Nepālī- oder der Sanskrit-Sprache. In den meisten Fällen gehören Sanskrit-Termini auch der Nepālī- (und der Nevārī-)Sprache als Lehnwörter an und in der Regel ist die Zugehörigkeit dem Kontext entnehmbar. Die Umschrift für Nepālī folgt meist dem Standard setzenden Wörterbuch *Nepālī Bṛhat Śabdakośa* (1995). Vereinfacht gesagt sind bei der Aussprache drei Regeln besonders zu beachten:

Ein Strich über einem Vokal bedeutet dessen Längung.

Ein Punkt unter einem Konsonanten (außer bei *ṃ*, das meist eine Nasalierung des nachfolgenden Vokals hervorruft) bedeutet eine retroflexe Aussprache, bei der die Zunge leicht nach hinten gebogen wird (als hätte man eine heiße Kartoffel auf der Zunge).

Ein S mit diakritischem Zeichen (ś, ṣ) wird im Prinzip wie ›sch‹ ausgesprochen.

Besonders zu beachten ist, dass in der Nepālī-Sprache das kurze *a* am Schluss eines Wortes meist zwar geschrieben, aber nicht gesprochen wird. *Jaṅga Bahādura Rāṇā* spricht man also *Jaṅg Bahādur Rāṇā.*

Historische Personen-, Götter- und Tempelnamen, Begriffe aus den indischen bzw. -nepalischen Sprachen, *termini technici* sowie die Sprachen selbst werden durchweg mit den diakritischen Sonderzeichen geschrieben, die für die wissenschaftliche Identifikation wichtig sind und ungewohnte Eindeutschungen oder anglisierte Schreibungen vermeiden. Namen von Personen etwa ab dem 20. Jahrhundert, gängige Orts- und Flussnamen, die meisten Institutionen sowie Namen von Kasten oder ethnischen Gruppen werden in ihrer anglisierten Form wiedergegeben, Letztere ohne Plural-s. Ortsnamen stehen allerdings bisweilen für eine Siedlung oder für einen Tempel; ist der Tempel bzw. die dort beherbergte Gottheit gemeint, wird der Name mit diakritischen Zeichen geschrieben, andernfalls nicht. Auf diese Weise wird zwischen Changu Narayan (Ort) und Cāṅgunārāyaṇa (Gott) oder zwischen Budhanilakantha und Buḍhānīlakaṇṭha unterschieden.

1. Die Quellen

Geschichtsschreibung beruht auf historischen Quellen, aber nicht nur auf ihnen, wie im Verlauf dieses Kapitels noch zu besprechen sein wird. Es ist daher ein Gebot der Redlichkeit, zu sagen, woher man weiß, was zu wissen man vorgibt. Demnach befasst sich das Nachfolgende zunächst mit der frühen Nepalforschung und dann mit dem Forschungsmaterial und den historischen Quellen, den Inschriften, Münzen und Texten, besonders den einheimischen Chroniken und den vielen Papierdokumenten des überlangen nepalischen 19. Jahrhunderts (von 1769 bis 1951), sowie mit deren Bewahrung in Archiven, Museen und Datenbanken, in denen es noch so viel zu entdecken gibt. Daran schließt die Frage an, wie denn überhaupt mit diesem Material eine Geschichte Nepals zu schreiben oder zu erzählen ist.

Die historischen Inschriften, Dokumente und Texte Nepals bieten Zugang zu einer außergewöhnlich vielgestaltigen Kultur- und Religionsgeschichte, die nicht nur Nepal selbst, sondern auch Indien und Tibet, den Hinduismus und den Buddhismus sowie das Verhältnis dieser beiden Hochreligionen zu den Volksreligionen betrifft. Darüber hinaus führt dieses schriftliche Material zu der Leitfrage des vorliegenden Buches: Was hält diese große kulturelle und soziale Vielfalt eines kleinen Landes in ihren inneren und äußeren Spannungsfeldern zusammen?

Die Erforschung Nepals

Sieht man einmal von den Reiseberichten chinesischer und tibetischer Mönche ab, die schon im späten 4. Jahrhundert, dann aber vor allem ab dem 7. Jahrhundert durch Nepal kamen, so setzte die eigentliche Erforschung dieses Landes erst im 17. Jahrhundert mit den Jesuiten und den Kapuzinern sowie frühen Abenteurern ein. Ab dem 19. Jahrhundert folgten andere Reisende aus Europa. Es war eine höchst transkulturelle Situation, aus der heraus das Wissen um Nepal entstand: Die Jesuiten – meist auf der Durchreise von China nach Indien und Europa und umgekehrt – wollten alles wissen, um die Heiden mit ihren eigenen Waffen schlagen zu können. Daheim in Europa waren es die Enzyklopädisten, die alles wissen wollten, um die klerikalen Gelehrten mit der Aufklärung schlagen zu können. In diesem verschieden motivierten Drang nach mehr Wissen kam auch das Wissen von Nepal zum Vorschein – einem Land, das selbst bis zur Mitte des 20. Jahrhunderts von der Welt nicht viel wissen wollte. Erst 1951 öffnete es seine Grenzen.

1656 begab sich der Jesuit Johann Grueber, geboren in Linz, im Auftrag des Papstes nach Peking, um dort zu missionieren. Er blieb über acht Jahre lang in Asien und kam 1662 auch nach Nepal. Sein Eindruck von »Necpal«, wie er das Land nannte, war aber nicht sehr gut. Über die Frauen Nepals schrieb er:

> Die Frauen dieser Königreiche sind aber so hässlich, daß sie Teufeln mehr zu gleichen scheinen als Menschen. Aus Gründen der Religion waschen sie sich nämlich niemals mit Wasser, sondern mit einem bestimmten widerlichen Öl. Abgesehen davon, daß es einen unerträglichen Gestank verbreitet, sind sie durch dieses Öl auch so verschmutzt, daß man sie nicht mehr für Menschen, sondern für Hexen halten könnte.

Grueber hatte ein Teleskop bei sich, das König Pratāpa Malla angeblich sehr beeindruckte, weil er meinte, darin einen Feind nahen zu sehen. Der König war daher den Jesuiten wohlgesonnen und gewährte ihnen Gastrecht.

Trotz solcher guten Bedingungen haben die Jesuiten keine wirklich großen Erkenntnisse über Nepal hinterlassen. Sie waren zu sehr mit sich selbst beschäftigt und hatten kein tieferes Interesse an dem Land. 1769 schrieb Captain Alexander Rose über Father Joseph, dass er enttäuscht gewesen sei, von ihm nicht die geringste Information über die Lokalität oder etwas außerhalb der Stadt Bhaktapur zu erfahren, obwohl er schon seit zwölf Jahren in Nepal lebe.

Die relativ freundliche Aufnahme der Jesuiten und der Kapuziner-Mönche fand ein jähes Ende durch den König von Gorkha, Pṛthvīnārāyaṇa Śāha, der 1768/69 mit der Eroberung des Kathmandu-Tals das Königreich von Nepal begründete, indem er die vielen kleinen Machtbereiche einte. Der König schaffte es zwar, sein Territorium bis nach Sikkim und Darjeeling auszudehnen, doch der zerklüftete Charakter des Landes erschwerte den Zugang zu abgelegenen Gebieten. Im Norden lag die natürliche Grenze der schneebedeckten Himalaya-Berge, im Süden, Westen und Osten setzte die britische Kolonialmacht die Grenzen. Das malariaverseuchte Gebiet des Himalaya-Vorlandes, Tarai genannt, bildete eine weitere natürliche Grenze. Kaum ein Ausländer wagte sich in diese Regionen. 1769 verließen die letzten Mönche das Land. Nepal blieb ein verborgenes Land.

Von 1814 bis 1816 kam es zu militärischen Auseinandersetzungen mit der britischen Ostindien-Kompanie (East India Company), Londoner Kaufleuten, denen Elisabeth I. am 31. Dezember 1600 einen Freibrief mit dem Recht erteilt hatte, den Handel zwischen dem Kap der Guten Hoffnung und der Magellanstraße zu kontrollieren, und die seit 1757 mit Sitz in Bengalen weite Teile Indiens fest im Griff hatten. Als Folge dieses Krieges mussten die Śāha-Könige fortan einen britischen Gesandten dulden. Das war die erste legale Möglichkeit für kirchlich ungebundene Ausländer, in Nepal zumindest vorübergehend sesshaft zu werden. Nach kurzen Aufenthalten des Residenten Captain Knox und seines Assistenten Francis Buchanan-Hamilton kam 1820 Brian Houghton Hodgson (1801–94) als Assistent des Gesandten Edward Gardner nach Nepal. Zwar blieb er zunächst nur zwei Jahre, kehrte aber 1833 als Gardners Nachfolger zurück und lebte dann bis 1843 in Kathmandu.

Hodgson war der Erste, der sich mit Texten und Dokumenten befasste und sie sammelte. Die entstandenen Konvolute von Manuskripten und Aufzeichnungen, Karten und Materialien gingen später nach Cambridge, London und Paris: Seine umfangreiche Sammlung wird nun hauptsächlich in der British Library (über hundert Bände), aber auch in der *Royal Asiatic Society*, der *Zoological Society of London* und der Bodleian Library in Oxford aufbewahrt, seine Publikationen sind noch immer Fundgruben für das Wissen um Nepal. Die erste größere Geschichte des Buddhismus des Indologen Eugène Burnouf, *Introduction à l'histoire du Bouddhisme indien* (1844), wäre z.B. ohne das Material von Hodgson nicht möglich gewesen – und es ist, wie der Lausanner Indologe Johannes Bronkhorst meint, sogar dem begrenzten Material Hodgsons zuzuschreiben, dass der entstehende Buddhismus von Burnouf und danach von anderen Autoren fälschlicherweise immer nur als Reaktion auf die altindische oder vedische Religion verstanden wurde. Hodgson war ein weitsichtiger Mann, dem die Nepalforschung viel zu verdanken hat. Dennoch übertrieb der Indologe Sylvain

Lévi, dessen drei Bände *Le Népal – Etude historique d'un Royaume Hindou* (1905) zu den Standardwerken der Nepalforschung gehören, ein wenig, als er schrieb: »Vor Hodgson musste fast alles noch gemacht werden, nach ihm konnten seine Nachfolger nur noch Nachlese halten.«

Mit Hodgson nahm also die Erschließung der schriftlichen Quellen Nepals ihren Anfang. Es sollten im 19. Jahrhundert namhafte Forscher folgen. Darunter waren zwei Ärzte der Britischen Residenz: Henry Ambrose Oldfield, der von 1850 bis 1863/64 in Nepal war und einen ausführlichen Bericht verfasste, und Daniel Wright (1829–98), der eine erste Geschichte Nepals herausbrachte, die aber eigentlich die englische Übersetzung einer einheimischen Chronik war. Solche Chroniken, auf die ich weiter unten eingehe, sollten sich als eine der wichtigsten Quellen für die nepalische Geschichtsschreibung erweisen.

Als erster Deutscher war wohl Prinz Waldemar von Preußen, Sohn von Prinzessin Marianne und Prinz Wilhelm, dem jüngsten Bruder König Wilhelms III., in Nepal. Er hielt sich zwischen 1844 und 1846 in Indien auf und gelangte auf einer beschwerlichen Reise auch für einige Wochen ins Kathmandu-Tal, wo er mehrfach von König Rājendra Śāha und dessen Sohn Surendra sowie Premierminister Māthavara Siṃha Thāpā empfangen wurde. Von der Königsfamilie und deren Streitigkeiten hatte Waldemar keinen guten Eindruck, obwohl ihm viel geboten wurde, aber von der Stadt Kathmandu war er eingenommen. Besonders bewunderte er die vielen Tempel mit ihren Dächern, aber auch die Tatsache, dass die Straßen der Altstadt von Kathmandu mit Backsteinen gepflastert waren.

Sylvain Lévi, der sich vom 12. Januar 1898 bis zum 10. März 1899 im Kathmandu-Tal aufhielt und zahlreiche Manuskripte sammelte, legte die erste große kulturgeschichtliche Studie, *Le Népal – Etude historique d'un Royaume Hindou* (1905), zu Nepal vor. Lévi berücksichtigte in großem Umfang nepalisch-indische, chinesische und tibetische Quellen, darunter 21 Steininschriften, die er zum Teil als Erster übersetzte. In der Regel wird Lévi als Indologe geführt, aber er war, wie der Ethnologe András Höfer zu Recht herausgearbeitet hat, auch Historiker. Er sah früh (1905), dass Nepal gleichsam Indien im Entstehen darstellte, weil dort ein Stück des alten Indien greifbar blieb: »Le Népal c'est Inde qui se fait« (›Nepal ist Indien in der Entstehung‹) lautet ein oft zitierter Satz dieses Forschers, der viele Theorien zur hinduistischen Kultur und Gesellschaft von Max Weber bis Louis Dumont zumindest in Ansätzen vorausgenommen hat.

Die frühen britischen Nepal-Reisenden interessierten sich nicht nur für Texte und Inschriften, sondern auch für Land und Leute, Berge und Täler, Flora und Fauna. Colonel Kirkpatrick (1793) oder Francis Buchanan-Hamilton (1802–03) verließen kaum das Kathmandu-Tal, andere aber gelangten auch in höhere Bergregionen. Hodgson wanderte nach Darjeeling, vermied dabei aber das Solukhumbu-Gebiet. Die meisten Erschließungen der Hochgebirgsregionen erfolgten im 19. Jahrhundert noch von Darjeeling oder Tibet aus.

Die Nepal-Reisenden sammelten, was immer sie sammeln konnten. Hodgson veröffentlichte 127 naturkundliche Aufsätze und entdeckte in Fauna und Flora 39 neue Spezies, wie den nach ihm benannten Feldrotschwanz (*Phoenicurus hodgsonsi*). Unter den ersten Forschern war auch der Abenteurer, Geologe und Naturforscher Herrmann von Schlagintweit-Sakülünski, der im Februar/März 1857 nach Nepal reiste. Er war der älteste von fünf Brüdern, allesamt Forschungsreisende, die nahezu 50 Bände an Berichten und Beobachtungen, Hunderte von Zeichnungen und Aquarellen sowie mehr als 14.000 Sammlungsstücke hinterließen. Erwähnenswert ist schließlich Gustave le Bon, der als Autor des Buches *Psychologie der Massen* (1895) bekannt und einflussreich wurde, von dem aber nur die Spezialisten wissen, dass er 1885 als erster Franzose Nepal bereiste und einen lesenswerten Bericht über diese Reise verfasste.

Deutschland hat seit der Öffnung Nepals für die Außenwelt im Jahre 1951 ein intensives wissenschaftliches Interesse entwickelt, das sich auch in größeren Forschungsunternehmungen und Expeditionen manifestierte. Bereits 1959 plante der Deutsche Alpenverein unter der Leitung des Zoologen Wolfgang Hellmich eine später von der Fritz-Thyssen-Stiftung getragene Expedition, deren Ergebnisse ab 1965 in der Reihe *Khumbu Himal* veröffentlicht wurden. Teil dieses ›Forschungsunternehmens Nepal Himalaya‹ war auch der Österreicher Erwin Schneider, dessen auf frühen Luftaufnahmen basierende Karten nach wie vor die am weitesten verbreitete Grundlage für die Orientierung in Nepal bilden. Aus dem Thyssen-Haus in Nepal ging das von der renommierten Deutschen Morgenländischen Gesellschaft getragene Nepal Research Centre hervor, das 1967 durch Kronprinz Vīrendra (Birendra) eingeweiht und 2013 wegen mangelnder Unterstützung geschlossen wurde. Diese frühen Einrichtungen bildeten den Ausgangspunkt für namhafte Arbeiten auf dem Gebiet der Hochgebirgsforschung, der Ethnologie, Indologie, Kunstgeschichte, Linguistik und anderen Disziplinen.

Archäologie, Inschriften und Münzen

Der für Nepal bedeutendste Grabungsort ist Lumbini im Tarai, wo 1896 Alois Anton Führer mithilfe nepalischer Archäologen, darunter Khaḍga Śamśera Rāṇā, eine berühmt gewordene Inschrift mit folgendem Text fand: »Zwanzig Jahre nach seiner Krönung besuchte König Devānāṃpriya Priyadarśin (›der Götterliebling‹ = Kaiser Aśoka) persönlich diesen Platz, weil Buddha, der Weise aus dem Śākya-Geschlecht, hier geboren wurde.« Dies war der erste historische Hinweis auf den Geburtsort des Buddha. Führer war im Auftrag des britischen *Archaeological Survey of India* in das mutmaßliche Gebiet der Jugend des Buddha gereist, wo er auch noch vier kleinere zerstörte Stūpas fand. Eine eigentliche Ausgrabung fand drei Jahre später aufgrund seiner Hinweise statt. Freilich schreckte dieser umstrittene Forscher nach neueren Erkenntnissen offensichtlich auch nicht vor Fälschungen zurück. Seit Führer haben sich weitere Grabungen auf die Region um Lumbini konzentriert. Neueste Grabungen unter der Leitung des britischen Archäologen Robin Coningham haben ein präbuddhistisches Heiligtum zum Vorschein gebracht, an dem ein Baum verehrt, aber keine Opfergaben dargebracht wurden.

Weitere Ausgrabungen fanden meist unter der Leitung oder Aufsicht des nepalischen Department of Archaeology statt, das 1953 gegründet wurde. Zu den frühen Grabungen gehört die in Tilaurakot unter der Leitung des Inders P.C. Mukherjee, im heutigen Distrikt Kapilavastu bei Lumbini, wo man 1962 Reste der Hauptstadt des Shakya-Klans fand, dem der Buddha angehörte. Diese Funde wurden durch weitere Ausgrabungen in Gotihawa und Pipri nahe Lumbini von T. N. Mishra sowie eines Teams unter der Leitung von Giuseppe Verardi ergänzt und bestätigt. Die ersten Ausgrabungen im Kathmandu-Tal, die Keramiken, Backsteine und Münzen der Licchavi-Zeit, aber auch den prähistorischen Knochenfund der ersten Menschen in dieser Region zu Tage förderten, erfolgten 1965–66 in Handigaon, Lazimpat und Dhumbarahi. Die Ergebnisse solcher Grabungen werden regelmäßig in der vom Department of Archaeology herausgegebenen Zeitschrift *Ancient Nepal* veröffentlicht.

Andere Grabungen in Nepal fanden meist nur an der Oberfläche statt, denn mangelnde Erfahrung, zu wenig Mittel und unzureichendes technisches Gerät ließen tiefer gehende Ausgrabungen nur vereinzelt zu. So wurden in Höhlen des Mustang-Tals prähistorische Funde gemacht, die beweisen, dass es schon vor 3000 Jahren von Menschen besiedelt war, die Kontakt nach Indien und Tibet hatten. Diese Untersuchungen wurden 1992 und 1997 im Rahmen des interdisziplinären Forschungsprojektes »Siedlungsprozesse und Staatenbildung im tibetischen Himalaya« durchgeführt. Desgleichen wurde nachgewiesen, dass um 500 v. Chr. das Muktinath-Tal besiedelt war.

Unser Wissen über Nepals frühe Geschichte beruht fast ausschließlich auf Steininschriften der hauptsächlich im Kathmandu-Tal siedelnden Licchavi-Dynastie, deren Sprache das Sanskrit ist. Die früheste Inschrift – in der alten Brāhmī-Schrift – stammt von Jayadeva und aus dem Jahr 184/185 n. Chr. Die längste Licchavi-Inschrift ist die Mānadevas in Changu Narayan aus dem Jahr 464/465 n. Chr.; sie verdient besondere Beachtung, da sie zugleich der erste historische Nachweis für Witwenverbrennung ist.

Die etwa 210 Licchavi-Inschriften, die vornehmlich königliche Edikte sind und Landschenkungen oder Stiftungen für in der Regel hinduistische Heiligtümer zum Gegenstand haben, wurden in der Gupta-Schrift geschrieben und zeigen Vertrautheit mit Sanskrittexten und ihren Themen: dem *Veda*, den wissenschaftlichen Lehrbüchern (*śāstra*), den Mythensammlungen (*purāṇa*) oder Dichtern wie Bāṇa und Kālidāsa. Nicht alle Inschriften sind datiert, viele sind nur aufgrund von paläographischen oder kunsthistorischen Vergleichen einordbar. Meist handelt es sich um kurze Texte auf Stelen, Statuen, Liṅgas, Stūpas, Wasserspeiern, Skulpturen und Backsteinen.

Eine Eigenheit der Malla-Inschriften aus dem 13. bis 18. Jahrhundert, die auch auf Kupfer- und Goldplatten eingraviert wurden, sind mehrsprachige Texte, so etwa Pratāpa Mallas Steininschrift in 15 Sprachen, darunter Englisch, Französisch und Persisch. Häufig sind zwei- oder dreisprachige Inschriften in Sanskrit, Nevārī oder Nepālī. Der einzige seiner Art ist ein Latein-Nevārī-Epitaph aus dem Jahr 1745 auf dem Grabstein des Kapuziner-Mönchs Franceso della Penna in Patan. In dieser Tradition steht eine von Helmut Kohl enthüllte Inschrift in Sanskrit und auf Deutsch am Palast von Bhaktapur, in der es heißt: »An dieser Stelle stand bis zum Erdbeben im Jahre 1904 ein Mandap aus dem 18. Jahrhundert, der ›Pavillon der acht Ecken‹. In Anerkennung der hohen Baukunst Bhaktapurs überbrachte Bundeskanzler Helmut Kohl im Jahre 1987 die Zusage zum Wiederaufbau als Staatsgeschenk der Bundesrepublik Deutschland an das nepalesische Volk.«

Die Inschriften auch der Malla-Zeit beginnen in der Regel mit einer Lobpreisung (*praśasti*) des Stifters, so dass dieses Material auch eine vergleichsweise zuverlässige Quelle für die Datierung der Herrscher bildet. Mehrere Hundert Kupfer- und Goldplatten, mit denen Hofbeamte unter anderem dem König Treue schworen, sind z.B. in Schatzhäusern des Paśupatinātha-Tempels, des Nationalheiligtums Nepals, verwahrt.

Neben Inschriften sind Münzen für die historische Forschung wichtig, da sie meist das Datum der Krönung angeben und somit eine wichtige Quelle für die Datierung der Herrscher bilden. Die frühesten sind Shakya-Münzen aus dem 5. Jahrhundert v. Chr., die ebenso wie andere Münzen aus der Maurya- und Kushana-Zeit im Tarai in Umlauf waren. Kupfer-Eisen-Münzen aus der Licchavi-Zeit tragen nur selten den Namen des Herrschers und sind undatiert. Die Münzen sind rund und relativ klein; sie bilden Tiere ab und haben einen punzierten Rand. Die erste derartige Münze wird König Mānadeva I. zugeschrieben.

Für die Übergangszeit gibt es fast keine Münzfunde, und Münzen der Kleinkönigtümer sind bislang nicht gefunden worden.

Um 1534 wurde in Dolakha eine Mohara-Münze in Umlauf gebracht, mit der ein reicher Schatz an Malla-Münzen beginnt, die meist in Silber geprägt wurden. Sie sind auf Nevārī beschriftet und in der Nepāla-Saṃvat-Zeitrechnung datiert. Eine Münze Mahendra Mallas (1560–74), *mahīndramalli* genannt, sowie andere Münzen waren auch in Tibet als Zahlungsmittel in Gebrauch. Die *mahīndramalli* trägt auf der einen Seite den śivaitischen Dreizack und auf der anderen das buddhistische Vajra-Symbol. Auf sie folgten viele weitere Münzen aus Bhaktapur, Kathmandu und Patan.

Die Gorkha-Könige führten 1749 das Mohara-System ein, dessen Münzen das Datum der Prägung in der Śaka- oder Vikrama-Zeitrechnung tragen. Pṛthvīnārāyaṇa ließ ein paar Silbermünzen machen, bevor er das Kathmandu-Tal eroberte; ab 1690 wurden seine Münzen im Kathmandu-Tal geprägt. Alle anderen Śāha-Könige verewigten sich auf den nachfolgenden Geldstücken, die meist aus Silber, Kupfer, Bronze, Aluminium oder, wenn auch selten, Gold hergestellt wurden. Die Münzen wurden zunächst hauptsächlich als Referenzwährung bei Steuerabgaben, nicht aber als allgemeines Zahlungsmittel eingesetzt. Letzteres setzte sich erst Mitte des 19. Jahrhunderts und in den Bergregionen noch später durch. Mit anderen Worten: Bis über das 18. Jahrhundert hinaus wurde in weiten Teilen Nepals in Münzen bemessen und gerechnet, nicht aber auf dem Markt bezahlt.

Mit den Śāhas änderte sich die Situation, wenn auch langsam. Zunehmend wurde die Wirtschaft nun vom Tauschhandel auf monetäre Strukturen umgestellt. Das Gold und Silber für die Münzen kam in der Regel aus Tibet, besonders zwischen 1788 und 1793 als Folge von Eroberungen und Tributleistungen. Ab 1775 kamen in Nepal auch geprägte Münzen Tibets in Umlauf, die mit den Münzen der Śāhas konkurrierten. Doch 1793 bauten die Chinesen eine Prägeanstalt in Lhasa, so dass dieses Geschäft zum Erliegen kam.

1951 schuf das Finanzministerium ein *Coin Design Board*, um neue Münzen und Geldscheine zu kreieren. Ihm gehörten namhafte Künstler an. 31 Vorschläge gingen ein, von denen zehn ausgewählt wurden. Die Motive waren vom Freiheitskampf inspiriert, und vermutlich war dies der Grund, dass die meisten Münzen nicht geprägt wurden. Dennoch gerieten ab 1954 neue Münzen in Umlauf, die einige Motive der Entwürfe aufgriffen. Sie trugen meist das Bildnis des Königs und auf der Rückseite unverfängliche Motive wie Herrschaftssymbole (Schwerter), Tempel und Stūpas oder Tiere. Diese Münzen wurden aus einer kostengünstigen Metalllegierung hergestellt. Premierminister M.P. Koirala sagte zu ihrer Einführung: »Das Design der Münzen ist vom Volk, denn es war zum ersten Mal eingeladen, von der neuen Ära, der Ankunft der Demokratie, zu profitieren.« Mit dem Ende der Monarchie 2008 verschwanden nach und nach die Geldscheine mit dem Konterfei des Königs.

Manuskripte und Dokumente

Ein überragender Schatz Nepals sind die vielen traditionellen Manuskripte, die nahezu alle Gebiete des Hinduismus und des Buddhismus sowie ›säkulare‹ Themen umfassen. Nepal war ein Land der Gelehrsamkeit, dessen Ruf bis weit nach Indien und Tibet hineinreichte. Die vielen hinduistischen Schulen und buddhistischen Klöster, gefördert von den Königen, sorgten für einen stetigen Zustrom an Lehrern und Schülern. Die meisten Handschriften sind in Sanskrit verfasst, etwa ein Fünftel besteht aber aus tibetischen Blockdrucken. Das kühle Klima des Himalaya sorgte dafür, dass in Nepal viele Texte erhalten blieben, die in Indien der Hitze, den Insekten, dem Monsun oder auch absichtlicher Zerstörung anheimfielen.

Einen ersten Katalog dieser Handschriften, der zur Ausgangsbasis für eine der umfangreichsten Manuskripterschließungen Südasiens wurde, hat der indische Gelehrte Hara Prasad Shastri 1905–06 herausgegeben. Unter den Pretiosen befindet sich eine Palmblatt-Handschrift des *Lotussūtra* (*Saddharmapuṇḍarīka-Sūtra*), eines der wichtigsten Texte des Mahāyāna-Buddhismus aus dem 8. Jahrhundert n. Chr., und eine Handschrift des umfangreichen *Skandapurāṇa* aus dem Jahr 811 sowie ein mit 878 datierter medizinischer Text, die *Suśrutasaṃhitā*. Möglicherweise stammt ein weiterer Text, das *Daśabhūmīśvarasūtra*, sogar aus dem 6. Jahrhundert. Auch blieben in Nepal die ältesten vedischen Manuskripte erhalten, daneben alte Ritualhandbücher wie der *Upakarmavidhi* (1060 n. Chr.), der *Vivāhasamuccaya* (1113), die *Daśakarmapaddhati* (1176) oder der *Sandhyāvidhi* (1281).

Noch heute trägt selbst der erfahrene Priester in Nepal ein Notizbuch bei sich, um die Reihenfolge ritueller Anweisungen nachzuvollziehen oder die Stichworte für Rezitationen zu finden. Diese meist auf Sanskrit, Nevārī oder Nepālī verfassten Handschriften sind in gewissem Sinne Skripte für die Handlungsabläufe, auch wenn noch mehr Wissen mündlich vom Vater an den Sohn oder vom Lehrer an den Schüler weitergeben wird. Am Ende ergänzen sich Text und aktuelle Praxis sowie das Geschehen in Haus und Stadt zu einer facettenreichen Ritualpraxis, die zu Beginn des 21. Jahrhunderts einer rasanten sozialen Dynamik und Bedrohung ausgesetzt ist. Längst beginnen Ritualspezialisten, die etwa bei einem Todesfall durch ihre Arbeit Unreinheit absorbieren und deshalb stigmatisiert sind, ihre traditionellen Pflichten zu vernachlässigen oder gar aufzugeben. Immer wieder auch wollen die Söhne das Überlieferte nicht mehr von ihrem Vater lernen. Das Kopieren von Handschriften hat durch neue Techniken wie die Photographie oder den Buchdruck ohnehin seinen Nutzen verloren.

Ab dem ausgehenden 17. Jahrhundert wurden die Inschriften und Kupferplatten weitgehend durch Papierhandschriften (meist einheimisches Reispapier) in Nepālī oder Nevārī ersetzt. Frühere Dokumente aus der Malla-Zeit sind oft auch auf gesiegelten Palmblättern erhalten. Diese Dokumente und Handschriften, die sich im Nationalarchiv Nepals, in Tempelarchiven und privaten Sammlungen (z.B. der Mahesh Chandra Regmi Research Collection) befinden, bilden den wohl wichtigsten zusammenhängenden Fundus an historischen Texten aus einer südasiatischen Region. Im Rahmen des von der Deutschen Forschungsgemeinschaft (DFG) finanzierten

»Nepal-German Manuscript Preservation Projects« (NGMPP) wurde von 1970 bis 2001 der größte Teil des nepalischen Handschriftenbestandes (ca. 180.000) verfilmt und damit langfristig erhalten. Aufgrund eines bilateralen Abkommens zwischen der seinerzeit Königlichen Regierung Nepals und der Bundesrepublik Deutschland lagern Kopien der Mikrofilme im Nationalarchiv Nepals und der Orientabteilung der Staatsbibliothek zu Berlin. An das NGMPP schloss sich ein weiteres Langzeitprojekt der DFG an, das von der Universität Hamburg betreute »Nepal-German Manuscript Cataloguing Project« (NGMCP), das einen beschreibenden Katalog von Teilbeständen dieser Sammlung erstellt hat.

Nicht berücksichtigt wurden bei der Katalogisierung des NGMCP die historischen und historiographischen Quellen, namentlich die Dokumente zu einzelnen Tempeln und anderen Heiligtümern sowie zur Rechtsgeschichte. Dieses Material wird seit 2004 vom Projekt »Religions- und Rechtsgeschichtliche Dokumente Nepals« der Heidelberger Akademie der Wissenschaften systematisch erschlossen. Dabei liegt der Schwerpunkt auf der Śāha- und Rāṇā-Zeit. Im Einzelnen umfassen die Dokumente Erlasse und Edikte des Königs, die mit dem Roten Siegel versehen sind (*lālamohara*), andere Erlasse (*sanada*, *rukkā*), etwa des Premierministers, die oft mit einem Schwertsymbol versehen sind, Landschenkungen bzw. -verkäufe sowie Schenkungen und dazugehörige Stiftungsurkunden, Pfandscheine und Schuldscheine, Bilanzen und Listen, Verträge und Quittungen, Ernennungsurkunden, Reisedokumente, Briefe und Petitionen oder Ablassbriefe des königlich-religiösen Richters. Mit diesem Quellenmaterial lässt sich nachzeichnen, wie im 18. und 19. Jahrhundert der junge nepalische Staat gebildet wurde, wie sich die sozialen und religiösen Institutionen nachhaltig veränderten und wie sich neue Formen kollektiver Identität herausbildeten und bürokratische Strukturen etablierten. Mit der Erstellung von Urkunden und Dokumenten in der staatlichen Verwaltung, in Tempeln, in der Rechtsprechung und im Wirtschaftsleben erreichte die Verschriftlichung eine neue Qualität.

Archive und Museen

Im Bauch der Archive lagern also die Schätze, die Geschichte(n) schreiben lassen. Dabei haben Archive in Nepal eine lange Tradition; Sammlungen von Handschriften und Büchern gibt es, seit es schriftliche Texte gibt. Eine staatlich organisierte Sammlung in Archiven gibt es in Europa aber erst seit 1796 mit den Archive Departements in Paris. In Südasien gingen Indien und Pakistan 1947 mit den National Archives, die aus britischen Surveys entstanden sind, voran. Allein das indische Nationalarchiv hat jetzt mehr als 40 km Regale. Nepal folgte 1959 mit dem National Archive Nepal, für dessen Bau Indien Geld gestiftet hatte und das König Mahendra am 3. Oktober 1967 feierlich eröffnete. Die organisierte Archivierung von Texten und Dokumenten in Nepal begann aber bereits am 28. August 1812, als König Gīrvāṇayuddha Śāha festlegte, wie die Palastbibliothek zu organisieren sei. An den Archivar und Gelehrten Pandit Kedāranātha Jhā schrieb er:

> (VS) 1869 haben wir Dich für alle Skripte unseres Palastes verantwortlich gemacht. Sei untertänig und bewahre alle Bücher. Ohne meinen Befehl solltest Du niemandem ein Buch herausgeben. Wenn eines für den Palast wichtig ist, benutze es. (…) Korrigiere fehlerhafte Bücher. Lass auseinanderfallende Manuskripte abschreiben. Sichere Manuskripte, die durch Mäuse, Insekten, Wasser oder anderes beschädigt wurden.

Außerdem, so heißt es weiter, sollten der Archivar und ein Wachmann die Texte verwahren, gegebenenfalls abschreiben und mit einer Reihe von Ritualen verehren. Nepal feiert den 28. August jährlich als Tag des Archivs. 1852 hatte König Surendra Vikrama Śāha angeordnet, Regierungsdokumente im Jaisi Kotha, einer Art Außenministerium des alten Königspalastes in Kathmandu, zu sammeln, das unter Premierminister Bhīmasena Thāpā (1806–37) in Munshi Khana umbenannt wurde. 1847 ließ Premierminister Jaṅga Bahādura Rāṇā die Dokumente jedoch in seine Residenz in Thapathali bringen, anschließend wurden sie in die Darbar High School am Rani Pokhari befördert. Premierminister Vīra Śamśera (1885–1901) ordnete schließlich den Bau eines neuen Gebäudes an, später bekannt als Ghantaghar Pustakalaya oder Clock Tower Library, in das das Material 1900 verbracht wurde. 1962 wurde diese Institution in Bir Library Sarkari Pustakakhana (Bir Library and the Government Records Office) umbenannt, bis die Bestände schließlich im Nationalarchiv landeten, wobei ein

Teil nach wie vor im Außenministerium im Singha Darbar, dem Regierungssitz, liegt.

Den wertvollsten Inhalt des Nationalarchivs bilden die Bestände der ehemaligen Bir Pustakalaya, etwa 22.000 Manuskripte, sowie die Privatbibliothek des ehemaligen Hofpriesters (*rājaguru*) Hemraj Sharma (oder Pande) mit insgesamt etwa 8000 Manuskripten. Diese fein sortierten, oft in Tücher eingebundenen und mit Mottenkugeln umgebenen Bestände zeigen, in welchem Ausmaß das Kathmandu-Tal spätestens seit der Malla-Zeit ein Schmelztiegel von Literaten, Denkern und Gelehrten war. Kaum ein Gebiet der umfangreichen Sanskritliteratur blieb unbeachtet. Immer wieder kopierten Schreiber die Texte, ritzten sie in Palmblätter oder schrieben sie mit Tinte auf Reis- und anderes Papier.

Viele Archive gehen auf eine Privatperson zurück, so z.B. die Keshar oder Kaiser Library. 1937 besuchte der Chef des Heeres und spätere Feldmarschall Keśara Jaṅga Bahādura Śamśera Rāṇā zusammen mit seinem Vater, Premierminister Candra Śamśera Rāṇā, anlässlich der Krönung von König George VI. England, wo er 1948 auch Botschafter wurde. Dort war Kaiser Shumsher, wie er auch genannt wird – der Name ›Kaiser‹ leitet sich von *keśara* = ›Löwe‹, ab –, so beeindruckt von den Bibliotheken und Museen, dass er sich nach seiner Rückkehr sein eigenes Archiv aufbaute und über 60.000 Manuskripte und Bücher sammelte, dazu Gemälde, Fotos von Begegnungen mit hohen Gästen wie z.B. Sylvain Lévi und Jagdtrophäen. Die Bibliothek blieb bis 1968 im Privatbesitz, bevor sie Keśara Śamśeras zweite Frau dem Erziehungsministerium übergab. Heute liegt die mittlerweile öffentliche Bibliothek am Rand des ursprünglich von Kishore Narsingh, dem Architekten des Singha Darbar, angelegten und zwischen 2000 und 2007 von dem Österreicher Architekten Götz Hagmüller renovierten Gartens Kaiser Shumshers, des jetzigen *Garden of Dreams*, im Stadtteil Thamel.

Auch die Madan Puraskar Library verdankt ihre Entstehung einer Privatinitiative. Aufbauend auf Beständen von Kamal Mani Dixit (1929–2016), dem Vater der Journalisten Kunda und Kanak Mani Dixit, erhielt das kleine Archiv 1956 Zuwachs durch eine Stiftung Jagadambā Kumārī Devīs, der Frau von Madana Śamśera Rāṇā, eines weiteren Sohnes Candra Śamśeras. Der Bau wurde 2015 beim Erdbeben weitgehend zerstört, aber schon ein Jahr später in der Nähe wieder errichtet. Eine weitere wichtige Quelle für historische Forschungen bildet die Regmi Research Collection, die 1969 von dem Gelehrten und Archivar Mahesh Chandra Regmi begründet wurde, der die Texte und Dokumente ins Englische übersetzen ließ und bis 1989 in der monatlich erscheinenden *Regmi Research Series* (RSS) kommerziell vertrieb. Ein Großteil seiner Bibliothek ist nun in der Bücherei des Martin Chautari untergebracht, eines intellektuellen Zentrums des heutigen Nepal. Auch die Asha Archives in Kathmandu sind von einer Privatperson gestiftet worden: von Asha Man Singh Kansakar, der die ursprünglich (Nev.) Cvasa Pasa genannte Bibliothek seines Vaters Prem Bahadur Kansakar (1917–91), eines Nevārī-Schriftstellers und Kämpfers für die Demokratie, erbte. Die Bibliothek, die über 7000 Manuskripte, darunter über eintausend wertvolle Palmblatthandschriften birgt, wurde 1987 eröffnet und mit Unterstützung der Toyota Foundation aufwendig und erdbebensicher renoviert.

Der Bestand der zentralen Bibliothek der Tribhuvan University, die bei dem Erdbeben von 2015 schwer beschädigt wurde, beläuft sich auf etwa 500.000, der der 1990 gegründeten Kathmandu University auf nahezu 60.000 Bücher. Daneben gibt es etliche kleinere College-Bibliotheken.

Die Geschichte der Museen in Nepal begann 1928 mit der Einrichtung des Silkhana Museums (Arsenal Museum) in einem Gebäude, das sich Premierminister Bhīmasena Thāpā 1820 im Stadtteil Chhauni in Kathmandu als Residenz hatte errichten lassen. 1930 veröffentlichte Juddha Śamśera einen gedruckten Erlass mit einem Exportverbot für Palmblatthandschriften und Kunstwerke, die zum Ruhm des Landes beitragen könnten, und ließ sie stattdessen in das in Chhauni eingerichtete Museum – in Nepālī *myujīyama*, vermutlich einer der ersten Belege für das Wort ›Museum‹ in Nepal – bzw. in die Bir Library bringen. Dieser Ort stellte das erste Museum Nepals dar, das sich an die Tradition der imperialen Museen in Indien anlehnte, ohne aber die Ideologie der Vergegenständlichung von autoritativem und kolonialem Wissen zu übernehmen. Das Museum war auch unter dem Namen Chhauni Silkhana bekannt, wurde aber 1939 in Nepal Museum umbenannt und von Juddha Śamśera der Öffentlichkeit übergeben. Seit 1967 ist es das Nepal National Museum (Rashtriya Sangralaya). Es birgt Skulpturen, Gemälde, Handwerkskunst, Waffen, Münzen, aber auch eine naturkundliche Abteilung und anderes mehr. Zu den größten Schätzen zählt eine lebensgroße Statue Jayavarmans aus dem 2. Jahrhundert.

Das Nationalmuseum ist wie alle staatlichen Museen dem Department of Archaeology unterstellt, das 1953 eingerichtet wurde. Diese Institution ist in erster Linie für die Bewahrung des kulturellen Erbes Nepals zuständig. Da fast das ganze Kathmandu-Tal eine Art Freilichtmuseum ist, sind die damit verbundenen Aufgaben gewaltig. Die Objekte, die vielfach noch in rituellem Gebrauch sind, müssen geschützt, restauriert, wissenschaftlich erschlossen und vor allem erst einmal registriert werden, denn nach wie vor fehlt ein entsprechendes Inventar. Das Erdbeben von 2015 hat zusätzliche Aufgaben geschaffen. Obwohl das Department auf der Grundlage eines *Ancient Monument Preservation Act* aus dem Jahr 2013 arbeitet, der den Mitarbeitern in Bezug auf den Denkmalschutz weitreichende Rechte einräumt, führen mangelnde finanzielle Ausstattung und Unterbesetzung auch hier zu Engpässen, die eine ernstzunehmende Bedrohung für das Kulturerbe bedeuten.

Abb. 1: Statue des Königs Jayavarman, 171 x 49 cm, 2. Jh., Nationalmuseum (Photo N. Gutschow)

Wohl mit das international bekannteste Museum Nepals ist das Patan Museum, das nach Entwürfen des Architekten Götz Hagmüller im alten Palast von Patan eingerichtet und von der amerikanischen Kunsthistorikerin Mary Slusser, unterstützt von Niels Gutschow und Shaphalya Amatya, dem damaligen Direktor des Department of Archaeology, kuratiert wurde. Das Museum, dessen durch Niels Gutschow, Rohit Ranjitkar und Erich Theophile entworfener und renovierter Südflügel 2017 der Öffentlichkeit übergeben wurde, enthält Skulpturen, Architekturzeichnungen und wertvolle Holzschnitzereien, auf die sich das 1967 eröffnete National Woodcarving Museum in Bhaktapur konzentriert. Sehenswert sind noch das Gurkha Memorial Museum in Pokhara und das Sherpa Museum in Namche Bazaar.

Eines der jüngeren Museen ist das Narayanhiti Palace Museum im 1963 nach einem Entwurf des amerikanischen Architekten Benjamin Polk errichteten ehemaligen Königspalast. Es steht in der Tradition des Tribhuvan Memorial Museum beim Hanuman Dhoka und bietet in erster Linie königliche Devotionalien. Nachdem König Jñānendra 2007 das Gebäude verlassen musste, wurde es als Museum hergerichtet und 2009 von jenem Maoistenführer und damaligen Premierminister Prachanda eröffnet, der den Untergang der Śāha-Dynastie maßgeblich mit zu verantworten hatte. Das Museum zeigt den vergangenen und schon etwas angestaubten Glanz der Śāhas, die Sitzungssäle, den opulenten Thron und die eher bescheidenen privaten Gemächer. Auch der Raum, in dem 2001 das Massaker stattfand, ist für die Öffentlichkeit zugänglich. An den Wänden sieht man noch die Einschusslöcher. Ansonsten findet sich das Übliche: ausgestopfte Tiere von den Jagden, Photographien von Begegnungen mit anderen Staatsoberhäuptern oder Königen – Königin Elisabeth II. ebenso wie Rumäniens Nicolae Ceausescu – und Geschenke aus vielen Ländern.

Die einheimische Geschichtsschreibung

Zu den klassisch-historischen Quellen kommen historiographische Texte, in denen die Entwicklung von der Vergangenheit in die Gegenwart anders dargestellt wird. Gemeint sind Chroniken (*vaṃśāvalī*, wörtlich ›Genealogie‹) und lobpreisende Texte (*māhātmya*, *sthalapurāṇa*), in denen sich nüchterne Darstellungen mit blumigen Mythen und Legenden vermischen, wodurch sie als nur wenig verlässlich gelten. Das ergibt sich schon aus den Abweichungen zu den gesicherteren Datierungen in den Licchavi-Inschriften, den großen Variationen in der Sukzession und den Angaben von viel zu langen Regierungszeiten, besonders bei den alten Dynastien.

Zwar stellen die nepalischen Chroniken in der Tat nicht Geschichtsschreibung mit einem Anspruch auf Allgemeingültigkeit und Wissenschaftlichkeit dar, aber das gab es auch im Westen nicht vor dem 18. Jahrhundert. Und bedeutet dieser Mangel an ›wissenschaftlicher‹ Geschichtsschreibung, dass die Nepalis oder Südasiaten keinen Sinn für Geschichte oder kein Geschichtsbewusstsein gehabt hätten, wie es oft geheißen hat? Schon der

Heidelberger Indologe und Kunsthistoriker Hermann Goetz hat 1924 zutreffend gesagt:

> Es gibt in der Wissenschaft manchmal gewisse Theorien, die, zu Anfang aus ungenügender Materialkenntnis entstanden, trotz der inzwischen gesammelten Erfahrungen unausrottbar scheinen. Eine solche ist auch die, daß die Inder keine eigentliche Geschichtsschreibung und auch keinen Sinn für Geschichte besessen hätten.

Und dann listet er 65 Chroniken auf – ohne Kenntnis der nepalischen Chroniken, vermutlich die größte Sammlung derartiger Texte in Südasien.

Generell werden diese nepalischen Vaṃśāvalīs in zwei Gruppen eingeteilt: Die älteren Chroniken, die gegen Ende des 14. Jahrhunderts verfasst wurden, sind in einem hybriden Sanskrit und Alt-Nevārī abgefasst. Zu dieser Zeit wurde das Kathmandu-Tal von der Malla-Dynastie regiert. Die *Gopālarājavaṃśāvalī* oder ›Chronik der Gopāla-Könige‹ ist die bekannteste dieser Chroniken. Sie hat drei Teile: Der erste, in korruptem Sanskrit verfasste Teil deckt die Ereignisse bis 1386 ab, der zweite in Altnevārī und Sanskrit umfasst die Zeit von 1056/57 bis 1275/76 und der dritte enthält Einträge der Jahre 1258/09 bis 1388/89. Das einzige Manuskript dieser Chronik stammt wohl ursprünglich aus der Zeit Sthiti Mallas (1382–95) und wurde vermutlich von einem Hofastrologen in Bhaktapur verfasst. Es ist eine der bedeutendsten Quellen für die Malla-Zeit, indem es ziemlich realistisch wichtige Ereignisse festhält: die Regierungszeiten er Könige, kriegerische Einfälle ins Kathmandu-Tal, Intrigen, den Bau von Tempeln, Stiftungen an Tempel, besonders an den Paśupatinātha-Tempel, Erdbeben und andere Naturkatastrophen. In dieser Tradition stehen auch viele äußerst knappe Ereignislisten (Nev. *thyāsaphu*, *ghaṭanāvalī*), die auf Nevārī verfasst wurden und als eine Art Tagebuch der Malla-Zeit gelten können.

Die zweite Gruppe der Chroniken ist jünger und wesentlich umfangreicher. Allein der Katalog des NGMPP verzeichnet 110 Manuskripte, die Hodgson Collection im British Museum beherbergt etwa 18. Sie entstanden überwiegend am Ende des 18. und während des 19. Jahrhunderts und sind bis auf wenige Ausnahmen in einer archaischen Form der heutigen Amtssprache Nepals, der neu-indoarischen Nepālī-Sprache, verfasst. Zu den bislang kaum edierten oder übersetzten hinduistischen Chroniken (*Bhāṣāvaṃśāvalī*, *Rājavaṃśāvalī*, *Rājabhogavaṃśāvalī*, *Padmagiris Chronik*) gehört auch die sogenannte *Wright-Chronik*, eine überwiegend buddhistische Chronik. Sie ist benannt nach dem britischen Arzt Daniel Wright, der von 1873 bis 1876 in der Britischen Gesandtschaft arbeitete; ihre Übersetzung stammt aber in der Hauptsache von den einheimischen Gelehrten Shew Shunker Singh und Pandit Shri Gunanand. Die Erstausgabe dieses wichtigen, um 1830 von einem buddhistischen Gelehrten in Patan geschriebenen Textes, im Original *Nepālikabhūpavaṃśāvalī* (›Chronik der Könige Nepals‹) genannt, erschien 2015 mit einer Neuübersetzung unter dem Titel: *History of the Kings of Nepal – A Buddhist Chronicle*.

Um was für Geschichtstexte handelt es sich bei diesen Chroniken? Inhaltlich verfolgen sie den Anspruch, die Geschichte des Kathmandu-Tals und die Abfolge seiner Herrscher von der mythischen Urzeit bis in die Zeit ihrer jeweiligen Abschrift und die Tätigkeiten der Herrscher sowie besondere Ereignisse während ihrer Herrschaft zu dokumentieren. Den größten Teil machen dabei Stiftungen von Heiligtümern und Berichte über Göttererscheinungen sowie religiöse Feste und Rituale aus. Die *Chronik der Könige Nepals* etwa liest sich wie eine Mischung aus Genealogien (*vaṃśāvalī*) verschiedener Dynastien und ortsbezogenen Eulogien (*māhātmya*). Tatsächlich bezieht der Text Auszüge aus anderen eulogischen Texten wie etwa dem buddhistischen *Svayambhūpurāṇa* (›Alte Geschichte des Svayambhū‹), dem hinduistischen *Himavatkhaṇḍa* (›Buch des Himalaya‹) des *Skandapurāṇa* oder dem *Nepālamāhātmya* (›Die Größe Nepālas‹) mit ein.

Das *Svayambhūpurāṇa* schließt zahlreiche Mythen und Legenden ein. Der Titel dieses ab 1558 in Nevārī und Sanskrit überlieferten, populären Textes, von dem es allein im Verfilmungsbestand des NGMPP über hundert Manuskripte und Übersetzungen ins Nevārī und Tibetische sowie Prosa- und metrische Versionen gibt, ist nicht wirklich sicher. Der Zusatz *-purāṇa* (etwa ›alte Geschichte‹) wurde erst relativ spät angefügt; andere Titel und Versionen lauten *Gośṛṅgaparvata-Svayaṃbhūcaityabhaṭṭārakoddeśa*, *Bṛhatsvayaṃbhūpurāṇa* oder – noch nicht veröffentlicht – *Svayaṃbhū-Mahāpurāṇa*. Tatsächlich handelt es sich um einen Text, der über drei Jahrhunderte hinweg ständig verändert und erweitert wurde. Im Kern ist er aber wohl eine Schrift des newarischen Vajrayāna-Buddhismus, welche die Besuche von vier Buddhas aus vorangegangenen Zeitaltern und damit die Anfänge des Kathmandu-Tals schildert. Im weiteren Verlauf geht es unter anderem um die Geschehnisse bei zahlreichen Heiligtümern sowie um Heilige (*siddha*) und Mönche.

Das metrische *Himavatkhaṇḍa* und das ebenfalls in Sanskritversen gehaltene *Nepālamāhātmya*, dessen ältestes Manuskript aus dem späten 17. Jahrhundert stammt, sind Texte mit Eulogien zu Heiligtümern im Kathmandu-Tal, die aber keine historischen Angaben enthalten.

Dies alles fügt sich zu einem bestimmten Geschichtsbild zusammen, aus dem keine größeren kausalen und regionalen Zusammenhänge hervorgehen, da die Chroniken ganz aus dem Blickwinkel der jeweiligen Dynastie oder einer Ethnie oder einer Religion geschrieben wurden. Vor allem haben die Chroniken aber eine deutlich legitimierende Funktion, indem sie die Wundertaten der Herrscher herausstellen. Sie häufen sich mit dem Aufkommen des Islam in Indien, und aus ihnen geht der Wunsch hervor, sich an den Süden, also an Indien und die Große Tradition, zu binden. Zugleich bieten die Chroniken verschiedene Welt- und Ortserklärungen. So stellt der Anfang der *Chronik der Könige Nepals* weitgehend eine buddhistische, dem *Svayambhūpurāṇa* entnommene Schöpfungsgeschichte dar, der Mittelteil bietet überwiegend eine hinduistische Eulogie des Ortes, und der letzte Teil wird zunehmend realistisch und politisch, kann also schon fast als Ereignisgeschichte gelesen werden. Wichtig ist aber auch, dass sich diese verschiedenen Genres nicht gegenseitig ausschließen, sondern als zusammengehörig angesehen werden. Es verträgt sich, dass völlig legendäre Herrschaftszeiten wie etwa die tausend Jahre, die der Herrschaft von König Dharmadatta (*Nepālikabhūpavaṃśāvalī* 4.54) zugeschrieben werden, neben der präzisen Angabe von Regierungszeiten stehen.

Es gibt also in Nepal eine Geschichtsschreibung ebenso wie ein Geschichtsbewusstsein. Das beweisen auch die vielen Inschriften, datierten Kolophone – Schlussbemerkungen eines Manuskripts, in denen teilweise der Autor bzw. der Schreiber angeführt wird –, Münzen, Tempelgeschichten und lobpreisenden Texte. Fragt sich nur, warum dieses Material übersehen oder abgewertet wurde. Selbst die Herausgeber oder Bearbeiter der Chroniken taten diese Texte als historisch minderwertige Quellen ab. Daniel Wright nannte seine Chronik a »native history«, und Bikram Jit Hasrat gab seinem Buch mit der sogenannten *Padmagiri-Chronik* den Titel *History of Nepal as Told by its Own and Contemporary Chroniclers*. Für diese Sichtweise lassen sich zwei Gründe anführen: zum einen der Sanskrit-Purismus der Indologie, der in seiner Fokussierung auf die Schriften der Brahmanen bis zur Mitte des 20. Jahrhunderts viele Quellen in den Volkssprachen schlicht nicht wahrnahm; zum anderen die historiographische

Fokussierung auf Dynastien, deren historischer Raum immer kleiner als der Kulturraum ist.

Darüber hinaus haben die Chroniken viel mit der politischen Situation im 19. Jahrhundert zu tun, wie z.B. an der Manuskript-Situation der *Chronik der Könige Nepals* deutlich wird. Eine der fünf erhaltenen Handschriften, datiert mit 1834, gehörte zur Sammlung Sylvain Lévis; sie wird heute im Collège de France (Paris) aufbewahrt. Nach dem Kolophon zu urteilen wurde sie offensichtlich vom Palast in Kathmandu in Auftrag gegeben und dann dem Schreiber und Übersetzer Lakṣmīdhara übergeben. Später erhielt sie Lévi aus den Händen des Premierministers Deva Śamśera Jaṅga Bahādura. Dieser Hintergrund zeigt das Bedürfnis der Śāha- und Rāṇā-Herrscher sich dadurch zu legitimieren, dass sie sich in eine glorreiche, vom Segen der Götter begleitete Vergangenheit stellen ließen.

Die Chroniken Nepals erweisen sich damit gerade für das 18. und 19. Jahrhundert als eine wichtige Quelle zur Erforschung eines Staates zwischen religiösen und politischen Machtansprüchen. Dabei stehen mythologische Begründungen für die berichteten Ereignisse neben politisch-historischen, buddhistische neben hinduistischen, phantasierte neben realistischen. Das Besondere dieser Texte ist, dass sie nicht danach trachten, ›Widersprüche‹ aufzulösen, sondern diese nebeneinander stehen lassen können.

2. Das Land

Was bedeutet eigentlich ›Nepal‹? Lange Zeit wurde angenommen, dass das Wort eine Zusammensetzung aus *ne* (abgeleitet von ›Nemuni‹, der Name des legendären Gründers von Nepal) und *pāla* (›Hirte‹) sei, aus einer tibeto-birmanischen Sprache stamme oder mit *nevāra* (Newar) verwandt sei, doch unlängst hat der Oxforder Indologe Diwakar Acharya argumentiert, dass *nepāla* eine Zusammensetzung aus Sanskrit *nipa* (der Name eines in vedischen Schriften erwähnten Stammes) und dem (lokalisierenden) Suffix *āla*, die Wortkonstruktion also ähnlich wie bei ›Bengal‹ (*baṃga* + *āla*) sei. Diese Herleitung sei auch mit der abgeleiteten (Prakrit-)Form *naivāla* in verschiedenen Texten gut zu belegen. Acharya kam zu dem Schluss, dass die Nipas die Āryas waren, die noch vor den Licchavis im 1. Jahrhundert n. Chr. zu den Kirātas nach Nepal einwanderten und im Kathmandu-Tal langsam dominant wurden.

Tatsächlich wird Nepal namentlich erstmalig in einer Inschrift des südindischen Königs Samudragupta aus dem 4. Jahrhundert erwähnt. Auch in Licchavi-Inschriften taucht der Name auf, etwa in einer Inschrift aus dem Jahr 512 n. Chr. Dort wird er für das Territorium zwischen Nuvakot im Westen, Dumja im Osten, Chapaligaon im Norden und Tistung-Palung im Süden gebraucht, das also etwas mehr als das Kathmandu-Tal abdeckt. Von einem Staat, der das gegenwärtige Staatsgebiet umfasst, kann folglich noch keine Rede sein. Und dies sollte auch so bleiben, bis König Pṛthvīnārāyaṇa Śāha 1768/69 in etwa das heutige Territorium Nepals erobert und gefestigt hatte; erst um 1909 begannen die Rāṇās ihren Staat als ›Nepal‹ zu bezeichnen.

Den Begriff für den Nationalstaat Nepal auch auf frühere Zeiten zu projizieren, als sich die Welt noch nicht in Nationen einteilte und darüber stritt, ist daher an sich nicht zulässig, denn lange verstand man unter ›Nepal‹/›Nepāla‹ lediglich das Kathmandu-Tal, und auch Licchavi-Bezeichnungen für das Land (*nepālarājya*, *nepālabhukti*, *nepālamaṇḍala*) bezogen sich nur auf dieses Gebiet. Viele Gegenden des heutigen Nepal gehörten zudem über Jahrhunderte hinweg eher zu ›indischen‹ als zu ›nepalischen‹ Königtümern. Dementsprechend ist der Buddha weder in Nepal noch in Indien geboren, sondern in einer kleinen Republik, die heute auf nepalischem Staatsgebiet liegt.

Die Infrastruktur

Das gegenwärtige Staatsgebiet von Nepal nimmt etwa ein Drittel des Himalaya (wörtlich ›Ort des Schnees‹) ein. Es ist ein weitgehend unzugängliches, gebirgiges Binnenland zwischen Indien und der chinesischen Autonomieregion Tibet. Das Land verfügt über eine einzigartige Topographie, die von einer Meereshöhe von 60 Meter ü. NN im Tiefland bei Kechana Kalan bis zum höchsten Berg der Welt, dem Sagarmatha, besser bekannt als Mount Everest, reicht. Aus den Gletschern fließen vier große Flüsse nach Süden und münden in den Ganges: im Westen der Karnali (Oberlauf des Ghaghara in Indien), im mittleren Teil Nepals der Narayani und im Osten der Sunkoshi; hinzu kommt der Grenzfluss Mahakali im Westen. Alle anderen größeren Flüsse münden direkt oder indirekt in einen dieser Flüsse. Die während des Monsun kilometerbreit anschwellenden Flüsse versorgen nicht nur fruchtbares Land in Nepal, besonders im Himalaya-Vorland, sondern nähren auch Indien.

Das Tiefland, Tarai oder Terai genannt, bildet mit 70 % des Ackerbaus die Kornkammer Nepals und umfasst das größte Waldgebiet des Landes, in dem trotz großflächiger Abholzung Tiger, Leoparden, Elefanten, Nashörner, Affen und Hunderte Vogelarten einen teilweise noch immer freien Lebensraum finden. Darüber erheben sich bis etwa 2500 Meter die Mittelgebirge: zunächst die Siwalik-Berge, dann die Mahabharat-Kette und die Ghuria-Gati-Berge, in denen viele fruchtbare Täler, darunter das Kathmandu-Tal, liegen. Und darüber erhebt sich der ab etwa 3600 bis 4000 Meter unbewaldete Hochhimalaya mit den (semi-)ariden Zonen des Himalaya. Je nach Region variiert auch das Klima von subtropisch mit dem Monsun bis zu praktisch niederschlagsfreien Regionen.

Traditionell siedelten im Tarai und in Teilen der Mittelgebirge eher Jäger und Sammler sowie brandrodende Volksgruppen, die ursprünglich kein festes Siedlungsgebiet hatten, aber mit der Eindämmung der Malaria zu

Ackerbau übergingen. In den Mittelgebirgen wird traditionell auf Terrassenfeldern, die über ein ausgeklügeltes System bewässert werden, sesshafte Landwirtschaft und Handel betrieben. Das Kathmandu-Tal ist nicht nur ein fruchtbares landwirtschaftliches Anbaugebiet, sondern vor allem ein Zentrum der Handwerke und des Handels. Im Hochgebirge herrschen Viehwirtschaft und Handel vor, darunter der Transhimalaya-Handel; einige Volksgruppen sind Halbnomaden, die in den kalten Wintermonaten mit ihren Herden in niedergelegenere Teile des Landes ziehen.

Flächenmäßig ist Nepal ein vergleichsweise kleines Land. Mit 147.181 km^2 ist es nur fast so groß wie Griechenland oder der Staat New York, in Richtung West-Ost durchschnittlich 885 km und in der Nord-Süd-Ausdehnung durchschnittlich 193 km breit. Annähernd 40 % sind Waldgebiet, 16 % Ackerland, 14 % Grasland und Weiden. Nepal verfügt über eine der größten floristischen Diversitäten der Welt.

Hinsichtlich der Infrastruktur ist Nepal ein Entwicklungsland. Drei Viertel der Bevölkerung arbeiten in der Landwirtschaft (alle nachfolgenden Zahlen sind dem Census-Report von 2011 entnommen). Die Verstädterung nimmt rapide zu, aber noch immer ist mit 17 % der Anteil der Stadtbewohner an der Gesamtbevölkerung vergleichsweise gering. Die Häuser auf dem Land sind meist schlicht ausgestattet: eine Wohn- und Essküche, Schlafstätten, vielleicht eine Truhe oder gar ein Schrank. Nur knapp die Hälfte von ihnen verfügen über einen Wasseranschluss und 67 % über Elektrizität, jedoch ist die Versorgung oft stundenlang unterbrochen, und 64 % der Bevölkerung kochen mit Feuerholz, etwas mehr als ein Fünftel mit Gas, das aus Indien importiert wird. 28 % der Häuser haben ein Wellblechdach, 38 % sind ohne Toilette. Knapp 84 % der Stadtbewohner verfügen über ein Mobiltelefon, deren Gesamtzahl 2018 sogar die der Bevölkerung überstieg, und 23 % der Stadtbewohner, aber nur 11 % der bäuerlichen Bevölkerung besitzen einen Computer.

Nur wenige Fernstraßen durchziehen das Land, hauptsächlich in Nord-Süd-Richtung, darunter die wichtigen Verbindungen nach Indien und China: der 1956 fertiggestellte Tribhuvan Highway und der Araniko Highway. Nicht einmal 15.000 km sind asphaltiert. Der Monsun überspült die Straßen regelmäßig und sorgt für jährlich wiederkehrende Unterbrechungen der Verkehrswege. In den Städten sind die Ränder der Straßen kaum versiegelt, dementsprechend groß ist die Staubentwicklung. Eine Eisenbahnlinie von 59 km gibt es im Tarai, geplant ist eine transnationale Verbindung zwischen Indien und China, geplant ist auch eine schnelle Ost-West-Straße im Kathmandu-Tal und eine Schnellstraße ins Tarai, die sehr umstritten ist, weil ihr traditionelle Siedlungen etwa in Khokana weichen müssten. Busse, darunter viele Kleinbusse, sind das am häufigsten benutzte Transportmittel. Viele Orte erreicht man nur zu Fuß, und die Güter müssen dorthin dann getragen werden.

Nepal hat 49 Flughäfen, aber nur zehn Landebahnen sind asphaltiert. Der Tribhuvan Airport in Kathmandu ist der einzige internationale Flughafen, mit etwa 300 transnationalen Flugverbindungen in der Woche, die meisten in die Golfstaaten. Er entstand auf dem Gauchar Airport, einem Rollfeld, auf dem 1949 das erste Flugzeug landete, und wurde 1955 von König Mahendra eingeweiht sowie nach seinem Vater Tribhuvana umbenannt. Der erste Jet landete dort 1967. Es war eine Boeing 707 der Lufthansa, die Präsident Heinrich Lübke bei seinem Staatsbesuch benutzte. Noch heute erzählt man sich, dass damals die Gangway aufgestockt werden musste, weil der Flughafen für ein so großes Flugzeug nicht ausgerüstet war. Weitere internationale Flughäfen sind in Pokhara und im Tarai geplant.

Seit dem 20. September 2015 ist Nepal in sieben Provinzen mit 77 Distrikten aufgeteilt. Jeder Distrikt hat zudem mehrere Unterteilungen, darunter rund 500 *village councils*. Zuvor war Nepal in fünf Regionen, 14 Zonen (*añcala*) und 75 Distrikte (*jillā*) unterteilt, unter Bhīmasena Thāpā waren es nur zehn Distrikte.

Heilige Berge und Bergbesteigungen

Berge sind mit der größte Anziehungspunkt und ein Aushängeschild Nepals. Das gilt besonders für den Mount Everest, neben dem Geburtsort des Buddha vielleicht das markanteste und verkaufsträchtigste Symbol Nepals. Jedes Jahr besuchen mehr als 30.000 Touristen die Khumbu-Region am Mount Everest. Überdies hat das Land mehr als 200 Berge zu bieten, die höher sind als 6000 Meter. Von den weltweit 14 Bergen über 8000 Meter liegen acht in Nepal (s. Tabelle), wobei Kammlinien nach China bzw. Indien hinüberreichen und auch von dort bestiegen werden können. Nur der Manaslu, der Annapurna und der Dhaulagiri liegen vollständig auf nepalischem Staatsgebiet.

Die Achttausender wurden denn auch in der Frühphase der Bergsteigerei nicht von Nepal, sondern von Darjeeling oder Tibet aus angegangen. Die Briten versuchten z.B. den Everest sieben Mal von Norden her zu erklimmen – ohne Erfolg. Am 3. Juni 1950 bestiegen die Franzosen Maurice Herzog und Louis Lachenal den ersten Achttausender, den Annapurna I. Auch der Sherpa Angtharkay sollte mit auf den Gipfel gehen, doch er sagte nur: »Besten Dank, *bara sahib* (›Großer Herr‹), aber meine Füße beginnen zu erfrieren, ich gehe lieber runter zum Camp 4.« Herzog verlor beim Abstieg alle Finger und Zehen, Lachenal ›nur‹ die Zehen. Herzog wurde Bürgermeister von Marseille und später Sportminister, Lachenal starb 1955 beim Skifahren in den Alpen. Der letzte Achttausender Nepals, der Dhaulagiri, wurde erstmals am 13. Mai 1960 von einem Team unter der Leitung des Schweizers Max Eiselin bestiegen.

Erstbesteigungen der nepalischen Achttausender

Berg	**Höhe (m)**	**Erstbesteigung**	**Bergsteiger**
Annapurna	8091	*3.6.1950	Maurice Herzog und Louis Lachenal
Mt. Everest (Chomolungma, Sagarmatha)	8844	29.5.1953	Edmund Hillary und Sherpa Tenzing Norgay
Cho Oyu	8201	*19.10.1954	Herbert Tichy, Sepp Jöchler und Pasang Dawa Lama
Makalu	8475	15.5.1955	Jean Couzy und Lionel Terray
Kangchendzönga	8586	25.5.1955	Georg Band und Joe Brown, einen Tag später Norman Hardie und Antony Streather
Manaslu	8163	9.5.1956	Toshio Imanishi und Sherpa Gyaltsen Norbu
Lhotse	8516	18.5.1956	Fritz Luchsinger und Ernst Reiss
Dhaulagiri	8167	*13.5.1960	Kurt Diemberger, Max Eiselin, Ernst Forrer, Albin Schelbert, Sherpa Nima Dortschi und Nawang Dortschi

* = ohne künstlichen Sauerstoff

Bei allen Besteigungen waren Sherpa mit dabei. Schon 1907 rekrutierten sowohl der schottische Arzt und Bergsteiger Alexander Mitchell Kellas als auch die Norweger Carl Rubenson und Ingvald Monrad-Aas Sherpa als Träger bei ihren Wanderungen zum Kangchendzönga, den die Norweger bis auf etwa 7200 Meter Höhe bestiegen. Bald hatten die Sherpa durch ihre Leistungen, aber auch durch ihre Aufrichtigkeit überzeugt, so dass sie bei Expeditionen bis auf den heutigen Tag fast unverzichtbar wurden. Sherpa aus Nepal und Darjeeling kamen auch bei den deutsch-österreichischen Nanga-Parbat-Expeditionen im Nordwest-Himalaya (heute Pakistan) zum Einsatz.

Bergsteigen ist eine westliche ›Erfindung‹ des späten 18. Jahrhunderts. Erst 1786 wurde der Mont Blanc bestiegen, damit begann die Eroberung der Gipfel. Dass die hohen Berge Nepals überwiegend von Ausländern und erst ab der Mitte des 20. Jahrhunderts bestiegen wurden, liegt dabei nicht nur an mangelnden Möglichkeiten und Zugängen, sondern auch an der kulturellen Einstellung zu den Bergen. Als 1923 der britische Bergsteiger George Mallory (1886–1924), der als ein Wegbereiter des Besteigens des Mt. Everest gilt und dabei umkam (seine Leiche wurde erst 1999 gefunden), gefragt wurde, warum er diesen Berg erklimmen wolle, sagte er lapidar: »Because it's there«. Ähnlich antwortete 2011 der Dalit (›Unberührbare‹, s.u. S. 38) Giri Bahadur Sunar: Weil bislang kein Dalit den Everest bestiegen habe. Kein Mensch im Himalaya wäre auf den Gedanken gekommen, den Berg zu erklimmen. Im Gegenteil, einige Berggipfel galten den meisten Bewohnern der Hochgebirge als Götter oder Sitz der Götter und damit als nicht betretbar, andere waren einfach Schnee und blieben lange Zeit namenlos.

Im Unterschied zum Gipfelsturm steht beim Trekking, einem beliebten Vergnügen für Touristen, das Laufen durch die Landschaft im Vordergrund. Wie auch beim Bergsteigen wollen die Menschen dabei die Natur und den Kontrast zur technischen, industrialisierten Welt genießen. Gesucht wird das von Menschen oder von der Zivilisation Unberührte. Auch in den traditionellen Vorstellungen der Bergbewohner gibt es eine von Menschen unberührte Natur. Freilich ist dies eine Natur, in der wilde Tiere, die Götter oder Geister wohnen und die nur Schamanen oder Könige betreten können oder dürfen.

Der Raum erschließt sich im Himalaya vor allem dadurch, dass man ihn erläuft. Andere Mittel der Bewegung, Straßen oder befahrbare Wege, stehen kaum zur Verfügung. Wer etwas sehen will, muss dorthin laufen, nicht selten tagelang, hoch und runter, bergauf und bergab. Hierbei werden immer wieder große Distanzen geschaffen. Ganz anders gestaltet sich das sakrale Laufen in den Ebenen; dort führt es primär zu zirkulären oder horizontal-linearen Strukturen: Umgehungen etwa, bei denen ein Raum, ein Tempel oder ein Ort umwandert und damit geschützt wird. Umwandlung bedeutet das Heilige einzubeziehen, das Innere vom Äußeren zu trennen. Besteigung hingegen bedeutet das Nahe vom Fernen abzutrennen. So ist es vielleicht nicht verwunderlich, dass im Himalaya die Götter oft (vom Berg) herabsteigen, während sie in der Ebene eher von selbst einfach erscheinen (*svayambhū*).

Die Unterscheidung zwischen oben und unten ist in Nepal topologisch grundlegend: Oben sind die schnee- und eisbedeckten Hochgebirgsregionen, unten – in den Ebenen, den großen Tälern, den Ausläufern des Himalaya oder den Flussebenen des Ganges oder Brahmaputra – sind die fruchtbaren Ackerlandschaften; oben ist baumloses, trockenes Land (es sei denn, es liegt wie Mustang im Regenschatten), unten sind die Wälder, der Dschungel und die Flüsse; oben sind im Sommer die alpinen kargen Weiden für Ziegen, Schafe und Yaks, unten die Wiesen für Rinder; oben wird gelaufen und geklettert, unten wird gelaufen, geritten und gefahren; oben sind tribale Gruppen und kleine Königtümer, unten ist die hierarchische Kastengesellschaft mit Republiken oder Großreichen; oben ist die sozial eher gleichförmige tibeto-buddhistische Kultur, unten die indische Hindu-Kultur; oben herrschen die tibeto-birmanischen, unten die indoeuropäischen Sprachen vor.

Der Everest

Der höchste Berg der Welt wurde 1865 nach dem Landvermesser George Everest, dem Leiter der großen trigonometrischen Vermessung Indiens und Surveyor General of India, benannt. Er hatte ihn 1848 durch ein indisches Team vermessen lassen und dabei festgestellt, dass er der höchste Berg der Welt sein musste. In der Sprache der Sherpa wird der Berg *Chomolungma* (nach Chinesisch *Quomolangma*) genannt, ›Göttin und Mutter der Landschaft‹, und in Nepālī erfand Baburam Acharya in den 1950er Jahren den Namen *Sagaramāthā*, ›Stirn (oder Thron) des Himmels‹. Nach verschiedenen Berechnungen ist dieser Berg offiziell 8848 Meter hoch, vermutlich hat sich seine Höhe aber durch die Erdbeben von 2015 verringert. 2017 haben daher indische Geologen mit neuen Vermessungen begonnen, und auch Nepal will eine Neuvermessung mit differentiellem GPS und Triangulation durchführen.

Ab dem Beginn des 20. Jahrhunderts begannen die Versuche, den Everest zu besteigen – alle noch ohne Sauerstoff. Viele blieben vergeblich. 1913 erkundete George Ingle Finch illegal als Pilger den Zugang zum Everest über Tibet. Die erste Expedition 1921 schaffte es nur bis zum Nordsattel (7066 m), ein Jahr später schafften es Finch und Charles G. Bruce bis auf 8380 Meter. Die dritte Expedition ist sagenumwoben, denn ob Andrew Mallory und George Irvine es tatsächlich bis zum Gipfel schafften, ist umstritten. Zuletzt wurden sie am 8. Juni 1924 am Nordostgrat auf über 8500 Meter gesehen; Irvines Leiche wurde nie gefunden.

Der Bergsteiger Jochen Hemmleb vermutet, dass die Erfahrungen mit dem Tod im Ersten Weltkrieg und der Ehrgeiz, der Erste sein zu wollen, die frühen Bergsteiger besonders risikofreudig machten. Es folgten fünf weitere Versuche, bis am 29. Mai 1953, um 11:30 Uhr, der Neuseeländer Edmund Hillary und Sherpa Tenzing Norgay in einer ehrgeizigen und großangelegten Expedition den Gipfel erreichten. Die Nachricht wurde noch ein paar Tage geheim gehalten, weil Hillary sie Königin Elisabeth zu ihrer Krönung am 2. Juni schenken wollte. Ein Foto gibt es nur von Norgay, weil dieser angeblich keine Kamera bedienen und daher Hillary nicht aufnehmen konnte. Offensichtlich war die schwierige Besteigung dabei nicht ganz ungetrübt: Während Hillary es in seinen Erinnerungen so darstellte, als ob er Norgay auf den letzten Metern hochgezogen habe, war es diesem wichtig, nicht zwischen Führer und Geführtem zu unterscheiden. Beide blieben aber ein Leben lang Freunde, und Hillary setzte sich zeitlebens für die Sherpa ein.

Die sensationelle Erstbesteigung des Everest und die Besteigung ohne künstlichen Sauerstoff durch Reinhold Messner und Peter Habeler am 8. Mai 1978 waren globale Medienereignisse, nicht zuletzt, weil Messner das Bergsteigen mit einer minimalistischen, naturschonenden Philosophie der Erkenntnissuche verband. Messner war auch der Erste, der alle 14 Achttausender bestieg; inzwischen haben rund 30 weitere Bergsteiger diese Leistung vollbracht.

Weitere Superlative des Everest folgten. Während seriöse Bergsteiger darauf aus waren, immer neue Routen auszuprobieren, war es anderen Gipfelstürmern daran gelegen, neue Rekorde aufzustellen. Unter ihnen waren der jüngste (Jordan Romera, 13 Jahre alt) und der älteste Besteiger (Yuichiro Miura, 80 Jahre alt; Sherpa Bahadur Sherchan, der 2017 mit 85 Jahren noch einmal den Everest besteigen wollte, war es nicht vergönnt, einen neuen Altersrekord aufzustellen, weil er kurz vorher im Everest-Basislager verstarb), die erste Frau (die Koreanerin Oh Eun-Sun, deren Besteigung aber umstritten ist, oder die Spanierin Edurna Pasaban am 17. Mai 2010), die älteste Frau (Tamae Watanabe, 73 Jahre alt), der erste, der vom Gipfel mit Skiern hinabfuhr (F. Karnicar), diejenigen, die die meisten Besteigungen (die Sherpa Appa, Kami Rita und Phurba Tashi, je 21 Mal) verzeichnen konnten, der schnellste Besteiger (Sherpa Pemba Dorje in 8:10 Stunden) oder die ersten blinden Besteiger (Erik Weihenmayer und Andy Holzer). Die nepalische Regierung hat 2017 beschlossen, dass künftig amputierte und blinde Bergsteiger nicht mehr auf den Everest und andere Berge klettern dürfen; außerdem gestattet sie keine Solo-Besteigungen mehr.

Die umfassende Ausschlachtung der Rekorde bei Bergbesteigungen in den Medien führte zu einer einzigartigen Kommerzialisierung des Bergsteigens, und diese brachte wiederum eine Reihe von Problemen mit sich. Denn seit den 1980er Jahren ist der Ansturm besonders auf den Everest so groß geworden, dass er wegen der Logistik und der Müllprobleme kaum noch zu bewältigen ist. Bis 1979 hatten nur knapp hundert Menschen den Gipfel erreicht, im Juni 2016 waren es wegen der verbesserten alpinen Ausrüstung schon 4469. Bis zum gleichen Jahr waren am Everest 282 Menschen gestorben, davon 114 Sherpa. Bis 2005 hat die Chronistin Elizabeth Hawley 794 tödliche Unfälle am Everest verzeichnet: 274 Personen wurden von Lawinen erfasst, 263 sind abgestürzt, und die anderen starben durch Lungen- und Hirnödeme, Erschöpfung, Erfrieren oder Steinschlag.

Eine Besteigung kostet mittlerweile so viel wie ein teures Auto: 30–45.000 $. Hinzu kommen die Kosten für Reise und Ausrüstung: Im Schnitt liegt man dann schnell bei 65.000 $. Auch wenn die Everest-Besteigung oft gesponsert wird, gerade bei jungen Menschen, ist sie in erster Linie etwas für reiche Menschen, die sich etwas beweisen wollen, die die Herausforderung, besondere Erfahrungen, das Abenteuer oder den speziellen Kick suchen – und für Sherpa, die etwas verdienen wollen. Dabei ist der Kick ein Spiel mit dem Tod. Zahlreiche Filme über den Everest haben ihn im Titel. Hieß der erste, 1934 vom Flugzeug aus gedrehte Film von Geoffrey Barkas und Ivor Mantagu noch *Wings over Everest* – in Nepal löste dieser Flug die Befürchtung aus, dass er für das Erdbeben im gleichen Jahr verantwortlich sein könnte –, klingen nachfolgende Titel dramatischer: Robert Markowitz: *In eisige Höhen – Sterben am Mount Everest* (1997), Reinhold Messner und Peter Habeler: *Mount Everest – Todeszone* (2002), Barny Revill: *Everest – Spiel mit dem Tod* (2006–07), Graeme Campbell: *Everest – Wettlauf in den Tod* (2007) oder Victor Grandits: *Mount Everest – Der Friedhof meiner Freunde* (2007).

Erdbeben

Verglichen mit den natürlichen Veränderungen, denen der Himalaya ausgesetzt ist, sind die menschlichen Einflüsse auf die Umwelt gering. Denn das Himalaya-Gebirge ist durch gigantische tektonische Verschiebungen entstanden: Mit einer Geschwindigkeit von rund 4,5 cm pro Jahr schiebt sich die indische Platte langsam nach Norden unter die viel größere eurasische Platte. Dadurch baute sich das Faltengebirge des Himalaya auf, das sich im Jahr um 4 bis 15 mm erhöht. Dies bedeutet, dass es erst in den letzten zwei Millionen Jahren die Höhe von 8000 Meter erreicht hat, und selbst bei einer angenommenen Wachstumsrate von nur zwei Millimetern pro Jahr lag Kathmandu vor 500.000 Jahren noch auf einer Höhe von rund 300 Metern – gegenüber aktuell rund 1400 Metern. Eine solche Plattenbewegung, bei der Hebungs- und Erosionsraten gegeneinander laufen, erfolgt unter so hohem Druck, dass sich die aufgebaute Spannung ruckartig entlädt. Dieser langsame Prozess hält an und führt immer wieder zu heftigen Erdbeben, letztmalig in Nepal am 25. April und 12. Mai 2015. Durch dieses Beben wurde Kathmandu um 1,5 Meter nach Süden verrückt und um einen Meter angehoben. Selbst der Mount Everest wurde um 3 cm nach Südwesten verschoben. Die geologische Druckwelle erreichte noch nach zehn Minuten sogar das südbadische Staufen – mit einer Geschwindigkeit von 29.000 km/h sowie einer Bodenbewegung von 0,01 mm.

Zuvor gab es seit 1255 vermutlich zehn Beben mit einer größeren Magnitude als 7,3 auf der Richterskala, die meist mehrere Tausend Opfer brachten. Diese Zahlen sind teilweise geschätzt, denn eine genaue Messung gibt es erst seit 1935, als Charles Francis Richter seine Magnitudenskala entwickelte. In Nepal hört man bisweilen, dass das Land alle hundert Jahre erschüttert wird, eine Ansicht, die nicht ganz unberechtigt ist, wenn man sich die Daten der schweren Erdbeben vergegenwärtigt: 25. April und 12. Mai 2015, 15. Januar 1934, 28. August 1917, 26. August 1833, Juli 1768, Januar 1681, Juni 1505, August 1408, 7. Juni 1255.

Im Jahr 2015 erreichte das erste Beben 7,8 auf der Richterskala und forderte rund 9000 Tote, das zweite Beben mit 7,2 auf der Richterskala forderte ›nur‹ rund 150 Tote. Insgesamt wurden annähernd 22.000 Menschen verletzt. Darüber hinaus wurden rund 600.000 Wohnhäuser, Schulen und über 30 Stätten des Weltkulturerbes nahezu vollständig zerstört.

Abb. 2: Der Cāra Nārāyaṇa-Tempel in Patan vor und nach dem Erdbeben von 2015 (Photo S. Klimek)

Hilfsmaßnahmen setzten relativ schnell ein, denn wochenlang berichteten alle Medien über die Not, so dass viele Spenden zusammenkamen. Unmittelbar nach dem Erdbeben sandte die indische Regierung mehrere Flugzeuge mit Nahrungsmitteln, Wasser und Rettungsausrüstung. Neben Deutschland, den Vereinigten Staaten und Russland kündigten viele Staaten Hilfsmaßnahmen an. Großbritannien, das wie Indien in seinen Streitkräften Gurkha-Einheiten unterhält (vgl. dazu Focus, S. 102 ff.), schickte diese sofort in die Krisenregion, um humanitäre Hilfe zu leisten. Viele nichtstaatliche Hilfsorganisationen aus Deutschland wie das Technische Hilfswerk, action medeor, humedica oder I.S.A.R. Germany entsendeten Soforthilfe in die Katastrophenregion. Auch das Internationale Rote Kreuz begann schnell seine Arbeit. Insgesamt waren über 300 Hilfsorganisationen im Einsatz. Die Spenden gingen in die Millionen: Indien stiftete eine Milliarde US Dollar, England rund 130 Millionen, die Schweiz 26, die Europäische Union 24, die USA 10 Millionen, der Vatikan 100.000. Hinzu kamen private Hilfsgelder in unbekannter Höhe.

Trotz dieses beträchtlichen Spendenaufkommens kam die Hilfe nur in geringem Ausmaß bei den Betroffenen an. Das lag vor allem an der unzulänglichen, teilweise chaotischen Reaktion der Regierung, die zu Beginn wegen logistischer Probleme überfordert war. Es gab z.B. viel zu wenige Hubschrauber und kaum ausgereifte Pläne für den Katastropheneinsatz. Hinzu kamen Grenzprobleme mit Indien. Dann folgte ein langwieriger Aufbau des National Emergency Operation Center und des Prime Minister's Disaster Relief Fund, wohin zunächst alle Hilfsgelder fließen sollten, doch musste man diesen Beschluss bald revidieren und den existierenden Nichtregierungsorganisationen (NGO) weiter erlauben, ihre Hilfsgelder direkt auszugeben. Berichte von Korruption und Missmanagement häuften sich. Das Zurückhalten von Hilfsgütern am Flughafen erschwerte die Arbeit.

Als Soforthilfe bot die erst nach einem Jahr und mit viel Parteiengezänk eingesetzte National Reconstruction Authority (NRA) 30.000 Rupien (damals entsprachen 100 Rupien etwa 1 €) für Schäden mit nachgewiesenen Todesfällen, 15.000 für völlig zerstörte Häuser, 3000 für beschädigte Häuser und 10.000 als Winterhilfe an. Später erhielten diejenigen, deren Häuser zerstört worden waren, im Durchschnitt 50.000 Rupien, aber nur wenn die Fundamente des neuen Hauses bereits gebaut waren. Dafür schuf man ein Nepal Rural Housing Reconstruction Program. Allerdings stellten sich dabei schnell gravierende Probleme ein: Zunächst mussten die Schäden festgestellt und Berechtigungskarten für die Erdbebenopfer ausgestellt werden. Dann scheiterte die Auszahlung nicht selten an fehlenden Bankkonten; in den abgelegeneren Gegenden mussten daher viele Menschen tagelange und kostenintensive Märsche auf sich nehmen, um an die Auszahlungen zu kommen. Lange Schlangen erwarteten sie. Probleme gab es unter anderem wegen der unregelmäßigen Schreibung ihrer Namen oder fehlender Dokumente. Hatten die Erdbebenopfer schließlich ihre Hilfe erhalten, wurde das Geld oft anderweitig ausgegeben; es wird von einer signifikanten Steigerung des Verkaufs von Mobiltelefonen berichtet. Vor allem aber gab es eine viel zu geringe finanzielle Unterstützung der Opfer und zu wenig qualifizierte Handwerker, weil die meisten in den Golfstaaten arbeiteten. Im März 2016 ordnete die NRA dann sogar an, dass alle von ihr nicht genehmigte Hilfe einzustellen sei. Sie wollte damit die NGOs unter ihre Macht stellen. Die Folge war, dass sich der dringend benötigte Wiederaufbau erheblich verzögerte.

Wie sind die Nepalis mit traumatischen Erfahrungen wie diesen umgegangen? Welche Erklärungsmuster gibt es für solche Katastrophen? In Europa wurde Lissabon, wo an Allerheiligen 1756 die Erde bebte, was eine verheerende Flutwelle auslöste, zum Synonym für eine Katastrophe, die den Fortschrittsglauben der Aufklärung ins Wanken geraten ließ und die Theologen in Erklärungsnöte brachte. Gibt es ähnliche Reaktionen auch in Nepal?

Das historisch-textliche Material zu Erdbeben in Nepal, mit dessen Hilfe man diese Frage zu beantworten sucht, umfasst im Wesentlichen vier Kategorien: mythologische Texte, astralwissenschaftliche Texte, Chroniken und Dokumente. Besonders die enzyklopädische *Bṛhatsaṃhitā* des indischen Gelehrten Varāhamihira (505–587) trägt Erklärungen für Erdbeben zusammen. Danach sind riesige Tiere wie eine Monsterschildkröte, die die Erde trägt, Winde, die miteinander kämpfen und dann auf die Erde fallen, die Sünden der Menschen, ungünstige Sternkonstellationen oder zornige Götter oder Dämonen ursächlich für Erdstöße. Varāhamihira hat sogar eine eigene Seismologie entwickelt, die eine Typologie der Erdbeben nach Tageszeit, präsidierender Gottheit, Sternkonstellation, Prognosen für die Woche vor dem Erdbeben, Auswirkungen auf die Bevölkerung, betroffenen Gegenden und Dauer umfasst.

Diese Texte sind aber zu allgemein, als dass sie tatsächlich helfen könnten, das jeweilige Ereignis zu erklären. Ähnlich verhält es sich bei den nepalischen Chroniken. Zwar sind hier Ereignisse genauer beschrieben – für den 7. Juni 1255 stellt die *Gopālarājavaṃśāvalī*, die den frühesten Bericht über ein Erdbeben in Nepal enthält, fest:

> Ein gewaltiges Erdbeben geschah am Montag, dem 3. Tag des zunehmenden Mondes des Monats Āṣāḍha im Jahr (NS) 375 (…). Die Menschen mussten zwischen 14 Tagen und einem Monat ihr Heim verlassen und draußen leben. Viele Tempel und Häuser fielen während der ehrwürdigen Herrschaft von (König) Abhaya Malladeva zusammen. Ein Drittel der Bevölkerung, vom König angefangen, starb.

Die *Chronik der Könige Nepals* listet darüber hinaus Beben aus den Jahren 1344, 1308, 1768, 1808, 1824, 1833 und 1834 auf. Aber abgesehen von ein paar astronomischen Andeutungen geben die Chroniken keine Erklärungen für die Erdbeben. Sie berichten knapp und ohne Ausdeutungen.

Der erste ausführlichere Erdbebenbericht stammt erst aus dem Jahr 1934. Er wurde von General Brahma Śamśera Jaṅga Bahādura Rāṇā verfasst. Demnach hatte das damalige Erdbeben mit einer Stärke von 8,5 auf der Richterskala 8519 Todesopfer gefordert und 207.704 Häuser zerstört. Es soll monatelang Nachbebenschwärme gegeben haben. Das Buch bietet Statistiken und berichtet von Hilfsmaßnahmen, Freiwilligenhilfe, einer strikten Bestrafung von Plünderern, der Einrichtung eines Hilfsfonds des Premierministers, in den er selbst 300.000 und die Königin noch einmal 100.000 Rupien eingezahlt habe. Premierminister Juddha Śamśera und König Tribhuvana überlebten, aber zwei Prinzessinnen starben. Die Nachrichtenlage war schwierig. Tagelang konnte nichts berichtet werden, bei manchen Bergregionen erfuhr man erst nach zehn Tagen vom ganzen Ausmaß der Katastrophe. Auch nahm man keine Hilfe aus dem Ausland an.

Aufschlussreich sind die Gründe für das Erdbeben, die der General diskutiert. So sollen es Astrologen vorausgesagt haben, oder es wird der Mythos von dem Tier bemüht, auf dessen Schultern die Erde ruhe, allerdings mit dem Zusatz, dass die Zunahme der Sünden der Menschen die Erde für das Tier – in diesem Fall ist es eine Schlange oder ein Fisch – zu schwer habe werden lassen. Auch wird beklagt, dass – wie bereits erwähnt – ein Ausländer über den Mount Everest geflogen sei und dadurch ein Sakrileg begangen habe. Insgesamt herrschte eine Untergangsstimmung vor. Die Menschen zogen sich fein an, weil sie vermuteten, dass das Ende der Welt gekommen sei.

Freilich ging man die Katastrophe auch organisatorisch an. So versprach der Premierminister, nur noch einstöckige Häuser zuzulassen, und empfahl, Dächer aus flach geschlagenen Blechkanistern ohne Säulen und mit wenigen Fenstern zu bauen. Aus Kalkutta (jetzt ›Kolkata‹) wurden Geologen geholt und befragt. Sie wussten damals noch nichts von den Erdplattenverschiebungen. Immerhin rieten sie der Regierung, beim Hausbau zukünftig Beton zu verwenden. Damals meinte man, alles innerhalb von fünf bis sieben Jahren wieder aufbauen zu können. Es hat, wie wir wissen, viel länger gedauert; teilweise sind die alten Monumente noch immer nicht wiederhergestellt worden.

Auch dieser erste ausführlichere historische Bericht gibt also nicht viel her für die Frage nach den einheimischen Erklärungen für Erdbeben. Ähnliches gilt für zahlreiche historische Dokumente, in denen es hauptsächlich um materielle Forderungen von Betroffenen geht. Wie es scheint, ist in Nepal eine Naturkatastrophe nicht wie in Lissabon als Wendepunkt oder Warnung der Götter an die Menschen verstanden worden.

3. Die Menschen

Nepals Vielfalt zeigt sich besonders in einer ungewöhnlich großen Breite an ethnischen Gruppen und deren Kulturen, an Sozialstrukturen, Sprachen und Religionen. 2016/17 lebten in Nepal knapp 30 Millionen Menschen in über 5 Millionen Haushalten mit einer Durchschnittsgröße von fünf bis sechs Mitgliedern. 62,7 % davon waren unter 30 Jahre alt. Bei einem Bevölkerungswachstum von rund 1,5 % dürften im Jahr mehr als 400.000 Menschen dazukommen. Die Bevölkerungsdichte betrug im Durchschnitt fast 200 Personen, am höchsten ist sie aber in Kathmandu mit rund 5000 Menschen auf den Quadratkilometer.

Im Allgemeinen teilt man die Bevölkerungsgruppen Nepals in folgende Kategorien ein:

Die Bevölkerung Nepals

Bahun-Chhetri, auch **Indo-Parbatiyas** genannt (nach der Volkszählung von 2011 31 %*): indo-nepalische Gruppen, z.B. Bahun (Brahmanen, Priester- und Gelehrtenkaste), Thakuri, Khas/Chhetri (von Skt. *kṣatriya*, ursprünglich die Kriegerkaste) oder Sannyasi. Diese Kasten haben viele Übereinstimmungen in Bezug auf Rituale und Feste, sprechen meist indoarische Sprachen (Nepālī, Hindī oder Bhojapurī), kommen zum Teil ursprünglich aus Indien und siedeln überwiegend im Mittelland. Seit 1990 wird für diese Gruppe auch die offizielle Bezeichnung ›Khas-Arya‹ verwendet.

Janajatis (37 %): meist eine tibeto-birmanische Sprache sprechende ethnische Gruppen wie die (in der Reihenfolge ihres Bevölkerungsanteils) Magar, Tamang, Rai, Gurung, Limbu, Chepang, Sunuvar, Thakali oder Thami, die alle hauptsächlich im Mittelland siedeln. Hierbei wird zwischen Hill Janajatis und Tarai Janajatis (z.B. den Tharu) unterschieden. Zu den tibetisch beeinflussten Gruppen, die in den Hochgebirgsregionen beheimatet sind, gehören die Sherpa, Lopa, Humli oder Tsum.

Newar (5 %): ebenfalls eine tibeto-birmanische Sprache sprechende Bevölkerungsgruppe, die wegen ihrer historischen Bedeutung und einflussreichen Präsenz im Kathmandu-Tal hier gesondert aufgelistet wird, obwohl sie teilweise zu den Janajatis gezählt wird.

Madhesi (ca. 30 %): im Tarai siedelnde Gruppen, die in der Regel eine dem Hindī verwandte Sprache sprechen, meist jetzt kollektiv Madhesi genannt (nach Skt. *madhyadeśa*, eine Bezeichnung u.a. für Indien), die sich in Stämme wie besonders die Tharu, Danuvar, Dhimal oder Rajbanshi, einzelne Kasten wie etwa die ›zweimalgeborenen‹ Brahmanen, Rajput, Kayastha und Baniya sowie Yadav und andere aufteilen.

Dalit (13 %): zahlreiche nach Berufen gegliederte ›unreine‹ Kasten wie Wäscher (Dhobi), Lederverarbeiter (Sarki, Chamar) oder Grobschmiede (Kami). Für diese Kasten wird teilweise auch der Ausdruck ›Unberührbare‹ oder die neuere Bezeichnung ›Dalit‹ verwendet, aus deren Händen kein Wasser angenommen werden darf.

Andere (ca. 5 %): Gruppen mit einem speziellen Status wie die tibetischen Flüchtlinge, Bhote oder Bhotiya genannt, Muslime, Sikh oder Ausländer, die sich mehr oder weniger permanent in Nepal aufhalten.

* Die Prozentzahlen summieren sich nicht auf 100, da die Dalit teilweise auch unter die anderen Kategorien fallen können.

Die Bezeichnungen für die sozialen Gruppen beziehen sich in den meisten Fällen ursprünglich auf nach Berufen geordnete Kasten oder regionale Ethnien. Die Kasten können aber auch neue Namen wie Nepali, Kirata oder Sangam haben, die mitunter die soziale oder regionale Herkunft verschleiern. In Einzelfällen wie etwa bei den Newar oder den Tharu handelt es sich um Namen, die mehrere Kasten einschließen. Besonders ist die Situation im Westen Nepals. Dort trafen im 12. Jahrhundert viele Brahmanen und andere Kasten aus Indien kommend und vor den Muslimen fliehend auf die Khasa, ebenfalls Kasten-Hindus, die freilich von den indischen Brahmanen wegen ihrer von der ›Orthodoxie‹ abweichenden Lebensformen als geringerwertig eingestuft wurden. Das galt namentlich für die sogenannten Matwali (›Alkohol trinkenden‹) Chhetri, die aber dennoch die Heilige Schnur als Zeichen ihrer höherrangigen Geburt trugen und daher nicht den Status der übrigen Chhetri erhielten.

Nepālī sprechende Brahmanen, Thakuri und Chhetri machen zwar nicht die Mehrheit der Bevölkerung aus, aber da die anderen Gruppen selten eine politische Einheit bilden, auch nicht im Tarai, bilden sie eine dominante Minderheit, die die Geschicke des Landes weitgehend bestimmt, zumal wenn man bestimmte Volksgruppen wie die Magar, die viel mit den Bahun-Chhetri gemein haben oder eng mit ihnen assoziiert sind, hinzuzählt. In der überwiegenden Mehrzahl der Distrikte bilden die Bahun-Chhetri daher die politische Mehrheit.

Nach der Volkszählung von 2011 stellen die Chhetri die größte Kaste (16,6 %), gefolgt von den Brahmanen der Mittelgebirge (12,2), den Magar (7,1), Tharu (6,6), Tamang (5,8), Newar (5), Kami (4,8), Muslimen (4,4), Yadav (4,0) und Rai (2,3). Allerdings ist bei diesen Zählungen immer Vorsicht geboten. In der *Chronik der Könige Nepals* und anderen Texten aus dem 19. Jahrhundert sind 64 Kasten aufgelistet (s.u.), 1966 zählte ein Forscher allein 26 Kasten unter den Newar; in der Volkszählung von 1991 wurden 60 Kasten und ethnische Gruppen gezählt, 2011 waren es schon 125. Diese Ausdifferenzierung ist eine Folge von Berufswechseln und Migration sowie Statusansprüchen. Insgesamt ist das Land also vor allem ein Land der ethnischen Vielfalt, wobei die Bahun-Chhetri die größte und die Newar vielleicht die einflussreichste Gruppe bilden. Die Identität der Menschen richtet sich nach der Kaste (*jāt/jāti*), der Region (*deśa*), der Religion und dem sozialen Stand.

Der 2003 gegründete Zusammenschluss von ethnischen Minderheiten (Nepal Federation of Indigeneous Nationalities, NEFIN) listete 2004 59 Janajatis auf und teilte sie in 10 gefährdete, 12 höchst marginalisierte, 20 marginalisierte und 15 benachteiligte Gruppen ein, zu denen er noch die zwei weiterentwickelten Gruppen der Newar und der Thakali hinzuzählte. An diesen Verhältnissen hat sich bis heute kaum etwas geändert, obgleich die politische Repräsentation der Janajatis in den Parlamenten ab 1991, gemessen an ihrem Bevölkerungsanteil, nicht von einer sehr großen Diskriminierung zeugt.

Woher genau die einzelnen Gruppen jeweils kamen, ist mangels historischer Quellen oft nur schwer zu sagen. Linguistische Verbindungen und Mythen oder Legenden liefern aber Anhaltspunkte. So sind die tibeto-birmanische Sprachen sprechenden Gruppen von Norden her eingewandert, die meisten anderen Gruppen aber aus dem Süden. Bis in die Gegenwart ist die Grenze nach Indien durchlässig, während die Zugänge nach Tibet durch die wenigen Passwege vergleichsweise gut kontrollierbar waren. Da das Kathmandu-Tal seit der Licchavi-Zeit, besonders aber durch die Malla-Herrscher, zu einem politischen und ökonomischen Zentrum wurde, übte es einen anhaltenden Sog aus, was zu einer in den letzten Jahrzehnten explodierenden Urbanisierung führte. Dadurch wurde die ursprünglich dominante Bevölkerung, die Newar, zurückgedrängt. Dennoch konnten sich die Newar aufgrund ihres stabilen Sozialsystems und ihrer vergleichsweise guten Bildung in zahlreichen Sektoren des kulturellen, wirtschaftlichen und politischen Lebens behaupten.

Familien- und Sozialstrukturen

Bei der Vielfalt der Bevölkerungsgruppen und ihrer Lebensformen ist es unmöglich, eine homogene Familien- und Sozialstruktur Nepals herauszuarbeiten. Allenfalls lässt sich verallgemeinernd sagen, dass die Großfamilie die am weitesten verbreitete soziale Einheit Nepals bildet. Wenn diese mehrere Kleinfamilien umfasst, wächst sie zu einem Familienverbund oder einer *joint family* heran, bei der mehrere Familien beieinander wohnen und unter Umständen sogar einen verknüpften Haushalt bilden, dessen Oberhaupt in der Regel der Vater oder der Großvater ist. Dieser Familienverbund beruht auf gemeinsamer Herkunft und Ahnenversorgung, geteiltem Besitz oder wechselseitiger Unterstützung, Kommensalität bzw. geteilten Mahlzeiten, bedingt kollektiver Versorgung der Kinder und gemeinsam begangenen lebenszyklischen Ritualen.

Für eine etwas genauere soziale Segmentation ist darüber hinaus zu unterscheiden zwischen Stand oder Kastengruppe und Kaste. Im traditionellen hinduistischen Kontext herrscht eine klassische Varṇa- oder Ständeordnung vor, nach der die Brahmanen (Bahun) als Priester- und Lehrstand an der Spitze stehen, gefolgt von den Kshatriyas (Chhetri) als Krieger- bzw. Wehrstand, den Vaishyas als Bauern- oder Nährstand und den Shudras, die als Arbeiter oder Handwerker arbeiten. Diese sozio-religiöse Ständeideologie spiegelt allerdings nicht die Realität wieder. Vielmehr dient sie allenfalls zur groben Klassifikation in einem brahmanisch geprägten Kontext.

Anders verhält es sich bei der Kastensegmentation. Als ›Kaste‹ gelten dabei Gruppierungen, die sich durch Gemeinsamkeiten in Bezug auf Beruf,

Abb. 3: Ein unberührbarer Pore (Reiniger) trägt zur Musik der Metzger den Kopf des Büffels, der der Göttin Bhadrakālī geopfert wurde, 1988 (Photo N. Gutschow).

Name und Traditionen auszeichnen und bisweilen politische Kastenorganisationen bilden können. Eine Subkaste (ebenfalls *jāti*) erfüllt die gleichen Kriterien wie die Kaste, ist aber regional und durch Sprache eingegrenzter. So sind etwa die newarischen Manandhar, traditionell Ölpresser, eine Untergruppe der Jyapu-Bauernkaste. Die Subkaste bildet in der Regel die endogame Obergrenze, unterhalb derer Klans oder Sippen (*gotra*, *varṇa*, *kula*, *sapiṇḍa*; Nev. *phuki)* heiraten, wobei genealogisch-fiktive Kriterien wie die Berufung auf einen gemeinsamen Urahnen ebenso relevant sein können wie Blutsverwandtschaft oder Lineage bzw. genealogische Herkunft mit nachweisbaren Bindegliedern. Die Subkaste, oder auch ein Großfamilienverbund, zeichnet sich auch dadurch aus, dass es familiäre Nachbarschaftshilfe in ökonomischen und religiösen Angelegenheiten, bei Heiratsarrangements oder der Teilnahme an Totenritualen gibt oder Quartiers- und Familiengottheiten in gemeinsamen Festen verehrt werden.

Darüber hinaus gibt es aber kein einheitliches Kastensystem für alle Hindus oder gar Nepalis, zumal die Volksgruppen in den Hochgebirgsregionen dies nicht oder kaum kennen. Stattdessen gibt es mehrere Kastensysteme. Grob gesagt ist das des Tarai eher brahmanisch-orthodox, das Indo-Parbatiya-System hingegen etwas liberaler. Die Schichtung und Hierarchie hängt also von verschiedenen Faktoren ab und zeigt sich vor allem in den Heiratsallianzen und Reinheitsvorstellungen, aber auch in der Frage, welche Kasten dominant und welche in der Minorität sind. So orientiert sich das Kastensystem im Tarai besonders stark an der Varṇa-Ideologie, während das newarische Kastensystem im buddhistischen Patan einer anderen Hierarchie folgt, bei der z.B. Handwerker einen höheren Status haben.

Das Kastensystem der Parbatiyas

Bahun (Brahmanen)

Chhetri, Thakuri (Kshatriya) (ehemals Krieger- bzw. Wehrstand, jetzt in verschiedenen Berufen tätig)

Asketen wie die Dasanami Sannyasis oder Kanphata Yogis

Verschiedene Händler- und Handwerkerkasten (Vaishya)

Dalit (Shudra): Sarki (Lederverarbeiter), Kami (Grobschmiede), Sunar (Goldschmiede), Pariyar/Damai (Schneider)

Das Kastensystem im Tarai

Brahmanen

Kshatriya: Chhetri, Kayastha (Schreiber), Bhumihar (Landbesitzer)

Vaishya: Bania und Marvari (Händler)

Andere ›reine‹ Kasten: Kurmi (Bauern), Ahir/Yadav (Hirten, Milchmänner), Koiri (Gemüseverkäufer), Mali (Blumenhändler), Darji (Schneider), Lohar (Grobschmiede), Mallah und Kewat (Fischer), Nai (Barbiere), Kumhar (Töpfer), Halwai (Süßspeisenhersteller)

Unreine, aber ›berührbare‹ Kasten: Kalawar (Händler, Bierbrauer), Dhobi (Wäscher), Teli und Kanu (Ölpresser),

›Unberührbare‹ (Dalit): Chamar (Lederverarbeiter), Dushdh und Dom (Korbflechter), Khatawe (Arbeiter), Bhangi (Reiniger)

Ethnische Gruppen: Tharu, Dhanuk, Rajbanshi, Gangai, Dhimal, Kumal, Majhi, Danuvar, Darai

Newar-Kasten in Patan

1. ›Reine‹ Kasten

Rajopadhyaya (Hindu-Brahmanen), Vajracharya (buddhistische Priester)

Shakya/Bare (u.a. buddhistische Goldschmiede oder Händler)

Shrestha (Untergruppen: Amatya, Pradhan, Maske etc.), Rajbhandari (u.a. Händler oder Beamte)

Joshi (Astrologen), Karmacharya/Achaju (śivaitisch-tantrische Priester)

Uray (Untergruppen: Tuladhar (Händler), Tamrakar/Tamot (Kupferschmiede), Kansakar/Kasah (Metallverarbeiter))

Maharjan/Jyapu/Dangol (Bauern), Kumhah (Töpfer)

Shilpakar/Lohakami (Steinmetze)

Tandukar/Khusah (Bauern, Musiker), Vyanjankar/Tepay (Floristen), Napit/Nau (Barbiere)

2. ›Unreine‹ Kasten

Khadgi/Sahi bzw. Kasai/Nay (Metzger, Trommler)

Kusle/Kapali/Jugi (Musiker, Schneider, Totenspezialisten)

Pore/Dyahla/Pvah (Reiniger)

Nepalis haben wie heutzutage fast alle Menschen verschiedene lokale, regionale und nationale Identitäten. Sie sind Nepalis im Unterschied zu Indern oder wenn das Nationalteam Cricket gegen Neuseeland spielt. Sie sind aber Newar, Tamang oder Tharu, wenn es um regionale Interessen und um ›Heimat‹ geht. Und vor allem: Sie können sich oft in ›verschiedenen‹ Kategorien befinden, ohne dies als Widerspruch zu empfinden. Sie können sich (selbst als Parbatiyas) sowohl als Angehörige einer Minderheit als auch als Mitglieder einer dominanten Kaste empfinden. Es sind die modernen Registrierungsmethoden bei den Volkszählungen, bei denen Mehrfachanstreichungen nicht möglich sind, die sie in exklusive Kategorien zwängen. Daher gilt für Nepal (mehr als für Indien), dass ethnische Gruppierungen und Kasten sich nicht wechselseitig ausschließen. Schon im *Ain* von 1854 (s.u. S. 45 und 228ff.) gibt es keinen Unterschied zwischen Kaste und ethnischer Gruppierung; beide werden mit dem gleichen Wort (*jāt/jāti*) bezeichnet.

Hinzu kommt, wie David Gellner (2008) gezeigt hat, dass die üblichen definitorischen Kriterien für eine ethnische Gruppierung – Gemeinsamkeiten bei den Namen, Abstammungsmythen, der Geschichte, Kultur, Verbundenheit mit einem Ort und Gefühl der Solidarität untereinander – in Nepal nicht immer greifen. Die Newar haben z.B. keinen gemeinsamen Abstammungsmythos, und tibeto-birmanische Sprachen sprechende Gruppen wie die Gurung, Magar, Rai, Thakali und andere bilden keine kulturell oder sprachlich homogene ethnische Gruppe. Auch hatten die ethnischen Gruppen jeweils eine unterschiedlich starke Bindung zu den herrschenden Parbatiyas. Die Magar und Gurung fühlten sich stärker mit ihnen verbunden – nicht zuletzt durch ihre frühe Integration in die Armee – als beispielsweise die Limbu. Das ging so weit, dass etwa Francis Buchanan-Hamilton Anfang des 19. Jahrhunderts annahm, die Magar würden sich bald zu einer Parbatiya-Kaste entwickeln und die Śāha, aus denen die Königsfamilie stammt, seien »in Wirklichkeit ein Magar-Stamm«.

In der nepalischen Geschichte hat es hauptsächlich zwei Versuche gegeben, die unterschiedlichen Kastenhierarchien in ein System zu bringen. Der erste stammt von König Sthiti Malla (1382–95), der mithilfe von fünf Brahmanen einen Text, die *Jātamālā* (›Girlande der Kasten‹), verfassen ließ, der 64 Kasten auflistet; der Text wurde später in die *Chronik der Könige Nepals* eingefügt. Demnach stehen an der Spitze zehn Brahmanenkasten; die Newar-Kasten werden u.a. in fünf Priester- (Acharya-), vier Ärzte- (Vaidya-) und 38 Shrestha- (Händler-) Kasten eingeteilt, und den Astrologen (Jaisi) und Acharya wird erlaubt, die Heilige Schnur zu tragen, aber auch eine Shrestha-Frau zu heiraten. Danach folgen die 36 Kasten des untersten Standes, der Shudras, die z.B. die Newar-Bauern (Jyapu) und Töpfer (Kumhah) einschließen. Am Ende der Hierarchie stehen die Unberührbaren wie die Pore (Abdecker, Reiniger) oder Charmakara (Lederverarbeiter).

Sthiti Malla legte nach brahmanischen Rechtsvorschriften (*Dharmaśāstra*) auch Regeln für den Geschlechtsverkehr zwischen hochkastigen Frauen und Männern aus niedrigen Kasten fest. Außerdem heißt es, dass er verschiedene Gesetze erließ, wonach man nur den der Kaste zugeordneten Beruf ausüben sollte und Mitglieder niedriger Kasten mit besonderer Kleidung und Schmuck in besonderen Häusern leben sollten. Kasai etwa müssten ärmellose Hemden, die Pore sollten Kappen und die traditionelle

Kleidung für Männer (*labedā-suruvāla*) tragen; Kasai, Pore und Kulu sollten ihr Dach nicht mit Ziegeln decken, und jeder sollte den Mitgliedern jeweils höherer Kasten gehorchen. Die *Chronik der Könige Nepals* schließt Sthiti Mallas Auflistung der Kasten mit folgenden Worten ab:

> Er (Sthiti Malla) machte diese Regeln nach dem Dharmaśāstra, für hochkastige Frauen, die Geschlechtsverkehr mit niedrigeren Kasten haben, ebenso wie für niedrigkastige Männer, die mit hochkastigen Frauen schlafen. Indem Sthiti Malla auf diese Weise die *Jātamālā* verfasste und die Gesetze für die Kasten, das Land und die Häuser erließ, verbesserte er Recht und Sitten (*dharma*) für die Hindus in Nepal.

Die soziale Hierarchie nach dem Ain *von 1854*

Der zweite Entwurf eines Kastensystems stammt aus Jaṅga Bahādura Rāṇās *Ain* von 1854, einer Art Verfassung (mehr hierzu unten, S. 228). In diesem Text wird das Kastensystem meist mit der Formulierung »vier Stände (*varṇa*) und 36 Kasten (*jāt*)« erfasst. Die Zahl 36 entspricht aber nicht der sozialen Wirklichkeit und steht wohl nur für die Gesamtheit der Kasten, denn allein im *Ain* werden rund 70 Kasten erwähnt. Diese werden hierarchisch in fünf Gruppen (vgl. Tabelle) eingeteilt, wobei grundsätzlich unterschieden wird zwischen reinen (1–3) und unreinen (4–5) Kasten bzw. solchen, von denen Wasser angenommen oder nicht angenommen werden darf. Die Hierarchie des *Ain* beruht dabei im Wesentlichen auf vier (Un-)Reinheitsmerkmalen: a) der Heiligen Schnur, b) dem Alkohol und c) dem Annehmen oder d) dem Darreichen von gekochtem Reis und Wasser.

Die Hierarchie der Kasten (nebst traditionellen Berufen) und Ethnien im *Ain* von 1854
1. »Träger der Heiligen Schnur« (*tāgādhārī*)
Upadhyaya-Brahmanen (Bahun)
Jaisi Bahun (auch Jyotishi, Joshi)
Rajput, Thakuri
Chhetri

*Dev Bhaju (Newar-Brahmanen)
Indische Brahmanen
Asketen (Sannyasi, Giri, etc.)
*Verschiedene Newar-Kasten

2. Nicht versklavbare, Alkohol trinkende Kasten (*namāsinya matavālī*)
Matavali Chhetri
Magar, Gurung, Sunuvar
*Verschiedene Newar-Kasten

3. Versklavbare, Alkohol trinkende Kasten (*māsinya matavālī*)
Bhote (Tibeter), Chepang, Danuvar, Hayu, Tharu, Rai, Limbu, Sherpa, Tamang
Kumai (Töpfer)
Befreite Sklaven (Gharti)

4. Unreine, aber ›berührbare‹ Kasten
(*pāni nacalnyā choi chiṭo hālnu naparnyā*)
*Kasai (Metzger)
*Kusle (Schneider, Musiker)
Dhobi (Wäscher)
Muslime
Mleccha (Weiße, Europäer)

5. Unreine und ›unberührbare‹ Kasten
(*pāni nacalnyā choi chiṭo hālnu parnyā*)
Kami (Grobschmiede), Sarki (Gerber, Schuhmacher)
Kadara (Abkömmlinge von Kami und Sarki)
Damai (Schneider, Musiker)
Sunuvar (Goldschmiede)
Gaine (Wandermusiker)
Badi (Musiker)
*Pore (Abdecker)
*Chyame (Abdecker)

* = unsicherer Status

Auf diesen Merkmalen beruhend, ist die Kastenordnung des *Ain* strikt hierarchisch. Als Beispiel sei das Kapitel 61 über Flatulenzen in der Öffentlichkeit herangezogen, weil es zeigt, dass die Behandlung der Unreinheit nicht von der Verunreinigung selbst, sondern vom Täter abhängig ist. Der Tatbestand ist das absichtliche Furzen ins Gesicht eines anderen, der dadurch zeitweilig verunreinigt wird. Wie die unten stehende Tabelle zeigt, hängt die Strafe vom Kastenstatus des Opfers ab, wobei zwei Strafen in Frage kommen: eine in Rupien an den Staat zu zahlende Geldstrafe, die Angehörige aller Kasten zu entrichten haben, und eine an den religiösen Richter (*dharmādhikārin*) abzugebende Gebühr für die Wiederaufnahme in die Kaste, welche die Unberührbaren ausschließt, weil diese ohnehin keinen Kastenstatus haben und deshalb nicht noch mehr verunreinigt werden können. Wie man sieht, ist die Strafe umso höher, je höher der Kastenstatus des Opfers ist.

Die Bestrafung öffentlicher Flatulenzen nach dem *Ain* von 1854

Täter	Opfer	Strafe (Rupien)	Gebühr (*ānā**)
§1 Jede Kaste (*jāta*)	Gleiche oder niedrigere Kaste	5	4
§2 Rajput, Träger der heiligen Schnur	Höhere Kaste	7 ½	4
§3 Nicht-versklavbare Alkoholtrinker	Träger der heiligen Schnur	10	8
§4 Versklavbare Kasten	Träger der heiligen Schnur	15	1
§5 Versklavbare Kasten	Nicht-versklavbare Alkoholtrinker	5	4
§6 Unreine, aber berührbare oder unberührbare Kasten	Höhere Kasten, von denen Wasser angenommen werden kann	20	1½
§7 Unberührbare Kasten	Unreine, aber berührbare Kasten	5	4

*16 *ānā* = 1 Rupie

Nach den zugrunde liegenden Reinheitsvorstellungen kann Reis nur in hierarchischer Richtung von oben nach unten, Wasser hingegen auch wechselseitig angenommen werden. Das Verbot, Reis anzunehmen, kann lebenslang ausgesprochen werden, womit ein Kastenausschluss verbunden ist. Es kann aber auch nur für begrenzte Zeit erfolgen, etwa bei Verunreinigungen durch Tod oder Geburt.

Über die soziale Hierarchie des *Ain*, die durch korrespondierende Heiratsregeln gefestigt wurde, wurden Ethnien zu Kasten, die den brahmanischen Reinheitskriterien zu folgen hatten und dabei vereinzelt auch staatlich überwacht wurden. Viele Unterdrückungsmaßnahmen wie ein hierarchisches Steuersystem, Fronarbeit, Sklaverei, Ausschluss von Bildungseinrichtungen, Benachteiligung bei Privatkrediten oder Mangel an politischer Teilhabe rühren daher.

Zwar wurde schon im *Ain* von 1854 (Kapitel 31.7) festgelegt, dass der »Beruf nicht durch die Kaste bestimmt ist«, aber diese Regelung hatte kaum praktische Auswirkungen. Selbst nach der offiziellen Abschaffung des Kastensystems durch die Verfassung von 1959 sind die hierarchischen Verhältnisse im Alltag dieselben geblieben. Sie äußern sich bei der Kommensalität, dem Geben eines Stirnmals (*ṭīkā*), dem Austausch von Gaben oder dem Rauchen der Wasserpfeife, also vor allem bei körperlicher Berührung. Allerdings folgen nicht alle sozialen Beziehungen in Nepal einer Kastenhierarchie. Vielmehr zeigen sich daneben noch andere Formen des Miteinanders und der Macht, die mehr durch Nachbarschaft, Bildung, Status oder Reichtum bzw. Armut bestimmt sind.

Die Stellung der Frau

Hindu-Frauen leben in der Regel zwischen zwei sozio-religiösen Idealen und Rollenmustern. Einerseits sollen sie nach brahmanischen Vorstellungen als zweite Hälfte des Mannes eine treue Ehefrau sein und damit das Ideal der Göttin Sītā, der bis in den Tod treuen Gattin Rāmas, oder der Satī, der Ehefrau, die mit ihrem verstorbenen Mann den Scheiterhaufen besteigt, verwirklichen. Auch gelten sie wie die Göttinnen Śrī und Lakṣmī als Garantinnen familiären Wohls und Wohlstands. Andererseits sind sie wie die Göttinnen Devī, Kālī, Durgā oder Kumārī die starken Trägerinnen der schöpferisch-regenerativen, aber auch gefährlichen Kraft (*śakti*, *prakṛti*), als welche sie Unheil bringen können, wenn sie nicht verehrt und z.B. durch Heirat befriedet werden.

Aus dieser Spannung zwischen der malevolenten Gefahr, die von der unverheirateten oder unreinen Frau ausgeht, und der benevolenten Rolle der Frau als Schwester, Jungfrau oder Mutter leiten sich verschiedene Problemfelder ab. So sind Frauen in Nepal einerseits abhängig (vom Vater, Ehemann oder Sohn), dürfen kein hohes religiöses Amt innehaben und sind selten Asketinnen. Andererseits sind sie hochgeachtet und werden bisweilen als Götterdienerinnen oder Heilerinnen verehrt.

Soziale Problemfelder waren und sind die Benachteiligung von Mädchen bei der Ernährung, die mangelnden Ausbildungsmöglichkeiten, die teilweise grobe häusliche Gewalt oder die Ausgrenzung bei Unreinheit. Im Westen Nepals wird immer noch die seit 2005 durch höchstrichterliche Entscheidung verbotene Sitte (*chāupaḍī*) praktiziert, die Frauen während ihrer Menstruation aus dem Haus in eine Hütte zu verbannen, weil sie angeblich in diesem Zustand Menschen und Tiere krank machen und Nahrung verderben. Mädchenmorde, Kinderverheiratung oder Mitgiftmorde (obgleich die Mitgift seit 2009 verboten ist) kommen oder kamen vor, allerdings nicht in einem solchen Ausmaß wie in Indien.

Bei der Arbeit auf dem Land haben Frauen eine große Verantwortung: Sie kochen, holen Wasser, füttern die Tiere, machen die Feldarbeit. 2006 arbeiteten 85 % aller nepalischen Frauen in der Landwirtschaft. In der Stadt erhalten sie Jobs, aber weniger Bezahlung als die Männer, obgleich sie seit 1990 wegen ihres Geschlechts nicht mehr benachteiligt werden dürfen. Durch Quotenregelungen nehmen sie fast ein Drittel der Abgeordnetensitze ein, sind dadurch aber auf der Dorfebene nicht intensiver an politischen und gesellschaftlichen Entscheidungen beteiligt.

In hinduistischen Kreisen gewinnt eine Frau Ansehen durch Heirat und die Geburt eines Sohnes. Sie ist auch diejenige, die im Haus und an den Tempeln für ihren Mann betet und Rituale vollzieht. Eindrücklich ist dies zu sehen, wenn Frauen den ganzen Monat Pauṣa (Januar/Februar) lang die *Svasthānīvratakathā* rezitieren, einen Text, in dem die Göttin Svasthānī der treuen Gattin Wünsche für ihren Mann und die Familie gewährt, oder wenn sie am Tīj-Fest für ihren Mann zum Paśupatinātha-Tempel pilgern.

Trotz aller Missstände kann man die Situation der Frau in Nepal nur angemessen erfassen, wenn man die historisch überlieferten, sozial und religiös begründeten Frauenbilder, das Alter, Beruf, Sexualität und Kaste berücksichtigt. Denn die Stellung einer Frau hängt entscheidend davon ab, in welchem Lebensabschnitt sie sich befindet, ob sie z.B. ein geliebtes junges Mädchen, eine Heiratskandidatin, Mutter oder Witwe ist. Ebenso ist es von Bedeutung, ob eine Frau in einem Dorf oder in einer Stadt, in den Bergen oder im Tarai, in einer Bahun-Chhetri- oder in einer Sherpa-Familie lebt, ob sie als Hindu, Buddhistin oder Muslimin geboren wurde. Es zählen auch Bildung, Wohlstand, Status und der jeweilige Aufenthaltsort (sei es im Haus, sei es in der Öffentlichkeit). Nicht zuletzt ist es für eine Frau wichtig, in welcher Familienbeziehung sie sich befindet – ob sie als Schwester, Ehefrau, Schwiegermutter, Großmutter, Tante oder Schwiegertochter betrachtet wird.

All dies ist Teil des traditionellen (Skt.) *strīdharma*, eines Komplexes sozialer, religiöser und rechtlicher Regelungen für die Hindu-Frau, die zum *Dharmaśāstra*, einer umfangreichen Sammlung von Sanskrit-Rechtsliteratur, gehören. In diesen *strīdharma*-Texten, deren Autorenschaft männlich ist, geht es überwiegend um rituelle Aufgaben der Frau und indirekt um bestimmte Aspekte ihrer Rolle: Reinheit, Kraft, Liebe, Stolz, Opferbereitschaft, Schamgefühl, Glück und Zugehörigkeit. Mit solchen Attributen ändert sich jeweils der Blickwinkel auf die Stellung der Frau, was auch durch Feldforschungen bestätigt wird. Denn im familiären Haushalt, in dem Identität und Status nicht wie in westlichen oder modernen Gesellschaften über Beruf und Eigentum definiert werden, haben die Frauen durchaus eine starke Position inne. Dort sind sie nicht mehr durchweg hilflose und unterdrückte Menschen ohne Aufgabe, Macht oder Freiheit.

Hinzu kommt, dass in den letzten Jahrzehnten viel für die Verbesserung der Lage der Frauen getan wurde: Die Wochenbettsterblichkeit sank erheblich, die Anzahl der Geburten je Frau von 4,6 (1996) auf 3,1 (2006). Gleichzeitig erhöhte sich der Anteil der Frauen und Mädchen, die eine Schule besuchen, von 32 % (1996) auf über 80 %; heutzutage gehen etwa gleich viele Mädchen wie Jungen in die Grundschule. Ebenso ist der Anteil der Frauen, die Zugang zu Informationen und Medien haben, erheblich gestiegen, und auch der Beschäftigungsgrad ist stark angestiegen, wenngleich nach wie vor viel weniger Frauen bezahlte Arbeit verrichten als Männer. Immerhin haben etwa die Hälfte der Frauen mittlerweile Anteil an wichtigen Entscheidungen wie Arztbesuchen, größeren Anschaffungen oder Besuchen bei der eigenen elterlichen Familie.

Witwenverbrennung

Die weitgehend rechtlose Situation der Frau in Nepal hat immer wieder Auswüchse begünstigt. Dazu zählt die Witwenverbrennung, *satī* (wörtlich ›die Reine‹ (Ehefrau)) genannt; der Ausdruck bezeichnet sowohl die Handlung als auch die verbrannte Witwe. Diese Form der Selbsttötung, die in Südasien immer umstritten war, war besonders in den aristokratischen Kreisen Nepals verbreitet und ist durch Quellen gut belegt. So schrieb noch 1819 der schottische Arzt und Naturforscher Francis Buchanan-Hamilton, dass die Witwenverbrennung in hohen Kasten Nepals »weiter verbreitet« sei »als in anderen Teilen Indiens, ausgenommen die Umgebung Kalkuttas«. Viele Dokumente aus der Śāha-Rāṇā-Zeit belegen diese Behauptung.

Den Chroniken zufolge sollen die Frau von Rāma Śāha (1609–33?) und die jüngere Frau von Narabhūpāla Śāha (1716–43) ihren Männern auf den Scheiterhaufen gefolgt sein. Über Bahādura Śāha, einen der Söhne Pṛthvīnārāyaṇa Śāhas (1743–75), heißt es, dass mit ihm sieben rechtmäßige und zwei illegitime Frauen verbrannt worden seien. Die schwangere Mutter von Raṇabahādura Śāha konnte zunächst noch daran gehindert werden, als ihr Mann starb, aber 1775, unmittelbar nachdem ihr Sohn geboren wurde, beging sie Satī. Auch soll Premierminister Bhīmasena Thāpā 1806 die Hauptfrauen von König Raṇabahādura Śāha namens Rājeśvarī und Suvarṇaprabhā zur Witwenverbrennung gezwungen haben. Sechs Jahre nach dem Freitod seiner Mutter entsprach Gīrvāṇayuddha Śāha (1799–1816) ihrem Wunsch und stiftete dem Priester Paśupati Regmi Land – dieses Dokument ist nur ein Beispiel von vielen, wo Witwen Land stifteten, bevor sie auf das Feuer stiegen.

Freilich finden sich auch Hinweise darauf, dass Rāṇā-Herrscher die Witwenverbrennung ablehnten. So berichtet Henry Ambrose Oldfield, dass Raṇabahādura Śāha sowohl Bam Bahāduras Frau als auch die Witwe seines Freundes Barra Captain Singh erfolgreich von einer Selbsttötung abhielt.

Darüber hinaus gibt es Fälle, die nicht mit den Vorschriften für Satī in den alten indischen Rechtstexten, den *Dharmaśāstras*, übereinstimmen. So begingen nach dem Tod von Pratāpa Malla (1641–74) Frau und Mutter Satī, obgleich dies nur die Ehefrauen tun durften. Auch dass sich eine Konkubine von Rājendra Śāha (1816–47) oder ein Diener Narabhūpāla Śāhas 1654 nach dem Tod seines Herrn zusammen mit dessen Zweitfrau Samudravatī verbrennen ließ, war eigentlich verboten. Aufschlussreich ist die dafür gegebene Begründung in der Chronik *Gorkhārājavaṃśāvalī*: »Für eine Ehefrau ist der Ehemann der Meister ihres Lebens und für einen Diener ist der Herr der Meister seines Lebens.«

Der Tod des Ehemannes führte keineswegs immer zu einer Witwenverbrennung. Dafür ist die erste Inschrift Südasiens zur Witwenverbrennung, datiert ins Jahr 464 n. Chr., ein Beleg. In ihr steht geschrieben, dass sich die Ehefrau des Licchavi-Königs Dharmadeva, Rājyavatī, zusammen mit ihrem plötzlich verstorbenen Gatten verbrennen lassen wollte, jedoch daran von ihren Sohn Mānadeva gehindert wurde. Auf der westlichen Seite der großen Säuleninschrift ist zu lesen:

> Mit Zuneigung und einem tränenüberströmten Gesicht sprach sie zu ihrem Sohn: »Dein Vater ist in den Himmel gestiegen. Oh mein Sohn, da dein Vater heute von uns gegangen ist, worin liegt noch der Sinn meines Lebens? Mein Sohn, übernimm du das Königreich! Ich werde sogleich dem Weg meines Mannes folgen. Welchen Sinn hat das Leben für mich ohne meinen Mann, gefangen in Hoffnungen verschiedener Freuden, wenn ein Wiedersehen doch wie eine Illusion und ein Traum erscheint? Ich werde (aufs Feuer) gehen!« Aber obgleich sie dies sagte, blieb sie. Daraufhin sprach ihr trauriger Sohn zu ihr, der ihre Füße aus Zuwendung unablässig gegen seinen Kopf drückte: »Wozu Vergnügen, wozu die Freuden des Lebens, wenn ich von dir getrennt bin? Ich werde mir zuerst das Leben nehmen, um später in den Himmel zu gelangen.« Mit Tränen, die über ihr lotusähnliches Gesicht strömten, wurde sie in einem Netz aus Worten gefangen und festgehalten wie ein Vogel. Deshalb blieb sie (am Leben). Nachdem sie die Totenriten für ihren Ehemann mit ihrem edlen Sohn ausgeführt hatte, lebte sie weiter nach den Regeln guten Verhaltens, der Keuschheit, des Fastens und mit einem völlig reinen Geist. Darüber hinaus brachte sie den Brahmanen Reichtum, um so das Verdienst (ihres Ehemannes) zu vergrößern, und lebte, ihn in ihrem Gedächtnis bewahrend, nach den Regeln des Satī-Gelübdes (…).

Rājyavatī ist es eindeutig ein Anliegen, sich selbst aus Trauer und Liebe zu ihrem Ehemann zu opfern. Nur aufgrund der Tränen ihres Sohnes ändert sie doch noch ihre Entscheidung und praktiziert fortan das Satī-Gelübde, wonach sie nach den Regeln tugendhaften Verhaltens für Witwen in Keuschheit, Armut und Demut zu leben hatte.

Auch der umfassendste und präziseste Rechtstext über Satī stammt aus Nepal. Hierbei handelt es sich um den Abschnitt 94 des *Ain* von 1854 mit dem Titel *Satī Jānyāko* (›Über die Witwenverbrennung‹). Diesen Gesetzestext hatte Premierminister Jaṅga Bahādura Rāṇā in Auftrag gegeben, dessen drei Frauen sich noch mit ihm verbrennen ließen. Darin wird verheirateten Frauen die Witwenverbrennung gestattet, wenn sie älter als 16 Jahre alt sind, ihre Söhne über 16 und ihre Töchter über fünf Jahre alt sind und wenn sie zudem keinen anderen Ehemann haben und nicht schwanger sind. Die Entscheidung muss aus freien Stücken getroffen worden sein und umgehend ausgeführt werden. Zwang, Betäubung oder Überredung dürfen nicht angewandt werden, vielmehr soll versucht werden, die Frau umzustimmen. Satī ist ausdrücklich verboten, wenn ›lediglich‹ der Sohn oder der Ehemann einer Brahmanen-Frau in einem entlegenen Gebiet gestorben ist. Aus diesen Verboten lässt sich schließen, dass das Unerlaubte vorgekommen ist.

Hinsichtlich der Festsetzung einer Strafe für einen Abbruch der Witwenverbrennung sind zwei Stufen der Selbstopferung rechtlich von Bedeutung: zum einen die rituelle Stufe, das Bad (*snāna*), durch das Satī begonnen wird, oder das Durchbrechen der Armreifen, durch das die rituelle Entscheidung, Selbstmord zu verüben, bestätigt wird; zum anderen die faktische Stufe: das Anzünden des Scheiterhaufens. Im Fall des willentlichen Abbruchs durch die Frau wird eine Sühnezahlung fällig, wobei entscheidend ist, zu welchem Zeitpunkt der Abbruch erfolgte: nach dem Bad, aber vor dem Anzünden des Feuers, oder nach dem Bad, dem Durchbrechen der Armreifen und dem Entfachen des Feuers.

Interessanterweise zieht der Text die Möglichkeit von Rechtsirrtümern als Grund zur Minderung oder Aussetzung einer Bestrafung nicht in Betracht. Nimmt eine Frau fälschlicherweise an, ihr Ehemann sei gestorben, und hat entsprechend ihre Selbstopferung vorbereitet, muss sie selbst nach Aufklärung des Irrtums je nach Kastenstatus bis zu fünf Rupien zahlen oder vier Monate im Gefängnis verbringen. Das Strafmaß für jemanden, der rechtswidrig eine Witwenverbrennung geschehen lässt oder dazu anstiftet, umfasst je nach den Umständen die Todesstrafe, eine lebenslange oder begrenzte Haftstrafe, Bußgelder, die Einziehung des Vermögens (sowohl des Grundeigentums als auch des persönlichen Eigentums) und den Verstoß aus der Kaste. Verleitet z.B. jemand, der einen versklavbaren Sozialstatus hat, eine Mutter aufgrund des Todes ihres Sohnes dazu, Satī zu praktizieren, erhält er eine lebenslange Gefängnisstrafe oder wird zum Tode verurteilt. Besonders hart werden Personen bestraft, die eine Witwe vor ihrer Opferung betäuben oder sie mit Gewalt zu Satī zwingen, bzw. Frauen, die Satī für einen Mann begehen, der nicht der Ehemann ist. Die moralische Absicht dieser Festsetzungen ist leicht zu deuten: Die Obrigkeit wollte unter allen Umständen sicherstellen, dass Satī nur freiwillig und aus sittlich hehren Gründen praktiziert wurde. Kleine Kinder oder andere Ehemänner sollten unter der Entscheidung der Witwe nicht leiden müssen.

Ein weiterer Aspekt verlangt besondere Betrachtung, nämlich die Unterscheidung zwischen rituellem und physischem Tod. So beschäftigt sich der *Ain* damit, ob und unter welchen Bedingungen eine Rehabilitation (Nep. *patiyā*) in Form einer Wiedereingliederung in die Gesellschaft stattfinden kann oder nicht. Hat die Witwe das Bad genommen und ist bereits auf den Scheiterhaufen gestiegen, wird dann aber von der Selbstverbrennung abgehalten, kann sie die *patiyā* für Reis und Wasser erhalten, dies bedeutet die Wiederaufnahme in die Familien- und Kastengemeinschaft. Ähnlich verhält es sich, wenn sie vom Scheiterhaufen herunterspringt oder -fällt, bevor dieser entzündet wurde. In einem solchen Fall wird angenommen, die Frau trete von ihrem Vorhaben zurück, sie kann dann die *patiyā* nur für Wasser, nicht aber für Reis erhalten, was den Verlust ihrer bisherigen Kastenzugehörigkeit bedeutet. Denn auf rituelle Art ist eine Witwe bereits zu dem Zeitpunkt tot, an dem sie die Entscheidung fällt, diese äußert und sie mit dem zeremoniellen Bad (Wasser wird über Kopf und Schultern gegossen) oder mit dem Durchbrechen der Armreifen bestätigt. Revidiert sie ihre Entscheidung anschließend, ist eine Wiederaufnahme in die Gesellschaft nur mithilfe von bestimmten Sühnemaßnahmen möglich.

Wasser und Feuer sind in Nepal für jegliche Art von Gelübde wichtig: Feuer brennt, Wasser schwemmt Unreinheit weg. Die performative Einheit von Sprache und Handlung in Ritualen – eine feierlich erklärte Entscheidung, der durch Wasser und Feuer Nachdruck verliehen wird – kann weder wiederholt noch umgestoßen werden. Aus diesem Grund ist es unmöglich, auf rituelle Art Abstand von Satī zu nehmen; ebenso ist es unmöglich, wieder zu heiraten, da die Ehe ein lebenslanges Bündnis darstellt. Ist der Scheiterhaufen einmal entzündet, besteht für die Witwe demnach keine Möglichkeit mehr, in die Familien-Gemeinschaft zurückzukehren. Am Paśupatinātha-Tempel in Deopatan bei Kathmandu gibt es ein Tor, das sogenannte Satīdvāra, das diese rituelle Schwelle sichtbar macht. Einst war Witwen, die dieses Tor durchschritten, die Rückkehr verwehrt. Bis vor einigen Jahren wurde hinter vorgehaltener Hand über vereinzelte alte und arme Bettlerfrauen gesprochen, die angeblich vom Feuer sprangen und nicht mehr in der Lage waren, zu ihren Familien zurückzukehren.

Am 8. Juli 1920, fast ein Jahrhundert nach dem gesetzlichen Verbot in Britisch-Indien durch Lord William Bentinck am 4. Dezember 1829, wurde auch in Nepal die Witwenverbrennung durch Premierminister Candra Śamśera verboten. Die Begründung ist in Teilen so überzeugend, dass sie schon früher hätte gefunden werden können. So heißt es, dass Satī keine strikt religiöse Pflicht sei; dass sie praktiziert werde, um bestimmte Ziele zu erreichen, etwa um in den Himmel zu gelangen oder Ruhm zu erlangen, was aber auch durch andere Mittel wie Keuschheit erreicht werden könne; dass Frauen die heiligen Schriften, besonders den *Veda*, nicht verständen und daher leicht irregeführt werden könnten, und dass es unmöglich sei, zwischen einer ernsthaften und einer unaufrichtigen Satī zu unterscheiden.

4. Die Geschichte des Kathmandu-Tals

Im vorliegenden Kapitel geht es um die klassische Dynastiengeschichte des Kathmandu-Tals mit ihren gewohnten Periodisierungen, obgleich diese immer auch eine Inbesitznahme der Geschichte für eine bestimmte Sichtweise darstellen, weil sie Zeitläufte in eine möglichst plausible Linie bringen und dabei Brüche und Diskontinuitäten übergehen. So passt die ohnehin problematische ›westliche‹ Einteilung in Altertum, Mittelalter und Neuzeit bzw. Moderne nicht für Nepal, denn sie beruht auf einem Fortschrittsgedanken, dem das zyklische Geschichtsbild des Hinduismus entgegensteht, weil es die Gegenwart im Verhältnis zur Vergangenheit nicht unbedingt als Fortschritt, aber auch nicht schlechtweg als Dekadenz ansieht. 1789 konnte Friedrich Schiller in seiner berühmten Antrittsrede »Was heißt und zu welchem Ende studiert man Universalgeschichte?« noch sagen, dass die »Auslegung des Geistes in der Zeit« in der Weltgeschichte »von Osten nach Westen« verlaufe, »denn Europa ist schlechthin das Ende der Weltgeschichte, Asien der Anfang.« Das wird man heute nicht mehr unterstreichen wollen, da sich gezeigt hat, dass das Alte oder das Moderne jeweils selbst einem Wandel unterworfen sein kann und beide oft nebeneinander bestehen. Geschichte hat eben, wie der Historiker Reinhart Koselleck (1923–2006) zu Recht sagte, verschiedene Geschwindigkeiten. Auch ist der Versuch, der Linearität der Geschichte durch eine Ereignisgeschichte zu begegnen, bei der das spezifische, sich nicht wiederholende Geschehnis in den Mittelpunkt gerückt wird, nicht frei von Vorannahmen. Es gilt ja die Ereignisse auszuwählen und zu ordnen, und eben dies geschieht meist nach unreflektierten Vorannahmen oder Kriterien. Die Frage, was als ein Ereignis zu gelten hat, führt zu einer daran orientierten Einteilung der Geschichte in Dynastien und zu einer unangemessenen Dominanz des Politischen. Die Religionsgeschichte aber richtet sich nur zum Teil nach der Politik, die Alltagsgeschichte fast gar nicht.

Der Grund, warum eine Orientierung an den Herrschern in Nepal dennoch sinnvoll ist und daher in diesem Buch beibehalten wird, ist hauptsächlich der, dass die schriftlichen Quellen eine solche widerspiegeln. Kaum eine Inschrift, kaum ein Kolophon oder Dokument existiert, das nicht den jeweiligen Machthaber erwähnt. Offensichtlich war es den Menschen wichtig, dies festzuhalten. Und doch ist Vorsicht geboten, denn die bloße Nennung der Namen sagt wenig über die oft machtlosen oder sehr jungen Könige aus. Es ist nur eine Orientierung, ein Rahmen, kein Prokustesbett.

Hinzu kommt, dass das Schreiben von Geschichte sich nicht nur an ›Fakten‹ orientieren kann, wie besonders die nepalischen Chroniken verdeutlichen. Sie sind nicht Historiographie im Sinne von Leopold von Rankes berühmter Formulierung »wie es wirklich war«. Vielmehr handelt es sich bei diesen Texten um religiöse Werke, die kaum zwischen Legenden, Genealogien, Eulogien oder Sagen unterscheiden. Ihnen geht es in erster Linie darum, die geschilderte Zeit zu überhöhen. Da sind z.B. die Anfänge und Ursprünge, die göttlichen Schöpfungen, die Erscheinungen von Göttern oder ihren Stellvertretern, den Brahmanen und Königen (beide gelten als Götter), auf Erden oder die Beschreibungen von außergewöhnlichen Orten, besonders den Göttersitzen, oder Naturerscheinungen. Dem zugrundeliegenden heilsgeschichtlichen Zeitverständnis ist nicht daran gelegen, die Zeitlichkeit und Endlichkeit des jeweiligen Ereignisses oder Herrschers zu betonen. Vielmehr geht es den Autoren der Texte darum, geradezu das Gegenteil zu zeigen: die zeitübergreifende Gültigkeit des Geschehens.

Darüber hinaus sind ›Fakt‹ und ›Fiktion‹ in der Ereignisgeschichte der Chroniken nicht voneinander getrennt. Geschichtsschreibung besteht in erster Linie in der Wiedergabe einer Serie von Ereignissen, die chronologisch strukturiert werden. Die *Gopālarājavaṃśāvalī* bezeichnet sich selbst als »Bericht der Geschehnisse« (*bhūtavṛttānta*) und das Cambridge Manuskript der *Chronik der Könige Nepals* beginnt mit einem Vers, der von verschiedenen vergangenen »Ereignissen« (*anekapūrvavṛttānta*) spricht. Viele dieser ›Ereignisse‹ entspringen indes eher einer religiösen und literarischen Imagination als Augenzeugenberichten oder Protokollen. Wie alle nepalischen Chroniken ist die *Chronik der Könige Nepals* in erster Linie ein religiöser Text, eingepasst in das dynastische Gerippe verschiedener Könighäuser. Aber selbst diese Genealogien sind heilsgeschichtlich zu verstehen. Es findet sich also ein Nebeneinander von zyklischen und linearen Zeitkonzepten. In der *Chronik der Könige Nepals* drückt sich das auch in einem Nebeneinander von hinduistischen und buddhistischen Zeitvorstellungen aus. So beruht die buddhistische Yuga-Theorie im 1. Kapitel mehr auf einer linearen Zeitauffassung, bei der der Uranfängliche Buddha (Ādibuddha) als »Heiland« die Schöpfung der Welt (des Kathmandu-Tals bzw. Nepālas) in Gang setzt, indem er das Wasser aus dem Kathmandu-Tal ablässt. Hingegen ist das Yuga-Konzept des 9. Kapitels ganz hinduistisch und damit zyklisch angelegt. Die Chronik passt sich jeweils diesen Kontexten an: Einerseits werden, buddhistisch und hinduistisch, Heilsereignisse einem Herrscher oder einem Buddha zugeordnet und insofern in eine lineare Zeitschiene und die entsprechenden Dynastien bzw. Emanationen eingeordnet; andererseits wird die Relevanz und Einmaligkeit der Heilsereignisse etwa im 9. Kapitel wieder relativiert.

Geschichte als Feld der Bewährung ist hingegen in den hinduistischen Chroniken nur bedingt anzutreffen. Für die *Chronik der Könige Nepals* liegt teilweise die ›Bewährung‹ sogar im Rückzug und der Tatenlosigkeit bzw. in weltentsagenden guten Taten; das gilt auch und gerade für Herrscher, die sich immer wieder in Klöster zurückziehen, nachdem sie ihrer weltlichen Pflicht genügt haben. Als einmal ein Kirāta-König einen Yogi fragt, wie er in den Besitz eines Reiches wie dem von Benares gelangen könne, antwortet der ihm nur: »Oh König, einen hohen Status kann man nur durch Enthaltsamkeit erlangen. Gehe zum Paśupatinātha-Tempel und praktiziere dort strenge Askese.« Der Mensch kann also in der Geschichte allein sein Heil nicht finden.

Die Ur- und Frühgeschichte

Wann die ersten Menschen in Nepal auftauchten und somit die von Menschen gemachte Geschichte Nepals begann, ist nicht genau festzumachen. Der früheste Nachweis eines Hominiden ist der Ramapithecus in den Satpati-Hügeln der Siwalik-Berge bei Lumbini, der vor 8 bis 14 Millionen Jahren gelebt hat. Allerdings konnte die Archäologin Gudrun Corvinus 2007 durch den Sensationsfund einer Handaxt des Homo erectus nachweisen, dass mindestens ab dem Mittelpleistozän (ca. 700.000 bis 127.000 v. Chr.)

Menschen im Himalaya-Vorland gelebt haben. Dass diese Menschen schon Feuer hatten, ist wahrscheinlich, denn es wurde Kohle im vorgeschichtlichen Kathmandu-See nachgewiesen, wenngleich diese nicht eindeutig dem menschlichen Gebrauch von Feuer zugeordnet werden kann. Es spricht auch einiges dafür, dass ab etwa 8000 v. Chr. Haustiere verbreitet waren, denn um diese zu halten waren großflächige Brandrodungen durchaus üblich. Es sind alles nur Indizien, doch in der Summe machen sie eine frühe Besiedlung Nepals wahrscheinlich. Leider ist die Palnyologie, die Lehre vom ausgestreuten Blütenstaub, die oft gute Erkenntnisse in Bezug auf die Frage nach der vorgeschichtlichen Besiedlung liefert, was Nepal betrifft, noch zu wenig vorangeschritten, um aus Wahrscheinlichkeiten Sicherheiten zu machen.

Die Vorzeit des Kathmandu-Tals bleibt also für die ›harten‹ Wissenschaften grau, nicht aber in den Chroniken des 19. Jahrhunderts, die in Mythen sehr ausführlich über die Entstehung des Landes zu erzählen wissen. So lassen die hinduistischen Chroniken die Geschichte des Kathmandu-Tals mit dem Paśupatinātha-Jyotirliṅga, einem Liṅga (phallisches Symbol für Śiva) als Lichtstrahl, beginnen, und nach der buddhistischen *Chronik der Könige Nepals* soll der Vipaśvī Buddha in die Mitte eines Sees, der das Tal bedeckte, einen Lotussamen gepflanzt haben. Dieser habe sich zu einer brennenden Flamme gewandelt, als welche der Urbuddha erschienen sei. Erst als der *bodhisattva* Mañjuśrī mit einem Schwert bei Chobhar eine Schneise in den Berg gehauen habe, habe das Wasser abfließen können. Was hier in Form eines Mythos berichtet wird, beruht auf einer naturgeschichtlichen Tatsache, denn das Kathmandu-Tal, das in der Breite maximal 30 km misst, ist gefüllt mit siliziklastischen Sedimenten fluviolakustrischen Ursprungs, die beweisen, dass es einst ein See gewesen ist, der aus dem Schmelzwasser des Himalaya gespeist wurde. Erst im Ältest-Pleistozän vor ca. 1 Million Jahren hat sich das Tal offenbar rapide geleert. Ob die im Vergleich zum modernen Nevārī ungewöhnlich hohe Anzahl von Ausdrücken für ›Fische‹ im Altnevārī eine Art kulturelles Gedächtnis dieser Vorgeschichte ist, muss dahingestellt bleiben.

Die Chroniken wissen auch von verschiedenen Dynastien zu berichten, die vor den Licchavis, dem ersten historisch greifbaren Geschlecht, geherrscht haben. Von diesen sind allenfalls die Kirāta (auch Kirātī) etwas besser greifbar, weil sie auch in indischen Quellen vorkommen. Meist werden sie wie im *Mahābhārata*-Epos und in einer Inschrift von Samudragupta (ca. 350–380 n. Chr.) in Allahabad als ein Stamm oder eine grenznahe, teilweise nomadische Bevölkerungsgruppe bezeichnet, die mit den Indo-Aryas kämpfte oder mit diesen in Konflikt geraten war, »weil sie die Rituale vernachlässigt und Brahmanen nicht aufgesucht haben«, wie es in *Manus Gesetzbuch* (X.44) heißt. Im *Mahābhārata* taucht auch eine Episode auf, wonach Arjuna in der Form eines Kirāta eine Wunderwaffe präsentiert – ein Stoff, den später der Dichter Bharavi (6. Jh.) zu einem Gedicht (*Kirātārjunīya*) verarbeitete. Auch werden die Kirāta als diejenigen charakterisiert, die nördlich der Ganges-Ebene siedelten und besonders gut Höhlen anlegen sowie mit Schlangen umgehen konnten. Sie werden zudem öfter zusammen mit den Cīna (Chinesen), Niṣāda (Jägern) oder anderen Stämmen genannt. Diese Angaben sind aber viel zu unpräzise, um sie mit den in den nepalischen Chroniken genannten Kirāta in Verbindung zu bringen. Dennoch gilt es als relativ wahrscheinlich, dass die Kiranti (dazu mehr auf S. 169), die heute in Ostnepal siedeln, etwas mit den in alten indischen Quellen genannten Kirāta gemein haben. Allgemein war ›Kirāta‹ aber wohl eher ein Sammelbegriff für eine ganze Reihe von indigenen Stämmen.

Die Kirāta, die Licchavis und die Ābhīra-Guptas (3. bis 8. Jahrhundert)

Ohne Zweifel ist die hohe Kultur der Licchavis, die als die erste gesicherte Dynastie gelten können, die vom 3. bis 8. Jahrhundert das Kathmandu-Tal beherrschte, nicht plötzlich entstanden. Das zeigen auch Übereinstimmungen zwischen der Kirātī-Sprache und in Licchavi-Inschriften auftauchenden Begriffen, wo fast alle Personennamen in Sanskrit erscheinen, nicht aber viele verwaltungstechnische Begriffe bzw. fast 80 % der Orts- und Flussnamen, von denen einige (mit Variationen) unter den Newar, aber auch unter den Tamang oder Limbu, nach wie vor in Gebrauch sind. Als Träger dieser tibeto-birmanischen Sprache sind entsprechend immer wieder die Newar ins Spiel gebracht worden, deren Ursprung unbekannt ist. Fest steht, dass Nevārī als Schriftsprache erstmals 1173 n. Chr. auftaucht und der Begriff *Newar*, der ›die Bewohner von Ne(pāla)‹ bedeuten soll, inschriftlich sogar erst ab 1654 belegt ist. Aber Forscher haben gemutmaßt, dass die Newar schon weitaus früher aus den nördlichen Regionen des Himalaya in das Kathmandu-Tal eingewandert sind oder dass es sich um Austroasiaten handelte, die später von den Kirāta assimiliert wurden. Auch wenn ein Kirāta-Einfluss auf die frühen Bewohner des Kathmandu-Tals wahrscheinlich ist, bleibt das Verhältnis der Kirāta (nicht zu reden von den Kiranti) zu den Licchavis und den Newar unsicher, denn wir wissen zu wenig über ihre Sprache, ihr Leben, ihre Gesellschaft und ihre Religion. Die Kiranti-Sprachen und das Nevārī unterscheiden sich jedenfalls sehr deutlich voneinander.

Die Chroniken nennen in ihren Königslisten zwischen 29 und 32 Kirāta-Herrscher und bringen einige von ihnen mit dem großen, im *Mahābhārata* geschilderten Krieg, der Verehrung des Ādibuddha oder dem Besuch Aśokas in Nepal (s. o., S. 6) in Verbindung, ohne dafür Belege liefern zu können. Im Gegenteil, die Behauptung, dass Aśoka, der ca. 268–232 vor unserer Zeitrechnung regierte, erst im 3. Jahrhundert unserer Zeitrechnung nach Nepāla gekommen sein soll, zeigt, dass hier viel gemutmaßt wird. Dass Aśoka je ins Kathmandu-Tal gelangte, ist ohnehin so gut wie ausgeschlossen, obgleich es nach ihm benannte, aber undatierte, vielleicht sogar undatierbare Stūpas und eine Legende gibt, nach der seine Tochter Cārumatī den nepalischen König Devapāla geheiratet und Deopatan sowie Chabahil gegründet habe. Jedenfalls erscheint »Nepāla« in den Aśoka-Inschriften nicht und auch nicht eine Himalaya-Region, die dafür in Frage käme. Dass Aśoka Lumbini erreichte, kann aber aufgrund einer von ihm 257 v. Chr. aufgestellten Säule als gesichert gelten, und wahrscheinlich ist auch, dass er Missionare nach Nepāla geschickt hat.

Seltsamerweise taucht der Begriff *kirāta* in den Licchavi-Inschriften nur einmal auf – und zwar relativ spät: in der Paśupatinātha-Inschrift aus dem Jahr 733 n. Chr., wo ein Mann als »das Gewand der Kirāta tragend« (*kirātaveṣadhara*) bzw. als »zerlumpt« bezeichnet wird. Trotz mangelnder Belege für die ursprünglichen Siedler des Kathmandu-Tals dürfte es jedoch als sehr wahrscheinlich gelten, dass das Kathmandu-Tal auch schon vor den Licchavis von verschiedenen Stämmen aufgesucht wurde bzw. umgeben war, die mehr oder weniger stark in die jeweils dominante Kultur eingegliedert wurden.

Mit den Licchavis betreten wir etwas festeren Boden, obgleich es merkwürdig ist, dass die Chroniken, außer der *Gopālarājavaṃśāvalī*, und selbst die Inschriften bis Śivadeva I. das Licchavi-Geschlecht als solches gar nicht erwähnen. Mit zwei Ausnahmen: König Mānadevas Tochter Vijayavatī nannte 505 n. Chr. ihren Vater »Vollmond am Firmament des Licchavi-Geschlechts« (*licchavikulāmbarapūrṇacandra*), und Jayadeva II. beruft sich in seiner Paśupatinātha-Inschrift (733 n. Chr.) auf über 30 Generationen der Licchavis und zieht eine direkte Linie zu den Solar-Dynastien (Sūryavaṃśa) in Indien. Wenngleich diese Liste mit dem Schöpfergott Brahmā beginnt, gefolgt von der Sonne (Sūrya), bricht erst mit Jayadeva I., dem 13. Ahnen, eine historisch glaubhafte Zeit an.

Wir kennen die Licchavis fast nur aus ihren eigenen Inschriften. Diese freilich haben es in sich. Es finden sich in ihnen der früheste Beleg für Witwenverbrennung, Zeugnisse für eine große religiöse Toleranz, klare Hinweise auf die tantrische Pāśupata-Gefolgschaft von Asketen und Laien, Umrisse eines diffizilen Herrschaftsapparats und vieles mehr. Aber wer waren diese Herrscher und woher kamen sie?

Die naheliegende Vermutung ist die, dass die Licchavis des Kathmandu-Tals etwas gemein haben mit den Licchavis, die vielfach in vorchristlichen indischen Quellen genannt werden. Vaishali, die Hauptstadt dieser Licchavis, war Teil und Zentrum der Vajji-Konföderation, eines der 16 Großreiche (*mahājanapada*) Nordindiens um 600 v. Chr. Im *Mahāparinirvāṇasūtra*, einem der Haupttexte des Mahāyāna, werden die Licchavis als *khattiyas* (von Skt. *kṣatriya*, ›Kriegeradel‹), im *Arthaśāstra*, einem Staatslehrbuch, das zwischen dem 2. Jahrhundert v. Chr. und dem 3. Jahrhundert n. Chr. verfasst wurde, hingegen als Stammeskonföderation (*gaṇa saṅgha*) erwähnt. Der Magadha-König Ajātaśatru (ca. 492–460 v. Chr.) soll sie vernichtend geschlagen und somit eventuell nach Nepal vertrieben haben. Ihre eigentliche Herkunft bleibt aber unklar; mal werden sie als tribal, mal als indoarisch dargestellt. Später wirkten besonders die Gupta-Herrscher (ca. 320–500 n.Chr.) auf die frühe nepalische Licchavi-Dynastie ein. Candragupta I. (320–330) heiratete Kumāradevī, vermutlich eine Licchavi-Prinzessin; beide sind auf einer Münze ihres Sohnes Samudragupta (350–380 n. Chr.) abgebildet. Aber auch hier ist unklar, um welche Licchavis es sich handelt.

Selbst wenn ein Einfluss aus Indien in sozialer, kultureller und religiöser Hinsicht unverkennbar ist, ist das Nepal der Licchavis im Kathmandu-Tal wohl nie von einer indischen Macht und daher auch nicht von den dortigen Licchavis vereinnahmt worden. Es muss sich daher eher um die Einwanderung einzelner Personen, die Übernahme von Ideen und Objekten, als um Eroberungen gehandelt haben. Die folgenschwerste Ideologie, die die Licchavis – ob sie nun Abkömmlinge der indischen Licchavis waren oder nicht – nach Nepāla brachten, war das hierarchische Kastensystem. Auch wenn dieses in den Inschriften noch als schwach ausgeprägt erscheint, ist es unverkennbar vorhanden.

Die Abfolge der Licchavi-Dynastie in Nepal ist nicht gesichert, und die Chroniken bieten untereinander abweichende Reihenfolgen. Viele Herrscher sind zudem nur dem Namen nach bekannt.

Die erste größere datierte Inschrift stammt von Mānadeva I. aus dem Jahr 464/465. Mānadeva erwähnt darin seine drei Vorgänger, seinen Großvater Vṛṣadeva und seinen Vater Śaṅkaradeva sowie dessen Sohn Dharmadeva, nicht aber deren Regierungs- oder Lebenszeiten. Aufgrund von Angaben in der Inschrift Jayadevas II., der 13 Generationen vor sich benennt, und der *Gopālarājavaṃśāvalī* kann man aber davon ausgehen, dass die Licchavi-Zeit zum Ende des 2. Jahrhunderts n. Chr. begann. Dies bestätigen eine 1992 von Tara Nanda Mishra ausgegrabene Statue im Kushana-Stil mit einer Brāhmī-Inschrift, die Jayavarman darstellen soll (vgl. Abb. 1, S. 15); weitere archäologische Funde, darunter Kushana-Münzen, deuten ebenfalls auf einen früheren Beginn der Licchavi-Zeit hin.

Mānadeva (464–506) war offensichtlich ein starker Herrscher, was auch die große Zahl von Inschriften, die in den 41 Jahren seiner Herrschaft in seinem Namen verfasst wurden, unterstreicht. »Gleich einem furchtlosen Löwen mit wehender Mähne«, wie es in der langen Changu-Narayan-Inschrift heißt, kämpfte er erfolgreich gegen abtrünnige Vasallen im Osten (die Kirāta?) und Westen. Als sich seine vermutlich aus Indien stammende Mutter Rājyavatī zusammen mit seinem offenbar plötzlich verstorbenen Vater verbrennen lassen wollte, überzeugte er sie, am Leben zu bleiben, indem er sogleich zu kämpferischen Zügen aufbrach, dabei seinen Onkel einband, Mallapurī, eine Stadt, deren genaue Lage unbekannt ist, eroberte und so seine Verpflichtungen (*ṛṇa*) gegenüber seinem Vater erfüllte. Trotz dieser Eroberungen müssen die Licchavis aber weitgehend friedlich geherrscht haben, denn nirgends sonst brüsten sie sich mit unterworfenen Gegenden oder Personen.

Die meisten von Mānadevas Inschriften befinden sich an Sockeln von Liṅgas und Statuen. In seine Zeit fällt auch die Erwähnung des Mahāyāna-Buddhismus. Wegen der Namensähnlichkeit ist es auch wahrscheinlich, dass er den Mānagṛha-Palast der Licchavis bauen ließ, der wohl in Handigaon lag und von dem aus die Licchavi-Dynastie bis ins 8. Jahrhundert herrschte.

Viele Licchavi-Könige bleiben mangels ausreichender Informationen blass. Erst mit Vasantadeva (506–532) und seinen Inschriften erfahren wir wieder mehr über das Leben der Licchavis. Wie es scheint, sind die mangelnden Inschriften aber auch ein Zeichen für das Abnehmen ihrer Macht, denn mit Aṃśuvarman (605–621), der als eine Art Ministerpräsident oder Militärführer (*mahāsāmanta*) die Macht an sich riss, wendete sich das Blatt.

Aṃśuvarman, auf den zusammen mit Śivadeva etwa ein Fünftel aller Licchavi-Inschriften fallen, wird als vergleichsweise bescheiden, den Menschen zugetan und gebildet charakterisiert. Er selbst bezeichnete sich immer als einen, der stolz darauf sei, im Streit mit Śrī, der Göttin des Reichtums, zu liegen, weil er Wissen vor Besitz setze. Nach dem chinesischen Pilger Hsüan-tsang (603–644) soll er sogar den Rhetoriktext *Śabdavidyā*, ›Das Wissen der Töne (oder Wörter)‹, verfasst haben. Ohne andere Götter und den Buddhismus zu vernachlässigen, war er ein Verehrer des hinduistischen Śiva; er führte die in nachfolgenden Inschriften fast stereotyp und bis in die jüngste Vergangenheit wiederholte Standardformel »begünstigt durch die Füße des Erhabenen Paśupati« und das Symbol für das Reittier Śivas, den Bullen, in die Inschriften ein.

Aṃśuvarman war vermutlich (zunächst?) kein Licchavi-König, sondern ein *sāmanta*, der an den Hof geholt wurde, um die Macht des Königs Śivadeva I. (590–604) zu kontrollieren, die er dann zur eigenen Gunst verfestigte. Dieser Prozess einer Zweiteilung der Macht zieht sich fortan durch die Geschichte Nepals. Aṃśuvarman ließ einen zweiten Palast, Kailāśakūṭabhavana, errichten, der nach Mānagṛha für knapp hundert Jahre das Herrschaftszentrum bleiben sollte, dessen Lokalisierung bislang aber noch nicht gelungen ist. Messungen auf dem Kailāśa-Hügel in Deopatan haben keine nennenswerten baulichen Reste ergeben, so dass dieser Ort wohl nicht als Sitz des Palastes in Frage kommt.

Die Ābhīra-/Āhīra-Guptas, die zwischen 506 und 641 zunächst an der Regierung beteiligt waren und dann selbständig herrschten, führen ihre Linie nicht wie die Licchavis auf die Sonne, sondern auf den Mond zurück. Sie tauchen in den Inschriften zunächst als Funktionäre auf. So war Virocanagupta Gesandter (*dūtaka*) von Vasantadeva (506 n.Chr.), andere waren Hauptkämmerer (*mahāpratihāra*) oder Hauptheerführer (*sarvadaṇḍanāyaka*). Bhaumagupta, vermutlich der erste Abhīra-Herrscher, erlangte die volle Macht wohl erst ab ca. 540, auch wenn sein Name schon in einer Inschrift von 462 auftaucht; zwei Inschriften bezeichnen ihn als früheren König, ebenso wie seinen Großenkel Jiṣṇugupta und dessen Sohn Viṣṇugupta, der von Aṃśuvarman abgelöst wurde, der vermutlich auch selbst zu den Ābhīra-Guptas gehörte. Die Beziehung der Ābhīra-/Ahīra-Guptas zu den indischen Guptas ist unklar, ebenso ihre Herkunft. Wahrscheinlicher ist eine Verbindungslinie zu den Gopālas, die in den Chroniken als erste Könige erwähnt werden. Um 641 verschwinden die Ābhīra-Guptas aus den Inschriften; danach kommen nur noch Narendradeva, sein Sohn Śivadeva und dessen Sohn Jayadeva II. (713–733), die alle vom Kailāśakūṭa aus regierten.

Aus dem frühen 6. Jahrhundert liegt eine bemerkenswerte Inschrift aus Handigaon vor. Sie stammt von Bhaumaguptas Vater Anuparama, der aber wohl kein König war. Es handelt sich um eine Hymne in sehr gelehrtem Sanskrit in neun verschiedenen Versmaßen. Der Text offenbart gute Kenntnisse indischer philosophischer Schulen, besonders der Mīmāṃsā-, Vedānta- und Sāṃkhya/Yoga-Systeme. Da er auch von der Verehrung des altindischen *Veda* und des *Mahābhārata*-Epos (in ihm »Bhārata« genannt) zeugt, sollte er sich möglicherweise indirekt gegen die Buddhisten richten. Dvaipāyana, der als Autor des Epos genannt wird, wird jedenfalls direkt als Beschützer des *dharma*, des brahmanisch-umfassenden Prinzips von Recht und Sitte, gegen die Buddhisten angerufen, wenn es heißt:

> Wenn Du nicht (das dreifache Veda-Wissen) aufrechterhalten hättest, wäre der Dharma, der von Männern (geleugnet) wird, die sich auf einen Nihilismus und eine Opposition des dreifachen (Veda-Wissens) zurückziehen, heute nicht in der Welt.
>
> (Als) der Veda, der seit anfangslosen Zeiten existierte, aber dessen Worte durch die Sprache zerstreut waren, zerteilt worden war, hast Du ihn (systematisch) auseinandergehalten. Wie konnte der Veda in dieser Welt sein, wenn Du nicht das *Bhārata* und andere Texte verfasst hättest?
>
> Wenn Du, der die Realität der Dinge kennt und das Wohlergehen der Welt im Sinn hat, nicht den (wahren) Dharma, der erschüttert wurde von den (Buddhisten), die an einem (anderen Dharma) festhalten, auf diese Weise durch gültige Argumente aufrechterhalten hättest, wäre er wohl nicht fortgesetzt worden.
>
> Auch wenn (das Töten eines Tieres) der Grund für die Zerstörung von Leben ist, ist es nicht ein Verstoß, sofern es nicht in einer anderen (als der im Veda

vorgeschriebenen) Form geschieht. Du allein kennst die Schriften genau, keinen anderen Kenner gibt es in der Welt.

Wir sehen in dieser Inschrift, dass schon diese frühen Auseinandersetzungen zwischen Buddhisten und vedischen Brahmanen durchaus grundlegende Fragen betrafen und keineswegs nur religiöse Toleranz herrschte. Dass die Auseinandersetzung in diesem Fall auch die Praxis des Tieropfers betraf – Anuparama beruft sich hier auf eine Ausnahmereglung, die sich auch in *Manus Gesetzbuch* (4.26 ff.) findet –, könnte einen tantrischen Hintergrund haben.

Anders als die ›republikanischen‹ indischen Licchavis regierten die Licchavis im Kathmandu-Tal in einer absoluten Monarchie. Der König war zugleich Oberbefehlshaber und Besitzer des Landes. Landschenkungen an verdiente Beamte oder Familienmitglieder, an Institutionen (*agrahāra*, *adhikaraṇa*), an Heilige etwa der Pāśupata-Gefolgschaft oder an Händler waren üblich. Sogar ganze Dörfer wurden verschenkt, was zu privaten Landrechten und einem landwirtschaftlichen Überschuss führte. Etwa hundert Dörfer werden namentlich genannt.

Der König gewährte auch Steuerbefreiung bzw. erhob Steuern auf Landbesitz in Form einer Pacht von einem Sechstel oder einem Zwölftel des Gewinns, je nachdem, ob es sich um Ackerland, Weideland, Brachland oder Wald handelte. Ebenso wurden bestimmte Güter wie Fleisch, Zwiebeln, Öl oder Töpferwaren besteuert; auf Eisen- und Kupferwaren oder Senfkörner waren Zölle üblich. Geldwirtschaft mit Münzen (*kārṣāpaṇa*, *purāṇa*) gab es in Ansätzen.

Den Großteil der Bevölkerung machten die Bauern aus. Wichtige Funktionen oder Berufe waren Töpfer, Tischler, Grobschmied und die Aufsicht über die Bewässerung. Die Gesellschaft war nach hierarchischen Kastenregeln organisiert, deren Einhaltung in bestimmten Bereichen von einem Aufseher überwacht wurde.

85 Livacchi-Inschriften richten sich an dörfliche Gemeinschaften. Aus ihnen lässt sich für die Dörfer der Status einer administrativen Selbständigkeit, vielleicht sogar Autarkie ableiten. Gemeinschaftsaufgaben wie das Anlegen eines Wassertanks, eines Brunnens oder die Befestigung von Wegen wurden von Dorfräten geregelt. Zwangsarbeit war verbreitet, ob es aber Sklaverei gab, ist unsicher. Im Dorf selbst herrschte eine Dorfgerichts-

barkeit vor, die Todesstrafe blieb das Privileg des Königs. Die Dorfgemeinschaft hatte zwei Anführer: den Dorfvorsteher (*pradhāna*) und den meist brahmanischen Dorfpriester. Praktiziert wurde die Mehrfachehe, wenn auch überwiegend von den Herrschenden, ebenso die Witwenverbrennung. Eine Scheidung war möglich, aber ansonsten herrschte eine patriarchalische Familienorganisation vor.

Außerdem gehen aus den Licchavi-Inschriften mindestens drei heutige Stadtviertel Kathmandus als eigenständige Siedlungen hervor, die eine administrative Einheit (*draṅga*) bildeten: Kolīgrāma, Dakṣinakoligrāma und Vaidyagrāma, wobei die ersten beiden sich in der Malla-Zeit unter den Nevārī-Namen Yambu und Yaṅgal zu Kathmandu zusammenschlossen. Patan hat sich vermutlich unter dem Namen Yūpagrāma, später (Nev.) Yala, an der Stelle des heutigen Palastes gebildet. Wie diese Orte ausgesehen haben, ist aber nicht überliefert.

Das soziale Leben beruhte größtenteils auf vielfach kastengebundenen Gilden (Skt. *goṣṭhī*, *gauṣṭhika*, später Nep. *guṭhī*). Die schon in der Licchavi-Zeit zahlreich gegründeten buddhistischen Klöster waren weitgehend autonom. Ein Teil der Steuern wurde für die Organisation von Festen verwendet. Die Stiftung von berühmten Stūpas wie Svayambhū, Cābahila und Bauddha geht ebenso auf damalige Herrscher zurück wie der Kult um den Bodhisattva Avalokiteśvara (vgl. dazu näher S. 267). Die Stiftung von Tempeln, Statuen, Wasserspeiern oder Rasthäusern war meist mit der Stiftung von Land verbunden, aus dessen Erträgen der Unterhalt oder die Verehrung der Objekte bestritten wurde.

Die Licchavis waren von Beginn an bekannt für ihre handwerklichen Künste, besonders für ihre Metallarbeiten. Hsüan-tsang berichtet voller Bewunderung von ihrem Schmuck, den Statuen, Tempelspitzen und Ritualgegenständen. Kaum etwas davon ist erhalten, aber aus den vielen Gupta- und Kushana-stilistischen Steinskulpturen und -reliefs lässt sich erschließen, dass es diese Objekte gab.

Zumindest in den Jahren zwischen 600 und 733 hatten die Licchavis eine weitgehend friedliche Zeit. Weder die Gupta- (320–540) noch die Harsha-Dynastie (606–647) machte Anstalten, das Kathmandu-Tal zu erobern. Unsicher bleibt, ob Nepal zeitweilig von Tibet beherrscht wurde, was die Chinesen und Tibeter behaupten. Auch die *Gopālarājavaṃśāvalī* erwähnt an zwei Stellen, dass Nepal von Bhoṭa (Tibet oder Banepa) aus regiert worden sei, aber es gibt keine Licchavi-Inschrift, die diesen Sachverhalt bestätigt. Ebenso ungewiss ist, ob 641 n. Chr. Srong-brtsan-sgam-po (Songtsen Gampo) die nepalische Prinzessin Bhṛkuṭī heiratete, weil deren genaue Herkunft nicht feststeht. Zwischen Nepāla bzw. dem Kathmandu-Tal und Tibet sowie Indien entwickelte sich über die Pässe Kyirong und Zhangmu ein offenbar florierender Handel mit illustrierten Handschriften, Bronzestatuen, Schmuck, Schnitzereien, Kupfer- und Eisenwaren, Antilopenfellen, Yakschwänzen, Salz und Holz. Dadurch entstanden viele andauernde kulturelle und ökonomische Verbindungen.

Die Licchavi-Zeit endete unspektakulär. Die letzte Inschrift stammt aus dem Jahr 877 n. Chr. Die neue Zeitrechnung, Nepāla-Saṃvat, beginnt mit dem 20. Oktober 879. In Ermangelung weiterer historischer Quellen markiert dieses Datum den Beginn einer historisch weitaus ungesicherteren Epoche.

Die Übergangszeit (9.–12. Jahrhundert)

Die ersten drei Jahrhunderte nach der Licchavi-Zeit hat der italienische Historiker Luciano Petech »eine Wiederkehr der Mythologie inmitten sachlicher Geschichte« genannt und die amerikanische Kulturhistorikerin Mary Slusser als Übergangszeit (*Transitional Period*) eingeordnet. Einige Forscher und die späten Chroniken sprechen auch von einer Nach-Licchavi-, mittelalterlichen oder Ṭhakurī-Periode. Aber *ṭhakura* ist der Titel eines hochgestellten Mannes und nicht der einer Dynastie; auch die Malla-Könige benutzten ihn. Wenn man die geringe Anzahl der historisch zuverlässigen Quellen zum Maßstab nimmt, könnte man auch von einer dunklen Periode der nepalischen Geschichte sprechen. Nur etwa zehn für die politische Geschichte eher belanglose Inschriften gibt es aus dieser Zeit, fast keine Münzen, keine Berichte von Reisenden und nur sehr wenige architektonische Fragmente. Die Chroniken sind widersprüchlich und unzuverlässig, was eine exakte Chronologie betrifft. Immerhin gibt es Hunderte von Manuskripten, hauptsächlich buddhistische, deren Kolophone wertvolle Informationen zumindest für die Datierung von Herrschern liefern. Trotzdem bleibt die dynastische Abfolge unklar.

Die Manuskripte sind in Sanskrit verfasst, aber zunehmend in einer neuen Schrift geschrieben, (Skt.) *rañjanā* oder (Nev.) *bhujimol* genannt.

Ab 1173 finden sich auch Texte in der Nevārī-Sprache. Wie gut sich deren Kolophone als Quelle für geschichtliche Bestimmungen eignen, zeigt sich z.B. an einer Sammlung verschiedener Śivadharma-Texte, die Florinda de Siminis 2016 analysiert hat. Dort heißt es:

> Im auslaufenden Jahr mit Namen ›Äther-Planet-Hand‹ (= NS 290 = 1170 n. Chr.), im Monat Pauṣa, am 15. lunaren Tag der lichten (Hälfte), am Sonntag, als der König der gefeierte Rudradeva (II.) war, der die Strahlen des Mondes mit seinem Durchbruch an Ruhm verdeckte, wurde die Kopie dieser Doktrin des Śiva von einem ehrenwerten (Schreiber) mit Namen Rāma abgeschlossen. Verehrung dem Śiva. *Oṃ*. Verehrung dem Śiva.

Für die Jahresangabe existierte ein eigenes System von Begriffsgruppen – etwa ›Planet‹ für 9, weil (in Südasien) neun Planeten gezählt wurden –, nach dem das Manuskript auf den 14. Januar 1170 zu datieren ist. Zugleich wird damit König Rudradeva II. bestätigt. Das Manuskript enthält einen handschriftlichen Zusatz aus dem Jahr 1651, in dem mitgeteilt wird, dass es noch unter der Herrschaft Pratāpa Mallas (1641–74) bei einer öffentlichen Rezitation benutzt wurde.

Nicht nur das Ausbleiben von Inschriften, auch der Beginn der anderen Zeitrechnung, Nepāla-Saṃvat (NS), am 20. Oktober 879 spricht dafür, hier eine neue Epoche anzusetzen. Die neue Zeitrechnung findet sich erstmalig in einem mit 907 n. Chr. (NS 28) datierten Manuskript, und bis 979 gibt es nur drei weitere Quellen. Aber der Übergang geschah nicht abrupt und die Verhältnisse änderten sich nicht grundlegend. Vielmehr hat es vermutlich auch nach dem Beginn der neuen Ära noch einflussreiche Licchavis gegeben. Es mag sogar sein, dass Licchavi-Könige an der Macht blieben. Jedenfalls unterscheiden sich die Namen kaum von den vorherigen. Auch die Chroniken sind vergleichsweise zurückhaltend, was diese dunkle Übergangszeit angeht. Erst ab Sthiti Malla (1382–95) gibt es wieder genauere Quellen.

Die Übergangszeit brachte offensichtlich keinen starken Machthaber hervor. Stattdessen gab es viele kleine Herrscher mit oft nur kurzen Regierungszeiten. Nach und nach wurde das Herrschaftssystem insofern geschwächt, als sich mehrere Stadtkönigtümer herausbildeten: Kathmandu, Bhaktapur, Lalitpur (Patan), Banepa und andere. Von diesen wurde bis zum Ende des 15. Jahrhunderts besonders Bhaktapur mächtig, das 1147 an Ānandadeva fiel, der in Tripura am westlichen Ende der Stadt einen neuen

Palast bauen ließ. Diese Fragmentierung der Macht hielt bis 1768/69 an, als Pṛthvīnārāyaṇa Śāha das Kathmandu-Tal eroberte.

Viele Einrichtungen und Besonderheiten aus der Licchavi-Zeit wurden übernommen: die Bezeichnung ›Nepāla‹ für das Kathmandu-Tal, die Institution der Tempelgemeinde (Skt. *goṣṭhī*) mit dem Stiftungswesen, die Monarchie, die besondere Dorfverwaltung, das Münzsystem, das Handwerk und das Zusammenleben von Buddhisten und Hindus. Auch das duale Herrschaftssystem (*dvairājya, ubhayarājya, ardharājya*) lässt sich mehrfach nachweisen; teilweise überschneiden sich sogar die Regierungszeiten von drei Königen. Von Guṇakāmadeva II. (1185–95) heißt es z.B., dass er »seine eigene Herrschaft« etabliert habe, was vermuten lässt, dass er sie zuvor teilen musste.

Vereinzelt finden sich in den frühen Chroniken konkrete Berichte: So soll Bhāskaradeva, der nach einer geteilten Herrschaft ab 889/890 allein regierte, die Krone seines Vaters verkauft haben und daraufhin blind geworden sein; Guṇakāmadeva I. (987–990) soll Kathmandu gegründet und großzügig sowohl an buddhistische Klöster als auch an den Paśupatinātha-Tempel gestiftet haben; Śivadeva (1099–1126) soll den Palast in Kirtipur gebaut haben; Pradyumnakāmadeva (1060–66) soll die Sitte, eine Krone zu tragen, wieder eingeführt haben, woraus man schließen muss, dass dieses Symbol der Macht zeitweilig nicht zur Schau gestellt werden konnte.

In religiöser Hinsicht zeigen sich verstärkt Hinweise auf den Vajrayāna-Buddhismus (s. dazu unten S. 264). Viele neue Klöster (*vihāra*) wurden gebaut, darunter das Kvā Bāhāḥ in Patan. Sie wurden zu Anziehungspunkten für indische und tibetische Mönche, die zum Studium der Texte nach Nepāla kamen, das dahingehend einen guten Ruf hatte. Der Tibeter Ralo Dorje drak (1016–72) etwa wusste von Patan als einem buddhistischen Paradies mit Gelehrten und Heiligen zu berichten. *Die Blauen Annalen*, einer der wichtigsten Texte der tibetischen Geschichtsschreibung, 1476 von dem tibetischen Mönch Gö Lotsawa vollendet, informieren sogar darüber, dass schon 755 ein Mönch Nepāla besucht hat. Tibetische Quellen berichten von berühmten Mönchen, die von Indien aus über Nepal nach Tibet gingen – Atīśa (1041 n. Chr.), Jñānakara (1054) oder Vanaratna (um 1425) –, und von tibetischen Heiligen und Mönchen, die nach Nepāla reisten. So soll Marpa 1065 von einheimischen Lehrern in Pharping gelernt oder Dharmasvāmin sich vergleichsweise lange (1226–34 und 1241–42) im Kathmandu-Tal aufgehalten haben. Offensichtlich gab es nach der muslimischen Eroberung Nordindiens im Kathmandu-Tal auch viele buddhistische Flüchtlinge.

Daneben hielt die Produktion von tantrischen Śivadharma-Texten unvermindert an. Tatsächlich stammen mit die ersten Palmblatthandschriften und die größte Sammlung dieser Textgattung aus Nepal. In ihnen finden wir die Namen von Śaṅkara (1069–83), Mānadeva (1137–40), Śivadeva (1099–1126) und anderen bestätigt. Mehrere Könige machten großzügige Schenkungen an den Paśupatinātha-Tempel. So stiftete Guṇakāmadeva II. silberne Hauben für Liṅgas, Śaṅkaradeva den Śaṅkareśvara-Tempel, Śivadeva ein goldenes Dach. Indradeva und Ānandadeva nahmen das Epithet *paramaśaiva*, ›Höchster Śiva(-Verehrer)‹, in ihren Titel auf, Letzterer ließ sich mit vier Prinzen in die tantrisch-śivaitische Tradition initiieren.

In religiöser Hinsicht brachte die Übergangszeit neue Phänomene: Wiederholt ist von Heiligen (*yogin*, *siddha*) die Rede, denen übernatürliche Kräfte nachgesagt werden; die prominentesten von ihnen sind Matsyendranātha und Gorakhanātha (vgl. S. 280). Auch fällt der Avalokiteśvara/Buṅgadyaḥ-Kult in diese Zeit. Und in den späten Chroniken wird berichtet, dass der hinduistische Philosoph Śaṅkara nach Nepāla gekommen sei und buddhistische Bücher verbrannt habe.

Abb. 4: Kāṣṭhamaṇḍapa, Zeichnung Rajman Singh, ca. 1844 (Photo Royal Asiatic Society)

Unverkennbar ist der Aufstieg der Handwerke, denn davon zeugen Skulpturen aus Stein und Bronze sowie die über die Radiokarbonmethode datierten Holzschnitzereien. Die Errichtung des Kāṣṭhamaṇḍapa, der zentralen Versammlungshalle im Zentrum Kathmandus, dürfte nach neueren Erkenntnissen ebenfalls in die Übergangszeit fallen. Nicht gesichert ist, inwieweit Tibet und die im 8./9. Jahrhundert im Nordosten Indiens mächtige Pāla-Dynastie in dieser Zeit auf Nepal eingewirkt haben. Die Einflussnahme der südindischen ›westlichen‹ Chalukya-Dynastie aus Kalyani (10.–12. Jh.) ist etwas besser belegt; so beansprucht Someśvara I. in einer Inschrift aus dem Jahr 1047 gar die Eroberung von »Nepāla«, was aber als unglaubwürdig gilt. Gut belegt ist hingegen der Einfluss von Mithila in Nordindien, dessen Könige seit Nānyadeva (11./12. Jh.) bis zum Beginn des 14. Jahrhunderts von der Hauptstadt Sīmarāmapura, dem heutigen Simraongarh, aus immer wieder plündernde Vorstöße ins Kathmandu-Tal wagten, ohne sich dort aber dauerhaft festzusetzen.

Die Newar und die Malla-Zeit (13.–18. Jahrhundert)

Auf der gesamten Strecke des Himalaya zwischen Burma und Kaschmir gibt es nur ein einziges Tal, das Kathmandu-Tal, in dem sich vor über tausend Jahren eine – ganz besondere – Stadtkultur etablieren konnte. Diese Kultur war und ist geprägt von den Newar, die dort in kompakten Siedlungen mit urbanem Lebensstil leben, eine tibeto-birmanische Sprache, Nevārī, sprechen und sich auch in andere Regionen wie z.B. Sikkim, Dolakha oder Bhojpur ausgebreitet haben. Sie unterscheiden sich von anderen Volksgruppen Nepals auch dadurch, dass sie eine eigene Schrift und eine umfangreiche Literatur hervorgebracht haben. Ihre Herkunft ist ungewiss; die gelegentlich vorgebrachte Ableitung von den (süd-)indischen Nayar ist unwahrscheinlich, auch wenn diese einen Großteil der Chalukya-Armee in Nordindien ausmachten und es z.B. durch die Einführung der Bhaṭṭa-Priester am Paśupatinātha-Tempel Verbindungen nach Südindien gab; eher glaubhaft ist die Annahme, dass die Newar ursprünglich aus dem Norden des Himalaya kommen. Sie standen jedoch schon sehr früh unter dem kulturellen Einfluss der nordindischen Kushana- und Gupta-Dynastien; eingewanderte Brahmanen-Priester prägten das hinduistische Hofritual und die Verwaltung, während die Bevölkerung verbreitet auch in einer eigenen Form die Lehre des Buddha beherzigte.

In diesem Tal wetteiferten über mehrere Jahrhunderte hinweg drei Königreiche, deren Einflussbereiche jeweils nur wenig über die Grenzen des Tals hinausreichten. Die Ablagerungen des urzeitlichen Sees boten günstigste Voraussetzungen für eine Überschuss erwirtschaftende Landwirtschaft und damit für einen gewissen Reichtum. Bauern siedelten nicht jenseits, sondern in der Stadt. Die Verbindungswege zwischen Indien und China bzw. Tibet sorgten für einen erstarkenden Handel, der spätestens ab etwa 1000 n. Chr. belegt ist. Newarische Maler, Juweliere und Baumeister prägten die Kunst Tibets und wirkten am kaiserlichen Hof in Beijing. Überhaupt erfuhren die Handwerker einen Aufschwung, der im Kathmandu-Tal nach wie vor sichtbar ist. Kunstvolle Fenster und Türen der Holzschnitzer, prächtige Statuen der Bronze- und Gelbgießer, fein ziselierte Objekte der Goldschmiede, farbenfrohe Gemälde der Thangka- und Miniaturen-Maler zeugen davon.

Die hindu-buddhistische Religion der Newar ist voll von religionsgeschichtlichen Besonderheiten. So werden die Rituale vielfach von buddhistischen Priestern (Nev. *gubhāju*) und tantrischen Hindu-Priestern (Nev./Skt. *ācājyu/karmācārya, rājopādhyāya*) gemeinsam ausgeführt. Einzigartig sind auch der Kult der Verehrung der Kumārī, eines lebenden Mädchens als Göttin (vgl. dazu S. 289 ff.), die Verschmelzung von Volksreligion, Hinduismus und Buddhismus im Buṅgadyaḥ/Karuṇāmaya/Avalokiteśvara-Fest, die Klan- (*digudyaḥ*) und Lineage-Gottheiten (*āgādyaḥ*), das ausgeprägte Gemeinde- bzw. Guṭhī-System (vgl. dazu S. 186 ff.) und der Vajrayāna-Buddhismus, auch Newar-Buddhismus genannt, zu dessen Merkmalen Klosterstrukturen ohne gelebtes Mönchswesen gehören.

Das Kathmandu-Tal und damit auch die Newar wurden vom 13. bis 18. Jahrhundert beherrscht von den sogenannten Mallas. Der Name *Malla* (wörtlich ›Ringer‹, ›Sieger‹) ist eine Selbstbezeichnung, kein Name einer Dynastie, aber nur etwa zehn Könige bezeichneten sich so, erstmalig im Oktober 1200 Ari Malla, letztmalig Tejanarasiṃha Malla (1765–68); weitaus mehr dieser Könige nannten sich *-deva*, ›Gott‹. Inwieweit die frühen Herrscher hier überhaupt als ›Mallas‹ bezeichnet werden können, ist daher fraglich. Auch die Khasa im Osten Nepals, die vom 11. bis 14. Jahrhundert regierten und gelegentliche Raubzüge ins Kathmandu-Tal unternahmen, bezeichneten sich als Mallas, doch es ist unwahrscheinlich, dass sie die Väter dieses Titels für die Mallas im Kathmandu-Tal waren. Die Malla-Zeit wird oft in eine frühe (1200–1382) und eine späte (1382–1769) Periode eingeteilt, wobei diese Unterteilung eher willkürlich ist, weil sie im Wesentlichen auf dem Mangel an historisch verlässlichem Material für die frühe Periode beruht.

Mit der Herrschaft Sthiti Mallas (1382–95, auch Jayasthiti Malla genannt) nehmen die Quellen erheblich zu. Zunächst handelt es sich weiterhin hauptsächlich um Steininschriften, Kupferplatten und Palmblatthandschriften sowie Palmblattrollen (mit Tonsiegeln) für Landurkunden. Die Inschriften sind überwiegend in der Nevārī-Schrift und -Sprache oder in meist korruptem Sanskrit geschrieben und folgen der Nepāla-Zeitrechnung. Oft geht es in den Texten auf Kupferplatten und den Inschriften auf Statuen und Ritualobjekten um Landschenkungen oder -stiftungen, bei denen festgelegt wird, was jeweils aus den Ernteerträgen bestritten werden soll: das regelmäßige Abhalten von Götterdiensten (*pūjā*), das Entzünden von Öllämpchen auf einer Balustrade um den Tempel, das Opfern von Tieren, das Spielen von Musik, das Abhalten einer Prozession (*jātrā*), das Auskommen von Tempelbediensteten oder Spenden an Asketen. Formelhaft wiederholen die Texte, dass diejenigen, die diese Vorschriften nicht befolgen, mit der Sünde der Tötung einer Kuh, eines Brahmanen, einer Frau und eines Kindes behaftet sein werden. Hinzu kommen zunehmend Papierhandschriften und ab dem ab 17. Jahrhundert gibt es mehrere chronologisch geordnete, auf Nevārī verfasste Tagebücher (Nev. *ghaṭanāvalī, thyāsaphu*), die historische Ereignisse festhalten, sowie Berichte von Jesuiten und anderen Reisenden. Daneben liefern die Chroniken weiterhin wichtige Informationen.

Wie in der Übergangszeit gab es auch unter den Mallas oft keinen Machthaber, der über das ganze Tal herrschte, denn immer wieder war die Herrschaft ge- oder verteilt. Bis zur Mitte des 13. Jahrhunderts war besonders Bhaktapur (Bhadgaon) stark, daneben auch das am östlichen Rand des Kathmandu-Tals gelegene Banepa mit seinem ›Banepa-Königtum‹ (Bhoṭarājya). Mit Sthiti Malla, der 1382 den Thron bestieg, endete diese Aufspaltung der Macht: Bis Yakṣa Malla (gest. 1482) gab es relativ feste Machtstrukturen, danach wurde die Herrschaft auf drei Söhne verteilt und es bildeten sich die drei Stadtkönigtümer Bhaktapur, Kathmandu und Patan – ein Zustand, der bis 1769 anhielt. Doch oft gab es Allianzen unter den ohnehin verwandten Königen.

Starb ein König, folgte ihm von wenigen Ausnahmen abgesehen der erstgeborene Sohn, also der Kronprinz, nach. Dabei machte es wenig aus, ob dieser legitim oder illegitim war, wie etwa das Beispiel von Mahendra Malla in Patan zeigt, der ein unehelicher Sohn von Yoganarendra Malla (1684–1705) war. Polygamie war ohnehin verbreitet, aber oft hatten die Könige dazu noch Mätressen und Konkubinen. Einige davon brachten es durchaus zu Ansehen. So wird Rājyalakṣmīdevī auf einer Münze und als dessen Konkubine in einer Inschrift Pārthivendra Mallas (1680–87) zusammen mit der späteren Königin Ṛiddhilakṣmī erwähnt. Hatte der König keinen Sohn, folgte der Bruder oder der Sohn seiner Tochter, wie im Fall von Lokaprakāśa in Patan, der allerdings nur ein Jahr (1705–06) herrschte. Eine pompöse Krönung gab es meistens nicht. Eher handelte es sich um eine schlichte Zeremonie, an deren Höhepunkt der älteste König des Kathmandu-Tals oder der Hofpriester dem Nachfolger die *ṭīkā* auf die Stirn drückte, oft noch bevor der sterbende Monarch zum Verbrennungsplatz gebracht wurde.

Die Macht der Könige wurde durch zahlreiche Faktoren immer wieder in Frage gestellt: Zum einen waren die Aristokraten und Lehnsmänner zeitweilig so stark, dass die Könige faktisch wenig gegen sie ausrichten konnten. Zum anderen spielten dabei Intrigen oder Verwirrungen eine große Rolle. Beispielsweise war der im Volk beliebte Minister (*kājī*) Bhīma Malla durch die ertragreiche Wiederbelebung des Handels mit Tibet dermaßen populär geworden, dass Pratāpa Malla ihn aus Angst vor einer Verschwörung mit den Tibetern um 1642 vergiften ließ. Bhīma Mallas Frau soll sich zusammen mit ihm verbrannt, zuvor aber noch den Fluch ausgesprochen haben, dass es sich fortan nicht lohnen würde, loyal zu sein.

Die Herrschaft der Mallas blieb nicht auf das Kathmandu-Tal begrenzt. Der Machtbereich Kathmandus etwa reichte bis zur tibetischen Grenze und umfasste auch die Gebiete von Deopatan, Gokarna, Changu Narayan und Sankhu. Patan schloss Godavari, Pharping und weitere Orte mit ein. Zwischen Patan und Kathmandu bildete der Bagmati-Fluss eine sichtbare Grenze, aber klar umrissene Territorien gab es nicht. In anderen Regionen oder Orten gab es Statthalter; mit dem Gorkha-Königtum (s.u., S. 80 ff.) wurde der Austausch von Gesandten vereinbart.

Länger anhaltende Kriege zwischen den Stadtkönigtümern oder mit den umliegenden Königtümern sind kaum belegt. Ohnehin reichten dafür die militärischen und ökonomischen Mittel nicht aus. Eher handelte es sich um Scharmützel, Reibereien und Schlägereien, bei denen das Volk kräftig mitmischte. Als Waffen standen hauptsächlich Stöcke, Speere, Haumesser (*khukurī*) und Schwerter (*khaḍga*) zur Verfügung, nur vereinzelt Schusswaffen. Eine Berufsarmee gab es allenfalls als Schutztruppe für den König und darüber hinaus als kleine Infanterie, nicht aber als Kavallerie. Ebenso wenig gab es eine Polizei, wohl aber Palastwächter (*koṭavāla*, *dvāre*). Große Burgen, die vor äußeren Angriffen schützten und auf die Pṛthvīnārāyaṇa Śāha so stolz war, finden sich im Kathmandu-Tal nicht, jedoch waren die Städte und Paläste durch Mauern geschützt.

Königtum drückte sich in der Malla-Zeit oft nicht so sehr in Machtinstrumenten aus, sondern in der symbolischen und rituellen Macht – etwa darin, dass der König sein Körpergewicht in Gold aufwiegen ließ und dieses einem Tempel stiftete. Der König selbst galt als Gott (Viṣṇu), aber er musste auch die anderen Götter versorgen, weil sonst Unheil drohte. In den Inschriften nannten sich die Könige fast immer »Herrscher (wörtlich ›Gott‹) von Nepāla« (*nepāleśvara*). Sie genossen absolute Autorität und entschieden in allen wichtigen Fragen des Landes. Dennoch waren die Malla-Könige keine entrückten Herrscher. Sie mischten sich oft unter das Volk, besonders bei den Festen. Ohnehin waren die Mittel der Könige begrenzt, weil deren Territorien klein waren. Auch wenn sie sich vergleichsweise große Paläste und Tempel leisteten, residierten sie nicht in märchenhaftem Prunk.

Im Palast lebten die Könige zusammen mit ihren nächsten Verwandten und ihrem Hofstab. Eine ihrer Hauptaufgaben bestand darin, bei Gerichten vorzusitzen und zu richten, besonders bei den fünf großen Verbrechen (Tötung einer Kuh, eines Brahmanen, eines Lehrers, einer Frau oder des eigenen Vaters), und die Steuereinnahmen zu verwalten. Dabei halfen ihnen Minister (Skt. *amātya*, *mantrin*, *pramāṇa*, *pradhāna*; Nev./Nep. *kājī*), angeführt von einem oft sehr einflussreichen Ministerpräsidenten (Nev./Nep. *mūlakājī*; Skt. *mahāmantrin*, *mukhyamantrin*, *cautārā*). Ebenfalls wichtig am Hof war der königliche Priester (*rājapurohita*, *rājaguru*, *rājopādhyāya*), der die Riten durchführte, Absolutionen erteilte, die Zeichen und Sterne deutete und dem König mit Rat zur Seite stand. Das Volk konnte die Könige aber dazu drängen, obskure Minister oder Beamte zu entlassen – so geschehen im Fall des Ministers Bhāgīrāma in Bhaktapur, der gegen den Willen König Jitāmitra Mallas (1673–96) gehen musste, weil ihm das Volk die Nöte anlastete, die durch eine dreijährige Blockade Kathmandus entstanden waren. Es ist indes nicht belegt, dass ein König geköpft wurde. Die größte Gefahr drohte ihm innerhalb des Palastes und von Familienmitgliedern.

Zwischen dem Mogul-Reich im Süden und dem chinesischen Imperium gab es also in der Malla-Zeit drei theokratische Herrschaftsräume. Ein Grund dafür, dass diese so lange existieren konnten, war Nepālas geographische Abgeschiedenheit, die ferne Machthaber abschreckte. Ersichtlich interessierten sich die Moguln nicht für Nepāla und waren damit zufrieden, dass sie jährlich Elefanten als Tribut bekamen, und auch die Briten in Indien und die Chinesen schreckten vor einer Einnahme des zerklüfteten und unzugänglichen Landes zurück. Zwar meldeten einzelne Dynastien im Süden, etwa die Karnatas in Mithila, ihren Anspruch auf die Oberherrschaft über Nepāla an, aber ohne Erfolg. Belegt sind immerhin mehrere Raubzüge ins Kathmandu-Tal: der Maithilis aus dem Tarai zwischen 1244 und 1311, der Khasa aus dem Westen, besonders zwischen 1287 und 1334, und schließlich 1349 der sieben Tage dauernde Einfall der Muslime unter Shams ud-dīn Ilyās aus Bengalen. Während die Maithilis und die Muslime viele Statuen, Schreine und Tempel plünderten und zerstörten, warfen sich die Khasa Paśupatinātha zu Füßen und attackierten eher die Bevölkerung. Nie aber wurde das Kathmandu-Tal und damit Nepal von Fremdherrschern eingenommen. Dennoch versuchten Machthaber von außerhalb des Kathmandu-Tals immer wieder, die Königsstädte anzugreifen, und manchmal war es nur durch Verbündete möglich, diese Angriffe abzuwehren. So gelang es Ratna Malla (1482–1520) nur mithilfe der Sena-Herrscher aus Palpa, die Khasa- und Magar-Soldaten schickten, die Bhotias (Tibeter) fernzuhalten.

Gleichwohl war Nepal nicht isoliert. Für die Tibeter hatte das Land eine glorreiche Vergangenheit: Nepal war für sie die Heimat der Sanskrit-Texte und der Weisen, später auch das Land, aus dem der Buddha kam. Sie wollten besonders an der Gelehrsamkeit der nepalischen und indischen Gelehrten teilhaben, tibetische Klöster führten ihre Abtlineage oft auf angesehene indische Gelehrte zurück, und Nepāla blieb ein Fluchtpunkt für buddhistische Mönche und hinduistische Asketen. Zudem hat sich das hinduistische Nepal meist als Teil des Āryāvarta, des geheiligten Hindu-Subkontinents, verstanden, wie in vielen Inschriften immer wieder versichert wird; von indischer Seite wurde es bis in die jüngste Zeit insofern vereinnahmt, als man dessen Eigenständigkeit entweder bezweifelte oder schlicht nicht wahrnahm. Wie selbstverständlich war Nepal auf der Landkarte der ›indischen‹ Pilgerorte verzeichnet, und tatsächlich gab es immer einen regen Austausch zwischen beiden Ländern. Dennoch ist z.B. das *Himavatkhaṇḍa*, das hymnische Verzeichnis der heiligen Orte Nepals, kein (alter) Teil des ›indischen‹ *Skandapurāṇa*.

Aus der Vielzahl der in den Chroniken und anderen Quellen genannten Machthaber ragen einzelne Herrscher heraus. Rudra Malla (1295–1326) etwa war kein König, aber ein einflussreicher Königsmacher am Hof von Kathmandu, der beim Matsyendranātha-Fest (s.u., S. 280) präsidierte und Ari Malla II. (1320–44) als weitgehend wirkungslosen Schattenkönig einsetzte. Er gewährte auch der 1326 verwitweten, in den Chroniken häufig erwähnten Mithila-Königin Devaladevī in Bhaktapur Asyl, als die Muslime das Mithila-Königtum bedrängten. Sie verheiratete ihren Sohn Jagatsiṃha mit Rudra Mallas Tochter Nāyakadevī und deren Tochter Rājalladevī 1366 mit Sthiti Malla, der mit großer Wahrscheinlichkeit aus Mithila und wohl nur über seine Heirat zur Macht im Kathmandu-Tal kam – noch 50 Jahre nach der Hochzeit nannten ihn seine eigenen Söhne den »Mann von Rājalladevī«. Sthiti Malla sorgte für Einheit und Stabilität und verfasste den ersten in die *Chronik der Könige Nepals* eingebetteten Rechtstext, die »Girlande der Kasten« (*Jātamālā*), wo 64 Kasten hierarchisch nach ihren Berufen geordnet aufgelistet sind (vgl. S. 44f.).

Sthiti Malla gelangte vermutlich schon 1372 faktisch an die Macht, bestieg aber den Thron erst 1382, nachdem Arjunadeva, den Sthiti Malla nach Kräften behindert und Schritt für Schritt entmachtet hatte, gestorben war. Dennoch blieb Sthiti Malla umstritten, vor allem bei den einflussreichen Adligen, allen voran bei Jayasiṃha-Rāmavardhana, dem mächtigen Minister von Bhaktapur, der sich gleich nach Sthiti Mallas Tod 1395 zum König von Bhoṭarājya (Banepa) ausrufen ließ. Trotz aller Machtfülle, die sich unter anderem darin zeigte, dass Sthiti Malla von den anderen Königen und den sieben dominanten Adelsfamilien (*pātra*, *mahāpātra*) in Patan als Oberherrscher im Kathmandu-Tal anerkannt wurde, war er umringt von anderen Machthabern in und außerhalb des Kathmandu-Tals: vor allem von denen in Nuvakot, Pharping und immer wieder Banepa, dessen Herrscher die Chinesen in der Ming-Dynastie (1368–1644) zeitweilig als eigentliche Machthaber des Kathmandu-Tals anerkannten. Sthiti Malla festigte aber seinen Einfluss im Volk unter anderem dadurch, dass er den Svayambhū-Stūpa renovieren ließ, die Nevārī-Sprache verbreitete und den Kult der Göttin Degutale bzw. Taleju einführte.

Yakṣa Malla übernahm 1428 den Thron, nachdem er zuvor (seit 1395) zusammen mit seinen Brüdern Rāya Malla und Jyotir Malla über das Kathmandu-Tal geherrscht hatte. Er besiegte Banepa, ging auf Eroberungszüge außerhalb des Kathmandu-Tals und stiftete viele Tempel (z.B. den großen Dattātreya-Tempel in Bhaktapur), Schreine und Wasseranlagen. Er vererbte den Thron an seine Söhne Ratna Malla (1482–1520), der 1484 Kathmandu zu einem eigenen Staat machte, Rāya Malla (1482–1504), der in Bhaktapur blieb, und Raṇa Malla, der Banepa, das bis 1640 unabhängig geblieben war, gänzlich eroberte, während Patan in den Händen der Adligen blieb, bis 1597 Śivasiṃha von Kathmandu dort die Macht übernahm; erst 1619 wurde Patan mit Siddhinarasiṃhas Inthronisierung zu einem unabhängigen Königreich.

So entwickelten sich die drei Stadtkönigtümer Kantipur (Kathmandu), Bhadgaon (Bhaktapur) und Lalitpur (Patan) zu den drei Machtzentren im Kathmandu-Tal, jeweils mit großen Palästen und Tempeln für die Taleju, die gemeinsame Schutzgöttin der Mallas, und andere Götter. Es bildeten sich aber immer wieder neue Grenzen und Allianzen, wie eine von D.R. Regmi veröffentlichte Chronik (*Thyāsaphu B*) verdeutlicht. Dort heißt es, dass im Monat Vaiśākha des Jahres 1699 (NS 819) Patan isoliert worden sei, fünf Monate später aber alle drei Königsstädte wieder Freundschaft geschlossen hätten; zwei Jahre später war Bhaktapur isoliert, wenige Monate danach Yoganarendra Malla, der König von Patan. Drei Jahre später im Monat Mārga schlossen sich Kathmandu und Patan zusammen, aber im nächsten Monat waren wieder alle drei Städte in Freundschaft verbunden – und so weiter. Nach einem Bericht des Missionars Grueber verbündeten sich 1662 Pratāpa Malla und Śrīnivāsa Malla, um siegreich gegen Jagatprakāśa Malla, den König von Bhaktapur, zu kämpfen. Bei großen Anlässen, etwa bei der Initiation eines Kronprinzen, der Hochzeit eines Königs oder der Einweihung eines großen Tempels kamen in der Regel ohnehin alle drei Könige zusammen.

Einer der starken Männer der späten Malla-Zeit war Pratāpa Malla, der ab 1641 zunächst als Regent herrschte, weil sein Vater Lakṣmīnarasiṃha ersichtlich dement geworden war. Pratāpa war wohl selbst nicht sehr gelehrt, brüstete sich aber damit, Priester, Heilige, Gelehrte und Künstler zu fördern, die er teilweise aus Indien nach Nepāla einlud. Tatsächlich werden ihm auf Inschriften einige Gedichte sowie esoterische Texte zugeschrieben. Auch der Kavīndrapura- (oder Madunāsadyaḥ-)Tempel nahe der Kāṣṭhamaṇḍapa-Halle (s. Abb. 4) in Kathmandu stammt von Pratāpa Malla – der Name des Baus bezieht sich auf ihn, weil er sich selbst als »König bzw. Indra der Dichter« (*kavīndra*) bezeichnete. Neben dem Tempel stehen wirklich zwei Inschriften mit Gedichten von Pratāpa Malla und in der *Chronik der Könige Nepals* (19/2.164) heißt es:

> Und er (Pratāpa Malla) zog die Geistesessenz (*dhyāna*) aus der Nṛtyanātha (-Skulptur) in einen Schrein innerhalb eines alten Tempels, der die Form eines Liṅga hat und in der Nähe des Kāṣṭhamaṇḍapa steht; er ließ eine schöne Statue machen, verfasste ein Gedicht, ließ dieses in einen Stein meißeln, baute ein langes Rasthaus (*sattala*), gab diesem den Namen ›Kavīndrapura‹ und nannte die Gottheit ›Madunāsaladeva‹.

Wie Pratāpa Malla gehörten auch Jagajjyotir und Bhūpatīndra Malla aus Bhaktapur, der ein Maithilī-Drama namens *Paraśurāmopakhyānanāṭaka* verfasst hat, sowie Yoganarendra und Siddhinarasiṃha Malla aus Patan zu den eher künstlerisch interessierten oder intellektuellen Königen.

Als Pratāpa Malla 1674 starb, gab es wie üblich bei solchen Geschehnissen sofort Gerüchte. Angeblich soll die tantrische Göttin Harisiddhi in Form eines Mädchens neben ihm gesessen haben, als er bei den berühmten Harisiddhi-Tänzen zuschaute. Nicht ahnend, dass das Mädchen neben ihm eine Göttin war, habe er ihr seine Aufwartung gemacht, sei aber kurz darauf in Ohnmacht gefallen, aus der er nicht mehr erwacht sei. Seitdem – so die Chroniken – seien keine Harisiddhi-Tänze mehr in Kathmandu aufgeführt worden, obgleich sie wenig später unter der Herrschaft Nṛpendra Mallas (1674–80) wieder belegt sind.

Pratāpa Malla soll acht Söhne gehabt haben, der älteste war eben jener Nṛpendra Malla, aber de facto herrschten in den nächsten 50 Jahren in Kathmandu Regenten. Wie immer in solch unsicheren Zeiten wurden Legitimität und Alter der Nachfolger kritisch hinterfragt. 1744 wurde Nuvakot von den Gorkhalis eingenommen und 1768 eroberte Pṛthvīnārāyaṇa Śāha das Kathmandu-Tal und beendete damit die Malla-Herrschaft.

Zusammenfassend ist für die Malla-Zeit charakteristisch: die Fragmentierung der Macht in die drei Königtümer von Bhaktapur, Patan und Kathmandu, die Stabilisierung der Macht durch Sthiti Malla mit der ›offiziellen‹ Einführung des Kastensystems sowie einer fortschreitenden Hinduisierung und das Aufkommen von Religionskonflikten, besonders durch die Muslim-Invasion im Jahr 1349.

Die Monarchie der Gorkha-Śāhas (1768/69–1846)

Mitte des 18. Jahrhunderts gab es zwischen dem Tista-Fluss im Osten und dem Satlej-Fluss im Westen an die 60 unabhängige Kleinkönigtümer, aber nur wenige gefestigte Regionen. Dazu gehörten Sikkim und Bhutan im Osten, das Kathmandu-Tal in der Mitte und Gorkha im Westen, von wo die Śāhas kamen. Den Chroniken zufolge sollen sie im 12./13. Jahrhundert aus Rajasthan vor muslimischen Invasoren geflohen sein, doch ist wahrscheinlicher, dass es sich um Abkömmlinge der Khasa handelte.

Das Gorkha-Reich verdankt seine Vorrangstellung Dravya Śāha, der es 1559 von Lamjung aus eroberte und bis 1570 regierte. Er befand sich fast immer in kriegerischen Auseinandersetzungen mit den Nachbarn, ohne nennenswerte territoriale Zugewinne erzielen zu können. Erst mit Rāma Śāha (1614–36?) dehnte sich das Reich bis Nuvakot im Osten, zum Marsyangdi-Fluss im Westen und zur tibetischen Grenze im Norden aus. Mit der Zeit siedelten sich newarische Handwerker aus dem Kathmandu-Tal in Gorkha an, vor allem aber begann ein Prozess der Hinduisierung, da die erworbenen Gebiete von Brahmanen und Chhetri verwaltet wurden.

Auch wenn für die vier Nachfolger Rāma Śāhas keine militärischen Vorstöße belegt sind, sollte dieses immer noch relativ kleine Reich bis zum Ende des 18. Jahrhunderts fast die ganze Region unter seine Kontrolle bringen, indem es eine Gruppe von 24 Kleinkönigtümern zwischen dem Marsyangdi- und dem Bheri-Fluss, Chaubisi (›Vierundzwanzig‹) genannt, sowie eine andere Gruppe noch weiter im Westen, Baisi (›Zweiundzwanzig‹) genannt, eroberte. Kleine Herrschaftsbereiche wie Kaski, Lamjung, Makwanpur, Palpa, Jumla, Salyan, Tanahu und andere fielen so an die Śāhas. Im westlichen Himalaya haben die Gorkhalis heute auf indischem Territorium liegende Königtümer zeitweilig unterdrückt und die Bevölkerung vielfach versklavt. Diese gewaltsame Einnahme etwa von Kumaon, Garhwal, Kangra oder Simraun trieb die Königtümer in die Arme der Britischen Ostindien-Kompanie, die mit dem nepalisch-britischen Krieg von 1814 bis 1816 einige Kleinstaaten wieder von den Gorkhalis befreite.

Das Augenmerk der Gorkhalis richtete sich aber vor allem auf das Kathmandu-Tal. Einen ersten, erfolglosen Vorstoß soll Narabhūpāla (1716–42) gewagt haben, doch es war vor allem sein Sohn Pṛthvīnārāyaṇa, der das Tal in verschiedenen Wellen eroberte: 1744 hatte er Nuvakot am Rande des Tals und 1748 Sindhupalchok und andere Gegenden im Osten eingenommen, indem er die Bevölkerung bewaffnet, verschiedene Waffenlager auf dem Weg zum jeweiligen Territorium angelegt und erstmalig Schusswaffen eingesetzt hatte. Er erlangte auch die Kontrolle über die Pässe nach Tibet und damit über den Transhimalaya-Handel. Im August 1762 fiel Makwanpur südwestlich des Kathmandu-Tals an Pṛthvīnārāyaṇa, so dass er nun auch den Hauptweg zum Tarai in seiner Gewalt hatte. Von da an war es nur noch eine Frage der Zeit, bis er – nach abgewehrten Angriffen der Nawabs von Bengalen und der britischen Ostindien-Kompanie, die Raṇajit Malla in Bhaktapur zu Hilfe gerufen hatte – ins Kathmandu-Tal eindrang und am 17. März 1766 versuchte, zunächst Kirtipur westlich von Patan zu erobern. Dafür brauchte er freilich mehrere Anläufe. Pater Giuseppe berichtet, dass Pṛthvīnārāyaṇa befohlen habe, allen Einwohnern die Nasen abzuschlagen, auch den Kindern, die nicht mehr in den Armen ihrer Mütter lagen. Die *Chronik der Könige Nepals* ergänzt, dass dies insgesamt 865 Menschen betraf, und gibt sogar das Gewicht der abgeschlagenen Nasen an. Die großen Messer hängen heute noch im Bāghabhairava-Tempel der Stadt, die Pṛthvīnārāyaṇa in *Nāsakaṭapura*, ›Stadt der abgeschlagenen Nasen‹, umbenennen lassen wollte. Ein jüngst aufgetauchtes Dokument legt nahe, dass sich dieser Vorfall tatsächlich ereignete, denn in der Kopie dieses undatierten Dokuments, das sich im Besitz des 2017 verstorbenen Forschers Shukrasagar Shrestha befand, erbitten die Bestraften das Land zurück, das ihnen zu allem Elend auch noch weggenommen wurde.

Die Eroberung der Städte im Kathmandu-Tal erfolgte schrittweise und gelang erst 1768, nach einer langen Blockade: Kathmandu fiel am 15. September, Patan am 6. Oktober 1768, Thimi am 14. April und schließlich Bhaktapur am 17. November 1769. Die letzten Könige von Kathmandu und Patan wurden getötet, der von Bhaktapur konnte nach Benares fliehen. Wie klein aber die Dimensionen der Eroberungen waren, verdeutlicht eine Zählung aus jener Zeit: Kathmandu soll 1769 rund 22.000 Häuser umfasst haben, Patan 24.000 und Bhaktapur 12.000. Auch Gorkha hatte nur geschätzte 12.000 Häuser. Abgesehen von Kirtipur machte es das Kathmandu-Tal Pṛthvīnārāyaṇa letztlich nicht sehr schwer: Es war geschwächt durch die Aufteilung auf drei Herrschaftsbereiche, die zudem von teilweise unfähigen, zu jugendlichen oder – wie in Patan, wo der Klan der Pradhans ungemein einflussreich war – nahezu machtlosen Königen regiert wurden.

Die Machtübernahme durch Pṛthvīnārāyaṇa Śāha im Jahr 1743 und die anschließende Eroberung des Kathmandu-Tals bedeuteten einen Paradigmenwechsel auf ganzer Linie: den Übergang der Macht von den Newar bzw. den Malla zur Parbatiya-Aristokratie, die Unterdrückung bzw. Überlagerung der Newar-Kultur, die Einführung neuer hinduistischer Gottheiten mit einem imposanten Zuwachs an Tempelbauten, die Förderung brahmanischer Priester und Feste, die Unterordnung aller ethnischen Gruppen unter die Parbatiya-Kultur durch die Etablierung einer hinduistischen Kastenhierarchie, die Dominanz der neuindoarischen Nepālī-Sprache gegenüber der tibeto-birmanischen Nevārī-Sprache und schließlich eine erste Orientierung hin nach Europa.

Pṛthvīnārāyaṇa selbst war allerdings Ausländern gegenüber eher feindlich eingestellt, auch weil die Briten unter Captain Kinloch Jaya Prakāśa Malla, dem letzten Malla-König Kathmandus, wenn auch erfolglos, zu Hilfe geeilt waren. Den Kapuzinern, die von Pratāpa Malla noch freundlich aufgenommen worden waren, unterstellte er, Geheimnisse an die Briten verraten zu haben, und forderte sie 1769 dazu auf, das Land zu verlassen. Sowohl Indien bzw. den dortigen Briten als auch Tibet/China gegenüber blieb er misstrauisch. Auch ließ er keine ausländischen Händler ins Land, was vor allem die Gosains und kaschmirische Händler betraf, die im Indien-Tibet-Handel aktiv waren. »Die ausländischen Händler kommen in unser Land und lassen unser Volk verarmen«, schrieb er in seinem *Divyopadeśa* (›Heilige Unterweisung‹), wobei freilich umstritten ist, ob dieses Werk tatsächlich aus Pṛthvīnārāyaṇas Feder stammt. Stattdessen ermahnte er seine Landsleute, nur noch Waren aus Nepal zu kaufen.

Pṛthvīnārāyaṇa starb am 11. Januar 1775. Sein Sohn Pratāpa Siṃha regierte nur zwei Jahre, und mit ihm begann im Grunde schon der Zerfall der Śāha-Dynastie, die dennoch bis 2006 durchgehend das Staatsoberhaupt stellte. Pratāpa Siṃha war bis Mahendra (1955–72) der letzte König, der volljährig den Thron bestieg. Nach ihm führten die Könige ein Schattendasein, von der Bevölkerung isoliert, immer überwacht von mächtigen Regenten, Regentinnen oder Premierministern und schließlich kaltgestellt von der Rāṇā-Aristokratie. Nach Pratāpa Siṃhas Tod übernahmen z.B. seine Frau Rājyalakṣmī und sein Bruder Bahādura Śāha für einige Jahre die Regentschaft, weil Pratāpas Sohn Raṇabahādura beim Tod des Vaters erst zwei Jahre alt war.

Obwohl das Gorkha-Reich noch vor dem Ausgang des 18. Jahrhunderts fast die Ausdehnung des heutigen nepalischen Territoriums, nach Westen sogar bis nach Kumaon und Garhwal und im Osten bis nach Sikkim, erreicht hatte, widerstanden ihm einige Kleinkönigtümer wie etwa Jajarkot, Salyan, Palpa oder Mustang über lange Zeit und konnten nur als Vasallen an- oder eingegliedert werden. Auch Garhwal blieb tributpflichtig, als sich die Gorkhalis 1786 zurückzogen, um mehr Kräfte für den ersten Krieg mit Tibet und China zur Verfügung zu haben. Zwar zogen sie sich bald auch wieder aus Tibet zurück, doch musste Tibet fortan ebenfalls Tribut zahlen. Nachdem es sich weigerte, drangen die Gorkhalis 1791 erneut ein, doch eilte China 1792 zu seiner Unterstützung. Wenig später einigten sich die erschöpften Kriegsparteien darauf, dass sich Nepal bis auf die ursprünglichen Grenzen zurückziehen müsse.

Der langwierige Prozess der Vereinigung Nepals hatte kaum Einfluss auf die Menschen und die sozialen Strukturen. Die Gorkhalis schufen ein Reich mit zunächst vergleichsweise losen administrativen und militärischen Strukturen. Die Kunst ihrer Herrschaft über dieses Reich bestand darin, die Macht zwar im Kathmandu-Tal zu konzentrieren, darüber hinaus aber, abgesehen von Landabgaben, Steuern, Tributzahlungen und der Einbindung bestimmter Ethnien in Arbeitsaufgaben und das Militär, kaum in die lokalen Strukturen einzugreifen.

1794 war Raṇabahādura Śāha so weit herangewachsen, dass er de facto die Macht übernehmen konnte, die sich seine Frau und sein Onkel geteilt hatten. Letzterer wurde der Konspiration mit China verdächtigt und ins Gefängnis gesteckt, wo er im Alter von 39 Jahren verstarb. Nach nur zwei Jahren der absoluten Macht dankte Raṇabahādura Śāha allerdings wieder ab, zugunsten seines zweijährigen Sohnes Gīrvāṇayuddha Śāha. Dieser war aus einer illegitimen Verbindung hervorgegangen, die die obere Schicht (*bhāradāra*) Kathmandus, allen voran den Minister (*kājī*) Dāmodara Pā̃ḍe, schockiert hatte, denn Gīrvāṇayuddhas Mutter Kāntivatī war eine Witwe, noch dazu eine Brahmanin aus dem Tarai. Raṇabahādura hatte damit alle Kasten- und Reinheitsregeln gebrochen. Dennoch zwang er sämtliche Bhāradāras, den Jungen als König anzuerkennen, obgleich in der Rangfolge sein Halbbruder Raṇoddyota Śāha, der Sohn Suvarṇaprabhās, an der Reihe gewesen wäre. 1800, nach dem Tod seiner an Pocken erkrankten Konkubine, zog sich Raṇabahādura unter heftigem Protest zunächst in den Paśupatinātha-Tempel und dann nach Varanasi (Benares) zurück, um dort mit seiner ersten legitimen Ehefrau Rājarājeśvarī und ein paar Generälen, darunter der später mächtige Bhīmasena Thāpā, als Asket zu leben. In einem Geheimbericht der Ostindien-Kompanie aus Benares vom 28. Mai (?) 1800 heißt es allerdings, dass dieser Rückzug Raṇabahāduras nicht ganz freiwillig erfolgte. Er habe die Regierung und das Volk gegen sich aufgebracht. »Konsequenterweise haben sie ihn für verrückt erklärt, und er müsse bestraft werden. Der König hörte davon, verließ Nepal und begab sich nach Benares.«

Im Oktober 1801 nutzte Minister Dāmodara P̃āḍe die Gunst der Stunde und schloss ein Abkommen mit der Ostindien-Kompanie, das unter anderem einen Austausch von Gesandtschaften vorsah und festlegte, dass Raṇabahādura, der von den Briten noch immer als König von Nepal hofiert wurde, Ländereien erhielt, damit er Nepal fernbleibe. Dennoch versuchte Raṇabahādura wieder an die Macht zu kommen, und 1804 gelang ihm dies auch in einem begrenzten Ausmaß, weil er seine Frau Rājarājeśvarī vorausschickte, die mithilfe Dāmodara P̃āḍes die Regentschaft an sich riss. Rājarājeśvarī kündigte sofort den Vertrag mit den Briten, bezahlte die Schulden, die Raṇabahādura in Benares angehäuft hatte, und ließ ihren Mann zurückkehren. Dāmodara P̃āḍe war damit gar nicht einverstanden und entsandte Truppen, um Raṇabahādura aufzuhalten. Die Soldaten liefen aber zu Raṇabahādura über, und kaum hatte der Ex-König das Kathmandu-Tal erreicht, ließ er den Minister verhaften und umbringen. Er selber wurde zum Mukhtiyāra, einer Art Premierminister, agierte aber wohl auch als Regent. König konnte er nach seiner Abdankung nicht mehr werden.

In diesen wirren Zeiten hatte es also zeitweilig drei Machthaber gegeben: Dāmodara P̃āḍe, der sich mit dem Kindkönig Gīrvāṇayuddha Śāha nach Nuvakot zurückgezogen und diese Stadt zur Hauptstadt erklärt hatte, die Regentin Rājarājeśvarī, die von Kathmandu aus regierte, und Raṇabahādura, der sich in Deopatan als den eigentlichen Herrscher betrachtete.

Die kurze Herrschaft Raṇabahāduras war ebenfalls von Turbulenzen gekennzeichnet. So brachte er alles steuerfreie Guṭhī-Land, Land, das Tempelstiftungen übertragen worden war, unter seine Kontrolle oder verbannte alle Kinder, die Pocken hatten, aus dem Kathmandu-Tal. Vor allem wandte er sich immer wieder gegen den Einfluss der Brahmanen, denen er sein Schicksal anlastete. Wie sehr Raṇabahādura zeitweise außer Kontrolle war, verdeutlicht ein Bericht von Captain W. D. Knox an den britischen Generalgouverneur:

> [Raṇabahādura Śāha] schnitt die Nasen und Ohren von vielen Brahmanen ab, die in den Tempeln dienten und für die Genesung der Königin Kāntivatī beteten; anderen nahm er ihren Kastenstatus, indem er ihnen das Fleisch von Hunden und Hausschweinen in den Mund stopfte. (…) Er ordnete an, die Tempel zu zerstören, und befahl den [Befehlshabern von] drei Kompanien denjenigen Soldaten, die Bedenken hatten, heißes Öl über ihre nackten Körper zu gießen (…)

Am 25. April 1806 wurde Raṇabahādura von seinem Halbbruder Śera Bahādura getötet.

In diesem politischen Durcheinander wurde Bhīmasena Thāpā (1775–1839) zum Mukhtiyāra und Oberbefehlshaber, ebenfalls durch einen Gewaltakt, bei dem 93 Höflinge der Konspiration verdächtigt und getötet und Raṇabahāduras Ehefrauen Rājeśvarī und Suvarṇaprabhā zur Witwenverbrennung gezwungen wurden. Raṇabahāduras dritte Ehefrau, Lalitatripurasundarī, eine geborene Thāpā, wurde Regentin und angeblich die Konkubine Bhīmasena Thāpās, der für über 30 Jahre die Geschicke des Landes bestimmen sollte. Zu dieser Zeit war König Gīrvāṇayuddha neun Jahre alt; er wurde weiterhin strikt von allen politischen Kontakten abgeschirmt.

Bhīmasena schuf die bis 1951 gültigen Machtstrukturen, nach denen die Regierung nur noch nominell vom König geführt wurde, während die Macht beim Premierminister bzw. Mukhtiyāra lag. Dieser kümmerte sich um alle militärischen und zivilen Angelegenheiten, und ihm hatten alle Militärs und Beamten zu gehorchen. 1835 wurde Bhīmasena durch ein Dekret Rājendra Śāhas, der 1816 nach Gīrvāṇayuddhas Tod gekrönt worden war, auch Oberbefehlshaber der Armee. Obgleich das Amt des Mukhtiyāra bzw. Premierministers noch nicht erblich geworden war, brachte Bhīmasena überall seine Verwandtschaft unter. Auch setzte er die Expansionsbestrebungen der Gorkhalis fort und geriet darüber in Grenzstreitigkeiten und Kämpfe mit der Ostindien-Kompanie, die nicht akzeptieren wollte, dass die in den Bergen gelegenen Kleinkönigtümer Landrechte im Tarai hatten und damit eine Regierung innerhalb einer anderen existierte.

1814 gerieten die Kompanie und die Gorkhalis militärisch aneinander. Der konkrete Anlass waren 22 Dörfer um Butwal herum, also zwischen Gorkha und Gorakhpur, die von beiden Seiten beansprucht wurden, die sich wechselseitig vorwarfen, zu gierig zu sein. Die Briten sahen diese Dörfer als ihrem Territorium zugehörig an, die Gorkhalis leiteten aus der Tatsache, dass die Dörfer gegenüber Palpa, das 1804 von ihnen eingenommen worden war, abgabenpflichtig waren, Hoheitsrechte ab. Im Krieg standen sich nach Berechnungen John Prembles 35.000 reguläre und 13.000 zeitweilige Soldaten auf der britischen und 14.000 reguläre (*bhārā*) und 28.000 zeitweilige, in Frondiensten (*jhārā*) befindliche Soldaten auf der Seite der Gorkhalis gegenüber. Gekämpft werden konnte nur im Winter. Der erste Angriff der Briten dauerte von Oktober 1814 bis März 1815; er war erfolg-, aber noch nicht siegreich, da die Gorkhalis ein schon ausgehandeltes Abkommen nicht unterzeichneten, weil sie auf die Hilfe Chinas hofften, aber auch, weil der Krieg an drei Fronten geschlagen wurde und die Briten sich in dem gebirgigen Gelände nicht zurechtfanden und die Widerstandskraft der Gurkha-Soldaten unterschätzten. Erst durch eine massive Erhöhung der Truppenstärke konnten sie unter General Ochterlony im Frühjahr 1816 die Gorkhalis besiegen und ihnen das bereits ausgehandelte Abkommen aufzwingen.

Es gab allerdings noch andere Gründe für diesen in der Geschichte Nepals so bedeutsamen Krieg: Die Gorkhalis brauchten immer mehr Land, um die vielen Soldaten bezahlen zu können, die sie bei ihren Eroberungen in Richtung Osten und Westen einsetzten. Das stehende Heer bekam in der Regel Jāgira-Land (s.u., S. 190) zur eigenen Bewirtschaftung als Lohn zuerkannt; dieses war aber knapp geworden. Die Briten hinwiederum, die ja eigentlich eine Handelskompanie waren, wollten keinen Staat in Südasien zu groß werden lassen, weil sie die besten Erfahrungen mit der Zersplitterung der Macht gemacht hatten, da sie dann in Ruhe Geschäfte mit den lokalen Großgrundbesitzern oder Landverwaltern machen konnten.

Vor allem waren es aber zwei verschiedene Konzepte von territorialer Macht und deren Grenzen, die hier aufeinanderprallten: Die Briten, die in Indien wie in ihrem Mutterland seit Längerem eine Art Katasteramt aufbauten, wollten klar definierte Grenzen. Sie dachten z.B., dass die einfachste Lösung des Konflikts eine Grenzziehung entlang der Siwalik-Vorgebirgskette sein würde, wobei alles Land jenseits dieser Grenze zu Nepal gehören sollte. Für die Rāṇās war es wichtiger, das Land zu kontrollieren und auszubeuten. Sie verstanden Landbesitz als ererbtes Landnutzungsrecht, vor allem für die Kleinkönige in den Bergen, die das Land im Tarai entweder zeitweilig selbst nutzen oder Abgaben einfordern konnten. Dabei konnte es durchaus sein, dass Landbesitzer zwei Herrschern aus verschiedenen Territorien gegenüber gleichzeitig abgabenpflichtig waren. Die

Gorkhalis übernahmen die Abgabenrechte gewaltsam oder friedlich von den Kleinkönigen und verstanden darunter auch die Hoheitsrechte. Sie brauchten dafür keine Grenzsteine, wie sie nach 1816 errichtet wurden. Die Briten hingegen verstanden solche Ansprüche als Übergriffe. Wie sehr die Positionen auseinanderklafften und beide Seiten dementsprechend aneinander vorbei argumentierten, verdeutlicht ein Brief von [Gīrvāṇayuddha] »Bikram Shaha« vom 5. August 1813, mit dem er auf eine vorangegangene Korrespondenz mit dem Generalgouverneur in Kalkutta reagierte:

> Die [bisherige] Kommunikation hat mein größtes Erstaunen hervorgerufen. Tatsache ist, dass territorialer Besitz von Staaten nicht durch Kauf besteht. Wie die Ehrenhafte [Ostindien-]Kompanie durch die Gnade Gottes ihre Herrschaft in Hindoostan durch das Schwert erworben hat, so habe ich durch dieselben Mittel Besitz über die Berg-[Staaten] erhalten *zusammen mit dem Tiefland, das von den früheren Rajas abhängig war*, von denen einige sich zahm meiner Autorität unterwarfen, andere wegen ihres Verhaltens vertrieben werden mussten. Seit der ersten Etablierung der Britischen Autorität in Indien und der Gorkha-Regierung in Nipaul [Nepal] war jedoch so ein Prinzip der Begrenzung, nämlich, dass die eine Autorität sich bis zu den Bergen erstreckt und das Land unterhalb der Berge zu einem anderen gehört, niemals und zu keiner Zeit Gegenstand der Kommunikation zwischen [unseren] zwei Staaten. Im Gegenteil, das Prinzip, das seit sehr langer Zeit zwischen zwei Regierungen erzielt wurde, ist, dass es keinem Staat erlaubt ist, irgendeine Einmischung in dem Land vorzunehmen, das zuerst dort eine Autorität etabliert hat. (Hervorhebung im Original)

Problematisch war, dass weder die Briten noch die Gorkhalis Unterlagen, geschweige denn Karten hatten, in denen die Landbesitzrechte festgeschrieben und damit nachvollziehbar gewesen wären. Die Gorkhalis »beanspruchten, was die kleinen Könige beansprucht hatten«, schreibt lapidar, aber zu Recht Ludwig F. Stiller. Klar war auch, dass Nepal ohne das Tarai kaum lebensfähig war.

1816 kam es in Sagauli zu einem Friedensvertrag, bei dem die Grenzen so festgelegt wurden, dass Nepal im Süden ein Drittel seines vorherigen Einflussbereichs verlor – ein Gebiet, das, als »Greater Nepal«, derzeit nur von extremen Nationalisten zurückgefordert wird. Ein Brief vom 13. März 1816, adressiert unter anderem an General Bhīmasena Thāpā in Kathmandu, enthielt den korrigierten Entwurf für den Vertrag. Sechs Siegel der nepalischen Militärführung beurkundeten ihn. Der Verlust weiter Teile des

Tarai bedeutete einen großen Einbruch und gefährdete die Überlebensfähigkeit des noch jungen Staates, zumal verdiente Militärs viel Land im Tarai bekommen hatten. Die Briten zahlten als Entschädigung dafür jährlich 200.000 Rupien. Nepal verlor aber 13,7 % seiner landwirtschaftlichen Nutzflächen und büßte 35 % der landwirtschaftlichen Produktion ein.

Im 19. Jahrhundert gab es für die Briten in Indien zwei Formen von Macht über Territorien: die direkte Herrschaft wie in Bengalen und Fürsten- oder Kleinkönigtümer, die die britische Oberhoheit anerkannten, aber weitgehend unabhängig blieben. Nepal nahm eine Sonderstellung ein, denn der Friedensvertrag hatte für die Briten deutliche Vorteile: Sie mussten sich nicht auf einen langen Krieg mit unsicherem Ausgang einlassen, gewannen Territorium hinzu, erhielten über Kumaon und Garhwal eine Handelsroute nach Tibet, erlangten durch die aufgezwungene Duldung einer Britischen Residenz und eines Gesandten direkten Einfluss in Kathmandu und konnten eine drohende Allianz von Marathas, Sikhs und Gorkhalis abwehren. Nepal profitierte von dem Vertrag insofern, als es seinen Ruf als Land der tapferen Krieger festigte und formal seine Unabhängigkeit in inneren Angelegenheiten behielt, denn der Gesandte durfte sich nicht in die inneren Angelegenheiten einmischen und im Kathmandu-Tal nur begrenzt sowie unter Bewachung bewegen. General Bhīmasena Thāpā, der ahnte oder wusste, dass es den Briten möglich gewesen wäre, Nepal einzunehmen, konnte sich in der Folgezeit als Garant der Stabilität brüsten, der weitere Ansprüche der Briten oder gar eine Besetzung des Landes abgewehrt hatte. Allerdings um den Preis, dass Nepal nach außen hin weitgehend abgeschnitten blieb.

In Nepal war man fortan gespalten. Einerseits wollte man die *firangis*, die Engländer, raushalten, andererseits wollte man sie als Verbündete. Zwar hatte Bhīmasena Thāpā nicht die volle Unterstützung der Bhāradāras, denn die einflussreiche Pā̃ḍe-Familie setzte ihn immer wieder unter Druck. Gleichwohl behielt er seine Macht bis 1832, als die Regentin Lalitatripurasundarī starb und der inzwischen herangewachsene Sohn Gīrvāṇayuddhas, Rājendra Śāha, an die Macht strebte. Unterstützt wurde er dabei von den Pā̃ḍes und anderen einflussreichen Familien sowie Brian H. Hodgson, dem Residenten. Zunächst verweigerte der König General Bhīmasena die jährliche Bestätigung der Oberbefehlsgewalt, dann kündigte er dessen Neffen Māthavara Siṃha Thāpā, den Bhīmasena zwischenzeitlich zum Gouverneur von Gorkha gemacht hatte, sämtliche Rechte auf, und 1837 wurde Bhīmasena schließlich verdächtigt, den plötzlichen Tod des Prinzen herbeigeführt zu haben, der angeblich das für seine Mutter Saṃrājyalakṣmī Devī bestimmte Gift getrunken hatte. Bhīmasena starb zwei Jahre später, am 11. August 1839, unter erniedrigenden Umständen im Gefängnis; es heißt, dass er Selbstmord verübt habe. Die Jahre danach waren gekennzeichnet von schnell wechselnden Mukhtiyāras, Streitigkeiten zwischen den beiden Frauen des Königs und der Angst, dass die Briten die Situation ausnutzen und das Land besetzen könnten.

Während die antibritische Stimmung anhielt und es auch zu erneuten Auseinandersetzungen im Tarai kam, versuchte der Gesandte Brian H. Hodgson auf die Regierung mäßigenden Einfluss zu nehmen, aber 1842, kurz vor seinem Abschied aus Nepal, erhielt er von Lord Ellenborough den Befehl, sich ganz aus der Innenpolitik herauszuhalten. Die Kompanie wollte sich nicht auf neue militärische Streitigkeiten mit Nepal einlassen, brauchte sie doch viele Truppen zur Eroberung von Afghanistan. Immerhin konnte Hodgson noch einige seiner ihm freundlich gesinnten Leute im Palast unterbringen, bevor er sich endgültig aus Nepal zurückzog. Die Rolle der britischen Gesandtschaft wurde in der Folge weiterhin skeptisch beäugt.

Im gleichen Jahr setzte der unfähige und wohl auch geistig behinderte König Rājendra eine zwischen seinem Sohn Surendra und Ministerpräsident Phatte (Fateh) Jaṅga Cautariyā geteilte Herrschaft ein. Doch am 5. Januar 1843 dankte er nach einer Welle von Protesten über seinen Regierungsstil zugunsten der Regentschaft der Juniorkönigin Rājyalakṣmī Devī ab; Māthavara Siṃha Thāpā wurde Mukhtiyāra, aber nur bis zum 15. Mai 1845, als er ermordet wurde und ihm erneut Fateh Jaṅga Cautariyā nachfolgte. Dieser Mord läutete den Beginn einer neuen Machtkonstellation ein.

Insgesamt gesehen beruhte die Ausweitung der Macht durch die Gorkhalis auf drei Prinzipien, die mehr oder weniger strikt eingehalten wurden: Es gab keine Beutezüge oder Beschlagnahmungen in den eroberten Gebieten, die lokalen Machthaber blieben besonders in den Kleinkönigtümern an der Macht und wurden nicht verdrängt, und die Gorkhalis mischten sich kaum in die kulturellen und religiösen Gebräuche der eroberten Regionen ein. Dennoch war die innere Machtstruktur der Śāhas zu angeschlagen, als dass sie die Macht in Nepal auf Dauer hätten behalten können.

Die Zeit der erblichen Premierministerschaft (1846–1951)

Die Nacht vom 14. auf den 15. September 1846 ist für Nepal schicksalhaft. Was sich hier im alten Königspalast in Kathmandu abspielt, ist filmreif: Ein ehemaliger Diener, der es als geheimer Liebhaber der Königin zum einflussreichen General gebracht hat, wird beim Abendgebet getötet. Noch in derselben Nacht lässt die aufgebrachte Königin den gesamten Hofstaat zusammentrommeln. Alle *bhāradāras* und höheren Militärs, also alle, die im Kathmandu-Tal Rang und Namen haben, müssen sich im Innenhof (*koṭa*) des Hanuman-Dhoka-Palastes und Militärhauptquartiers versammeln. Auch der König, mit dem sie sich längst entzweit hat, wird herbeigerufen. Die Königin will den Mörder – und zwar sofort. Inmitten der Menge meint sie den Übeltäter, einen hochgestellten Höfling, der ihr schon lange ein Dorn im Auge ist, zu erkennen. Sie gibt einem General ihr blankes Schwert und befiehlt ihm, den Mann auf der Stelle zu enthaupten. Der General schaut ratsuchend zum König, der sich weigert, das Todesurteil ohne Gerichtsverfahren zu bestätigen. Da legt der General das Schwert zu Füßen der aufgelösten Königin. Sie verlangt verzweifelt, dass er ihrem Befehl Folge leistet, hat sie doch der König selbst als Regentin eingesetzt und mit allen Machtbefugnissen ausgestattet. Aber keiner ist bereit, ihrem Befehl zu gehorchen. Wutentbrannt befiehlt die Herrscherin, die Tore geschlossen zu halten, bis der Täter gefunden sei. Ohnehin ist das Hauptquartier bereits von Truppen eines anderen Generals umstellt. Wenig später trifft der Mukhtiyāra ein. Sofort wendet sich die Königin an ihn und fragt: »Wer hat meinen treuen General umgebracht? Sag seinen Namen, schnell!« Doch der Premier, dessen Macht durch den Liebhaber-General arg ramponiert worden ist, verspricht nur, der Sache nachzugehen. In ihrer Ohnmacht zieht sich die Königin mit drei Ministern in den oberen Stock des Palastes zurück. Plötzlich fallen Schüsse. Dann überschlagen sich im Halbdunkel die Ereignisse: Verdächtigungen werden gerufen, die Säbel gezückt, die Gewehre geladen. Die Königin schreit: »Tötet alle meine Feinde!« Dem Tumult und Gemetzel, das nun folgt, können nur wenige entfliehen.

Am Morgen des 15. September ist der Palasthof mit Leichen übersät. Über 30 Männer, durchweg hohe Beamte und Offiziere, darunter der Mukhtiyāra, sind tot, ebenso die Söhne der ranghöchsten Familien des Landes. Es gibt nur einen Sieger: Jaṅga Bahādura Kũvara (der später den Titel Rāṇā erhält), einen General, dem der König zwar bereits zwei Regimenter anvertraut hat und der schon in den Regierungsrat aufgestiegen ist, der aber noch nicht zu den ganz starken Männern des Königreichs gehört. In jener Nacht wird er von der Königin zum Premierminister und Oberbefehlshaber ernannt, und fortan bestimmt er die Geschicke des Landes. Die fast hundertjährige Rāṇā-Herrschaft nimmt ihren Anfang.

So oder ähnlich hat sich das zugetragen, was als Koṭa-Massaker in die Geschichtsbücher einging. Der Liebhaber war Gagana Siṃha Bhaṇḍārī, die Königin war Rājyalakṣmī Devī, die zweite Frau von König Rājendra Śāha, der getötete Mukhtiyāra hieß Fateh Jaṅga Chautariyā. Die, die das Koṭa-Massaker überlebten, selbst König und Königin, waren machtpolitisch bald nur noch Randfiguren. Wer nach jener Nacht in Nepal etwas werden wollte, musste sich mit Jaṅga Bahādura Rāṇā und seiner Familie gutstellen.

Die Berichte über das Massaker sind widersprüchlich und vor allem durch machtpolitische Interessen und gegenseitige Schuldzuweisungen gefärbt oder gar gefälscht. Zudem sind sie oft viel später dem Hörensagen nach aufgeschrieben worden, teilweise mit dem politisch motivierten Versuch, Jaṅga Bahādura Rāṇā zu verurteilen. Die genauen Umstände und vor allem Gründe für das Massaker wird man nicht mehr aufklären können, auch nicht, ob es sich um ein von Jaṅga Bahādura oder anderen geplantes Komplott oder eine bloße Eskalation der Ereignisse handelte. Sicherlich hat der Streit zwischen einflussreichen Familienklans – den Rāṇās, den Thāpās, den Pā̃ḍes und den Basnets – zur instabilen Situation beigetragen, die Jaṅga Bahādura Rāṇā am besten zu nutzen wusste.

Dieser machtbesessene und herausragende Herrscher entstammte einer einflussreichen Familie von Militärs. Sein Vater, Bālanarasiṃha Kũvara, hatte den Halbbruder und Mörder Raṇabahādura Śāhas getötet, woraufhin er zum Minister ernannt worden war und fortan als Einziger in den privaten Gemächern am Hof hatte Waffen tragen dürfen. Seine Mutter war mit General Bhīmasena Thāpā verwandt. Jaṅga Bahādura hatte von Kindheit an Interesse an Waffen und an der Jagd. Bereits als 16-Jähriger wurde er in die Armee aufgenommen. 1837 verlor sein Vater seine Posten, als sein Großvater mütterlicherseits, Bhīmasena Thāpā, in Ungnade fiel. Jaṅga trieb sich für ein paar Jahre in Indien und Nepal herum, nicht zuletzt wegen seiner Spielschulden, machte immer wieder auf seinen Mut und seine Tapferkeit aufmerksam und gefiel sich darin, den Kronprinzen Surendra zu beeindrucken, wenn er etwa vom Rücken eines Pferdes aus in Flüsse sprang

Abb. 5: Jaṅga Bahādura Rāṇā, um 1850

oder damit prahlte, Elefanten mit seinen bloßen Händen zähmen zu können. Auch soll er mit dem Fallschirm vom Dharahara-Turm in Kathmandu gesprungen sein. 1840 wurde er zum Captain in der Artillerie ernannt, ein Jahr später wurde er Leibwächter des Königs und wenig später Minister im Kumārī Coka, einer Art Finanzministerium. Dort verlor er aber die Gunst des Mukhtiyāras Māthavara Siṃha, gegen den er fortan mehr heimlich als offen opponierte. Nach dessen Tod stieg er zu einem mächtigen General auf, der drei Regimenter befehligte. Obgleich er Gagana Siṃha, der sieben Regimenter unter sich hatte, immer beargwöhnte, blieb er gegenüber der Königin loyal. Als Dank wurden auch seine Brüder in die Armee aufgenommen.

Jaṅga Bahādura gewann schnell das Vertrauen der Briten. Schon am Tag nach dem Koṭa-Massaker suchte er den einzig verbliebenen Engländer in der Residenz, Captain G.O.B. Ottley (der Gesandte Colvin hatte aus Krankheitsgründen das Land verlassen), auf und versicherte ihm, dass er die freundschaftlichen Beziehungen zur britischen Regierung aufrechterhalten wolle. 1857 half er den Briten beim großen Aufstand persönlich dabei, Lucknow zurückzugewinnen. Die Briten dankten es ihm, indem sie Teile des westlichen Tarai, das Nepal 1816 durch den Vertrag von Sagauli verloren hatte, zurückgaben. Obgleich Jaṅga auf seiner Reise nach England und Frankreich positive Eindrücke von Europa mitbrachte und in seinem Wohnzimmer sogar ein Bild von Königin Victoria aufhängen ließ, blieb er Ausländern gegenüber misstrauisch und ließ während seiner Zeit als Mukhtiyāra nur wenige ins Land kommen.

1850 reiste Jaṅga Bahādura Rāṇā mit großem Gefolge, darunter seine beiden jüngsten Söhne, über Kalkutta mit dem Schiff nach Europa, wo er am 25. Mai ankam. Von der Reise gibt es einen Bericht eines Mitreisenden, die »Englandreise« (*Belāyatyātrā*), die angeblich auf einem Bericht beruht, den Jaṅga selbst verfasst haben soll, der aber verlorengegangen ist. Zudem ist nicht ganz klar, wer die »Englandreise« selbst verfasst hat. Die nicht billige Tour – die P & O-Linie verlangte 62.000 Nepalische Rupien, worüber es, wie auch bei anderen Dingen, finanzielle Streitigkeiten mit den Gastgebern gab – führte Jaṅga nach London, Plymouth, Birmingham, Edinburgh sowie nach Paris und Marseille. In London wurde er herzlich empfangen, handelte es sich doch um den ersten Besuch eines südasiatischen Herrschers in Großbritannien. Er wollte das Land genießen und kennenlernen, hatte aber auch drei konkrete Ziele: ein Abkommen über die wechselseitige Auslieferung von Gefangenen, die Aufhebung des im anglo-nepalischen Krieg erteilten Verbotes, ausländische Fachkräfte zu beschäftigen, und das Recht, mit London direkt und nicht auf dem Dienstweg über Kalkutta Kontakt aufzunehmen. Nur beim zweiten Punkt war er sofort erfolgreich, so dass erste Techniker für Straßenbau und Bewässerungssysteme hätten ins Land kommen können, was sich aber nicht realisieren ließ; das Auslieferungsabkommen wurde erst 1855 unterzeichnet. Jaṅgas Interesse an der Technik hatte auch zum Ziel herauszubekommen, wie es möglich war, dass das kleine England ganz Indien beherrschte. Die technische und industrielle Entwicklung Nepals war ja weit hinter der Britisch-Indiens zurückgeblieben. Jaṅga besuchte London zu einer Zeit, als Karl Marx dort im British Museum dabei war, die Vorarbeiten zu seinem Buch *Das Kapital* zusammenzuschreiben.

Der Berichterstatter hält fest, wie beeindruckt Jaṅga Bahādura Rāṇā vom Leben in London war, von der Sauberkeit, der Sicherheit vor Intrigen, den schönen Frauen und dem Prunk bei den Empfängen, vor allem aber von seiner Behandlung als gleichwertiger, hoher Staatsgast durch Königin Victoria und Louis Napoleon. Im Kontrast dazu hatte er sich dem Kaiser von China auf Knien nähern und seine eigenen Kissen mitbringen müssen, auf denen er ihm zu Füßen gesessen hatte. Jaṅga gefiel es so gut in England, dass er sogar erwog, abzudanken und für zwei Jahre dort zu bleiben. Eine andere Überlegung beinhaltete, seine Kinder in England erziehen zu lassen und zurückzukehren. Beides blieb ihm verwehrt, denn bei seiner zweiten Reise 1875 stürzte er in Mumbai vom Pferd und musste umkehren.

Jaṅga besuchte das Parlament und war erstaunt über die begrenzte Macht des Monarchen, Königin Victorias. Er ging dreimal zur Königlichen Militärakademie, wurde jedoch nur einmal von Königin Victoria empfangen. Er besuchte auch, wie ein in London ansässiger Nepali namens Sanjukta Srestha erst Anfang 2018 herausfand, die Waffenfabrik James Purdey & Sons und kaufte dort über 30 Pistolen und Gewehre sowie weitere militärische Ausrüstung. Die Waffen kamen später wohl hauptsächlich bei der Jagd zum Einsatz. Mitte des 19. Jahrhunderts verfügte die nepalische Armee über kaum mehr als 300 Gewehre. Die 500 Soldaten, die Jaṅga 1857 nach Indien schickte, hatten gerade mal 24 Gewehre bei sich.

Tatsache ist, dass der Premierminister die politische und juristische Macht im nepalischen Königtum auf sich konzentrierte. Er hatte das Land gewissermaßen usurpiert. Bald nach seiner Machtübernahme hatte er König Rājendra nach Indien ins Exil geschickt und Surendra zum Schattenkönig gemacht. Jaṅgas Machtübernahme ist in zwei vermutlich von Jaṅga selbst diktierten Urkunden dieses Königs dokumentiert: Am 5. Mai 1849 verlieh ihm Surendra den Titel Rāṇā. Nachdem Surendra in der entsprechenden Urkunde zunächst Jaṅga Bahāduras Verdienste im Koṭa-Massaker hervorhebt und betont, dass die anschließende Ernennung zum Mukhtiyāra und Beförderung zum Oberbefehlshaber der Armee nicht ausreiche, schreibt er:

> Heute übertrage ich auf Dich den Titel ›Rāṇā‹. Mit der Ausnahme von uns und im eigenen Interesse und dem des Throns und des Landes können alle Menschen, die das Leben eines anderen nehmen, mit dem Tode bestraft werden. Aber Ihr Kūvara Rāṇās seid von der Todesstrafe ausgenommen, wenn Ihr solche Taten begeht. Stattdessen könnt Ihr in Eurem Kastenstatus degradiert werden, Eures Eigentums verlustig gehen oder exiliert werden. Ihr könnt eheliche Verbindungen mit den Rajput-Familien eingehen, außer mit denjenigen Rajput-Familien in den Bergen und im Tarai, mit denen wir eheliche Verbindungen haben.

Mit diesem *lālamohara* waren Jaṅga Bahādura und seine Familie praktisch dem König gleichgestellt, denn außer den Brahmanen war nur der König selbst von der Todesstrafe ausgenommen.

Am 6. August 1856 ernannte König Surendra Jaṅga Bahādura zusätzlich zum Mahārāja von Kaski und Lamjung (zwei nepalische Provinzen), nachdem er zunächst dessen Verdienste wiederholt hatte. Ihm sei zu danken, weil er dem König geholfen habe, im Koṭa-Massaker den Thron zu bewahren; weil er die Freundschaft mit Königin Victoria von England befördert habe; weil er den Krieg mit Tibet gewonnen und es tributpflichtig gemacht habe; weil er seinen, Jaṅga Bahāduras, Vater Rājendra mit Würde handelt habe; weil er seinen jüngeren Bruder Upendra vor dem Tod bewahrt habe, obwohl dieser in einem konspirativen Komplott ihm, Jaṅga Bahādura, nach dem Leben getrachtet habe; und weil er der Aristokratie, dem Militär und der Bauernschaft Gerechtigkeit, Frieden und Wohlergehen geschenkt habe. Dann fährt Surendra fort:

> Ich übertrage Dir hiermit den Titel ›Mahārāja von Kaski und Lamjung‹. Als Mahārāja dieser Regionen bist Du berechtigt, mich abzuhalten, Zwang auf die Aristokratie, Bauernschaft und das Militär auszuüben oder die freundschaftlichen Beziehungen zur Königin von England und dem Kaiser von China zu gefährden. (…) Du lässt Gerechtigkeit walten und Du hast die Macht zur Erteilung der Todesstrafe bekommen. Du hast ebenfalls die lebenslange Macht, jeden zu töten, der versucht, den Frieden in unserem Land zu zerstören. All dies steht Dir zu – von Generation zu Generation.

Mit dieser Urkunde bestätigt Surendra gar die Überlegenheit Jaṅga Bahāduras über ihn selbst sowie die Erblichkeit des Amtes des Premierministers. Am 28. Juni 1857 stellte König Surendra schließlich eine Urkunde aus, die praktisch das Ende der Śāha-Herrschaft besiegelte:

> Ich (der König) habe ihm (Jaṅga Bahādura Kũvara) die Macht gegeben, Kriege zu erklären und die inneren Angelegenheiten des Landes mit voller militärischer, rechtlicher und ziviler Autorität in allen Fällen zu kontrollieren. Er ist ermächtigt, Personen für öffentliche Ämter zu ernennen und zu entlassen, den *pajanī* (die regelmäßige Erneuerung der Ernennungen und Registrierung von staatlichen Posten) zu überwachen, und ich habe an ihn auch die Macht über Leben und Tod delegiert. Es ist seine besondere Aufgabe, die jetzige Freundschaft zwischen Nepal und der britischen und chinesischen Regierung zu erhalten und den Frieden mit Tibet zu pflegen.

Die politische Rangfolge war demnach fortan eindeutig vom Militär dominiert, denn auf den Premierminister folgten: der Armeechef, vier Kommandierende Generäle für die Regionen und andere Generäle sowie Leutnants und Oberste. Die meisten dieser Posten hatten Brüder von Jaṅga Bahādura inne, der sich dadurch ihre Solidarität sichern wollte. Freilich gehört Bruderzwist zu den häufigsten Familienstreitigkeiten in Nepal. Und so sollte diese Sicherheit auch nicht lange währen. Zwar folgte nach Jaṅgas Tod bei einem Jagdunfall (1877) der dann älteste noch lebende Bruder Raṇoddīpa Siṃha nach, doch sicherte dieser sich auch den Titel des Mahārāja von Kaski und Lamjung, den Jaṅga eigentlich seinem Sohn Jagat

Jaṅga hatte geben wollen. So entstand ein folgenreicher Streit unter den Brüdern, Söhnen und Neffen Jaṅga Bahāduras, ein Streit zwischen den Kũvara Rāṇās (Söhne und direkte Verwandtschaft Jaṅga Bahāduras) und den Śamśera Rāṇās (Söhne und direkte Verwandtschaft Dhīra Śamśera Rāṇās, des jüngsten Bruders von Jaṅga).

Stammbaum der Kũvara Rāṇās und Śamśera Rāṇās

Kũvara Rāṇās
Bālanarasiṃha Kũvara (Vater Jaṅga Bahādura Rāṇās)

♛ Jaṅga Bahādura (1846–56 und 1857–77)

Brüder: ♛ Bam Bahādura (1856–57) – Badri Narasiṃha – Kṛṣṇa Bahādura – ♛ Raṇoddīpa Siṃha (1877–85) – Jagat Śamśera – Dhīra Śamśera

Söhne: Jagat Jaṅga – Jit Jaṅga – Babara Jaṅga – Raṇavīra Jaṅga – Padma Jaṅga

Śamśera Rāṇās
Söhne Dhīra Śamśeras: ♛ Vīra Śamśera (1885–1901) – Khaḍga Śamśera – Raṇa Śamśera – ♛ Deva Śamśera (1901) – ♛ Candra Śamśera (1901–29) – ♛ Bhīma Śamśera (1929–32) – Phatte (Fateh) Śamśera – Lalita Śamśera – Jit Śamśera – ♛ Juddha Śamśera (1932–45)

♛ Padma Śamśera (Sohn Bhīma Śamśeras, 1945–48)

♛ Mohana Śamśera (Sohn Candra Śamśeras, 1948–51)

♛ = Premierminister und Śrī-3-Mahārāja (›dreifach verehrungswürdiger Mahārāja‹; die höhere Form dieses Titels, Śrī-5-Mahārāja, behielt der König)

Nach Dhīra Śamśeras Tod am 15. Oktober 1884 verdächtigten die Śamśera Rāṇās Jagat Jaṅga eines Komplotts und ließen ihn in Indien von den Briten verhaften. Zwar konnte dieser im April 1885 nach Kathmandu zurückkehren und dort sogar das Vertrauen des Premierministers Raṇoddīpa Siṃha gewinnen, doch schlugen die Widersacher am 22. November 1885 erneut zu und ermordeten Raṇoddīpa Siṃha, Jagat Jaṅga und dessen Sohn Juddha Pratāpa Jaṅga. Die übrigen vier Söhne Jaṅga Bahāduras flohen, die meisten in die Britische Gesandtschaft. Der Weg war frei für den ältesten Sohn von Dhīra Śamśera, Vīra Śamśera. In einem Militärcoup gelangte er an die Macht. Danach folgte wieder jeweils der älteste Bruder Vīra Śamśeras, zunächst für vier Monate Deva, dann Candra, Bhīma, Juddha, Bhīmas Sohn Padma und schließlich Candras Sohn Mohana.

Die meisten Śamśera Rāṇās konnten Englisch und waren nicht so misstrauisch gegenüber den Briten wie Jaṅga Bahādura Rāṇā es gewesen war. Sie halfen ihnen sogar dabei, die Gurkha-Regimenter (s.u., S. 102 ff.) von fünf auf zehn aufzustocken. Sie brachten auch einen gewissen Grad an Modernisierung: Deva Śamśera richtete Volksschulen ein, hielt Hof für die Bevölkerung und ermunterte sie dazu, Reformen vorzuschlagen. Er etablierte die erste öffentliche Zeitung, den *Gorkhāpatra*, der 30 Jahre lang die einzige Zeitung Nepals bleiben sollte und der noch heute täglich als regierungstreues Blatt auf Nepālī erscheint. Candra Śamśera, der in Kalkutta studiert hatte, errichtete das Trichandra College und den Singha Darbar, den heutigen Regierungssitz. Er verbot die Witwenverbrennung und die Sklaverei. In seine Regierungszeit fällt auch ein 1923 mit den Briten geschlossener Vertrag, in dem Nepal Unabhängigkeit zugesichert wurde. Auf der anderen Seite verfestigte Candra das Kastensystem, sogar innerhalb seines Klans. So führte er die Unterscheidung zwischen A-, B- und C-Class-Rāṇās ein. Zu den A-Class-Rāṇās, die allein Anspruch auf die Premierministerschaft hatten, zählten nur diejenigen, deren Eltern den gleichen Kastenstatus hatten und außerdem mit den vollständigen hinduistischen Ritualen verheiratet worden waren. Bei der B-Klasse entfiel das letztgenannte Kriterium und zur C-Klasse gehörten alle illegitimen Abkömmlinge. Doch durchbrach schon Candras Bruder und Nachfolger Bhīma Śamśera diese Ordnung, indem er seine eigenen C-Class-Söhne und -Enkel auf die Sukzessionsliste setzte.

In Juddha Śamśeras Zeit fiel das große Erdbeben von 1934, bei dem mehr als 7000 Menschen umkamen. Zwar hielt sich Juddha während des Bebens zum Jagen im Tarai auf und konnte erst drei Wochen später Kathmandu erreichen, doch organisierte er dann zügig und ohne Inanspruchnahme fremder Hilfe den Wiederaufbau. Die für damalige Verhältnisse breite New

Abb. 6: Candra Śamśera Rāṇā, um 1920 (Photo Lakshmi Art, aus: *Candra Śamśera 1925)

Road in der Altstadt von Kathmandu geht auf seine Initiative zurück. In Juddhas Zeit fiel auch der Zweite Weltkrieg, in dem sich Nepal schon bei Ausbruch auf die Seite Großbritanniens schlug und seine Gorkha-Truppen in den Kampf schickte. Am Ende des Krieges zog sich Juddha aus religiösen Gründen in den Himalaya zurück.

Bereits seit den 1940er Jahren hatte sich eine Opposition gebildet, vor allem in Ostnepal und in Indien, wohin immer wieder junge Nepalis aus einflussreichen Familien gingen, um zu studieren. So kamen sie in Kontakt mit der indischen Freiheitsbewegung. Sie bewunderten Gandhi und Nehru und deren Kampf für ein demokratisches Indien. Sie wollten in Nepal ebenfalls freie Wahlen und ein Parteiensystem etablieren. Abgesehen von einigen Attacken konnten sie aber wegen der Zensur und der straffen militärischen Überwachung des Landes das Rāṇā-Regime nicht wirklich gefährden. 1941 gelang es einigen Oppositionellen, eine Vervielfältigungsmaschine nach Nepal zu schmuggeln und Handzettel zu verteilen. Als dies aufflog, wurden die meisten von ihnen hingerichtet, drei führende Mitglieder des widerständigen *Nepal Praja Parishad* (›Nepals Volksversammlung‹) aber überlebten, weil sie Brahmanen waren und deshalb nicht getötet werden durften.

Padma Śamśera, der Sohn Bhīma Śamśeras, wurde 1945 Premierminister. Er zeigte ein gewisses Verständnis für den Wunsch nach Veränderungen und kündigte im Januar 1948 eine neue Verfassung an, aber Candras älteste Söhne Mohana, Babara und Keśara wurden zu seinen Widersachern. Unter dem Vorwand einer medizinisch notwendigen Behandlung flog Padma im April 1948 nach Indien, und Mohana wurde der nächste Premierminister. Er bekämpfte die Opposition und stellte sich zugleich mit dem indischen

Premier Nehru, dem vor allem an einem friedlichen Nepal als Bollwerk gegenüber China gelegen war, gut, obgleich dieser den sozialdemokratischen *Nepali Congress* unterstützte. Doch Mohana konnte die oppositionellen Kräfte nicht mehr aufhalten.

Im Oktober 1946 wurde der *All India Nepali National Congress* mit vielen Studenten gegründet, der sich im Januar 1947 mit dem *Gorkha-Congress* aus Kalkutta verbündete. Tanka Prasad Acharya wurde formal der erste Vorsitzende, obgleich er noch im Gefängnis in Kathmandu saß; der faktische Parteiführer wurde B.P. Koirala, der die Geschicke des Landes maßgeblich beeinflussen sollte. Im Winter 1950/51 kündigte sich nicht zuletzt wegen dieser Auslandsaktivitäten das Ende der Rāṇā-Zeit an.

Trotz der De-facto-Machtübernahme der Rāṇās war der König während der etwa hundertjährigen Herrschaft der Rāṇā-Aristokratie immer im Amt geblieben. Zwar hatte sich Jaṅga Bahādura Rāṇā 1856 auch zum Mahārāja von Kaski und Lamjung ausrufen lassen, so dass er zum ›Maharaja Prime Minister‹ und damit die Premierministerschaft erblich geworden war, aber den Rechtstitel des Königs von Nepal als *Śrī pāñca mahārāja-adhirāja* (›Fünffach verehrungswürdiger König der Könige‹) tastete auch er nicht an. Die mit einem roten Siegel versehenen Erlasse (*lālamohara*) des Palastes, über die Machtbefugnisse bekundet wurden, wurden auch weiterhin im Namen des Königs ausgestellt. Auch kann man nicht sagen, dass der König nur eine Art Schattenkönig gewesen wäre. Immerhin galt er als Gott und Inkarnation Viṣṇus und war dadurch in einer anderen, das Volk vielleicht mehr betreffenden Weise für die Geschicke des Landes verantwortlich als der ›Maharaja Prime Minister‹. Bei zahlreichen öffentlichen Ritualen und Festen, die viel mit dem Erntezyklus zu tun haben, musste er sich im Palast und im Tempel zeigen, diese eröffnen und zentrale rituelle Handlungen durchführen oder durchführen lassen.

Wie aber hat man sich das Machtgefüge in solch einem hinduistischen Staat vorzustellen? Stellt es eine Art Gewaltenteilung dar? Und in welchen Institutionen bündelt sich die Macht? Eine Reduzierung von Macht auf Herrschaft und Befehlsgewalt wäre der Komplexität der nepalischen Verhältnisse in der Mitte des 19. Jahrhunderts unangemessen. Ebenso unpassend wäre es, die Antwort auf die Frage nach der Macht starr und hierarchisch auf eine Person, etwa den König als Spitze einer gegliederten Gesellschaft, zu begrenzen. Vielmehr lebte und wirkte der König vor allem dadurch, dass er sich zeigte. Die Formen, in denen er sich zeigte, waren fast immer ritualisiert, also formell strukturiert, traditionell inszeniert und überhöht. Ob in Sprache, Handlung oder Kleidung, ob im Palast, im Tempel oder auf Plätzen, was immer der König sagte und tat, wie immer er sich zeigte – es handelte sich um ein Ritual. Nur, symbolisierte es dadurch auch Macht? Und wenn ja, welche Macht? Und handelte es sich um einen Alleinanspruch auf Macht? Um solche Fragen mit Bezug auf die hinduistische Gesellschaft beantworten zu können, muss noch genauer auf die Verhältnisse im Nepal des 19. Jahrhunderts eingegangen werden.

Jahrhundertelang hatten die geographischen, sozialen und politischen Verhältnisse dieses Landes es nicht zugelassen, dass sich dauerhafte Machtstrukturen herausbilden konnten. Zwar stabilisierten sich durch Jaṅga Bahādura Rāṇā und seine Nachfolger die Machtverhältnisse ein wenig, aber nur auf Kosten einer despotischen Oligarchie mit zahlreichen Opfern und einem willkürlichen, immer gefährdeten, aber auch gefährlichen Herrschaftsstil. Nicht ganz zu Unrecht gilt diese Rāṇā-Zeit, die bis 1951 dauerte, als Jahrhundert der Tyrannei. Für die Untertanen änderte sich mit der Machtübernahme Jaṅga Bahādura Rāṇās indes kaum etwas: Ungeachtet aller Neuerungen erbte die Rāṇā-Dynastie alte strukturelle Schwächen, hauptsächlich auf drei Gebieten: der geographischen Lage, der ökonomischen, sozialen und administrativen Organisation und der politischen Machtverteilung.

Im Nepal des 19. Jahrhunderts lebte man weitgehend autark und abgeschnitten von der Außenwelt. Trotz gelegentlicher Hungersnöte und massiver Abgabenpflichten konnte die Bevölkerung genügend Reis, Getreide und Gemüse anbauen, um sich versorgen zu können. Feuerholz gab es reichlich; Textilien, landwirtschaftliche Geräte, selbst Gewehre und Pistolen stellte man selbst her. Der Handel mit Tibet, China und Indien brachte zusätzlich etwas ein. Es entwickelte sich sogar ein Überschuss, der eine blühende Kultur und Handwerkskunst ermöglichte. Wer aber das Tal verlassen wollte, musste sich auf mühsame Fußmärsche einstellen. Was im Kathmandu-Tal geschah, erreichte also nur mit großer zeitlicher Verzögerung die übrigen Landesteile. Umgekehrt wussten die Herrscher im Kathmandu-Tal nicht immer, was in den übrigen Regionen geschah. Eine umfassende Kontrolle war demnach kaum möglich. Zwar wurde die Verwaltung von Jaṅga Bahādura Rāṇā mit dem von Gīrvāṇayuddha Śāha bereits 1804 eingerichteten *hulāka*, einer 24-stündigen Postboten- und Kurierdienstkette, straffer organisiert, aber oft genug riss die Kette ab und kaum ein Erlass erreichte alle Dörfer.

Dennoch wurden Papierdokumente in fast alle Winkel des Landes geschickt, nicht zuletzt, um die Abgaben im Land mit der Autorität der Schriftlichkeit wirksamer eintreiben zu können, und es war dieser Zweck, der das Dokumentenwesen maßgeblich förderte. Ohnehin beschränkten sich die hoheitlichen Aufgaben weitgehend auf militärische, fiskalische und – in geringerem Ausmaß – polizeiliche Maßnahmen. Neben dem Schutz des Königshauses mussten die Beamten Abgaben und Steuern eintreiben und die öffentliche Ordnung, zu der auch die sittliche und religiöse Ordnung zählte, erhalten. Die Masse der erhaltenen Papierdokumente betrifft solche Sachverhalte, und im *Ain* von 1854, Nepals erstem ausführlichen Rechtstext, geht es hauptsächlich um derartige Probleme.

Eine Trennung zwischen Privatsphäre und Öffentlichkeit gab es kaum im Nepal des 19. Jahrhunderts. Die Rāṇā-Administration regierte bis in das Schlafzimmer hinein. Der im Dienste des Palastes stehende Religionsrichter, der *dharmādhikārin*, verlangte bei sittlichen Vergehen aller Art, etwa bei Verstößen gegen Essensvorschriften oder illegitimem Beischlaf, Ablass. Trotz dieser übermächtigen Kontrolle durch die Verwaltung bzw. den Staat gab es zu Beginn der Rāṇā-Zeit kaum ein staatliches Bildungs- oder Gesundheitswesen. Es fehlte weitgehend an der Planung von Städten, Bewässerungssystemen, Kanalisierungen, überregionalen Verkehrswegen, Brückenbau, und selbst eine einheitliche Münzprägung oder die Normierung von Maßen und Gewichten kamen über erste Ansätze nicht hinaus.

So misstrauisch wie man im Kathmandu-Tal gegenüber jedermann war, blieb man auch gegenüber den Bergregionen. Jeder Beamte musste jährlich in einer feierlichen Zeremonie (*pajanī*) bestätigt werden und nicht selten wurden dabei auch loyale und verdiente Leute ausgetauscht. Ein lebenslanges oder zumindest durch Abstammung oder Stand gesichertes Recht auf eine Stellung oder Position konnte keiner erwarten. Ein Gerücht war schnell in die Welt gesetzt und binnen Stunden hatte jeder in der Stadt davon gehört. Sicherheit gab es nicht einmal für ranghohe und hoch angesehene Familien. Das lag vor allem an den altnepalischen Landrechten (dazu mehr ab S. 177 ff.), die zwar ein Nutzungsrecht beinhalteten, das Besitzrecht aber allein dem König zubilligten. Da damit das Landrecht stetig variierte, konnte sich eine feudale Schicht im europäischen Sinne, die den König ernsthaft hätte gefährden können, nicht herausbilden.

Zusammenfassend kann man dem Historiker Kumar Pradhan nur Recht geben, wenn er sagt, dass der Einheitsprozess in der Śāha- und Rāṇā-Zeit auf die Unterdrückung vieler Schichten, vor allem der Bauern und der ethnischen Gruppen, hinauslief, die staatliche Übernahme des Kastensystems eine zuvor nicht gekannte Hierarchisierung der Gesellschaft bedeutete, die politische, militärische und ökonomische Macht hauptsächlich in den Händen weniger Familien der Bahun-Chhetri-Oberschicht lag, die sich durch ein ausbeuterisches Landbesitzsystem über die Maßen bereicherten, diese Vorrechte durch religiöse und gesetzliche Instanzen absicherten und dadurch viele Privilegien und Monopole schufen.

Die Gurkha-Soldaten

Mit dem Friedensvertrag von Sagauli (1816) rangen die Briten Nepal eine Söldner-Armee ab. Es war dies die Geburtsstunde der berühmt-berüchtigten Gurkha- (oder Gorkha- bzw. Gorkhali-) Regimenter, die als kampfesmutige und bis in den Tod loyale Krieger bekannt wurden. General David Ochterlony, der die Ostindien-Kompanie zum entscheidenden Sieg über die Gorkhalis geführt hatte, hatte lernen müssen, dass deren Soldaten im Gelände zunächst überlegen gewesen waren, weil sie die Infanterie und Blockaden leicht hatten umgehen können. Erst als Ochterlony die Artillerie eingesetzt hatte, hatte er seine eigene Überlegenheit ausspielen können.

Die Gurkhas kämpften 1857 im Sepoy-Aufstand gegen die Inder, im Boxer-Aufstand in China (1899–1901), im Ersten und Zweiten Weltkrieg gegen die Deutschen, später im Kosovo oder in Syrien. Im Falkland-Krieg sollen die Argentinier die Waffen fallen gelassen haben, als sie die Gurkhas mit ihren Kukhuri-Haumessern über die Hügel kommen sahen. Sir Ralph Lilley Turner, der im Ersten Weltkrieg bei den 3rd Queen Alexandra's Own Gurkha Rifles diente und sich auch als Linguist und Verfasser mehrerer Wörterbücher indo-arischer Sprachen einen Namen gemacht hat, rief den Gurkhas zu: »Bravest of the brave, most generous of the generous, never had country more faithful friends than you.« Der Spruch wurde 1997 im Londoner Whitehall enthüllt.

Freilich hatten Nepalis schon 1809 in Sikh-Regimentern als Söldner in der Gegend um Lahore gedient, weshalb im Land selbst die Soldaten, die in ausländischen Verbänden kämpfen, eher als *lāhore* denn als Gurkhas bekannt sind, wobei Lāhores (etwa ›einer, der nach Lahore geht und zurückkommt‹) bei den Gurung nicht nur Soldaten, sondern auch solche Menschen waren, die eine nicht unbedingt militärische Beziehung zum Ausland hatten und etwas von dort zurückbrachten. Die Briten wiederum bezeichneten als ›Gurkhas‹ verschiedene ethnische Gruppen, vor allem Gurung, Magar und Khasa, später auch Rai, Limbu und Sunuvar, gegen die sie 1814–16 im Krieg zwischen der Ostindien-Kompanie und Nepal gekämpft hatten. Sie schufen so eine soziale Gruppe sowie eine Bezeichnung, die es an sich nicht gab und ohne sie wohl auch nie gegeben hätte. Und sie schufen auf diese Weise den Mythos von einer martialischen Rasse.

Die Geschichte dieser ›Gurkhas‹ – ein Begriff, der aus der anglisierten Schreibung von ›Goorkhas‹ für die in den Bergen lebenden Gorkhalis stammt und den ich beibehalte, um den kolonialistischen Hintergrund anklingen zu lassen – ist in weiten Teilen eine Militärgeschichte. Erst in jüngerer Zeit haben Forscher auch die Geschichte aus der Sicht der Gurkhas selbst, aus ihren Erzählungen und Liedern, aufgearbeitet. Daraus haben sich Erkenntnisse ergeben, die das Image des tapferen, furchtlosen, hochanständigen und genetisch für das Kriegertum prädestinierten Soldaten ins Wanken gebracht haben, denn dieses Image basiert auf einem rassistisch-orientalistischen Hintergrund.

Bis zum anglo-nepalischen Krieg galten die Gurkhas, wie auch die indischen Sepoys, bei den Briten noch als barbarisch und frech, aber auch schon als besonders tauglich. In einem Bericht an die Regierung schrieb Captain Hyder Young Hearsey noch 1814:

> Die Befehlshaber der Goorkhas sind extrem ignorant, spitzfindig, heimtückisch, unzuverlässig und geldgierig. (…) Ihre Soldaten sind schlecht bewaffnet (…), tragen nur wenig oder keine Kleidung und werden schlecht bezahlt. (…) Sie sind abgehärtet, halten Entbehrungen aus und sind sehr gehorsam, haben nicht viele Kastenunterscheidungen und sind eine neutrale Form von Hindu, die in Kantinen fast alles außer Rindfleisch essen. Unter unserer Regierung und unseren Offizieren wären sie exzellente Soldaten.

Trotz eines solchen vorauseilenden Rufs lernten die Briten erst in den Gefechten die Widerstandskraft der Gurkhas kennen. Und erst nachdem sie ihre Theorie von der Kriegerrasse entwickelt hatten, wurden die Gurkhas zu ihren treuen Verbündeten. Diese *martial race theory* geht hauptsächlich auf Brian Houghton Hodgson zurück, der sich dafür vor allem bei Francis Buchanan-Hamilton Anregungen holte. In einer 1833 kurz nach seiner Berufung zum Residenten in Kathmandu gehaltenen Rede unterschied Hodgson zwischen der »maskulinen Energie des Charakters und der Unternehmungsliebe« der Gurkhas einerseits und dem Aberglauben und Mangel an Loyalität der indischen Soldaten andererseits, die immer »von Kopf bis Fuß baden, *puja* [Gottesdienst] machen und nahezu nackt im kältesten Wetter essen müssen, nicht aber mehr als drei Stunden marschieren können«. Auch betrachteten sie den Dienst bei Ausländern nur als Verunreinigung und Unheil. Die Gurkhas hingegen seien »bei Weitem die besten Soldaten in Indien«. Diese Bewertung fand Eingang in eine Reihe von militärischen Handbüchern des späten 19. und 20. Jahrhunderts, in denen auch klimatische Gründe für diese angebliche Überlegenheit angeführt werden; so führe das raue Wetter in den Bergen zu einer besonderen Abhärtung. In der Folge konnten die als weibisch, verweichlicht und unterwürfig geltenden Inder gegen die mannhaft-loyalen und den Europäern in dieser Hinsicht gleichwertigen Gurkhas ausgespielt werden. Eine Spiegelung dieser Gegenübersetzung von Männlichkeit und Weiblichkeit, in der sich bereits die größte rassistische Katastrophe des 20. Jahrhunderts ankündigt, klingt ein Jahrhundert später bei dem Indologen Hermann Oldenberg so:

> Die Trennung der Inder von den Iraniern war für die nach Südosten Ziehenden der Verzicht oder der letzte Schritt zum Verzicht auf die Teilnahme an dem großen Wettkampf der Völker gewesen, in dem die gesunde Männlichkeit der westlichen Nationen herangereift ist. In der üppigen Stille ihres neuen Heimatlandes haben jene Arier, die Brüder der vornehmsten Nationen Europas, mit der dunklen Urbevölkerung Indiens sich vermischend, immer mehr die Charakterzüge des Hindutums angenommen, erschlafft durch das Klima, dem sich ihr Typus, in gemäßigter Zone ausgeprägt, nicht ohne schwere Schädigung anzupassen imstande war, erschlafft auch durch das tatenlose Genießen, welches das reiche Land ihnen nach leichtem Siege über unebenbürtige Gegner, widerstandsfähige Wilde, darbot, durch ein Leben, dem die großen Aufgaben, die stählenden Leiden, das starke und harte Muß fehlte.

Wie es aussieht, wenn eine nicht »erschlaffte« Armee geschaffen wird, ist noch immer bestens sichtbar, wenn Tausende junger Nepalis zur Rekrutierung kommen, um »das stählende Leiden, das starke und harte Muß« zu lernen, aber nur knapp 200 junge Männer aufgenommen werden. Schon vorher wird anhand von Größe, Alter, Haartracht und anderen Kriterien ausgelesen. Dann schinden die Verbliebenen sich in Tests und am Ende stehen sie in Unterhosen vor den britischen und nepalischen Offizieren, eine bloße Nummer auf den Oberkörper geschrieben, um zu erfahren, ob sie es geschafft haben oder nicht.

Die Nepalis, angefangen mit Jaṅga Bahādura Rāṇā, blieben anfangs gegenüber den Rekrutierungen skeptisch, erlaubten den Briten nicht, entsprechende Büros auf ihrem Territorium zu eröffnen, und behinderten bisweilen die jungen Männer, die über die Grenze gehen wollten, um sich zu verdingen. Und als die Briten 1878 mehr Soldaten wollten, versprach ihnen Raṇoddīpa Siṃha, Jaṅgas Nachfolger, eintausend Männer, schickte aber nur die Hälfte. Erst mit den Śamśera Rāṇās änderte sich diese negative Einstellung; danach wurden die Gurkhas zu einer beliebten transnationalen Ware. So erhielt Candra Śamśera zwischen 1906 und 1908 im Austausch für Gurkhas 12500 Gewehre; zwischen 1901 und 1913 wurden über 24.000 Gurkhas rekrutiert und im Ersten Weltkrieg kämpften rund 55.000 nepalische Soldaten auf der Seite Großbritanniens, wofür Candra jährlich 1 Million Rupien erhielt. Diese Summe stieg auf 2 Millionen im Zweiten Weltkrieg für über 200.000 Soldaten an. Zehntausende ließen ihr Leben, rund 20.000 im Ersten und 10.000 im Zweiten Weltkrieg. Im Ersten Weltkrieg hatte Nepal in Relation zur Gesamtbevölkerung von allen am Krieg beteiligten Ländern die meisten Todesopfer zu beklagen.

Die Beliebtheit bzw. das Ansehen dieser Art des Militärdienstes wird dabei meist überschätzt, denn zum einen traten und treten weitaus mehr Männer den indischen Gurkha-Regimentern bei als den britischen, zum anderen wird den Heimkehrern nicht selten mangelnde Vaterlandsliebe und Komplizenschaft mit der Kolonialmacht vorgeworfen. Vor allem aber war es nicht Freiwilligkeit, die in der Vergangenheit solche Massenrekrutierungen ermöglichte, denn diejenigen, die den Gurkha-Regimentern beitraten, waren in der Regel nichts anderes als Bauern, die durch Armut und Unterdrückung aus ihrer Heimat vertrieben wurden, durchaus vergleichbar mit den heutigen Arbeitsmigranten, die in die Golfstaaten gehen, um etwas zu verdienen. Und auch das sagenumwobene Kukhuri-Messer war in erster Linie ein Arbeitsgerät für die Landwirtschaft und nicht eine Waffe, die gegen Menschen eingesetzt wurde. Es war also keineswegs das ihnen angeblich eigene Interesse am Kampf, das diese Bauern zu Söldnern werden ließ, sondern schlicht die Not. Auch waren die Gurkhas nicht immer so anständig und mutig, wie es in den verklärenden Schilderungen klingt. Berichte von grausamen Folterungen sind ebenso überliefert wie Berichte über die Angst der Gurkhas, im Krieg zu fallen. Zu Recht mahnte Prayoush Onta 1997 in einer Buchbesprechung: »Wir müssen über das Leiden (*dukha*) schreiben, das den Gurkhas innerhalb und außerhalb der Armee widerfuhr. Diese Arbeit wird das notwendige Korrektiv zu der klinisch reinen diplomatischen und nationalistischen Geschichte der Gurkhas sein.«

Die Geschichte der Gurkhas ist demnach keine reine Erfolgsgeschichte. Auch das Argument, dass die Soldaten viel Geld nach Nepal schicken und so zur Verbesserung der Lebensverhältnisse in ihren Regionen beitragen, kann man so nicht gelten lassen. Denn zum einen erhalten sie nicht den gleichen Lohn wie ihre britischen Kameraden, fehlen bei der Landarbeit und bekommen keine oder keine ausreichende Pension. Hinzu kommt, dass nicht wenige Ex-Söldner gar nicht mehr zurückkehren und diejenigen, die heimkehren, oft nicht mehr in den Dörfern leben wollen und so die Landflucht verstärken. Insgesamt kann man sagen, dass die Briten billige militärische Arbeitskräfte bekommen, Nepal als unabhängiger Staat aber trotz einer Modernisierung der Armee und einer verbesserten Bildung für die Soldaten das Nachsehen hat, indem ihm Wirtschaftskraft entzogen wird.

Von der Monarchie zur Republik (1951–2017)

Während die Rāṇās die Oppositionellen bekämpften, zeigte König Tribhuvana (Tribhuvan) Vīra Vikrama Śāha eine verhaltene Sympathie für diese Bewegungen, die sich seit den 1930er Jahren und verstärkt seit den 1940er Jahren in Indien formiert hatten. Dadurch wurden sie zu einer ernsten Gefahr für die Śamśera Rāṇās. Tribhuvana fühlte sich in seinem Palast isoliert und strebte danach, den Einfluss der Śāha-Könige wieder zu stärken. Er solidarisierte sich zunächst versteckt, später auch offen mit dem *Nepali Congress*, der seinerseits von der indischen Regierung unterstützt wurde. Dies blieb den Śamśera Rāṇās nicht verborgen. Zaghaft versuchte Padma Śamśera Rāṇā, der vorletzte Rāṇā-Premierminister, 1948 in einer Verfassung, dem *Government of Nepal Act* von VS 2004, die Macht der Premierminister für alle Zeiten zu zementieren, aber die Zukunft gehörte wieder den Śāha-Königen.

Zunächst wurde jedoch für Tribhuvana die Situation immer bedrohlicher. Am 6. November 1950 nutzte er eine sich bietende Gelegenheit, um nach Indien zu fliehen: Unter dem Vorwand, jagen zu wollen, bestieg er mit seinem ältesten Sohn Mahendra, seinem Enkel Vīrendra (Birendra) und einer seiner Töchter ein Auto und verließ den Palast, im Gefolge andere Mitglieder seiner Familie. Plötzlich aber bog er in die Zufahrt zur indischen Botschaft ein, die in der ehemaligen britischen Residenz beheimatet war, und bat dort um Asyl. Die Śamśera Rāṇās behaupteten, Tribhuvana habe sein Reich verlassen und müsse abgesetzt werden. Folgerichtig setzte Premierminister Mohana Śamśera bereits einen Tag später Tribhuvanas zweiten Enkel, Jñānendra (Gyanendra), auf den Schlangenthron im Hanuman-Dhoka-Palast. Jñānendra war zu jener Zeit aber erst drei Jahre alt und konnte die schwere Krone kaum tragen. Dennoch ließen die Śamśera Rāṇās Münzen mit seinem Namen prägen.

Die Inder setzten im Unterschied zu den Briten schon länger auf ein Ende der Rāṇā-Herrschaft und gewährten Tribhuvana bereitwillig Asyl. Am 10. November 1950 flog er in einer indischen Maschine mit seiner Familie ins Exil nach Delhi. Erstmalig nahm die Weltöffentlichkeit in größerem Ausmaß Notiz von Nepal. Für die Śamśera Rāṇās bedeutete diese Flucht einen großen Legitimationsverlust, galt doch der König im Volk als Gott Viṣṇu und Beschützer des Landes. Es gelang ihnen jedoch nicht, Tribhuvana zur Rückkehr zu bewegen.

Weder die indische noch andere Regierungen akzeptierten Jñānendra als König. Premierminister Jawaharlal Nehru verkündete dies am 22. November sogar öffentlich im Parlament und erklärte Tribhuvana zum Staatsoberhaupt Nepals. Auch die Menschen in Nepal lehnten Jñānendra in der Mehrheit ab; sie wünschten sich Tribhuvana zurück. Im Land selbst sowie in Indien kam es zu gewaltsamen Protesten und im November 1950 sogar zur einer zehntägigen Besetzung von Birganj im Tarai unter der Führung des *Mukti Sena*, einer Befreiungsarmee des *Nepali Congress*. Wegen des fortgesetzten Drucks aus Indien, aber auch wegen einer zunehmenden Sympathie zur Demokratiebewegung vonseiten der A-Rāṇās, blieb den Śamśera Rāṇās schlussendlich gar nichts anderes übrig, als in eine vom eigentlichen König geführte, parteienbasierte Regierung einzuwilligen. Dieser Kompromiss wurde am 8. Januar 1951 in Delhi zwischen den Śamśera Rāṇās, Tribhuvana und der indischen Regierung geschlossen, freilich ohne die politischen Parteien zu beteiligen.

Am 15. Februar 1951 kehrte Tribhuvana nach Kathmandu zurück. Ihm wurde ein triumphaler Empfang bereitet. Tausende säumten die Straße vom Gauchar-Flughafen, der später zum Tribhuvan Airport wurde, in die Stadt, begrüßten die angekündigte Demokratie und umjubelten das Ende der Rāṇā-Herrschaft. Am 18. Februar wurde die neue Regierung durch eine königliche Proklamation offiziell eingesetzt. Dieser Tag wird seitdem in Nepal als ›Tag der Demokratie‹ (Prajātantradivasa) gefeiert. Die neue Regierung bestand aus einer Koalition von Rāṇās und Mitgliedern des *Nepali Congress* unter der Führung von B.P. Koirala.

Zehn Tage später kündigte Tribhuvana eine neue Verfassung an, die erstmalig die Bezeichnung ›demokratisch‹ verdienen sollte, denn am 30. März 1951 wurde der *Interim Government of Nepal Act*, der gewisse Grundrechte garantierte, vom Kabinett verabschiedet. Doch lange noch blieben einzelne Widerstandsnester bestehen und schon am 12. November 1951 wurde das

Kabinett wieder aufgelöst, so dass es nicht zu einer verfassungsgebenden Versammlung kam. Es sollte noch weitere acht Jahre dauern, bis Wahlen stattfinden konnten. Die Gründe dafür waren Parteien-Gezänk und Vorbehalte des *Nepali Congress* gegenüber der Rāṇā-Administration, die nach wie vor wichtige Ämter, darunter verschiedene Ministerien, bekleidete. Auch gab es in vielen Regionen außerhalb des Kathmandu-Tals Unruhen und gewaltsame Aufstände; besonders im Tarai griff die indische Armee ein. Dies führte zu ersten anti-indischen Kampagnen, die wiederum die Śamśera Rāṇās mit dem Argument schürten, dass ausländische Agenten das Land in Unordnung gebracht hätten. Tatsächlich redeten die indischen Berater, die mit Tribhuvana nach Nepal gekommen waren, ihm ständig rein. Trotz mehrfachen Kabinettsumbildungen kam das Land nicht zur Ruhe.

Tribhuvana schwankte zwischen Machtanspruch und dem Wunsch, das Volk regieren zu lassen. 1952 riss er durch eine Art Notstandsgesetz die Macht wieder an sich, ein Schritt, auf den die Parteien zunächst kaum reagierten, weil sie zu sehr mit sich selbst beschäftigt waren. Ein Jahr später setzte der König plötzlich M.P. Koirala, einen Halbbruder von B.P. Koirala, als Premier ein. Dieser hatte sich zuvor vom *Nepali Congress* gelöst und eine eigene, eher konservative Partei, die *Rashtriya Praja Party*, gegründet. Wiederum ein Jahr später wurde die Interimsverfassung so geändert, dass sie praktisch auf eine absolute Monarchie hinauslief. In einer Proklamation vom 13. Februar 1954 verkündete der Monarch, dass fortan die höchste Autorität in allen Angelegenheiten bei ihm liege. Er strebe aber weiter eine konstitutionelle Monarchie an. Doch Tribhuvana sollte die demokratische Verfassung, die er ursprünglich hatte einführen wollen, nicht mehr erleben; er starb am 13. März 1955 in einem Zürcher Spital.

Dennoch fanden am 18. Februar 1959 die ersten freien Wahlen statt. Der *Nepali Congress* gewann sie mit Zweidrittelmehrheit; der Vorsitzende dieser Partei und erste frei gewählte Premierminister war B.P. Koirala. Einige konservative Parteien wie die *Nepal Praja Parishad*, die *Rashtriya Prajatantrik Party* und die *Prajatantrik Mahasabha* schlossen sich am 1. Juni 1959 zur *National Democratic Front* zusammen. Im gleichen Monat besuchte der indische Ministerpräsident Nehru Nepal. Alles schien sich ineinanderzufügen, alles deutete auf eine Demokratie hin.

Tatsächlich stieß dieser Demokratievorstoß aber auf Widerstand, nicht nur vonseiten der anderen Parteien, sondern auch vonseiten Mahendras, des Sohnes von Tribhuvana, der die instabilen 1950er Jahre mit Argwohn betrachtet hatte. Wegen der sich häufenden Kritik und zahlreicher Unruhen an den Grenzen und im Land löste Mahendra mit Unterstützung der Opposition die Regierung auf und setzte sich am 15. Dezember 1960 selbst an die Spitze des Kabinetts. Die Grundrechte wurden eingeschränkt und etliche führende Politiker verhaftet. Die konstitutionelle Monarchie hatte nur ein knappes Jahr – bis Anfang Januar 1960 – gedauert und die absolute Monarchie war zurück, obgleich im September 1962 die indische Regierung durch eine Wirtschaftsblockade versuchte, den König und die demokratischen Kräfte zwangszuversöhnen.

Mahendra, vermutlich der weitblickendste der Śāha-Könige, führte stattdessen ein neues politisches System ein, das parteilose Panchayat-System, das er als eine für Nepal besonders geeignete Form der Demokratie erachtete. Es sah vor, dass auf der lokalen Ebene Dorfräte (*pañcāyata*) eingesetzt wurden. Die Verwaltung beruhte auf Village Development Committees (VDC), deren Mitglieder örtlich aus den Dorfräten (*pañcāyata*) bestimmt wurden, wobei in jedem Fall alle Posten durch den Palast bestätigt werden mussten. Gleichzeitig löste Mahendra die in seinen Augen selbstsüchtigen und unfähigen Parteien auf, die er für ungeeignet hielt, weil sie Kommunalismus und Streit hervorriefen. Die Presse wurde zensiert und das Spionagewesen verstärkt. Alles war auf den König zugeschnitten. In jedem Regierungsbüro und vielen Geschäften hing sein Porträt.

Gleichzeitig beförderte Mahendra einen ausgeprägten Nationalismus. Er ließ eine Nationalhymne komponieren und erklärte Nepal in der Panchayat-Verfassung von 1962 zum Hindu-Staat. Er trug auch dadurch zur Einigung bei, dass er regelmäßig durch das Land reiste, um eine linguistische, national-ethnische Identität der Nepalis zu propagieren. Nepālī als Unterrichtssprache und ein einheitlicher Lehrstoff wurden landesweit in den Schulen eingeführt. Vor allem in den Schulbüchern, etwa in der überall verbreiteten *Mahendra-Mālā*, ›Girlande (König) Mahendras‹, wurde das Bild eines souveränen, territorial klar begrenzten, prosperierenden Staates mit einem gütigen König an der Spitze und Harmonie zwischen den Stämmen und Ethnien gezeichnet. Alle Nepalis sollten *eine* Tracht tragen, *eine* Sprache sprechen, *eine* gemeinsame Geschichte haben: die Geschichte der Śāha-Dynastie und des Geburtslandes des Buddha. Mahendra verbesserte die Infrastruktur, ließ Ost-West-Straßen bauen und öffnete das Land wie keiner vor ihm, indem er es in die internationale Arena einbrachte. Die Fotos mit ihm und Königin Elisabeth II. sowie anderen Staatsoberhäuptern gingen um die Welt. Gleichzeitig betonte er immer wieder den Abstand zu Indien und wusste dabei das Volk hinter sich.

Unterdessen nahm aber der Widerstand zu. 1966/67 gab es besonders im Kathmandu-Tal und im Tarai zum Teil heftige Studentenproteste. Zwar gestand Mahendra die Notwendigkeit umfassender Reformen ein und entließ auch einige Oppositionspolitiker, darunter B.P. Koirala, aus dem Gefängnis, doch weigerten sich diese, das Panchayat-System des Königs zu unterstützen. Die Zusammensetzung des Kabinetts änderte sich nahezu jedes Jahr. In Nepal rumorte es nach wie vor.

Am 30. Januar 1972 starb Mahendra, schon zuvor gezeichnet durch einen 1968 erlittenen Herzinfarkt. Ihm folgte sein ältester Sohn Vīrendra (Birendra) auf dem Thron nach, 27 Jahre alt, ausgebildet in England (Eaton) und den USA (Harvard). Dieser änderte das System zunächst nicht – trotz anhaltender Unruhen, der Ermordung von Politikern, Anschlägen auf den Regierungssitz Singha Darbar und sogar den König selbst. Die Stimmen gegen das Panchayat-System, vor allem in den gebildeten Schichten, mehrten sich. Man verlangte wieder demokratische Reformen. 1979/80 kam es erneut zu Massenprotesten, die gewaltsam niedergeschlagen wurden. Am 2. Mai 1980 fand ein nationales Referendum statt: 54,8 % der Bevölkerung votierte für die Beibehaltung des Panchayats, aber der Verdacht der Manipulation wurde nie ganz ausgeräumt.

Die unsichere Lage, in der sich Nepal in jener Zeit befand, lässt sich auch am Lebenslauf B.P. Koiralas ablesen: War er 1959 noch Premierminister, wurde er 1960 trotz Speiseröhrenkrebs ins Gefängnis geworfen und dort bis 1968 ohne Gerichtsverfahren festgehalten. Kaum in Freiheit, ging er ins Exil nach Benares, kam 1976 wieder zurück, wurde erneut verhaftet bzw. unter Hausarrest gestellt, konnte aber 1977, 1978 und 1981 zur medizinischen Behandlung in die USA fliegen. Zwischendurch hatte er mehrfach versucht, Vīrendra zur Versöhnung umzustimmen, wofür er sogar dem Referendum zum Panchayat-System zugestimmt hatte. Am 21. Juli 1982 starb er. Seine Beliebtheit drückte sich auch darin aus, dass geschätzt eine halbe Million Menschen zu seiner Verbrennung kamen.

Koirala war nur einer von über 40 Premierministern seit 1951, die das Amt nicht selten mehrfach innehatten, am häufigsten Surya Bahadur Thapa (1928–2015) mit fünf sowie Lokendra Bahadur Chand (geb. 1940), Girija Prasad Koirala (1925–2010) und Sher Bahadur Deuba mit je vier Amtsperioden. Diese hohe Zahl verdeutlicht, dass in Nepal in der zweiten Hälfte des 20. Jahrhunderts im Durchschnitt fast jedes Jahr der Premierminister wechselte, so dass sich keine politische Stabilität entwickeln konnte. Bei den Parteien löste der sozialdemokratische *Nepali Congress* immer wieder die Kommunisten ab, wobei der maoistische Flügel sehr viel radikaler war als der marxistisch-leninistische, der kaum noch eine linke Politik vertrat. Die Royalisten haben nie die Macht errungen, parteilose Kandidaten allerdings sehr wohl. Der häufige Wechsel der Premierminister hat nicht nur die staatlichen Autoritäten geschwächt und wichtige Reformen verhindert, er hat auch indirekt die Position des Königs und des Militärs gestärkt und diese vorübergehend zu vermeintlichen Garanten der politischen Stabilität gemacht.

Vīrendra hatte nicht das Charisma seines Vaters und wurde dennoch sehr beliebt. Seine Politik war außerordentlich zweischneidig. Auf der einen Seite präsentierte er den Vereinten Nationen am 25. Februar 1975, dem Tag seiner international beachteten Krönung, den später von 130 Nationen unterzeichneten Vorschlag, Nepal zu einer Friedenszone zu erklären. Dabei sagte er:

> Als eine der ältesten Zivilisationen Asiens ist es unser natürliches Anliegen, unsere Unabhängigkeit zu bewahren, eine Verpflichtung, die uns von der Geschichte gegeben ist. Wir brauchen Frieden für unsere Sicherheit, Unabhängigkeit und Entwicklung. Und wenn heute Frieden ein überragendes Anliegen für uns ist, dann liegt das daran, dass unser Volk aufrichtig Frieden im Land wünscht, in unserer Region und überall in der Welt. Wegen dieses innigen Wunsches, Frieden institutionell zu verankern, stehe ich hier, um einen Vorschlag zu machen – den Vorschlag, dass mein Land, Nepal, zu einer Friedenszone erklärt wird. Als Erben eines Landes, das immer in Unabhängigkeit lebte, wünschen wir, dass unsere Freiheit und Unabhängigkeit nicht durch den wechselnden Fluss der Zeit vereitelt wird, wenn Verständnis durch Missverständnis ersetzt wird und wenn Versöhnung ersetzt wird durch Angriffslust und Krieg.

Auch bewahrte Vīrendra die geopolitische Neutralität Nepals und trug durch Staatsbesuche, etwa 1986 in Deutschland, maßgeblich zum Ansehen des Landes bei.

Auf der anderen Seite war er für Skandale, Schmuggel und die blutige Niederschlagung von Aufruhr verantwortlich. Sehr umstritten war auch seine Rolle im Maoistenaufstand ab 1996, als er, wenn auch zögerlich, die Armee gegen sein eigenes Volk einsetzte und den Tod Tausender junger

Kämpfer in Kauf nahm (s. dazu unten, S. 118f.). Zum Ärger von Indien importierte er Waffen aus China und erhöhte die Steuern auf Importe aus Indien. Zunehmend mahnten die Vereinten Nationen und der Westen die Einhaltung der Menschenrechte an.

Mitte der 1980er Jahre erreichte der Widerstand gegen das Panchayat-System einen Höhepunkt, unter anderem unterstützt durch Indien, das 1989 erneut eine Wirtschaftsblockade durchführte. Es kam zu Bombenanschlägen und Toten, zu Verhaftungen von Parteiführern, verstärkter Pressezensur und einem Mordanschlag auf den Journalisten Padam Thakurathi, der viele Skandale aufgedeckt hatte. Streiks häuften sich. Am 18. Februar 1990 fiel das Panchayat-System durch einen Volksaufstand (*jana āndolana*) in sich zusammen und es bildete sich erneut eine Parteiendemokratie. Am 12. Mai 1991 folgten tatsächlich die ersten freien Wahlen nach 32 Jahren Demokratiebewegung und Girija Prasad Koirala wurde der erste wirklich frei gewählte Premierminister.

Doch schon wenig später geriet G.P. Koirala wegen eines ungünstigen Abkommens mit Indien bezüglich der Wasserregulation unter Druck. Im Juli 1994 trat er nach einem Misstrauensvotum zurück und zum ersten Mal gelangte, unter der Führung Man Mohan Adhikaris, eine kommunistische Minderheitsregierung an die Macht. Die neue Regierung führte zahlreiche Reformen ein, etwa die Absenkung der zuvor massiv gestiegenen Preise für Grundnahrungsmittel, eine bescheidene Landreform, die Rücknahme oder Verbesserung von benachteiligenden Verträgen mit Indien und erstmalig eine Art staatliche Altersversorgung. Aber am 13. Juni 1995 löste König Vīrendra das Parlament wieder auf und kündigte Wahlen für den November des gleichen Jahres an. Zu diesen kam es jedoch nicht, denn das Oberste Gericht erklärte diese Entscheidung für verfassungswidrig. Zwischen 1990 und 2000 gab es zehn Regierungen, die allesamt die lähmenden Parteienstreitigkeiten nicht in den Griff bekamen.

Insgesamt gab es 1990 54 Parteien. Die größten von ihnen waren der bürgerliche, eher mittelinks stehende *Nepali Congress* und die eher linke *United Marxist-Leninist* (UML), die eine Landreform wollten und vorgaben, für die Bauern zu kämpfen. Insgesamt gesehen wurden seit 1951 die großen Parteien fast immer von Bahun-Chhetri angeführt, was in den anderen Kasten und ethnischen Gruppierungen häufig zu Unmut und Unruhen führte. Zu den übrigen mehr oder weniger einflussreichen Parteien zählten die konservativ-königstreue *Rashtriya Prajatantra Party*, die rechtskonservative *Rashtriya Janata Party Nepal*, das besonders im Tarai starke *Sanghiya Samajvadi Forum Nepal*, die mittelinks stehende *Communist Party of Nepal* (*Marxist-Leninist*), die ebenfalls links von der Mitte einzuordnende *Rastriya Janamorcha* und die ganz linke *Communist Party of Nepal* (*United*). Mitte der 1990er Jahre sonderte sich eine radikale Sektion von dem Sammelbecken vieler Kommunistengruppen, der *United Left Front* (ULF), ab und schloss sich unter der gemeinsamen Führung von Pushpa Kamal Dahal, bekannt auch unter seinem Kampfnamen Prachanda (›der Gewaltige‹), und Baburam Bhattarai zur *Communist Party of Nepal* (*Maoist Centre*) zusammen. Damit begann ein bewaffneter Kampf gegen das Establishment, der zu einem zehnjährigen Volkskrieg anwachsen und 12–15.000 Menschenleben fordern sollte.

Schon nach der Wahl von 1959 hatte König Mahendra damit begonnen, die *Communist Party of Nepal* (*Marxist-Leninist*), die nur vier von 109 Sitzen erlangt hatte, zu umwerben, um den starken *Nepali Congress* zu schwächen. Er hatte dadurch die Kommunisten stärker gemacht, als sie den Stimmen nach waren. Mit der chinesischen Kulturrevolution kam marxistisches Gedankengut dann insbesondere bei Straßenarbeitern und Bauern in Nepal an. Es mag verwundern, dass der Kommunismus, noch in der Spielart des Maoismus, in Nepal so spät aufblühte, als er in Europa schon erste Zerfallserscheinungen zeigte. Die Maoisten aber verfochten die Idee, dass der Kommunismus in Europa verraten worden sei, die Lehren jedoch nach wie vor gültig seien. Nichts sei dringlicher, als einen Arbeiter- und Bauernstaat zu begründen, um die sozialen Ungerechtigkeiten zu beseitigen.

Am 4. Februar 1996, sechs Jahre nach dem Ende des Panchayat-Systems, schickte Baburam Bhattarai, der Parteichef der *Communist Party*, ein Memorandum an den damaligen Premierminister. Er beklagte darin die zunehmende Armut, die Entwicklungsunterschiede zwischen Stadt und Land, die »imperialistische« Politik der anderen Parteien, den sträflichen Ausverkauf der Wasserressourcen des Landes und die gewaltsame Niederschlagung von Aufständen und Protesten. Sodann stellte er mit Fristsetzung 40 Forderungen auf, bei deren Nichterfüllung der bewaffnete Kampf gegen die Staatsmacht beginnen werde. Die Forderungen betrafen a) die Nationalitätenfrage (z.B. Rücknahme aller diskriminierenden Verträge mit Indien, Einstellung der Rekrutierungszentren für die Gurkha-Soldaten, Verbot von vulgären Hindi-Filmen, Auflösung der »kolonialen und imperialen« Nichtregierungsorganisationen), b) die Demokratie (Entmachtung der Königsfamilie, Freilassung der politischen Gefangenen, Aufbau einer Volksarmee und -polizei, Auslöschung der Unberührbarkeit, Freiheit der Presse, gleiches Recht für alle Sprachen und Dialekte) und c) die Lebensverhältnisse (Übergabe des Landes an die Bauern, Landlosen und Heimatlosen; Verstaatlichung des Besitzes von Zwischenhändlern; Vollbeschäftigung; Mindestlöhne; kostenlose Gesundheitsversorgung und Bildung; Trinkwasser, Straßen und Elektrizität für alle; Beseitigung jeglicher Korruption). Was wie ein Forderungspaket für einen idealen Staat aussah, nicht aber nach einem gewaltsamen Umbruch, musste in den Kampf führen, da sich die Regierung natürlich nicht auf die Erfüllung aller Forderungen einließ.

Die in dem Memorandum beklagten Ungerechtigkeiten waren sicher ein Grund für die Radikalisierung der nepalischen Politik, aber sie waren nicht der einzige, denn diese Umstände herrschten seit langer Zeit. Eine maßgebliche Rolle spielten vor allem die Führer der maoistischen Bewegung, allen voran Pushpa Kamal Dahal alias Prachanda, geboren 1954 im Kaski-Distrikt, Brahmane, Student der Landwirtschaft, und Baburam Bhattarai, geboren im selben Jahr in Gorkha, Brahmane, Schüler einer Missionarsschule, die er mit Bestnoten beendete, Student der Architektur und Stadtplanung in Chandigarh und Doktorand an der Jawaharlal Nehru University in Delhi, wo er mit einer kommunistischen Exilgruppe unter der Führung von Mohan Bikram Singh, den Mashal-Aktivisten, in Kontakt kam. Beide vermochten die real existierende ökonomische und ethnische Benachteiligung weiter Bevölkerungsgruppen in Nepal propagandistisch für ihre Zwecke zu nutzen. Die oft korrupte und unfähige politische Elite spielte ihnen zu.

Der bewaffnete Kampf formierte sich zunächst in westlichen Mittellandregionen und Distrikten wie Rukum, Rolpa, Salyan, Jajarkot und Dailekh. Er begann mit einzelnen Attacken auf Polizeistationen, am Anfang noch mit selbstgebauten Gewehren und Handgranaten. Im Februar 1996 etwa versuchten 36 Maoisten den Polizeiposten in Holeri im Distrikt Rolpa anzugreifen. Zwar war der Versuch nicht von Erfolg gekrönt, doch wie immer lernten die Aktivisten aus ihren Rückschlägen. Die geographische Lage Nepals ist an sich günstig für einen Guerillakampf: Das Land ist zerklüftet, so dass es schnell erreichbare Rückzugsgebiete gibt, und die oft nur wenigen Zugänge zu Siedlungen sind leicht von den Bergkämmen aus zu kontrollieren. Andere Faktoren spielten den Aktivisten zunächst in die Karten: Polizei und Armee waren nur an wenigen, strategisch wichtigen Orten vertreten und die verarmte Bauernschaft, der es in erster Linie um ausreichend Nahrung und Behausung ging, war zumindest am Anfang den für sie kämpfenden Maoisten gegenüber wohlwollend eingestellt. Hatten die Maoisten eine Region eingenommen, begannen sie, ihre Macht zu zeigen und teilweise auch zugunsten der Armen zu nutzen. So wurden oft Landrechte an die Bauern übertragen und alte Schuldscheine vernichtet. Auch wurden hier und da die bei Eroberungszügen erbeuteten Reichtümer ans Volk verteilt.

Die zunehmende Gewalt forderte jedoch auf beiden Seiten immer mehr Opfer. Die inhaftierten Maoisten wurden gefoltert und ihnen wurde das Recht auf Verteidigung versagt, wie Amnesty International und das Internationale Rote Kreuz von Anfang an beklagten. Auch die Polizei ging nicht eben zimperlich vor: Schon bei einem leisen Verdacht wurde geschossen. Berichtet wird auch von Raubzügen und Vergewaltigungen. Die Haltung der Distriktbeamten war oft die, dass diejenigen, die die Verfassung so eklatant missachten, selbst auch nicht den Schutz des Gesetzes verdienten. So folgte auf einen Schlag der Maoisten jeweils der Gegenschlag des Staatsapparats, wobei jedes Opfer der Maoisten zum Märtyrer erklärt wurde. Ungerechtigkeiten schürten beidseitig Racheakte. Die Maoisten ihrerseits töteten mit ihren Haumessern oder Gewehren oft ohne jegliche Bedenken tatsächliche oder vermeintliche Sympathisanten des Staates, nicht selten, nachdem sie diese zuvor erniedrigt hatten. Es gibt Berichte, nach denen sie Brahmanen dazu zwangen, Rindfleisch zu essen, Schnaps zu trinken oder den identitätsstiftenden Haarzipfel der Patrilinie (*śikhā*) abzuschneiden. Allerdings wurde die zwangsweise Aufhebung von Kastenbeschränkungen und Reinheitsvorschriften mitunter auch nach dem Maoisten-Intermezzo beibehalten: Vonseiten der Bahun-Chhetri wurde diese Situation zunächst als Notsituation (*āpaddharma*) eingestuft und damit gebilligt; danach aber setzten viele Gruppierungen etwa den Verzehr von Rindfleisch oder das gemeinsame und kastenübergreifende Essen fort.

Die Kämpfe konzentrierten sich zunächst auf das Land, wurden aber spätestens ab 1997 auch in die Städte und selbst ins Kathmandu-Tal getragen. Dies geschah durch gezielte Attacken, einzelne Bomben und durch Unterwanderung der Gesellschaft durch kommunistische Splittergruppen, vor allem aber durch Generalstreiks. Im Juli 1998 kam es zu Verhandlungen von Mittelsmännern mit den politischen Parteien. Als diese scheiterten, erreichten die erneut aufflammenden Kämpfe eine neue Stufe. So attackierten am 18. Februar 2000 in Ghartigaon im Rolpa Distrikt rund 250 Maoisten eine stark bewachte Polizeistation. Mindestens 15 Polizisten wurden dabei getötet und viele Waffen sowie Munition erobert. Solche Niederlagen demoralisierten die Polizei – Mitte 2000 waren nur noch acht von 39 Polizeistationen besetzt.

Lange Zeit griff die Armee nicht in den Konflikt ein. Bei der ersten Attacke auf die an einem wichtigen Pass nach Tibet gelegene Bezirkshauptstadt Dunai im September 2000 kam eine in der Nachbarschaft stationierte Kompanie der *Royal Nepalese Army* (RNA) den bedrängten Ordnungskräften nicht zu Hilfe, obwohl dies einfach gewesen wäre, indem man die einzige Brücke, die den Zugang zur Stadt ermöglicht, gesichert hätte. Dieser Vorfall verstärkte die bestehenden Spannungen zwischen der Regierung und der Armee. Die Armee misstraute den Parteien und sah den *Nepali Congress* und das parlamentarische System als ihren Feind an. Es gab sogar die Vermutung, dass das Königshaus und die Armee heimlich die Maoisten unterstützten, um die Parteien und damit die Bestrebungen im Zaum zu halten, die Monarchie abzuschaffen. Andererseits sollten sich der König und die Armee bald als Einzige erweisen, die noch für ein gewisses Maß an Recht und Ordnung sorgen konnten. Die nepalische Armee war immer parteiisch, aufseiten des Könighauses, und ließ sich dazu verleiten, in die Innenpolitik einzugreifen, wenn es ihr nützte. Als Mahendra das Panchayat-System eingeführt und das Parlament aufgelöst hatte, war es die Armee gewesen, die B.P. Koirala und andere Parteiführer verhaftet hatte. Immer war und blieb der König der oberste Befehlshaber der Armee.

In den Anfangsjahren operierten die Maoisten verdeckt und oft in der Nacht, zunehmend wurden sie aber sichtbar. Neben der strategischen Gewalt verstärkten die Rebellen auch ihren propagandistischen Feldzug: Wo immer sie auftauchten, wurden Pamphlete und Poster verteilt, Häuserwände mit Parolen und Symbolen wie Hammer und Sichel bemalt und revolutionäre Lieder gesungen.

Als hätte Nepal der Tragödien nicht genug gehabt, geschah am 1. Juni 2001 ein Drama, das endgültig das Ende der Monarchie einläutete: ein verheerendes Massaker im Palast. In der Zeit König Vīrendras traf sich die königliche Familie jeden Dienstag auf ein Abendessen und ein geselliges Beisammensein im Narayanhiti-Palast. Sie wollte ungestört sein, daher blieben

Personal und Bewachung auf ein Minimum reduziert. Es wurde geplaudert, gemunkelt und getratscht. Natürlich sprach man auch über Politik, aber es war in erster Linie ein Familientreffen mit Kindern und Frauen.

Am 1. Juni des Jahres 2001 verlief das aber ganz anders als erwartet. Die Männer begannen wie immer am frühen Abend mit einem Drink. Auch Kronprinz Dīpendra prostete mit Whisky seinen Verwandten zu und legte sich dabei mit einem Gast an, woraufhin ihn der König ermahnte. Bald schon schien er betrunken zu sein und so brachten ihn sein Bruder Nirājana und seine Schwester – oder nach anderen Berichten sein Cousin Pārasa, der Sohn von König Jñānendra, der später erneut den Thron besetzen sollte – in seine Gemächer. Dort rauchte er einen Joint und rief seine Freundin Devyānī Rāṇā an, die er heiraten wollte, obwohl seine Eltern und die Königinmutter dagegen waren – wie es heißt, aus astrologischen Gründen. Ob dieser verfahrenen Situation verzweifelte er zunehmend. Seine Freundin war wegen seines Gemütszustands besorgt.

Gegen 21 Uhr zog Dīpendra sich einen militärischen Tarnanzug an, nahm zwei Maschinengewehre und eine Pistole – der Kronprinz war ein Waffennarr – und begab sich in den Saal, wo die Familie zu speisen begonnen hatte. Kalt ging er auf seinen Vater zu, und ohne ein Wort zu sagen, erschoss er ihn mit einem SPAS-12-Gewehr. Dann ging er wieder nach draußen, kehrte aber sofort zurück und wollte erneut auf seinen Vater schießen. Sein Onkel Dhīrendra versuchte, ihn davon abzuhalten, doch tötete Dīpendra auch ihn. Danach erschoss er seine Mutter, Königin Aiśvaryarājyalakṣmī Devī, seinen Bruder Nirājana, seine Schwester Śrutī, seine Tanten Śānti und Śāradā, den Gatten von Śāradā und Vīrendras Kusine Jayantī. Vier weitere Verwandte wurden angeschossen, überlebten aber.

Der Kronprinz schwieg während des gesamten Massakers und zielte teilweise auf die Rücken der Verwandten. Am Ende ging er zu seinem Freund Pārasa, dem die Tötung eines äußerst beliebten Volksmusikers bei einem Verkehrsunfall und andere Delikte vorgeworfen wurden und der wegen seines ausschweifenden Lebensstils im Volk unbeliebt war. Dieser sagte ihm, dass es genug sei. Ohne ein Wort ging Dīpendra hinaus in den Garten und schoss sich mit der linken Hand in den Kopf. Er überlebte drei Tage, in denen er noch zum König und Jñānendra, der Bruder Vīrendras, zum Regenten ernannt wurde. Seine Verbrennung erfolgte nach brahmanisch-höfischem Ritual am Āryaghāṭa des Paśupatinātha-Tempels, doch kein Mitglied der Königsfamilie war anwesend.

So hat sich nach offizieller Version ein Massaker zugetragen, das auf einen Schlag fast das gesamte Königshaus auslöschte. Aber es dauerte nicht lange, bis Zweifel an der Version aufkamen. Warum überlebte ausgerechnet Jñānendras Familie, das heißt sein Sohn Pārasa, dessen Mutter Komala und seine Schwester Preraṇā? Stand Jñānendra, der sich zu jener Zeit in Pokhara aufhielt, hinter dem Massaker? Immerhin wurde er nach Dīpendras Tod zum König gekrönt. Wie glaubhaft ist es, dass der angeblich stark betrunkene und unter Drogen stehende Dīpendra so gezielt vorgehen konnte? Warum schoss er sich mit der linken Hand in den Kopf, obwohl er doch Rechtshänder war? Warum verbreitete Jñānendra zunächst die Version, dass ein automatisches Gewehr von selbst losgegangen sei. All diese Fragen konnten nicht oder nur unzureichend geklärt werden. Da es in Nepal die Sitte erfordert, dass Leichen innerhalb von 24 Stunden verbrannt werden, war eine Autopsie nicht möglich. Die offizielle Untersuchungskommission, geleitet vom Höchsten Richter und dem Sprecher des Repräsentantenhauses, kam nach zahlreichen Interviews mit vielen beim Massaker Anwesenden und Augenzeugen zu dem oben geschilderten Ergebnis, doch der konspirative Glaube, dass es in Wahrheit ganz anders war, hält sich bis auf den heutigen Tag.

Mit König Jñānendra änderte sich die Einstellung des Königshauses zu den Maoisten. Hatte Vīrendra noch eine gewisse Zurückhaltung gezeigt und gezögert, die Armee gegen die Rebellen einzusetzen, wartete Jñānendra nur darauf, die absolute Macht wieder an sich zu reißen, um brutal gegen die Maoisten vorgehen zu können. Schon auf einen bloßen Verdacht hin wurden nunmehr angebliche Sympathisanten getötet. Die Armee schoss aus Hubschraubern blind auf Verdächtige. Bald auch wurden die Aufständischen zu Terroristen erklärt und im Winter 2001/02 starben mehr Menschen als in den sechs Jahren zuvor zusammen. Die Folge war, dass es zu weiteren Eskalationen kam, die Kämpfe auch in die Hauptstadt getragen wurden und es noch viel mehr Opfer gab. Nach Schätzungen, deren Parteilichkeit schwer zu beurteilen ist, sollen etwa zwei Drittel der Opfer dieses Krieges von den Staatsorganen getötet worden sein.

Am 22. Mai 2002 wurde das Parlament tatsächlich aufgelöst und am 4. Oktober 2002 entließ Jñānendra Premierminister Sher Bahadur Deuba. Die Bildung eines neuen Kabinetts und die Ausrufung von Neuwahlen zog sich hin, nicht zuletzt, weil eine Allianz von sieben Parteien – marxistisch-leninistische Kommunisten ebenso wie Sozialdemokraten oder königstreue Konservative – sich weigerte, sich an einer demokratisch nicht legitimierten Übergangsregierung zu beteiligen.

Obgleich die Regierung viel Unterstützung und Waffen z.B. aus den USA bekam, gelang es ihr nicht, die Lage zu beruhigen. Am 1. Februar 2005 entließ Jñānendra schließlich die Übergangsregierung, stellte deren Mitglieder unter Hausarrest und verhängte den Notstand. Wieder einmal war die Demokratie ausgesetzt und blieb es zunächst, trotz zahlreicher Proteste vonseiten ausländischer Regierungen einschließlich Indiens, der USA und Deutschlands. Jñānendra meinte, die Situation mit direkter Herrschaft besser beherrschen zu können, obwohl Ende 2002 die Maoisten in 55 der 75 Distrikte Nepals die Macht hatten oder zumindest stark vertreten waren.

Der Druck der Parteien und der Straße nahm zu. Am 7. April 2006 rief die Sieben-Parteien-Allianz einen Generalstreik aus, der mehr als zwei Wochen dauerte. Hundertausende demonstrierten auf den Straßen, mindestens 13 Menschen kamen dabei um. Diesem auch international verstärkten Druck konnte Jñānendra nicht standhalten: Am 24. April 2006 erklärte er die sofortige Wiedereinsetzung des Parlaments; auch dieser Tag, der Lokatantradivasa, ist ein Feiertag geworden. Das Parlament beschloss als Erstes, die Macht des Königs zu beschränken, indem es ihm den Oberbefehl über die Armee und jede Möglichkeit des Eingriffs in die Exekutive sowie die Immunität entzog. Als König Jñānendra dazu aufgefordert wurde, den Palast unverzüglich zu verlassen, soll er mit dem Argument protestiert haben, er sei jetzt ein normaler Bürger und für diesen gebe es Kündigungsfristen. Alle Königssymbole wurden beseitigt, die Geldnoten mit Jñānendras Konterfei wurden nach und nach eingezogen, die obligatorischen Königsbilder in den Büros wurden abgehängt, die *Royal Nepal Airlines* in *Nepal Airlines* umgetauft. Das Ende der absoluten Macht des Königs und des letzten hinduistischen Königreichs der Welt war besiegelt, auch wenn der König noch zwei Jahre formal das Oberhaupt des Staates blieb.

Die Frage war nun, ob das Bündnis zwischen Parteien und Straße halten würde. Immerhin hatte sich das Volk über die Parteien ebenso empört wie über den König; die Parlamentsmitglieder galten zunehmend als gleichermaßen korrupt und unfähig wie der Monarch. Viele dachten, beim König hätten sie wenigstens gewusst, wer sie bestohlen habe, jetzt wüssten sie es nicht mehr.

Doch Jñānendra hatte instinktlos gegen ein Machtprinzip verstoßen, das nicht auf Gewalt beruht: die Fürsorge für sein Volk. Die Nepalis wollten nicht beherrscht werden, sie wollten versorgt sein. Da reichte es nicht, die Muskeln spielen, Soldaten und Polizei auffahren zu lassen, sich im Narayanhiti-Palast hinter Stacheldraht und zehn Meter hohen Zäunen zu verschanzen. In zwei kurzen Fernsehansprachen war die Kälte dieses Herrschers gegenüber dem gepeinigten Volk offen zu Tage getreten: In der ersten vom 24. Januar 2006 hatte er den Wunsch des Volkes nach demokratischen Wahlen schlicht ignoriert und kein Wort des Bedauerns über die in den Demonstrationen getöteten Opfer gefunden. In der zweiten, wenige Tage danach, hatte er dies nachgeholt, aber da war es zu spät gewesen: Inzwischen hatte die Presse darüber berichtet, dass die Opfer hastig und ohne angemessene Mitwirkung der Familien verbrannt worden waren. Das war nicht nur ein Affront gegen die religiösen Gefühle der Bevölkerung, es war zudem verbunden mit unguten Erinnerungen: Auch nach dem Palastmassaker hatte Jñānendra die Leichen der Familie seines Bruders sofort verbrennen lassen und damit eine Autopsie und Aufklärung des genauen Tathergangs verhindert. Den meisten Menschen war klar geworden, dass Jñānendra das Land nicht regieren konnte. Das traurige Gesicht, das er bei seiner Amtseinsetzung gemacht hatte, hatte wie ein Schatten über seiner Herrschaft gelegen. Keiner hatte ihn gemocht, keine ausländische Regierung hatte ihn eingeladen, keine Person von Rang hatte für ihn Partei ergriffen.

Und es war deutlich geworden, dass die Königliche Armee Nepals versagt hatte. Ihr war es in all den Jahren nicht gelungen, die etwa 15.000 aktiven maoistischen Rebellen, unterstützt durch doppelt so viele Milizen, zu besiegen oder wahrnehmbar zurückzudrängen, obwohl sie ihrerseits erhebliche militärische Unterstützung erhalten hatte. Mit Hubschraubern und schweren Waffen hatte sie in den zerklüfteten Gebirgsregionen hilflos gewirkt, war immer wieder Attacken und einem hohen Blutzoll ausgesetzt gewesen. Die Generäle hatten sich damit zu entschuldigen versucht, dass die Politik sie nicht von Anfang an gegen die Aufständischen habe vorgehen lassen und es nach drei Jahren schwelenden Aufruhrs zu spät gewesen sei. Jetzt trauten sich die Soldaten in den Nächten nicht aus ihren Kasernen und Camps heraus. Selbst in unmittelbarer Nähe der Hauptstadt, etwa in dem Städtchen Banepa, zeigten sie sich nur bei Tage, während nachts die Maoisten kamen und abkassierten. Die Armee hatte militärisch und moralisch versagt und ein gutes Stück ihres weltweiten Renommees verloren. Internationale Organisationen warfen ihr nahezu ebenso viele Menschenrechtsverletzungen vor wie den Maoisten. Wer aus Helikoptern auf alles schießt, was sich bewegt, wer Gefangene verschleppt und foltert, hat selbst in einem ungewöhnlich leidensfähigen Land wie Nepal seine Glaubhaftigkeit verspielt.

In dieser Situation verstärkte sich zunehmend der Eindruck, dass die Politik des Landes zum Scheitern verurteilt sei. Manche sprachen schon von einem *failed state*. Zu verfahren wirkten die Machtverhältnisse, zu jung waren die demokratischen Strukturen, zu wenig eindämmbar die Gewalt. Mindestens 70 % des Landes waren in den Händen der Maoisten, von denen man nicht wusste, wer und wie stark sie wirklich waren. Die Regierung ließ die Botschaften offiziell wissen, dass sie außerhalb der Ring Road um Kathmandu nicht für Sicherheit garantieren könne. Jeden Außenposten im Land mussten sie zu ihrer eigenen Sicherheit um ein Vielfaches verstärken. Die Bevölkerung war den wechselnden marodierenden, Terror ausübenden Politgruppen entsprechend schutzlos ausgeliefert. Und sie litt immer mehr am Mangel an elementaren Dienstleistungen: Krankenhäuser oder *Health Posts* wurden nicht mehr versorgt, Straßen nicht gebaut, Schlaglöcher nicht gestopft, Müll nicht weggeräumt, Telefonleitungen und Sendemasten gekappt, Lehrer trauten sich nicht mehr in die Schulen. Selbst an Wasser mangelte es vielerorts, obgleich dies doch im Himalaya zu den wahren Schätzen gehört.

Als Girija Prasad Koirala am 25. April 2006 zum vierten Mal Premierminister wurde, war er 85 Jahre alt und verfügte über entsprechend viel Erfahrung. Er war gewiss nicht der Mann der Zukunft, aber sein Alter verschaffte ihm Autorität. Alles hing davon ab, ob es ihm gelingen würde, die Maoisten an den Runden Tisch zu bringen. Die Maoistenführer Pushpa Kamal Dahal und Baburam Bhattarai hatten schon im Februar 2006 in Delhi gegenüber Vertretern der Sieben-Parteien-Allianz und der internationalen Presse Verhandlungsbereitschaft signalisiert, aber auch eine verfassungsgebende Versammlung gefordert, die formal das Ende der Monarchie beschließen sollte. Am 26. Mai 2006 nahm die neue Regierung unter Premierminister Koirala auf Drängen Indiens und der USA tatsächlich Friedensgespräche mit den maoistischen Rebellen auf. Zuvor wurden mehrere Hundert inhaftierte Rebellen freigelassen und eine Reformierung der Verfassung in Aussicht gestellt. Ziel war es, den seit zehn Jahren andauernden Bürgerkrieg zu beenden. Am 21. November 2006 wurde die Vereinbarung zum Ende des Bürgerkrieges von Koirala und Dahal unterzeichnet.

Großen Anteil an diesem einschneidenden Ereignis hatte die ›dritte Gewalt‹ im Staat, die Presse. Trotz beständiger Zensur, Drohungen und Verhaftungen haben junge, mutige Journalisten unermüdlich und geschickt auf die eklatanten Missstände hingewiesen, teilweise versteckt in Leserbriefen, teilweise mit plakativen Karikaturen, in denen selbst der König auf Titelseiten lächerlich gemacht wurde, teilweise mit scharfen Analysen der Lage. Einer der einflussreichsten Journalisten, Kanak Mani Dixit, der auf dem Höhepunkt der Unruhen selbst verhaftet wurde, brachte es auf den Punkt, indem er in einer Titelgeschichte der von ihm herausgegebenen Zeitschrift *Himal South-Asian* sowohl den König als auch den Maoistenführer Prachanda zu »Großen Vorsitzenden« des Volkes erklärte. Damit machte er den König klein und Prachanda zu einem ebenbürtigen Gegenspieler, dem man Vertrauen schenken müsse. Nach Dixit hat am Ende der letzte König Nepals seinem Land doch noch einen Dienst erwiesen: »Der Große Vorsitzende Jñānendra«, schrieb er zynisch, »hat in den vergangenen Jahren mehr als die Maoisten dafür getan, das Bild der Monarchie zu zerstören, und dadurch mehr als die jungen Rebellen im Dschungel für die Kraft der Demokratiebewegung.«

Am 28. Dezember 2007 stimmten 270 von 329 Abgeordneten des Übergangsparlaments für eine föderal-demokratische Republik als Staatsform. Am 10. April 2008 fanden die Wahlen zur Verfassungsgebenden Versammlung statt, die die Maoisten mit großer Mehrheit gewannen, und am 28. Mai 2008 erfolgte in ihrer konstituierenden Sitzung die formale Entmachtung des Königs. 560 der 564 Abgeordneten stimmten dafür – das Ende der 240-jährigen nepalischen Monarchie war endgültig besiegelt. Am 11. Juni 2008 verließ Jñānendra den Palast, am 23. Juli wurde Ram Baran Yadav zum ersten Präsidenten Nepals und am 15. August Pushpa Kamal Dahal zum Premierminister gewählt.

Dahals politisches Engagement in der neuen Republik war nicht immer glücklich. Schon im Mai des folgenden Jahres trat er als Premierminister zurück, weil es in der Frage der Integration der maoistischen Rebellen in die nepalische Armee zu keiner Einigung kam. Auch hatte er das in ihn gesetzte Vertrauen enttäuscht. Viele Menschen argwöhnten, es gehe ihm in erster Linie um seine eigene neue, politisch gesetztere Identität. Die nächsten Wahlen verlor er, woraufhin er den Vorsitz der Partei abgeben und sich in einen zähen Streit mit dem neuen Parteivorsitzenden Baburam Bhattarai begeben musste. Noch immer heißt es, er brauche die Immunität wegen der Gefahr einer Anklage wegen Kriegsverbrechen und weil er angeblich Gelder veruntreut habe, die für die Integration der maoistischen Guerilla in das Militär gedacht waren. Trotzdem betrachtet sich Dahal alias Prachanda selbst nach wie vor als Führer der Armen und Unterdrückten, als legitimen, wenn schon nicht legitimierten Kämpfer gegen herrschende Klasse.

Nach der Gründung der Republik gab es wiederholt Versuche, eine Verfassung zu verabschieden, auf deren Grundlage freie Wahlen zu einem Parlament hätten stattfinden können. Es gab viele Anläufe, angesetzte Termine wurden immer wieder verschoben und Vertreter der Opposition bewarfen in tumultartigen Szenen ihre Kollegen mit Stühlen und Mikrofonen, um eine drohende Abstimmung zu verhindern. Um eine Verfassung aber kam Nepal langfristig nicht herum, denn die Bürger wollten endlich ihre Rechte verbrieft und politische Stabilität haben. Viele Nepalis waren staatenlos, weil sie nicht nachweisen konnten, dass sie überhaupt Staatsbürger waren. Wenn etwa der Vater unbekannt oder im Ausland verschollen war, konnte ein Kind weder studieren noch die Staatsbürgerschaft bekommen, da dafür der Vater gebraucht wurde. Immer wieder gab es daher Demonstrationen, mit denen man erreichen wollte, dass die Mütter die gleichen Rechte wie die Väter erhielten.

Es sollte bis zum 19. November 2013 dauern, bis wieder gewählt wurde, noch einmal eine Verfassungsgebende Versammlung, da eine Verfassung trotz ständiger Fristverlängerungen durch das Verfassungsgericht nicht verabschiedet werden konnte. 143 politische Parteien traten an, aber eine Lösung der Probleme zeichnete sich nicht ab. Die Maoisten, die bei den Wahlen im April 2008 229 Sitze erhalten hatten, erhielten jetzt nur noch 81 Sitze; der Anteil der Madhesis aus dem Tarai halbierte sich von 81 auf 40 Sitze. Die bürgerlichen Parteien legten hingegen zu.

Eine Streitfrage im Wahlkampf betraf die Bildung und den Zuschnitt von Bundesländern entlang der Sprachgrenzen, Bevölkerungsgruppen oder Provinzen. Da alle Regionen aber von verschiedenen Bevölkerungsgruppen durchsetzt sind, ging es meist eher um die Bezeichnung der Provinzen. Weitere Streitpunkte waren die Machtverteilung zwischen Premierminister und Präsident, die Wahl der Parlamentarier über Listen oder Direktkandidatur und die Kompetenzen des Verfassungsgerichts. Während eine Koalition, bestehend aus der sozialdemokratischen *Nepalischen Volkspartei* (*Nepali Congress*), der *Communist Party of Nepal* (*Marxist-Leninist*) und der *Rashtriya Prajatantra Party Nepal*, eine konstitutionelle Monarchie und die Einrichtung von sechs oder mehr ethnisch gemischten, föderal organisierten Provinzen befürwortete, bestanden die in den Wahlen geschwächten Maoisten, genauer die *Communist Party of Nepal* (Maoist), zusammen mit 30 kleineren Parteien auf einem Zuschnitt nach Identitäten. Sie verstanden darunter eine Verfassung, die den marginalisierten Kasten und ethnischen Gruppen mehr Rechte zusprach. Daneben kämpften Frauengruppen, königstreue Hindu-Nationalisten und andere Splittergruppen mit einer Fundamentalopposition für ihre jeweiligen Rechte – »Sie kennen nur die Sprache von Terror und Gewalt«, sagten die einen; »Sie wünschen sich heimlich die Monarchie zurück«, sagten die anderen. Hinzu kam, dass die Menschen im fruchtbaren Tiefland Tarai nicht länger von den aus ihrer Sicht elitären Beamten im Kathmandu-Tal bevormundet und ausgesaugt werden wollten. Die dortige Bevölkerung, die inzwischen um die 50 % der Gesamtbevölkerung ausmacht, spricht meist dem Hindī verwandte Dialekte. Als aber im Juli 2008 Vizepräsident Paramananda Jha seinen Amtseid in Hindī statt in der Amtssprache Nepālī ablegte, gab es einen Sturm der Entrüstung. Jha musste nach einer höchstrichterlichen Entscheidung den Eid ein Jahr später in Nepālī wiederholen – eine Demütigung für die vielen Hindī-Sprecher im Land.

Neben Fragen der ethnischen oder nationalen Identität ging es aber auch um handfeste wirtschaftliche Interessen, in die sich die großen Nachbarn Indien und China einmischten. Der indische Premierminister Narendra Modi tauchte bald nach seiner Einsetzung am 26. Mai 2014 in Kathmandu auf, der chinesische Staatspräsident Xi Jinping folgte wenig später. Indien wollte Wasserkraftwerke bauen, China eine Eisenbahnlinie durch das Land ziehen, um den indischen Markt besser erschließen zu können.

Die Frage des Zuschnitts und der Benennung der Provinzen ist für sich schon nicht einfach zu lösen. Auch die alliierten Siegermächte konnten sich 1945 auf der Konferenz von Jalta nicht auf den Zuschnitt der zukünftigen Bundesländer Deutschlands einigen, und noch heute kann in Deutschland eine föderale Reform wegen regionaler, man könnte auch sagen ›ethnischer‹ Interessen und Vorbehalte kaum durchgesetzt werden. In Nepal gibt es keine Siegermächte (das Land ist stolz darauf, nicht einmal von den Briten erobert worden zu sein), wohl aber gab es ein gemeinsam erzieltes politisches Forum, auf dem man versuchte, einen politischen Konsens zu erzielen. Trotz aller Anstrengungen konnte der Friedensprozess jedoch lange nicht in eine von allen akzeptierte Verfassung münden. Der Druck im Parlament und von der Straße war zu groß. Daher gab Subhash Chandra Nembang, der ungeschickt agierende Präsident der Verfassungsgebenden Versammlung, die Entwürfe 2014 letztlich nicht zur Abstimmung frei. Diese Versammlung war für vier Jahre gewählt. Das Scheitern der Abstimmung nach knapp einem Jahr bedeutete nicht das Ende eines anhaltenden Prozesses, wohl aber eine große Enttäuschung für die Bevölkerung, die es leid war, immer wieder hingehalten zu werden. In einer solchen Situation frustrierte sie das kompromisslose, machtbesessene und egoistische Agieren sämtlicher Politiker, besonders aber das der Maoisten und der Mitglieder der 30 Parteien, die immer wieder Generalstreiks ausriefen und willkürlich die Autos oder Motorräder von Streikbrechern anzünden ließen.

Am 20. September 2015 war es endlich soweit: Trotz des Widerstands der Madhesis und Janajatis sowie massiver Proteste im Tarai, die fast 50 Todesopfer forderten, verabschiedete das Parlament eine Verfassung. Dabei gab es einen breiten Konsens in Bezug auf die Grundlinien der Verfassung, die besagten, dass Nepal eine demokratische, föderale und säkulare Republik sei, mit einer unabhängigen Gerichtsbarkeit, mit der verbrieften Gleichheit aller Menschen, mit Rede- und Versammlungs- sowie Pressefreiheit. Einzelne verfassungstechnische Probleme blieben aber bestehen.

Umstritten war z.B. das Verhältniswahlrecht, für das sich Nepal entschieden hatte, da das Wahlrecht in erster Linie bislang diskriminierten ethnischen, religiösen und sozialen Gruppen zu einer proportional angemessenen politischen Vertretung verhelfen sollte. Dies war in dem multiethnischen und -religiösen sowie weitgehend kastenbasierten Land ein großer Schritt. Auf den Wahllisten mussten verpflichtend die Dalit (sogenannte ›Kastenlose‹), die Adibasi Janajati (Ureinwohner des Berglandes), die Khasa Arya (ein Sammelbegriff für das Nepālī sprechende, in viele Kasten aufgeteilte relative Mehrheitsvolk Nepals), die Madhesi (die Mehrheitsbevölkerung des Tarai), die Tharu (ebenfalls aus dem Tarai), Muslime, Frauen und andere Gruppen erscheinen. Problematisch blieben auch die Grenzen der Distrikte und der sieben Provinzen. Zwar erhielten diese mehr Autonomie und auch eigene Budgets, aber die Grenzen waren so gezogen, dass weiterhin fast überall die dominante Volksgruppe der Khasa Arya die Mehrheit stellte. Die Madhesi blieben demgegenüber benachteiligt, da sie wegen der Grenzziehungen in zwei Provinzen überall zur Minderheit wurden, statt zusammen eine dominante Gruppe bilden zu können. Sie lehnten daher die neue Verfassung ab.

Im Februar 2016 nahmen die Proteste vor allem im Tarai wieder zu, und nachdem Indien indirekt eine Grenzblockade unterstützte, hatte das durch das Erdbeben vom April 2015 ohnehin arg geplagte Land zusätzlich noch monatelang unter der ausbleibenden Versorgung mit dem lebenswichtigen Benzin, Kerosin, Gas und Arzneien zu leiden. Die großen Parteien einigten sich auf ein Rotationssystem bei der Premierministerschaft. Auf Premierminister K.P. Oli, den Vorsitzenden der *Communist Party* (*Marxist-Leninist*), folgte im August Pushpa Kamal Dahal, der im Juni 2017 von Sher Bahadur Deuba abgelöst wurde.

Am 27. November und 7. Dezember 2017 fanden schließlich die ersten Wahlen auf der Grundlage der neuen Verfassung mit einer Wahlbeteiligung von erstaunlichen 67 % statt. Diese Verfassung sah 165 direkt gewählte und 110 proportional zum Stimmenanteil der Parteien bestimmte Volksvertreter vor, wodurch die ursprüngliche Anzahl von 601 Parlamentsmitgliedern deutlich verringert wurde. Allerdings erhielten nur diejenigen Parteien einen Sitz, die mehr als 3 % der Stimmen gewannen. Zugleich wurden die sieben Parlamente der Provinzen gewählt. Die beiden Kammern des Bundesparlaments, das heißt das Oberhaus bzw. die Nationalversammlung und das Unterhaus bzw. das House of Representatives, wählten zusammen den Präsidenten und dessen Stellvertreter. Da 2017 auch die 753 lokalen politischen Vertretungen, Stadtverwaltungen, Dorfräte und *Village Development Committees* gewählt wurden, gab es erstmalig ein durchgängig demokratisch strukturiertes Nepal. Bei den ganz überwiegend friedlich verlaufenden Wahlen, deren Ergebnis von allen Parteien akzeptiert wurde, entschied sich eine deutliche Mehrheit der rund 15 Millionen Wahlberechtigten für ein Linksbündnis aus der *Kommunistischen Partei Nepals/Vereinte Marxisten-Leninisten* (CPN UML) und der *Kommunistischen Partei Nepals/Maoistisches Zentrum* (CPN-MC) sowie der von Baburam Bhattarai angeführten *Naya Shakti Party*. Es erhielt im Bundesparlament zusammen 116 Sitze, der *Nepali Congress* hingegen nur 23 und die übrigen Parteien 36 Sitze. Im *House of Representatives* siegte die CPN-UML mit 32,25 % (294 Sitze), dicht gefolgt vom *Nepali Congress* mit 32,7 % (266 Sitze), während der CPN-MC nur 13,6 % (106 Sitze) und das *Föderale Sozialistische Forum* (*Sanghiya Samajbadi*) aus dem Tarai bloß 4,95 % (30 Sitze) erhielt. Die restlichen 37 Sitze verteilten sich auf die Splitterparteien.

Das Linksbündnis erhielt also in beiden Häusern und dazu noch in sechs von sieben Provinzen die Mehrheit. Ein Drittel der Sitze ist für Frauen reserviert, ebenso gibt es Quoten für ethnische Gruppen und Minoritäten. Trotz einiger Ungereimtheiten und Verstöße gegen das Wahlrecht stellen diese Wahlen einen bedeutsamen Schritt in Richtung einer Festigung der nepalischen Demokratie dar. Sie bedeuten jedoch auch eine weitere Öffnung gegenüber dem kommunistischen China. Eines wird Nepal aber wohl erhalten bleiben: Mit 26 Regierungen seit 1990 und dem auch von den großen Parteien bestätigten Rotationsprinzip bei der Premierministerschaft setzt das Land das alte Modell der geteilten Herrschaft fort.

Macht und Autorität: König, Brahmane, Premierminister und Maoistenführer

Obwohl in Nepal die Voraussetzungen für ein starkes Königtum gegeben waren, war die politische Situation über lange Zeit hinweg instabil geblieben. Vor allem aus zwei Gründen: dem altindischen System der zwischen König und Premierminister geteilten Herrschaft und den Problemen in mit der Thronfolge zwischen 1777 und 1832. Erst nach 1856 wurde das Amt des Premierministers in Nepal erblich, aber die Teilung der Macht zwischen zwei oder mehreren nahezu gleichrangigen Herrschern war in Südasien schon lange praktiziert worden. So hatten sich in Maharashtra oder Vijayanagara König und Premierminister die Macht geteilt; das Kathmandu-Tal war vor den Śāhas von 1492 bis 1768 von drei Königen beherrscht worden: Sobald sich die eine Seite schwach zeigte, konnte die andere das Machtvakuum ausfüllen. Das Prinzip der geteilten Herrschaft galt im Grunde auch nach der Einbindung der Maoisten in die Regierungsverantwortung. Es ist ein altes Problem, dass Macht sich außerweltlich legitimieren muss, aber weltlich wirksam sein will und es so zu wechselnden Macht- und Autoritätsansprüchen verschiedener konkurrierender Figuren kommt: König und brahmanischer Priester, König und Premierminister, König oder Premierminister und Maoistenführer sowie Brahmane und Asket sind einige mögliche Konstellationen.

Gewiss war die instabile politische Situation Nepals aber nicht allein den aus dieser Situation resultierenden Spannungen geschuldet, sondern auch anderen Faktoren wie etwa dem Alter der Könige oder den eben genannten Problemen bei der Sukzession. In Nepal war z.B. Bhīmasena Thāpā der erste Premierminister, der praktisch die Macht ausübte, da König Gīrvāṇayuddha Śāha bei der Thronbesteigung 1799 noch ein Kleinkind war. Überhaupt lag zwischen 1777 und 1832 die faktische Macht in den Händen von Regenten oder Regentinnen, meist der Mutter des Königs, oder des Premierministers (*mukhtiyāra*). Ein weiterer Anlass für Machtteilungen war die Sitte der Śāha-Könige, mindestens zwei Frauen als Königinnen auszurufen. Nicht selten versuchten diese nämlich ihren leiblichen Sohn gegen den anderen als Kronprinz durchzusetzen.

Wer im Königreich eigentlich die Macht hatte, war also keineswegs immer sicher. Bisweilen kamen am gleichen Tag einander widersprechende Erlasse aus dem Palast, ausgestellt vom König, vom Premierminister, der Regentin oder dem Kronprinzen. Besser als etwas falsch zu machen, war es mitunter, gar nichts zu machen. So entstand ein Klima der Verdächtigungen und der Eifersucht, der Furcht und der Unsicherheit für Hab und Gut, Leib und Leben. Mit einer Ausnahme starb kein Premierminister zwischen 1777 und 1846 eines natürlichen Todes. Selbst der über 30 Jahre mächtige Bhīmasena Thāpā starb unter großen Demütigungen im Gefängnis. Man hatte ihm die Vergiftung des Kronprinzen vorgeworfen – eine beliebte Schuldzuweisung und vermutlich ein probates Mittel im Machtkampf. Und wenn man seinen Widersacher nicht mit Gift oder tantrischen Mitteln beseitigen konnte, warb man einen Attentäter an.

Eine gewisse Sicherheit konnte man allenfalls durch familiäre Beziehungen und, in besonderem Maße, durch Heiratsverbindungen erreichen. Das erste, was Jaṅga Bahādura Rāṇā nach seiner Machtübernahme tat, war, alle wichtigen Armee- und Verwaltungsposten unter seinen Brüdern und Söhnen zu verteilen, geregelt über eine spezielle Erbfolge. Als zweites verheiratete er seine Familie mit der Königsfamilie, wodurch er direkten Einfluss auf den Palast erlangte. Um den Kastenregeln zu entsprechen, wertete er dafür 1849 kurzerhand seine Herkunft auf und erklärte, dass er von den hochkastigen indischen Rajputen aus Merwar in Rajasthan abstamme, die selbst davon aber nichts wussten oder wissen wollten. Sein Sohn Jagat Jaṅga machte den Anfang und ehelichte im Mai 1853 eine Tochter von König Surendra Vikrama Śāha. Entsprechende Heiratsverbindungen bestehen bis auf den heutigen Tag: Auch die Frau des 2001 getöteten Königs Vīrendra entstammte der Rāṇā-Aristokratie. Desgleichen war Kronprinz Dīpendra angeblich in eine Rāṇā verliebt, die freilich bei der Königin nicht wohlgelitten war, nachdem der Hofastrologe der angestrebten Allianz eine unheilvolle Zukunft vorausgesagt hatte – und so nahm das Drama, das in dem oben beschriebenen Massaker endete, seinen Lauf.

Das Machtgefüge im Nepal des 18. und besonders des 19. Jahrhunderts war also alles andere als eindeutig und nur eine regizentrische, d.h. auf den jeweiligen König fokussierte Perspektive gibt in diesen konkurrierenden Konstellationen irreführende Eindeutigkeiten vor. Die Könige waren meist zu jung oder zu schwach, um

Zwangsgewalt ausüben zu können. Sie waren umgeben von Premierministern und Regentinnen, Brüdern und mehr oder weniger legitimen Söhnen sowie einflussreichen Familien, die mitregierten. Die ethnische Vielfalt, geographische Zerklüftung und politische Isolierung des Landes fügten dem eine polyzentrische Machtverteilung mit mehr oder weniger starken lokalen Kleinkönigtümern und einer überängstlichen Verwaltung hinzu.

Gewiss, politische Herrschaft bestand auch in Nepal in der Eroberung von Machtzentren. Wer den Palast – sei es der Königspalast, sei es der Singha Darbar – in Kathmandu bewohnte, war der Herrscher. Der Sieg über einen Rivalen drückte sich darin aus, dass der andere Herrscher getötet, gefangengenommen, vertrieben, kaltgestellt oder untergeordnet eingebunden wurde. Aber die Eroberung der Machtzentren bedeutete eben keineswegs eine uneingeschränkte Herrschaft in einem klar definierten Territorium.

Dieses Ergebnis wäre nicht weiter verwunderlich, wären die Könige von Nepal (wie oft auch in Indien) nicht zugleich von der hinduistischen Bevölkerung als allmächtige Gottkönige angesehen worden. Spätestens seit dem 14. Jahrhundert wurden sie als *deva*, ›Gott‹, tituliert und mit Viṣṇu identifiziert oder als Naranārāyaṇa (›Nārāyaṇa (Kṛṣṇa) unter den Menschen‹) bezeichnet. Sie galten nicht nur als Bewahrer der öffentlichen Ordnung und als oberste Kriegsherren, sondern auch als Schöpfer, erste und vornehmste Opfernde, als Bewahrer und Verkörperung göttlicher Ordnung (*dharma*). Sie hatten vielen Ritualen vorzusitzen. Da sie selbst Viṣṇu waren, durften sie den Viṣṇu-Tempel, besonders die liegende Buḍhānīlakaṇṭha-Statue im Norden Kathmandus, nicht besuchen. Ihre Frauen wurden nach der Wohlergehen spendenden Göttin Lakṣmī Reichslakṣmī (*rājyalakṣmī*) genannt. Das Schicksal des Landes hing von den Königen ab, wie die Chroniken immer wieder verdeutlichen. Beim Matsyendranātha-Fest war es der König, dem das sogenannte Bhoṭo-Hemd gezeigt werden musste, weil dies Regen verhieß. Vom König verhängte Strafen waren als religiöse Sühnemaßnahmen anerkannt. Die Macht des Königs drückte sich also nicht nur in der Verfügung über Untertanen, Privilegien, Immunität und in der Möglichkeit aus, die Entscheidungsfreiheit anderer einzugrenzen, sondern auch und vor allem in seiner sakralen Funktion. Tempel und Palast waren nicht unterscheidbar, denn der König repräsentierte nicht den Gott, er *war* selbst Viṣṇu. Inthronisierung war in Nepal Deifizierung und bei seinem Tod starb nicht der ›König‹, sondern nur der irdische König: *Rex non moritur*. Selbst der sterbende und bewusstlose Dīpendra wurde für seine drei letzten Tage noch König.

Freilich darf diese Perspektive des Gottkönigtums nicht überzogen werden, denn spätestens mit dem *Ain* von 1854 wurde deutlich, dass die Macht des Gottkönigs in Bezug auf die Strafgewalt und durch die Bindung an das Recht begrenzt war. Nicht einmal von der Kastendegradierung blieb er ausgenommen, die ihn etwa bei Hochverrat jedenfalls dem Gesetz nach ereilen konnte. Hinzu kommt, dass der König in Nepal nicht der einzige ›menschliche‹ Gott war. Er hatte Konkurrenz im Brahmanen, der sich *idealiter* als Verkörperung des *brahman*, des ›Absolutums‹, versteht, in der lebenden Kindgöttin Kumārī und im Asketen, der den Brahmanen noch übertrifft, weil er sich im Unterschied zum Brahmanen und zum König als befreit und damit der zeitlichen Wiederkehr entzogen sieht. Nicht von ungefähr häufen sich in hinduistischen Quellen Mythen, in denen die Macht der Könige immer wieder durch Brahmanen und Asketen herausgefordert wird.

Brahmane, Asket und König waren bzw. sind, wie der amerikanische Ethnologe Richard Burghart 1984 herausgearbeitet hat, jeweils auf ihre Weise Herrscher über verschiedene Kontexte und ›Territorien‹: Der Brahmane herrscht über das organische, der Asket über das zeitliche und der König herrschte über das terrestrische Universum. Das Land und seine Untertanen sind aus dieser Perspektive als erweiterter Körper des Königs zu betrachten, und jede Verletzung an den Teilen bedeutete auch eine Verletzung des Königs. Nicht berücksichtigt hat Burghart in dieser Konstellation aber den weltlichen Machthaber, der als Premierminister oder Maoistenführer ebenfalls mit dem König konkurrierte.

Wichtiger als dies ist jedoch, dass die jeweilige Vorrangstellung von König, Brahmane und Asket sowie Premierminister oder Maoistenführer immer eine relative war bzw. ist. Im traditionellen Südasien gibt es weder einen religiösen noch einen weltlichen Alleinherrscher, wohl aber Superioritäten, die sich in Abhängigkeiten zeigen. Es ist z.B. ein Zeichen der Höherrangigkeit, wenn man einem anderen die *ṭīkā*, den roten Punkt auf die Stirn, geben darf. So gibt normalerweise der Vater dem Sohn, der Lehrer dem Schüler, der Mann der Frau, der Ältere dem Jüngeren die Ṭīkā. Üblicherweise war auch der König derjenige, der den Untertanen die Ṭīkā gab, während der herbstlichen Dasaĩ-Festtage sogar mit großem Auflauf. Zur Zeit des Indrajātrā-Wagenfestes aber begab sich der König zur Kumārī, dem Mädchen, das selbst als Göttin gilt, um von ihr die Ṭīkā zu bekommen. Nur dann, so wurde allgemein geglaubt, hatte der König die Macht, für das Wohlergehen seines Landes zu sorgen. Hätte der König die Ṭīkā von der Kumārī nicht erhalten, hätte man ihm alle Kalamitäten (Erdbeben, Missernten, Epidemien) angelastet, die das Land in der Folge heimgesucht hätten. Wie beim Zeigen des Bhoṭo-Hemdes bei der Matsyendranātha-Prozession der Präsident Nepals an die Stelle des abgesetzten Königs getreten ist, so bekommt nun, nach dem Ende der Monarchie, problemlos auch die Präsidentin anstelle des Königs von der Kumārī die Ṭīkā.

Was den König letztlich vom Brahmanen und Asketen unterschied und in gewisser Hinsicht über sie herausragen ließ, war nicht seine vermeintliche Profanität oder seine Dominanz über das Territorium – das hieße, einen Unterschied zwischen Politik und Religion vorauszusetzen, den es im hinduistischen Kontext nur begrenzt gibt. Es war vielmehr die spezifisch heroische Macht, über die er verfügte: Der König war der Macher schlechthin, und die in Bezug auf Heilsinteressen umgesetzte Macht ist Heroismus. Die Gewalt der Macht und die Macht der Gewalt waren für den König typisch. Schirm und Stock (*daṇḍa*), Schutz und Strafe sind *die* königlichen Symbole, auch in Nepal. Strafgewalt hatte der hinduistische König, weil er religiöse Autorität besaß und diese rituell umsetzte, nicht unbedingt, weil er über militärische Druckmittel verfügte. Im Gegenteil: Oft genug zeigte sich die weltliche Macht des Königs in wenig mehr als in königlichen Insignien und Loyalitätsbekundungen. Dies ließ wenig Spielraum für andere Machtansprüche, aber es ließ sie zu – in Bezug auf die Heilsansprüche, die Regionen und die Identitäten. Brahmanen, Priester, Kleinkönige, Volksführer sprangen in diese Lücken.

Die vergleichsweise geringe Anwendung von Zwang hat dazu geführt, dass die besondere Form des hinduistischen Königtums nahezu übersehen wurde, denn meist ging man davon aus, dass Könige Staaten mit klar umrissenen Territorien und Verwaltungen brauchen, während Gemeinschaftswesen, die solche Strukturen nicht haben, allenfalls zu Stammestümern zu zählen seien. Aufgrund dieser Voreingenommenheit richtete sich das Augenmerk in Bezug auf Südasien entweder auf die großen Reiche oder auf das Dorf als kleinste Einheit. Dabei wurde das Dorf als nahezu autarke Einheit und der Dorfvorsteher, der meist der dominanten Subkaste angehört, als eine Art kleiner König verstanden. Erst seit einiger Zeit erkennt man, dass es innerhalb des Schutzbereichs großer Königtümer kleine Königtümer (*little kingdoms*) gab, die ihre Stärke ebenfalls überwiegend aus einer religiösen Überhöhung zogen. Auch ihre Macht bestand nicht so sehr in einer militärischen und administrativen Übermacht, auch nicht in der Möglichkeit, Kriege zu führen oder Feinde abzuwehren, sondern in der meist ererbten charismatischen Autorität des Königs und einem darauf ruhenden System traditioneller Loyalitätsbekundungen durch die Bevölkerung. Ausdruck dieser Autorität auf lokaler wie auf transregionaler Ebene war das immer ritualisiert gestaltete Privileg des Königs, Titel, Orden, Land und Pfründe zu verleihen oder identitätsstiftende Tempel und Klöster zu gründen, die seine Macht weithin sichtbar machten und stärkten. Auf diese Weise war der König Geber und Empfänger einer Reihe von Gaben, was gemäß dem hierarchisch strukturierten, rituellen Gabentausch in Indien sowohl Höherrangigkeit (gegenüber Untertanen) als auch Abhängigkeit (gegenüber den großen Königen) bedeuten konnte.

Die Vergabe von Land war hierbei das entscheidende Kriterium. Der König war Besitzer und Beschützer des ganzen Landes, die Verteilung von Land sein Privileg, von dem er – ebenso wie seine Nachfolger und die Rāṇā-Premierminister – Gebrauch machte, um Abhängigkeiten zu schaffen und ökonomisch von den Landeinnahmen zu profitieren. Die unterworfenen Kleinkönige mussten sich diesem Privileg beugen, behielten aber bisweilen ihre lokale Autorität und Macht. Rund Dreiviertel des nepalischen Staatshaushalts stammte in der Mitte des 19. Jahrhunderts aus den Einnahmen aus dem Besitz und der Verpachtung von Land. Insofern unterschied sich der König kaum von einem mittelalterlichen Feudalherrn. Was ihn aber legitimierte, war nicht allein der Landbesitz, sondern eben seine durch heroische Kraft erworbene und im Ritual ausgedrückte Macht, das Land zu schützen und gedeihen zu lassen. Diese Macht wurde erworben und aufrechterhalten durch die religiöse, in Ritualen ausgedrückte Legitimation. Die Rāṇā-Aristokraten in Nepal hatten viel Landbesitz, aber ihnen fehlte das heroische Charisma. Folglich hatten sie ständig Legitimationsprobleme, welche sie unter anderem durch eine intensive Förderung religiöser Bauten zu kompensieren suchten. An die charismatische Autorität des Königs kamen sie aber nie heran.

Diese Autorität des Königs ist eine transzendentale ›Lebens-Macht‹, derer sich auch die Priester bedienen. Beide werden durch Inthronisation oder Weihe mit dieser Macht identifiziert, beide erlangen dadurch auch eine überweltliche Autorität – um den Preis, dass sie ein Stück weit nicht mehr von dieser Welt sind. Der erste und ideale König ist nach Maurice Hocart der tote König, der ›bessere‹, ideale Brahmane bzw. Priester ist der für die Gesellschaft tote, weil ausgestiegene Asket. Dies bedeutet: Je entfernter König und Priester von der Gesellschaft sind, desto reiner werden sie, desto mehr verkörpern sie die religiöse Substanz der Lebens-Macht schlechthin. Die Lebens-Macht ist nicht der König; er kann sie nicht sein, weil er ja stirbt, seine Macht hingegen bleiben muss: Der König ist tot, es lebe der König. Die Lebens-Macht ist die Idee von der Macht über das Leben und von der Unsterblichkeit, mit der der König bei der Krönung identifiziert wird.

Weil die Macht des Königs (auch) eine religiöse Macht ist, ist sie nicht an den einzelnen König gebunden. Im Grunde kann sie jeder haben oder umsetzen. Nur wenn Territorium als weltliches Land aufgefasst wird, nur wenn Stärke auf politische oder militärische Stärke reduziert wird, ist der König eine singuläre Figur im sozio-religiösen Machtgefüge. Werden aber Land und Macht von vornherein als Domänen verstanden, so ist Königtum Herrschaft über jene Bereiche, die mit heroischen Taten in Besitz genommen werden können. Zu diesen Taten gehören heldenhafte Leistungen, die Unterwerfung unter Herrscher (Gott, König oder Guru), Privilegien des Nehmens oder Gebens, Siege über die bösen Kräfte bzw. über die menschlichen, dämonischen oder inneren Feinde, letztlich aber – auch hier – der Sieg über Tod und Sterblichkeit.

Auf diesen Grundlagen aufbauend hat es der Maoistenführer Pushpa Kamal Dahal alias Prachanda vermocht, die mit dem Königtum verbundenen Ideale und religiöse Machtsubstanz teilweise für sich zu verbuchen, indem er sich geschickt auf traditionelle Muster berief und dies zugleich mit dem Ruf nach dem Neuen verband. Für manchen Bergbewohner hat er Ernst gemacht mit seinen Versprechungen in Bezug auf Fürsorge und Fortschritt – immer verbunden mit Heilsverkündigungen. Radikal hat er einige Missstände beseitigt: Sklavenarbeit wurde abgeschafft, Großgrundbesitzer wurden enteignet, Kastengrenzen niedergerissen, Frauenunterdrückung behoben, Alkoholmissbrauch verboten. In seinen Camps waren kastenüberschreitende Liebesheiraten ebenso möglich wie gemeinsame Mahlzeiten von Mitgliedern aus unterschiedlichen Kasten. Daneben wurde stets das Ideal einer Volksrepublik Nepal hochgehalten, in der alle gleiche Rechte haben. Das hat seine Wirkung nicht verfehlt. Der Maoismus in Nepal ist nicht nur die Folge der ausbeuterischen Politik seitens der Śāhas und Rāṇās, er ist auch die konsequente Umsetzung alter königlich-heroischer Ideale und nie erfüllter Versprechungen.

Die Maobadis, die ›Verkünder (der Lehre) Maos‹, wie Prachandas Anhänger genannt werden, waren daher nicht nur stark, weil sie die Nöte der Bevölkerung ernst nahmen, sondern auch, weil sie geschickt traditionelle und religiöse Symbole vereinnahmten. Ihre Einzüge in Dörfer organisierten sie als rituelle Prozessionen (*jātrā*) und ihre Versammlungen als rituelle Feste (*melā*). Die rote Farbe ihrer Fahnen ist auch die Farbe, die man an religiösen Festtagen sieht, wenn die Frauen ihre schönsten Saris anlegen oder die Tempel geschmückt werden. Zwar verurteilten die Maobadis Götterverehrung und religiöse Rituale, aber zugleich inszenierten und zelebrierten sie ihre Auftritte als eben solche. Der breite rote Fleck aus Zinnober auf der Stirn, den man traditionell bei einem Tempelbesuch vom Priester bekommt und der auch manch einen Rebellen in seinem Tarnanzug schmückte, suggerierte einen ›frommen‹ Kämpfer.

Vor allem aber hat Prachanda alte Ideale des Heldentums und der Reinheit wiederbelebt. Von der Herkunft her ist er ein Brahmane, ein Angehöriger der Priester- und Gelehrtenkaste, die besondere Vorstellungen von ritueller und sozialer Reinheit hat. Tatsächlich will auch Prachanda das Land von dem reinhalten, was er für Schmutz hält: von Korruption und willkürlicher Herrschaft. In einem seiner wenigen Interviews erklärte er am 20. Februar 2000 gegenüber der kommunistischen US-Zeitschrift *The Revolutionary Worker*: »Mao sagte, der Volkskrieg ist nicht nur dazu da, den Feind zu zerquetschen, sondern auch um uns von unserer eigenen Unreinheit und allen schlechten Gewohnheiten, die wir seit langer Zeit haben, zu reinigen.« Prachanda hat seinen Leuten, die er hauptsächlich in der ausgebeuteten und ohnmächtigen Bauernschaft und Bergbevölkerung rekrutierte, die Möglichkeit gegeben, an den großen Heilsversprechen teilzuhaben. Das wird unter anderem im Märtyrerkult deutlich, der in der maoistischen Bewegung eine bemerkenswerte Quelle der Identifikation bildete: Stets machten Bilder von im Kampf gefallenen Rebellen die Runde. Der mutige, treue Soldat, der sich einer Sache bis zum Tode hingibt, war ein Mythos, den die königliche Armee selbst erzeugt und gepflegt hatte. So gesehen war der Maoistenführer die Fortsetzung des alten König- und Brahmanentums mit dem Anspruch auf Schutzgewährung und dem Versprechen, für das Gedeihen des Landes zu sorgen.

Das Land hat sich in diesem Konkurrenzkampf zwischen König/Premierminister, Brahmane/Priester, Asket und Maoistenführer eingerichtet und macht sich seinen eigenen Reim darauf, wie ein moderner Mythos verdeutlicht, den man sich in der Nähe des Paśupatinātha-Tempels erzählt. Er handelt von einem Treffen zwischen einem König und einem Maoistenführer: 1970 baute die chinesische Regierung die Umgehungsstraße (Ring Road) von Kathmandu, der Hauptstadt Nepals. Es handelte sich um eines der ersten großen Entwicklungsprojekte und um ein Zeichen der Modernisierung des lange Zeit vom Ausland abgeschotteten Landes. In Deopatan standen allerdings die Heiligtümer der Göttin Maṅgalagaurī (zusammen mit Gorakhanātha) und der Pīgāmāī im Wege. Der erste Tempel konnte noch problemlos um einige Meter nach Norden verschoben werden, wie eine am Tempel angebrachte Nepālī-Inschrift bezeugt:

> Dieser Tempel von Gorakhanātha und Maṅgalagaurī wurde vom Straßenbauamt am Mittwoch, dem achten Tag des Monats Bhādrapada im Jahr 2033 der Vikrama-Zeitrechnung (August/September 1976), errichtet, als die Kathmandu Ring Road gebaut wurde und beide Götter im Wege standen.
>
> Saḍaka Vibhāga (Straßenbauamt)

Die Göttin Pīgāmāī alias Vajreśvarī aber ließ sich nicht versetzen. Noch vor wenigen Jahren erinnerten sich die Menschen, die in der Nähe ihres Schreins wohnen, an den Grund. Hier der Bericht eines alten Jyapu-Bauern:

> Vor einigen Jahren, als diese Straße gebaut wurde, wollten sie Vajreśvarī nach Süden schieben. Jeder hier war dagegen. Aber keiner hörte ja auf uns, besonders nicht die chinesischen Bauarbeiter. Einer von ihnen rammte mit seiner Planierraupe den großen Pippalbaum hinter dem Schrein der Vajreśvarī. Im selben Moment kamen zwei züngelnde Schlangen aus dem Baum. Na, was soll ich sagen! Drei Tage später war der arme Mann tot. Er starb unter schrecklichen Schmerzen. Zur gleichen Zeit gab es ein heftiges Erdbeben in China. Genau in dem Moment, als der Baum beschädigt wurde. Das war natürlich eine verdammt schwierige Situation. Ich meine politisch. Das Ganze konnte nur gelöst werden, weil König Mahendra und Mao Dze-dong zusammenkamen und sich berieten. Sie entschieden nach langen Diskussionen, dass die Göttin hierbleiben konnte und die Umgehungsstraße über sie hinweg gebaut wurde.

So geschah es dann auch. Letztlich, das wollte der Bauer wohl sagen, müssen sich alle dem Willen der Götter beugen – ganz gleich, ob sie Könige, Brahmanen, Premierminister oder Mao selbst sind.

5. Die Geschichte einzelner Regionen

In den meisten Geschichtswerken zu Nepal steht das Kathmandu-Tal im Vordergrund. Tatsächlich bildet ›Nepāla‹, wie das Tal auch genannt wird, ein politisches, ökonomisches und kulturelles Zentrum des Landes, doch ist die Geschichte Nepals nicht nur die Geschichte dieses Tals. Auch die übliche Epocheneinteilung in eine Licchavi-Zeit, eine Übergangszeit und die Malla- sowie die Śāha/Rāṇā-Zeit vernachlässigt oder vereinnahmt andere Regionen, zumal sie weitgehend eine Geschichte der Newar und der Bahun-Chhetri ist. Die übrigen Regionen und Ethnien werden in der Geschichtsschreibung über Nepal in der Regel meist sehr verkürzt dargestellt oder gar ausgeblendet. Dieses Kapitel versucht, dem entgegenzuwirken. Auch wenn die meisten historischen Quellen sich auf das Kathmandu-Tal beziehen, auch wenn sich spätestens seit 1768/69 das Machtzentrum dorthin verlagert hat, auch wenn inzwischen nahezu ein Fünftel der Bevölkerung dort lebt, lässt sich für andere Landesteile Nepals zumindest ansatzweise eine andere Geschichte nachzeichnen. Im Folgenden sollen exemplarisch einige Regionen behandelt werden: im westlichen Mittelland das Gebiet der historisch wirkmächtigen Khasa, im Süden die einflussreiche Tieflandregion von Mithila und Palpa bis zu den Tharu-Gebieten, im Norden die Hochgebirgsregionen der Sherpa und Mustangi sowie im Osten die Region der Kiranti (Rai und Limbu) als Beispiel für den Widerstand, auf den die Ausbreitung der Gorkhalis traf.

Das Khasa-Malla-Königreich

Das Khasa- oder Khaśa-Königreich, nach seiner Hauptstadt auch Dullu-Reich genannt, das zwischen dem 12. und 14. Jahrhundert unter einer Malla-Dynastie, die nur den Namen mit den Malla-Herrschern des Kathmandu-Tals gemein hat, zur Blüte kam, war ein vergleichsweise großes Reich. Es erstreckte sich vom Tarai über das Karnali-Becken im Westen Nepals bis nach Südwest-Tibet und schloss Teile von Kumaon und Garhwal mit ein. Dadurch lag es an einer der wichtigsten Handels- und Pilgerrouten von Indien nach Tibet und China. Die Khasa sind zudem die Wiege der nepalischen Pahāḍī- oder Indo-Parbatiya-Kultur.

Es gibt relativ viele Quellen zur geschichtlichen Entwicklung der Khasa-Herrscher. Hierbei handelt es sich in erster Linie um rund 150 Steininschriften und Kupferplatten, viele davon in Sanskrit und Proto-Nepālī. Diese Dokumente sind mit die ersten Texte in Nepālī, ursprünglich Khasa-Kurā genannt. Einen Großteil des Materials entdeckten und veröffentlichten der italienische Forscher Giuseppe Tucci (1894–1984) auf einer Expedition sowie der nepalische Gelehrte und Nātha-Asket Yogi Naraharinath (1915–2003); in jüngerer Zeit hat sich Mahes Raj Pant diesem Korpus gewidmet. Die meisten Inschriften handeln von Landschenkungen, aber eine Inschrift aus Dullu gibt eine Genealogie der Herrscher, die sich weitgehend mit der Chronologie einer tibetischen Chronik deckt. Die Khasa werden auch im *Mahābhārata*-Epos und anderen indischen Texten sowie in der *Gopālarājavaṃśāvalī* erwähnt. Darüber hinaus gibt es archäologische Funde, besonders buddhistische Skulpturen, Stūpas, Säulen und viele andere Relikte.

Nach der ausführlichen, auf das Jahr 1357 datierten Säuleninschrift aus Dullu soll Nāgarāja, der offenbar aus Tibet kam, das Königtum zu Beginn des 12. Jahrhunderts begründet haben. Wie es scheint, haben davor lange Zeit zwei Dynastien der Khasa das Karnali-Becken beherrscht, eine mit Sitz in Purang, die das Gebiet um Jumla kontrollierte, die andere in Guge nordwestlich des Kailasha-Berges, die über Teile des südwestlichen Tibet herrschte. Mit der Vereinigung beider Herrschaftsgebiete im Khasa-Königreich, das weite Teiles Westnepals und Westtibets zu einem Wirtschaftsraum vereinte, wurde Semjā (heute Sinja) im Distrikt Jumla zur Hauptstadt. Ob auch Teile des Tarai dazugehörten, ist nicht sicher, obgleich tibetische Quellen dies behaupten.

Nāgarāja regierte von Dullu aus; die früher vertretene These, dass Sinja die Sommerresidenz und Dullu die Winterresidenz der Khasa-Herrscher gewesen sei, ist nicht mehr aufrecht zu erhalten. Es folgten zunächst zwei Herrscher, deren Namen auf *-calla* auslauten (Krācalla und Aśokācalla), und dann die Samudra-Lineage, deren Namen den Titel *-malla* beinhalten und so eine alte Verbindung zur Pāla-Dynastie in Bengalen aufzeigen: Jitāri Malla (1288–99), Ripu Malla (1312–13), Akṣaya Malla (1313–21), Āditya Malla (1321–28), Puṇya Malla (1328–37), dem die Eroberung weiter Teile Nordindiens zugeschrieben wird, und schließlich Pṛthvī Malla (1338–58), der im hohen Alter Mönch wurde. Danach schweigen die Quellen, auch die tibetischen.

Die Khasa-Mallas eroberten kleine Königtümer in der Nachbarschaft, darunter Lo/Mustang, ebenso Kumaon und Garhwal (durch Krācalla und Aśokācalla) sowie Gebiete in Tibet und im Tarai bis nach Bodh Gaya. Zwischen 1288 und 1334 wagten sie auch mindestens sieben Vorstöße bis ins Kathmandu-Tal, wo die dortigen Könige teilweise tributpflichtig wurden. Die *Gopālarājavaṃśāvalī* (fol. 25a) berichtet wie folgt von diesen Angriffen:

> Die Khaśas betraten (das Kathmandu-Tal) von Westen. König Jayatāri (= Jitāri) betrat es zum ersten Mal im Monat Pauṣa des Jahres NS 408 (Januar 1288). Nachdem 800 Khaśas am Svayambhū massakriert worden waren, zog sich die Bevölkerung in die Wälder zurück. Daher flohen die Khaśiyas wieder (aus dem Kathmandu-Tal) und die Menschen kehrten sicher in ihre Häuser und an ihre Kochstellen zurück. Ein Jahr verging. Im Monat Phālguna betrat Jayatāri erneut (das Kathmandu-Tal).

Spätestens unter Pṛthvī Mallas Sohn Abhaya Malla zerfiel das Reich, das nicht nur durch die Verwaltung, sondern auch durch eine weitgehend einheitliche Sprache zusammengehalten worden war, in unabhängige Kleinstaaten wie Doti, Jumla oder Bajhang. Aber schon vorher hatten sich Auflösungserscheinungen gezeigt, fast zeitgleich mit der Ausdehnung der Muslime in Nordindien. So hatte sich Nirayapāla bereits 1352 zum König des unabhängigen Königtums Doti ausgerufen und wenig später lösten sich Kumaon und Südwest-Tibet endgültig vom Khasa-Königtum. Die Malla-Herrscher zogen sich zeitweilig in das westlich gelegene Doti-Kleinkönigtum zurück. Die Varman-Familie, die unter Pṛthvī Malla durch den Premierminister Yaśodharma großen Einfluss erlangt hatte, übernahm nach und nach de facto die Macht. Einer Inschrift von 1389 aus Jajarkot zufolge nahm Malayavarman sogar den Titel eines Großkönigs (*mahārājādhirāja*) an. Möglich wurde diese Machtübernahme durch den Varman-Klan durch das dezentrale administrative System der Khasa-Herrscher. Sie führten nämlich verschiedene hochrangige Ämter wie das des Gouverneurs (*mahāmaṇḍaleśvara*, *māṇḍalika*) sowie Minister (*mahāmātya*, *amātya*) ein, die weitgehend selbständig die entlegenen Gebiete verwalteten. Oft hatten jeweils die Brüder des Kronprinzen diese Ämter inne.

Die Khasa-Eroberer setzten sich im Wesentlichen aus Brahmanen und Chhetri bzw. Rajputen zusammen. Ihre Herkunft ist ungewiss. Es wird vermutet, dass sie nicht von Süden, sondern von Norden her in das Land eindrangen, vermutlich schon im 5. Jahrhundert, und dort auf Pahāḍīs stießen, die ihrerseits aus Bengalen kamen, denn vor den Khasa herrschte in Teilen des fraglichen Gebiets die bengalische Pāla-Dynastie, in anderen gab es zahlreiche kleine Lehnsherren, die sich aber jeweils *rāja*, ›König‹, nannten. In den indischen Quellen werden die Khasa oft als Āryas (eine Selbstbezeichnung der nach Südasien einwandernden Indoarier) der nordwestlichen Himalaya-Regionen bezeichnet, die nicht dem *Veda* folgten und daher einen geringeren Status hatten. »Sie sind unrein und haben kein Dharma. Die Brahmanen haben keine Kenntnis des *Veda* und der Altäre für die (vedischen) Opfer«, heißt es im *Mahābhārata*. Die Khasa waren dafür bekannt, dass sie weniger Bedenken gegen Heiraten zwischen den Kasten hatten. Wie es scheint, hat die dominante Khasa-Aristokratie Brahmanen aus Indien kommen lassen und in ihrem Gebiet angesiedelt, um ihren Status aufzuwerten.

Die Khasa herrschten über eine Bevölkerung, die buddhistisch beeinflusst war und tibeto-birmanische Dialekte sprach. Dazu gehörten besonders die Magar und die Gurung, die sich schon vor den Khasa im betreffenden Gebiet niedergelassen hatten. Viele von ihnen nahmen aber Khasa-Namen an, vielleicht um Posten in der Administration zu bekommen. Sie wurden oft zu treuen Soldaten. Da die Khasa den Handel zwischen Tibet und Indien kontrollierten, war ihnen an einer guten Infrastruktur gelegen. So sorgten sie offenbar für befestigte Wege, Brücken sowie Wasseranlagen und Tränken für die Maulesel. Sie erhoben aber auch Steuern, wie aus einer Inschrift hervorgeht.

Die Khasa-Aristokraten waren Buddhisten und Hindus. In ihren Inschriften rufen sie die großen Hindu-Götter Brahmā, Viṣṇu, Śiva, Gaṇeśa und andere an; oft beginnen Inschriften aber auch mit der tibetisch-buddhistischen Formel *Oṃ maṇi padme hūṃ* (etwa, aber umstritten: ›Om, das Juwel im Lotos‹ oder ›Om, im Juwelen-Lotos‹). Auf ihren Vorstößen in das Kathmandu-Tal suchten sie sowohl hinduistische Heiligtümer wie den Paśupatinātha- oder den Matsyendranātha-Tempel als auch buddhistische Heiligtümer wie den Svayambhū-Stūpa auf. In ihrem Reich hatten sie selbst wichtige Pilgerstätten, besonders drei Vaiśvānara- oder Agni-Tempel – Śīrasthāna, Nābhisthāna und Pādyasthāna –, in denen durch ausströmendes Gas eine ewige Flamme brannte. Pṛthvī Malla und andere Herrscher stifteten diesen Heiligtümern immer wieder Land und andere Dinge.

Die Khasa sind auch bekannt geworden für ihre Kulte mit schamanistischen Orakel-Priestern (*dhāmī*, für Frauen: *dhāminī*), die besonders bei den Matwali Chhetri verbreitet waren und sind. Jeder dieser Dhāmīs ist mit einem einzigen Geist und dessen Schrein assoziiert, von dem er besessen sein kann. Teilweise kann der Geist auch ›vererbt‹ werden und den Sohn des Dhāmī ergreifen. Bei den Ritualen sticht besonders die Verehrung der Zwölf Maṣṭās (›Brüder‹) hervor, wo die Geschichten (*parelī*) um die Maṣṭās rezitiert und Orakel gegeben werden. Bei bestimmten Festen kommen bis zu 50 Dhāmīs zusammen, wobei die Kastengrenzen fast aufgehoben sind.

Die Gorkhalis und die Śāha-Dynastie, die das Dullu-Königtum nach dem Zerfall des Khasa-Reichs zeitweise beherrschten, betrachteten sich als die legitimen Nachfolger der einst mächtigen Khasa, obgleich sie sich selbst als Abkömmlinge indischer Rajputen betrachteten. Sie nannten ihr Land Khasadeśa, ›Khasa-Land‹, aber im *Ain* von 1854 werden die Khasa zu einer Bevölkerungsgruppe innerhalb des Gorkha-Reichs. Dennoch überlebten die Khasa in der Bezeichnung der Nepālī-Sprache als *khasa kurā* und in dem neuen Begriff Khasa Arya, einem Sammelbegriff für das Nepālī sprechende Mehrheitsvolk Nepals, bis ins 20. Jahrhundert.

Es heißt, dass sich das Khasa-Reich in der Karnali-Bheri-Region in 22 Kleinkönigtümer (*bāisī rājya*) und in der westlichen Gandaki-Region in 24 Kleinkönigtümer (*caubisī rājya*) aufgesplittert habe. Woher diese Aufteilung stammt, ist ebenso wenig gesichert wie die Namen und die Historizität dieser Herrschaftsbereiche, die sowohl Stammesfürstentümer als auch tributpflichtige kleine Königtümer umfassten. Die entsprechende Terminologie findet sich erst in Dokumenten des späten 18. Jahrhunderts. So fühlte sich König Pṛthvīnārāyaṇa Śāha um 1775 von »den anderen Caubisīs« bedroht. Unterschiedliche Listen der Kleinkönigtümer finden sich erstmalig 1811 bei Colonel Kirkpatrick, der 1793 Nepal bereiste, und 1819 bei dem Reisenden und Naturforscher Francis Buchanan-Hamilton. Zu den genannten 46 Kleinkönigtümern kommen noch die drei Königtümer im Kathmandu-Tal sowie die Kleinkönigtümer der Senas in Palpa, Makwanpur, Tanahun und Butwal hinzu, wobei Letztere teilweise auch auf den Listen mit den Kleinkönigtümern auftauchen.

Wichtiger als die Listen der Kleinkönigtümer ist die Tatsache, dass sich schon im 13./14. Jahrhundert, wenn nicht bereits früher, territorial nicht klar abgegrenzte Herrschaftsbereiche mit unterschiedlich starken juridiktiven und administrativen Rechten formierten, die zeitweise und in wechselnden Zusammensetzungen Allianzen bildeten. Diese Autonomie einzelner Kleinkönigtümer setzte sich bis in die Śāha- und im Falle von Mustang und Salyan sogar bis in die Rāṇā-Zeit fort, so dass auch innerhalb des Gorkha-Reiches einzelne tributpflichtige Kleinkönigtümer erhalten blieben, obgleich Pṛthvīnārāyaṇa Śāha versuchte, einen starken Staat, von ihm selbst *dhuṅgo*, wörtlich ›Stein‹, genannt, zu errichten. Trotz ihrer Autonomie waren Kleinkönigtümer verpflichtet, Männer für die Armee der Gorkhalis zu rekrutieren, bei bestimmten Ereignissen des Palasts wie Krönungen oder Hochzeiten in Persona zu erscheinen oder den Tod des Monarchen in Kathmandu zu betrauern.

Das Tarai: von Mithila bis zu den Madhesi-Unruhen

›Tarai‹ (auch ›Terai‹ oder ›Madesh‹ genannt) bezeichnet in Hindī und Nepālī das feuchte, fruchtbare Himalaya-Vorland, das sich von den Siwalik-Hügeln bis zur Ganges-Ebene erstreckt. Es ist reich an Weideland und Wald, aber auch an Sumpfland. »Die Fieberhölle Nepals« nannte es 1951 der Geophysiker und Reiseschriftsteller Wilhelm Filchner, weil das subtropische Klima die schnelle Ausbreitung der Malaria begünstigt. Im Inneren Tarai ziehen sich fünf Täler in den Himalaya: das Surkhet-Tal, das Dang-Tal, das Deukhuri-Tal, das Chitwan-Tal und das Kamala-Tal. Wegen der vielseitigen Flora und Fauna sind im Tarai mehrere Nationalparks angelegt worden; am bekanntesten ist der Chitwan Nationalpark, der 1973 eingerichtet wurde.

Besiedelt wird das westliche Tarai seit alters her von den Tharu, die sich aus Indien kommend partiell in den Tälern niedergelassen haben und die sich nicht als Teil des heutigen *Madhesi Movement* verstehen, sowie von den Dhimal, die im Osten beheimatet sind. Die Maithilis, der Kern der Madhesis, wie die Bewohner des Tarai genannt werden, besiedeln zentrale und östliche Gegenden bis in den indischen Bundesstaat Bihar hinein. Relativ stark vertreten sind dort auch landlose Dalit und Muslime. Das Tarai ist also keineswegs eine kulturell oder ethnisch homogene Region.

Besonders der östliche Teil des Tarai bildet die Kornkammer und einen kleinen, aber wichtigen Industriestandort Nepals. Das Tarai ist daher für die Prosperität des Landes unverzichtbar, zumal es die Heimat von mehr als der Hälfte der Bevölkerung Nepals ist und am meisten zum Staatseinkommen beiträgt. Gleichwohl werden die Menschen, die dort leben, von den Bewohnern der Mittelgebirge und der Hochgebirgsregionen oft eher als ›indisch‹ bzw. eben als Madhesis denn als echte Nepalis angesehen. Tatsächlich ist das Tarai ein Grenzland mit einer immer noch weitgehend offenen Grenze und vielen verwandtschaftlichen Beziehungen zu Indien. Im Lauf der Geschichte gab es daher immer wieder Spannungen zwischen dem Tiefland und den Gebirgsregionen, die in den letzten Jahren an Schärfe zugenommen haben und bis hin zu Separationsbestrebungen gehen. Dabei blicken besonders die Maithilis und die Tharu auf eine lange Geschichte der Verbundenheit mit den nördlichen Regionen zurück.

Die ersten historischen Hinweise auf das Tarai beziehen sich auf Videha, vermutlich gegründet von König Janaka, der in den alten *Upanishaden* wiederholt auftaucht. Nach ihm ist auch die Pilgerstadt Janakpur benannt. Sie war ein Zentrum der vedischen Kultur und wurde um 600 v. Chr. Teil der Vajji-Konföderation, eines der Großreiche Nordindiens. Die Stadt liegt im östlichen Tarai, das heute die Maithilī und Bhojapurī sprechende Bevölkerung beherbergt. Vaishali, die Hauptstadt der Licchavis, war Teil dieser Region. Verschiedene Sanskritquellen sprechen von Videha auch als Tīrabhukti- und von Mithila als Tirhut-Reich. Mithila und Tirhut werden daher bisweilen synonym verwendet und beide werden sowohl von Indien als auch Nepal beansprucht.

Im Tarai liegen auch legendäre Orte des Buddha: Lumbini, wo Gautama Buddha Mitte des 5. Jahrhunderts v. Chr. geboren wurde, und Kapilavastu, wo sein Vater Śuddhodana einen Palast hatte. Vermutlich war Śuddhodana tatsächlich Herrscher über ein kleines Reich, von denen es entlang des Himalaya einige gab. Wie aus dem *Pālikanon* hervorgeht, hat der Buddha die Gegend mehrfach durchwandert.

Von 711 bis 1161 dominierte im Tarai die bengalische Pāla-Dynastie, daneben und danach verschiedene andere Dynastien wie die Karnatas (1087–1325) mit Simraongarh als Hauptstadt. Einer ihrer Herrscher, Nānyadeva, attackierte von dort aus das Kathmandu-Tal, und nach den Chroniken floh ihr letzter König Hara- oder Harisiṃhadeva mit seiner Familie ins Kathmandu-Tal und bat in Bhaktapur um Zuflucht. Diese Dynastie konnte dem immer stärker werdenden Druck vonseiten der Moguln nicht wirklich standhalten und wurde daher tributpflichtig. 1324 attackierte Shams ud-dīn Ilyās, der Sultan von Delhi, Mithila und dann Bengalen. Es folgten mehrere derartige Vorstöße nach Mithila, aber noch nicht ins Kathmandu-Tal hinein. Es ist nicht klar, wie stark der Einfluss Mithilas auf das Kathmandu-Tal tatsächlich war, aber die politischen und kulturellen Kontakte häuften sich ab dem 14. Jahrhundert. Es scheint auch so, als ob sich ein Großteil der Karnatas in Nepal niedergelassen hat. Sthiti Malla soll ein Abkömmling des Karnata-Königs Harisiṃhadeva gewesen sein.

Auf die Karnata-Dynastie folgten die Oinwaras, deren erster König, Kāmeśvara Ṭhakkura, 1324/25 von Firuz Shah Tugglaq, dem Sultan von Delhi, eingesetzt wurde. Auch sie blieben gegenüber den islamischen Herrschern in Delhi tributpflichtig. Die Oinwaras herrschten bis etwa 1530. Danach ist das Machtgefüge unklar, vermutlich kontrollierten die Muslime das Gebiet stärker als vorher. 1577 setzte Kaiser Akbar den Brahmanen und Großgrundbesitzer (*zamindar*) Pandit Maheśa Ṭhakkura aus der Raj-Darbhanga-Dynastie als Regenten ein. Der königliche Status dieser politisch eher unbedeutenden Dynastie, die vom 16. bis ins 20. Jahrhundert regierte, ist umstritten. Mitte des 18. Jahrhunderts hatten die Moguln nach mehreren Schlachten ihre Macht im Tarai weitgehend eingebüßt. 1765 übertrugen sie die Souveränität und die Macht an die Ostindien-Kompanie.

Von Makwanpur und Palpa aus kontrollierte die Sena-Dynastie, die nicht mit den bengalischen Senas zu verwechseln ist, zeitweilig das Gebiet zwischen dem Gandaki-Fluss und dem Kathmandu-Tal. Ihr berühmtester Herrscher war Mukuṇḍa Sena I. (1518–53), dessen genaue Lebensdaten umstritten sind und dem die Chroniken nachsagen, dass er ins Kathmandu-Tal einfiel. Die Senas waren Rajputen, die im 14. Jahrhundert vor den islamischen Herrschern fliehend in die Gegend um Butwal eingefallen waren. Mukuṇḍa Sena I. schwächte sein Reich dadurch, dass er es nach seinem Tod unter seinen vier Söhnen aufteilen ließ. So wurden Palpa, Butwal, Tanahun und Makwanpur zu unabhängigen Fürstentümern (*pargannā*), die mit umliegenden Kleinkönigtümern wie Gulmi oder Bettiah konkurrierten. Über lange Zeit kam es immer wieder zu wechselnden Allianzen unter den Sena-Königtümern, aber auch diese konnten die Einverleibung in das Gorkha-Reich auf Dauer verhindern.

Zu Beginn des 18. Jahrhunderts unterwarfen sich die Senas der Vorherrschaft der Statthalter (Hindī *navāb*) im westlichen Awadh (eine Region in Nordindien), behielten aber das Recht auf die Nutzung des fruchtbaren Landes und der einträglichen Wälder. Insgesamt gesehen schwächten sich die Senas selbst mehr und mehr, so dass es nur eine Frage der Zeit war, bis die Gorkhalis, die nach der Eroberung des Kathmandu-Tals nach Westen drängten, das dazwischen liegende Gebiet der Senas besetzten. 1762 fiel Makwanpur (das sich zeitweilig in Chaudandi und Vijayapur aufsplitterte) und 1772 Tanahun. Um 1780 war Palpa noch abhängig sowohl von Awadh als auch von Gorkha, aber 1784 besetzten die Śāhas Palpa, so dass der damalige Herrscher Mahadat Sena (1782–93) kurzfristig fliehen musste. Wenig später schmiedete er jedoch eine Allianz mit Gorkha, indem er seine Tochter an den Regenten Bahādura Śāha (1785–94) verheiratete. Tatsächlich behielt Palpa dadurch eine gewisse Souveränität, erkannte aber zugleich die Vorherrschaft der Śāhas an. Es unterstützte sie bei ihrer Eroberung der westlichen Kleinkönigtümer und blieb dadurch länger als die anderen Kleinkönigtümer unabhängig. 1797 erklärte jedoch Palpa gegenüber Gīrvāṇayuddha Śāha: »Der Herr (*hajūra*) ist der Herr über mein Land, meine Geschicke, mein Leben. Er soll tun, was immer ihm gefällt.« 1806 wurde Pṛthivī Pāla, der letzte König von Palpa-Butwal, nach Kathmandu gerufen und dort geköpft. Dadurch wurde das Palpakönigtum Gorkha einverleibt.

Vom 14. bis zum 16. Jahrhundert war Mithila ein Zentrum der Gelehrsamkeit. Jayadeva, der Verfasser des *Gītagovinda*-Gedichts, stammte von dort, ebenso der Mathematiker und Gelehrte Gaṇeśa Upādhyāya oder der Philosoph Vācaspati Miśra. Zahlreiche bedeutende Werke zur Grammatik, Philosophie und anderen Themen wurden dort verfasst, einige davon bereits in der Maithilī-Sprache. Nach dem Einfall der Muslime in Mithila flohen viele Brahmanen ins Kathmandu-Tal, aber auch ins Khasa-Reich, wie aus einer Inschrift Jitāri Mallas hervorgeht. Sie nahmen ihre Manuskripte mit, viele davon in der Maithilī-Schrift geschrieben, darunter auch die wohl älteste vollständige Handschrift einer *Vājasaneyi-Saṃhitā*, eines vedischen Haupttextes, datiert mit 1428. Die Malla-Könige bewahrten die Mithila-Kultur und förderten besonders das Abfassen von Dramen in Maithilī; Brahmanen wie die Jhās erlangten großes Ansehen am Hof. Es heißt, dass Maithili-Brahmanen Sthiti Malla dazu veranlasst haben, das Kastensystem offiziell einzuführen (vgl. dazu oben, S. 44f.). Nachdem die Maithilis den Mallas halfen, besonders bei der zunächst vergeblichen Einnahme von Kirtipur in der Mitte des 18. Jahrhunderts, wurden sie von den Śāha-Herrschern argwöhnisch betrachtet.

Im 18. Jahrhundert erlangte auch die Pilgerstadt Janakpur, traditionell Janakapurdham, kaum 20 km von der indischen Grenze entfernt, ungeahnten Auftrieb. Bis zum Ende des 17. Jahrhunderts war Janakpur ein kaum bekannter Verbund von kleinen Dörfern und Sektenherbergen. Er verdankt, wie der amerikanische Ethnologe Richard Burghart herausgearbeitet hat, seine Bekanntheit vor allem einer auf Mythen aufbauenden Konstruktion und der gezielten Förderung von Rāmānandī-Asketen durch die Sena- und Śāha-Könige. So soll Janakpur nach dem *Rāmāyaṇa*-Epos der Geburtsort der Göttin Sītā sein. König Janaka von Mithila soll sie, geboren von der Göttin Erde, einst in einer Ackerfurche gefunden haben, als er wegen des ausbleibenden Regens das Feld mit einem goldenen Pflug pflügte. Nach den mündlich überlieferten Erzählungen der Rāmānandīs blieb dieser ›historische‹ Sachverhalt lange Zeit verborgen. Erst im späten 17. Jahrhundert war es von göttlichen Fügungen geleiteten Wanderasketen vergönnt, den Ort ›wiederzuentdecken‹ und dort erste Klöster zu errichten. So wurde ein Flecken inmitten des Dschungels zu einem Pilgerort, den fortan vor allem die Sena-Herrscher aus Makwanpur durch Landschenkungen an Klöster (eigentlich an die Götter) unterstützten. Als die Gorkha-Könige Makwanpur eroberten, setzten sie diese Tradition fort.

Das Tarai war immer ein Grenzgebiet mit eher undefinierten, wechselnden, meist offenen oder porösen Grenzen zwischen den Kleinkönigtümern im Himalaya und den Königtümern in der Ganges-Ebene. Demzufolge gab es stets Auseinandersetzungen um Zugehörigkeiten und Loyalitäten mit fluktuierenden Machtansprüchen sowie Land- und Steuerrechten. Eine eindeutige Zugehörigkeit zu Nepal gab es bis zum Beginn des 19. Jahrhundert nicht, obgleich die Śāhas zwischen dem zu Nepal gehörigen Tarai und der indischen Ganges-Ebene (*muglāna*) unterschieden. Ihr Anspruch blieb auf eine Mischung aus Abgaben und Tributzahlungen sowie territorialen Rechten begrenzt. Das Gleiche forderten aber die Ostindien-Kompanie und andere indische Staaten ein.

Für die Briten war diese Situation unerträglich. Wegen der tödlichen Malariagefahr fürchteten sie sich vor den stark bewaldeten, undurchsichtigen Bergausläufern und sie verabscheuten die ungeklärte Situation, was letztlich zum Anglo-Gorkha-Krieg (1814–16) führte, an dessen Ende eine gerade Grenzziehung stand, die den Verlust großer Teile des westlichen Tarai und fast eines Drittels des gesamten Territoriums einschließlich Kumaon und Sikkim bedeutete. Reichte das von den Gorkhalis kontrollierte Gebiet im Tarai bis etwa 1810 noch von Bhutan bis zum östlichen Teil von Kangra, so blieb am Ende des Krieges nur ein vergleichsweise schmaler Streifen übrig. Zwar bekam Gorkha und namentlich Jaṅga Bahādura Rāṇā wegen seiner Unterstützung der Briten beim großen indischen Aufstand von 1857 ein größeres Gebiet zwischen dem Mahakali- und dem Karnali-Fluss zurück, doch blieb das Tarai in seiner Größe reduziert. Im Zuge dieser Grenzklärungen spielte die Kartographie eine große Rolle: Immer wieder bestanden die Briten auf einer geraden Linie und dem Setzen von unverrückbaren Markierungen und Grenzsteinen. Der moderne Staat erforderte klare territoriale Grenzen, die es so nie gab.

Trotz solcher kartographischen, zwischenstaatlichen Klarstellungen blieb das Tarai ein problematisches, nicht recht integriertes Gebiet, in dem es ständig Reibereien gab. Viele Menschen fühlten sich sowohl Nepal als auch Indien zugehörig; immerhin kam ja ein großer Teil der Bevölkerung aus dem Norden Indiens. Die Konflikte entzündeten sich an Fragen der Staatsbürgerschaft, der Sprache und Integration und halten bis heute an. Nach 1990 bildete sich eine Madhesi-Identität, es kam zu teilweise gewalttätigen Protesten gegen Diskriminierung und Marginalisierung seitens der Indo-Parbatiyas, zu einem ausgeprägten Regionalismus bis hin zu separatistischen Bewegungen, mit dem Höhepunkt des sogenannten *Madhesi Movement* 2007. Die vorgebrachten Argumente – keine Aufnahme in die Armee, weniger Berücksichtigung bei Beamtenstellen und in den Universitäten, unverhältnismäßig wenige Parlamentssitze, ungerechte Verteilung der Ressourcen bei Infrastrukturmaßnahmen – teilen sich die Madhesis mit vielen Janajatis. Auch hat das 1962 gesetzlich verankerte Panchayat-System, das politische Repräsentation nach territorialem und nicht nach dem Anteil an der Bevölkerung zuerkannte, zu einem großen Ungleichgewicht geführt.

Solange keine nationale Identität notwendig war, hielten sich die Spannungen in Grenzen. Aber mit der Notwendigkeit, sich zu einem Staat zu bekennen – am 28. Februar 1964 wurde der *Nepal Citizenship Act* verkündet –, kam die Frage der Zugehörigkeit immer wieder hoch – auf beiden

Seiten. So war es für die Madhesis oft schwierig, einen Pass zu bekommen, weil sie keinen hinreichend plausiblen Nachweis der Zugehörigkeit zu Nepal hatten. Geburts- oder Heiratsurkunden fehlten oder waren in Indien ausgestellt, und oft bestanden und bestehen nach wie vor verwandtschaftliche Beziehungen zu Indien.

Für die meisten Menschen im Tarai erschöpft sich die Frage der nationalen Identität aber in Fragen der nationalen Kleidung, nationaler Feiertage und der Nationalsprache. In all diesen Fällen wurden und werden die Bewohner des Tarai benachteiligt, besonders durch die Erklärung der Nepālī-Sprache zur Nationalsprache. Dies geschah, um sich von Indien und der Hindī-Sprache abzugrenzen, obgleich die meisten Muttersprachen im Tarai, z.B. Maithilī, die Tharu-Sprachen oder Bhojapurī, mit dieser Sprache verwandt sind und deren Sprecher die Dominanz des Hindī keineswegs akzeptieren.

Gibt es also überhaupt eine Tarai-Identität und eine politische Kraft, die alle Tarai-Bewohner repräsentiert? An diesen Fragen scheiden sich nach wie vor die Geister. Zum einen gibt es seit dem 19. Jahrhundert eine starke, von den Rāṇās geförderte Migration von landlosen Bergbewohnern in das Himalaya-Vorland – sehr zum Leidwesen der dortigen Bevölkerung, die sich dadurch teilweise überfremdet fühlt und selbst zu Landlosen wurde. Zum anderen wollen sich verschiedene Ethnien und Kasten keineswegs in eine gemeinsame Madhesi-Identität zwingen lassen und beharren stattdessen auf eigenen Identitäten. Dies gilt besonders für die Tharu.

Die Tharu sind eine keineswegs homogene ethnische Gruppe, die am Fuß des nepalischen und indischen Himalaya lebt und den Anspruch erhebt, die ursprüngliche Bevölkerung des Tarai zu sein. Laut der Volkszählung von 2011 machen sie 6,6 % der nepalischen Bevölkerung aus. Es gibt zahlreiche endogame Untergruppen, die verschiedene Tharu-Sprachen und/oder Nepālī, Hindī bzw. Urdu oder Bhojapurī sprechen. Sie sind hinduisiert, verehren aber nach wie vor viele Natur- und Waldgötter. Die Tharu leben meist in kleinen Dörfern und arbeiten heute oft als landwirtschaftliche Helfer. Neben der Landwirtschaft, bei der sie Reis, Getreide, Senf, Linsen und Jute anbauen, betrieben die Tharu früher auch die Jagd auf Wild, Hasen und Wildschweine, fingen Fische und sammelten medizinische Kräuter, wilde Datteln oder andere Früchte des Waldes. Sie hatten von den Briten auch das spezielle Recht verliehen bekommen, Alkohol zu brennen.

Zwar gibt es Hinweise auf eine prähistorische Besiedelung der Tharu-Gebiete, die sie als einheimische Bewohner des Tarai kennzeichnen, aber die Herkunft dieser Bevölkerungsgruppe ist nicht zweifelsfrei geklärt. Die erste namentliche Erwähnung findet sich 1033 bei dem muslimischen Reisenden und Universalgelehrten al-Biruni. Historische Dokumente der Tharu sind seit dem 18. Jahrhundert erhalten geblieben. Die ältere Geschichte ist eher eine *silent history*, wie die französische Ethnologin Gisèle Krauskopff, die die Tharu besonders intensiv erforscht hat, es nennt.

Die Tharu sehen und bezeichnen sich oft als Menschen des Waldes, die Wanderackerbau betrieben. Landbesitz kannten sie nicht; in Gebieten, in denen sie sich aufhielten, suchten sie sich wegen der Malaria immer neues Land – gegenüber der übrigen Bevölkerung Nepals haben die Tharu eine siebenmal geringere Erkrankungsgefahr entwickelt. Die Vorstellung vom Tarai als Dschungel und Niemandsland ist jedoch eine Phantasie der Kolonialzeit.

Durch die starke Eindämmung der Malaria in den 1950er Jahren aufgrund von flächendeckendem DDT-Einsatz haben sich viele Menschen aus den Bergen freiwillig in den Dschungel des Tieflands begeben, um den Wald zu roden und das Land zu besetzen. Schon seit 1835 wurden zudem Siedler aus Indien regelgerecht angeworben, die im Osten des Tarai neue Kasten bildeten. Daraus entstanden Spannungen zwischen den Tharu und den Indo-Parbatiyas, die dazu führten, dass Erstere sich benachteiligt fühlten. Immer wieder haben sie sich bei der Zentralregierung beschwert, dass der lokale Repräsentant (*amālī*) sie ungerecht behandle.

Dennoch vermochten die Tharu den Verhältnissen einen gewissen Widerstand entgegenzusetzen. Zum einen konnten sie die verschiedenen Mächte (Ostindien-Kompanie, Senas, Gorkhalis) mit ihren wechselnden Grenzziehungen und teilweise sich überschneidenden Abgabenforderungen gegeneinander ausspielen. Zum anderen entwickelten sie halbpermanente Formen der landwirtschaftlichen Besiedlung: Wurde der Druck zu groß, verließen sie das Land. Allerdings wurde die Nutzung dieses Auswegs bislang übertrieben dargestellt. Reisanbau braucht eine langjährige Pflege des Landes und lässt Flucht nur als letzte Option offen.

Die Śāhas versuchten dennoch, die Tharu ihrem Reich einzuverleiben. In einem Dokument (*rukkā*) aus dem Jahr 1807 spricht Gīrvāṇayuddha Śāha die Verhältnisse offen an:

> (…) Grüße. Minister (*kājī*) Amara Siṃha Thāpā berichtet uns, dass das Land entvölkert wird, weil Ihr Eure Häuser und Dörfer verlasst und nach Muglan (Indien) geht, einige nach Rajpur, andere nach Dun, und dass Euch versprochen wurde, nicht mehr Steuern bezahlen zu müssen als durch Gewohnheitsrecht vereinbart, wenn Ihr in Eure Häuser und Dörfer zurückkehrt, um die Felder zu bestellen. Er schickte Leute nach Muglan, um sie zur Rückkehr zu überzeugen. Ihr seid unsere Untertanen. Wir hatten Euch schon eine Order geschickt, wonach Ihr (nur) die Steuern nach dem Gewohnheitsrecht Eurer Vorfahren zu bezahlen habt. Der Steuereintreiber hat gewaltsam die Steuern angehoben. Ihr wolltet nicht bezahlen und seid nach Muglan geflohen. Wir haben den Lehnsmann und Steuereintreiber dafür bestraft, dass sie nicht die Vorschriften befolgt und die Pächter nicht befriedigt haben. (…) Verwandel dies Brachland und das bewaldete Land in produktive Felder und lass es (wieder) besiedeln und die Dörfer (wieder) bewohnen.

Die Tharu hatten wie andere Bevölkerungsgruppen auch durchaus die Möglichkeit, der Unterdrückung und Ausbeutung durch die Śāhas und Rāṇās zu widerstehen. Es gab im Tarai viel Land, aber nur wenige Bauern. Sie hatten, wie Krauskopff sagt, die »Waffe der (Aus-)Wanderung« und stimmten tatsächlich mit ihren Füßen ab. Und zwar in einem solchen Ausmaß, dass die Herrscher in Kathmandu in Indien verzweifelt nach Landarbeitern suchten. Für die Tharu stellte sich angesichts der wechselnden Machtverhältnisse die Frage der Zugehörigkeit: Sie standen zwischen einer Kolonialmacht und einem neu entstehenden Staat.

Letztendlich wurden die Tharu durch die Grenzziehungen nach dem anglo-nepalischen Krieg 1814–16, die ausbeuterische, feudale Landbewirtschaftung und später die Vertreibung aus den neu eingerichteten Nationalparks zu abhängigen Pächtern oder Arbeitern. Spätestens ab der Mitte des 19. Jahrhundert wurde auch im Tarai das Land zu festen Preisen an den Meistbietenden verpachtet und nicht mehr nur nach den Ernteeinnahmen besteuert. Dadurch gerieten brachte viele Pächter in Armut und Abhängigkeit. In einem an Sklaverei erinnernden System von Schuldknechtschaft und Fronarbeit (*kamaiyā*) bestellten die Tharu in der Folge das Land der neuen Besitzer und mussten bis zur Hälfte der Ernte an die Landbesitzer abgeben. Nicht selten verkauften sie zudem für eine begrenzte Zeit ihre Töchter und Frauen als ›Sklavinnen‹ (*kamalarī*) an Angehörige der reichen höheren Kasten. Diese Praxis hält trotz des Verbots von Sklaverei und

Schuldknechtschaft vom 17. Juli 2000 nach wie vor an. Auch hier zeigt sich, zu welchen Auswüchsen das Ausbleiben einer grundlegenden Landreform führen kann.

Elefanten

Aḍaṅga Bahādura war ein staatlicher und furchtloser Elefant. Er wurde besonders gern eingesetzt, wenn es galt, wilde Elefanten mit langen Stöcken zu fangen, in eine Umzäunung zu treiben und dann nach und nach zu trainieren. Andere Elefanten kamen nicht an seine Fähigkeiten heran. Man brauchte Aḍaṅga Bahādura, um die noch jungen Elefanten für das Reiten gefügig zu machen. Deshalb sollte Aḍaṅga vom Palast wieder ins Tarai geschickt werden. So ist es einem Sendschreiben (*arjī*) des Bediensteten Raṇadala Pā̃ḍe zu entnehmen, das 1837 den Palast erreichte.

Elefanten sind in Nepal seit der Licchavi- und Malla-Zeit hoch geschätzte, aber auch gefürchtete Tiere. Der Arzt und Reisende Francis Buchanan Hamilton (1762–1829) berichtet z.B., dass in der Trockenzeit die Elefanten aus den höheren Regionen herunterkamen und immer wieder Menschen und Felder bedrohten. Tatsächlich kamen die Elefanten fast ausschließlich aus dem Tarai, wo sie meist von den Tharu gezähmt wurden. Beginnend mit der Śāha- und Rāṇā-Zeit gibt es zahlreiche Dokumente, die die Funktion und Praxis der Elefantenzucht gut bezeugen. Hierbei sticht besonders die Sammlung von Dokumenten von Tej Narayan Panjiyar aus dem Tarai hervor, die von Gisèle Krauskopff, Pamela Meyer und Tek Bahadur Shrestha ausgewertet wurden.

Die Elefanten erhielten alle persönliche Namen, wobei die männlichen oft den Zusatz *prasāda* (wörtlich ›Gunst‹) bekamen und die weiblichen nach der Göttin Kālī benannt wurden. Einige Elefanten wurden berühmt, so etwa der genannte Aḍaṅga Bahādura, der in mehreren Dokumenten auftaucht, oder Jala Prasāda, von dem es heißt, dass er mithilfe des prominenten Elefanten Śrī Prasāda angelernt wurde und großen Respekt genoss. Auch die Elefantenwärter erhielten bisweilen Anerkennung; teilweise schenkte ihnen der König für ihre Arbeit sogar Land.

Die meisten Dokumente handeln von Elefanten, die für die Jagd oder das Vergnügen von Königen und der Aristokratie benötigt wurden. Die Śāhas und die Rāṇās liebten ihre Jagdausflüge, die teilweise Wochen dauerten und Hunderte von Elefanten einbinden konnten. Besonders Premierminister Jaṅga Bahādura Rāṇā (1857–77) war von diesen mächtigen Tieren begeistert. Sein Ruhm gründet nicht zuletzt darauf, dass er bei einer Jagd einen wildgewordenen Elefanten mit bloßen Händen besiegt haben soll.

Elefanten waren immer auch ein Zeichen von Macht und Status. Ohnehin gehörten alle in Nepal gefangenen Elefanten dem König. Die religiöse Assoziation mit dem elefantenköpfigen Gott Gaṇeśa verhieß zudem Glück. Dies wurde letztmalig 1975 bei der Krönung von König Vīrendra Śāha und seiner Frau Aiśvaryā deutlich, als diese auf dem Rücken von stattlich geschmückten Elefanten die Prozession anführten.

Nepals Reichtum an Elefanten machte sie zu einem beliebten Geschenk der Machthaber, etwa bei Hochzeiten hochgestellter Personen, zur Initiation ihrer Söhne oder als zwischenstaatliche Gastgeschenke. Der Kleinkönig von Morang musste jedes Jahr sieben Elefanten als Tribut an die Mogul-Herrscher schicken, und auch die Briten beanspruchten 1772 diese Anzahl als Ersatz für Land im Tarai, das sie an Pṛthvīnārāyaṇa abgetreten hatten. Das ausgefallenste ›Geschenk‹ ist wohl der Elefant, den ein fein ausgestatteter und gekleideter Brahmane für ein Ritual (*kāṭṭo-grahaṇa*) bekam, mit dem er nach dem Tod eines Königs dessen Unreinheit auf sich nahm – angeblich unter anderem dadurch, dass er ein Stück von dessen Gehirn verspeiste –, woraufhin er reich beschenkt auf dem Tier reitend Nepal bzw. das Kathmandu-Tal verlassen musste. Noch 2001 nach dem Massaker im Königspalast geschah dies so, allerdings blieben die beiden ausgesuchten Brahmanen im Land – unter Verweis auf ihre Bürgerrechte, sagen die einen; weil sie nicht genug Geschenke bekamen, sagen die anderen.

Darüber hinaus wurden die Elefanten vor allem im Holzhandel und beim Militär als Arbeitstiere eingesetzt, z.B. für Grenzkontrollen. In einem von König Gīrvāṇayuddha Śāha ausgestellten Erlass an alle Verantwortlichen in den Elefantenställen (*hāttīsāra*) aus dem Jahre 1813 heißt es: »Wenn ihr nur einen Zentimeter unseres Territoriums freigebt, begeht ihr ein ernsthaftes Verbrechen.«

Wenn ein Elefant eingefangen und trainiert wurde, war darüber Bericht an den Palast zu erstatten, wobei die Maße sowie das Aussehen der Tiere ausführlich beschrieben wurden. Trainiert wurden meist junge Elefanten. Die Tiere durften nicht scheu werden, wenn geschossen wurde, und auch keine Angst vor Feuer oder anderen wilden Tieren wie Tigern oder Rhinozerossen haben. Das Training war dabei für die Elefanten durchaus qualvoll. Mehrere Personen waren daran beteiligt: in erster Linie der Elefantenreiter (*māhuta*), aber auch der Stallmeister (*dāroga*) und der Meister der Elefantenpfleger (*rāuta*).

Wieviele Elefanten im 19. Jahrhundert dem Könighaus unterstanden, ist den Quellen nicht eindeutig zu entnehmen. Der britische Major Orfeur Cavenagh berichtet, dass 1850 200 Elefanten gefangen wurden. 1942 sprach der Förster Evelyn Arthur Smythies von mehreren Hundert Tieren, und 1876 soll Albert Edward, der damalige Prince of Wales, 800 Tiere gesehen haben. 2011 wurden in Nepal zwischen 109 und 142 wilde und 208 gezähmte Elefanten gezählt. Gegenwärtig gibt es noch sechs staatliche Elefantenställe und die nepalische Regierung schützt die wilden Elefanten in fünf Reservaten.

Der Wert eines Elefanten konnte mit dem eines Hauses mithalten, wie in einem weiteren Dokument berichtet wird. Besonders wertvoll waren Elefanten, die mit nur einem Stoßzahn geboren wurden, weil sie dann Gaṇeśa ähnelten. Diese Tiere galten laut einem nepalischen Veterinärtraktat als die Könige der Elefanten, die die menschlichen Könige besonders erfreuten: »Alle Probleme verschwinden in der Gegenwart eines solchen Tieres. Wo immer ein einzahniger Elefant ist, da herrscht Vergnügen und Wohlergehen«.

Die Sherpa

Kaum eine nepalische Volksgruppe ist so bekannt wie die Sherpa. Das liegt zum einen an der Erstbesteigung des Mount Everest durch den Sherpa Tenzing Norgay zusammen mit Edmund Hillary am 29. Mai 1953, zum anderen an der geradezu legendären, aber oft ausgebeuteten Hilfsbereitschaft und Loyalität der Sherpa bei Expeditionen. Der Ausdruck ›Sherpa‹ hat daher auch im Sinne von ›Zuarbeiter‹ Eingang in die politische Terminologie gefunden, wenngleich die Reduzierung dieser Ethnie auf das Lastentragen ihrer komplexen Struktur und Geschichte kaum Rechnung trägt.

Die Sherpa (von *shar pa*, wörtlich: ›die aus dem Osten (Tibets und Nepals‹)) leben überwiegend in den höchsten Regionen im Nordosten Nepals, vor allem in Khumbu, Solu und Pharak. Sie sind im späten 15. und beginnenden 16. Jahrhundert aus Tibet eingewandert, sprechen daher eine dem Tibetischen verwandte Sprache, ebenfalls Sherpa genannt, praktizieren eine Mischung aus tibetischem Buddhismus und volksreligiösen sowie schamanistischen Elementen und haben sich in Form von patrilinearen Klans in kleinen Dörfern niedergelassen. In der Volkszählung von 2011 wurden rund 113.000 Sherpa gezählt, wobei zwischen verschiedenen Sherpa genannten Volksgruppen zu unterscheiden ist. Viele Sherpa sind auch nach Indien, vor allem nach Darjeeling und Sikkim, ausgewandert.

Abb. 7: Sherpa Ngawang Tseten Lama aus Metokpake, 1965 mit Original-Handschrift des *Rus yig* (›Bericht von den Knochen‹), einer Geschichte zur Auswanderung der Sherpa aus Kham nach Solu-Khumbu (Photo M. Oppitz)

Traditionell lebten die Sherpa von der Landwirtschaft (besonders Getreide und Kartoffelanbau), der Viehzucht (Yak und Rind) sowie dem Salz- und Reishandel mit Tibet bzw. dem Süden Nepals und Indiens, wo sie auch in Teeplantagen oder im Straßenbau arbeiteten. Da sie gut mit Yaks umgehen können, die sich für den Transport von Waren über hohe Pässe eignen, wurden sie gern als Begleiter von Karawanen angeheuert. In jüngerer Zeit arbeiten sie vielfach auch als Lastenträger sowie als Berg- und Reiseführer, Köche oder Trekkingunternehmer. Ihre körperlichen Voraussetzungen – sie sind genetisch an die Höhe angepasst –machen sie für Hochgebirgstouren besonders geeignet. Der Tourismus hat ihnen einigen Wohlstand eingebracht.

Das Wissen über die Geschichte der Sherpa, für die es im Unterschied zu den meisten anderen Hochgebirgsgruppen immerhin einige schriftliche Quellen gibt, beruht vor allem auf tibetischsprachigen Dokumenten sowie auf solchen in Nepālī, die in Klöstern und in Kathmandu aufbewahrt wurden und deren Aufarbeitung vor allem den Ethnologen Michael Oppitz und Sherry B. Ortner zu verdanken ist. Demnach ergibt sich bislang das folgende, vorläufige und teilweise legendäre Bild.

Die Sherpa kommen wohl ursprünglich aus einer Gegend namens Salmo Gang in der Region Kham im Nordosten Tibets. Tibetische Quellen bestätigen, dass unter den Auswanderern ein berühmter Lāmā-Priester war, Tertön Ratna Lingba (1401–77), so dass diese Migrationswelle in das 15. Jahrhundert zu datieren ist. Die Gründe für die Auswanderung sind nicht bekannt. Man vermutet Spannungen zwischen der Kham-Region und den Mongolen, aber auch religiöse oder wirtschaftliche Motive könnten ausschlaggebend gewesen sein. Michael Oppitz macht dabei deutlich, dass es sich nicht um eine Massenauswanderung handelte, sondern um vier kleine patrilineare Gruppen, Proto-Klans, die noch heute als die Urahnen der eigentlichen Sherpa angesehen werden. Offenbar wanderten diese Klans nicht direkt in das Khumbu-Gebiet, sondern über eine Region nahe der tibetischen Stadt Tinkye und südlich des Sees Tsomo Tretung, aus der sie aber vermutlich durch Truppen des Sultan Said Khan und dessen General Mirza Muhammad Haidar Dughlat, die zwischen 1531 und 1533 in das südliche Zentraltibet eindrangen, vertrieben wurden. Von dort gelangten die Sherpa über den Nangpa La Pass (5716 m), eine der wichtigsten Handelsrouten zwischen Tibet/China und Indien, nach Solukhumbu, das zu jener Zeit anscheinend weitgehend unbesiedelt und das Jagd- und Weidegebiet der Rai war, die weiter unten siedelten. Jedenfalls berichten die Quellen nicht von größeren gewaltsamen Eroberungen. Die Proto-Klans verteilten sich auf das gesamte Gebiet: Die Minyagpa und Thimmi besiedelten die östlichen und westlichen Teile Khumbus, die Serwa und Chakpa gingen nach Solu. Jeder Klan beanspruchte ein klar abgegrenztes Gebiet, in dem sich mit dem Bevölkerungswachstum erste Dörfer und weitere Subklans bildeten. Diese Ortsgrenzen bedeuteten zugleich exogame Heiratsgrenzen.

Zu Beginn des 19. Jahrhunderts kamen noch weitere tibetische Gruppen in das Khumbu-Gebiet, die aber nicht beanspruchten, aus Osttibet zu stammen, und auch keine genealogischen Listen bewahrten. Außerdem kamen Mitglieder anderer nepalischer Ethnien wie etwa die Tamang, Gurung, Magar, Newar, Sunuvar, Rai sowie aus Bhutan stammende Gruppen, die teilweise Sherpa-Mädchen heirateten; Oppitz bezeichnet sie als Pseudo-Klans. Ihre Nachkommen wurden meist völlig in die Sherpa-Kultur integriert und nahmen auch entsprechende Klan-Namen an. Hinzu kam eine dritte Gruppe, die Khamba, bei denen es sich um Einwanderer aus dem Tingri-Distrikt in Tibet handelte. Sie wurden nicht als reine Sherpa angesehen und gründeten daher eigene Gemeinschaften, meist in Pharak. Nach der chinesischen Besetzung von Tibet 1959 kamen noch mehr tibetische Flüchtlinge, die zu einem großen Teil auch dauerhaft im Khumbu-Gebiet blieben.

Die weitere Geschichte der Sherpa ist maßgeblich mit Kloster- und Tempelgründungen verbunden. Schon früh hatten die buddhistischen Sherpa-Priester (*lāmā*) kleinere Tempel oder private Schreine gebaut, aber größere öffentliche Tempel mit Klöstern (*gompa*, Tibetisch *dgon pa*) kamen erst im späten 17. Jahrhundert dazu. Zwischen 1667 und 1720 wurden vier bedeutende Tempel erbaut: Pangboche, Thami, Rimijung und Zhung. Das Besondere an diesen Tempelgründungen ist, dass sie nicht mehr klangebunden waren und außerhalb der Siedlungen lagen.

Der erste Gompa entstand in Pangboche, nordöstlich von Khumbu, vermutlich zwischen 1667 und 1672. Er war wohl hauptsächlich für nicht-zölibatäre Lāmās bestimmt, die sich von eher asketischen Lāmās außerdem dadurch unterscheiden, dass sie auch die lebenszyklischen Rituale durchführen, während die asketischen Lāmās vor allem spirituelle Ziele haben und tantrische oder magische Praktiken betreiben. Die Sherpa trennen beide Gruppen durch die Bezeichnung *gyudpi* für die verheirateten Lāmās und *tolden* (= yogi) oder *ngawa* (›Schwarzhutträger‹) für die asketischen Lāmās.

Der Begründer von Pangboche, Lama Sangwa Dorje, wurde schon früh zu einem Helden der Sherpa-Kultur. Es heißt, dass es sich bei den alljährlichen Dumjes, großen exorzistischen Festen, im Grunde sämtlich um Erinnerungsrituale an diesen Lāmā handelt. Seine Reputation rührt auch daher, dass er als kleiner Junge nach Kochag in Tibet geschickt wurde, um bei einem hochangesehenen Lehrer und Meister zu studieren. Seine Fußabdrücke werden auf einem Felsen nahe Pangboche verehrt, auf dem er ausgerutscht sein soll, als er auf der Suche nach einem geeigneten Ort für seine Tempelgründung gewesen sei. In der Erinnerung der Sherpa hatte Sangwa Dorje auch magische Kräfte. So soll er über Khumbu geflogen sein, und durch seine Meditationen sei der Gott Gombu (Skt. Mahākāla) als seine Schutzgottheit erschienen, für die er den Tempel errichten ließ.

Es gilt als ziemlich sicher, dass die Sherpa bis ins frühe 18. Jahrhundert unabhängig waren, obgleich in ihren Dokumenten immer wieder von Steuern für Tibet oder Nepal die Rede ist. Freilich sind die Hinweise auf eine fremde Dominanz so spärlich, dass wohl eher davon auszugehen ist, dass die Sherpa weder von Tibet noch von einem der Königtümer in Nepal kontrolliert wurden. Diese Situation hat sich offenbar um 1717 geändert, denn es gibt in der oralen Tradition Hinweise darauf, dass sie dann zeitweilig unter die Herrschaft der Sena-Dynastie in Makwanpur gerieten – angeblich aufgrund des Verrats eines Sohnes von Zongnampbas, Sangwa Dorjes großem Rivalen. Allerdings dürfte angesichts der Tatsache, dass sich die Sena-Dynastie bereits im Zerfall befand, die Kontrolle nicht sehr umfassend gewesen sein.

Die Beziehung der Sherpa zum Gorkha-Königtum, das im Zuge der Einnahme östlicher Königtümer zwischen 1772 und 1774 auch die Sherpa eroberte, bestand aus einer Mischung aus Verachtung, Nichteinmischung und gegenseitiger Unterstützung. Offene Konflikte gab es wenige, aber die Bahun-Chhetri betrachteten die Sherpa als tieferstehend und ordneten sie im *Ain* von 1854 zusammen mit den Chepang, Danuvar, Hayu, Tharu, Rai, Limbu und Tamang als Bhote (Tibeter) in die Kategorie der »Versklavbaren, Alkohol trinkenden Kasten« (*māsinyā matavālī*) ein (vgl. S. 45f.). Die Tendenz der Gorkhalis, die Sherpa als unrein zu betrachten und Hindu-Werte der Reinheit zu propagieren, stärkte freilich eher deren buddhistisch-lamaistische Identität. Ein entsprechender Konflikt betraf auch das Verhältnis der Sherpa zur Kuhschlachtung, die mit dem *Ain* bei Androhung der Todesstrafe landesweit verboten wurde (s. Focus S. 233ff.). Dieser Konflikt führte im Jahre 1805 zur vermutlich ersten offiziellen Reise eines Gorkha-Beamten nach Solukhumbu.

Mit den Gorkhalis entstanden eine neue Verwaltungsstruktur und neue Handelszentren. Das Sherpa-Dorf Nauje, jetzt als Namche Bazaar bekannt, wuchs zu einer wichtigen Handelsstadt heran und entwickelte sich zur Drehscheibe für die Geschäfte mit Tibet. Um Abgaben – meist Steuern auf kommunales und kollektives Land (*kipaṭa*), erhoben nach Haushalten – einzutreiben, schufen die Gorkhalis den Posten des *gembu* (*amālī*), der die mächtigen regionalen Verwalter (*pembu*, Nep. *dvāre*) zu kontrollieren hatte. Wir finden ihn erstmalig in einem Dokument des Jahres 1810 erwähnt. Mit dieser Struktur konnte es sich die Regierung in Kathmandu leisten, den Sherpa das Monopol für den Tibet-Handel zu übertragen. Dies bedeutete, dass alle anderen Händler ihre für Tibet bestimmten Waren den Sherpa verkaufen mussten.

Sherry B. Ortner weist in diesem Zusammenhang auf ein grundsätzliches Dilemma der Gorkhalis hin: Einerseits mussten sie Macht dezentralisieren, andererseits bestand die Gefahr, dass die Bevollmächtigten zu mächtig wurden und sich mit ihrer Region abspalteten. Tatsächlich nutzten die Beamten ihre Stellung aus, um sich zu bereichern. So lehnten sich 1892 rund 450 Bhoṭe, wie Angehörige der tibetstämmigen Bevölkerung genannt wurden, in Solukhumbu gegen den hohen Beamten (*dvāre*) Jit Man Basnet auf, der immer wieder aus ihrer Sicht ungerechtfertigte Erhöhungen der Abgaben vornahm und auch nicht davor zurückschreckte, säumige Bauern zu enteignen. Am Ende bekamen die Protestierenden von Premierminister Vīra Śamśera Recht.

Die fragile Balance zwischen der lokalen und der zentralen Macht war demnach immer in Gefahr, zumal Bauern, die sich zu sehr bedrängt fühlten, oft auch in andere Regionen abwanderten, wo sie weniger abgeben mussten. In vielen Dokumenten werden die Steuereintreiber daher aufgefordert, sich zu mäßigen und die Abtrünnigen zur Rückkehr zu bewegen. Ein Dokument aus dem Jahr 1825 hält auch direkt fest, dass die Sherpa den Steuereintreibern nicht zusätzlich freies Essen zu geben oder deren Lasten zu tragen hatten. »Vorsteher wie Regierungsabgesandte sollen den Bewohnern keinerlei Schwierigkeiten bereiten«, heißt es in einem weiteren Dokument von 1828. Dabei präsentierten sich die Gorkhalis als diejenigen, die für Recht und Ordnung sorgen sowie die Tyrannei der lokal mächtigen Verwalter beenden konnten und denen daher zu vertrauen sei. So heißt es in einem der frühesten Dokumente (1791):

> Ihr seid ergebene Untertanen, lebet loyal! Unsere Dorfvorsteher (Jeṭhābuḍhā) und Steuereintreiber (Dvāres) werden Euch nicht belästigen. Auch unsere Truppen werden Euch nicht belästigen. Lebet loyal an Euren Wohnstätten! Niemandem wird es erlaubt sein, Euren Besitz zu plündern. Im Falle, dass Euch jemand belästigt, kommt zu Uns, und Wir werden Uns den Fall anhören und den Belästiger bestrafen.

Auch versuchte die Rāṇā-Administration, den Status und die Macht der Steuereintreiber einzudämmen, indem sie ihnen statt Anteilen an Land ein Gehalt zahlte, doch hatte diese Neuerung nur wenig Erfolg. Größeren Erfolg hatte die Einführung des *pajanī*-Systems vermutlich durch Pṛthvīnārāyaṇa, nach der alle Staatsbediensteten jährlich ihre Rechte und Privilegien bestätigen lassen mussten. Dadurch wurden den notorisch anspruchsvollen und bei den Sherpa sehr unbeliebten *gempu*-Verwaltern gewisse Grenzen gesetzt.

Während der Rāṇā-Herrschaft (1846–1951) verstärkten sich die internen Hierarchien, aber es gab auch einen wirtschaftlichen Aufschwung, der in erster Linie mit der Ausdehnung der britischen Ostindien-Kompanie in Ostnepal und Nordostindien zusammenhing. Die Briten hatten durch den Gewinn des Krieges mit Nepal (1814–16) Sikkim zurückerlangt, zugleich aber die Erkenntnis gewonnen, dass Nepal insgesamt nicht einzunehmen war. Da sie jedoch den lukrativen Handel nicht aufgeben wollten, suchten sie nach einer Handelsverbindung über Darjeeling und Sikkim. Zudem errichteten sie ab 1841 in Darjeeling große Teeplantagen, deren Ausbau durch eine neue Infrastruktur schnell voranschritt. 1866 wurde Darjeeling an das große Straßennetz Bengalens angebunden, 1877 eine Straße über den Jelap-Pass (4267 m) in Sikkim fertiggestellt, und zwischen 1855 und 1878 erfolgte der Bau der Eisenbahnlinie zwischen Kalkutta und Darjeeling.

Für all diese Maßnahmen brauchte es Arbeitskräfte, und die Sherpa verstanden es, ihre Chancen zu nutzen. In großer Zahl kamen sie als einfache Arbeiter oder auch als Geschäftsleute nach Darjeeling. Die meisten von ihnen blieben dort, einige aber kehrten wohlhabend zurück. Ebenso intensivierten sie den Handel zwischen Tibet und Indien über das Tarai. Sie brachten tibetische Pferde und Ponys und holten Reis und Getreide oder verkauften auf dem Weg in die südlichen Regionen Salz.

Eine weitere Quelle, um zu Reichtum zu kommen, bestand nach wie vor in der Übernahme von Funktionen im Staatsapparat, vornehmlich als Steuereintreiber, eine Position, die Sherpa nutzten, um Pächter für sich arbeiten zu lassen. Bisweilen wurde den lokalen Verwaltern auch für besondere Verdienste vom König oder Premierminister steuerfreies Land (*birtā*) verliehen. So geschah es auch einem Lāmā, der den Tempel in Chalsa gründete, weil er die Gabe gehabt haben soll, Regen zu machen.

Einen nicht unbeträchtlichen Teil des erzielten Wohlstands benutzten mächtige Persönlichkeiten dazu, Klöster für zölibatäre Mönche und Nonnen zu bauen, um Prestige und Ansehen zu erwerben und ihren Reichtum zu legitimieren. Die Sherpa-Gesellschaft beruhte im Grunde auf einer egalitären Ethik, die sich in gleichen Erbrechten für die Kinder, eigenem Grundbesitz oder einem ebenbürtigen Status aller erwachsenen männlichen Mitglieder eines Klans ausdrückte. Ökonomisches Ungleichgewicht erforderte also eine Rechtfertigung, die unter anderem dadurch erfolgte, dass Wohlhabende die großen Klöster in Rumbu (1902), Tengboche (1916) und Chiwong (1923) oder den Nauje Tempel (1905) bauten oder förderten.

Noch gefördert durch die Neuen Medien bescherte der Tourismus den Sherpa seit den 1960er Jahren einen weiteren ökonomischen Wachstumsschub, aber auch tiefgreifende Veränderungen in der Gesellschaft. Heutzutage hat selbst das Everest Base Camp Internet und im April 2017 veranstaltete der berühmte DJ Paul Oakenfeld dort »die höchste (Rave) Party der Welt«. Der ehrfürchtige Satz Goethes »Die Gebirge sind stumme Meister und machen schweigsame Schüler« aus *Wilhelm Meisters Wanderjahren* – er gilt für Nepal nach wie vor, aber nicht überall.

Diese kurze Geschichte der Sherpa spiegelt exemplarisch die Geschichte vieler Volksgruppen in den Hochgebirgsregionen Nepals, die trotz mancher Gemeinsamkeiten jedoch keineswegs eine homogene Gemeinschaft bilden. Auf ein Leben in Abgeschiedenheit folgte jeweils die Notwendigkeit, sich transkulturell immer wieder neu zu öffnen und anzupassen. Dabei mussten bisweilen traditionelle Strukturen geopfert werden – zugleich ist aber die Betonung der Traditionen und der Eigenart ihre einzige Chance, um überleben zu können. Zumindest in Bezug auf den Tourismus gelingt dies mehr oder weniger gut, aber nicht überall im hohen Nepal sind die Bedingungen so günstig wie bei den Sherpa. Viele Gebiete sind ausgestorben oder nur noch von Alten, Frauen und Kindern bewohnt. Die Landwirtschaft ist nicht mehr lukrativ und reicht nicht für den Lebensunterhalt. Fremdarbeit gibt es kaum, allenfalls saisonal. Die jungen Männer wandern dorthin aus, wo es Arbeit gibt: ins Kathmandu-Tal, nach Indien, in die Golfstaaten. Sie schicken Geld, von dem die Zurückgebliebenen leben, von dem sie amerikanischen Weizen, Öl aus Singapur, Kleidung aus China oder Smartphones aus Südkorea kaufen, aber selbst immer weniger produzieren.

Stets steht bei den eher egalitären ›tibetischen‹ Volksgruppen in den Hochgebirgsregionen, die traditionell kein Kastensystem kennen, die Frage im Raum, wie weit der lange Arm Kathmandus reicht. Sie praktizieren ihre Volksreligionen, Schamanismus, tibetischen Buddhismus oder die alte Bön-Religion, und müssen sich zugleich der Einflüsse des meist hinduistisch geprägten Beamtenapparats und der dominant hinduistischen Kultur Nepals mit ihren durch das Kastensystem bestimmten Strukturen und Normen erwehren. Sie sprechen untereinander einen kaum zu verstehenden tibetischen Dialekt, aber zumindest die Gebildeten sprechen meist auch die Amtssprache Nepālī. Sie leben unter teilweise extremen Bedingungen, haben sich aber an diese angepasst, wenngleich sie unter einer grassierenden Landflucht leiden. Ihre transregionalen Handelsaktivitäten machen sie oft zu transkulturellen Mediatoren. Die wenigsten haben eine dokumentierte Geschichte, stattdessen aber oft eine ausgeprägte mündliche Tradition, über die vieles ebenso sicher bewahrt wird wie durch schriftlich fixierte Texte. Michael Oppitz brachte diesen Sachverhalt auf die griffige Formel »Trommel oder Buch«: Was den brahmanischen Priestern das heilige Buch ist, ist vielen Ethnien im Hochgebirge die Trommel, die zu den Gesängen der Schamanen geschlagen wird. Aber wie lange erklingt sie noch?

Lastenträger und das Postläufertum

Wer früher durch die höheren Berge Nepals wanderte, begegnete unweigerlich Lastenträgern, denn fast alles, was transportiert werden musste, musste und muss dort von Menschen und Tieren – Maultieren, Pferden, Yaks, Ziegen oder Elefanten – getragen werden. Die Kulis schleppten oft Lasten von mehr als 45 kg und damit nicht selten das Gewicht ihres eigenen Körpers. Sie benutzten dafür aus Bambus geflochtene Kiepen (*ḍoko*), die an ein Band (*nāmlo*) gehängt wurden, das dann über die Stirn gelegt wurde, so dass die Last auf dem Rücken lag. Eine Wissenschaftlergruppe um den Norweger Norman Heglund, die 2005 in Namche Bazaar Träger untersucht hat, fand heraus, dass die Träger dabei sehr effektiv vorgehen und weniger Energie verbrauchen als Trekker mit ihren 20-Kilo-Rucksäcken. Neben der Lastenverteilung ist dafür ihr langsamer, gleichmäßiger Pendelschritt mit Pausen von teilweise 45 Sekunden in der Minute ausschlaggebend. Bemerkenswerterweise konnte man kaum Unterschiede im Energieverbrauch pro Kilo zwischen Männern und Frauen feststellen. Die Männer tragen im Durchschnitt 93 % ihres Körpergewichts, die Frauen zwischen 60 und 70 %. Sie brauchten 2005 von Kathmandu bis Namche Bazaar – eine Strecke von rund 100 km bei acht Höhenkilometern – etwa eine Woche. Den umgekehrten Weg machten sie in zwei bis drei Tagen.

Die soziale Situation der Träger hängt davon ab, wer sie beschäftigt. Selbst sind sie meist Bauern, die sich in der Saison noch etwas dazuverdienen. Bei touristischen Wanderungen tragen sie alles, was die Touristen brauchen: das Essen, das Kochgeschirr, die Zelte und das Brennmaterial, z.B. Gasflaschen, auch Tische und Stühle. Bei etwas luxuriöseren Touren werden auch Toiletten und Duschen mitgeschleppt und die Tische werden abends mit weißen Tüchern, Porzellantellern und Wein gedeckt. Die Unterschiede zwischen westlichen Trekkern und den Trägern könnten dabei krasser kaum sein: Während die einen bestens ausgerüstet sind, tragen die anderen oft nur Sandalen oder gar Flip-Flops, wenngleich sich in letzter Zeit mehr und mehr Turnschuhe oder gar zurückgelassene Wanderschuhe durchgesetzt haben. Die einen schlafen in bequemen Zelten oder Betten der Herbergen, die anderen in Schlafräumen der Lodges auf dem Boden. Immerhin bekommen die Träger meist das gleiche Essen wie die Touristen, oft das Nationalgericht *dāl-bhāt*, Reis und Linsen mit etwas Gemüse oder Fleisch. Diese Ernährung ist mit ein Grund für den guten Energiehaushalt der Träger. Sie laufen oft acht und mehr Stunden täglich, arbeiten auch als Köche oder Bergführer und bekamen 2017 am Tag zwischen 1000 und 1500 Rupien (10–15 Euro).

Immer wieder keimt die Frage auf, ob es gerechtfertigt ist, auf Träger zurückzugreifen, oder ob die Wanderer ihre Sachen nicht selbst tragen sollten. Die Antwort der Träger ist eindeutig: Für sie handelt es sich um einen dringend benötigten Zusatzverdienst. Zumindest die besseren Trekkingfirmen sorgen inzwischen für die soziale Absicherung der Träger; sie bekommen eine gute Bezahlung und sind kranken- und unfallversichert. Dabei sind auch die Träger den Gefahren der Gebirge durch Lawinen, Steinschlag oder Höhenkrankheit ausgesetzt – nach wie vor sterben mehr Träger als Trekker an dieser Krankheit.

Einen Verband oder gar eine Gewerkschaft der Träger gibt es nicht. Meist warten diese an den Ausgangspunkten der Wanderungen oder auf Märkten auf Arbeit. Dabei ist das traditionelle Trägersystem in Nepal bis zu einer Höhe von etwa 1800–2000 Metern an vielen Orten zusammengebrochen: Wo es eine Straße oder einen befestigten Weg gibt – und davon gibt es immer mehr –, transportieren heutzutage meist Lastwagen, Traktoren oder Jeeps die Güter. Überall entlang der Strecken und an bestimmten Zielorten sind zudem kleine und größere Märkte entstanden, auf denen sich die Menschen mit Waren versorgen. Früher brachten die Träger aus den Bergen Waren wie Butterschmalz (*ghiu*) oder geflochtene Körbe ins Mittelland oder ins Tarai und nahmen von dort Salz und Wolle mit zurück. Heute werden die Güter nur nach oben transportiert und fast nichts mehr heruntergebracht.

Seit dem Ende des 18. Jahrhunderts gab es außerdem ein überwiegend militärisches Trägersystem, *hulāka* genannt, das sich schließlich zu einem Postläufersystem entwickelte und damit zum Vorläufer der nepalischen Post wurde. Die Trägerdienste waren Teil der Arbeitsverpflichtungen (*jhārā*), die meist Männer oder ganze Dörfer übernahmen, wobei unter anderem Brahmanen davon ausgenommen waren. Das Hulāka-System beinhaltete anfangs meist den Transport von Waffen und Munition. Besonders im Westen Nepals war es in einem festen Verbund und Streckennetz so organisiert, dass die Träger nur jeweils ihre Dorfumgebung begehen mussten, bevor sie die Last an die Nachbardörfer weitergaben. Auf diese Weise konnte ein schneller und 24-stündiger Dienst aufgebaut werden, der auch eine Grundlage für die militärische Stärke der Gorkhalis bildete. Besonders viele Träger wurden bei militärischen Operationen benötigt. Zur Vorbereitung des zweiten Krieges mit Tibet (1791–92) wurden z.B. 2340 Lastenträger aufgeboten. Der Unterschied zwischen bezahlten Soldaten und unbezahlten Trägern (*begāra*) war dabei auch ein Statusunterschied. So beschwerten sich 1855 die Thakali in der Thak-Khola-Region im Mustang-Distrikt, dass sie im Zuge der Vorbereitungen zu einem Krieg als Träger eingesetzt werden sollten, während sie doch unter den Malla-Königen als Soldaten einberufen worden waren. Ihnen wurde Recht gegeben und anschließend wurde ein Thakali-Regiment ausgehoben. 1878 wurde das Hulāka-System dann zu einem Postdienst (Nepal Hulak Ghar), über den auch die Öffentlichkeit Sendungen verschicken konnte, wofür Briefmarken im Wert von 1 und 2 *ānnās* eingeführt wurden; ab 1887 gab es auch frankierte Postkarten im Wert von 2 *paisā*.

In zahlreichen Dokumenten geht es um den Bau von Hulāka-Außenposten, 1881 gab es schon 43 solcher Poststationen. Die Anweisungen zur unverzüglichen Weitergabe der militärischen Güter waren strikt, und die Verwalter (*amālī*) wurden bestraft, wenn es in ihrem Bezirk zu Verzögerungen kam. Ebenso wurden verpflichtete und registrierte Träger bestraft, wenn sie ihre Verpflichtungen an andere weitergaben. Andererseits waren die Trägerpflichten mitunter einfach nicht zu erfüllen. So beschwerten sich 1850 die registrierten Träger des Dorfes Rara im Jumla-Distrikt, dass ihnen zu viel aufgebürdet worden sei, und drohten damit, das Dorf zu verlassen; ihrer Beschwerde wurde stattgegeben.

Viele Träger wurden auch benötigt, als 1911 eine Stromleitung von Pharping nach Kathmandu gelegt wurde. In einem in der *Gorkhāpatra*-Zeitung veröffentlichten amtlichen Aufruf hieß es, dass alle Haushalte zwischen diesen Orten die Dienste von zwei Trägern beizutragen hätten. Sollten sie dazu nicht in der Lage sein, müssten sie die entsprechenden Kosten – 2 Rupien pro Träger – übernehmen. Ausnahmen etwa für Haushalte von Minderjährigen, Alten (über 60 Jahre), Verarmten oder Witwen waren zugelassen. Ausdrücklich wurde darauf hingewiesen, dass in anderen Ländern für solche Aufgaben Steuern erlassen würden, in Nepal aber nicht.

Hulāka-Dienste wurden meist durch einen Steuererlass auf Ernteabgaben vergolten. Diese Dienste waren also begehrt, aber auch umstritten. Immer wieder wandten sich Träger an den Palast, um auf alte Rechte zu pochen oder Missbrauch zu melden. Offensichtlich wurde das System in Einzelfällen von Beamten missbraucht, denn 1816 erging eine Königliche Order von Surendra Śāha, in der es heißt: »Uns wurde berichtet, dass die Bauern sehr darunter leiden, dass Ihr sie zu unbezahlter Arbeit (*begāra*) zwingt. In Zukunft ist es Euch verboten, solche Arbeit für Eure persönlichen Bedürfnisse aufzuerlegen – mit der Ausnahme von militärischen Versorgungen.«

Mustang

Schon die Geschichte der Sherpa hat gezeigt, wie sehr Hochgebirgsregionen Einflüssen und Angriffen von außen ausgesetzt sind, die sie dazu bringen, besondere Mechanismen der Selbstbehauptung zu schaffen. Das gilt auch für das ehemalige Königtum Mustang (von tibetisch *smon-thang* (sprich *mönthang*)), eine Hochgebirgsregion, die sich entlang des Kali-Gandaki-Tals bis zum Kora La Pass (4660 m) erstreckt. Es ist ein karges Terrain, in dem im Winter die Temperaturen auf minus 30 Grad fallen, scharfe Winde wehen und nur wenig Niederschlag fällt. Ackerbau ist daher nur in den südlichen Regionen entlang der Flüsse möglich. Das Gebiet besteht aus einem nördlichen Teil (›Upper Mustang‹), auch Lo genannt, und dem südlichen Teil (›Lower Mustang‹) mit den administrativ oder ethnisch abgegrenzten Enklaven Baragaon (auch ›Lower Lo‹ genannt) und Shöyul (eine Gruppe von fünf linguistisch distinkten Dörfern, zu denen Te gehört – das Dorf, in dem der weiter unten genannte Charles Ramble hauptsächlich seine Feldforschungen betrieb), Panchgaon (eine weitere Ansammlung von fünf Dörfern – Thini, Shang, Tsherog, Cimang und Marpha – mit einer nicht Tibetisch sprechenden Bevölkerung, die zu den

Abb. 8: Burg (*dzong*) in Mustang (Photo P. Pohle)

Abb. 9: Skizze einer Höhlenmalerei in Mustang (aus P. Pohle 2000: 35 und 31)

Thakali gerechnet wird) sowie Thak oder Thak Khola, das hauptsächlich von Thakali besiedelt ist. Die Unterscheidung zwischen ›Upper Mustang‹ und ›Lower Mustang‹ ist jüngeren Datums und trennt lediglich Lo von den anderen Gebieten ab. Die Bevölkerung von Lo, Lopa genannt, spricht eine westtibetische Sprache. Neben den Tibetern siedelten sich dort auch Thakali und Gurung an.

In Mustang gibt es viele prähistorische Höhlen und ausgedehnte Höhlensysteme, die über verschiedene Etagen bis zu hundert Meter hoch in Steilwände geschlagen wurden. Wie die Geographin Perdita Pohle im Rahmen des interdisziplinären Forschungsprojekts »Siedlungsprozesse und Staatenbildung im tibetischen Himalaya« zusammen mit den Archäologen Angela Simons and Werner Schön Mitte der 1990er Jahre herausfand, scheinen die Höhlen in prähistorischer Zeit (bis zu 1200 v. Chr.) als Grabstätten, später als Wohn-, Zufluchts- und Meditationsstätten gedient zu haben. Zahlreiche Felsbilder mit stilisierten Hufabdrücken, Tierbildern, Äxten, Opferszenen und relativ wenigen, jüngeren buddhistischen Symbolen sowie Reliquienschreine weisen auf eine lange Siedlungsphase hin.

Außerdem zeugen etwa 20 Orts- und Flurwüstungen, Ruinen alter Burgen und Klöster entlang der Flussläufe von großräumigen Bevölkerungsbewegungen. Ab dem 7. Jahrhundert wurde die Gegend von tibetischen Ethnien besiedelt, die Burg von Muktinath aber erst im 15. Jahrhundert. Der Buddhismus ist ab 1000 n. Chr. in dieser Gegend archäologisch nachweisbar.

Zwischen Baragaon und Panchgaon liegen Jomsom, die heutige Distriktshauptstadt, und Kag (Nep. Kagbeni), ein Ort, von dem aus man in das östliche Muktinath-Tal und zum gleichnamigen, auf 3710 Meter gelegenen Tempel gelangt. Der kleine, mehrdächrige Tempel ist ein wichtiger hinduistischer und, in geringerem Ausmaß, buddhistischer Pilgerort. Er enthält eine Viṣṇu-Statue, verehrt als ›Gott der Befreiung‹, und mehrere Ammoniten, die ebenfalls als Viṣṇu gelten. Umgeben ist der Tempel von 108 Wasserspeiern für rituelle Bäder. Besonders Buddhisten sind diese Wasser heilig, weshalb sie den Tempel auf Tibetisch auch Chumig Gyatsa, ›Hundert Wasser‹, nennen. Ihnen gilt der Ort zudem als Manifestation Avalokiteśvaras, als Station Padmasambhavas, der auf seinem Weg nach Tibet hier meditiert haben soll, und als einer der 24 tantrischen Orte der Ḍākinīs, der himmlischen Tänzerinnen.

Das ehemals unabhängige Königtum Lo war bis 1992 eine entmilitarisierte Zone und galt lange Zeit als geheimnisvolles, von der Außenwelt abgeschnittenes Gebiet. Nur wenigen Ausländern wurde es erlaubt, Mustang gegen Zahlung einer üppigen Gebühr zu betreten. Erst am 7. Oktober 2008 wurde es administrativ Nepal einverleibt und damit als Königtum verwaltungstechnisch aufgelöst. Der letzte offizielle König (Tibetisch *gyelpo*, Nep. *rājā*) war Jigme Dorje Palbar Bista (1964–80), der seine Dynastie bis auf Amepal zurückführte, einen Adligen aus dem benachbarten tibetischen Gungthang, welcher im 15. Jahrhundert das buddhistische Königreich gründete, das sein Sohn Agönpal mit der Hauptstadt Lo Manthang nahezu zum heutigen, 1962 geschaffenen Distrikt ausweitete.

In jüngerer Zeit hat sich Lo zunehmend geöffnet, einerseits dem Tourismus, andererseits nach China hin. Beide Prozesse wurden durch den Bau von Straßen befördert – eine von der chinesischen Grenze in die Hauptstadt Lo Manthang und eine andere, nur mit Jeeps befahrbare von Pokhara durch das Kali-Gandaki-Tal. Hinzu kommt die Erreichbarkeit durch einen Flughafen in Jomsom, der 1962 fertiggestellt wurde.

Die Bevölkerung lebt vom Handel, von Viehzucht und zunehmend vom Tourismus. Allerdings ist die Landflucht auch hier groß. Im langen Winter verlassen viele Menschen das zwischen 2800 und 3900 Metern hoch gelegene, dünn besiedelte Gebiet und gehen in tiefere Regionen. Der Handel beruht weitgehend auf einem alten Verkehrsweg von Indien/Nepal nach Tibet/China über den vergleichsweise niedrigen Kora La Pass (4660 m), der zwar 1950, nach der Annexion Tibets durch China, geschlossen, 2001 aber wieder geöffnet wurde. Zwischen dem 15. und 17. Jahrhundert kontrollierte das Königtum Lo diese Route, 1795 wurde es aber von den Gorkhalis annektiert und tributpflichtig.

Auch laut tibetischen Quellen war Mustang in zwei Teile geteilt: in Lo und das eher sagenumwobene Serib. Lo schloss das Gebiet entlang der Grenze zu China bis zu dem ebenfalls tibetisch beeinflussten Dorf Gilling ein, Serib umfasste das Gebiet von Jomsom bis nach Cimang, nach Charles Ramble ein Gebiet nicht Tibetisch sprechender Gruppen. Den ältesten tibetischen Berichten, allen voran den *Dunhuang-Annalen* zufolge soll König Songtsen Gampo (Srong-btsan sgam-po) am Beginn des 8. Jahrhunderts das heutige Westtibet einschließlich Lo und Serib erobert haben. Serib soll sich aber 705 gegen Tibet aufgelehnt haben. Seitdem geriet Mustang immer wieder unter die Kontrolle von es umgebenden Königtümern: Tibets im 7. bis 9. Jahrhundert, der Khasa im 12./13. Jahrhundert, Gangthangs im 13./14. Jahrhundert, Jumlas im 16.–18. Jahrhundert und schließlich Gorkhas am Ende des 18. Jahrhunderts. 1788 begannen die Gorkhalis einen Krieg mit Tibet, den Jumla nutzte, um in Lo einzudringen. Aber der Krieg war bald zu Ende, und 1789 eroberte Gorkha Jumla, so dass auch Lo unter die Kontrolle der Gorkhalis geriet. Als die Gorkha-Truppen durch Lo kamen, um Jumla anzugreifen, leisteten die Bewohner keinen Widerstand, woraufhin ihnen erlaubt wurde, ihre lokalen Machtverhältnisse zu erhalten, wenn sie weiterhin die Abgaben zahlten.

Die Rāṇā-Premierminister brachten eine folgenschwere Änderung, da sie das Monopol des einträglichen Salzhandels entlang des Kali Gandaki beanspruchten. Seit dem 18. Jahrhundert war der Handel unter von der Regierung autorisierten Händlern auktioniert worden, aber unter den Rāṇās mussten die Händler das Salz an Vertragsnehmer verkaufen. Da diesen Vertragsnehmern auch weitreichende Rechte zugestanden wurden, nahm die Autorität der Adligen und die Autonomie von Lo erheblichen Schaden.

Auf der Grundlage eines extensiven Studiums von Dokumenten und überwiegend tibetischen Texten und seiner zeitweiligen Mitarbeit an einem von dem Tibetologen Dieter Schuh geleiteten nepalisch-deutschen Projekt zur Hochgebirgsarchäologie im nepalischen Himalaya (1992–97) hat jüngst der britische Ethnologe und Tibetologe Charles Ramble in seinem Buch *The Navel of the Demoness Tibetan Buddhism and Civil Religion in Highland Nepal* (2008) eine für die gesamten Hochgebirgsregionen Nepals bedeutsame These aufgestellt. Ramble wendet sich gegen die übliche Trennung zwischen buddhistischen und indigenen populären Traditionen und weist nach, in welchem Ausmaß eine Kommunität in Mustang eine geradezu »zivile Religion« entwickelt hat, die ein komplexes System der Selbstregulation bildet und sich damit gegen ständige äußere und innere Bedrohungen behaupten kann, indem sie dazu prädestiniert ist, über bestimmte Foren und Rituale Probleme des sozialen Zusammenhalts zu lösen, politische Legitimität und eine Art (Mit-)Bürgerschaft zu schaffen. Bisher nahm man eine solche zivile Religion als strukturierendes Element eher für die Staatsebene, nicht aber für die Dorfebene an.

Konkret hätten die Bewohner von Shöyul und besonders des Dorfes Te, so Ramble, einen ungewöhnlichen Zusammenhalt gezeigt, der sie in die Lage versetzt habe, gegen regionale und rivalisierende Machthaber oder Dörfer zusammenzustehen, lokale Dispute zu klären, Strategien der Kooperation auszubilden oder Rechtsfragen zu klären. Der Glaube und die Praktiken der Volksreligion, allen voran die an den Ort Te und nicht an eine Idee gebundenen Götter, eine hochentwickelte Rechtstradition und eine Regierungsform, die z.B. bei der demokratischen Wahl der Dorfvorsteher auch eine Rechenschaftspflicht gegenüber den Mitbewohnern vorsehe – das seien im Wesentlichen die tragenden Säulen der Gemeinschaft in Te. Institutionen wie diese hätten sich aus der Gemeinschaft heraus entwickelt, seien also von Menschen geschaffen worden und erwiesen sich als sehr pragmatisch. Zu ihrer Absicherung bedürften sie der Religion nicht bzw. allenfalls einer zivilen Religion. Ramble schreibt:

> Im Gegensatz zu dem Fall von ›universalen‹ Religionen wie dem Buddhismus oder der Bön-Religion, die als Gesamtpaket von Praktiken und Bedeutungen auf Kommunitäten aufgesetzt werden, sind die Institutionen, mit denen ich es zu tun hatte, alle lokal in Te geschaffen worden. Ihre Transzendenz liegt in dem Umstand, dass ihre rationale Erstellung vorläufig von den Erzeugern vergessen wurde, so dass sie eine Autonomie zugeschrieben bekommen, die man gewöhnlich mit religiösen Phänomenen assoziiert.

Mit dieser Analyse stellt sich Ramble auch gegen die Überbewertung von Religion, die in pragmatischen Entscheidungsprozessen, selbst der Priester und ihrer Patrone, eher marginal sei – weitaus unbedeutender als etwa die ›säkularen‹ Rechtssysteme oder die Institution des jährlich gewählten Dorfvorstehers. Weder Buddhismus noch Volksreligionen seien der Blickwinkel, von dem aus man die Religion in Te verstehen könne. Die Religion passe sich vielmehr dem Alltagsleben an und stehe nicht außerhalb von diesem. Buddhismus und nichtbuddhistische Volksreligion gingen daher keinen Synkretismus ein, bei dem sie sich ergänzten, und bildeten keine neue hybride Religion, sondern seien andere Bereiche des Lebens, die eher individuell als gemeinschaftlich bedeutsam seien. Dieser Der-Zweck-heiligt-die-Mittel-Ansatz mache Te einerseits widerstandsfähig, andererseits offen für notwendige Erneuerungen, die dann aber eher von außen hereingetragen als von innen entwickelt würden.

Warum ist diese Analyse des Zusammenlebens in einem entlegenen Dorf in Mustang so wichtig? Weil sie zeigt, welche Formen gesellschaftlicher und kultureller Widerständigkeit Volksgruppen in den Hochgebirgsregionen trotz mächtiger transkultureller Einflüsse entwickeln können. Und weil Te ein Model dafür sein kann, wie lokale Kulturen den Spagat zwischen Erhalt und Erneuerung mit eigenen sozialen Strukturen schaffen können, wie z.B. die nahezu demokratische Wahl der lokalen Führer, aber auch die akzeptierte göttliche Legitimation des Königs die kommunale Einheit und die Akzeptanz von Entscheidungsprozessen stärkt. Dies ist eine ernstzunehmende Alternative zu dem Modell eines von Kathmandu aus angestrebten einheitlichen nationalen Systems, das den politischen Führern Verantwortung entzieht und interne Konflikte eher verschärft.

Die Kiranti (Rai-Limbu) in Ostnepal

Als Kiranti (Kirānti) bezeichnet man eine Reihe von ethnischen Gruppen, zu denen hauptsächlich die Rai (auch Khambu) und die Limbu (auch Yakthumba) gehören, die heute hauptsächlich im östlichen Mittelland, früher zwischen dem Tamakoshi-Fluss und dem Tista-Fluss sowie von Tibet bis ins Tarai, siedeln. Genauer gesagt wird die Region der Kiranti unterteilt in das ›nahe‹ (*vallo*), hauptsächlich von den Sunuvar besiedelte Gebiet (*ki-*

rant) zwischen dem Sunkoshi-Fluss und dem Gaurishankar-Berg, das vornehmlich von Rai bevölkerte ›mittlere‹ (*mājh*) Kirant westlich des Arun-Flusses und das östlich gelegene ›entfernte‹ (*pallo*) Kirant der Limbu. Diese Bevölkerungsgruppen teilen sich sozial und linguistisch jeweils in kleinere Gruppen (*thar*) auf. So kennen die Rai über zwei Dutzend Untergruppen wie etwa die Mewahang-, die Khaling-, die Chamling-, die Thulung- oder die Kulung-Rai. Linguisten haben über 50 verschiedene tibeto-birmanische Rai-Dialekte oder Sprachen gezählt; die Limbu-Sprache ist homogener. Erst im 19. Jahrhundert haben sich die Rai, deren Name eigentlich ›König‹, ›Fürst‹ (abgeleitet von Sanskrit *rājan*) bedeutet und ursprünglich ein Privileg der Kiranti-Führer war, zu einer ethnischen Gruppe zusammengeschlossen und ein auch politisch artikuliertes Zusammengehörigkeitsgefühl entwickelt. Zu den Kiranti zählt man bisweilen auch andere tibeto-birmanische Sprachen sprechende Gruppen wie die schon genannten Sunuvar oder Hayu oder die im Tarai ansässigen Danuvar und Meche oder Dhimal, nicht aber die Sherpa oder Tamang, die aus Tibet nach Nepal eingewandert sind. Nach der Volkszählung von 2011 machen die Kiranti 3,1 % der Bevölkerung aus, nur etwa ein Drittel der Bevölkerung Ostnepals besteht heute aus Kiranti.

Inwieweit die Kiranti etwas mit den alten Kirāti- oder Kirāta-Bergstämmen gemein haben, die in indischen Quellen genannt werden, ist Gegenstand zahlreicher Diskussionen (vgl. oben S. 59 f.). Endgültige Klarheit wird es wohl kaum je geben können, aber es kann angenommen werden, dass vor den Licchavi eine tibeto-birmanische Gruppe über das Kathmandu-Tal herrschte, die mit den Kiranti verwandt war; interessanterweise sprechen die Newar von Dolakha ein Nevārī, das näher am Kiranti ist als das Kathmandu-Nevārī. Es kann aber auch sein, dass die Kiranti sich so bezeichnet haben oder so bezeichnet wurden, um ihre nicht-hinduistische und autochthone Herkunft zu betonen.

Über die ältere Geschichte der Kiranti ist mangels schriftlicher Quellen wenig bekannt. Allerdings verfügen die Rai-Limbu über eine starke mündliche Tradition, über die sie viel Wissen über ihre Ursprünge bewahren. Den entsprechenden Mythen zufolge wanderten sie von Süden in die östlichen Täler ein und gingen dort teils Heiratsallianzen mit den tibetoiden Gruppen des Nordens ein. Abgesehen von Erwähnungen in tibetischen Quellen liegen erst mit den Sena-Dynastien schriftliche Quellen vor. Die ersten gründlicheren Informationen eines Augenzeugen stammen von Francis Buchanan-Hamilton (1819), der berichtet, dass sich die Senas mit den Kiranti verbündet, zugleich aber besonders in den höheren Lagen ihre kulturelle und politische Autonomie behalten hätten. »Die Kirats, obwohl unter der nominellen Vorherrschaft der Senas, genossen vollständige Autonomie in den Bergen«, schreibt 2009 auch der Historiker Kumar Pradhan.

Tatsächlich ist die Geschichte Ostnepals, zu dem je nach Zeitraum kulturell auch Teile Sikkims, Tibets und Darjeelings zu zählen wären, eine Geschichte ständig wechselnder Allianzen, Loyalitäten und Vorherrschaften. Tibeter, Senas, die vielen kleinen Fürstentümer und später die Briten und die Gorkhalis erhoben wechselseitig Ansprüche und rivalisierten oder kämpften miteinander. Streckenweise gab es mehrere Bündnisverpflichtungen gleichzeitig und entsprechende Tributzahlungen an verschiedene Herrscher. So vereinigten sich 1663 die Limbu (Tibetisch Tsong), die Bhutia (Lho, eine tibetische Gruppe im heutigen Bhutan) und die Lepcha (Mon, die indigene Bevölkerung Sikkims) in einer *Lho-mon-tsong-sum* genannten Allianz unter der Vorherrschaft der Bhutia. Es scheint, dass die Limbu durch Tibet und Bhutia so sehr unterdrückt waren, dass sie im 18. Jahrhundert nach Limbuwan, ihr heutiges Siedlungsgebiet in Nepal, flohen und sich von Sikkim abtrennten. Mit den Grenzziehungen von 1816 zwischen den Briten und den Gorkhalis wurden die Limbu auch kulturell-religiös von ihrem ehemaligen Gebiet getrennt, denn in Nepal wurde der Hinduismus und in Sikkim der Buddhismus als Staatsreligion propagiert. Zugleich wurden die im 19. und 20. Jahrhundert stets nach Sikkim migrierenden Limbu und andere Nepalis ebenso wie die verbliebenen Sikkim-Limbu zu Ausländern und entsprechend benachteiligt.

Wie Hamilton berichtet, herrschte im 16. Jahrhundert in Morang im Südosten Nepals Vijayanārāyaṇa, nach dem auch die historisch wichtige Stadt Vijayapur (nahe Dharan) benannt ist. Dieser Herrscher nahm einen Rai-Führer (*hang*) namens Siṃha Rāi, der die Gebiete nördlich Morangs kontrollierte, in seine Dienste, tötete ihn aber wenig später unter dem Vorwand, dass er eine Hindu-Frau gezwungen habe, Rindfleisch zu essen. Der Sohn des Rai-Führers – Hamilton nennt ihn »Baju Ray« – bat daraufhin die Senas von Mawanpur um Hilfe, und tatsächlich eroberte Lohanga, der Sohn des Sena-Königs Mukuṇḍa Sena I. (1518–53), von Makwanpur aus viele kleine Fürstentümer im Osten Nepals, darunter Chaudandi und Morang mit Vijayapur. Die in den Bergen siedelnden Kiranti sahen sich aber nicht als Untertanen dieses Herrschers, obgleich der Kiranti-Führer zum Cautariyā, einer Art Statthalter im Rang eines Premierministers, ernannt wurde, wobei unklar ist, wie weit sein Einflussgebiet reichte. Diese Verbindung zwischen einem Hindu-König und einem Kiranti-Führer bildete die Grundlage für die spätere Integration der Kirantis in das Gorkha-Reich.

Die Senas gaben sich sogar explizit als ›Hüter des Hinduismus‹: als *hindupati*. Aber nach Mukuṇḍa Sena I. waren sie untereinander zu sehr zerstritten, um ein gefestigtes Reich im Osten etablieren zu können. Dies gelang erst dem Śāha-König Pṛthvīnārāyaṇa, der zwischen 1772 und 1774 Ostnepal eroberte, wobei er zunächst auf heftigen Widerstand traf. In einem Dokument von 1774 beklagt der König, dass viele Kirātas nach Indien und Sikkim geflohen seien, so dass er erwäge, Sikkim anzugreifen. Andauernden Widerstand gab es auch in Form von verweigerten Steuerzahlungen, aber die militärische Überlegenheit des Śāha-Königs war letztlich zu groß. Die letzten Widerstandsnester der Limbu wurden 1786 aufgerieben. Pṛthvīnārāyaṇa gewährte den lokalen Herrschern – wie auch in den übrigen Landesteilen – Vorrechte und sogar eine gewisse Autonomie in juristischen und steuerrechtlichen Angelegenheiten. In einer Order von 1774 schrieb er an den Limbu-Herrscher Myang Hang Yang:

> Wir haben Deine Antwort auf unseren vorherigen Brief bekommen. Wir wollen Frieden und Harmonie. Unsere Absichten sind gut. (…) Wir haben Dein Land vermöge unserer Kraft eingenommen. Die Abkömmlinge des Fürsten (*Tu Tu*) Myang Hang Yang wurden besiegt und das Land gehört nun uns. Doch (auch) Du gehörst nun zu uns und wir übernehmen es, Deine Verwandten zu schützen. Wir befreien Dich von all Deinen Verbrechen und bestätigen die Sitten und Traditionen, Rechte und Privilegien Deines Landes. Trete unserer Nobilität (*bharadāra*) bei und gewähre ihnen Hilfe. Sorge für Dein Land wie schon zu Zeiten, als es von Deinen eigenen Fürsten beherrscht wurde. Genieße das Land von Generation zu Generation, solange es existiert. Du bist anders als die 900.000 Rais [von Majhkirat], weil deren Fürsten vertrieben werden müssen, nicht aber Du. (…) Falls wir Dein Land konfiszieren sollten, sollen Deine Ahnen und Götter unser Königreich zerstören. Wir schreiben die Zusage auf eine Kupferplatte und erlassen auch eine Königliche Order und überreichen sie an Deine Limbu-Brüder.

In der Order spricht Pṛthvīnārāyaṇa eine Besonderheit der Religion der Rai-Limbu an: den Ahnenkult. Für die meisten Rai-Limbu sind der Respekt gegenüber den Ahnen und die darauf fußenden spirituellen Bezüge zentral. Ausgedrückt wird dies in ihrer ›Religion‹, die eigentlich eher eine Tradition (*muddum* oder *mundhum*) ist, die weder Meditation noch Anbetung, wohl aber die Verehrung der Ahnen und eine spezifische Art, mit den Vorfahren zu leben, erforderlich macht und sich darin vom Hinduismus abhebt, obgleich dieser sich in Nepal stark ausgebreitet und auch die Kiranti beeinflusst hat. Mundhum ist dabei ein mythologischer Korpus, der mündlich weitergegeben wird und viele Dinge des Lebens erklärt: den Ursprung des Lebens, die ersten Siedler, die Dörfer und ihre Beziehungen zueinander, die Naturerscheinungen, Kultur und Rituale und die Verschiedenheit der sozialen Gruppen, die sehr stark auf exogame, patrilineare Klans (*thar*) ausgerichtet sind. In traditionellen Limbu-Klans wurde die Frau in einem anderen Dorf gesucht. Charakteristisch für die Kiranti-Religionen ist auch die Aufteilung der religiösen Pflichten zwischen einem Priesterspezialisten, der vor allem die Beziehungen zu den Ahnen pflegt, und einem Schamanen, der mit den Geistern und den Hindu-Göttern kommunizieren kann.

Zugleich spricht Pṛthvīnārāyaṇa indirekt das Kipaṭa- oder kommunale Landnutzungssystem an, das bei den Kiranti vorherrschend war (s. dazu ab S. 193f.). Es beruhte auf tribalem Gewohnheitsrecht und bedeutete, dass das Land gemeinsam genutzt wurde, wobei es zunächst dem mächtigsten Mann einer Dorfgemeinde (*rāi, subbā, jimmavāla*) zugeschrieben wurde, der jeweils vom Gorkha-König ernannt wurde und das Land dann an die Bauern verlieh. Privatbesitz an Land gab es nicht, ebenso wenig staatliches Land. Konsequenterweise wurde das Land außerdem pro Haushalt besteuert, nicht aber abhängig von der Größe. Als die Rāṇā das Kipaṭa-System abschaffen wollten, stießen sie bei den Limbu auf heftige Gegenwehr, doch nachdem bewusst andere ethnische Gruppen, vor allem aus Hindu-Kasten, angesiedelt wurden, die vom Staat dafür Brachland als Raikara-Land (vgl. unten, S. 180ff.) erhielten, konnte sich das kommunale Landnutzungssystem auf Dauer nicht halten. Mit dem *Mulukī Ain* von 1888 wurde das Kipaṭa-Land formal in Raikara-Land umgewandelt, vollständig abgeschafft wurde es in den 1960er Jahren.

In Nepal hatten ethnische Gruppen bis zur Verfassung von 1990 kaum die Möglichkeit, ihre Identität ausdrücken. In den letzten Jahrzehnten hat sich dies stark gewandelt, und einige Gruppen streben sogar einen Unabhängigkeits- oder zumindest Autonomiestatus an, so auch radikale Limbu, die einen autonomen Limbuwan-Staat fordern. Vorreiter dieser Bewegung war Mahāguru Phālgunanda Lingden (1885–1949), der anfänglich einer Bhakti-Sekte anhing und eine neue Kirāta-Religion begründete, die einen strikten Vegetarismus und ein Alkoholverbot ebenso einschloss wie die Aufhebung orthodoxer Kastenbeschränkungen; vor allem ging es jedoch darum, einen spezifischen Kiranti-Stolz und -Nationalismus zu etablieren. Phālgunanda, der im Ersten Weltkrieg als Soldat in Burma und Europa kämpfte, nannte diese Religion (Skt.) *satyadharma* (›Religion der Wahrheit‹), und tatsächlich enthält sie viele Reinheitselemente des Hinduismus, obgleich die Anhänger sie nicht als eine Form des Hinduismus betrachten. Phālgunanda verband seine religiösen Vorstellungen mit einem pädagogischen Auftrag, richtete Schulen ein und führte eine angeblich alte, der Devanāgarī-Schrift nachgebildete Schrift (*śrījaṅga*) ein, die sich aber erst seit dem Beginn des 19. Jahrhunderts nachweisen lässt.

Diese neue Kiranti-Religion verbreitete sich ziemlich schnell, wie an den vielen Tempeln für Phālgunanda erkennbar ist. Der damit verbundene Kiranti-Stolz fand zahlreiche Anhänger, nicht nur unter verschiedenen Nachfolgern Phālgunandas, sondern auch unter Intellektuellen wie etwa Iman Singh Chemjong (1904–75), dessen Geschichte der Kiranti eine einzige Glorifizierung der Vergangenheit der Rai-Limbu ist.

6. Staat, Wirtschaft und Gesellschaft

Nepal ist ein schwer zu erschließendes, agrarisch geprägtes Bergland ohne direkten Zugang zum Meer, das politisch und wirtschaftlich von seinen beiden Nachbarn abhängig ist, vor allem von Indien, weniger von China. Dies zeigte sich z.B. 2015, als Indien aus verschiedenen Gründen monatelang die Grenze zu Nepal blockierte und damit die Versorgung des Kathmandu-Tals und anderer Landesteile mit Gas, Benzin und Medikamenten erheblich beeinträchtigte. Hinzu kommt, dass es Nepal immer noch an Verkehrswegen mangelt und das unzureichende und bis 1951 nur für Eliten zugängliche Bildungssystem das Entstehen eines qualifizierten Arbeitsmarktes behindert, der noch dadurch ausgedünnt wird, dass gut ausgebildete Bürger das Land verlassen. Zudem hemmten lange Zeit die instabilen politischen Verhältnisse und ein zehn Jahre andauernder Bürgerkrieg dringend benötigte Investitionen. Weitere Faktoren, die das Wirtschaftswachstum beeinträchtigen, sind Naturkatastrophen wie Erdbeben oder Überschwemmungen, die Überregulierung der Wirtschaft, das hohe Bevölkerungswachstum, die Landflucht und die schnelle Urbanisierung sowie der defizitäre Staatshaushalt. Das wirtschaftliche Wachstum betrug denn auch in den Jahren 1961–2016 mit starken Schwankungen nur 3,6 %. Mit einem Pro-Kopf-Einkommen von 834 US Dollar im Jahr 2017 steht Nepal auf Platz 162 von 192 Ländern und gehört damit zu den 30 ärmsten Staaten der Welt. Über die Hälfte der Bevölkerung verdiente 2017 nicht mehr als etwa 2,50 Dollar am Tag, und ein Viertel lebt noch immer unterhalb der Armutsgrenze.

Die Wirtschaft beruht in weiten Teilen auf privatwirtschaftlicher Subsistenzwirtschaft. Rund 70 % der Bevölkerung sind heute in der Landwirtschaft tätig, die mehr als ein Drittel zum Bruttoinlandsprodukt (BIP) beiträgt. Der schwache industrielle und verarbeitende Sektor, ohnehin stark behindert durch eine mangelhafte Versorgung mit Elektrizität, ist seit Jahren rückläufig. Die allermeisten Betriebe sind handwerkliche Kleinbetriebe, die aber nur 4 % zum BIP beisteuern. Sie verarbeiten hauptsächlich Produkte der Land- und Forstwirtschaft. Demgegenüber machen die im Ausland arbeitenden Nepalis durch ihre zurückgeschickten Gelder fast ein Viertel des BIP aus. Ein Drittel des Haushalts wird durch Entwicklungsprojekte mitfinanziert. Wichtige Organisationen in der internationalen Entwicklungszusammenarbeit sind die Vereinten Nationen, die Asian Development Bank, der Internationale Währungsfonds (IWF), die Europäische Union und die Weltbank. Auch sind zahlreiche internationale Nichtregierungsorganisationen (INGO) in Nepal tätig; zwischen 1977 und 2014 waren es rund 40.000.

Das Land hat keine nennenswerten Vorkommen an Erdöl, Erdgas, Kohle oder anderen wichtigen Rohstoffen. Der Energiesektor zieht daher seine ganze Hoffnung aus der Nutzung von Wasserkraft, die in Nepal 86 % der Elektrizität erzeugt und deren Potenzial auf bis zu 83.000 Megawatt (MW) geschätzt wird. Allerdings werden bislang nur etwa 8 % davon genutzt. Das größte Laufwasserkraftwerk, Kali Gandaki A, ist auf 144 MW ausgelegt und liefert rund 700 Millionen Kilowattstunden im Jahr, die Talsperre Kulekhani liefert 92 MW. Im Bau befindet sich Upper Tamakoshi, das auf 456 MW ausgelegt ist, und zwei weitere Wasserkraftwerke, Arun III und Upper Karnali, die jeweils bis zu 900 MW liefern sollen. Die Gesamtkapazität der Kraftwerke in Nepal wird dann von gegenwärtig 757 auf rund 3342 MW gesteigert. Trotz dieser Bestrebungen sind nur 76 % der Bevölkerung mit Elektrizität versorgt.

Nepal importiert viel und exportiert (zu) wenig. Daher gibt es ein langsam, aber stetig wachsendes Außenhandelsdefizit. 2015 lag es bei rund 6 Milliarden Euro. Nach Indien exportiert werden vor allem Jute, Gewürze (Kardamom), galvanisierte Eisenrohre, verschiedene Garne, darunter auch Polyestergarn, Zinkbleche und Textilien. In andere Länder werden vornehmlich Bekleidung, besonders Paschminaschals, Linsen, Teppiche und Metallwaren verkauft. Eingeführt werden insbesondere Erdölprodukte, elektrische Geräte, Maschinen- und Maschinenteile, Fahrzeuge und Fahrzeugteile, chemische Erzeugnisse sowie höherwertige Kleidung und Nahrungsmittel. Der Staatshaushalt ist demnach außer von der Entwicklungshilfe hauptsächlich von Geldüberweisungen der Arbeitsmigranten und dem wachsenden Fremdenverkehr abhängig. Kein Wunder, dass die nepalische Regierung bis 2020 die Zahl der Touristen auf 2 Millionen pro Jahr verdoppeln will.

Die gegenwärtige schlechte wirtschaftliche Situation ist auch durch die historischen Verhältnisse bedingt. Selbstverständlich wirken die tradierten Landrechte und das Landnutzungssystem, das traditionelle Rechtssystem und Bildungswesen sowie in geringerem Ausmaß das überkommene Gesundheitswesen nach. Auch die Arbeitsmigration ist im Grunde keine neue Erscheinung. Diesen Themen soll nun nachgegangen werden.

Landbesitz und Landwirtschaft

Nepals einzig nennenswerte Ressource war neben dem Wasser lange Zeit das Land. Wirtschaft heißt in Nepal traditionell Landwirtschaft. Rund 27 % des Landes sind Agrarland, 37 % Wald, 12 % Weiden, 3 % bestehen aus Wasser und der Rest sind Schneegebiete und Ödland. Noch bis in die jüngere Zeit hinein lebten über 90 % der Bevölkerung direkt oder indirekt von der Landwirtschaft. Dennoch müssen heute Grundnahrungsmittel importiert werden, da die Bevölkerung ab den 1940er Jahren zu schnell wuchs und die Erträge des Ackerlandes trotz eines großzügigen Einsatzes von künstlichen Düngemitteln und Pestiziden den Bedarf nicht decken können. Gleichzeitig können die landwirtschaftlichen Nutzflächen wegen der topographischen Gegebenheiten des Landes kaum weiter ausgedehnt werden. Zwei Drittel dieser Flächen liegen im Tarai, wo vor allem Reis, Mais, Weizen, Hirse, Soja, Gerste, Jute und Hülsenfrüchte angebaut werden können. Das restliche Drittel verteilt sich auf das Mittelland, wo ähnliche landwirtschaftliche Produkte erzeugt werden, und auf die Hochgebirgsregionen, die hauptsächlich Weideland für Nutztiere (Schafe, Ziegen, Yaks) bieten, wo aber auch Kartoffeln, Buchweizen oder Gerste angebaut werden kann. Allerdings ist die landwirtschaftliche Produktivität in den höheren Bergregionen seit Beginn des 21. Jahrhunderts durch die Landflucht stark rückläufig.

Lange Zeit konnte Reichtum für die Herrschenden fast nur über Abgaben auf Ernteerträge erzielt werden. Ein Verständnis der rechtlichen und administrativen Bedingungen für die Nutzung des Landes ist daher unverzichtbar für die Aufarbeitung der Geschichte Nepals. Dabei ist die Frage nach den Besitzern und den Nutzern des Landes und ihres Verhältnisses zueinander von entscheidender Bedeutung.

Bis zur Mitte des 20. Jahrhunderts gehörte alles Land dem König bzw. dem Staat, der allein das Recht hatte, Land zu veräußern, zu verpachten oder zu vererben. Der Staat war also ein Patrimonialstaat. Diese territorialen Hoheitsrechte waren Teil seiner Souveränität. Der Staat bewirtschaftete das Land aber nicht selbst, indem er Bauern beschäftigte und bezahlte, sondern verlieh es an bestimmte Personen, die diese Aufgabe übernahmen und in der Regel Abgaben zu leisten hatten – sei es in Naturalien, sei es durch Bezahlung – oder deren Arbeit oder besondere Verdienste auf diese Weise kompensiert bzw. honoriert wurden. Daraus entwickelte sich ein komplexes System aus feudalen und patrimonialen Landnutzungsrechten und entsprechenden bürokratischen und fiskalischen Pflichten, das den entscheidenden Schlüssel zum Verständnis der Frage bietet, wie die Gorkhalis ihre Macht festigen und den Staat Nepals gründen und ausweiten konnten.

Aus der Malla-Zeit ererbt war die grundlegende Unterscheidung zwischen Besitz- und Nutzungsrechten, bezeichnet mit Begriffen, die von der Sanskrit-Verbalwurzel *bhuj* (›genießen‹) und dem Pronomen *sva* (›selbst‹, ›eigen‹) abgeleitet sind. So meint *bhoga* das Nutzungsrecht und *svatva* das Eigentum. In Bezug auf das Land gab es demzufolge verschiedene Ansprüche, die vom König als pauschalem Landbesitzer oder Lehnsherrn über Lehnsmänner als tatsächlichen Besitzern bis hin zum Pächter reichten. Zudem konnte Landbesitz mit weiteren Rechten (Wegerecht, Nutzungsrecht für die Entnahme von Wasser oder Viehfutter) verbunden sein. Mit (Skt.) *karṣaka* wurde das Recht zur Feldbestellung bezeichnet; es konnte an Pächter weitergegeben werden. Diese Rechte, die in seltenen Fällen auch Frauen innehaben konnten, wurden auf Palmblattrollen mit den Tonsiegeln des Königs verbrieft, die in einer Art Katasteramt verwahrt wurden. Das Land wurde mit einer Grundsteuer (*mūlapiṇḍa*, *piṇḍakara*) belegt, die der Palast erhielt.

Verwaltungstechnisch war das Reich eines Malla-Königs eingeteilt in Distrikte (*pradeśa*), die jeweils von einem Gouverneur (*pātra*, *mahāpātra*) regiert wurden, und Bezirke (*viṣaya*) mit einem Vorsteher (*pramukha*, *pradhānpātra*). Die Dörfer und Stadtteile hatten jeweils eigene Vorsteher. Aus diesem Kreis entstand spätestens im 13. Jahrhundert ein neuer Adel (*bhāro*, *bhā*), der im Palast wichtige Ämter bekleidete.

Die Mallas entwickelten auch Kriterien für die Festlegung von Grenzen, die neben landschaftlichen Markierungen vor allem durch Zeugen bekräftigt wurden. Dabei wurden Grenzpflöcke eingesetzt und nach und nach bildeten sich Verkaufsformulare heraus, die Angaben zum Ort, Namen von Käufer und Verkäufer, die entsprechenden Besitz- und Nutzungsrechte sowie die Zeugen und Schreiber festhielten. Solche Kriterien sind auch für jüngere Dokumente unverzichtbar.

In der Śāha und Rāṇā-Zeit, die nachfolgend im Mittelpunkt steht, basierte das Landnutzungs- und Lehnswesen auf verschiedenen Kategorien von Land und den daraus resultierenden Pflichten gegenüber dem Staat oder der Befreiung davon. Im Allgemeinen ist zu unterscheiden zwischen staatlichem und kommunalem Land. Das staatliche Land umfasste staatlich abgegebenes oder verliehenes landwirtschaftliches Ackerland, öffentliches, z.B. für Straßen oder Regierungsgebäude genutztes Territorium sowie landwirtschaftlich nur bedingt nutzbares Land wie Wege, Brachen, Ödland, Wälder oder Flüsse. Die landwirtschaftlich genutzten, kommunalen Flächen bestanden aus Feldern, die der Staat a) selbst an Bauern verpachtete (*raikara*), b) weitgehend abgabenfrei verdienstvollen Einzelpersonen überließ (*birtā*), c) als religiöses Stiftungsland duldete und förderte (*guṭhī*), d) bestimmten Beamten oder Soldaten als eine Art Bezahlung (*jāgira*) überließ, e) bestimmten Kleinkönigen gegen Treueverpflichtungen und pauschale Abgaben überließ (*rājya*) oder f) als kommunales, gemeinschaftlich bewirtschaftetes Land (*kipaṭa*) bestimmten Ethnien zuerkannte.

Diese staatliche Übergabe von Land ging mit der Aufgabe gewisser Hoheitsrechte einher. Die Lehnsmänner hatten z.B. straf- und zivilrechtliche Kompetenzen, konnten Streitigkeiten schlichten, unbezahlte Arbeit einfordern oder Zölle und andere Abgaben erheben. In diesen Fällen erhob der Staat von den Bauern bis weit ins 19. Jahrhundert hinein selbst keine Steuern und beanspruchte, abgesehen von schweren Verbrechen, keine polizeilichen Rechte. Im 18./19. Jahrhundert hatten die Bauern in ihrem Alltag ohnehin fast nichts mit dem Palast in Kathmandu zu tun; sie wussten oft nicht einmal, wer gerade ›ihr‹ König war. Sie hatten mehr mit dem jeweiligen Grundherrn und vor allem mit dem Dorfvorsteher zu tun, der für den Staat die Abgaben einsammelte und sich dabei in der Regel bereicherte, so dass er auch als Geldverleiher, Zwangsvollstrecker von Pacht oder Zwischenhändler fungierte. Die Folgen dieser Art der Machtverteilung waren schwerwiegend, denn sie schwächte die Regierung und schuf eine Elite aus Kleinkönigen, mächtigen Männern im Dorf, Lehnsmännern oder Grundherren. Diese Besitzer oder Verwalter von großflächigem Birtā-

oder Jāgira-Land mit vielfältigen Landnutzungsrechten konnten durchaus die Autorität des Staates gefährden.

a) Land als Lehen: das Raikara-System

Raikara-Land war staatliches Land (*raikara* leitet sich wohl ab von Skt. *rājya*, ›Staat‹, und Skt. *kara*, ›Steuer‹), das entweder direkt besteuert wurde oder an Privatpersonen oder Lehnsmänner vergeben bzw. verliehen wurde, die es selbst bewirtschafteten oder an Bauern verpachteten. Das Lehen war verbunden mit gewissen Rechten und Pflichten, etwa in Bezug auf die Bestimmung der Pachthöhe oder die Beschäftigung bzw. Entlassung von Pächtern. Von wenigen Ausnahmen abgesehen durften die Lehnsmänner das Land aber weder veräußern noch vererben. Es handelte sich also nicht um Privatbesitz, sondern um ein Nutzungsrecht, auf das der Staat zugunsten einer Einzelperson zeitweilig verzichtete. Der Staat erhielt für dem Raikara-Land, das sich zur wichtigsten und ab 1951 dominanten Landkategorie entwickeln sollte, in der Regel Pachtanteile oder Steuern, wobei neu erschlossenes Land meist einige Jahre steuerfrei blieb – wodurch sich der Staat die Loyalität der Lehnsmänner sicherte.

Das Steuersystem war äußerst komplex. Es musste für verschiedene Landkategorien in sehr unterschiedlichen Regionen, diverse Formen von Besitzverhältnissen und mehrere Formen der Produktivität anwendbar sein. Im Prinzip folgte es dabei Modellen der Mogul-Administration, wobei die Höhe der Abgaben sich nach der Größe des Landes und den verschiedenen Anbauarten richtete. Allerdings waren die Berechnungsgrundlagen sehr schwierig und änderten sich auch stetig: Mal war die Größe des Grundstücks der Maßstab, mal die Anzahl der Pflugochsen pro Gehöft; mal wurde die Grundstücksgröße geschätzt, mal ausgemessen; mal gab es Steuerbefreiungen auf bestimmtes Land, mal nicht; mal wurden Geldzahlungen vereinbart oder auferlegt, mal wurden Naturalienabgaben verlangt.

Die Bauern waren bei Raikara-Land meist Pächter oder Unterpächter, sie leisteten die Abgaben entweder an Regierungsbeamte oder an Lehnsmänner. Bis zu den Śamśera Rāṇās stand ausreichend ungenutztes Land zur Verfügung, um das System für die Versorgung der Bevölkerung tragfähig zu machen. Mit dem Bevölkerungswachstum und dem anglo-nepalischen

Krieg (1814–16) wurde das Land aber knapp, was auch dazu führte, dass die Brandrodungen zunahmen und das Land mithilfe von importierten Düngemitteln intensiver genutzt wurde.

Die Abgaben wurden ab der Mitte des 19. Jahrhunderts zunehmend in Geld gezahlt. Zusätzlich mussten die Pächter hauptsächlich in den Bergregionen bestimmte Gebühren entrichten, z.B. jährlich bei der Erneuerung ihrer Pacht (*cāradhāmaṭhekī*) oder in Form von Butterschmalz (*ghiu khāne*) an den Lehnsmann oder Grundherrn. Mit diesem System wurden die Ernten zwischen Staat, Lehnsmännern und Pächtern aufgeteilt, wobei der Überschuss meist an die Lehnsmänner ging. Nur wenige Bauern hatten selbst Land, bei dem sie nichts abzugeben hatten, und wenn, dann waren die Grundstücke meist sehr klein.

Als Kriterien für die Berechnung der Abgaben dienten vor allem die Landfläche und diverse Landkategorien. Dabei wurde grundsätzlich zwischen feuchtem bzw. leicht bewässerbarem Land (*kheta*; *dhanahar* im Tarai) und trockenem Land (*pākho*; *bhiṭā* im Tarai) unterschieden. Kheta-Land, oft an Flüssen gelegen, diente vornehmlich zum Anbau von Reis und Weizen; auf Pākho-Land wurden überwiegend Mais, Hirse und Trockenreis angebaut. Es versteht sich, dass Kheta wesentlicher profitabler war und demzufolge höher besteuert wurde. Im Schnitt wurden 50 bis 75 % der Erträge einkassiert – und das zwei- bis dreimal pro Jahr, je nachdem, wie viele Ernten eingebracht wurden. Um diese hohen Abgaben leisten zu können, mussten die Lehnsmänner meist beide Landformen bewirtschaften lassen, wobei die Bauern nur von den weitaus geringer besteuerten Ernten des Pākho-Landes lebten. Da Kheta-Land für den Staat lukrativer war, schaute er hier auch genauer hin, nahm genauer Maß und verlangte Naturalien. Die Bauern brachten die Ernte auf Plätze, wo sich die Dorfvorsteher oder Bezirksbeamten den Anteil des Staates nahmen. Beim Pākho-Land hingegen wurde von den Lehnsmännern eher eine pauschale Summe verlangt, die danach berechnet wurde, wieviele Gehöfte es jeweils gab oder wieviele Pflugochsen am Tag oder halben Tag es brauchte, um den Acker zu bestellen. Wenn kein Ochse eingesetzt werden konnte und das Land mit der Hacke (*kodāle*) bearbeitet werden musste, waren die Steuern geringer. Wenn das Land unter mehreren Gehöften aufgeteilt wurde, erhöhten sich die Steuern. Dieses gesamte System der im Prinzip hälftig geteilten Erträge wurde *adhiyā̃* oder *adhiyā* (›halb‹, ›hälftig‹) genannt; die Pächter hießen dann *adhiyāra*.

Spätestens ab 1830 trat neben das Adhiyā-Abgabesystem, bei dem sich Pächter und Lehnsmann die Ernte teilten, ein weiteres System, *kuta* genannt, bei dem der Pächter unabhängig von der Höhe der Ernteerträge mit dem Lehnsmann oder dem Dorfvorsteher eine feste Summe vereinbarte, der die Steuern seinerseits an den Bezirksvorsteher der Zentralregierung weitergab. Der Palast in Kathmandu war natürlich an vorhersehbaren Steuereinnahmen interessiert, die das Adhiyā-Sstem nicht garantieren konnte. Das Kuta-System hingegen, das besonders in den Bergregionen verbreitet war, gab den Lehnsmännern die Sicherheit fester, vor der Ernte vereinbarter Einnahmen. Freilich lag das Risiko einer Miss- oder nicht ausreichenden Ernte nun beim Bauern. Jene, die gutes Land hatten, konnten mit dem Kuta-System leben, aber Bauern, die weniger fruchtbares oder stark vom Wetter abhängiges Land beackerten, hatten das Nachsehen. Kein Wunder, dass sich bei ihnen der Unmut ansammelte; nicht selten waren Schulden oder sogar Schuldknechtschaften die Folge, bis hin zur Aufgabe des Landes.

Zwar war Exzessen dadurch ein Riegel vorgeschoben, dass der Dorfvorsteher vor Ort wohnte und insofern auf seine Mitbewohner Rücksicht nehmen musste, doch hatte er auch dem Bezirksvorsteher gegenüber seine Verpflichtungen zu erfüllen. Einerseits verschaffte das Kuta-System den Bauern die Möglichkeit, mehr zu verdienen, wenn sie mehr aus dem Land herausholten, andererseits lag der ökonomische Druck nun allein bei ihnen und die Lehnsmänner konnten die Abgaben erhöhen, wenn sich die Erträge als besonders lukrativ erwiesen. Entsprechend wurde vielfach die Rückkehr zum Adhiyā-System verlangt. Statt darauf einzugehen, erlaubte die Regierung den Lehnsmännern, einen Wettbewerb auf gutes Land zu beginnen. Das Land wurde auf Vertragsbasis vergeben, und der Meistbietende erhielt den Zuschlag. Hinzu kam, dass die Lehnsmänner nun auch Bauern oder Landarbeiter von außen holen konnten, wenn die bisher das Land bestellenden Bauern die Steuervorgaben nicht erfüllten. Ohne Zweifel entstand hierdurch für die Bauern eine große Rechtsunsicherheit, die die Rāṇās teilweise dadurch aufzulösen versuchten, dass sie die Kündigung von Pachtverträgen untersagten, wenn die Pächter sich an die Vereinbarungen mit der Zentralregierung hielten. Weitere Probleme des Kuta-Systems waren, dass die Steuern zu unregelmäßig und willkürlich angepasst wurden und es keine oder zu geringe Entschädigungen bei Missernten gab. Insgesamt gesehen hat das Kuta-System die Produktivität offenbar nicht erhöht. Neben den Sonderabgaben für militärische Operationen und andere Bedürfnisse des Palastes war es aber der entscheidende Schritt zur Verarmung und Verschuldung der Bauernschaft.

Um die Ungerechtigkeiten und besonders das Missverhältnis zwischen Abgaben und Produktivität zu beheben, verfeinerten die Rāṇās ein altes, spätestens seit Sthiti Malla (1382–95) praktiziertes System von vier Landklassen (*abbal*, *doyam*, *sim* und *chahar*), die sich in Bezug auf Bewässerungsmöglichkeiten und die davon abhängigen Erträge unterschieden.

Dieses Klassifizierungssystem erwies sich trotz seiner verbreiteten Anwendung jedoch als nicht sehr effektiv, denn es ließ Anpassungen an die sich ändernde Landqualität kaum oder nur sehr verzögert zu und in den Bezirken wurde jeweils sehr unterschiedlich taxiert. In der späten Rāṇā-Zeit wurden die Erträge der Landklassen in Geldzahlungen umgerechnet, aber weiterhin in der traditionellen Form registriert. Die entsprechenden Beträge wurden langjährig festgelegt, nur 1920, 1934 und 1962 geringfügig angepasst, bis dieses System 1963 in den Bergen und 1966 im Kathmandu-Tal ganz aufgegeben wurde, was ab Premierminister Candra Śamśera zu einer dramatischen Abnahme der Staatseinnahmen aus der Landwirtschaft führte. Auch die Landklassen wurden 1963 modifiziert, wobei das Tarai und weitere Regionen anderen Systemen folgten.

b) Land als Belohnung: das Birtā-System

Eine Unterkategorie des Raikara-Landes war das Birtā-Land, auch *birttā* oder *vīrttā* geschrieben. Hierbei handelte es sich zum einen um Grund, den der Staat Einzelpersonen – in der Regel Kleinkönigen, Brahmanen oder Priestern, religiösen Lehrern (*guru*), Soldaten und Mitgliedern der Aristokratie sowie der Königsfamilie – steuer- und abgabenfrei zum Lebensunterhalt (Skt. *vṛtti*, wovon sich *birtā* ableitet) überließ. Wir finden das System schon bei den Schenkungen (*brahmadeya*) an Brahmanen in den Licchavi-Inschriften. Unterschieden wird dabei zwischen Landschenkungen (*kuśabirtā*), die rituell unter Verwendung von *kuśa*-Gras vollzogen wurden, und Land, das der König verkaufte (*sunābirtā*), das sogar vererbbar und weitgehend abgabenfrei war. 1770–71 erhob aber Pṛthvīnārāyaṇa Śāha im Kathmandu-Tal auch auf dieses Land gewisse Steuern, während es außerhalb des Tals steuerfrei blieb.

Die Übertragung eines solchen Lehnsgutes folgte einem klaren, formalisierten Modell. Als Beispiel mag eine steuerfreie Landschenkung (*birtā-bitalapa*) durch König Rājendras Vater an den königlichen Priester (*rājaguru*) Raṅganātha Pauḍyāla dienen, weil dieser während eines Caturmāsa-Festes einen Purāṇa-Text rezitierte hatte. Die königliche Urkunde (*lālamohara*) von 1833 beginnt mit einer Preisung von König Rājendra und berichtet dann von der Landschenkung, die 30 Jahre früher mit einem rituellen Beschluss als Entlohnung (*dakṣiṇā*) für die Rezitation erfolgt war. Danach werden die verschiedenen Kategorien erwähnt, denen das Land zugehört, sowie die Art seiner Markierung. Im konkreten Fall handelte es sich um Ackerland, aber auch um Wald, Höhlen, Steilufer, Bauland und Terrassenfelder. Als Grenzangaben dienen natürliche Markierungen wie Wege und Flüsse sowie Nachbargrundstücke. Dann wünscht der König dem Priester, dass er das Land nutzen möge und dadurch glücklich werde. Zum Schluss werden die Zeugen genannt, darunter Premierminister Bhīmasena Thāpā und der Priester, der den rituellen Beschluss verkündet hat. Diese Urkunde wurde vermutlich als Bestätigung für eine frühere Urkunde ausgestellt, weil es zwischenzeitlich Verschiebungen bei den Landgrenzen gegeben hatte. Wie man sieht, mussten diese Landschenkungen mit einem rituellen Beschluss (*saṃkalpa*) erfolgen, brachten sie doch auch dem Stifter ein religiöses Verdienst, da das Land meist an einen Brahmanen ging. Man kann eine solche Bekräftigung des Landtransfers auch als eine Art Eid ansehen, der Lehnsherr (König) und Lehnsmann (Birtā-Besitzer) aneinanderband.

Birtā-Landbesitzer waren also Grundherren, die das geliehene Gut, eben das Lehen, ohne Kontrolle durch den Palast nutzen konnten. Sie konnten unbezahlte Arbeit einfordern, die Höhe der Pacht selbst festlegen, Zölle erheben und sogar kleinere Strafen aussprechen. Lehnsherr blieb der Staat bzw. der König, gegenüber dem der Birtā-Besitzer zur Loyalität verpflichtet war, aber die lokale Macht der Birtā-Besitzer war erheblich, denn im Allgemeinen gab Birtā-Land, das schon im vedischen Indien und für die Licchavi-Zeit der Sache nach in der Form von Landschenkungen oder der Schenkung von ganzen Dörfern an Brahmanen belegt ist, dem Besitzer das Recht, es nach Gutdünken bewirtschaften zu lassen, es also zu verpachten, unter gewissen Umständen (besonders, wenn Rāṇās das Land besaßen) sogar zu vererben, aufzuteilen, zu verkaufen oder zu beleihen.

Mittels des Birtā-Landes wurde eine feudale Klasse geschaffen, die sich gegenüber dem Palast in der Regel loyal verhielt, auch weil dieser kaum in ihre Privilegien eingriff. Neben dem Kastensystem trug sie weiter zur Hierarchisierung der Gesellschaft bei. Landbesitz bedeutete soziales Prestige, und je mehr man davon hatte, desto höher war der soziale Status. Umgekehrt konnte bei Illoyalität und schweren Vergehen das Land konfisziert werden, obgleich das Birtā-Land dann dennoch meist in der Familie blieb, nur halt den Besitzer wechselte.

Neues Birtā-Land wurde unter anderem durch Eroberungen oder Machtwechsel geschaffen, wobei die Enteigneten durchaus Kompensationen erhielten, weil Birtā-Land als eine Art privater Besitz bis zu einem gewissen Grad geschützt war, allenfalls bei besonders schweren Vergehen vollständig konfisziert werden konnte. In jedem Fall mussten alle Landschenkungen von den neuen Machthabern jeweils neu bestätigt werden, so dass es immer ein gewisses Risiko gab, dass man das Land wieder verlor. Auch durfte man es nur mit Genehmigung des Palastes veräußern. Birtā-Land wurde meist ohnehin nur auf Lebenszeit verliehen, in Einzelfällen konnte es aber der Familie erhalten bleiben, wenn es dokumentierte Beweise gab oder ein Eid darauf geschworen wurde, dass das in Frage stehende Land schon den Vorfahren zugestanden hatte. Diese Pflicht zur Dokumentation war mit ein Grund für das gewaltige Anschwellen des Dokumentenwesens im 18./19. Jahrhundert, ohne dass es bereits ein eigentliches Katasteramt gegeben hätte; dieses wurde erst ab 1965 eingeführt. Der Streit um Land führte aber auch dazu, dass Dokumente gefälscht wurden, um Landrechte zu beanspruchen.

Die Vergabe von Birtā-Land schwächte das Land, weil Steuereinnahmen verloren gingen. Aber sie war auch eines der wichtigsten Mittel, um den Staat zu stärken, indem er erfolgreiche, verdienstvolle oder einflussreiche Untertanen an sich band: Priester, siegreiche Generäle, Anführer von sozialen Gruppen oder Ethnien, Kleinkönige und immer wieder die Rāṇā- und Śamśera-Aristokratie. Vīra Śamśera beanspruchte z.B. so viel Land für sich und seinen Klan, dass die Śamśeras Mitte des 20. Jahrhunderts zu den reichsten Landbesitzern geworden waren. Andererseits konnten sie beim Verlust der Macht das Birtā-Land auch wieder verlieren. Bhīmasena Thāpā und seine Familie etwa wurden 1837 völlig enteignet, erhielten aber Teile ihres einstigen Besitzes zurück, als der Neffe von Bhīmasena Thāpā, Māthavara Siṃha Thāpā, 1843 Premierminister wurde. Umgekehrt hat

Jaṅga Bahādura Rāṇā fast das ganze Land konfisziert, das den Getöteten des Koṭa-Massakers gehörte.

Der Besitz von Birtā-Land war ein Privileg, aber er war auch an Pflichten gebunden. Dazu gehörte, dass die Birtā-Besitzer in Notfällen oder bei Kriegen Leute und Material zu schicken hatten. Bei Raikara-Land konnte der Staat direkt auf die Pächter und Bauern zugreifen, bei Birtā-Land musste er den Weg über die Birtā-Besitzer nehmen. Allerdings waren die Grenzen zwischen Birtā und Raikara nicht immer eindeutig. Manchmal konnte auch Raikara-Land als Besitz ausgewiesen werden, und im oben zusammengefassten Dokument König Rājendras sieht man, dass Birtā-Land auch als eine Art Bezahlung für Dienste vergeben werden konnte.

Ab 1951 wurde das Birtā-System aufgelöst bzw. nach und nach so modifiziert, dass die Nutzung des Landes immer mehr staatlichen Gesetzen unterworfen wurde und die Besitzer in ihren feudalen Rechten eingeschränkt wurden. So durften sie von den Bauern nicht länger unbezahlte Arbeit und keine anderen Zahlungen als die Pacht verlangen. Ab 1958 durften sie auch keine Steuern mehr auf Alkohol, Felle oder Tierhäute erheben. Außerdem wurden alle Birtā-Wälder und Brachen ohne Kompensation verstaatlicht. Ab Dezember 1959 wurde das Birtā-System insofern abgeschafft, als Birtā-Land mit dem besteuerbaren Raikara-Land gleichgestellt und alle Privilegien, die sich aus dieser Landkategorie ergaben, für nichtig erklärt wurden. Immerhin erhielten die Besitzer eine Entschädigung, die sich nach der Höhe der zuvor erzielten Ernteerträge richtete. Eine eigentliche Landreform war dies freilich nicht, denn die Bauernschaft hatte fast nichts davon. Im Grunde wurde aus einem feudalen Landnutzungssystem ein immer noch ungerechtes Steuersystem.

c) Landvergabe als religiöses Verdienst: das Guṭhī-System

Eine weitere Unterkategorie des Raikara-Landes war das Guṭhī-Land, das – im Unterschied zu *birtā* – durch den Staat nur in sehr seltenen Ausnahmefällen konfisziert werden konnte. Es handelte sich um weitgehend steuerbefreites Land, das der Staat oder ein privater Birtā-Besitzer einer religiösen oder wohltätigen Institution oder Organisation schenkte, um sie zu unterstützen. Tempel und Klöster konnten ebenso in den Genuss von

Guṭhī-Stiftungen kommen wie Schulen, Kranken- oder Waisenhäuser. Dabei konnte ein jeder beantragen, dass Raikara-Land in Guṭhī-Land umgewandelt wurde, aber nach dem *Ain* von 1854, der gleich sein erstes Kapitel ganz dem Guṭhī-Wesen widmet, kamen für einen solchen Antrag nur Brachen und unbeanspruchtes Jāgira-Land in Frage. Auf diese Weise wurde Land vergeben für den Unterhalt oder Ausbau von Tempeln oder Schreinen, die regelmäßige Veranstaltung von Festen und Götterverehrungen oder für wohltätige Zwecke wie den Bau von gemeinnützigen Rasthäusern, Brücken, Kanälen, rituellen Badeplätzen (*ghāṭa*), Büchereien, Schulen, Kranken- oder Armenhäusern. Auch Stiftungen (*sadāvarta*), die Almosen an Asketen oder Bettler vergaben oder Affen, Kühe und Bullen fütterten, wurden auf Guṭhī-Land eingerichtet. Anlässlich des zweiten Krieges mit Tibet/China 1791–92 stiftete die Regierung Guṭhī-Land, damit Brahmanen mit Ritualen die Angreifer abwehren sollten.

Das Guṭhī-System lässt sich wie das Birtā-System auch für das Alte Indien und die Licchavi-Zeit nachweisen. So hat Mānadeva I. (328-427) unter anderem für den Cāṅgunārāyaṇa-Tempel eine Guṭhī (Skt. *goṣṭhī*, ursprünglich ›Kuhpferch‹) gestiftet, um den dortigen Garuḍa regelmäßig zu verehren.

Unterkategorien der Guṭhīs sind Rāja Guṭhīs, die von Mitgliedern der königlichen Familie gestiftet wurden, und Duniyā̃-Guṭhīs, die von Privatpersonen gestiftet oder verwaltet wurden. Ab etwa 1920 wurden die Rāja Guṭhīs zunehmend entweder zu Amānata Guṭhīs, die der Regierung unterstellt waren, oder zu Bakasa-Guṭhīs (später auch Chūṭa-Guṭhīs genannt), die von Privatpersonen verwaltet wurden, die als Vergütung einen Teil der Erträge behalten durften, ohne unbedingt mit dem Land verbunden zu sein.

Newarische Guṭhīs (in Nev. *guthi* geschrieben) sind verwandtschaftlich oder kastenmäßig organisierte Organisationen, die Feste und Rituale ihrer Gemeinschaften ausrichten. Beispielsweise gibt es Newar-Gruppen (Nev. *sī-guthi*), die sich im Todesfall um die Verbrennung der Leiche kümmern – durchaus vergleichbar mit römischen Begräbniskollegien. Diese Guṭhīs haben aber nur selten etwas mit Landnutzungsrechten zu tun.

Eine Guṭhī-Stiftungsurkunde folgt im Prinzip den Formalitäten für Birtā-Transfers. Als Muster mag eine Urkunde König Gīrvāṇayuddhas aus dem Jahr 1802 gelten, der zufolge der König nach einem rituellen Beschluss 15 *ropanīs* Land für den Viśaṅkhunārāyaṇa-Tempel stiftete. Genannt werden die Zeugen, die die vier Seiten des Grundstücks festlegten. Festgehalten werden auch die Erträge und die Ausgaben des Tempels.

Guṭhī-Land wurde als religiöses Verdienst des Stifters vergeben und oft auch in seinem Namen eingetragen. Es war dem Zugriff des Staates entzogen und durfte nicht veräußert oder zurückverlangt werden, weil es in der Regel einer irreversiblen religiösen Gabe (*dāna*) entsprach. Daher konnte das Land auch von den Erben nicht umgewandelt werden. Bei Land, das nicht als rituelle Gabe vergeben wurde, war es für die Erben leichter, darauf zuzugreifen.

Auch der Staat konnte Guṭhī-Land nicht vereinnahmen, das wie das Land klösterlicher oder kirchlicher Einrichtungen im europäischen Mittelalter vor einem solchen Zugriff geschützt war. Wer solches Land konfisziere, werde, so heißt es in einer Stiftungsurkunde König Rājendras von 1817, im nächsten Leben als Wurm wiedergeboren und die nächsten 60.000 Jahre in den Exkrementen von Menschen leben. Im *Ain* von 1854 wird dem unklugen König oder dem böswilligen Ratgeber, die sich an Guṭhī-Land oder einer gemeinnützigen Stiftung vergreift, prophezeit, dass das Tor zum Himmel für ihn verschlossen, der Weg zur Hölle aber offen bleiben wird. Hinduistische Eroberer von fremdem Territorium bestätigten daher in der Regel den Status von Guṭhī-Land oder solchem Land, das in seiner Zweckbestimmung jenem gleichkam. Nach einer Urkunde aus dem Jahr 1775 gab König Pratāpa Siṃha Śāha sogar das nach der Eroberung des Kathmandu-Tals als *jāgira* missbrauchte Land des Taleju-Tempels als Guṭhī-Land wieder an diesen zurück.

Die Gemeinnützigkeit solcher Stiftungen wird im oben genannten Kapitel des *Ain* ausdrücklich hervorgehoben, wenn es heißt, dass diejenigen, die Guṭhī-Land stiften, das ganze Land fruchtbar machen und Krankheiten, Epidemien und Hungersnöte von ihm fernhalten würden, so dass ihnen und den nachfolgenden sieben Generationen Befreiung gewährt werden würde. Deshalb solle man Guṭhīs auch nicht in einem anderen Land errichten, weil dann das Verdienst nicht dem eigenen Land zukomme.

Dennoch war Guṭhī-Land nicht völlig geschützt. So konnten Stifter und Rechtsnachfolger den Empfänger ändern, wenn dieser den Stiftungszweck nicht erfüllte. Ebenso konnten die Śāhas Land bei Missbrauch konfiszieren, was sie offenbar auch häufig taten, denn merkwürdigerweise findet sich in ihren Dokumenten fast kein Guṭhī-Land von früheren Kleinkönigen oder den Mallas registriert. Bisweilen konnte aber durch die Umwandlung von

Birtā- in Guṭhī-Land Land vor der Konfiszierung bewahrt werden. Dabei wurde nur ein Teil des Landes als Stiftung für religiöse oder wohltätige Zwecke ausgewiesen, aber das ganze Grundstück als solche deklariert. Damit war im Grunde privates Birtā-Land vor dem staatlichen Zugriff geschützt. Nicht einmal im Falle von Mord, bei dem an sich alles Eigentum vom Staat konfisziert wurde, konnte der Staat Land dieser Kategorie vereinnahmen.

Das gestiftete Land wurde genutzt, um aus den Erträgen die Aufgaben zu finanzieren, die als Stiftungszweck in der Stiftungsurkunde festgehalten waren, teilweise unter Ausnutzung von unbezahlter Arbeit der Bauern. Naturgemäß führte dies zu vielen Streitigkeiten und Problemen. Was tun, wenn das Land fortgeschwemmt wurde, wenn andere Personen ungerechtfertigte Rechte auf das Land anmeldeten, wenn die gestifteten Tempel oder Anlagen zerstört wurden oder kollabierten, wenn sich die Nachfahren nicht mehr richtig um das Land und die Stiftungsbauten kümmerten oder sich jemand anderes des Landes angenommen hatte, wenn es eine Diskrepanz zwischen den vereinbarten und den tatsächlich geleisteten Erträgen gab, wenn das Land verkauft werden sollte, um neues Land für den gleichen Zweck zu erwerben, wenn jemand fälschlicherweise Guṭhī-Land zu Birtā-Land erklärte und es verkaufte? Solchen und anderen Fragen nimmt sich das erwähnte Kapitel des *Ain* von 1854 ausführlich an.

Das Guṭhī-System war vielen Modifizierungen unterworfen – z.B. 1972, als die Abgaben von Naturalien auf Geldzahlungen umgestellt wurden –, blieb aber im Prinzip auch über die Śāha- und Rāṇā-Zeit hinaus erhalten. Ebenfalls 1972 wurde alles Guṭhī-Land einer neu geschaffenen halbstaatlichen Guṭhī-Korporation (Guṭhī Saṃsthāna) übertragen und von dort aus verwaltet. Der Grund war die starke Kritik an der Tatsache, dass das religiöse Verdienst der Stiftungen nur den Stiftern zugutekam, somit eine privilegierte Klasse ihre Landrechte für das eigene Wohl ausnutzte, obwohl die Bauern die Erträge erwirtschafteten. Hinzu kam, dass Guṭhī-Land fast nichts für den Staat abwarf und der Missbrauch immer offensichtlicher wurde: Mal handelte es sich um eine Umgehung der Steuern, mal wurde das Guṭhī-Land vernachlässigt. Die Kritik war gerechtfertigt, zugleich war das Guṭhī-Wesen besonders im Kathmandu-Tal und im Tarai aber die Grundlage für die vorhandene Vielfalt an religiösen Ritualen und unzählige Stiftungsbauten. Die Guṭhī-Korporation hat die Situation nicht verbessert, denn der anonyme, schwerfällige und für Korruption anfällige Apparat, der zum größten Landbesitzer Nepals avancierte, konnte das ursprüngliche Netz an privaten Stiftungsaktivitäten nur unzureichend ersetzen. Viele ehedem Begünstigte beklagten ausbleibende, verzögerte oder zu geringe Zahlungen, was letztlich auf Kosten der Veranstaltung von Ritualen und Festen oder der Instandhaltung und Renovierung von Gebäuden ging. Und manch ein Priester, der von einer Guṭhī angestellt war, kam nicht mehr, um die Gottheit täglich frühmorgens zu verehren, wie es der Stiftungszweck vorsah, weil es sich für ihn schlicht nicht mehr lohnte.

d) Land als Vergütung: das Jāgira-System

Die Landkategorie des *jāgira* umfasste Raikara-Grund, der Beamten oder Angehörigen des Militärs als Vergütung überlassen wurde; *jāgira* bezeichnet zugleich auch einen Regierungsposten. Das System stammt wohl ursprünglich aus dem Delhi-Sultanat, wo Jāgira-Land aber für in der Vergangenheit liegende Verdienste verliehen wurde, während es in Nepal der Lohn für regelmäßige Leistungen war.

König Pṛthvīnārāyaṇa Śāha wusste, wie wichtig eine angemessene Be- und Entlohnung seiner Soldaten war, um sie von Sorgen über das Wohl ihrer Familie freizuhalten. In ›seinem‹ *Divyopadeśa* betont er die Notwendigkeit, Soldaten nach ihrer Leistung zu bezahlen. Für ihn wurde das Jāgira-System mit das wichtigste Instrument, um seinen schnell anwachsenden Beamten- und Militärapparat abzusichern, denn anfangs war der Gorkha-Staat noch kein monetär strukturierter Staat; es mangelte ihm an genügend Bargeld, auch weil die Steuereinnahmen nicht hoch genug waren. Er konnte daher seine Leute kaum bezahlen. Erst um 1910 wurde ein zentralisiertes Finanzsystem aufgebaut. Davor wurden Abgaben meist in Naturalien geleistet, doch genau dies führte dazu, dass die relativ kleine Palastadministration umso überforderter war, je größer das Staatsterritorium wurde. Es fehlte an Lagerplätzen, Speichern und an Transportmöglichkeiten. Daher ging man spätestens ab 1793 dazu über, die Abgaben und Steuern dezentral eintreiben zu lassen. Genau dafür eignete sich das Jāgira-System. Es hatte zwei Vorteile: Diejenigen, die in den Genuss dieser Vergünstigungen kamen, die Jāgiradāras, erledigten einen Teil der Staatsaufgaben und erhielten zugleich die ihnen zustehende Vergütung. Der andere Vorteil war die Erschließung von Ackerland. Zwar zogen die

Jāgiradāras bereits erschlossenes Land vor, doch oft genug erhielten sie Brachen, deren Bewirtschaftung nicht nur ihnen selbst, sondern auch dem Staat zugutekam.

Anders als Birtā-Land schloss Jāgira-Land nur ein zeitlich begrenztes Recht auf die Erträge des geliehenen Grundstücks ein, das weiter vom jeweiligen Pächter bewirtschaftet wurde. Die Jāgiradāras durften dieses weder bebauen noch selbst bewirtschaften. Die Abgaben wurden auf der Grundlage eines jährlich erneuerten Dokuments, *tirjā* genannt, in dem Art und Umfang der Pacht aufgelistet waren, festgelegt. Dieses Dokument diente den Jāgiradāras zur Legitimation, denn oft lebten sie nicht einmal in der Nähe ihrer Ackerflächen. Allerdings hielten sie sich meist nicht an die vereinbarten Vorgaben und zogen weitaus mehr von den Pächtern ein. Die Berechnung erfolgte in Rupien und wurde dann in Getreide umgerechnet: Wenn sich das ›Gehalt‹ eines Beamten etwa auf 55,50 Rupien belief, erhielt er dafür 1935 25 *murīs* Getreide. Diese Raten veränderten sich im Laufe der Jahre: 1950 waren 25 *murīs* schon 750 Rupien wert, obgleich das nominale Gehalt gleich blieb.

Die Nachteile des Jāgira-Systems hatte eindeutig der Jāgiradāra zu tragen, denn oft lag sein Land weit weg von seinem Wohn- oder Arbeitsort, so dass er keine Kontrolle darüber ausüben konnte. Auch hatte er allein die Folgen von Ernteausfällen durch Dürre, Erdrutsche, Überschwemmungen oder Insektenbefall zu tragen. Es gab dafür keine Entschädigung. Später konnte er aber statt *jāgira* ein Gehalt verlangen – mit dem weiteren Vorteil, dass er dann seine Entlohnung regelmäßig bekam und nicht nur bei der Ernte ein- oder zweimal im Jahr. Allerdings wurden die Barauszahlungen dem Markt nicht angeglichen. Auch wenn die Preise für Getreide stiegen, blieb das Gehalt gleich.

Für den Pächter von Jāgira-Land bedeutete die Umstellung von Raikara- auf Jāgira-Land meist einen Nachteil, denn während er im ersten Fall vom Staat bzw. Lehnsmann zu Marktpreisen entlohnt wurde, musste dem Jāgiradāra daran gelegen sein, ihm weniger zu geben, damit sein eigener Verlust nicht allzu hoch ausfallen würde. Zunehmend entwickelte sich aus diesen Verhältnissen eine Art Schattenwirtschaft, indem die Jāgiradāras ihre Jāgira-Zertifikate, die *tirjās*, an Mittelsmänner abgaben und diese damit beauftragten, die Pacht einzutreiben. Diese Mittelsmänner durften die Pacht nur in Geldbeträgen annehmen, die dem jeweils gültigen Marktwert entsprachen. Allerdings hielten sich die Mittelsmänner nicht immer an diese

Vorschriften: Sie kamen entweder zu früh ins Dorf, also noch vor der Ernte, oder erst viel später, wenn das Getreide bereits verkauft, der Marktpreis aber z.B. im Monsun inzwischen viel höher angestiegen war. Das fünfte Kapitel des *Ain* von 1854 (»Bālī bikrīko«) nimmt sich dieser Problematik an.

Aufgrund solcher Machenschaften, vor allem aber, weil das monetäre Finanzsystem sich zu Beginn des 20. Jahrhunderts ausreichend durchgesetzt hatte, musste das Jāgira-System schließlich in sich zusammenfallen. Für den Staat bedeutete dies den Verlust von Einnahmen. So kam schon 1852–53 nur etwa 1% der Erträge des Jāgira-Landes in den Bergregionen und im Kathmandu-Tal ins Staatssäckel. Die Rāṇās begannen schnell damit, die Administration zu zentralisieren und das feudale, dezentrale Jāgira-System in Frage zu stellen, indem sie das Land beschlagnahmten und die Beamten selbst entlohnten. So konnten sie die Staatseinnahmen und ihr Privateinkommen um ein Vielfaches steigern. Besonders Premierminister Candra Śamśera war ein Verfechter von Gehaltszahlungen, so dass die Schattenwirtschaft der Mittelsmänner ausgetrocknet wurde. 1928 wurde Jāgira-Land im Mittelland und in bestimmten Bergregionen ganz verboten und in neutrales Raikara-Land umgewandelt; die Jāgiradāras erhielten dafür eine Entschädigung. Gleichzeitig dehnten die Rāṇās aber ihren eigenen Jāgira-Landbesitz erheblich aus. Das Resultat war eine gewaltige Umverteilung der Besitztümer.

1935 wurde es landesweit verboten, Land, das nicht Feuchtland für den Reisanbau war, als Jāgira auszuweisen. Endgültig aufgegeben wurde das Jāgira-System 1951, als alles Jāgira-Land zu besteuerbarem Raikara-Land wurde. Die meisten Rāṇās hatten damals ohnehin das Recht am Jāgira-Land verloren, da sie nicht mehr im Beamtenapparat beschäftigt oder akkreditiert waren. Dies war zugleich das Ende eines ausbeuterischen Landsystems, das nur wenige privilegierte. Aber es war nicht das Ende des Leids der Bauern.

e) Land für Treue: das Rājya-System

Rājya bedeutet ›Königtum‹, aber in Bezug auf das Abgabensystem meint es bestimmte Kleinkönigtümer, die als tributpflichtige Vasallen dem Gorkha-Reich einverleibt wurden. Bis zur Machtübernahme der Rāṇās waren das sieben Kleinkönigtümer, danach wurden es insgesamt 13. Diese Einverleibung geschah oft ohne kriegerische Auseinandersetzungen, freilich um den Preis, dass der Kleinkönig nur dann eine weitgehende Autonomie in internen Angelegenheiten behielt, wenn er die Souveränität Gorkhas anerkannte. Die Kleinkönige (*rājā*), die dafür nicht selten zusätzlich Land, Geld oder sonstige Vergütungen erhielten, wurden zu Nutznießern ihres ›eigenen‹, nominell ihnen aber nur überlassenen Territoriums. Sie durften es weder transferieren noch aufteilen.

Die zu leistenden Tributzahlungen waren mitunter nicht sehr hoch. 1791 bezahlte z.B. der Rājā von Bajura nur 500 Rupien und 1769 der König von Jajarkot 701 Rupien im Jahr, und auch nur dann, wenn es einen Thronwechsel gab. Dem Kleinkönig Gajendra Śāha wurde zudem das Recht auf die Verhängung der Todesstrafe, auf Kastendegradierung, die Konfiszierung von Birtā-Land und den Einzug der Gebühren für Gewichte und Maße zugesprochen. Später, 1833, erbat der damalige Kleinkönig von Jajarkot sogar noch einen Nachlass auf seine Tributzahlungen, weil seine Familie größer geworden, das Land durch Erdrutsche zerstört und die Bauernschaft verarmt sei.

f) Land als Gemeinschaftsbesitz: das Kipaṭa-System

Bei Kipaṭa-Land handelte es sich um traditionell kommunal genutztes Land der Limbu, Rai, Sherpa, Danuvar, Sunuvar, Majhi, Newar und anderer Ethnien vor allem in den Hochgebirgs- und Mittellandregionen. Diese Kategorie ist grundverschieden vom Raikara-System, denn das Land, zu dem auch Brachen, Ödland und Wälder gehörten, war nicht im Besitz von Einzelpersonen, sondern einer Gemeinschaft. Kipaṭa-Land war also Land, an dem Besitz nur beanspruchen konnte, wer Mitglied der lokalen Gemeinschaft war, oft auch dann, wenn man nicht mehr in der Region wohnte. Der Landbesitz verpflichtete zu Gemeinschaftsaufgaben und zu Steuerzahlungen, allerdings in geringerer Höhe als bei der Nutzung von Raikara-Land.

Die Formen des Kipaṭa und daraus resultierende Rechte und Pflichten differierten regional sehr stark. Allen gemeinsam war aber, dass Kipaṭa-Land nicht oder nur innerhalb der betreffenden Bevölkerungsgruppe veräußert werden konnte. In der Regel handelte es sich also um Land, das schon seit Langem der Gemeinschaft gehörte. Der Gemeinschaftsbesitz bedeutete jedoch nicht, dass das Land auch gemeinschaftlich bewirtschaftet wurde. Vielmehr war es in der Regel einzelnen Familien zugesprochen und wurde von diesen auch bepflanzt oder genutzt. Falls jemand sein Land nicht mehr bestellen konnte, fiel es an die Gemeinschaft zurück. Falls ein Bauer seiner Abgabenpflicht nicht nachkam, bürgte die Gemeinschaft für ihn. Nur wenn diese auch säumig wurde, konnte der Staat das Land beanspruchen oder auch zwangsvollstrecken.

Der Staat hatte dennoch seine Probleme mit dieser Landkategorie, denn es war oft nicht recht ersichtlich, wer abgabenpflichtig und wie groß das jeweilige Landstück war. Er bestand daher zunehmend auf Beweisen und Registrierungen. Wenn es an solchen fehlte, wurden die Abgaben auf der Grundlage der eingesetzten Pflugochsen pro Gehöft statt nach der Landgröße berechnet. Dabei blieb Reisland steuerfrei. Trotz dieser Schwierigkeiten scheute sich der Staat lange Zeit davor, Kipaṭa-Land anzurühren. »Falls wir Dein Land konfiszieren sollten, sollen Deine Ahnen und Götter unser Königreich zerstören«, heißt es in einer 1774 gegenüber einem Limbu-Herrscher abgegebenen Erklärung Pṛthvīnārāyaṇa Śāhas.

Dennoch versuchte der Staat immer wieder, Kipaṭa-Land in Raikara-Land umzuwandeln, weil dies ihm einen direkten Zugriff auf die Abgaben und erhöhte Steuereinnahmen ermöglichte. Zu diesem Zweck ernannte er Dorf- und Distriktvorsteher, die viele Privilegien nur dann erhielten, wenn sie der Umwandlung zumindest von Teilen des Kipaṭa-Landes zustimmten. Außerdem unterstützte er die Ansiedlung von Gruppen, die nicht der ethnischen Gemeinschaft angehörten. Für diese galt die privilegierte Kipaṭa-Kategorie nicht, so dass es zu Spannungen zwischen beiden Bevölkerungsgruppen kam.

Mit der Zeit wurden auch die Forderungen des Staates auf Kipaṭa-Land erhöht. Meist wurden feste Beträge vereinbart und es wurde zunehmend unrentabel, die Kategorie beizubehalten. Zudem wurde das Verbot der Veräußerung immer löchriger und 1968 wurde es ganz aufgehoben.

Zusammenfassend kann man sagen, dass das traditionelle Landnutzungssystem in Nepal auf einer radikalen und brutalen Ausnutzung der Bauernschaft, einer schrittweisen Entmachtung der ethnischen Gruppen und der unverhältnismäßigen Anhäufung von Land- und Waldbesitz durch die privilegierten Gruppen beruhte, zu denen vor allem die Rāṇās und die Śāhas, aber auch höhere Militärs und Beamte aus anderen Familien gehörten. Um 1950 gehörten den Rāṇās drei Viertel des Birtā-Landes, das etwa ein Drittel der Agrarfläche des Landes ausmachte. 1861 erhielten Jaṅga Bahādura Rāṇā und seine Brüder von König Surendra sogar ganze Distrikte im Tarai, die Britisch-Indien Nepal als Gegenleistung für seine Hilfe beim großen Aufstand von 1857 zurückgegeben hatte.

Das Abgabensystem war aber auch für den Staat nicht wirklich ertragreich, denn ein Großteil des Landes wurde zur alleinigen oder zumindest hochanteiligen Nutzung an Privatpersonen gegeben. Im Tarai erhielt der Staat 1857 weniger Abgaben als die Grundherren und Lehnsmänner. Zwar versuchte die Rāṇā-Administration, dem entgegenzuwirken, indem sie im Tarai Jāgira-Land verbot, dennoch blieb Nepal ein armes Land, nicht zuletzt, weil die Enteigneten entschädigt werden mussten.

Vor allem war der Staat auf ein wirkungsvolles System zum Eintreiben der Steuern angewiesen, um seinen großen Verwaltungsapparat, der im Zuge der militärischen Eroberungen entstanden war, aufrechterhalten zu können. Als diese 1816 mit dem Ende des Krieges mit der Ostindien-Kompanie zum Stillstand kamen, hatten die Bauern die Hauptlast zu tragen, indem sie für die stark angewachsene militärische und zivile Administration auf dem gleichen Land ein Mehrfaches erwirtschaften sollten, ohne dass es de facto eine sichtbare Steigerung der Produktivität gegeben hätte, ganz gleich, wieviel landwirtschaftlich nutzbares Territorium erschlossen wurde. Man könnte sogar sagen, dass das Gorkha-Königtum landwirtschaftlich nicht produktiver war als die vorherigen Kleinkönigtümer.

Durch die Ersetzung des *adhiyā̃*-Systems durch das *kuṭa*-System wurde das gesamte Risiko auf die Pächter übertragen, so dass sie sich oft verschulden mussten. Brahmanen wurden auf diese Weise nicht nur zu Landbesitzern, sondern auch zu Geldverleihern. Häufig konnten die Bauern nur über Fronarbeit oder Sklaverei ihre Schulden abbezahlen, zumal nicht selten, bei Übergangsritualen des Königshauses oder bestimmten Festen, noch Sondersteuern verlangt wurden. Vielfach konnten die Bauern dies nicht leisten, so dass es zur massenhaften Arbeitsmigration nach Nordindien, Darjeeling, Sikkim oder Bhutan kam. Die Statistiken allein aus Darjeeling sprechen eine deutliche Sprache: Dort gab es 1870 32.350 Nepalis, 32.080 von ihnen Matavālīs und Unberührbare; keine Brahmanen oder Chhetri fanden sich unter den Migranten.

Erst ab 1951 konnte das Landnutzungssystem neu definiert werden. Im heutigen Nepal gibt es im Wesentlichen nur noch Raikara-Land als freien Grundbesitz für Individuen oder Institutionen, der amtlich registriert wird. Nur Guṭhī-Land wurde beibehalten; es untersteht weiterhin der Guṭhī-Korporation. Traditionell vererbbare Pachtverhältnisse (*mohiyānī haka*), die quasi einem Landbesitz gleichkamen, wurden nach und nach aufgelöst. Öffentliches Land (Straßen, Wege, Regierungsgrundstücke, Flüsse, Seen, Kanäle, Ödland und unerschlossenes Land sowie bestimmte Wälder, Tempel und Klöster) ist in Regierungsbesitz und wird im amtlichen Regierungsblatt (*Nepāla Rājapatra*) als solches ausgewiesen. Beim Raikara-Land gibt es eine Obergrenze für privaten Landbesitz: 6,7 Hektar im Tarai, 1,21 im Kathmandu-Tal und 3,5 in den Hochgebirgsregionen. Ausländer dürfen kein Land erwerben.

Die Situation der Bauern, die grundsätzlich durch Ausbeutung gekennzeichnet ist, hat sich durch diese Modifizierungen kaum verbessert. Zwar sind sie dem Gesetz nach nicht mehr willkürlich abhängig von den Grundbesitzern, sie müssen auch keine unbezahlten Arbeitsleistungen mehr erbringen und sie können Land erwerben, aber in Wirklichkeit sind noch immer große Teile der Bauernschaft in Nepal landlos und abhängig von den Grundbesitzern. Selbst wenn Bauern ein wenig Land besitzen, reicht dies meist nicht aus, um die eigene Familie zu ernähren. Weil es auf dem Land kaum andere Arbeit gibt, sind Verarmung und Landflucht weiterhin die Konsequenzen. Eine grundlegende Landreform ist nach wie vor anhängig.

Migration und Arbeit

Arbeit in Nepal hieß immer überwiegend Landarbeit. Zwar fielen in einem traditionellen Dorf noch viele weitere Tätigkeiten für Händler, Beamte, Grobschmiede, Korbflechter, Metzger, Schneider, Priester, Schamanen, Träger und viele andere an, doch den Großteil der Arbeit verrichteten die Bauern. Da aber nur ein geringer Prozentsatz der Bauern über eigenes Land verfügte, war die Arbeit meist unfrei in dem Sinne, dass die Bauern hohe Abgaben zu leisten hatten und oft nicht von ihrer eigenen Hände Arbeit leben konnten. Viele Männer mussten sich daher im eigenen Land oder im Ausland verdingen, um besser zu verdienen und Schulden begleichen zu können.

An Arbeit im eigenen Land mangelte es nicht. Die Bevölkerungsdichte in Nepal war und ist, abgesehen vom Kathmandu-Tal und dem Tarai, gering und der Bedarf an Arbeitsleistung wuchs ab Ende des 18. und im 19. Jahrhundert stetig, da der Aufbau des Staates unter den Śāhas und Rāṇās sehr arbeitsintensiv war. In diesem Zuge kam es noch zu weitaus unfreieren Formen der Arbeit, von Frondiensten oder Zwangsarbeit über Sklaverei bis hin zur Kinderarbeit. Vielfach ließ der Staat die Bauern für sich arbeiten, ohne sie dafür zu bezahlen. Dieses ›Rakam‹-System war nichts anderes als Fronarbeit für den Staat oder den Landbesitzer und konnte eine Reihe von Arbeitsleistungen beinhalten.

Der Staat brauchte unbezahlte Arbeitsleistung, eine Art von Corvée, im öffentlichen Bereich, etwa beim Bau von Wegen, Befestigungen, Dämmen, Kanälen oder Brücken. Ab 1804 baute er im Land das Trägersystem (*hulāka*) auf, das anfangs ebenfalls auf Fronarbeit beruhte. Er brauchte Arbeiter für seinen Militärapparat und das Herstellen von Munition und Waffen sowie für den Unterhalt der Pferde- und Elefantenställe oder Fährdienste. Und nicht zuletzt ließ er die Bevölkerung für das Wohlergehen der Staatselite arbeiten, um Luxusgüter wie etwa Eis nach Kathmandu transportieren zu lassen, das bei der Ankunft schon fast weggeschmolzen war.

Diese Form von obligatorischer und unbezahlter Arbeit, meist *jhārā* genannt, leistete die Bevölkerung in Form von Bewirtschaftung von Land (*beṭha*) oder von regelmäßigen Diensten (*begāra*). Sie musste von allen Männern und älteren Jungen und manchmal von ganzen Dörfern erbracht werden. So heißt es in einem Dokument Raṇabahādura Śāhas aus dem Jahre 1796 unter anderem, dass »alle vier Stände und 36 Kasten« – eine Standardformel für alle Haushalte – Fronarbeit zu leisten hätten, um eine Flussbettbefestigung, die so stark zerstört worden war, dass Wasser in den unteren Palast eindrang, wiederherzustellen. Anfangs waren nicht einmal die Brahmanen von Frondiensten ausgenommen, wenngleich sie meist keine schwere körperliche Arbeit zu leisten hatten. Ausnahmen gab es nur für die Aristokratie, höhere Beamte und Militärangehörige sowie Tempelbedienstete. In Einzelfällen konnte man sich aber von der Fronarbeit freikaufen, indem man sich zur Lieferung von Waren verpflichtete. Beispielsweise befreite König Raṇabahādura Śāha 1783 die Goldschmiede in Kathmandu so lange von der Fronarbeit, wie sie Goldmünzen für den Palast prägten.

Die meisten Fronarbeiter wurde eingesetzt, um erschlossenes oder brachliegendes Regierungsland zu bestellen. Aber auch wenn Paläste und Tempel instandgesetzt werden mussten, konnten sie angefordert werden. Bisweilen bestand Fronarbeit in der Lieferung von bestimmten Gütern: Kohle, Steinen, Holz oder von Gras und Blättern für die königlichen Pferde und Elefanten. Dabei wurde den Männern viel abverlangt, denn es gab in der Regel weder Geld noch Essen für die Arbeit; dieses hatten sie ebenso selbst mitzubringen wie die Werkzeuge. Die Frondienste konnten bis zu sechs Monaten dauern, und bisweilen mussten die Leute tage- oder gar wochenlange Märsche auf sich nehmen, um zum Einsatzort zu kommen. Schläge waren nicht selten, wenn nicht auftragsgemäß gearbeitet wurde.

Von Anfang an erzeugten diese harten Anforderungen Missbehagen und es gab Beschwerden, auch darüber, dass wegen der Frondienste die Landarbeit vernachlässigt werden müsse und dies auf Kosten der Ernte gehe. Zur Unzufriedenheit trug auch der Missbrauch bei, wenn etwa Beamte Fronarbeiter zu ihrem eigenen Vorteil einsetzten. Der Staat ging daher immer mehr dazu über, Verbote gegen Missbrauch zu erlassen, und die Arbeit, zumindest im Trägersystem, zu bezahlen. Auch der *Ain* von 1854 lässt in Kapitel 11 das Bemühen erkennen, die Auswüchse einzudämmen. Zwangsarbeit hat in Teilen Nepals dazu geführt, dass Bauern ihr Land verlassen haben, um sich an einem anderen Ort in Nepal oder im Ausland eine neue Existenz aufzubauen. Diese Menschen waren mit die ersten Arbeitsmigranten. So bildeten Nepalis 1872 in Darjeeling bereits die Mehrheit der Bevölkerung, am Ende des 19. Jahrhunderts auch in Sikkim, und auch im südlichen Bhutan ließen sich viele Nepalis nieder, nicht zu reden von den ungezählten nepalischen Arbeitern in Indien oder den im Ersten und Zweiten Weltkrieg angeworbenen Gurkha-Soldaten. Das Problem der Wanderarbeiter hat sich bekanntlich ausgeweitet: Schätzungen zufolge arbeiten heute 4 bis 5 Millionen Nepalis im Ausland, rund die Hälfte in Indien, der Rest in Saudi-Arabien, Katar, den Vereinigten Arabischen Emiraten, Kuwait und Malaysia. Jedes Jahr verlassen über 600.000 junge Nepalis das Land, werden aus ihrem sozialen und kulturellen Umfeld herausgerissen und kommen mit neuen Werten zurück. Mittlerweile hat jeder dritte Haushalt ein Mitglied, das im Ausland arbeitet. Für den nötigen Wiederaufbau nach den Erdbeben von 2015 fehlt es oft nicht an Geld, sondern an genügend männlichen Arbeitskräften im Dorf. Immerhin sind die durch die Arbeitsmigration verdienten Devisen neben dem Tourismus die größte Einnahmequelle Nepals geworden: 2013/14 trugen die Wanderarbeiter mit ihren Überweisungen fast 30 % zum Bruttoinlandsprodukt bei.

Doch Wanderarbeit allein ist nicht das Problem. Und Wanderarbeit ist keine moderne Erscheinung, die der Kapitalismus gebracht hat. Im Grunde waren und sind in Nepal immer viele Bevölkerungsgruppen unterwegs, um etwas für die Familie zu verdienen: als Halbnomaden zwischen den hohen Bergen und den Tälern, als Händler zwischen Indien und China, als Wachpersonal in Indien, als Söldner oder Wachmänner, als Pilger oder Mönche, als Landarbeiter oder Teepflücker, als Haushaltshilfen oder gar als Prostituierte. Schon der Census von 1961 weist 4 % der Bevölkerung als Wanderarbeiter aus; in den Bergregionen waren es bis zu 8 %.

Umgekehrt war Nepal selbst das Ziel vieler Immigranten, vor allem tibetischer und bhutanischer Flüchtlinge oder indischer Bauern, die sich im Tarai ansiedelten. Die indischen Flüchtlinge kamen mit den muslimischen Invasionen in Nordindien; die tibetischen Flüchtlinge kamen ab 1959, als China die Kontrolle über Tibet erlangte. Sie bilden heute einen sichtbaren kulturellen und wirtschaftlichen Faktor, die nepalische Staatsbürgerschaft konnten sie aber erst nach vielen Anläufen erlangen. Seit den 1990er Jahren fliehen außerdem mehr und mehr Nepālī sprechende Südbhutanesen in die östlichen Regionen Nepals. Bhutan unterdrückt und vertreibt sie und sieht sie nicht als Bürger des Landes an.

Die Angst vor Wanderarbeitern ist erst mit der Vorstellung von Ortsfestigkeit als Voraussetzung moderner Herrschaft und des Nationalstaats entstanden. Der feste Wohnsitz, den man der Ordnung zuliebe in westlichen Ländern immer nachweisen muss, ist demnach nicht der Beginn, sondern eine Einschränkung von Freiheitsrechten. Die in der Globalisierung unvermeidbare Öffnung Nepals hat damit auch neue Probleme mit sich gebracht. Wenn die Wanderarbeiter von den hitzigen Wolkenkratzern in Doha in ihre kalten Hütten zurückkehren, sind sie, so scheint es, entwurzelt. Tatsächlich haben nicht wenige Migranten Probleme, sich wieder zu integrieren, und wollen weder bleiben noch zurückkehren. Aber in Zeiten der Globalisierung entstehen transnationale und transregionale Zugehörigkeiten, für die neue Ordnungskriterien greifen.

Neben der Migration ins Ausland gab und gibt es eine große Migration innerhalb Nepals, wobei Migration und Landflucht meist gemeinsame Ursachen haben: das Landnutzungssystem, das kaum Besitz für die Bauern zulässt, hohe Verschuldung, das große Bevölkerungswachstum, die verbesserten Reise- und Transportmöglichkeiten innerhalb des Landes oder Naturkatastrophen. Seit Mitte der 1970er Jahre suchen hauptsächlich junge Männer in den Städten, allen voran im Kathmandu-Tal und in anderen Ballungszentren im Tarai, nach Arbeit. Seit im 19. Jahrhundert die Malaria im Tarai weitgehend eingedämmt werden konnte, bildet diese Region wegen der Industriebetriebe und der Landwirtschaft, die in der Regel drei Ernten zulässt, einen Anziehungspunkt. In der Folge nahm die Bevölkerungsdichte an diesen Orten überproportional zu, aber auch die Slums breiteten sich aus.

Ein weiteres Problem in Nepal ist die Kinderarbeit, die mehr als 40 % der Kinder zwischen 5 und 14 Jahren betrifft. Offiziell ist die Beschäftigung von Minderjährigen (unter 16 Jahren) seit 2000 verboten, aber es hält sich kaum jemand daran. Auf dem Land müssen die Kinder ohnehin von klein auf mitarbeiten, was aber meist nicht als Arbeit verstanden wird. Anders verhält es sich, wenn Kinder Ziegel oder Steine schleppen oder den ganzen Tag Teppiche knüpfen müssen. Zwar nimmt die Zahl der Kinderarbeiter stetig ab, aber immer noch muss Schätzungen der Internationalen Arbeitsorganisation (IOL) zufolge jedes siebte Kind zwischen 7 und 15 arbeiten, so dass es nicht regelmäßig die Schule besuchen kann. Mädchen sind davon weitaus mehr betroffen als Jungen, die ländlichen Regionen stärker als die städtischen.

Sklaverei

Am 28. November 1924 versammelte Premierminister Candra Śamśera die höheren Beamten und Militärs auf dem großen Tundikhel-Platz im Zentrum von Kathmandu. Bei ihm war der 18-jährige König Tribhuvana. Candra erklomm die Plattform, die unter einem großen Baum aufgestellt war, setzte sich unter einen Schirm und ließ den Palastguru Hemraj Pande einen langen »Aufruf zur Befreiung von Sklaven und Abschaffung der Sklaverei im Land« verlesen. Dieser begann mit den folgenden Worten:

> Gentlemen, heute treffen wir uns, um eine heikle und schwierige Frage abzuwägen. Die Welt schreitet voran und mit ihr der Wandel, nicht nur in unseren Lebensstilen, in unseren Beziehungen zu unseren Nachbarn, in unseren Methoden der Verwaltung und in vielen anderen Dingen, sondern auch in unserer häuslichen Ordnung. Unser Land und

Abb. 10: Verkündung des Endes der Sklaverei durch Candra Śamśera in Kathmandu am 28. November 1924 (aus: *Candra Śamśera 1925)

> unser Volk sind viel mehr in das Blickfeld (der Öffentlichkeit) geraten als jemals zuvor. Das allein sollte uns Antrieb sein, unser ungetrübtes Ansehen als ein mutiges Volk zu erhalten – als ein gerechtes Volk, als ein menschliches Volk, kurzum als angemessene Nachfahren unserer Vorväter, der Heroen von hundert Schlachten, der steten Meister der Schwachen und Unterdrückten. Und doch liegt auf uns, wenn man die gegenwärtigen Standards der zivilisierten Welt zugrunde legt, ein Stigma, eine Verunglimpfung unseres Namens, die das Licht trübt. Man sagt, dass wir immer noch die verhasste Institution der Sklaverei pflegen; dass wir, die wir so bitterlich und den Neid der anderen hervorrufend auf unsere Unabhängigkeit bedacht sind, einige (Mitglieder) unseres Volkes in niederträchtiger Leibeigenschaft halten. Und tatsächlich lassen wir sie von Generation zu Generation im Stich, lassen wir sie in dieser Situation verharren, ohne den kleinen Finger zu erheben, um eine Sitte wegzuwischen, die unserer glorreichen Tradition unwürdig ist.

Nach diesen Sätzen folgte eine lange Begründung dafür, dass Candra Śamśera seinem Volk vorschlug, die Sklaverei aufzugeben. Er berief sich darauf, dass die hinduistische Tradition die Sklaverei verurteilt habe (was so nicht stimmt, denn in Indien hat es seit jeher Sklaverei gegeben); er schilderte gefühlvoll die aussichtslose und verzweifelte Perspektive der Sklaven und die unwürdige Situation etwa der 70-jährigen Sklaven, die in Mehrgenerationenhaushalten weitaus jüngeren ›Herren‹ ausgesetzt seien, und er rechnete detailliert vor, wie wenig sich das Halten von Sklaven letztlich auszahle. So koste es 410 Rupien, ein Sklavenkind großzuziehen, bis es mit 16 Jahren als Arbeitskraft eingesetzt oder zum Preis von 120 Rupien verkauft werden könne; würde man aber diese Summe zu 10 % verleihen, würde man im gleichen Zeitraum 1100 Rupien einnehmen. Zum Beweis sind an den Aufruf umfangreiche Tabellen angehängt, die auf einer Volkszählung von 1923 beruhen und aus denen hervorgeht, dass es zu jener Zeit 51.519 Sklaven – was etwas mehr als einem Prozent der damaligen Bevölkerung entspricht – und 15.719 Sklavenhalter gab. Schließlich ließ Candra ankündigen, dass seine Regierung eine Kompensation für jeden freigelassenen Sklaven zahlen werde.

Die Rede Candra Śamśeras war nur ein vorsichtiger Aufruf (*appeal* im Englischen; *spīc* – von *speach* in der Nepālī-Fassung), gerichtet an Sklavenhalter und an die internationale Öffentlichkeit, die dem Premierminister auch gleich für seinen Schritt applaudierte. Desgleichen soll Candra von Sklaven gerühmt worden sein; unter ihnen hält sich das Gerücht, dass er selbst eine Sklavin geheiratet habe. Die Frage, ob Candra Śamśera die Aufgabe der Sklaverei wegen moralischer Bedenken oder aus humanistischen Gründen empfohlen hat, stellt sich indes etwas anders, wenn man die politische Situation mit einbezieht. Denn 1923 hatte Candra einen Friedens- und Freundschaftsvertrag mit den Briten geschlossen, in dem Nepal im Unterschied zu den Kleinkönigtümern in Indien als unabhängige Nation anerkannt wird. Damit war der Weg frei, auch in den Völkerbund, den Vorläufer der Vereinten Nationen, aufgenommen zu werden. Und diese Institution hatte 1924 eine Kommission zur Abschaffung der Sklaverei gebildet. Der fließend Englisch sprechende Premierminister wusste davon und wollte wohl die *League of Nations* beeindrucken. Aus diesem Grund hat er später auch eine englische Version seines Aufrufs vom 28. November verfassen lassen. Am 25. September 1926 unterzeichnete Nepal schließlich die *League of Nations Convention on Slavery*, die alle Unterzeichner verpflichtete, den Sklavenhandel aufzugeben.

Candra Śamśeras Aufruf hat nicht die erhoffte Wirkung gezeitigt, denn erst am 17. Juli 2000 wurde die letzte Form von Sklaverei in Nepal abgeschafft und damit eine lange Tradition beendet, die schon in den Licchavi-Inschriften, etwa in der Anantaliṅgeśvara-Inschrift am Sūryavināyaka in Bhaktapur oder in einer Inschrift Siddhinarasiṃha Mallas (1619–61), Spuren hinterlassen hat. Allerdings sind entsprechende Hinweise eher spärlich und es wird auch nicht deutlich, welche Aufgaben die genannten Sklaven (*dāsa*) hatten. Erst in der Śāha- und Rāṇā-Zeit häufen sich die einschlägigen Quellen. Daraus ergibt sich das nachfolgend skizzierte Bild.

Zunächst ist zwischen verschiedenen Formen von Sklaverei, abhängigen Dienstverhältnissen und Zwangsarbeit zu unterscheiden. Nach der *Slavery Convention* des Völkerbundes aus dem Jahr 1926 gilt, dass jemand dann als ein Sklave bezeichnet werden kann, wenn er einem anderen gehört und verkauft werden kann. Der Sklave im engeren Sinne bewegt sich also juristisch zwischen Mensch und Tier. Das macht auch der *Ain* von 1854 deutlich, wenn er etwa den Wert eines Sklaven mehrfach mit dem eines vierfüßigen Haustieres gleichsetzt. In der Nepālī-Terminologie wird in der Regel unterschieden zwischen Sklaven (*kamārā*, *kamārī*), im Haushalt beschäftigten Dienern (*kariyā*, *cākara*, *nokara*, *dāsa*), Fronarbeitern oder Schuldknechten (*bā̃dhā*), Arbeitern (*kāmakara*) und Tagelöhnern (*bhatuvā*) sowie Zwangsrekrutierten (*gulāma*, von Arabisch *gulām*, besonders im Tarai gebräuchlich).

Das Schicksal der eigentlichen Sklaven ist ein höchst bedauernswertes: Weibliche Sklaven wurden nicht selten sexuell missbraucht, Kleinkinder, selbst Babys, wurden den Eltern entrissen und verkauft, Gewaltanwendung war oft an der Tagesordnung, Unterbringung und Versorgung waren auf ein Minimum reduziert. Sklaven mussten rund um die Uhr arbeiten, das Land bestellen, Tiere hüten und Wasser oder Feuerholz holen. Kranke Sklaven wurden verstoßen und mussten nicht zurückgenommen werden, wenn sie 45 Tage fernblieben. Diener hatten es etwas besser, aber die Grenzen zwischen diesen Kategorien verwischten sich in der Alltagspraxis. Wie erniedrigend Sklaven teilweise behandelt wurden, macht eine Vorschrift aus dem *Ain* von 1854 (Kapitel 60.4) deutlich:

> Wenn ein Herr menschliche Exkremente in den Mund seines Sklaven oder seiner Sklaven bringt, ist er nicht berechtigt, den (weggelaufenen) Sklaven wiederzubekommen. (Die Behörden werden angewiesen, den Sklaven freizulassen, nachdem sie von ihm zehn Rupien Gebühren genommen haben. (…)) Wenn der Herr menschliche Exkremente auf andere Körperteile als den Mund gebracht hat, soll er nicht angeklagt und getadelt werden.

In jedem Fall bedeutete Versklavung den sozialen Tod: Die Sklaven verloren ihren Kastennamen, sie wurden ihrer Familie und ihrem Heimatort entfremdet, sie büßten ihren rituellen Status ein und wurden zu unmündigen ›Kindern‹ ihres Herrn. Der eigentlich dramatische Aspekt war dabei nicht so sehr der Verlust von Freiheit, sondern der Verlust von Verwandtschaft. Zwar konnten Sklaven vererbt, gewissermaßen von Generation zu Generation weitergegeben werden und damit Teil eines Familienverbundes werden, besonders dann, wenn sie mit einer Sklavin verheiratet wurden und Kinder bekamen, aber das war kein Ersatz für den Verlust ihrer eigenen Familien. Und doch war der Status eines in die Familie eingebundenen Sklaven ›besser‹ als etwa der Status eines reinen Arbeitssklaven, der mehr oder weniger nur als Ware ge- und behandelt wurde.

Die Gründe für eine Versklavung im weitesten Sinne waren vielfältig. Einer der häufigsten war die ausbleibende Rückzahlung von Schulden, aber auch Verpfändungen. So konnte ein Schuldner sich oder seinen Sohn oder einen anderen verdingen lassen, bis die Schuld beglichen war. Dabei wurde nach dem *Ain* von 1854 für das menschliche Pfand oft das Wort ›Körper‹ (*jyū, jīū*) benutzt. Tatsächlich handelte es sich um Leibeigenschaft, wie sie auch schon im nepalischen Mittelalter praktiziert wurde. So heißt es auf einer Palmblattrolle des Jahres 1051 (NS 172) in aller Deutlichkeit:

> Nachdem man den Varmmaṇa (…) als Schuldner (?) des Zinses, der aus seinem eigenen Körper (besteht), auf einen Zeitraum von fünf Jahren im Zustand der Gebundenheit (*bhandakatva*) gehalten hat, (erhält er) das Gold. (…) Pro Jahr (beträgt) der Zins für (seinen) Genuss (d.h. sein Lohn) [eine bestimmte Menge an] (…) Öl.

Nach dem *Ain* muss der verpfändete Mann seine Zustimmung vor einer örtlichen Behörde erteilen.

Ein weiterer Grund für Versklavung waren Vergehen gegen die Sittlichkeit, insbesondere Sexualvergehen, z.B. Inzest. Nach dem *Ain* von 1854 musste der Betreffende aber zu den versklavbaren Kasten gehören, um auf diese Weise bestraft werden zu können (vgl. S. 45f.). Die Strafe der Versklavung war eine schwere Strafe, die ungefähr der Todesstrafe entsprach, manchmal sogar explizit als Substitut genommen wurde, wenn die Todesstrafe wie etwa bei Brahmanen nicht in Frage kam. Ebenso konnte unter Umständen Alkoholkonsum zur Versklavung führen. So heißt es im *Ain* von 1854 (Kapitel 31.9):

> Wenn jemand einen Träger der heiligen Schnur dazu bringt, Alkohol zu trinken, wissend, dass es sich um einen Träger der heiligen Schnur handelt, wird sein Erbanteil konfisziert und er wird versklavt. (…) Der Träger der Heiligen Schnur, der den Alkohol getrunken hat, wird in die Kaste der (versklavbaren) Alkohol trinkenden Shudra degradiert.

In Einzelfällen gerieten Menschen durch Zwang oder Tricks in die Sklaverei, etwa als Kriegsgefangene oder Rebellen, aber auch unter Ausnutzung von üblen Machenschaften. So erzählte ein von dem amerikanischen Ethnologen Timothy Whyte befragter Mann über seinen versklavten Großvater, dass dieser als Träger gearbeitet und als Thakuri wie ein Brahmane gelebt habe, indem er z.B. seine Kleider gewechselt habe, bevor er in die Küche gegangen sei. Doch als der Landbesitzer, für den er arbeitete, ihm die Heilige Schnur abgerissen habe, habe er seinen Kastenstatus verloren und sei zu einem »Versklavbaren Alkoholtrinker« geworden. Es gab aber auch freiwillige Selbstversklavung, meist bei großer wirtschaftlicher Not. So behandelt der *Ain* von 1854 den Fall, dass ein freigelassener Sklave wieder zu seinem Herrn zurückkommt und dieser dann verpflichtet ist, ihn wiederaufzunehmen. Es kam auch vor, dass Privatleute Sklaven zum Zweck der Zwangskonvertierung an Muslime oder Christen verkauften. Der häufigste Grund für die Versklavung war aber tatsächlich die Bestrafung für Vergehen und Verbrechen.

Im *Ain* von 1854, besonders in den Kapiteln 80 bis 84, sind in bemerkenswert ausführlicher Weise Regeln für die Haltung von Sklaven festgehalten. So wird darin die Frage behandelt, wie man mit kranken und arbeitsunfähigen Sklaven umzugehen hatte oder mit solchen, die weggelaufen waren und zurückgebracht wurden (fünf Rupien Finderlohn fielen dann an), oder mit denjenigen, die ihnen bei der Flucht geholfen hatten. Rannte ein Sklave weg und verdingte sich andernorts, ohne dass der neue Herr seine Vorgeschichte kannte, musste keine Entschädigung an den Vorbesitzer gezahlt werden. Wurde aber ein Sklave verkauft, obwohl er dem Verkäufer gar nicht gehörte, musste dieser eine Entschädigung und Strafen entrichten. Ein Herr, der mit der Arbeit seines Sklaven nicht zufrieden war, konnte diesen nicht einfach einsperren oder schlagen, sondern musste zunächst von einer örtlichen Behörde die Erlaubnis zu dieser Strafmaßnahme einholen. Der Staat kümmerte sich auch um die Wiederbeschaffung weggelaufener Sklaven. Es gab Regeln in Bezug auf das Vererbungsrecht von Sklaven sowie für die sexuellen Beziehungen zwischen Sklaven und ihren Herren. So erhielten Kinder, die der Sklavenhalter mit einer Sklavin gezeugt hatte, den Kastenstatus des Herrn, vorausgesetzt, die Sklavin gehörte zu den reinen Kasten.

Ein Kapitel des *Ain* beschäftigt sich mit der Frage, wie Minderjährige oder von Sklaven geborene Kinder zu behandeln waren. Demnach war es z.B. im Falle einer Erbschaftsteilung unter Brüdern nicht möglich, die Kinder einer Sklavin von der Mutter zu trennen, solange sie unter elf waren. Auch wird ein Mindestalter für die Leibeigenschaft festgesetzt: »Wer Leibeigene unter 16 Jahren nimmt oder anbietet, hat jeweils 10 Rupien Strafe zu zahlen.« Ein weiteres Kapitel enthält ein Verkaufsverbot für Kinder unter zwölf Jahren; bis zu diesem Alter galt man als minderjährig. Dennoch wurde ein Streitwert für Kindersklaven festgehalten:

> Sklavensöhne unter 3 Jahren: 20, Sklaventöchter unter 3 Jahren: 25 Rupien; Sklavensöhne zwischen 3 und 6 Jahren: 30, Sklaventöchter: 35 Rupien; Sklavensöhne zwischen 6 und 12 Jahren: 50, Sklaventöchter: 55 Rupien.

Die Formalien für den Verkauf von Sklaven und die Zahlungsmodalitäten bei Leibeigenschaft werden im *Ain* von 1854 ebenfalls präzise aufgeschlüsselt. So wird für einen männlichen Sklaven zwischen 12 und 40 Jahren ein Preis von 100 und für eine Sklavin 120 Rupien festgelegt – allerdings schwankten die Preise je nach Alter, Region und Geschlecht, wobei gebärfähige Frauen grundsätzlich einen höheren Preis erzielten als Männer. Die Arbeitsleistung von Leibeigenen wird pro Tag mit 1 *ānā* (1/16 Rupie) sowie zusätzlich 1 *ānā* für das Essen des Sklaven beziffert; das ergab rund 2 Rupien Monats- und 24 Rupien Jahresverdienst.

Der Staat wollte mit solchen Vorschriften Rechtssicherheit für den Sklavenhalter wie für den Sklaven garantieren. Für die Beamten der verschiedenen Magistrate und Distriktbüros sah er Strafen vor, wenn sie widerrechtlich eine Versklavung duldeten oder sogar betrieben. Auch war es strikt verboten, den Kastenstatus zu manipulieren, um eine Versklavung zu ermöglichen. Schon die Unterscheidung in versklavbare und nicht-versklavbare Kasten in der Kastenhierarchie des *Ain* von 1854 war ein Instrument der Unterdrückung und Ausbeutung hauptsächlich der Bauernschaft und der unreinen Kasten oder kastenlosen.

Aus wirtschaftlicher Sicht war der Nutzen der Sklaverei insgesamt zweifelhaft, denn der Staat konnte durch das Zwangsarbeits-System (*jhārā*) ohnehin leicht auf Arbeitskräfte zurückgreifen und musste dann die Fronarbeiter nicht lebenslang versorgen. Anders verhielt es sich beim Handel mit Sklaven, besonders in Garhwal, wo die Schätzungen für 1815 bei 200.000 Sklaven liegen, die meist nach Indien weiterverkauft wurden. Ein Zeitgenosse beschrieb diesen Markt so:

> Mehrere Hundert von diesen armen und armseligen Menschen beiderlei Geschlechts, zwischen 3 und 40 Jahre alt, werden jährlich geschäftlich veräußert. Diese Sklaven werden von allen Teilen der Berge heruntergebracht und zu Raten zwischen 10 und 100 und 50 Rupien verkauft.

Eine fatale Folge der Versklavung von Bauern war die Verwahrlosung des Landes und die dadurch ausbleibenden Ernteerträge, so dass unterm Strich die Sklaverei im 19. Jahrhundert eher zu einer stagnierenden Wirtschaft beigetragen hat. In den privaten Haushalten wurden ohnehin Sklaven oder Diener nicht unbedingt des Profits wegen gehalten, sondern um Prestige aufzubauen oder zu erhalten. Die Anzahl der im Haus gehaltenen Bediensteten sagte viel über das Ansehen des Hausherrn aus.

Schon zu Beginn der Śāha- und Rāṇā-Zeit gab es immer wieder Bemühungen, die Sklaverei einzudämmen. Die Freilassung von Sklaven durch einfache Bürger war möglich und wurde auch immer schon praktiziert. Dabei nahm der Sklave einen traditionellen Tragekorb (*ḍoko*) auf den Rücken und befestigte ihn mit einem über die Stirn gespannten Seil (*nāmlo*). Sobald der Herr dieses durchgeschnitten hatte, war der Sklave frei. Die Freilassung von Sklaven konnte dabei als ebenso verdienstvoll gelten wie das Spenden von Sklaven an Tempel, wie es etwa 1695 geschah, als ein Brahmane namens Bālakṛṣṇa Deva Śarmā zwei weibliche Sklaven an den Paśupatinātha-Tempel verschenkte, in der Schenkungsurkunde aber ausdrücklich festhielt, dass die Bhaṭṭa-Priester nicht über sie verfügen dürften.

Gesetzliche Anstrengungen zum Verbot von Sklaverei sind dagegen nur ansatzweise bzw. regional zu verzeichnen. So gab es Massenbefreiungen anlässlich der Krönung von Deva und Candra Śamśera (1901). König Rājendra Śāha (1816–47) hatte eine solche sogar für das ganze Land erlassen, aber wegen seiner schwachen Stellung konnte sie nicht durchgesetzt werden. Jaṅga Bahādura Rāṇā entschied, alle in die neuen, von den Briten 1857 an Nepal zurückgegebenen Tarai-Provinzen Morang und Surkhet geflohenen Sklaven zu befreien und nicht zu ihren Herren zurückzuschicken.

Zu flächendeckenden Befreiungen kam es erst am 13. April 1925, als Candra Śamśera das gesetzliche Verbot der Sklaverei erließ. Sieben Jahre Gefängnis gab es fortan für Sklavenhandel. Candra zahlte insgesamt 3.670.000 Rupien Entschädigung an die Sklavenhalter – je 75 Rupien für erwachsene, männliche Sklaven und 100 für Sklavinnen. Diese befreiten Sklaven (*amalekha*, *ghartī*), die der Premierminister Śivabhakta (›Verehrer Śivas‹) nannte, erhielten Land zur eigenen Bewirtschaftung in einem Dorf im Dschungel Tarai, das seit 1927 die Endstation der indischen Eisenbahn bildete und am 15. Juni 1929 den Namen Amlekhgunj, ›der Ort der befreiten Sklaven‹ bekam. Tatsächlich wurden die befreiten Sklaven aber wohl gebraucht, um den Wald für die Bohlen der Eisenbahnlinie zu roden. Im Grunde war dieses Umsiedlungsprogramm insgesamt ein Fehlschlag, denn gerade mal geschätzte 60 Haushalte wurden gegründet, vermutlich weil sich das Dorf in einem malariaverseuchten Gebiet befand, vor allem aber, weil die befreiten Sklaven (Ghartis) auch dort sozial nicht anerkannt wurden. Noch lange konnten befreite Sklaven keine eigene Gemeinschaft oder Kaste bilden, Heiratspartner finden oder sich in die Arbeitswelt integrieren. Viele hatten nach der Befreiung größere Probleme als vorher, weil sie Arbeit und Wohnplätze nur am Rande der Gesellschaft fanden.

Das System der Schuldknechtschaft und der dadurch bedingten Zwangsarbeit hat sich bis in die jüngste Vergangenheit erhalten. Am 17. Juli 2000 wurde es aber gesetzlich abgeschafft und alle Schulden wurden annulliert. Rund 100.000 Männer (*kamaiyā*) und Frauen (*kamalarī*), besonders aber Mädchen, wurden auf diese Weise aus der Schuldknechtschaft befreit. Zum Teil wurden sie sogar entschädigt und rehabilitiert. Ursprünglich wurden insbesondere im Tarai Mädchen, nicht selten noch im Kindesalter, von Landbesitzern an Familien im übrigen Nepal ›weiterverkauft‹. Die Eltern, die ihr traditionell bewirtschaftetes, aber nicht registriertes Land durch die Inbesitznahme von Bewohnern des Mittellandes verloren hatten und dadurch in Schuldknechtschaft geraten waren, erhielten dafür eine geringe Entschädigung und die Zusicherung einer Fürsorge für das Mädchen. Trotz gesetzlichem Verbot hielt diese Praxis an, wurde aber nach heftigen Protesten weitgehend eingedämmt.

Insgesamt gesehen muss die Versklavung im Nepal des 19. Jahrhunderts als zentraler Bestandteil der Entrechtung der Landbevölkerung und der ›versklavbaren‹ ethnischen Minderheiten sowie der sogenannten unreinen Kasten und Kastenlosen angesehen werden. Für die dafür gemachten Gesetze wurden die brahmanischen Vorstellungen von Reinheit und Unreinheit genutzt, um über sittliche Vergehen und Schuldknechtschaften eine ohnehin verarmte und marginalisierte Bevölkerung wirtschaftlich zu ruinieren und sozial zu isolieren. Dies betraf vor allem auch die ethnischen Minderheiten, die den brahmanischen Reinheitsvorschriften ohnehin nicht folgten. In dieser Hinsicht weicht der *Ain* deutlich von den Prinzipien des *Dharmaśāstra* ab. Er nutzte direkt der Herrschaft der Bahun-Chhetri, besonders der Rāṇās, indem er sie über die Möglichkeit der Bestrafung selbst von kleineren sittlichen Vergehen mit Versklavung mit billigen Arbeitskräften versorgte. Nichts zeigt dies so deutlich wie der Fall der Limbu, die bis zu ihrer erfolgreichen Rekrutierung für den Gorkha-Tibet-Krieg (1855–56) zu den versklavbaren Kasten gehörten, danach aber in den Rang einer nicht-versklavbaren Kaste gehoben wurden. Es war also nicht eine Änderung ihrer Lebensform, sondern allein ein politisches und wirtschaftliches Interesse der Rāṇās, das diesen Wechsel ermöglichte.

Verschuldung, der Druck der hohen Abgaben von 50 % und mehr sind die Hauptgründe für die Versklavung und Verarmung der kleinen Bauern in Nepal. Diese für viele unerträgliche Situation führte schon im 19. Jahrhundert zur massenhaften Arbeitsmigration. Das landwirtschaftliche Proletariat zog es vor, in den Kohleminen und auf den Teeplantagen in Indien zu arbeiten, wie die heutige Landbevölkerung es vorzieht, in den Golfstaaten ihr Auskommen zu suchen.

Handel

Bis weit ins 20. Jahrhundert hinein beruhte der Außen- und Binnenhandel Nepals auf wenigen Ressourcen und vor allem auf den agrarischen Produkten des Landes. Die handwerklich und industriell hergestellten Produkte umfassten nur einen geringen Teil des wirtschaftlichen Volumens. Ein Überschuss, der nach (Britisch-)Indien oder Tibet exportiert werden konnte, setzte sich in erster Linie aus Holz, Reis und Weizen und in geringerem Umfang aus Mais, Melasse, Wolle, Fellen, Elfenbein, Jute, Gewürzen, Heilpflanzen sowie Metallwaren einschließlich Bronzen zusammen. Der Binnenhandel konzentrierte sich auf den Tausch von Salz, Milchprodukten wie Butter oder Butterschmalz, Honig und Tieren (Schafe, Ziegen, Ponys) und von deren Wolle aus den Bergregionen gegen Getreide, Reis und Kleidung aus den tiefer gelegenen Regionen. Eine Sonderrolle nahm der Handel mit Holz ein (s. dazu den nachfolgenden Focus).

Pṛthvīnārāyaṇa Śāha (1743–75) wollte aber dem *Divyopadeśa* zufolge keinen Handel mit Indien oder Tibet. Er verbot sogar das Tragen von Kleidern aus dem Ausland und förderte die lokalen Weber. Er sah den Fluss von Geld ins Ausland als einen Verlust für die Produktivität Nepals an. Umgekehrt waren die Briten daran interessiert, mit Nepal ins Geschäft zu kommen. Fälschlicherweise vermuteten sie dort große Goldvorkommen; tatsächlich kam das Gold auch für nepalische Münzen aus Tibet. Zudem brauchten sie Holz und Reis; beides wurde denn auch in erheblichen Mengen an die Ostindien-Kompanie verkauft. Ferner dachten sie, dass sie Produkte der heimischen Wollmanufakturen in Nepal besser als in Indien verkaufen könnten, was sich aber nur schleppend in die Praxis umsetzen ließ.

Besonders im Tarai trat am Beginn des 19. Jahrhunderts der Staat selbst als Händler vor allem für Reis auf. Das hatte zur Folge, dass private Anbieter sich dem Preisdiktat der Regierung unterwerfen mussten oder ihre Waren gar nicht erst anbieten durften. Der Staat betrieb dabei kaum Wirtschaftsförderung. Stattdessen überzog er den Handel mit vielfältigen Regelungen. So schrieb er 1805 vor, dass Joghurt nur in wassergetränkten Tonschalen verkauft werden durfte, wie er auch heute noch in Bhaktapur als »königlicher Joghurt« (*juju dhau*) angeboten wird. Die Händler mussten sich auf vorgeschriebenen Routen bewegen, durften sich teilweise nur an bestimmten Orten niederlassen und keine Waren verkaufen, auf die der Staat oder seine Agenten das Monopol beanspruchten. Dies galt z.B.

in der Rāṇā-Zeit für Salz, Öl, Tabak oder getrockneten Fisch. Erschwerend hinzu kamen Steuern auf Stoffe oder Metallwaren, die teilweise mit Siegeln versehen werden mussten, bevor sie ins Ausland verkauft werden durften.

Der Staat standardisierte Maße und Gewichte, versuchte Verpanschungen von Salz oder Milch zu verhindern und traf minimale Vorsorge für Missernten. Wenn die Preise für Grundnahrungsmittel zu sehr anstiegen, griff er ein, indem er anordnete, dass alle entsprechenden Waren nur auf bestimmten Märkten und nur an staatliche Stellen zu verkaufen seien, die diese dann zu festen Preisen weiterverkauften. Geschäfte machte auch die staatliche Münzanstalt, die Silber- und Goldbarren aus Tibet erhielt und auch beim Prägen von Kupfermünzen Gewinne erzielte. Indische Münzen durften nicht weitergegeben werden, da diese eingeschmolzen und für die Prägung nepalischer Münzen benutzt wurden. Ein nicht geringer Teil der Steuereinnahmen floss in Waffenimporte und die Munitionsproduktion. Entsprechende Fabriken gab es ab 1793 im Kathmandu-Tal und im Tarai. Candra Śamśera handelte auch mit Gurkha-Soldaten, die er den Briten im Austausch gegen Waffen anbot.

Wie aber hat man sich den Handel in Nepal konkret vorzustellen? Märkte, auf denen Waren feilgeboten wurden, waren eher selten, nicht zuletzt, weil es bis zum Beginn des 19. Jahrhunderts noch keinen verbreiteten Geldumlauf gab. Während sich im Kathmandu-Tal und im Außenhandel die Bezahlung mit Geld ab da zunehmend durchsetzte, blieb der Nordsüdhandel und der Handel innerhalb Nepals in den Bergregionen bis ins 20. Jahrhundert hinein ein Tauschhandel. Die Bauern brachten ihre Produkte zu den Lehnsmännern oder direkt in die Haushalte der Kunden. Handwerker produzierten meist nur auf Bestellung. Läden, in denen Waren angeboten wurden, waren eher die Ausnahme.

Den Transport der Güter hat man sich als abenteuerlich vorzustellen, denn er bedeutete tagelange Fußmärsche, bei denen nicht auf allen Strecken Lasttiere eingesetzt werden konnten. Mal mussten reißende Flüsse überquert, mal steile und schmale Wege an noch steileren Abhängen genommen werden. Die hohen Berge konnten nur an wenigen Pässen überquert werden und das auch nur während der Sommermonate. Die Haupthandelsroute ging von Lhasa über Kuti nach Patan und von dort weiter nach Süden über Kathmandu und Hetaura ins Tarai. Ein anderer Handelsweg verband Rasuwagarhi mit Kirong in Tibet, ein weiterer führte von Pokhara entlang des Kali-Gandaki Flusses nach Tibet, wofür die Karawanen mit Yaks und Maultieren etwa zwei Wochen brauchten.

Der Transhimalaya-Handel mit Tibet, für den Nepal seit dem 7. Jahrhundert gewissermaßen das Monopol hatte, war besonderen Schwankungen unterworfen – bis in die jüngste Vergangenheit hinein, wie man besonders beim Salzhandel sehen kann: Jahrhundertelang hatte man das Salz, das Nepal selbst nicht hat, aus Tibet bekommen. Es war Gold wert. Die langen Karawanen hatten es in Säcken in die unteren Regionen gebracht, besonders auf dem Handelsweg über Mustang, wo zeitweilig die Volksgruppe der Thakali ein Monopol auf den Salzhandel hatte. Ende der 1950er Jahre, als der Markt für indisches Salz geöffnet wurde und der Tibethandel damit fast zum Erliegen kam, änderte sich diese Situation aber drastisch, nicht zuletzt, weil der Preis für Tibetsalz fortan von der chinesischen Regierung festgelegt wurde, so dass auch die Preise für die von den Händlern nach Norden gebrachten Waren erheblich anstiegen. Zwar hält sich nach wie vor die Vorstellung, dass tibetisches Salz weitaus besser ist als indisches, doch sprechen die Zahlen eine andere Sprache.

Behindert wurde der Transhimalaya-Handel immer wieder durch die kurzen Kriege mit Tibet. Die wohl erste vertragliche Regelung von Wirtschaftsbeziehungen mit dem Ausland unterzeichnete Bhīma Malla, der *kājī* von König Lakṣmīnarasiṃha Malla, zwischen 1615 und 1620, vermutlich am 5510 Meter hohen Grenzpass von Kuti. Der Vertrag räumte Nepal das Recht ein, in Lhasa 32 Geschäfte zu eröffnen, die beim Tod des Inhabers an die nepalische Regierung zurückfallen sollten. Nach einem Bericht George Bogles, des ersten britischen Beamten in Tibet, exportierte Lhasa Wollsachen, Ponys, Ziegen, Schafe, Moschus, Salz, Borax, Gold, Silber und Papier nach Nepal; umgekehrt brachten die nepalischen Händler Baumwollkleidung, Tabak, Messer, Elfenbein und Statuen nach Tibet. Außerdem wurde vereinbart, dass Kuti an Nepal ging, Nepal einen Gesandten nach Lhasa schicken konnte, Münzen für Tibet prägen durfte und Tibet dafür das Gold und Silber bereitstellte sowie aller Handel mit Indien durch das Kathmandu-Tal gehen musste. Eine weitere Klausel derselben Vereinbarung betraf die Abkömmlinge von nepalischen Männern und tibetischen Frauen, Khaccharas genannt, die als nepalische Staatsbürger galten und in Tibet Privilegien erhielten. Da Polygamie in Nepal nicht verboten war, nahmen sich einige nepalische Händler tibetische Zweitfrauen, um von deren Privilegien zu profitieren. Es wird berichtet, dass die Nepalis, meist wohl Newar, zu jener Zeit die Produktion von Eisen- und Bronzewaren, Gold- und Silberschmuck sowie die Färbereien fest in ihren Händen hatten. Die Grundlage des Tibethandels blieb allerdings der Tausch von Salz gegen Reis.

1775 schrieb Pṛthvīnārāyaṇa Śāha dem Panchen Lama, dem Oberhaupt Tibets, dass er an der Grenze zwischen Tibet und Nepal Geschäfte ansiedeln wolle, in welchen Tibets Händler nepalische Waren kaufen könnten. Dafür sollte Tibet den Kontakt zu Briten und Moguln einstellen und sie nicht ins Land lassen. Offensichtlich war es bezüglich des Tibethandels zu einer Konkurrenzsituation zwischen den Briten und Nepal gekommen. Nach den Kriegen von 1786, 1791/92 und 1855/56 zwischen Nepal und Tibet wurden weitere Handelsabkommen geschlossen, die ebenfalls Nepal begünstigten. Gleichzeitig stoppte Tibet den Handel mit der Ostindien-Kompanie, weil die Briten Tibet im Krieg nicht beigestanden hatten.

Auslöser für den Krieg von 1855/56 waren eine angeblich schlechte Behandlung der nepalischen Händler sowie Grenzstreitigkeiten gewesen. Im Ergebnis hatte Tibet einen jährlichen Tribut von nur 10.000 Rupien zu entrichten und Nepal auf territoriale Ansprüche zu verzichten. Zugleich erhielt Nepal aber die Erlaubnis, in Lhasa eine Handelsstation zu errichten. Obwohl nepalische Geschäfte in Tibet geplündert oder boykottiert wurden, blühte der Handel auf. Nach wie vor konnte sich dieser auf viele Privilegien stützen, z.B. gab es keine Zölle und keine Steuern für Händler. 1888 wurde aber eine Handelsroute von Kalimpong (Sikkim) durchs Chumbi-Tal nach Tibet eröffnet. Dies ermöglichte einen direkten Handel zwischen Britisch-Indien und Tibet, wobei freilich nepalische Händler immer mehr auch diese Geschäfte übernahmen, indem sie indische Waren nach Tibet brachten. Die Briten selbst wurden nicht ins Land gelassen; der Versuch, offizielle Handelsbeziehungen aufzunehmen, scheiterte 1903, obgleich der beauftragte Unterhändler Francis Younghusband mehrere Monate in Tibet ausharrte, um mit dem Dalai Lama ins Gespräch zu kommen. Im gleichen Jahr drang ein britisches Kontingent unter Younghusband in Tibet ein, aufgrund des Gerüchts, tibetische Soldaten hätten eine Herde Yaks von britisch-indischem Territorium gestohlen. Die Folge war ein grausames Massaker unter den hoffnungslos unterlegenen Tibetern. Im August 1904 erreichte Younghusband Lhasa, aber es kam nicht zu Verhandlungen, weil der Dalai Lama in die Mongolei geflohen war. Dennoch wurde den Tibetern die Öffnung des Chumbi-Tals für 75 Jahre sowie freier Zugang für einen britischen Handelsvertreter aufgezwungen. Da nepalische Gurkha-Soldaten die britische Mission unterstützt hatten, wendete sich die Öffentlichkeit in Tibet zunehmend auch gegen Nepalis. Dadurch sank die Zahl der nepalischen Händler in Tibet von mehreren Hundert auf nur wenige verbliebene ab. 1950, nach der Besetzung Tibets durch China, verlor Nepal fast vollständig seinen Einfluss auf Tibet.

Der Handel zwischen Nepal und Britisch-Indien gestaltete sich anders als der mit Tibet. Zum einen trat hier der Staat als Handelspartner auf, offiziell um zu verhindern, dass private Anbieter in direktem Grenzkontakt mit den Briten oder Muslimen über den Tisch gezogen würden. Allerdings ließ sich mangels einer klar markierten Grenze der kleine grenznahe Handel kaum kontrollieren. Zum anderen kam der lukrative Handel mit Holz hinzu, das die Briten für den Bau der Eisenbahn benötigten. Die Holzpreise stiegen daher rapide an. Nepal investierte sogar in industrielle Sägewerke, um den Bedarf zu decken. Für Holz hatte der Staat das Monopol, ebenso wie für den Verkauf von Indigo, Kardamom und anderen Waldprodukten. Weitere Exportgüter waren Tee, Elefanten, Kupfer oder Elfenbein.

Am 1. März 1792 wurde zwischen Nepal und der Ostindien-Kompanie ein Handelsabkommen geschlossen, nach dem Import und Export jeweils mit 2,5 % besteuert wurden. Dies bedeutete einen gewissen Schutz für die Händler im Land, aber Nepal hielt sich nicht an das Abkommen, das somit nicht wirklich umgesetzt wurde. Dasselbe galt für einen Vertrag von 1801. 1834 schlug Premierminister Bhīmasena Thāpā 4 % Ex- und Importsteuern vor, was von beiden Seiten akzeptiert wurde. Das Volumen des Handels zwischen Nepal und der Ostindien-Kompagnie stieg zwischen 1830 und 1900 von geschätzten 3 auf 40 Millionen Rupien an.

In der Rāṇā-Zeit gab es kaum wirtschaftliches Wachstum. Die industrielle und handwerkliche Produktion blieb hauptsächlich auf Kleidung, Wolldecken, Kunsthandwerk, Schmuck und Gebrauchsgegenstände für die Küche sowie landwirtschaftliche Erzeugnisse begrenzt. Daran änderte sich im Prinzip bis 1950 nichts. Auf den Vorschlag der Briten, neue Waren zu produzieren, ging man nicht ein. Gleichzeitig nahm der Import an Luxusgütern aus Indien zu. Dies betraf vor allem Kleidung aus England, mit deren Qualität die lokalen Kleidungsmanufakturen nicht mithalten konnten.

Die indischen Händler, zu denen aus Sicht des Palastes und großer Teile der Bevölkerung auch die indisch-stämmigen Händler aus dem Tarai zählten, konnten sich mehr oder weniger frei im Land bewegen. Dennoch wurden auch ihre Geschäfte besteuert. Über die Art und Weise gibt ein Brief des Beamten (*jimmāvāla*) und regionalen Generalkommandeurs Jagat Śamśera aus dem Tsum-Tal Aufschluss. In diesem auf 1890 datierten Dokument wird berichtet, dass die indischen (*mogalāniyā*) Händler, die jedes Jahr ins obere Tsum-Tal kamen, die seit langer Zeit üblichen Gebühren von je einem *dhoka* (ca. 25 kg) Salz für sechs Schafe und ein Yak schuldig geblieben waren. Die Einnahmen seien immer dazu benutzt worden, bei den jährlichen königlichen Behördenaufmärschen die Sicherheit zu gewährleisten. Umgekehrt hätten die Händler aus Tsum in Indien immer ihre Gebühren bezahlt. Jagat Śamśera forderte daher den nächstgelegenen Gerichtshof dazu auf, die ausstehenden Gebühren einzutreiben.

Insgesamt gesehen war die Rāṇā-Zeit durch eine statische Landwirtschaft und kaum nennenswerte Industrieproduktion gekennzeichnet. Die Einnahmen aus den Steuern und Zöllen kamen im Wesentlichen der Rāṇā-Elite zu, während die Landbevölkerung in Armut oder sehr bescheidenem Wohlstand verharrte. Dies alles geschah zu einer Zeit, als in Indien die Industrieproduktion gewaltige Fortschritte machte.

Die wirtschaftspolitisch strukturellen Schwächen der Rāṇā-Zeit wirken bis in die Gegenwart hinein: Nach wie vor ist das Steueraufkommen Nepals eines der niedrigsten in Asien, nach wie vor ist die industrielle Produktion nicht nennenswert angelaufen, nach wie vor fehlt es an regulativen Voraussetzungen für ein wirtschaftliches Gedeihen, das nicht unbedingt auf Prinzipien der liberalen Marktwirtschaft beruhen muss, wie die amerikanisch-kanadische Ethnologin Katherine Rankin 2004 in einer Studie gezeigt hat. Die Folgen dieser Unterentwicklung sind weitreichend: Nepal ist eines der ärmsten Länder der Welt, es hat nicht genügend existenzsichernde Arbeit für seine Bevölkerung, die Verwaltung behindert durch Überregulierung die wirtschaftliche Entwicklung und vor allem Investitionen. Auch die regelmäßigen Blockaden durch Indien sowie Streiks wirken sich negativ aus, die Korruption ist allgegenwärtig, es fehlt an einer stabilen Infrastruktur, das Niveau des Bildungswesens ist zu gering. Ungeachtet dieser historisch begründeten Hindernisse sind Fortschritte zu verzeichnen: Das Wirtschaftswachstum hat sich erholt, die Energieversorgung wird besser, besonders bei der Elektrizität bestehen berechtigte Hoffnungen auf eine ausreichende Versorgung in den Ballungszentren, der Straßenausbau wird vorangetrieben, der Tourismus erweist sich trotz Erdbeben und politischer Unruhen als ebenso stabil wie die Entwicklungshilfe.

Der Wald und heilige Bäume

Rund 5,5 Millionen Hektar oder 35 % der Fläche Nepals bestehen aus dichtem Wald. Vor allem in den südlichen Ausläufern des Himalaya wachsen harte Tropenhölzer wie der Sal-Baum und verschiedene Akaziensorten, in den mittleren Regionen kommen unter anderem Pinien und Rhododendron-Bäume hinzu. Die Waldgrenze liegt zwischen 3000 und 4000 Meter. Der Wald spielt entsprechend in Mythologie und Erzählungen Nepals eine große Rolle. Er ist Sitz von Geistern und wilden Tieren, immer mit Gefahren verbunden, Rückzugsort für Asketen und Einsiedler, Quelle für Nahrung und Gesundheit.

Das meiste geschlagene Holz wird für Brennholz und den Hausbau benutzt. Viele kleinere Bäume werden aber auch als Tierfutter gebraucht und abgeschlagen. In der Rāṇā-Zeit und zwischen 1950 und 1980 haben im Tarai umfangreiche Rodungen stattgefunden. Da aber die technische Ausrüstung nicht sehr gut war, die meisten Bäume früher mit Handsägen und Äxten gefällt wurden und der Abtransport größerer Bäume mit Lasttieren wie Elefanten erfolgte, hielt sich die Abholzung letztlich in Grenzen. Zudem hat sich im Laufe des 19. Jahrhunderts durchaus ein Bewusstsein für den Wert von Wäldern herausgebildet, wobei allerdings meist kommerzielle Interessen im Vordergrund standen. So verbietet der *Ain* von 1854, der sein ganzes 32. Kapitel dem Holzfällen widmet, das Abhacken von Ästen und Bäumen auf fremdem Land. Auch die Bäume in Alleen, an Quellen oder entlang von Kanälen werden unter Schutz gestellt. Der eigenmächtige Verkauf von Nutzholz war ohnehin verboten, da alles Land dem Staat gehörte. Obwohl es gestattet war, sich auf gepachtetem Land Holz für den Bau von Häusern oder Gärten zu holen, durfte im Tarai zwischen dem Mahakali- und dem Mechi-Fluss ohne Genehmigung kein einziger Baum gefällt werden. Bei Zuwiderhandlungen wurde das Holz konfisziert und der Täter bestraft; die Höhe der Strafe hing von der Landkategorie ab. Für den Verkauf von Nutzholz war allein eine bestimmte Behörde, das *kāṭhamahala* (wörtlich ›Holzlager‹), zuständig. 1885 erließ Premierminister Vīra Śamśera weitere Verbote, die etwa das Aufstellen von Fallen, das Jagen und das Weiden von Tieren im Wald oder das Sammeln von Früchten des Waldes betrafen. Er bestellte auch spezielle Wachen, die teilweise auf Elefanten ritten, um die Einhaltung des Abholzverbots im Tarai zu kontrollieren.

Wie man sieht, hat sich Nepal immer schon um den Schutz des Waldes bemüht. Auch zeugen Inschriften aus der Licchavi- und der Malla-Zeit davon, dass das Fällen oder Beschneiden der Bäume am Palast und um Burgen herum verboten war und streng bestraft wurde. Dies sollte unter anderem den Schutz der Anlagen sicherstellen, die durch die Bäume weniger leicht zugänglich waren. Geschützt wurden aber auch schattenspendende Bäume in den Dörfern sowie heilige Bäume, an denen es Nepal nicht mangelt. Da ist z.B. der Feigenbaum (*nyagrodha*, *Ficus bengalensis* oder *Ficus indica*), mit seinen zu Stämmen gewordenen Luftwurzeln auch bekannt als Banyan-Baum. Wegen des Glaubens, dass unter dem Banyan-Baum gemachte Versprechen unauflösbar sind, trafen sich dort bevorzugt Kaufleute (Hindī *banyan*), um Geschäfte abzuschließen. Daher heißt der Baum auch ›Händler‹- oder eben Banyan-Baum. Der Nīm-Baum (*Azadirachta indica*) hat während des Totenrituals eine besondere Funktion: Er gilt als reinigend und als Sitz der Pocken-Göttin Sītalā, weshalb die Blätter zur Heilung der Krankheit und zur Vertreibung von Dämonen benutzt werden. Die dreiteiligen Blätter des Pippal-Baumes (*Ficus religiosa*) oder des Bel-Baumes (*bilva*, *Aegle marmelos*) symbolisieren die hinduistische Trinität von Brahmā, Viṣṇu und Śiva. Die Blätter werden oft zu Opfertellern zusammengesteckt und für Rituale gebraucht. Der robuste Sāl-Baum (*Shorea robusta*) wird für den Bau von Holztempeln und die berühmten Holzschnitzereien verwendet, darunter auch das hölzerne Kāṣṭhamaṇḍapa, ein Versammlungshaus, das vermutlich Kathmandu seinen Namen gab. Die nussgroßen Samen des Rudrākṣa-Baumes (*Elaeocarpus sphaericus*), auch ›Holzapfelbaum‹ genannt, sind bei vielen śivaitischen Ritualen nahezu unverzichtbar. Je nach Anzahl und Form ihrer Furchen symbolisieren sie verschiedene Prinzipien und Götter. Besonders wertvoll ist der seltene ›eingesichtige‹ Samen, der nur eine Furche hat: Er kann, wenn er echt ist, mehrere Tausend Euro kosten. Sandelholz (*Santalum album*) wird unter anderem für Leichenverbrennungen und zur Herstellung von heiligen Pasten verwendet. Diese Beispiele entsprechen der ganzen Nutzungsbreite von Bäumen: Sie dienen zum Schutz, als Feuerholz (im Haus und bei der Leichenverbrennung), zur Nahrung (Früchte) und Heilung (Blätter, Rinde, Harz, Früchte, Samen), für Rituale sowie für den Haus- und Gerätebau.

Als logische Folge der Vielseitigkeit der Nutzung von heiligen Bäumen ist ein generelles Nutzungs- und damit Abholzungsverbot ausgesprochen selten. Es muss noch etwas hinzukommen, damit ein heiliger Baum geschützt ist: ein besonderes Ereignis, sein Standort, ein extremer Wuchs. Nur wer einen solchen Baum fällt oder verletzt, begeht einen Baumfrevel. Werden heilige Bäume als Pfähle oder Äste für Rituale gebraucht – so bei der Bisketjātrā in Bhaktapur, beim Indrajātrā-Fest in Kathmandu oder bei der Triśūlajātrā in Deopatan bei Kathmandu – steht einem Fällen nichts im Wege.

Die zuvor gegebenen Beispiele eröffnen dem Symbolismus Tür und Tor: Schnell ist da die Rede von *axis mundi*, Symbol der Schöpfung (Weltenpfahl), phallische

Symbole von Herrschaft und Gewalt werden bemüht und so weiter und so fort. Ähnlich vielfältig sind die Deutungen des Baumkletterns, das zur (nepalisch-)schamanistischen Initiation gehört, oder des Pfahls, der in die Stūpas eingebaut wird. Freilich braucht es genauere lokale Kenntnisse, um die Bedeutung und Funktion zu verstehen, die Bäume in Nepal in bestimmten Kontexten haben. So werden beim Bisketjātrā, dem Neujahrsfest in der Stadt Bhaktapur, nicht nur zwei Pfähle aufgestellt, die tatsächlich so etwas wie Weltenbäume darstellen, sie werden auch – und das ist die regionalspezifische Besonderheit – miteinander verheiratet und durchlaufen alle lebenszyklischen Übergangsriten.

Kann man aus der Tatsache, dass Bäume in Nepal als etwas Heiliges angesehen werden, ein Bewusstsein für Naturschutz ableiten? Dass Bäume als schutzbedürftig betrachtet werden, heißt nicht per se, dass es auch ein Bewusstsein für die Notwendigkeit des Naturschutzes gibt, wie die Beispiele gezeigt haben. Geschützt wird die Gottheit des Baumes. Unangreifbar wird ein Baum erst, wenn er seine religiöse Macht mit einer anderen religiösen Macht, z.B. einem Gott, teilt. Geschützt wird auch dann aber nicht der Baum oder die Natur, sondern die Einzigartigkeit dieses speziellen Baumes, seines Standorts und des mit ihm verbundenen mythischen oder rituellen Ereignisses. Dies bedeutet: Ein spezifischer Baum ist nicht deshalb heilig, weil es sich um einen Bel- oder einen Pippal-Baum handelt, gewissermaßen um den diesseitigen Ableger eines transzendenten Baumes, sondern weil der Baum selbst *in situ* und konkret die Heiligkeit schlechthin ist.

Bislang war nur von einzelnen heiligen Bäumen die Rede, nicht aber vom heiligen Wald. Das hat seinen Grund, denn einen heiligen Wald gibt es in Nepal nicht, nur die Wildnis, die – unberührt und nicht kultiviert – im subtropischen Klima schnell zu einem Wald mit dichtem Untergestrüpp heranwachsen kann. Die Opposition zur Stadt und zum Dorf, also zu den Siedlungen, aber auch zum Acker, bildet das unbearbeitete Land, welches seinerseits aus Wald oder Steppe, Wüste oder Sumpf- bzw. Marschland besteht. Das aus dem Sanskrit stammende Wort ›Dschungel‹ (*jaṅgala*) meinte ursprünglich und meint vielfach noch heute nicht den wilden, undurchdringbaren Wald, sondern das trockene, fruchtbare Land des Getreides und der Weideflächen, im Unterschied zum feuchten Land des Wasserbüffels und des Reisanbaus – das Land, in dem die Antilope herumzieht, wie es in alten Texten heißt.

Der Wald hinwiederum wird in zwei Kategorien eingeteilt: den nahen, von Menschen etwa zum Jagen oder Holzfällen aufgesuchten Wald und den fernen, menschenleeren, wilden und gefährlichen Wald. Diese Aufteilung entspricht in etwa der seit altindischen Zeiten gängigen Unterscheidung zwischen *vana* (›Wald‹) und *araṇya* (›Wildnis‹), die mit grundlegenden Fragen der indischen Gesellschaft und

Askese zusammenhängt. Weder der nahe noch der ferne Wald ist aber irgendwo *per se* heilig.

Dennoch finden sich Konzepte, nach denen bestimmte Areale aus religiösen Gründen weitgehend unberührt zu lassen oder zu bewalden sind. So enthält ein Dokument des Jahres 1905 die Verordnung, im Wald die Bäume nicht wahllos abzuholzen. Auch mussten die Distriktbeamten normalerweise im Palast um Erlaubnis nachsuchen, wenn sie Bäume fällen wollten. Jedenfalls gibt es viele Dokumente mit Anträgen auf die Erlaubnis, für diesen oder jenen Zweck – z.B. für den Brücken- oder Tempelbau – Bäume zu fällen. Dabei wurde dieses durchaus nicht immer gewährt. So zog Gīrvāṇayuddha 1803 das ursprünglich von Pṛthvīnārāyaṇa Śāha gewährte Recht, für ein Devīnārāyaṇa-Fest Feuerholz zu sammeln, wieder zurück.

Außerdem werden bestimmte Wälder oder Haine in Nepālī gelegentlich *dhārmika bana*, ›religiöser Wald‹, genannt; ihre Größe liegt zwischen 0,1 und 4 Hektar und sie werden in der Regel von Förstern, Priestern, religiösen Organisationen oder dem Staat kontrolliert. Es handelt sich bei ihnen entweder um Tempelareale wie etwa die Mṛgasthalī (›Gazellenhain‹) am Paśupatinātha-Tempel oder um Gärten der Aristokratie. Als Beispiel für die besondere Form von Waldschutz, die mit diesen ›religiösen‹ Wäldern verbunden ist, mag ein Dokument von Gīrvāṇayuddha Śāha aus dem Jahr 1815 gelten. Es enthält den Befehl des Königs an den Hauptpriester des Paśupatinātha-Tempels, für die Tätigkeiten im Paśupatinātha-Tempel (Feuer zum Kochen der Tempelspeisen etc.) nur Holz von alten und abgefallenen Ästen zu nehmen. Selbst im Fall von Witwenverbrennungen dürften keine Äste von den Bäumen abgeschnitten werden, wenn es sich jedoch aus einem dringenden Grund nicht vermeiden lasse, solle diese Arbeit durch den legitimierten Waldfäller ausgeführt werden. Diejenigen, die sich mittels Gewalt oder durch Diebstahl am Wald vergingen, sollten bestraft werden. Auf diese Weise möge es dem Priester gelingen, den Wald wieder dicht werden zu lassen und ihn zu beschützen.

Aus diesem Dokument kann man schwerlich ein Bewusstsein für ökologische Zusammenhänge herauslesen. Was mag also der Grund dafür gewesen sein, dass ein König den Hauptpriester des Nationalheiligtums so dezidiert zum Schutz des dazugehörigen Waldes aufforderte? In dieser Frage hilft ein zweites Dokument weiter: 1847 informierte nämlich König Surendra Śāha, der Enkel von Gīrvāṇayuddha, seine Untertanen darüber, dass sich die früheren Könige mit einheimischen und fremden gelehrten Brahmanen beraten hätten, um mit der Beweiskraft der Lehrbücher festzustellen, dass alle Bäume im Wald am Paśupatinātha-Tempel Seher (*ṛṣi*) und Weise (*muni*) seien. Wer diese fälle, begehe eine große Sünde. Nicht einmal ein bambussplittergroßes Stück Brennholz dürfe von ihnen abgeschnitten werden.

Surendra legte zusätzlich fest, dass ein Komitee aus einem Waldinspektor, einem Anführer und einem Waldfäller gebildet werden solle, das dem Premierminister regelmäßig Bericht erstatten müsse. Dieses Dokument legt offen, was im ersten allenfalls angedeutet wird: Der Wald um den Tempel muss geschützt werden, weil er heilig ist, weil die Bäume selbst Heilige sind. Der Beschluss des Königs war also in erster Linie dazu angetan, die Heiligkeit des Tempelareals zu schützen, und nicht die Folge eines ökologischen Bewusstseins.

Was bedeuten diese Dokumente für den ökologischen Waldschutz in Nepal? Die unkontrollierten Rodungen, die extremen Mengen an Bau- und Brennholz, die wegen des Bevölkerungswachstums geschlagen wurden, haben zu Erosion geführt; die Folgen haben nicht nur im Himalaya, sondern auch im Tarai bedrohliche Ausmaße angenommen hat. Außerdem sind große Teile der Fauna und Flora gefährdet. Immer noch werden rund 80 % des Energiebedarfs in Nepal durch Holz gedeckt. Eine durchgreifende Umweltpolitik ist da kaum möglich, obgleich schon in den späten 1980er Jahren in 81 % der Wälder das Abholzen von Bäumen und in 73 % das Abschneiden von Ästen untersagt wurde. Die staatliche Nepal Timber Corporation hat zwar den Kahlschlag reduziert, aber jeder Versuch, durch Aufforstung den Abholzungen entgegenzuwirken, ist wegen Überbevölkerung und Korruption ein Tropfen auf einen heißen Stein.

Was also tun? Der Zoologe Jochen Martens listet in einem detailreichen Waldbericht nur wenige Gegenden Nepals auf, wo sich der Wald regeneriert hat. Es sind ohne Ausnahme »Stellen, die der Mensch aufgegeben hat.« Wieder einmal zeigt sich, dass der Mensch – sei er Nepali, sei er Tourist – gelegentlich der Natur Gutes tut, wenn er sie in Ruhe lässt.

Das Verwaltungssystem

Neben dem ausbeuterischen Landnutzungssystem war das Rechts- und Verwaltungssystem der Śāhas und Rāṇās ein Hauptgrund für die verzögerte wirtschaftliche Entwicklung Nepals. In der Licchavi-Zeit herrschte der König mit seinem Großen Rat (*antarāsana*, *paramāsana*) in den Palästen Mānagṛha bzw. Kailāśakūṭa. Diese Institution befand über wichtige Staatsangelegenheiten und Fälle, die nicht auf Dorfebene geklärt werden konnten. Als administrative Einheiten schälten sich Distrikte (*tala*, *viṣaya*), nahezu urbane, jeweils aus mehreren Talas bestehende Zentren (*draṅga*) und Dörfer (*grāma*) heraus. Letzteren stand ein Dorfrat (*pāñcālī*) mit relativ weit gehenden strafrechtlichen, fiskalischen und sozialen sowie öffentlichen Befugnissen vor, so dass die Licchavi-Administration insgesamt eher dezentral organisiert war. Ihr oblag auch oft die Verwaltung der Tempel. Der Dorfvorsteher (*sthānadvārika*) war das Bindeglied zwischen dem Dorf und der Distriktebene bzw. dem Palast.

Eine dem Palast direkt untergeordnete Behörde war das königliche Sekretariat (*mahāpratihāra*, *pratihāra*), das den persönlichen Sekretär und seine Adjutanten umfasste und unter anderem für die Sicherheit der Königsfamilie zuständig war. Die Inschriften erwähnen zahlreiche Posten im Palast wie den Kämmerer, den Herold, der Dekrete und Befehle verkündete, Finanzbeamte, Wächter, Fahnenträger, Gärtner, Musiker, Reinigungsleute und andere mehr. Wenn der Kronprinz das Mannesalter erreicht hatte, nahm er ebenfalls eine hohe Stellung ein. Das politische und administrative Tagesgeschäft wurde aber durch einen Ministerrat (*amātya-pariṣad*) mit einer Art Premierminister an der Spitze geleitet.

Der Oberbefehl über das Militär, das eine Infanterie, eine Kavallerie und eine Elefanteneinheit umfasste, lag beim König, doch hatte der Oberkommandeur (*mahābalādhyācārya*) ebenfalls weitreichende Befugnisse. Neben der Leitung der militärischen Aktionen oblag es ihm, den Palast und die Burgen (*durga*), in die sich die Soldaten zurückzogen, zu sichern.

Die Staatseinnahmen bestanden aus Ernteabgaben, Steuern auf Viehwirtschaft und bestimmte Handelsgüter sowie Zöllen. Daneben gab es lokale Steuern unterschiedlicher Art; erwähnt werden etwa Steuern auf Bullenkämpfe, Holzschnitzereien, Kleidung, Fische und selbst Zwiebeln oder Knoblauch. Die Pächter hatten zusätzlich noch Abgaben an die Landbesitzer zu leisten.

Über die Einhaltung der brahmanischen Kastennormen wachte unter anderem eine Behörde (*māpcoka adhikaraṇa*), die sich um soziale Fragen (Sklavenarbeit, Sorge für Waisen oder kranke und hilflose Frauen) kümmerte, sowie ein spezieller Beamter (*daṇḍanāyaka*), der exekutive Gewalt ausüben konnte. Schwere Verbrechen, für die etwa die Todesstrafe vorgeschrieben war (Mord, Ehebruch, aber auch Diebstahl), wurden direkt vom Palast geahndet, kleinere eher auf der Dorfebene geregelt.

Der Palast hatte in der Licchavi-Zeit nur wenige allgemeine Aufgaben. Dazu gehörte etwa das Anlegen und der Erhalt von Kanälen zur Wasserversorgung. Die Licchavis führten aber eine Amtssprache (Sanskrit), normierte Maße und Gewichte sowie ein Münzwesen ein. Insgesamt gesehen zeichnet sich also trotz einer nicht immer sicheren politischen Situation und der zeitweilig praktizierten geteilten Herrschaft ein hochentwickeltes und funktionierendes Verwaltungssystem ab.

Auch die Malla-Zeit war geprägt von einem autokratischen Verwaltungssystem, das ganz auf die meist drei absolutistisch herrschenden Könige des Kathmandu-Tals zugeschnitten war, wenngleich die Machtverhältnisse durch die zeitweise geteilte Herrschaft nicht immer klar waren. Im Wesentlichen ähnelte die Palastverwaltung der Licchavi-Administration. Die Posten des persönlichen Sekretärs des Königs, des Hofpriesters und -astrologen, des Arztes, des religiösen Richters (*dharmādhikārin*) und des Kämmerers blieben erhalten; neu erwähnt werden Gärtner und Sklavenaufseher. Auch spielte der Kronprinz eine größere Rolle. So wurde Kronprinz Jayadharma Malla unter Sthiti Malla (1382–95) zum Ministerpräsidenten und auch Siddhinarasiṃha Malla (1619–61) und Bhūpatīndra Malla (1696–1722) übertrugen ihre Macht noch zu Lebzeiten auf ihre Söhne.

Mehr Bedeutung erhielt auch der Große Rat des Königs, *bhāradārī* genannt, dem in wechselnder Zusammensetzung Mitglieder angesehener Familien (Nev. *bhāro*, *bhā*), der Ministerpräsident, die Minister und manche Funktionsträger angehörten. Den unregelmäßigen Versammlungen des Rats, in dem wichtige Staatsangelegenheiten diskutiert und teilweise entschieden wurden, saß der König vor.

Die eigentlichen Regierungsgeschäfte lagen in den Händen eines Ministerrats (*sacivamaṇḍala*), der sich aus dem Ministerpräsidenten (*mūlakājī*, *mahāmantrin*, *mukhyamantrin*, *cautārā*) und wenigen Ministern (*amātya*, *pramāṇa*, *mantrin*, *kājī*) zusammensetzte. Minister waren auch für bestimmte Distrikte zuständig, andere Beamte (*deśanāyaka*, *dvāre*, *ṭolanāyaka*) für Unterbezirke. Sowohl der Ministerpräsident als auch einzelne Minister konnten mit militärischen Operationen betraut werden, bei denen nicht nur die Soldaten, sondern weite Teile der männlichen Bevölkerung mobilisiert wurden. Eine größere Berufsarmee gab es wohl vor dem 17. Jahrhundert nicht. Im Kriegsfall wurde ein professioneller rekrutierender Beamter (*umrāu*/*umrāva*) eingesetzt, dem militärische Führungsaufgaben übertragen werden konnten. Zwar werden in Inschriften Heerführer (*senādhyakṣa*) genannt, der Oberbefehl blieb aber beim König. Die Bewachung und Erhaltung der Paläste und Burgen, die unter dem Befehl eines

Burgwächters (Nev. *kvāthanāyaka*) standen, war zumindest unter Yakṣa Malla (ca. 1428–82) durch Vorschriften genau geregelt. Die administrative Aufsicht über die Tempel lag meist bei Guṭhīs, manchmal aber auch bei höheren Palastbeamten; die Aufsicht über die Wasserkanäle lag bei einem speziellen Beamten (*nirjharādhipa*, Nev. *dhalapā*).

Die Abgaben, die das Volk zu entrichten hatte, betrugen ein Viertel bis ein Sechstel der Ernte. Daneben gab es Sondersteuern auf Öl, Fische, Schweine, Wasserbüffel, Holz und andere Güter sowie z.B. bei Hochzeiten von Mitgliedern der königlichen Familie. Große Geschäfte wurden auch im Gold- und Silberhandel mit Tibet gemacht. Alle Staatseinnahmen flossen dem Palast zu.

Die Verwaltungstätigkeit der Licchavi- und Malla-Zeit bezog sich fast ausschließlich auf das Kathmandu-Tal. Erst mit den Śāhas gab es eine landesweite Verwaltung, die vom Palast aus agierte. Das wurde auch in der Rāṇā-Zeit beibehalten, wobei dann wichtige Erlasse (hauptsächlich *lālamoharas* und *rukkās*) vom Premierminister stammten, aber vom entmachteten König unterzeichnet werden mussten. Diese Epoche war gekennzeichnet durch die Konzentration der Macht im Zentrum, eine hierarchische Ordnung und die Verbindung von militärischen und zivilen Verwaltungsinstanzen. Im Kern war die Verwaltung der Rāṇās nach Vorbildern der Mogul-Administration konstruiert, wie an vielen terminologischen Übereinstimmungen zu sehen ist. Ein direkter Einfluss der Moguln auf die Ausgestaltung des Verwaltungsapparats ist aber nicht nachweisbar.

Im Zuge des Ausbaus wurden zunächst die Herrscher der Kleinkönigtümer durch Gouverneure (*subbā*) oder andere hohe Beamte ersetzt. Wo der lokale Herrscher nicht ersetzt wurde, erhielt dieser die gleichen Rechte und Pflichten wie ein Subbā in den Provinzen. Die Armee war zu Beginn des 19. Jahrhunderts relativ klein. Der erste britische Gesandte Gardner zählte 1815 10.000 Soldaten. Allerdings bezog sich diese Zahl wohl nur auf das stehende Heer; bei militärischen Operationen wurden schnell viele weitere Tausende rekrutiert.

Bis zum Ende des 19. Jahrhunderts bedeutete Verwaltung in Nepal im Grunde nur Militär- und Steuerverwaltung. Der Staat verstand sich nicht als Einrichtung, der für seine Bewohner zu sorgen hatte. Daher gab es für den gemeinen Bürger kaum staatliche Wohlfahrtsinstitutionen (Krankenhäuser, Armenhäuser, Altersheime), Bildungseinrichtungen

(Schulen, Universitäten) oder Ordnungshüter (Polizei). Ein Sozial- oder Erziehungsministerium waren nicht vorhanden, ebenso wenig Stadt- oder Verkehrsplanungsämter.

Den Hofstaat der Śāhas hat man sich nach den von Brian H. Hodgson überlieferten ›Gehaltslisten‹ (*pajanī*) im Jahr 1843 in etwa so vorzustellen: Insgesamt arbeiteten im Palast mehr als 100 Beamte, in der Mehrzahl Brahmanen und Chhetri. Darunter bildeten Mitglieder bestimmter angesehener Familien (*bhāradāra*) die am höchsten stehende Gruppe. Eine größere Gruppe bildeten die brahmanischen Gurus, insgesamt acht, die meist aus den Klans der Pāṇḍe und Pauḍyāla kamen und an deren Spitze der Dharmādhikārin stand, der auch als religiöser Richter fungierte. Einige von ihnen hatten den Rang eines Ministers (*mantrin*) inne, andere waren die Priester des Königs (*purohita, dīkṣāguru*) und hatten am Hof die Rituale durchzuführen. Die zweite größere Gruppe bildeten Verwandte des Königs oder Premierministers (*cautariyā*), die auch Gouverneure in den damals zehn Distrikten sein konnten. Auch der Premierminister selbst war seinerzeit ein Cautariyā. Ebenfalls hohe Verwaltungsposten im Land hatten die Kājīs, die als Gouverneure oder Vizegouverneure wirkten, und die Sardāras inne, die auch militärische Posten übernehmen konnten. Auf einer untergeordneten Ebene arbeiteten verschiedene Beamte mit spezielleren Funktionen: Astrologen (*jyotiṣī*), Kämmerer (*kapardāra*), Schatzmeister (*khajāñcī, tahabiladāra*), männliche Gouvernanten (*dādā*), die für die Ausbildung der Söhne und Töchter der Bhāradāras zuständig waren, Ärzte (*vaidya*), Gesandte (*vakila*), Wächter (*dvāre, koṭavāla, koṭe*), leitende Beamte in verschiedenen Ämtern (*subbā, tharaghara*), Richter (*diṭṭhā, bicārī*), Übersetzer (*munsī*), persönliche Assistenten (*jethābuḍhā, copadāra*), Schreiber (*khardāra/kharidāra, nausindā*), Registrare (*bahidāra*), Militärbeamte (*umarāu, umarāva*), Steuereintreiber (*pradhāna, bhansārī*), Leibgardisten (*sipāhi*) und verschiedene Helfer (*ṭahaluvā*).

Mit dem *Ain* von 1854 zeichnete sich schließlich ein weitgehend uniformiertes Rechts- und Verwaltungssystem ab. Dieses war wohl beeinflusst durch Jaṅga Bahādura Rāṇās Reise nach Paris und London 1850–51, von der er mit der Idee einer Verfassung und einer Art Parlament (*kausala*) zurückkam. Jedenfalls wurden danach englische Verwaltungsbegriffe (*prime ministara, commandar-in-chief, lieutenant, colonel*) eingeführt.

Nominell führten in der Rāṇā-Zeit der König oder ein Regent (*nāyaba*) bzw. eine Regentin aus der Śāha-Dynastie das Land an. An der Spitze der Regierung stand aber faktisch der Mukhtiyāra oder Premierminister. Wenn es einen Regenten gab, war dieser dem Mukhtiyāra vorgesetzt. Meist stellten bestimmte Familien die Premierminister, besonders anfangs die Pā̃ḍes und die Thāpās, später die Kũvara Rāṇās und die Śamśera Rāṇās. Die Macht der herrschenden Familien wurde aber durch einen jährlichen, von Pṛthvīnārāyaṇa eingeführten Hoftag mit Anhörung (*pajanī*) eingeschränkt, bei der alle hohen Beamten und Militärs erscheinen mussten. Bisweilen wurden sie entlassen, auf andere Stellen geschoben oder in ihren Aufgaben beschnitten. Selbst höchste Beamte waren vor solchen Herabstufungen nicht gefeit, z.B. erfolgte die Entlassung des mächtigen Premierministers Bhīmasena Thāpā durch Rājendra Śāha 1837 während einer derartigen Anhörung. Besonders aus den Listen dieser Pajanīs und anderen Quellen lassen sich die verschiedenen administrativen Institutionen und Posten für die Rāṇā-Zeit herauslesen.

Neben diesen Posten gab es noch viele untergeordnete oder kleinere Dienststellen, die für zahlreiche Spezialaufgaben verantwortlich waren. Unter Candra Śamśera gab es 13 Haupt- und etwa 60 Nebenämter, in denen viele Posten zu vergeben waren. Im Allgemeinen blieben dabei die höheren Ränge dem Rāṇā-Klan vorbehalten. Mitglieder der Cautariyās und anderer angesehener Familien der Brahmanen-Kasten, Chhetri, Gurung, Magar, Limbu und Newar, konnten ebenfalls Posten bekommen, allerdings hauptsächlich in den zivilen Sektionen und nur bis zum Rang eines Kājī im zivilen und Colonel im militärischen Bereich. In manchen Bereichen waren die Posten fast schon erblich, wobei die Beamten Birtā-Land erhielten, das sie ihren Söhnen vererben konnten. Besonders ehrenhafte und pflichtbewusste Beamte konnten ihr Leben lang dem Staat dienen, andere gingen in den bezahlten Ruhestand, für den es aber keine Altersgrenze gab.

Wegen der Unzugänglichkeit bestimmter Gebiete und der weiten Entfernungen im wachsenden Königreich musste die Verwaltung der Gorkhalis zunehmend auf Provinzen und Bezirke verteilt werden. Nachdem Pṛthvīnārāyaṇa Śāha am 21. März 1770 Kathmandu zur Hauptstadt Nepals erklärt hatte, teilte er das Land in zwölf Distrikte auf: vier westliche (Gorkha, Sallyan, Nuvakot, Lamidanda), fünf östliche (Sindhupalchok, Kabhrepalanchok, Dolkha, Majhakirat, Pallokirat) und drei südliche (Makwanpur, Choudandi, Vijayapur Talahatti). Aber schon 1793 gab es 17 Distrikte, unter Bhīmasena Thāpā sogar 39 (in einzelnen Dokumenten bis zu 52). Darin nicht eingeschlossen sind die Kleinkönigtümer (*rājya*), die im 18. und

Teilen des 19. Jahrhunderts noch relativ autonom waren und von eigenen Königen (*rājā*) regiert wurden. Die Gorkhalis zogen aber die Kontrolle an und forderten von den Kleinkönigen nicht nur Abgaben, sondern auch die Einhaltung gewisser Prinzipien, etwa ›Amtshilfe‹ bei der Verfolgung von Straftätern oder Unterstützung bei militärischen Vorstößen. Obgleich die Śāhas und Rāṇās den Kleinkönigtümern zugestanden, über ihr »Territorium herrschen und es von Generation zu Generation genießen zu dürfen«, wie es in der Standardformulierung hieß, beschnitten sie sie in ihren Hoheitsrechten, namentlich den Verfügungsrechten über das Land. Die Könige in Kathmandu konnten den Kleinkönigen Land wegnehmen und es einem anderen Kleinkönig zuteilen, und sie konnten Obligationen, Geschenke und Arbeitsdienste einfordern.

Mit der Zeit schälte sich wie schon bei den Licchavis die Aufteilung in Provinzen, Bezirke und Dörfer als Verwaltungseinheiten heraus, wobei die Kleinkönigtümer anfangs noch eine Sonderstellung zwischen Provinz und Distrikt einnahmen, weil sie bezüglich der Steuern und der Justiz Sonderrechte behielten. Die Provinzgouverneure (*hākima, baḍāhākima, subbā*) übten große Macht aus, denn sie hatten unterstellte Beamte zu überwachen, für Recht und Ordnung zu sorgen, Steuern und Abgaben einzutreiben und dem Palast in Kathmandu Bericht zu erstatten. Ende des 19. Jahrhunderts umfasste eine Bezirksverwaltung zahlreiche Unterabteilungen: die Militärverwaltung, das Bezirksgericht, die regionale Polizeizentrale, das Steuer-, Finanz- und Rechnungsamt, das Forstamt, die Post, das Amt für kommunale Arbeiten, den Elefantenstall, den Geheimdienst, die Münze und das Zollamt.

Die Rāṇā-Verwaltung war ein autokratisches, despotisches und strenges System, das seinen Untertanen kaum Freiheiten ließ. Es setzte auf Anpassung, Unterwerfung und Anbiederei. Im höheren Beamtenapparat saßen die Verwandten der wirklich Mächtigen. Zwischen zivilen und militärischen Verwaltungsangelegenheiten wurde kaum unterschieden. Die Administration entwickelte sich schnell zu einer Papierbürokratie, in der alles schriftlich festgehalten wurde. Oft fehlten klare Zuständigkeiten, mit eine Ursache für die allgegenwärtige Korruption und die sehr hohen Verwaltungskosten. Vor allem gab es aber keine politische und schon gar keine öffentliche Kontrolle der Verwaltung.

1951 wandelte sich vieles, auch die Verwaltung, z.B. durch den *Interim Government Act of Nepal*, der die Monarchie bestätigte, aber in staatlichen

Angelegenheiten die Mitsprache eines Parlaments und politischer Parteien vorsah. Obgleich der König weiter die absolute Macht innehatte, bedeutete diese Verfassung den Ansatz einer Trennung von Legislative, Judikative und Exekutive. Mit der Vorstellung, dass der Staat für Recht und Ordnung sowie die Grundbedürfnisse seiner Bürger zu sorgen habe, entwickelte sich so etwas wie eine mitdenkende und mithandelnde Öffentlichkeit. Das zeigte sich beim ersten Fünf-Jahres-Plan (1956–61) ebenso wie bei der Einrichtung eines Dorfentwicklungsprogramms und der Veröffentlichung dieser Pläne sowie der Haushaltspläne und Gesetze in der *Nepal Gazette*. Fast der gesamte Verwaltungsapparat zog in den Singha Darbar, die ehemalige Residenz der Rāṇā-Premierminister. Die vielen Ämter wurden fast sämtlich auf zehn Ministerien verteilt. Im Juni 1951 wurden auch gewisse Qualitätsstandards für Regierungsbeamte eingeführt, über deren Einhaltung eine *Public Service Commission* wachte.

Noch grundlegender und professioneller reformierte Premierminister Tanka Prasad Acharya durch den *Civil Service Act* von 1956 die Verwaltung. 1959 gab es auf der Grundlage einer neuen Verfassung die ersten allgemeinen Wahlen zum *House of Representatives*. Der so gewählte Premierminister B.P. Koirala führte weitere Reformen ein, darunter Probezeiten für Beamte, die freilich König Mahendra teilweise wieder zurücknahm. Stattdessen führte dieser 1962 das Panchayat- oder Dorfräte-System ein, behielt aber alle legislativen und exekutiven Rechte für sich, so dass der Palast wieder das politische und administrative Zentrum wurde. Auch wurde ein Großteil der Beamten ersetzt, weil sie dem König nicht als ergeben genug erschienen. Ein neues Gesetz verhinderte, dass diese dagegen Beschwerde einlegen konnten. Schon 1961 hatte Mahendra das Land in 14 administrative Zonen und 75 Bezirke eingeteilt, deren Kommissare und Chief District Officers (ab 1965) ihm direkt unterstanden. Er reformierte die Ausbildung der Beamten und ließ an der Tribhuvan Universität sogar einen Studiengang in *Public Administration* einrichten. Die lokale Verwaltung lag ab Mitte der 1970er Jahre zunehmend in den Händen von Local Development Offices und den Village Development Committees (VDC).

Mit dem Ende des Panchayat-Systems und der Verfassung von 1990 gab es wieder eine Trennung zwischen Palast und Regierung, deren Premierminister von Mitgliedern des Parlaments gewählt wurde. Der alte und neue Premierminister G.P. Koirala schuf 1991 eine *Administrative Reforms Commission*, die in allen Ministerien eine Planungskommission einführte, den Markt liberalisierte, das administrative Personal um 15 bis 20 % reduzierte und die Verwaltungsabläufe vereinfachte. Die VDCs wurden zur zentralen Behörde, um den Finanzfluss aufs Land zu kontrollieren; sie erhielten später Pauschalsummen zur eigenständigen Verwaltung. Zudem wurde die Arbeitszeit von Regierungsbeamten auf 30 Jahre begrenzt. Diese Änderungen gingen in den *Civil Service Act* von 1992 ein, der noch heute die Grundlage der Administration bildet.

Das Rechtssystem

Das schriftlich fixierte und kodifizierte nepalische Rechtssystem lässt sich in drei Phasen einteilen: a) das Recht der königlichen Dekrete in der Vor-Rāṇā-Zeit (vor 1854), b) das Recht des *Ain* von 1854 und seine Änderungen in der Rāṇā-Zeit (bis 1951) und c) das konstitutionelle Recht der Monarchie (1951–63), der Panchayat-Zeit (1963–90) und des Mehrparteiensystems (ab 1990). Neben dem schriftlich fixierten Recht ist das Gewohnheitsrecht (*lokadharma*) der verschiedenen Ethnien und Kasten zu berücksichtigen.

Abgesehen von wenigen Edikten, Inschriften und Handschriften beruhen alle Rechtstexte Nepals bis zur Mitte des 19. Jahrhunderts mehr oder weniger auf dem klassischen Hindu-Recht (*dharmaśāstra*). Selbst der umfangreiche *Nyāyavikāsinī*-Text (14. Jh.), ein Nevārī-Kommentar zur *Nāradasmṛti*, einem Dharmaśāstra-Text aus dem 4. oder 5. Jahrhundert, ist eher die Übersetzung eines Sanskritkommentars als ein originäres Werk, das abweichende Rechtsvorstellungen enthielte.

In der Licchavi-, Malla- und Vor-Rāṇā-Zeit war der König die höchste Rechtsautorität, die alle wichtigen Fälle entschied. Er wurde unterstützt von königlichen Priestern (*rājaguru*) und seit dem 18. Jahrhundert vom höchsten (religiösen) Richter (*dharmādhikārin*), der in allen Fragen des Gewohnheitsrechts und der Sitten mitentscheiden konnte, wobei er oft den Normen des *Dharmaśāstra* folgte. So konnte er Schuldige aus der entsprechenden Kaste entlassen, Ablässe erteilen, Gebühren erheben oder Gefängnisstrafen und sogar die Todesstrafe verhängen, wenn jemand verunreinigt war oder illegitimen Sexualverkehr gehabt hatte. Er konnte Personen, die sich schuldig gemacht und dadurch den Kastenstatus verloren hatten, wieder reinwaschen, z.B., indem er ihnen nach der Auferlegung von bestimmten Sühnemaßnahmen und Bezahlung von Gebühren eine Art Ablassbrief erteilte. In Gerichtsverfahren waren Gottesurteile etwa durch Feuerproben zur Beweisaufnahme üblich. Noch der Gesandte Brian H. Hodgson sah im ersten Drittel des 19. Jahrhunderts, wie Beschuldigte in einen tiefen Tank hinuntergelassen wurden oder über Feuer laufen mussten, um ihre Unschuld zu beweisen. Als Strafen kamen die Todesstrafe, Gefängnis, Brandmarkung, das Abhacken der Hand, die Beschlagnahme von Besitz, Kastendegradierung oder -verstoß und Geldzahlungen in Frage.

In der Rāṇā-Zeit wurden die meisten Fälle nicht mehr vom König oder Premierminister entschieden, sondern von verschiedenen Gerichten oder Ämtern. In schwerwiegenden Fällen entschied aber weiterhin der Premierminister, das Bhāradārī Kausala (ein Beratergremium des Königs bzw. Premierministers) oder der Mulukī Aḍḍā (Amt für Innere und Rechtsangelegenheiten). Bis zu Jaṅga Bahādura Rāṇā (1857–77) blieb das Recht jedoch zunächst unsystematisch in den Händen des Premiers, lokaler Ältestenräte oder Kastengremien.

Mit einem Erlass Raṇabahādura Śāhas aus dem Jahr 1806, als dieser sprunghafte König Premierminister war, kam erstmalig eine Vorstellung von Rechtssicherheit auf, indem bestimmte Prinzipien des Staates schriftlich festgehalten wurden. Dazu gehörten die Garantie auf den Hausbesitz, das Verbot von Kindersklaven, das Verbot von übertriebenen Zinsen oder das Recht auf faire Behandlung durch lokale Beamte. Dennoch lässt das Dokument erkennen, dass, wie Ludwig Stiller schreibt, »die Verwaltung zuallererst mit dem Einsammeln der Abgaben beschäftigt war und dass das Wohlergehen der Dorfbewohner nur in diesem Kontext signifikant war.« Viele dieser verstreuten Bestimmungen ließ Jaṅga Bahādura Rāṇā verfeinern und im großen *Ain* zusammenfassen. Dieser *Ain* (von Arabisch *a'in*, ›Gesetz‹), wie er ursprünglich nach persischem Vorbild nur hieß (erst 1908 erhielt er den Zusatz *mulukī*, ›königlich‹, ›staatlich‹), ist eine Art Verfassung, die Jaṅga am 6. Januar 1854 unter dem Namen König Surendra Śāhas verkünden ließ, nicht zuletzt, um landesweit das Kastensystem einzuführen – sehr zum Leidwesen der ethnischen Gruppen und anderer Minderheiten, die sich von den hinduistischen Grundtönen dieses dem Geiste nach brahmanischen Gesetzes nicht angesprochen fühlten. Der *Ain* wurde mehrfach verändert und gekürzt, besonders unter Vīra Śamśera, Candra Śamśera und Juddha Śamśera. Unter Mahendra Śāha (1955–72) wurde er völlig erneuert, 2016 wurde er das letzte Mal geändert. Als Verfassungstext ersetzte 2017 der *Nepāla Ain* den *Mulukī Ain*.

Der *Ain* Jaṅga Bahādura Rāṇās enthielt viele Normen des klassischen hinduistischen Rechts, aber auch der indischen Mogulverwaltung und des Gewohnheitsrechts (*nīti, lokako anubhava*). Die Bedeutung des *Ain* erkennt man unter anderem daran, dass es sich um das erste in Nepal gedruckte Buch handelt, vermutlich gedruckt auf einer von Jaṅga Bahādura Rāṇā importierten Druckmaschine. Der *Ain* wurde verfasst, weil Letzterer nach seiner Reise nach London und Paris (1850–51) das gedruckte Buch in einem fast magischen Sinne als Ausdruck westlicher Überlegenheit wertete. Es heißt, dass ihm der *Code Napoléon* von 1804 so sehr imponierte, dass er einen Rechtsrat (*Ain Kausal*) einrichtete und diesen damit beauftragte, die schon bestehenden Rechtsvorschriften in eine homogene Form zu bringen. Das Ziel war es, Nepal als das »einzige Hindu-Königreich« erscheinen zu lassen, wo, im Unterschied zum kolonialisierten oder durch Muslime besetzten Indien, »Kühe, Frauen und Brahmanen nicht getötet werden dürfen«, wie es zu Beginn des *Ain* heißt.

Der *Ain* ist ein umfangreicher Text mit 163 Kapiteln, der das Zivilrecht ebenso behandelt wie das Strafrecht. Die großen Themen sind die Kastenhierarchie, Landbesitz, Steuern und Abgaben, Erbrecht, Heirats- und Reinheitsvorschriften, aber auch Witwenverbrennung, Sklaverei, Hexerei, Furzen und Spucken in der Öffentlichkeit oder das Werfen von Chili in Augen oder auf Genitalien werden behandelt – was zeigt, dass nicht nur den priesterlichen Vorstellungen von Recht und Sitte gefolgt wurde, sondern auch dem Volk aufs Maul geschaut wurde.

Im Vordergrund steht die Hierarchie der Kasten und dabei besonders die Beziehung zwischen Kaste und Status. »Fortan sollen niedrig- und höherstehende Untertanen nach Schuld und Kaste gleich bestraft werden«, heißt es zu Beginn. Das ist eigentlich ein Widerspruch in sich, denn auf der einen Seite wird eine Gleichheitsnorm angestrebt, auf der anderen Seite aber nach Kasten unterschieden. Im Grunde zementierte Jaṅga Bahādura Rāṇā damit die bestehende soziale Hierarchie und die Privilegien der Aristokratie. Dennoch ist die Absicht, rechtsstaatliche Prinzipien verbindlich zu machen, nicht zu verkennen. In der Erstausgabe steht auf der Titelseite, dass Jaṅga Bahādura Rāṇā diesen *Ain* verfasst habe, um die einstige Ungerechtigkeit nicht fortzusetzen, die die Mukhtiyāras und Mitglieder des Regierungsrats (*bhāradāra*) dadurch herbeigeführt hätten, dass sie bei gleichen Vergehen über Personen unterschiedlichen Ranges verschiedene Strafen verhängt hätten.

Tatsächlich wurde mit dem *Ain* erstmalig so etwas wie Rechtssicherheit und soziale Absicherung eingeführt. So wurde festgeschrieben, dass sich der Staat um Waisen oder schwerbehinderte Menschen zu kümmern habe. Körperstrafen wurden weitgehend durch Geldstrafen ersetzt. Abgeschafft wurde auch das Wasser-Ordal, eine Art Waterboarding, bei dem der Beschuldigte und der Anklagende oder zwei niedrigkastige Vertreter in ihrem Namen in einen Wassertank geworfen wurden und derjenige Recht bekam, der als Letzter auftauchte. Die Strafen blieben aber zum Teil erbarmungslos: Todesstrafe (oder im Fall von Brahmanen Kastenverlust) beim Töten einer Kuh oder Landesverrat, Versklavung und Konfiszierung des Eigentums bei vielen sittlichen Vergehen und Eigentumsdelikten, Kastration bei sexuellen Vergehen, Auspeitschen beim ersten Diebstahl, beim zweiten Abhacken der Hand, beim dritten Todesstrafe.

Ungewöhnlich viele Dokumente dienen zur Ergänzung der im *Ain* von 1854 festgelegten Rechtsnormen. In welcher Weise die religiös-rechtlichen Normen tatsächlich umgesetzt wurden, machen erst diese Dokumente deutlich. So erfahren wir aus einem Dokument aus dem Jahr 1861 Folgendes:

> Gaja Keśara Ṭhakurī, der in Sokhala bei Pharping lebte, wurde in Übereinstimmung mit den Paragraphen 2 und 12 des Kapitels ›Über die Todesstrafe‹ zum Tode verurteilt, nachdem er gestand: ›Es ist wahr, dass ich Dienstagnacht in der lichten Hälfte des Monats Māgha im Jahr [VS 19]18, als 7 oder 9 *ghaḍīs* [1 *ghaḍī* = 24 Minuten] der Nacht vorüber waren, zum Haus der Dīpalocanā Jaisyānī, der Witwe des Brahmanen Raghu Jaisī, lebend in Pharping, Pācaṃḍi, gegangen bin. Ich öffnete den Türbalken mit meiner Hand, betrat das Haus und ging in den oberen Stock. Während sie schlief, umfasste ich ihren Hals, kniete an ihrer Brust nieder, nahm sie auch bei den Händen und Füßen, bis sie Blut spuckte, tötete die Brahmanin Dīpalocanā und stahl zudem ihr Eigentum.

Im *Ain* von 1854 findet sich tatsächlich die Bestimmung, dass »derjenige, der eine Person mit dem Fuß, einem Stock oder Stein schlägt,« als Mörder gilt und mit dem Tod zu bestrafen ist, »wenn sich die Person daraufhin nicht mehr fortbewegen kann und innerhalb von 22 Tagen stirbt.«

Das nepalische Recht, wie es sich vor und mit dem *Ain* präsentiert, unterscheidet sich vom westlichen oder römischen Recht vor allem dadurch, dass das Individuum kaum von seiner sozialen Gruppe getrennt werden kann. Dies wird deutlich bei Fällen von ritueller Unreinheit: Wer sich verunreinigt hatte, etwa durch illegitimen Geschlechtsverkehr, dem konnte der Sexualverkehr oder die gemeinsame Speise mit seiner eigenen Frau und anderen Familienmitgliedern untersagt werden. Darüber hinaus griff die Unreinheit auch auf diese Personen über. Eine weitere Besonderheit besteht darin, dass der Rechtsgrundsatz der Subjektivität, etwa das Tatmotiv, weniger galt als die objektiven Folgen der Tat. Das hatte Auswirkungen auf die Beurteilung juristischer Kriterien wie Absicht, Schuld, Verantwortlichkeit, Strafmilderung oder Beihilfe. Vor allem basierte das Recht des *Ain* aber nicht auf Naturrecht. Es war ein Recht der Kasten und ethnischen Gruppen. Was für die einen strafwürdig war, musste es für die anderen nicht unbedingt sein. Ferner wurde nicht unterschieden zwischen Gesetz und Moral.

Vielleicht der wichtigste Aspekt ist aber der, dass nach dem Hindu-Recht des *Ain* König und Gott, Staat und Religion, nicht voneinander zu trennen sind. Der König hatte auch religiöse Macht, weil seine Strafen zugleich dazu führen konnten, die Schuld abzubüßen. Allgemein gesprochen ist eine religiöse Strafe meist eine Form von auferlegter Buße, z.B. ein Fastengelübde, eine Wallfahrt, Gebete oder das Opfern verschiedener Gaben. Demgegenüber ist eine säkulare Strafe meist eine Bestrafung in Form von Gefängnis, Zahlungen, Beschlagnahmungen und anderem. Bußen zielen auf Absolution und das Verhältnis des Sünders zu Gott und Gesellschaft; Strafen betreffen die öffentliche Ordnung und die Rechte der anderen. Bußen betreffen auch ein anderes oder nächstes, Strafen nur dieses Leben. Bußen sind bis zu einem gewissen Grad freiwillig, Strafen hingegen nicht.

Der *Ain* jedoch unterscheidet kaum zwischen Buße und Strafe; in bestimmten Fällen wird beides vorgeschrieben. Kastendegradierung oder Ausschluss von der Speisegemeinschaft hatte auch soziale Konsequenzen. Und doch gibt es Fälle, bei denen es im *Ain* heißt: »eine Bestrafung fällt nicht an« (*khata lagdaina*), obgleich bestimmte Sühnemaßnahmen festgelegt werden: z.B. Rehabilitation (*patiyā*, *prāyaścit*); Bußgelder (*dastura*, *godāna*), die meist an den Dharmādhikārin gezahlt werden mussten; Geldstrafen (*daṇḍa*), die an die Regierung gingen; Begnadigungen (*taksīra māpha*) oder Ablasszertifikate (*purjī*). Ein solches Zertifikat konnte aber nur ausgestellt werden, wenn zuvor eine Bestrafung (Gefängnis, Beschlagnahme von Eigentum, Brandmarkung) erfolgt war, besonders bei illegitimem

Sexualverkehr oder Verstößen gegen die Speiseregeln, das heißt gemeinsamem Essen mit Kastenlosen oder unreinen Personen. Danach konnte eine volle oder eingeschränkte Rehabilitation (*patiyā*) gewährt werden. Wurde sie für gekochten Reis und Wasser gewährt, bedeutete dies die volle Wiedereingliederung in die Kaste. Wurde sie nur für Wasser eingeräumt, hieß dies, dass der Schuldige nur in eine nicht-versklavbare Kaste aufgenommen wurde, von der man Wasser annehmen durfte (vgl. S. 45 ff.).

Das Nepālī-Wort *patiyā* stammt von Sanskrit *prāyaścit(ta)*, das im traditionellen Recht abbüßende und sühnende Maßnahmen wie Opfer, Gebete, rituelle Waschungen, den reinigenden Gebrauch von Kuhprodukten, Fasten, Wallfahrten oder Keuschheit umfasst. Im *Ain* bezieht sich *prāyaścit* auch auf die abbüßenden Aspekte der Rehabilitation, während *patiyā* sich meist auf die sozialen Aspekte der Wiedereingliederung konzentriert. Verkürzt gesagt meint *patiyā* die soziale und *prāyaścit* die religiöse Reinigung. *Patiyā* will die Folgen einer Übeltat, *prāyaścit* die Folgen des Bösen beseitigen oder lindern – auch mit Blick auf die Konsequenzen in einem nächsten Leben. *Prāyaścit* war also eine Art freiwillige Ergänzung zum staatlich verordneten *patiyā*.

Wie hat man sich Sühnemaßnahmen vorzustellen, die für die Wiederaufnahme in die Kaste nötig waren? Dies kann am besten anhand eines Ablasszertifikats verdeutlicht werden. Es stammt vom Dharmādhikārin Kuvalaya Rāja Paṇḍita, aus dem Jahr 1900, und trägt sein Siegel.

> Vom verehrungswürdigen *dharmādhikāra,* vom verehrungswürdigen Kuvalaya Rāja Paṇḍitajyū. Im Jahr 1957 VS.
>
> Durch Verordnung des verehrungswürdigen Königs von Gorkha und in Übereinstimmung mit den Schriften. Führe die folgende Buße (*prāyaścitta*) durch, die deine Sünde abwäscht: Wenn du Dein Kopfhaar abrasiert, deinen Körper mit Lehm eingeschmiert und *pañcagavya* (fünf heilige Produkte der Kuh) zu dir genommen hast, nimm ein Bad am 1. Tag. Iss am selben Tag 15 Handvoll *haviṣya* (Reis mit Milch, Butterschmalz und anderem). Iss in der Nacht des 2. Tages 12 Handvoll. Iss am 3. Tag, ohne (nach Essen) zu fragen. Wenn jemand dir etwas zu essen anbietet, nimm 24 Handvoll. Faste am 4. Tag. Iss am 5. Tag *pañcagavya* und gib *sīdhā* (ein Teller aus Blättern mit rohem Gemüse, Linsen usw.) als Bezahlung (*dakṣiṇā*) an einen Brahmanen.
>
> Dadurch soll das Haus von Naradeva Panta von der einfachen Verunreinigung gereinigt werden, die entstanden ist, weil der Mann Schuld auf sich geladen hat,

indem er sexuelle Kontakte mit Frauen von Kasten wie Kulu (Instrumenten-, besonders Trommelbauer), Dhobi (Wäscher), Sarki (Lederverarbeiter), Damai (Musiker) hatte und auch mit Frauen, die Schuld auf sich geladen haben, indem sie sexuelle Kontakte mit Männern von Kasten wie Kasai (Metzger), Musalman (Muslim), Kami (Grobschmied) und Sarki hatten.

(Vikrama) Saṃvat 1957, den 9. Tag der lichten Hälfte des Monats Bhādra, Montag. Heil!

Diese Zertifikate wurden von den Bezirksämtern ausgestellt, aber nicht viele davon sind erhalten geblieben, weil sie mit Unreinheit behaftet waren und deshalb vernichtet wurden.

In der Śāha-Zeit ab 1951 beruhte das Recht auf Verfassungen, zunächst auf dem *Interim Government of Nepal Act* von 1951, dann auf der Verfassung von 1962. In beiden Verfassungen wurde Nepal in Anlehnung an den *Ain* von 1854 als monarchischer Hindu-Staat deklariert. Ebenso enthielten sie das Verbot der Missionierung. Der *Mulukī Ain* von 1963 enthielt darüber hinaus das Verbot der Diskriminierung von Kastenlosen (Dalit) und legalisierte gewisse Normen, die gegen Hindu-Recht verstießen, wie z.B. die Kreuzkusinenheirat und Tieropfer mit der Ausnahme der Rindertötung.

In den verschiedenen Interimsverfassungen aus der Zeit nach 2008, nach der Absetzung König Jñānendras, wurde Nepal zu einem multiethnischen, -sprachlichen, -religiösen und -kulturellen Staat erklärt. Dieser Grundsatz der Nichtdiskriminierung zieht sich auch durch die Verfassung von 2015. Mit ihr wurde Nepal zu einer säkularen und föderalen Republik, die auf freien Wahlen beruht und die Armee der Politik unterstellt. Das Selbstverständnis als Hindu-Staat, das schon im *Ain* von 1854 festgehalten wurde, wird in dieser Verfassung nicht wiederholt. Stattdessen wird ausdrücklich das Recht auf Religionsfreiheit festgehalten (Art. 26).

Heilige Kühe

»Das letzte Hindu-Königreich der Welt« – als solches verklärte sich Nepal lange Zeit. Seit etwa der Mitte des 18. Jahrhunderts verstand sich das kleine Land im Himalaya als ein Bollwerk des hinduistischen Königtums gegenüber dem Westen, der schon in Indien die Maharajas verdrängt hatte. Die Könige und der Hofstaat betrachteten sich als Verfechter heiliger Werte des Hinduismus gegen eine säkulare Welt, der nicht mal die Kuh mehr heilig war.

Die Śāhas und Rāṇās haben das Verbot der Kuhtötung fast mit der hinduistischen Staatsdefinition gleichgesetzt. Zu Beginn des *Ain* von 1854 heißt es z.B.: »Im Kaliyuga (dem gegenwärtigen und schlechtesten von vier Weltzeitaltern) ist dieses Königreich das einzige Hindu-Königreich, wo Kühe, Frauen und Brahmanen nicht getötet werden dürfen.« Alle drei galten als Garanten der religiösen Reinheit. Die Śāha-Dynastie ließ denn auch von Anfang an keinen Zweifel an ihrer besonderen Verehrung und Fürsorge für die Kuh aufkommen. Schon der Name ihres Stammsitzes, nämlich Gorkha bzw. auf Sanskrit *gorakṣa*, bedeutet ›Kuhschützer‹. Sogenannte Gośālās (wörtlich ›Kuhställe‹ oder ›Kuhpferche‹) zur Pflege der Tiere wurden im Himalaya-Vorland, dem Tarai und in den Bergen Nepals eingerichtet, und in Briefen an die Verantwortlichen aus den Jahren 1791–94 zeigte sich z.B. König Raṇabahādura Śāha besorgt um das Wohl der Kühe, vor allem über die offenbar nicht ausreichende Lieferung von Salz für die Tiere. Dieser König hat auch im Kathmandu-Tal große Ländereien gestiftet, von deren Erträgen Gośālās errichtet oder die Kühe und Bullen des Paśupatinātha-Tempels mit Mais und Salz versorgt werden sollten. Auf Teilen dieser Ländereien wurde der Tribhuvan Airport gebaut, der früher noch Gauchar (›Kuhweide‹) Airport hieß und auf dem nun – Kaliyuga! – immer mehr Rindfleischesser landen.

Auch in der dynastischen Mythologie der Śāhas spielt der Schutz der Kühe eine tragende Rolle. Das zeigt sich etwa in einem lobpreisenden Sanskrit-Gedicht, dem *Gorakṣa-Śāha-Vaṃśa* (1996), von Hariprasāda Śarmā, einem modernen Dichter Nepals. Danach habe Dravya Śāha, der Begründer der Śāha-Dynastie, 1559 den Thron von Gorkha nur deshalb erobern können, weil er (auf Geheiß seiner Mutter) schon als Kind Kühe gehütet habe und ihm dabei Gorakhanātha bzw. Śiva in Gestalt eines Yogī erschienen sei, der sich nur von Milch ernährte. Dravya Śāha habe, so heißt es gleich zu Anfang dieses Textes, Gorakhanātha Milch zum Trinken angeboten, woraufhin dieser dem Prinzen vorausgesagt habe, dass er Gorkha, Nepāla (das damals noch nicht von den Gokhalis einverleibte Kathmandu-Tal) und andere Länder erobern werde. Als der Knabe erwidert habe, dass er einer solchen Gunst nicht würdig sei, weil er ja nicht Askese betrieben oder irgendein anderes Verdienst erworben und noch nicht einmal die Vorväter versorgt habe, habe ihm der Gott versichert, dass sein Kuhdienst alles andere ausgleiche, weil im Leib der Kuh die Göttin Lakṣmī stecke. Solchermaßen mit *śrī*, mit Glück und Majestät, ausgestattet, drohe den Śāhas, den »Kuhschützern« (*gorakṣa*), selbst von den »Kuhessern« (*gobhakṣa*), als welche die Engländer bezeichnet werden, keine Gefahr. So sieht es jedenfalls der Euloge Śarmā, der selbst die wenig ruhmreiche Zeit der Rāṇā-Usurpation noch in beschönigende Sanskrit-Verse zu kleiden wusste.

Nur ist in Nepal die Verehrung von Kühen keineswegs überall selbstverständlich. Gewiss, im Kathmandu-Tal wird das Gebot, das Rind nicht zu verletzen, kaum in Frage gestellt, da wird die Kuh seit Langem hoch verehrt: Man denke nur an die angeblich von König Pratāpa Malla (1641–74) eingeführte Kuhprozession (Gāījātrā), auf der diese Tiere, festlich geschmückt, im Gedenken an verstorbene Verwandte verehrt werden; nach hinduistischer Vorstellung hält sich der Verstorbene am Schwanz einer Kuh fest, um den Todesfluss, der die diesseitige von der jenseitigen Welt trennt, durchqueren zu können. Und nach einem bekannten Mythos hat eine Kuh den Paśupatinātha, das Nationalheiligtum Nepals, gefunden. Wie aber verhielt sich die Śāha-Dynastie gegenüber den zahlreichen Volksgruppen, die zwar zu ihrem Machtbereich gehörten, aber nicht hinduisiert waren und zum Teil Rindfleisch verzehrten, ja Rinder sogar rituell töteten? So wurden etwa in den hohen Bergen unfruchtbare oder unnütze Kühe »geschlachtet«: Man stieß sie einfach einen steilen Abhang hinunter und deklarierte diesen Akt vor dem gestrengen Distriktaufseher als Unfall. Und das Nepālī-Sprichwort »Stirbt etwa die fette Kuh, bloß weil der Gerber es will!?« (*sārkīle baliyo gāī mar bhandaimā marcha ra*) bedeutet, dass man eben nicht nur auf das Leder aus ist. Ließen die Śāha-Könige in solchen Fällen Toleranz walten oder riskierten sie Aufruhr durch allzu strikte Verbote? Wurden verwandte Tiere wie etwa das Yak auch als heilige Kühe eingestuft? Und wie ging man mit denen um, die die Kühe zwar nicht selbst schlachteten, das Fleisch aber dennoch nicht verschmähten?

Natürlich konnte das Verbot der Rindertötung selbst für die Śāha-Könige nicht in Frage stehen. Es galt uneingeschränkt im ganzen Königreich und es war Teil der Staatsideologie. Man sprach zunächst sogar vereinzelt die Todesstrafe aus, wenn dagegen verstoßen wurde, wie deutlich aus dem Brief eines italienischen Missionars vom Mai 1740 hervorgeht. Später war es Raṇabahādura Śāha, der 1805 per Dekret das Töten von Kühen allgemein unter die Todesstrafe stellte, vermutlich, um sich nach seinem unsteten Verhalten als besonders guter Hindu zu zeigen. Fortan waren die Behörden angewiesen, Übeltäter grausam in den Tod zu schicken. Als man 1806 in Kathmandu davon hörte, dass die örtliche Verwaltung einen Damai (Schneider/Musiker) in Westnepal freigesprochen hatte, obwohl er im Verdacht stand, eine Kuh zu Tode geprügelt zu haben, befahl man dem Distriktvorsteher, »Fleisch aus dem Rücken (des Täters) zu schneiden, in die Wunde Zitronensaft und Salz zu gießen, ihn zu zwingen, sein eigenes Fleisch zu essen und ihn dann zu töten.« Nicht weniger zimperlich ging man 1810 in Salyan vor, wo die dortigen Beamten dazu aufgefordert wurden, Ochsentöter zu häuten, aufzuspießen oder kopfüber aufzuhängen und ihre unmittelbaren Verwandten zu versklaven. Später, mit dem *Ain* von 1854, wurde die Höchststrafe für Kuhtötung für alle zu lebenslanger Haft umgewandelt, in der 9. Novellierung wurden zwölf Jahre angesetzt.

Trotz dieser abschreckenden Beispiele wurde nicht immer mit der vollen Härte des Gesetzes durchgegriffen. Yaks und Kreuzungen zwischen Rind und Yak galten ohnehin als nicht ganz so heilige Kühe. Wer sie tötete, dem drohte zu Beginn des 19. Jahrhunderts keine wirkliche Strafe, auf keinen Fall die Todesstrafe, wie aus einem mit 1809 datierten Dokument hervorgeht. Später wurden auch Yak-Töter bestraft, selbst in den entferntesten Regionen Nepals und immer vorausgesetzt, dass die Zentralregierung überhaupt von der Tat erfuhr. So geschah es 1853 zwei tibetischen Familien im äußersten Nordwesten des Königreiches, in der Provinz Humla. In einer Notlage hatten sie vier Yak-Kälber geschlachtet und dadurch überleben können. Aus Furcht vor Strafe waren sie nach China geflohen. Als der damalige Premierminister Jaṅga Bahādura Rāṇā davon erfuhr, ließ er die betroffenen Familien 2 Rupien bezahlen und zurückkehren. In das *Ain* wurde erst 1871, in der ersten gedruckten Fassung, ein Passus über das Verbot der Yak-Tötung aufgenommen, wonach bei Zuwiderhandlung bereits 40 Rupien Strafe fällig wurden; gleichwohl deutlich weniger als die lebenslange Haft, die bei einer vorsätzlichen Kuhtötung drohte.

Die Śāhas und Rāṇās hatten darüber hinaus gute Gründe, hier und dort ein Auge zuzudrücken. So brauchten sie Kuhhäute für die Anfertigung von Waffenhüllen und den Transport von Salpeter. Daher wurden bestimmte Volksgruppen oder Kasten wie die Limbu, Tibeter, Sherpa, Hayu, Lapche oder Sarki immer wieder dazu aufgefordert, regelmäßig Häute bzw. Felle von Büffeln, Elefanten, Tigern oder Wild, aber auch von Kühen abzuliefern bzw. sich von dieser Verpflichtung freizukaufen. Auch die Gurung und die Lama östlich des Trishuli-Flusses konnten sich nach einem auf 1810 datierten Dokument von solchen Abgaben befreien lassen. Allerdings wurde von ihnen im Gegenzug verlangt, dass sie der Armee beitraten und sich verpflichteten, Brahmanen zu ehren sowie kein Rindfleisch mehr zu essen. Beides zusammen, die Brahmanenverehrung und der Verzicht auf Rindfleisch, machte sie erst zu ebenso tugendhaften wie tapferen Soldaten.

Die Śāhas und Rāṇās hatten also erkannt, dass es lukrativer war, auf Laster bestimmte Steuern zu erheben, als ein generelles Verbot zu erlassen. Folglich mussten auch jene Volksgruppen in den Bergregionen, aber ebenso einige Kasten in den Tälern, die das Fleisch von verendeten Rindern (*sinu* bzw. *sino* genannt) verzehrten, das Staatssäckel füllen: Unter Gīrvāṇayuddha Śāha (1799–1816) war bestimmten Gruppen der Verzehr von Sinu gestattet, wenn sie als Ausgleich einen Teil der Tierhäute ablieferten. Nur wenn sie gegen diese Verpflichtung verstießen, wurden Strafzahlungen fällig. In einigen Regionen weitete die Regierung das Verbot der Kuhschlachtung schließlich auch auf den Verzehr von Sinu aus. Allein im westnepalischen Pyuthan wurden von 3000 Sinu-essenden Haushalten Abgaben in beträchtlicher Höhe verlangt. Dagegen protestierten die Bewohner von Pyuthan, indem sie anboten, ebenfalls Kuhhäute abzuliefern und eine einmalige Gebühr zu entrichten, wenn ihnen weiterhin gestattet würde, ungestraft Sinu zu essen. Dieser Petition wurde offenbar stattgegeben, da man eingesehen hatte, dass ein so verbreiteter Brauch kaum verboten werden konnte. In Solukhumbu, der überwiegend von Sherpa bewohnten Gegend, war es mittels einer an die lokalen Behörden zu leistenden jährlichen Sühnezahlung (*cokho-daṇḍa*) zunächst sogar möglich, das Fleisch von geschlachteten Kühen zu verzehren. Erst als die Zentralregierung in Kathmandu davon erfuhr, erging auch dort das allgemeine Kuhschlachtungsverbot. Allerdings berichteten aus der Hauptstadt in diese Gegend geschickte Beamte, dass, wenn man alle Übeltäter zur Rechenschaft ziehen würde, sehr viele Bewohner zum Tode verurteilt oder versklavt werden müssten. Daher entschied man, dass nur in nach dem Februar 1804 bekannt gewordenen Fällen die Todesstrafe verhängt werden sollte, alle anderen Täter und ihre Familienangehörigen aber als Sklaven verkauft werden sollten.

All diese verstreuten Bestimmungen wurden schließlich im 16. Kapitel des *Ain* von 1854 zusammengefasst. Dabei ist die Tatsache erstaunlich, dass es in Nepal schon Mitte des 19. Jahrhunderts ein eindeutiges und allgemeines gesetzliches Verbot der Rinderschlachtung gab. In Indien konnte man sich dazu erst 1949, im Artikel 48 der indischen Verfassung, durchringen, zunächst sogar nur mit eher vagen Richtlinien, bei denen man wegen des Grundrechts der freien Religionsausübung religiöse Begründungen vermied. Darüber hinaus fällt im *Ain* der Kontrast zwischen der Härte des Gesetzes bei der vorsätzlichen Tötung einer Kuh und einer eher nachsichtigen Behandlung von Fällen der Fahrlässigkeit auf. In § 11 heißt es:

> Wenn einer eine Kuh oder einen Ochsen ohne Tötungsabsicht 2, 4, 5, 7 Mal mit Stöcken schlägt oder Steinen bewirft, um sie von den Feldern zu treiben, und die Kuh bzw. der Ochse dabei stirbt, ist dies als Schicksal zu betrachten. Er soll eine dem Marktwert des Tieres entsprechende Strafe zahlen.

Und in § 3 wird nur 1 Rupie für die fahrlässige Tötung angesetzt, im Unterschied zur lebenslangen Gefängnisstrafe für die vorsätzliche Tötung.

Dieser Widerspruch zeigt vor allem die bekannt zwiespältige Einstellung zur Kuh: Mal ist sie heiliges Tier, mal gewöhnliches Nutztier. Das Gesetz versucht, beidem gerecht zu werden. Die entsprechenden Bestimmungen im *Ain* waren zweifelsohne dazu angetan, die Heiligkeit und das Leben der Kuh zu schützen. Im Vordergrund stand aber die Kuh als Symbol der Rechtgläubigkeit des Königs und einer verbindenden Staatsideologie, nicht unbedingt das Tier selbst.

Um allgemeinen Tierschutz geht es im *Ain* ebenso wenig wie um *ahiṃsā*, das Gebot der Nichtverletzung von Lebewesen, oder gar um Vegetarismus. Der König ist als Angehöriger des Krieger-Standes ohnehin nicht zu Ahiṃsā verpflichtet und war auch in Nepal immer ein begeisterter Jäger. Und doch sind Tendenzen erkennbar, die, zögerlich, auf den Ahiṃsā-Gedanken hindeuten. So wird an bestimmten heiligen Tagen das Jagen und die Vollstreckung der Todesstrafe verboten, so wird 20 Jahre nach dem ersten *Ain* auch das Yak zur heiligen Kuh gemacht, wenn auch mit Einschränkungen beim Strafmaß: Es fehlt diesem Tier sozusagen die rechte Geburt. Freilich, Tieropfer bleiben nach wie vor von all dem ausgenommen (vgl. dazu auch den Focus 🔎 Blutopfer ab S. 308). Das geht sicher auf die alte Lehre zurück, dass das Tieropfer keine Tötung ist. Opfertiere, heißt es zudem in Nepal, akzeptierten ihre Tötung freiwillig, was sie durch ein Schütteln des Körpers andeuteten; dass dabei meist durch ein wenig ins Ohr oder auf den Kopf geträufeltes Wasser nachgeholfen wird, stört nur Kleingläubige.

Die Kuh als Symbol, als Insignie und auch als Instrument der Nationenbildung durch Hinduisierung – das steht mithin im Vordergrund der gesetzlichen Bestimmungen. Nicht um einklagbare Rechte und die Schaffung von Rechtssicherheit geht es, sondern vor allem um den zaghaften, im Detail eher symbolischen Schutz der Kuh. Wie es scheint, konnten alle mit dem Gesetz gut leben: Für die Brahmanen wurde der Schutz der Kuh juristisch abgesichert. Die Herrscher legitimierten ihre Macht religiös und gefährdeten sie nicht, indem sie zu harte Vorschriften erließen (etwa durch ein generelles Verbot des Verzehrs von Rindfleisch), zu deren Durchsetzung sie in den entlegeneren Regionen ohnehin kaum in der Lage gewesen wären. Und die heterogene Bevölkerung Nepals konnte zur Not in den Bestimmungen genügend Schlupflöcher finden, um vom Gewohnten nicht abweichen zu müssen.

Von Moral, von Verinnerlichung, von Schuld ist in diesem Zusammenhang kaum die Rede. Aber was die gesetzliche Entwicklung des Verbots im Ansatz zeigt, ist nicht so fern von jenem Prozess der Zivilisation, den Norbert Elias für das mittelalterliche Europa beschrieben hat: Je mehr sich der Staat konsolidiert, je mehr er seine Machtbefugnisse ausweitet, je größer seine militärischen, polizeilichen und ökonomischen Druckmittel sind, desto abstrakter und subtiler wird das Gesetz –

der *Mulukī Ain* von 1965 behandelt den Kuhschutz unter der Sektion »Über Vierfüßler« (*Caupāyāko*). Es ist, so muss man befürchten, die Zeit nicht allzu fern, da auch in Nepal (und Indien) die Heilige Kuh nicht mehr sein wird als eine Kuh, ein Tier, das man allein nach seinem Nutzen beurteilt. Zu sehr ist der ›Fortschritt‹ von den Kuhessern vereinnahmt worden, als dass Nepal sich noch lange wehren können wird.

Das Bildungswesen und die Medien

Bildung bedeutet im traditionellen Südasien im Wesentlichen die private oder monastische Ausbildung zu einem Priester oder Gelehrten. So auch in Nepal. Die Sanskrit-Erziehung war nur bestimmten Schichten und meist nur Männern vorbehalten, hauptsächlich Brahmanen und höhergestellten Chhetri. Sie fand und findet teilweise noch heute im Rahmen des sogenannten Gurukul-Systems statt, bei dem der Schüler in jungen Jahren in der Schule oder im Haus des Lehrers durch häufiges Wiederholen der traditionellen Texte ein Basiswissen erwirbt. Dieses umfasst die Grammatik, aber auch vedische Texte, Astronomie und Texte zum Ritual (*karmakāṇḍa*). Die so ausgebildeten Männer waren als Beamte gefragt, weil sie lesen und schreiben konnten, oder wurden zu Priestern. In buddhistischen Kreisen war das zugrundeliegende System ähnlich, freilich das Ausbildungsprogramm ein anderes. Dort galt es, die Texte des Kanons (auswendig) zu lernen. Die Wissensweitergabe erfolgte und erfolgt nach wie vor in der Regel in dogmatischer Form, diskutiert wird nicht, die eigene Meinung ist nicht gefragt.

Im Rahmen dieser Lehrer-Schüler-Verbindungen (*guru-śiṣya-sambandhana*) und in den Klöstern entwickelte sich eine herausragende Gelehrsamkeit. Nepal war zeitweise berühmt für seine Lehrer und viele Mönche aus Tibet, China und Indien pilgerten in die lebendigen Stätten, um Texte zu rezitieren, abzuschreiben und zu illustrieren. Das 11. und 12. Jahrhundert, in dem die nepalisch-tibetischen Mönche Atīśa, Jñānakara, Marpa und Ralo Dorje drak ins Kathmandu-Tal kamen, erwies sich dabei als besonders lebendig.

Ein westlich ausgerichtetes Bildungswesen gab es in Nepal nicht vor dem Ende des 19. Jahrhunderts. Daniel Wright, Arzt der Britischen Gesandtschaft, konnte noch 1877 schreiben: »Das Thema ›Schulen und Colleges in

Nepal‹ kann so kurz behandelt werden wie das über Schlangen in Irland: Es gibt keine.« Anders als in Indien hatte Großbritannien in Nepal nur einen geringen Einfluss auf das Bildungssystem – ein Grund für die verzögerte Modernisierung. Zwar ließ Bhīmasena Thāpā seine Familie von bengalischen Lehrern unterrichten und bezog Zeitungen aus England und Indien, aber erst Premierminister Jaṅga Bahādura Rāṇā, der selbst anfangs weder lesen noch schreiben konnte und auch später eine kindlich-krakelige Schrift hatte, ließ nach seiner England-Reise 1851 zunächst in seinem Palast eine Privatschule einrichten, an der zwei Lehrer aus England hauptsächlich seine Söhne unterrichteten. Neben Englisch bot diese Darbar School Geschichte, Geographie, Mathematik, Sanskrit, Hindi, Bengali und Persisch an. Die Schule wurde 1877 in Darbar High School umbenannt und ausgeweitet, zog 1891 in ein großes Gebäude westlich des Rani-Pokhari-Beckens und wurde zunehmend für die Kinder der Śāhas und Rāṇās, ab 1902 auch für andere Schichten geöffnet. Der Unterrichtsstoff schloss kaum Wissen über Nepal ein, Geographie und Geschichte Nepals waren sogar explizit verboten; die Unterrichtssprache war Englisch. Die Schule war zunächst mit der Calcutta University verbunden, dann mit der Patna University. Die wenigen Studenten, die auf diesem Wege nach Indien gingen, bekamen dafür Stipendien von der Regierung. Einer der ersten von ihnen war Candra Śamśera, der 1884 in Kalkutta seine Prüfung ablegte.

Im gleichen Haus wurde außerdem eine Sanskritschule (*pāṭhaśālā*) betrieben. Zuvor hatte es schon verschiedene solcher traditionellen Einrichtungen gegeben, als Erste wohl die Maahani Maṭha, die 1825 eröffnet wurde. Meist beinhalteten diese Pāṭhaśālās, in denen Fächer wie Veda, Grammatik, Astrologie oder Dichtung (*kāvya*) unterrichtet wurden, auch Unterkünfte für die Studenten. Insgesamt gesehen wurde aber der Sanskrit-Unterricht von den Rāṇās nicht sehr geschätzt, was man auch an der gegenüber anderen Lehrern weitaus schlechteren Bezahlung der Pandits, der traditionell ausgebildeten Lehrer, sehen kann.

Eine eigene Universität gab es in Nepal damals noch nicht, aber am 28. August 1918 eröffnete Premierminister Candra Śamśera das Trichandra College, in dem auch Naturwissenschaften und Englisch bis zum Intermediate Level unterrichtet wurden, so dass qualifizierte Studierende auf weiterbildende Einrichtungen in Indien geschickt werden konnten. Der Eröffnung wohnte auch König Tribhuvana bei, und es heißt, dass Candra Śamśera danach gesagt habe, dass diese das Ende der Monarchie in Nepal einläuten werde. Tatsächlich brachten die staatlich geförderten sowie privat nach Indien geschickten Studenten von dort Ideen mit zurück, die der Regierung unter Candra Śamśera überhaupt nicht gefielen. So kam der Gelehrte Madhav Raj Joshi zwei Jahre ins Gefängnis und wurde später exiliert, nachdem er in einer öffentlichen Disputation (*śāstrārtha*) und im Beisein von König und Premierminister im Juli 1905 die indische Reformbewegung Arya Samaj verteidigt hatte. Zeitweilig hatte es sogar so geschienen, als ob er in der Disputation obsiegen würde, aber als die alten Pandits ihm unterstellte hatten, dass er die Position vertrete, Paśupati sei nur ein Stein, wurde er in erniedrigender Weise durch die Stadt gejagt und anschließend verhaftet. In der Folge wurden die Bedingungen für eine Ausbildung und selbst für eine medizinische Behandlung im Ausland erschwert.

Nach und nach ließen Deva und Candra Śamśera im ganzen Land Volksschulen (Bhāṣā Pāṭhaśālā) einrichten, in denen unter anderem Lesen und Schreiben in der Devanāgarī-Schrift, in der Sanskrit und viele indoarische Sprachen Nepals geschrieben werden, Rechnen, Geschichte und Landeskunde unterrichtet wurden. In diesen Schulen, die kein Schuldgeld verlangten, wurde auf der Grundlage des Gorkhā Bhāṣā Prakāśinī Samiti, eines Komitees zur Verbreitung der Nepālī-Sprache, auf Nepālī unterrichtet, obgleich es zunächst noch keine entsprechenden Lehrbücher gab. Ein Grund für die Ausweitung war der Bedarf der Briten an Gurkha-Soldaten, die lesen und schreiben können sollten. Aber auch die Durchsetzung der komplexeren Verwaltungsvorschriften erforderte eine bessere Allgemeinbildung der Beamten. Zu diesem Zweck wurden auch Verwaltungsschulen (Śreṣṭā Pāṭhaśālā) eröffnet, die sich ganz auf die Ausbildung von Verwaltungsbeamten und Justizpersonal konzentrierten. Ab 1910 wurden diese Einrichtungen durch eine spezielle staatliche Institution (Pāsajāñca Aḍḍā) ergänzt, die dem königlichen Priester unterstand. In ihr brachten die Lehrer ihren Schülern neben anderem bei, wie man Dokumente ausfertigte; weitere Fächer waren Rechnen, Dharmaśāstra und Buchführung sowie später das Fach »Fingerabdruck« (*aũṭhā*). Das letztgenannte Fach war sicher wegen zahlreicher Fälschungen und des nach wie vor eklatanten Mangels an den Schreib- und Lesefähigkeiten in der Bevölkerung nötig geworden.

Fast alle Schulen waren unzureichend ausgestattet. Jedenfalls legen dies verschiedene Dokumente vom Beginn des 20. Jahrhundert nahe. So erbat man 1940 für eine Schule in Gorkha Matten, auf denen die Schüler im Unterricht sitzen könnten; so erging im gleichen Jahr eine Order des Premierministers, 604 Rupien für eine Grundschule auszugeben, und drei Jahre später eine weitere Order, nach der im gleichen Raum mehrere Schulen zu errichten seien. 1921 verfügte Candra Śamśera zudem, dass alle steuereinnehmenden Behörden, aus der Pāṭhaśālā Guṭhī (der Stiftung, die für die Verwaltung der Schulen zuständig war) Geld für die Bezahlung von Schulangelegenheiten zu nehmen hätten, und immer wieder wurde darum ersucht, Geld aus anderen Töpfen für den Unterhalt von Schulen verwenden zu dürfen. Insgesamt hielten sich die Rāṇās aber damit zurück, der Bevölkerung Zugang zu Bildung zu ermöglichen. Dabei soll Candra Śamśera selbst geäußert haben, dass die Briten so große Probleme mit den Indern bekommen hätten, weil sie ihnen die Schulbildung ermöglicht hätten. Dementsprechend lag am Ende der Rāṇā-Herrschaft die Analphabetenrate bei geschätzten 98 %, darunter auch Mitglieder der königlichen Familie.

Erst seit 1951 gibt es in Nepal ein staatlich-öffentliches Bildungswesen; das gegenwärtige ist demnach eines der jüngsten in der Welt. Bevor es eingeführt wurde, besuchten etwa 10.000 Schüler die Grundschulen und nicht mehr als 200 die Colleges. 1951 gab es noch immer keine Universität, die diesen Namen verdient hätte. Immerhin wurden aber die ersten Nepalis mit Bildungsprogrammen ins Ausland geschickt, vor allem wieder nach Indien, aber auch nach England und ab 1955 auch an die Oregon University in den Vereinigten Staaten von Amerika. Seit 1975 gibt es eine allgemeine Schulpflicht, wodurch die Alphabetisierungsquote auf rund 64 % gestiegen ist. Etwa 90 % der Kinder besuchen inzwischen eine Schule, wobei weniger Mädchen als Jungen angemeldet werden und die Schule oft auch abgebrochen wird – nicht zuletzt wegen der Arbeit auf dem Feld. Die meisten Klassen sind überfüllt und es gibt nicht ausreichend gut ausgebildete Lehrerinnen und Lehrer. Auch wird immer noch viel Wert auf das Auswendiglernen gelegt, weniger auf das analytische Durchdringen von Unterrichtsstoff.

Das seit 1971 dreistufige Ausbildungssystem sieht eine fünfjährige Grundschulausbildung (die Primarstufe) mit einer Schulpflicht für Kinder zwischen dem sechsten und zehnten Lebensjahr vor. Die folgende, ebenfalls fünf- oder siebenjährige Sekundarstufe – ab dem elften Lebensjahr – besteht aus zwei Phasen, wobei die zweite entweder über drei Jahre läuft und mit dem *Secondary Education Examination* (SEE) oder nach fünf Jahren und einer landesweit einheitlichen Prüfung mit dem *School Leaving Certificate* (SLC) abgeschlossen wird. Die Stufen 11 und 12 gelten schon als *Higher Education*. An den Universitäten gibt es die üblichen Bachelor-, Master- und Doktor-Abschlüsse.

Nepal ist sich bewusst, dass wirtschaftliches Wachstum große Investitionen in den Bildungssektor erfordert. 2016 wurden daher rund 11 % des nepalischen Haushalts für Bildung ausgegeben. 2017 gab es in Nepal an die 40.000 öffentliche Schulen, 3500 Higher Secondary Schools, 1400 Colleges und neun Universitäten sowie vier *deemed universities*, darunter die Tribhuvan University, die erst 1958 in Kirtipur eröffnete, als man in Indien schon die Hundertjahrfeiern indischer Universitäten beging. 1986 wurde die Sanskrit-Universität in Beljhundi, Dang, gegründet und 1991 die Kathmandu University in Dhulikhel. Auch sind mehr als 200 Technische Universitäten und zahlreiche private Colleges hinzugekommen. Seit 1975 ist Nepālī landesweite Unterrichtssprache. Die Englischkenntnisse haben sich deutlich verbessert, haben aber vielfach nicht das Niveau von Indien erreicht.

Bei den Möglichkeiten, in den Genuss von Erziehung zu kommen, gibt es trotz aller Bemühungen der Regierung ein starkes Stadt-Land-Gefälle. Mitunter sind die Schulwege lang, steil und gefährlich. Der Schulbesuch ist bis zur sechsten Klasse an staatlichen Schulen gebührenfrei, allerdings fallen Kosten für die einheitliche Schulkleidung an. Sofern in den ländlichen und entlegenen Gegenden überhaupt Schulen vorhanden sind, bieten diese allenfalls Grundkenntnisse an. Die in den Städten stattfindende, engagierte Lehrerausbildung weist oft den Mangel auf, dass später nicht genügend Lehrer aufs Land gehen wollen. In den großen Städten gibt es dagegen viele Privatschulen.

Wie der amerikanische Sozialwissenschaftler Benedict Anderson 1983 in seinem schon klassischen Buch *Imagined Communities* gezeigt hat, hat sich der moderne Nationalstaat in erster Linie über Massenmedien formiert, die einen wesentlichen Teil der Bildung ausmachen. Das geschah und geschieht über den Buch- und Zeitungsdruck, besonders auch über Schulbücher, und zunehmend über neue Kommunikationsformen, Medientechnologien (Radio, Zeitung, Fernsehen) sowie die sozialen Medien. Hierüber wird ein neues Loyalitätsbewusstsein erzeugt, das die alten Zugehörigkeiten zu Dorf, Klan und Familie in Frage stellt.

Die erste, noch handbetriebene Druckmaschine, eine *Vulture Press*, kam 1851 nach Nepal, die erste elektrische 1912. Das erste in Nepal gedruckte

Buch war der *Ain* von 1854, die erste Zeitschrift, *Sudhāsāgara*, erschien 1898, und die erste Zeitung, der *Gorkhāpatra*, wurde am 1. Mai 1901 gegründet. Bis ins Jahr 1990 waren Nepals Medien dabei einer strengen Zensur unterworfen. Seit 2015 garantiert die Verfassung die Meinungs-, Informations- und Pressefreiheit und die Medienlandschaft hat sich beträchtlich erweitert. Im Index der Pressefreiheit der ›Reporter ohne Grenzen‹ befand sich Nepal 2017 auf dem 100. Platz von 180 Ländern.

Wichtige Medien sind die Tageszeitungen, von denen es 2008 89 gab, darunter *The Kathmandu Post*, die *Annapurna Post* und die semi-staatlichen Zeitungen *The Rising Nepal* und *Gorkhāpatra*. Hinzu kommen beinahe 400 registrierte Wochenzeitungen. Der Verbreitungsgrad der Printmedien ist wegen der logistischen Probleme und der immer noch hohen Analphabetenrate begrenzt. Das Fernsehen erreicht rund 20 % der nepalischen Bevölkerung. Neben der staatlichen *Nepal Television* gibt es zahlreiche private Fernsehsender, wie z.B. *Nepal 1*, *Sagarmatha TV* und *Channel Nepal*. Das Radio hat den größten Verbreitungsgrad und den größten Einfluss auf die politische Meinungsbildung. *Radio Nepal* wurde 1951 gegründet und war seinerzeit nur etwa vier bis fünf Stunden am Tag auf Sendung. Ab dem 14. August 1994 sendete es schon in acht Minderheitensprachen, der Sprache der Rai, der Gurung, der Limbu und der Magar sowie in Bhojapurī, Avadhī, Tharū und Nevārī. Heute hat *Radio Nepal* 18 Sendestationen und sendet 18 Stunden pro Tag in etwa 20 Sprachen. Ausführlichere Nachrichten werden allerdings nur in Nepālī und Englisch gesendet, Zusammenfassungen gibt es auch in anderen Sprachen. Zu den rund 100 privaten Radiosendern zählen unter anderem *Himalaya Broadcasting*, *Hits FM*, *Radio Kantipur*, *Radio Lumbini*, *Image FM* und *Radio Sagarmatha*.

Nepalische Gelehrsamkeit

Nepal verfügt über eine beachtenswerte traditionelle Gelehrsamkeit, die schon früh über die Grenzen des Kathmandu-Tals hinauskam. An der großen Leistung Tibets, buddhistische und andere Texte aus dem Sanskrit ins Tibetische übersetzt zu haben, hatten newarische Gelehrte einen gewichtigen Anteil. Entsprechend werden die Pandits aus Nepal in tibetischen Quellen erwähnt und gelobt, so etwa Vāgīśvarakīrti (956–1040), der in den *Blue Annals* als der »Nepali aus Pharping« bezeichnet wird. Er wirkte auch an der Vikramaśilā Universität und gilt als Autor tantrischer Texte. In Patan lebte im 11./12. Jahrhundert Samantaśrī, der Verfasser des *Kālacakrayāna*, eines der Haupttexte des *Vajrayāna*, den er half, ins Tibetische zu übersetzen. Der vielleicht berühmteste Gelehrte jener Zeit war Ratnakīrti, der zahlreiche Werke zur Logik, Philosophie und buddhistischen Epistemologie verfasste. Diese und viele andere Gelehrte zeugen vom hohen intellektuellen Niveau im Kathmandu-Tal und seinen Verbindungen nach Indien und Tibet. Zahlreiche nepalische Gelehrte lehrten an Universitäten in Nordindien.

Neben dem Kathmandu-Tal waren Kapilavastu, Janakpur mit der Maithili-Kultur und das Karnali-Becken mit den Khasa-Mallas überragende Zentren traditioneller Gelehrsamkeit. Aber nur das Kathmandu-Tal hat eine bis auf den heutigen Tag reichende Kontinuität aufzuweisen. Bis in die Rāṇā-Zeit hinein waren dabei fast alle Gelehrten an den Höfen Brahmanen oder zumindest mit dem Sanskrit vertraut. Unter ihnen waren viele Priester. Demzufolge war die Gelehrsamkeit meist konservativ und ritualistisch ausgerichtet, weniger gefragt waren Originalität und ein kritischer Geist.

Nepal verfügt aber auch über eine umfassende wissenschaftliche Gelehrsamkeit auf dem Gebiet seiner Kultur und Geschichte, namentlich der Literatur, Linguistik, Ethnologie, Kunstgeschichte und einheimischer Wissenschaften, ohne die das Wissen über diese Bereiche ärmer wäre und ohne die viele der gelehrten Publikationen von Ausländern (einschließlich der vorliegenden) nicht entstanden wären. Man muss nur in die Vorworte oder Widmungen der herausragenden wissenschaftlichen Bücher über Nepal schauen, um ein Gefühl für die Dankbarkeit der Autorinnen und Autoren für die umfangreiche und gebildete Unterstützung zu bekommen. So schreibt die 2017 verstorbene Kunst- und Kulturhistorikerin Mary Slusser in ihrem Standardwerk *Nepal Mandala* über Mahes Raj Pant und Gautam Vajra Vajracharya:

> Über mehr als ein Jahr arbeiteten wir als ein Team. Ich stellte Fragen; ihr Wissen über die Sanskrit-, Newari- und nepalische Kultur öffnete mir Türen. Mr. Pant bin ich besonders verpflichtet für seine unerschütterliche Freundschaft und Hilfe über die Jahre, als ich in Washington, D.C., und Tunesien schrieb. Trotz seiner eigenen gelehrten Verpflichtungen war er nie zu beschäftigt, um mir nicht über neue nepalische Forschung zu erzählen, Referenzen zu überprüfen, etwas im Feld nachzuschauen oder einige beunruhigende Manuskriptseiten kritisch zu lesen. Wörter können nicht ausdrücken, was seine Freundschaft für mich bedeutete.

Beide genannten Wissenschaftler gehörten zu der Forschergruppe Itihāsa Saṃśodhana-Maṇḍala, die von Mahesh Raj Pants Vater, Naya Raj Pant, gegründet wurde und zu der auch dessen Bruder Dinesh Raj Pant sowie Gyan Mani Nepal, Dhanavajra Vajracharya und andere gehörten. Diese Vereinigung von knapp 20 überwiegend jungen Forschern hatte es sich zum Ziel gesetzt, die vielen Fehler in der einheimischen Geschichtsschreibung zu beheben. Sie forderte sogar die Älteren zu öffentlichen Disputationen heraus. In erster Linie wurden aber Texte, Inschriften und Dokumente der Malla-, Śāha- und Rāṇā-Perioden aufgearbeitet und meist in nepalischen Serien oder in (teilweise eingestellten) Zeitschriften veröffentlicht – hauptsächlich in *Pūrṇimā*, aber auch in *Abhilekha*, *Ādarśa*, *Saṃskṛta-Sandeśa*, *Abhilekha-Saṃgraha*, *Itihāsa-Saṃśodhana* und *Purātattvasaṃgraha*. Die großen Editionen der Licchavi-, Malla- und Śāha-Inschriften sind ihnen zu verdanken.

Der Itihāsa-Saṃśodhana-Maṇḍala Naya Raj Pants war nach dem Gurukul-System organisiert, und der Guru verlangte viel von seinen Schülern. Nach der achtjährigen Ausbildung mussten die etwa 30 Studenten Sanskrit, oft auch Nevārī, Paläographie und Epigraphik beherrschen und viele Texte auswendig kennen. Textkritische Methoden wurden ihnen nicht systematisch beigebracht, doch gehörten später einige der Schüler zu den anerkanntesten Geisteswissenschaftlern Nepals. Der 2002 verstorbene Naya Raj Pant, von dem man sich erzählt, dass er ein sehr strenger, aber auch zugewandter Lehrer war, entstammte einer Familie, die in Kathmandu den königlichen Priester gestellt hatte, hatte seine Ausbildung in der Benares-Pāṭhaśālā erhalten und war später Lehrer an der Tribhuvan-Universität geworden, von der er einen Ehrendoktortitel erhalten hatte. Er machte sich auch als ausgezeichneter Kenner der einheimischen Mathematik und Astronomie einen Namen, deren Methoden er in einem durch den westlichen Geist unverdorbenen Sinne für sein Verständnis der nepalischen Geschichte auf historisches Material anzuwenden versuchte. Nepalische Gelehrsamkeit beruht auf verschiedenen derartigen Methoden und Stilen – Naya Raj Pant beliebte z.B. in Versen zu schreiben –, die nicht nur dem wissenschaftlichen, evidenzbasierten Modell folgen, sondern auch auf unterschiedlichen erkenntnistheoretischen Zugängen zu literarischen Texten als Geschichtstexten und einem Bewusstsein für die Bedeutung des Schreibens auf Nepālī (statt auf Englisch) aufbauen, nicht zuletzt, um einen kolonialistischen Blick auf das Material zu vermeiden.

Das Leben Dhanavajra Vajracharyas (1932–94) ist vielleicht symptomatisch für diesen Gelehrtenkreis. Er wurde mit 16 Jahren zu Naya Raj Pant geschickt und durchlief dort die gründliche Ausbildung. Bemerkenswerterweise wurde hier ein Buddhist von einem Hindu-Brahmanen ausgebildet. Ab 1961 war er für zehn Jahre der Geschäftsführer des Itihāsa-Saṃśodhana-Maṇḍala, von dem er sich aber

1971 distanzierte, als er der Tribhuvan-Universität beitrat und half, das Institute of Nepal and Asian Studies zu gründen. Seine fundierte epigraphische Ausbildung ermöglichte es ihm, 1973 das noch immer gültige Standardwerk zu den Licchavi-Inschriften zu veröffentlichen. Hinzu kamen zahlreiche weitere Werke zu Inschriften in anderen Teilen Nepals.

Schon vor Naya Raj Pant hatten einheimische Gelehrte spezielles Wissen über die Kulturgeschichte Nepals angesammelt, besonders Baburam Acharya (1888–1971) und Yogi Naraharinath (1915–2003). Acharya veröffentlichte ein vierbändiges Buch zu Pṛthvīnārāyaṇa Śāha. Er wollte auch herausgefunden haben, dass die lokale Bevölkerung den Mount Everest ›Sagarmatha‹ nannte. Naraharinath wurde als Balbir Singh Hriksen Thapa in Westnepal geboren und wurde zum Yogī in der asketischen Gorakhanātha-Gefolgschaft. Er soll über 100 Bücher und Büchlein veröffentlicht haben, darunter *Itihāsa-Prakāśa*, eine Sammlung von Quellen verschiedener Art. Die meiste Zeit seines Lebens wohnte er in der Nähe des Paśupatinātha-Tempels, wo es eine Gedenkstätte für ihn gibt. Durch seine Berühmtheit brachte er es auf eine nepalische Briefmarke.

Einer der gebildetsten Gelehrten war der Palastguru Hemraj Pande oder Sharma (1878–1953), der über eine sehr gut ausgestattete Privatbibliothek mit über 8000 Manuskripten verfügte, die später in das Nationalarchiv Nepals überging. Der hochangesehene buddhistische Gelehrte Hemraj Shakya (1926–2010), ausgebildet in Kathmandu und Benares, war von 1951 bis 1983 zunächst in der Bir Library, dann im Nationalarchiv Nepals angestellt. Er etablierte in Patan seine eigene Bibliothek, genannt Bhāratībhavana. Sein Buch über den Svayambhū-Stūpa wurde zur Quelle vieler weiterer Studien.

Zu den berühmtesten buddhistischen Gelehrten zählte Amṛtānanda Vandya, der eng mit Brian Hodgson zusammenarbeitete und unter anderem 1826 den *Dharmakoṣasaṃgraha*, *Chandomṛtalatā*, ein Sanskrit-Nevārī-Lexikon, und eine Nevārī-Grammatik verfasste. Sein Enkel (oder Sohn?) Guṇānanda half dem Arzt Daniel Wright bei dessen *History of Nepal* (1877). Auch Badri Ratna Vajracharya (1934–2016) gehörte zu den herausragenden buddhistischen Gelehrten und Lehrern; sein Kurs und Buch zu den buddhistischen Ritualen wurden viel beachtet. Unter den buddhistischen Gelehrten sind weiterhin hervorzuheben Ratna Bahadur Vajracharya (1892–1956), der als Priester und Vortragender, aber vor allem auch als Verfasser vieler Bücher bekannt wurde, und Asha Kaji Vaidya (alias Ganesh Raj Vajracharya, 1908–92), der über 30 Bücher zum Buddhismus verfasste; viele davon sind Übersetzungen oder Kommentare zu Sanskrittexten, aber nur wenige, z.B. der *Daśakarmaviddhi*, sind ins Englische übersetzt worden.

Die mühsame Aufarbeitung der Quellen zur Landnutzung ist vor allem dem nepalischen Historiker Mahesh Chandra Regmi (1929–2003) zu verdanken. Er gründete 1957 das private Regmi Research Centre, in dem eine kleine Gruppe nepalischer Forscher Tausende Dokumente übersetzte, die mehrheitlich mit Landrechten und dem Abgabensystem zu tun haben. Ausgestattet mit diesem Schatz an Quellen schrieb M.C. Regmi 14 Bücher zur Wirtschaftsgeschichte Nepals. Er finanzierte seine Arbeit, indem er den Botschaften, internationalen Organisationen und Wissenschaftlern verschiedene Dienste wie etwa einen *Nepal Press Digest* mit Übersetzungen aus der Nepālī-Presse und vor allem seine zwischen 1963–68 monatlich erschienene *Regmi Research Series* (RRS) anbot. M.C. Regmi richtete sich damit kaum an die einheimischen Gelehrten, sondern vor allem an westliche Wissenschaftler. Seine Quellen blieben dabei meist unzugänglich, und da er fast nur Übersetzungen von Abschriften der Dokumente (RRC) benutzte, die er in seiner *Regmi Research Collection* veröffentlichte, ist die philologische Zuverlässigkeit seiner Ergebnisse bisweilen fraglich.

Dilli Raman Regmi (1913–2001), nicht verwandt mit M.C. Regmi, erhielt seine Ausbildung und einen Doktortitel in Indien, war Politiker der *Nepali-Congress-Partei*, engagierte sich stark in der Demokratiebewegung, wurde Erziehungs- und Außenminister und gewissermaßen im Nebenberuf einer der meistzitierten, auf Englisch schreibenden Historiker Nepals, dessen monumentale, aber nicht immer akkurate Werke alle Perioden umfassen.

Dor Bahadur Bista (geb. 1928) gilt als Vater der nepalischen Ethnologie. Er wurde am Trichandra College in Kathmandu ausgebildet und arbeitete ab 1957 mit dem österreichisch-britischen Ethnologen Christoph von Fürer-Haimendorf zusammen, bevor er 1978 zum Professor für Ethnologie an der Tribhuvan-Universität wurde. Sein Buch *People of Nepal* (1967) über die Volksgruppen und Kasten Nepals ist ein Klassiker; in seinem Buch *Fatalism and Development: Nepal's Struggle for Modernism* (1990) wendet er sich engagiert gegen den erdrückenden Einfluss der Brahmanen in Nepal. Im Januar 1996 kehrte Dor Bahadur Bista von einer Reise nach Jumla nicht mehr zurück. Die Umstände seines Verschwindens sind ungeklärt. Der Film *Castaway Man* (2015) von Kesang Tseten hat diese Tragödie zum Thema.

Eine Zwitterstellung nehmen zwei Jesuiten ein, die man wegen ihres langen Aufenthalts in Nepal, ihrer Vertrautheit mit dem Land und ihrer nepalischen Staatsangehörigkeit zu den einheimischen Gelehrten zählen kann: John K. Locke, SJ (1933–2009), wurde in Chicago geboren und kam 1959 nach Nepal, wo er 1976 die nepalische Staatsbürgerschaft annahm. Er arbeitete als Lehrer an der St. Xavier's Godavari School und wurde nebenbei zu einem der besten Forscher über die buddhistische Newar-Kultur. Sein Buch zum Avalokiteśvara-/Matsyendranātha-Kult (1980) ist ebenso grundlegend wie seine Studie zu den buddhistischen Klöstern im Kathmandu-Tal (1985). Im gleichen Jahr wie er starb Father Ludwig F. Stiller, SJ (1928–2009), der 1953 nach Nepal gekommen und an derselben Schule beschäftigt war. Er arbeitete als Historiker hauptsächlich zu den Śāhas und Rāṇās. Beide Forscher erhielten ihr Doktorat von der Tribhuvan-Universität.

In den letzten Jahren hat sich die private NGO Martin Chautari zu einem intellektuellen Zentrum der sozial- und kulturwissenschaftlichen Auseinandersetzungen in Nepal entwickelt. Sie wurde 1991 gegründet, unter anderem von dem Norweger Martin Hoftun, der 1992 bei einem Flugzeugabsturz ums Leben kam. Ebenso wie das 2002 gegründete Social Science Baha verfügt Martin Chautari über eine Bibliothek, veranstaltet Vorträge, Diskussionen und Workshops und bringt eine Vielzahl von Publikationen heraus.

Entgegen mancher Befürchtungen ist die traditionelle Sanskrit-Gelehrsamkeit bis heute nicht zusammengebrochen. Nach wie vor bringt das einheimische Erziehungssystem mit die besten Sanskritisten hervor – so etwa Diwakar Acharya, der 2016 den renommierten Boden-Lehrstuhl in Oxford erhielt. Freilich hat das staatliche Erziehungssystem an den Universitäten durch die politischen Unruhen einen Einbruch erlitten. Über lange Zeiten hinweg fand kein Unterricht statt, Posten wurden nach politischen Gesichtspunkten vergeben und vor allem reichte die Bezahlung der Lehrer nicht aus, um zu verhindern, dass nach wie vor die besten Wissenschaftler Nepals das Land verlassen.

Das Gesundheitswesen

Die Geschichte der nepalischen Gesundheitsversorgung beginnt in Ansätzen mit den Licchavi-Inschriften, in denen mehrfach ein *ārogyaśālā*, eine Institution erwähnt wird, die sich um Kranke kümmert. Aus der Malla-Zeit erfahren wir, dass Pratāpa Malla (1641–74) am Palast ayurvedische Medizin an die Bevölkerung verteilt hat. Die westliche Medizin kam mit den Missionaren um 1660 nach Nepal; sie errichteten in Bhaktapur eine kleine Gesundheitsstation, waren aber selbst keine Mediziner. Viel mehr an Informationen über das Gesundheitswesen im nepalischen Mittelalter ist nicht überliefert.

Mit der Niederlassung der Briten änderte sich die Situation, denn sie holten Ärzte in ihre Residenz: Francis Buchanan-Hamilton (1762–1829), Henry Ambrose Oldfield (1850–63), Daniel Wright (1826–98?) und andere, von denen einige sich auch für Heilpflanzen interessierten. Oldfield berichtete von Malaria, Cholera, Tuberkulose und Pocken sowie von der hohen Kindersterblichkeit. Doch kamen die medizinischen Kenntnisse dieser Ärzte nur dem Palast und den hochgestellten Rāṇās zugute. Die allgemeine Bevölkerung hatte nichts davon. Mangels sauberen Wassers, eines flächendeckenden Impfschutzes und wegen der fehlenden oder unzureichenden Kanalisation kam es immer wieder zum Ausbruch von Seuchen. Eine Stadtverwaltung, die diese Probleme in die Hand hätte nehmen können, gab es erst ab 1919, mit Keśara Śamśera, dem Sohn Candra Śamśera, als Vorsitzendem.

Es heißt, dass das Khokna Lepra Haus, errichtet 1857, das erste Krankenhaus Nepals gewesen sei; es diente vor allem der Isolation der Leprakranken. In der Rāṇā-Zeit waren es besonders die Premierminister Vīra Śamśera und Candra Śamśera, die ein erstes landesweites Gesundheitssystem aufbauten. Candra selbst begab sich mehrfach zur Behandlung seiner Tuberkulose nach Kalkutta oder ließ Ärzte aus England kommen. 1889 ließ Vīra Śamśera in Erinnerung an Pṛthvīnārāyaṇa Śāha das Bir Hospital in Kathmandu errichten. Es folgten im gleichen Jahr das Cholera Hospital in Teku, ein Lepra-Krankenhaus in Tripureshwar sowie weitere Krankenhäuser in Birganj, Jaleshvar, Hanuman Nagar, Taulihawa und Nepalganj. Auf Candra Śamśera gehen das 1903 errichtete Chandra Lok Hospital in Bhaktapur und die Prithvi-Chandra Hospitals in Palpa, Palhi (Parasi), Doti und Ilam zurück. Auf Veranlassung des damaligen Kronprinzen Tribhuvana Śāha wurden Tribhuvana-Chandra Hospitals in Dhankuta, Bhadrapur, Sarlahi und Rangeli errichtet. 1918 kam das Naradevi Ayurvedic Hospital hinzu, 1924 das Lalitpur Hospital in Patan, 1925 das Tri-Chandra Military Hospital in Kathmandu. Mit diesen Krankenhäusern und den unten erwähnten Gesundheitsposten gelangten auch mehr und mehr medizinische Publikationen auf den Markt und die Zeitungen enthielten regelmäßig Ratschläge zu gesundheitlichen und hygienischen Fragen.

Aus den Dokumenten erfahren wir, dass es bei der Einrichtung der Krankenhäuser vor allem an Geld für Belegschaft und Ausstattung sowie an qualifiziertem Personal mangelte und dass zur Lösung dieser Probleme teilweise zu drastischen Methoden gegriffen werden musste. So ordnete

Premierminister Vīra Śamśera 1890 an, Land als Ersatz für Grundstücke zu vergeben, die ihren Eigentümern drei Jahre zuvor bei der Errichtung vermutlich des Bir Hospitals weggenommen worden waren. Zahlreiche ähnliche Dokumente belegen das finanzielle Volumen dieses Baus, der beim Erdbeben von 2015 weitgehend zerstört wurde, lange Zeit aber das einzige Krankenhaus in der Hauptstadt war. So soll 1896 auch die Königin (Sāhilā Baḍāmahārānī) 6000 Rupien aus dem Verkauf von Land an die Hospital-Guṭhī gestiftet haben. In diesem Krankenhaus arbeiteten wohl auch indische Ärzte. Jedenfalls ordnete Candra Śamśera 1917 an, dass die Guṭhī-Verwaltung des Spitals die Abrechnungen eines gewissen Dr. Keśava Lāla Gupta anerkennen solle – ein Name, der besonders in Bengalen verbreitet ist.

Besonders interessant ist ein Dokument aus dem Jahr 1899, in dem 15 Pflichten für das Krankenhauspersonal festgelegt werden. Demnach sollte es abgesehen von zwei bis drei Monaten »Urlaub« innerhalb von drei Jahren rund um die Uhr präsent sein, der Arzt (Nep. *ḍākṭara*) hatte medizinische und administrative Pflichten, alles übrige Personal unterstand ihm und hatte seinen Anordnungen Folge zu leisten, das Personal erhielt ein monatliches Gehalt und der Arzt hatte die zu importierende Medizin rechtzeitig beim Bir Hospital anzufordern.

Mangels Ausbildung und Erfahrung betrieben die einheimischen Ärzte nicht selten Kurpfuscherei. Dem versuchte der *Ain* von 1854 dadurch Einhalt zu gebieten, dass angeordnet wurde, dass ein Arzt selbst die Medizin zu schlucken habe, wenn ein Patient nach der Einnahme einer von ihm verschriebenen oder gemischten Medizin verstorben war. Überlebte der Arzt nicht, galt dies als gerechter Ausgleich.

Nach 1951 wurden zunehmend Gesundheitsposten und Apotheken eingerichtet, so in Banepa (1954), Dailekh (1955), Ramnagar, Bhutaha und Biratnagar (1956), Chainpur und Dang (1957) und in Baglung (1958). Das Kanti Hospital in Kathmandu eröffnete 1962. Im gleichen Zeitraum wurden auch erste Gesundheitsprogramme gegen Malaria, Pocken oder Lepra sowie Familienplanungsprogramme aufgelegt. 1963 gab es in Nepal 23 Krankenhäuser und 104 Gesundheitszentren. Hinzu kam die Erlaubnis für NGOs oder Missionen, in die Gesundheitsversorgung einzusteigen. Auf dieser Basis wurden Krankenhäuser wie das Shanta Bhavan in Patan (1954), das Suryabinayak Krankenhaus in Bhaktapur und weitere Krankenhäuser in Banepa (1957), Kaski (1957), Gorkha (1957), Okhaldhunga (1963),

Nawalparasi (1962) oder Palpa (1954) gebaut. Die medizinische Ausbildung wurde mit dem Tribhuvan Teaching Hospital (1986) und anderen Ausbildungsstätten deutlich verbessert. Zuvor hatten angehende Ärzte für ihre medizinische Ausbildung meist nach Indien gehen müssen.

In den Jahrzehnten ab 1962 wurde weiter vergleichsweise viel in den Gesundheitssektor investiert. 2011/12 betrug der nepalische Gesundheitsetat schon 5,8% des Bruttoinlandprodukts. Laut dem *Statistischen Jahrbuch* 2015 gab es 2014/15 116 Krankenhäuser mit rund 7000 Betten und 3805 *Health Posts* sowie 2114 staatlich finanzierte Ärzte, von denen aber nur etwa 10%, überwiegend Allgemeinmediziner, kaum Fachärzte, in den ländlichen Gebieten arbeiteten.

Trotz dieser Anstrengungen ist das Gesundheitswesen in Nepal nach wie vor entwicklungsbedürftig, besonders auf dem Land. Noch 2017 hatte fast die Hälfte der Bevölkerung keinen Zugang zu den wichtigsten Medikamenten und auf 100.000 Einwohner kamen im Durchschnitt nur 21 Ärzte. Viele Krankheiten, die an sich in den Griff zu bekommen wären, sind aufgrund von mangelnder Versorgung oder Hygiene immer noch weit verbreitet. Zugang zu nahezu sauberem Wasser haben 71% der Bevölkerung, wobei aber immer noch über 80% ohne Sanitäranlagen leben.

Zu den häufigsten Krankheiten gehören daher Magen-Darm-Erkrankungen, aber auch Tuberkulose, Typhus, Malaria, Tollwut oder Augen-Erkrankungen sowie eine beachtliche Zahl an AIDS-Erkrankungen. 1990 führten Durchfall, Lungenentzündung und Tuberkulose die Todesstatistik an; 2013 waren es schon Zivilisationserkrankungen wie Diabetes, Herz- und Schlaganfall oder Lungenkrankheiten. Die Luftverschmutzung liegt besonders im Kathmandu-Tal immer über den von der WHO empfohlenen Grenzwerten, teilweise sogar dramatisch darüber. Dazu tragen die Tallage, die ungefilterten Abgase sowie vor allem die Staubentwicklung durch die nicht versiegelten Straßen und die Ziegelfabriken bei. Noch 1951 hatte der Manager des legendären Hotel Royal, Boris Lisanevich, zu einem Freund gesagt: »Schau, wo kann ich so frische Luft wie hier atmen? Wenn ich in Nepal lebe, lebe ich 15 Jahre länger!«

Neben der staatlichen und allopathischen Gesundheitsversorgung gibt es in Nepal traditionelle Heilungspraktiken: den Ayurveda sowie das lokale Heilertum und den Schamanismus. Der Ayurveda, wörtlich ›Wissen vom (langen) Leben‹, ist ein altes, ganzheitliches und schriftlich fixiertes Medizinsystem, das aus Indien stammt und inzwischen weltumspannend auch als Wellness-Methode verbreitet ist. Er wurde in Sanskrittexten wie der *Suśrutasaṃhitā* (in Teilen 1. Jahrtausend v. Chr.) und der *Carakasaṃhitā* (6. Jh. n. Chr., in Teilen 100–200 n. Chr.) entwickelt und beruht auf einer Harmonielehre in Bezug auf Körper, Sinnesorgane, Geist und Seele sowie auf dem Ausgleich von drei Lebensenergien (*doṣa*) oder elementaren Substanzen: Wind (*vāta*), Feuer/Galle (*pitta*) und Wasser/Schleim (*kapha*). Der Ayurveda enthält außerdem eine ausgereifte Pflanzenheilkunde, eine umfassende Ernährungslehre sowie Lehren zur Pädiatrie, Chirurgie, Besessenheit, Toxikologie und Sexualkunde oder (Un-)Fruchtbarkeit.

In Nepal gibt es eine Reihe von ayurvedischen Krankenhäusern, Apotheken und Ärzten (*vaidya*), deren traditionelle Lehrer-Schüler-Ausbildung 1928 durch eine spezielle Schule, den Nepal Rajakiya Ayurveda Vidyalaya, ergänzt wurde, die 1972 in den Ayurveda Campus der Tribhuvan-Universität überging. Das von Juddha Śamśera eingerichtete Singha Darbar Vaidya Khana ist eine ayurvedische Apotheke, die über 100 ayurvedische Medikamente führt und ursprünglich nur den Rāṇās offenstand, von König Tribhuvana aber allen Bürgern zugänglich gemacht wurde.

Die lokalen Heiler bedienen sich einer Vielfalt von Methoden, die auch ihre Typologie ausmachen. Am häufigsten sind der Exorzismus, selbstgemischte Medikationen, Pulsdiagnose, Reisorakel, Mantras und Amulette. Als lokale Heilkünstler gelten neben den ayurvedischen Heilern charismatisch wirkende Heiler, hochkastige Priesterheilige und die Schamanen. Des Öfteren wirken auch verheiratete Frauen, die von Göttinnen besessen sind, sogenannte Hāratīmātās oder Ajimās, als Heilerinnen. Priesterheilige (*gubhāju*, *lāmā*), Asketen, Astrologen (*jyotiṣa*) und auch brahmanische Priester machen meist keine Heilungsséancen und verabreichen selten Medikamente, sondern veranstalten Rituale, wie die Rezitation eines Textes oder Feueropfer (*homa*), denen Heilkraft zugesprochen wird. ›Krankheiten‹, für deren Heilung bevorzugt lokale Heiler konsultiert werden, sind unter anderem Verwünschungen, Flüche, ungünstige Sternkonstellationen, das Eindringen fremder Substanzen in den Körper, (Lebens-) Schwäche, soziale Konflikte, besonders in Familien, und das Befallensein von Geistern und Hexen.

Die größte Gruppe der Heiler bilden die Schamanen (*jhā̃krī*, *dhāmī*), die sich in ganz Nepal, vornehmlich aber in den Bergregionen finden, besonders bei den Volksgruppen der Limbu, Rai, Sunuvar, Sherpa, Kami, Tamang, Gurung, Magar, Lapche, Chantel oder Yolmo, aber auch bei den

Indo-Parbatiyas. Die meist männlichen Schamanen sind durch Besessenheitszustände gekennzeichnet, während derer sie zwischen krankmachenden Kräften bzw. Geistern und Patienten vermitteln. Schamanen können die Geister herbei- und in sich hineinrufen, sie können mit ihnen auch verhandeln und ihnen direkte Befehle geben. Sie tun dies mithilfe einer Reihe von Paraphernalien, besonders ihrer Trommel (dazu mehr im Focus ab S. 357), mit der sie auch auf Seelen- und Jenseitsreisen gehen können. Der Schamanismus verträgt sich mit anderen Religionen Nepals, weil er sie ergänzt, nicht aber in Frage stellt.

Zum Schamanen wird man aufgrund eines Erweckungserlebnisses und einer Initiation. Der einweisende Lehrer ist dabei unverzichtbar, denn in der Regel wird komplexes, mündlich überliefertes Wissen weitergegeben, das sich z.B. in langen Gesängen und Mantras manifestiert. In Einzelfällen ist das Schamanentum sogar erblich. Im Zentrum der Behandlung stehen die nächtlichen Séancen meist im Haus des Befallenen und in Gegenwart der Familienmitglieder, bei denen der Schamane in Trance fällt und so zusammen mit den Geistern und Göttern für das Wohl des Patienten sorgen kann. Als Geister, die oft auf Kreuzungen sitzen, können auftreten: lokale Götter, Tiere oder unbelebte Kräfte, Seelen von Menschen, die eines unnatürlichen Todes oder durch Selbstmord gestorben sind, unbefriedete Seelen von Verwandten oder Seelen anderer Schamanen. Nicht alle diese Geister sind malevolent. Das schamanistische Wissen besteht darin, diese verschiedenen Kräfte auszugleichen oder zu befrieden.

Hexerei

Um kaum etwas haben sich lokale Heiler so oft zu kümmern wie um die Verhexung (*bhoksī-lāgyo*). Die 2002 verstorbene Ärztin Annette Wiemann-Michaels hat sich in ihrer Dissertation diesem Thema gewidmet. Das Folgende beruht auf ihren Ergebnissen, die sie 1990 aufgrund ihrer Studien bei einem lokalen Heiler (Joshi) in Kirtipur erzielt hat.

Hexen (*bhoksī*), die oft aus unnatürlichen Todesfällen hervorgehen, verderben die Speisen, trinken Blut, dringen in Körper ein, bedrängen den Patienten und halten sich meist in der Nähe der Häuser auf. 76 % aller Befragten gaben an, dass die Hexe in der Nachbarschaft wohne oder aus der Verwandtschaft stamme. Oft gehen also familiäre Probleme der Verhexung voraus. Nicht von ungefähr verbietet es der

Ain von 1854, einen anderen Menschen in der Öffentlichkeit ungerechtfertigt als Hexe zu bezeichnen. In 87 % aller Fälle war die Hexe weiblich und sah schreckenerregend aus: Sie hatte ein rotes Gesicht, verdrehte Füße, eine riesenhafte Gestalt oder einen offenen Rücken. Die Hexen verderben, so hieß es, die Speise durch den Bösen Blick, Berührung oder Blasen. Sie verursachen depressive Verstimmungen, Kopfschmerzen, Schlaflosigkeit, Appetitlosigkeit, Schwindel, Magen-Darm-Beschwerden und vor allem Schwäche und Apathie, aber auch Aushäusigkeit oder Aggressivität. Nach Wiemann-Michaels wurden deutlich mehr Bauern und Händler als etwa Brahmanen und andere höhere Kasten von Hexerei befallen.

Das Setting einer Heilung weicht von den allopathischen und ayurvedischen Systemen in mehreren Punkten ab. So steht bei der Behandlung durch einen Heiler keineswegs die Anamnese am Anfang, denn der Patient erwartet oft, dass der Heiler weiß, welche Symptome ihn plagen. Meist ist der Patient auch nicht in der Lage, sich deutlich auszudrücken, so dass die Angehörigen einspringen müssen. Liegt nach Ansicht des Heilers eine Besessenheit durch Hexen vor, macht der Joshi zunächst eine Pulsdiagnose (*nāḍī herne*), bei der er bei Männern am linken und bei Frauen am rechten Handgelenk den Radialispuls fühlt. Aufgrund der dann verspürten Schwankungen stellt er die Diagnose, denn je nach Geist und Hexe unterscheide sich die Pulswelle. Aufgrund dieser Diagnose kann er das Erscheinungsbild der Hexe angeben. Manchmal nutzt er auch andere diagnostische Methoden.

Steht die Diagnose fest, beginnt er mit der Behandlung. Dazu gehört in erster Linie die Anrufung eines Gottes, oft Gaṇeśas. Es folgt der Exorzismus. Der Patient muss sich über ein Gefäß beugen, das mit glimmenden Räucherkügelchen gefüllt ist, die für bestimmte, meist niedere Gottheiten stehen. So soll die Hexe in ein Reinheitsfeld gelangen und zugleich nicht weglaufen können. Zusätzlich legt der Heiler ein rotes Tuch über den Kopf des Patienten, um die Hexe zu bedecken. Danach schlägt er in rhythmisch wechselnden Abfolgen und Akzentuierungen mit einer Art Besen (*kuco*) aus Bambusfasern und Gräsern auf Kopf, Schulter und Rücken des Patienten, während er magische Silben und Zauberformeln spricht. Zwischendurch saugt er zwischen den Zähnen Luft ein, um die übelwollenden Kräfte der Hexe aus dem Körper zu ziehen. Gleichzeitig bläst er schützende Mantras über den Körper des Patienten. Anschließend drückt er seinen Daumen auf dessen Stirnmitte und saugt erneut Luft ein, wobei er sich mit seinem Mund der Stirn des Patienten nähert. Auf diese Weise versucht er Kontrolle über die Hexe zu bekommen und sie mit den Sprüchen zu veranlassen, den Körper des Patienten zu verlassen.

Nach der Austreibung mischt der Heiler ein Pulver zusammen, das angeblich unter anderem aus den Barthaaren eines Tigers, Korallen, Rhinozeroshorn und Kupfer besteht. Hinzugesetzt wird Tigermilch (vermutlich eher die Milch von Wildkatzen, die in Nepal oft ›Tiger‹ genannt werden), die möglichst in einer Vollmondnacht gemolken sein soll. Er sprenkelt Wasser über den Kopf des Patienten und lässt ihn etwas trinken, damit sich die durch die Hexen verursachten Knoten im Körper auflösen. Danach mischt er individuell abgestimmte Medikamente zusammen, die entweder der Patient selbst oder ein Familienmitglied, das verdächtigt wird, die Hexe zu sein, zu sich nehmen soll. Mitunter wird dieses Medikament heimlich ins Essen gegeben. Schließlich gibt der Heiler dem Patienten noch Amulette (*jantara*) mit, die mit Mantras bedruckte Papiere enthalten. Nicht selten schlägt er dem Patienten auch vor, die Lebensgewohnheiten zu ändern, etwa nur zu bestimmten Tageszeiten zu baden, die Schlafstelle zu wechseln oder ein Tieropfer auszuführen.

Aus Kapitel 76 des *Ain* von 1854 geht hervor, dass Menschen offenbar oft im Zusammenhang mit Land- oder Geldstreitigkeiten fälschlicherweise der Hexerei beschuldigt wurden. Dabei wird nicht geleugnet, dass es Hexen gibt, denn nur das ungerechtfertigte Beschuldigen wird hier unter Strafe gestellt; zugleich werden im *Ain* bestimmte Tests festgelegt, anhand derer man eine Hexe erkennen kann. Wenn z.B. ein Schamane einen Patienten mit einem Mantra zum Tanzen bringen will, die als Hexe beschuldigte Frau aber nicht tanzt, und wenn er ihn brandmarkt, sich aber kein Zeichen auf der Hexe bildet und der Patient danach stirbt, soll die Hexe aus dem Dorf vertrieben werden.

In der Tat sind die sozialen Konsequenzen für eine der Hexerei beschuldigte Frau in Nepal gravierend: Keiner will Kontakt zu ihr, keiner nimmt Speise von ihr an. Manchmal wird sie geduldet, obgleich jeder im Dorf von ihr zu wissen glaubt, dass sie eine Hexe ist. Manchmal wird sie aber auch davongejagt. Immerhin enthält der *Ain* ein Verbot der Ordale, bei denen die vermeintliche Hexe etwa ihre Hand in einen Topf heißen Öls halten oder heißes Eisen anfassen muss: Es wird ausdrücklich festgestellt, dass sie nicht als schuldig zu gelten hat, selbst wenn sie die Tests nicht erfolgreich besteht. Mit diesen Bestimmungen ist die Praxis der Hexenaustreibung in Nepal aber nicht verschwunden. Nach wie vor findet sie sich in verschiedenen sozialen Kontexten.

7. Die Religionsgeschichte

Fragt man einen im Kathmandu-Tal wohnenden Nepali, ob er Hindu oder Buddhist sei, kann man durchaus die Antwort »Ja!« erhalten. Hat er die Frage falsch verstanden oder wurde falsch gefragt? Beides ist in den meisten Fällen richtig. Ein Newar etwa kann Buddha und den Hindu-Gott Śiva verehren, ohne in einen Glaubenskonflikt zu geraten, und daher ist die strikte Kategorisierung nach Religionszugehörigen irreführend. Viele Pilger, die bei Festen einen Tempel aufsuchen, streuen ihre Gaben (Blumen, Reiskörner, Zinnoberpuder oder Münzen) auf alle Heiligtümer rundherum, ganz gleich, welcher Religion sie zuzuordnen sind. Wer will es sich schon mit den Göttern verderben? Da kann auch schon mal in Deopatan ein Wasserhydrant etwas abbekommen, nur weil er die phallusartige Form eines Liṅga hat. Am nationalen Hauptheiligtum, dem Paśupatinātha-Tempel, hängt ein Schild, das Nicht-Hindus den Zutritt verwehrt. Im Prinzip werden aber nur Ausländer nicht hereingelassen; da Buddha im Hinduismus als eine Erscheinungsform Viṣṇus gilt, haben auch die Buddhisten Zutritt. Allerdings kommt so mancher Wächter ins Grübeln, wenn etwa ein buddhistischer Japaner Einlass begehrt.

Wie man sieht, sind also gerade in Nepal die Religionsgrenzen oft sehr porös. In den Ritualen und bei den Festen, vor allem aber in den Mythen werden die Trennungen zwischen den verschiedenen Göttern sogar bewusst aufgehoben. So kann in dem Hauptheiligtum eines ›buddhistischen‹ Klosters durchaus ein Hindu-Gott stehen, wie andererseits Hindus eben auch Buddha in ihr Pantheon einschließen. Beispielsweise wird die im Nordosten des Kathmandu-Tals situierte Göttin Vajrayoginī als Gefährtin Śivas, aber auch als buddhistische Yoginī verehrt. Desgleichen gibt es viele Überschneidungen bei den Ritualen. Wie selbstverständlich bringen in Bhaktapur die hinduistischen Begräbniskollegien (Nev. *sīguthi*) den buddhistischen Dīpaṅkaras die grünen Reisähren. Die eigentlichen religiösen Unterschiede liegen bei den Priestern, die zu den Tempeln, Schreinen und Hausritualen bestellt werden. Hier sind der religiösen Freiheit gewisse

Grenzen gesetzt, die sich weniger aus dogmatischen Grundsätzen als aus Ritualtraditionen und familiären Verbindungen ergeben.

In Bezug auf den Glauben und die religiösen Anschauungen sowie Rituale herrscht entsprechend eine große Toleranz. Es ist Sache der Familientradition, welcher Gott als Schutzgott verehrt wird, und es ist weitgehend Sache des Einzelnen, ob er täglich zum Tempel geht oder meditiert, ob er religiöse Lieder singt oder religiöses Verdienst erwirbt, indem er im Haus die Götter verehrt, und welchen Gott er zu seinem persönlichen Gott (*iṣṭadevatā*) erklärt. Diese ›Wunschgottheit‹ kann zugleich auch die Gottheit des erweiterten Familienklans (Nev. *phuki*) sein. Die Licchavi-Könige hatten z.B. Viṣṇu und Paśupati sowie die Göttin Māneśvarī als Klangötter, die Mallas übernahmen Māneśvarī, aber ab Sthiti Malla kam Taleju hinzu. Zusätzlich wählten einzelne Könige noch andere Götter als Wunschgottheiten, Siddhinarasiṃha Malla in Patan etwa Kṛṣṇa.

Insgesamt gibt es wohl kaum eine Gegend in Südasien, in der die verschiedenen Richtungen von Hinduismus und Buddhismus so dicht miteinander verwoben waren und sind wie in Nepal. Vedische Religion, tantrischer und Smārta-Hinduismus, tantrischer, tibetischer und Theravāda-Buddhismus, Volks- und Klanreligionen vermischen sich oder bestehen nebeneinander und ergänzen sich gegenseitig. Umfangreiche Ritualstudien haben gezeigt, in welchem Ausmaß besonders Ritualelemente transferiert und umgedeutet wurden. Dabei haben sich manche Traditionen, etwa bestimmte tantrische, nur in Nepal erhalten. Auch der nepalische Vajrayāna-Buddhismus, der z.B. buddhistische Kasten sowie ein erbliches Priestertum und Klöster ohne Mönche kennt, ist eine Besonderheit Nepals; man spricht daher auch vom Newar-Buddhismus.

So wie buddhistische Gottheiten zu hinduistischen Erscheinungsformen werden können – etwa in der Lehre von den Erscheinungsformen (*avatāra*) Viṣṇus –, hat umgekehrt der newarische Buddhismus viele hinduistische Elemente und Rituale aufgenommen. Im Allgemeinen ist aber der Hinduismus die vereinnahmendere Religion. Das liegt sicher zum Teil daran, dass die Könige den Hindu-Göttern traditionell näherstanden und daher diese in einem höheren Maße förderten. Schließlich waren ihre Familiengötter durchweg hinduistisch und erhielten auf diese Weise ein besonderes Prestige. Aus ethnologischen Untersuchungen ist aber bekannt, dass viele Ethnien nicht nur ›von oben‹ hinduisiert wurden, sondern die Gruppen selbst sich hinduisierten, indem sie Rituale, Priester und hierarchische Sozialstrukturen der dominanten Parbatiyas übernahmen, um sich im Status aufzuwerten und Anschluss an die Eliten und Zugang zu Privilegien zu erhalten.

Bis 2008 war Nepal das einzige verbliebene hinduistische Königreich der Welt, während die Maharajas in Indien längst durch die Briten oder die Indische Republik entmachtet worden waren. Obgleich der Hinduismus in Nepal zwischenzeitlich zur Staatsreligion erklärt wurde (vgl. dazu näher S. 272f.), existierten die anderen Religionen und religiösen Bewegungen immer daneben, auch wenn sie in offiziellen Statistiken kaum oder verzerrt auftauchten. Nach der Volkszählung von 2011 sind 81,3 % der nepalischen Bevölkerung Hindus, 9 % Buddhisten, 4,4 % Muslime, 3 % Anhänger einer Volksreligion, 1,4 % Christen und nur 0,9 % gehören einer anderen Religion an oder bezeichnen sich als Atheisten.

Hinzu kommt, dass es zuweilen schwierig ist, die Entstehung von Religionen und ihren Ritualen zu datieren. Grob gesagt lässt sich der Buddhismus in Nepal etwa 100 Jahre nach den Zeiten des historischen Buddha, also ab dem 3. Jahrhundert v. Chr., nachweisen, der Viṣṇuismus etwa ab dem 4. Jahrhundert n. Chr. mit der Cāṅgunārāyaṇa-Inschrift Mānadevas und der Śivaismus mit Licchavi-Inschriften spätestens ab dem 6. Jahrhundert. Ab dem 8./9. Jahrhundert gibt es Zeichen von hinduistisch geprägten asketischen Gefolgschaften – zumindest in den Chroniken mit einem historisch eher unwahrscheinlichen Besuch des Philosophen Śaṅkara. Der frühe tantrische Nātha- und Siddha-Kult ist in Texten ab dem 9.–11. Jahrhundert nachweisbar, die früheste Gorakhanātha- oder Gorakṣanātha-Inschrift in einer Höhle in Pharping stammt aus dem Jahr 1391. Und Nātha-Yogīs waren ab dem 17. Jahrhundert in Nepal stark verbreitet.

Der Islam zeigte sich in Nepal kurz im 14. Jahrhundert, als die Armee der muslimischen Ghuriden von Delhi aus über die Ganges-Ebene nach Bengalen eindrang und Ghiyās-ud-dīn Tughlug 1324/25 n. Chr. das Königreich Mithila annektierte, woraufhin Hara- oder Harisiṃha, der letzte König von Mithila, 1326 n. Chr. nach Bhaktapur floh. 1349 drang Sultan Shams du-dīn Ilyās in das Kathmandu-Tal ein, blieb mit seinen Soldaten aber nur eine Woche, angeblich, weil es dort zu kalt war. Ihm wird die Zerstörung vieler Statuen angekreidet. In der Zeit Ratna Mallas (1482–1520) wurde es Muslimen erlaubt, sich in Kathmandu niederzulassen. Ab jener Zeit zogen immer wieder muslimische Händler durch das Land. Religionsgeschichtlich ist der Einfluss des Islam im Kathmandu-Tal nicht sehr groß, wohl aber im Tarai, wo heutzutage 97 % der nepalischen Muslime leben.

Der Buddhismus

Für Buddhisten (und auch für viele Hindus) beginnt die Geschichte Nepals in Urzeiten mit der Trockenlegung des Kathmandu-Tals durch Mañjuśrī. Nach der *Chronik der Könige Nepals* und anderen Chroniken brachte dieser Bodhisattva den Buddhismus nach Nepal. Demnach war das Kathmandu-Tal ein See, in dem die Schlangen wohnten. In diesen See warf im Goldenen Zeitalter der vorzeitliche Vipaśvī Buddha einen Lotussamen, aus dem eine ›aus sich heraus entstandene‹ (*svayambhū*) Flamme kam. Ihm folgten drei weitere Buddhas in das Tal und schließlich Mañjuśrī, der das Licht sah und mit seinem Schwert bei Kotwal nahe Chobhar eine Schneise in den Berg schlug, so dass das Wasser abfließen konnte. Am Ende wurde ein Stūpa, der Svayambhū, über der Flamme errichtet, in dem sich Buddha Śākyamuni niederließ.

Tatsächlich weisen auch die frühesten historischen religiösen Relikte auf den historischen Buddha, Gautama Śākyamuni, hin, der in der Mitte des 5. Jahrhunderts v. Chr. im heutigen Staatsgebiet von Nepal geboren wurde. Der Geburtsort – Lumbini in der Nähe der Stadt Kapilavastu an den südlichen Ausläufern des Himalaya – ist mittlerweile zu einem weltweit bekannten buddhistischen Wallfahrtsort geworden. Vor allem aus Ostasien strömen jedes Jahr Tausende Pilger dorthin. Zu Gautamas Zeit war der Ort umgeben von fruchtbarem, aber auch malariaträchtigem Land, auf dem ergiebiger Reisanbau betrieben wurde. Grabungen in Lumbini haben ein präbuddhistisches Heiligtum zum Vorschein gebracht, an dem ein Baum verehrt, aber keine Opfergaben niedergelegt wurden.

Die Entdeckung von Lumbini als Geburtsort Buddhas beruht auf einer 1896 dort gefundenen und mit 249 v. Chr. datierten Inschrift: »22 Jahre nach seiner Krönung besuchte König Priyadarśī (= Aśoka, ca. 268–232 v. Chr.), der ›Götterliebling‹, persönlich diesen Platz, weil Buddha, der Weise aus dem Śākya-Geschlecht, hier geboren wurde.« Archäologische Funde haben 1995 diesen Ort als Geburtsort des Buddha bestätigt. Dieser fällt in ein Gebiet, das einst zum nördlichen ›Indien‹ gehörte und damals von kleinen Königtümern und größeren Reichen (*mahājanapada*) geprägt war. Kapilavastu war die Hauptstadt des Shakya-Kleinkönigtums, das von der benachbarten Koshala-Monarchie abhängig war.

Die vielen, außerordentlich beliebten asketischen Bewegungen, von denen der Buddha eine gründete, die es zu einer Weltreligion bringen sollte, sind Zeichen jener Zeit und besonderer sozioökonomischer Umstände. Sie kamen in Städten auf, welche einen Überschuss erwirtschafteten, und sie beruhten auf einem dadurch erst ermöglichten Individualismus, bei dem die eigene spirituelle Suche nach Erlösung und Erkenntnis fast über das Wohl der Gemeinschaft gestellt wurde. Es war eine Weltflucht, die gepredigt wurde, und diese baute auf der tiefgreifenden Lehre von der Welt als Leiden auf. Die vedische Religion war demgegenüber eine priesterliche Religion, die das Opferritual ins Zentrum stellte, Brahmanen als Priester privilegierte, auf die elitäre Sanskrit-Sprache fixiert war und eine hierarchische Sozialordnung, die Kastengesellschaft, propagierte. Der Buddha wandte sich gegen diesen Exklusivitätsanspruch und seine Lehre breitete sich bald in den Norden und nach Osten aus. In Indien brach der Buddhismus ziemlich abrupt am Ende des 12. Jahrhunderts zusammen, in Nepal lebte er, wenn auch auf eigene Weise, fort.

Der Buddhismus, der sich in Nepal wie im Himalaya entwickelte, unterschied sich von dieser Lehre des Hīnayāna (›Kleines Fahrzeug‹) und damit von den mönchischen Lehren Gautama Buddhas. Zunehmend breiteten sich Lehren aus, die schließlich als Mahāyāna (›Großes Fahrzeug‹) zusammengefasst wurden. Die Unterschiede sind weitreichend:

Himmel statt *nirvāṇa*: Die Vorstellung von einer jenseitigen Welt führte zu einer Art buddhistischer Kosmographie, zur Rede von einer überirdischen Sphäre, von Himmeln und Zwischenbereichen, und zur Konzeption einer Transzendenz. Das Nirvāṇa, das der Buddha als Erlösungsziel hatte, wurde der Erreichbarkeit entzogen. Stattdessen kam die Vorstellung von einem Buddha-Land oder -Paradies auf.

Vom Buddha zum Gott: Dadurch, dass Gautama Buddha offensichtlich von dieser Welt und doch nicht von dieser Welt war, kam die Idee von einer Mehrstufigkeit der Weiterentwicklung auf: Der erlöste Mönch (*arhat*) oder ein Buddha blieb Mensch, aber sein Geist oder Wissen gehörte bereits der Himmelwelt an. Diese Aufteilung ermöglichte die Verehrung von Buddhas wie etwa Dīpaṅkara oder Maitreya, des zukünftigen Buddha. Es entstanden auch Buddha-Gruppen, z.B. fünf Transzendente Buddhas, die am Stūpa Himmelsrichtungen zugeordnet werden: Vairocana, Akṣobhya, Ratnasambhava, Amitābha und Amoghasiddha. Und es entstanden Bodhisattvas – Wesen, welche die Erleuchtung erhalten haben, die aber auf den Lohn, nämlich den Einzug ins Nirvāṇa, verzichten, um anderen zur Erlösung zu verhelfen. Dazu zählen besonders Samantabhadra, Vajrapāṇi, Ratnapāṇi, Avalokiteśvara und Viśvapāṇi oder die in Nepal ebenso beliebten Bodhisattvas der acht Himmelsrichtungen: Avalokiteśvara, Ākāśagarbha, Vajrapāṇi, Kṣitigarbha, Sarvanivaraṇaviṣkambhin, Maitreya, Samantabhadra und Mañjuśrī.

Von der Versenkung zum Ritual: Der überweltliche Buddha wurde zu einem Objekt der meditativen und rituellen Verehrung und Visualisierung; dabei wurde z.B. teilweise das Rezitieren von Formeln (*dhāraṇī*) als Hilfsmittel anerkannt, aber auch Blumen oder Weihrauch oder die Verehrung von Statuen und Bildern.

Von der Heilssuche zur Ethik: Die These von der Übertragung religiösen Verdienstes auf andere wurde ausgebaut und in das Konzept vom Mitleid (*karuṇā*) einbezogen.

Diese Neuentwicklungen – Transzendenz, Mehrkörperlichkeit, Ritualisierung bzw. Vergöttlichung und das Bodhisattva-Ideal, das neben dem mönchisch-asketischen *nirvāṇa*-Ideal einen weiteren Heilsweg eröffnete, sowie die Ethisierung – gingen in einem langen Prozess als charakteristische Merkmale in den Mahāyāna-Buddhismus ein, der spätestens für die Licchavi-Zeit im Kathmandu-Tal sehr gut belegt ist. Es wurde damit zu einer der ersten Regionen außerhalb der Ganges-Ebene, in denen sich der Buddhismus etablierte. In einer Inschrift aus dem frühen 5. Jahrhundert auf einem Lotussockel (der jetzt einen Viṣṇu-Statue trägt) in Chabahil wird Mahāmuni, eine Bezeichnung für den Buddha, erwähnt. Diese Inschrift ist nicht nur deshalb bemerkenswert, weil sich die Stifterin in ihr wünscht, im nächsten Leben ein Mann zu werden, sondern auch, weil sie einer der frühesten Belege für eine besondere Form des Mahāyāna-Buddhismus ist. Weitere aussagekräftige Belege, einige Buddha- und Bodhisattva-Statuen, vor allem von Avalokiteśvara, Vajrapāṇi und Maitreya, stammen aus der Mitte des 6. Jahrhunderts. Namentlich in einer langen Inschrift auf einem Caitya in Patan aus dem Ende des 6. oder dem Beginn des 7. Jahrhunderts zeichnet sich die besondere und ungewöhnliche Form des nepalischen Mahāyāna ab, denn hier werden vier Tathāgatas – Akṣobhya im Osten, Amitābha im Süden, der Buddha Samantabhadra im Westen und Buddha Śākyamuni im Norden – sowie acht höhergestellte Bodhisattvas gepriesen.

Den Licchavi-Inschriften zufolge breitete sich der Buddhismus parallel zum Hinduismus aus, wurde aber von den Herrschern nicht immer in gleichem Maße gefördert. In den Inschriften wird mehrfach erwähnt, dass Herrscher sowohl Śiva und Viṣṇu opferten als auch an buddhistische Gemeinden spendeten, aber sie verwendeten keine buddhistischen Symbole. Immerhin ist in den Licchavi-Inschriften die Stiftung von 13 Klöstern belegt. Auch die *Gopālarājavaṃśāvalī* schreibt verschiedenen Herrschern die Förderung des Buddhismus zu: Mānadeva I. soll das Kloster Mānavihāra, Aṃśuvarman das Rājavihāra-Kloster, Vṛṣadeva den Svayambhū und Dharmadeva den Dharmadevacaitya in Chabahil errichtet haben. Aṃśuvarman soll außerdem das Guṃ-Vihāra bei Sankhu instandgesetzt haben und Narendradeva wird die Būgajātrā bzw. das Matysendranātha-Fest zugeschrieben. Offenbar ging einigen Brahmanen die Förderung des Buddhismus jedoch zu weit, so dass es um 800 n. Chr. in Handigaon sogar zu Zerstörungen von buddhistischen Heiligtümern gekommen sein soll.

Für die Zeit nach dem 7. Jahrhundert besitzen wir aufschlussreiche chinesische Quellen. Anders als man lange Zeit dachte, kam der Buddhismus wohl nicht über Nepal nach Tibet und China, sondern in der Mitte des 1. Jahrhunderts über Zentralasien, namentlich über das Tarim-Becken und den Hexi- bzw. Gansu-Korridor. Schon ab dem Ende des 4. Jahrhunderts brachen chinesische Pilger nach Indien auf, um das Land des Buddha zu erkunden und seine Lehren zu studieren. Allerdings wanderten sie nicht durch Nepal, sondern über die alte Seidenstraße. Darunter war auch Faxian (ca. 337–442), der Lumbini besuchte und mit 413 Texten zurückkehrte, die er teilweise selbst ins Chinesische übersetzte. Besonders in der Tang-Dynastie (618–907) mehrten sich diese Wallfahrten und Erkundungsreisen, die eigentlich eher beschwerliche Fußmärsche oder Ritte auf Maultieren waren. Durch die Eröffnung der Route über Tibet begann auch der einträgliche Handel mit Nepal, das seit alten Zeiten als Land der Buddha-Bronzen, der Wollkleider, des Schmucks und der Schnitzereien bekannt war. Der erste chinesische Pilger, der Nepal erwähnt, war Xuanzang (602 oder 603–664), auch Hsüan-tsang geschrieben, der zwar nie nach Nepal kam, der aber von den Licchavis (»Lichepo«), besonders dem gebildeten König Aṃśuvarman (»Yangshufamo«), vom *ming-ming*-Vogel, der immerzu »lebe! lebe!« (Chinesisch *qipo-qipo* = Skt. *jīva-jīva*) rufe, und von nahezu 2000 nepalischen Mönchen mit neben Tempeln errichteten Klöstern zu berichten wusste.

Xuanzang erzählt auch die Geschichte von einem See, aus dem Feuer aufsteigt, wenn Menschen etwas hineinwerfen. Diese Geschichte griff Wang Xuance (7./8. Jh.) auf, der wohl der erste Chinese in Nepāla war. Sie wurde bald Teil eines weit verbreiteten Legendenkranzes und findet sich als Abbildung in den Höhlen der alten Oasenstadt Dunhuang im Westen Chinas. Die Geschichte hängt ebenso mit dem Trockenlegungs-Mythos zusammen, den ich zu Beginn dieses Abschnitts anführte, wie die Erwähnung eines »einsamen Felsens«, der wohl der Hügel des Svayambhū ist. Tatsächlich haben neuere Forschungen gezeigt, dass dieser Stūpa auf einem Felsen steht, der vermutlich in vorbuddhistischen Zeiten als Ort einer Göttin, vielleicht der benachbarten Hāratī/Hārītī, verehrt wurde.

Im Kathmandu-Tal entwickelte sich ab dem 6. Jahrhundert der Mahāyāna-Buddhismus zum Vajrayāna-Buddhismus weiter, der sich als Vervollkommnung der Heilswege des Buddhismus verstand. Erstmalig namentlich erwähnt wird er in einer Inschrift Aṃśuvarmans. Dem Weg der Disziplin (Śrāvakayāna) des ursprünglichen Buddhismus, der ›nur‹ die eigene Vollendung (*siddha*) im Blick hat und die Ideale des asketischen Lebens und der klösterlichen Gemeinschaft in den Vordergrund stellt, und dem Mahāyāna-Buddhismus, wo die Götter- bzw. Bodhisattva-Gnade, Verdienstanhäufung, Meditation und ethisches Verhalten im Mittelpunkt stehen, fügt der Vajrayāna die esoterische Verehrung von tantrischen Gottheiten bzw. Śakti als weiblicher Energie hinzu und versteht sich als tantrischer Heilsweg, der durch Initiation (*dīkṣā*) den Erwerb magischer Fähigkeiten (*siddhi*) ermöglicht. Daher ist für den Vajrayāna nicht so sehr das *nirvāṇa* das Heilsziel, sondern eher Nev. *taray juye*: das Erreichen des Sukhāvatī-Himmels oder des Reinen Landes des Amitābha, von wo aus eine bessere Wiedergeburt möglich ist. Diesen zunächst vor allem von buddhistischen Kaufleuten, den Bare, und Handwerkern getragenen Vajrayāna kennzeichnet eine Vermischung mit den Lehren und dem Kosmos des Hinduismus: die Verehrung von Heiligen und Bodhisattvas, die Laisierung der Klöster vielleicht schon ab dem 12. Jahrhundert, ein vererbtes Priestertum, die Einführung der Kastenstruktur sowie viele eigene Rituale und Feste. Es ist ein nicht-zölibatärer Buddhismus, der nicht nur auf Nepal beschränkt war, sondern im indischen und tibetischen Buddhismus weiter verbreitet war, als man gemeinhin annimmt. Von Nepal aus gelangte der Vajrayāna, dessen Texte zunächst in Sanskrit verfasst waren, nach Tibet. Sehr viele Manuskripte und Skulpturen, meist vom nordindischen Pāla-Stil beeinflusst, zeugen von seiner Verbreitung.

Obwohl es nach den Licchavi-Inschriften über vier Jahrhunderte keine inschriftliche Erwähnung des Buddhismus mehr gab, wissen wir also aus Manuskripten und durch Kunstobjekte, dass er besonders in den Klöstern des Kathmandu-Tals fortlebte. Dort bekam er im 12. Jahrhundert nach den islamischen Überfällen auf Nordindien durch zahlreiche Flüchtlinge sogar noch Verstärkung: Hochangesehene und von Hunderten, wenn nicht Tausenden von Schülern aufgesuchte Universitäten wie Nalanda, Vikramashila, Somapura oder Odantapura mussten schließen – zu einer Zeit, da in Europa gerade die ersten Universitäten gegründet wurden. Die Gelehrten und Mönche kamen, zusammen mit ihren Patronen und Schülern, in Scharen nach Nepal. Dabei wurde vor allem Patan zu einem Zentrum der buddhistischen Gelehrsamkeit und Spiritualität.

In den Klöstern Patans wurden die buddhistischen Texte auswendig gelernt und immer wieder abgeschrieben. Zu den frühen buddhistischen Handschriften Nepals zählen etwa ein Text zum Leben des Buddha (*Lalitavistara*, 1036 n. Chr.), Wiedergeburtsgeschichten (*Avadānakalpalatā*, 1302), das *Saddharmapuṇḍarīka* (ab 1093), *Gaṇḍavyūha* (1166), *Kāraṇḍavyūha* (1196), *Prajñāpāramitā* (ab 998), *Kriyāsaṃgraha* (ab 1216), *Gopālarājavaṃśāvalī* (11./12. Jh.) sowie – vermutlich aus dem 15./16. Jahrhundert – das *Svayambhūpurāṇa*. In der *Chronik der Könige Nepals* wird berichtet, dass im Kloster Bu Bāhāḥ ein *Prajñāpāramitā*-Manuskript aufbewahrt werde, das die brahmanische Witwe Yaśodharā mitgebracht habe. Aus diesen Quellen ergibt sich das Bild einer eigenen Entwicklung des Buddhismus im Kathmandu-Tal, die getragen wurde von newarischen Vajrayāna-Priestern.

Eine besondere Stellung unter den »Girlanden-Texten« (*avadāna-mālā*), die sich den Folgen von Taten in vergangenen Leben widmen, nimmt der *Guṇakāraṇḍavyūha* (›Reihe von Reliquiaren der Qualitäten (Avalokiteśvaras)‹) aus dem 15. Jahrhundert ein. Er enthält 15 Geschichten über Avalokiteśvara, der in verschiedenen Formen, etwa als Seher oder als Biene, erscheint, um anderen zu helfen, im Sukhāvatī-Himmel wiedergeboren zu werden und später vollständige Erlösung zu erlangen. Der metrische Text knüpft an einen nahezu 1000 Jahre älteren Prosatext, den *Kāraṇḍavyūha*, an, mit dem er lange Zeit verwechselt wurde. Er zeichnet sich dadurch aus, dass er spezifische newarische Elemente enthält, die, wie vor allem Will Tuladhar-Douglas (2006) gezeigt hat, zusammen mit anderen Faktoren dazu berechtigen, von einer durchgreifenden Reformation des Buddhismus im Nepal des 15. Jahrhunderts zu sprechen. Zu diesen Elementen zählen die Sprache (ein newar-buddhistisches Sanskrit) und spezielle Rituale, wie der weitverbreitete Kult des Bodhisattva Amoghapāśa (eine Erscheinungsform Avalokiteśvaras) oder das Poṣadha-Fastengelübde, die bei der Buṅgadyaḥ-Prozession eine zentrale Rolle spielen.

Eine zentrale These von Tuladhar-Douglas ist die, dass bis zum 12. Jahrhundert der nepalische Buddhismus Teil des indischen Buddhismus war, eingebettet in ein überregionales System von Wallfahrtsorten, Patronage und Identität, das im Wesentlichen sanskritischen Modellen folgte. Zwischen 1200 und 1450 änderte sich dieser Bezug zu Indien, nicht zuletzt auch dadurch, dass sich Nordindien durch den Einfluss des Islam mehr und mehr auf seine brahmanischen Wurzeln berief, während der Buddhismus seine legitimierende Funktion und geschützte Stellung, die er etwa im Pāla-Reich (750–1150 n. Chr.) noch innehatte, verlor. Dadurch habe auch der newarische Vajrayāna-Buddhismus seine Legitimation verwirkt und sich auf eigene Weise reformiert, indem er zunehmend in den lokalen Wettbewerb um königliche Patronage eingestiegen sei. Er wurde politischer und ritualistischer. Oder, um es mit Tuladhar-Douglas' Worten zu sagen: »Vor den Girlanden-Texten (wie dem *Guṇakāraṇḍavyūha*) können wir von einer nepalischen Tradition innerhalb des indischen Buddhismus sprechen; nach den Girlanden-Texten müssen wir von einem nepalischen Buddhismus sprechen.«

Ein Beispiel für die Besonderheit dieser neuen Form ist eben der synkretistische Charakter des Newar-Buddhismus. Wie der Hinduismus auch nicht-hinduistische Gottheiten zu vereinnahmen wusste, absorbierte der Newar-Buddhismus den Hinduismus. Da begleiten auf Darstellungen Śiva, Viṣṇu oder Gaṇeśa den Buddha auf seiner Rückkehr nach Lumbini, da befreit der Bodhisattva Mañjuśrī mithilfe Gaṇeśas und der Nāgas (Schlangen) das Kathmandu-Tal von den Wassern, da gilt Vajrapāṇi als buddhistisches Äquivalent zum Regengott Indra und, zusammen mit den Nāgas, als Wächter der Welt, da gelten Bodhisattvas als höhere Wesen als hinduistische Götter. Śrīnivāsa Malla (1661–84) ließ in Patan ein goldenes Fenster in seinen Palast einbauen, das viele hinduistische Gottheiten als Emanationen Avalokiteśvaras zeigt.

Tatsächlich sind im Kathmandu-Tal die Bodhisattvas zu regelrechten Göttern geworden. In der Mahāyāna-Hierarchie der zu verehrenden Wesen stehen sie zwischen den Heiligen (Siddha) und dem Buddha; sie sind auf der anderen Seite, das heißt im Himmel, angelangt, sind aber noch nicht erlöst bzw. im Nirvāṇa. Sie gelten auch als Söhne oder Emanationen der fünf Transzendenten Buddhas, die unter anderem die fünf Elemente Äther, Luft, Wasser, Feuer und Erde verkörpern. Ihnen zugeordnet sind weibliche Aspekte, die Buddhaśaktis, wie überhaupt die Verehrung weiblicher buddhistischer Gottheiten (z.B. von Tārā, Prajñāpāramitā, aber auch der *ḍākinīs* und *yoginīs*) im Vajrayāna und Newar-Buddhismus verbreitet ist.

Einer der bekanntesten Bodhisattvas ist in Nepal Padmapāṇi-Avalokiteśvara (auch Lokeśvara oder Lokanātha, ›Weltherr‹, genannt), der zugleich der Schutzpatron Tibets ist. Avalokiteśvara bedeutet wörtlich ›der Gott, der nach unten blickt‹, was sein großes Mitleid ausdrücken soll; ein anderer buddhistischer Name ist Karuṇāmaya, ›der Mitleidvolle‹. Sein Charakter und die religiöse Vermischung zeigen sich besonders beim Rāto-Matsyendranātha-Fest, durch das er nach der langen Hitzezeit des Sommers den ersehnten Regen bringt. In diesem Kult hat sich eine ursprünglich vorhinduistische und vorbuddhistische Gottheit namens Buṅgadyaḥ (wörtlich: ›der Gott von Būga‹, heute Bungamati) mit Göttern beider Pantheons vereint, denn Avalokiteśvara ist für Hindus identisch mit Śiva-Lokeśvara bzw. Matsyendranātha (dazu mehr unten im Abschnitt zum Śivaismus ab S. 273).

Auch ein anderer Bodhisattva, Mañjuśrī, ist eng mit einer hinduistischen Gottheit, der Göttin Sarasvatī, verbunden worden. Im Vajrayāna gilt sie z.B. als seine Gattin. Beide sind unter anderem Götter der Weisheit und der Künste, und erstaunlich ist, dass sie trotz ihrer unterschiedlichen geschlechtlichen Identität gleichgesetzt wurden.

Etwa ab dem Ende des 12. Jahrhunderts setzte in Nepal der Niedergang des Mönchstums und aktiven Klosterwesens ein, auch wenn einige buddhistische Gemeinden bis ins 17. Jahrhundert überdauerten und sich gegen Ende des 20. Jahrhunderts durch den Einfluss des tibetischen Mahāyāna-Buddhismus oder missionierender Theravāda-Mönche neue Gemeinschaften gebildet haben. Durchgesetzt hat sich in erster Linie ein erbliches ›Mönchs‹- und Priestertum. »Buddhismus ohne Mönche« wurde denn auch der Newar-Buddhismus genannt, der eine Art buddhistisches Kastensystem mit sich brachte, das noch immer wirkmächtig ist (vgl. S. 43). Allerdings entgeht dieser Sichtweise, dass in bestimmten Kasten,

Abb. 11: Mañjuśrī, 59 cm, 7. Jh., Privatbesitz
(aus: Grewenig & Rist 2017: 307)

etwa bei den Shakya und Vajracharya, verheiratete Hausväter auch Mönche sein können, als welche sie Mitglieder einer Gemeinschaft (*saṅgha*) mit der Berechtigung und Verpflichtung sind, die esoterische Gottheit des Klosters zu versorgen.

An oberster Stelle stehen im buddhistischen Kastensystem die Vajracharya, die neben der Kasteninitiation (Nev. *bare chuyegu*) die tantrisch-esoterische Weihe (Skt. *dīkṣā*) erhalten. Im 14. Jahrhundert setzte Sthiti Malla die buddhistischen Priester auf eine Stufe mit den Brahmanen. Die Shakya, ursprünglich Mönche (*bhikṣu*), die ihren Namen auf das Geschlecht des Buddha zurückführen, sind ihnen gleichrangig, bekommen aber keine tantrische Weihe und sind daher keine Priester. Jedes männliche Mitglied beider Gruppen wird während der Initiation für nur vier Tage ein Mönch. Aber danach bleibt er ein Leben lang in seiner Klostergemeinde tätig, auch wenn er längst geheiratet hat. Wer also als erwachsener Newar ein buddhistischer Mönch werden möchte, muss in einen Theravāda- oder tibetischen Orden eintreten. Shakya werden auch als *Vandya Bare* bezeichnet und arbeiten oft hauptberuflich als Kunsthandwerker. In der Kastenhierarchie folgen die hinduistischen Shrestha, Uray (Tuladhar, Tamrakar, Kansakar und andere) und die Jyapu-Bauern sowie die Kastenlosen. Für diese Hierarchie ist der rituelle Status entscheidend. Es handelt sich eben um eine Kastengesellschaft: Heirat und das gemeinsame Einnehmen von Speisen sind weitgehend nur unter Seinesgleichen möglich.

Die besondere Form des Buddhismus im Kathmandu-Tal zeigt sich auch in der veränderten Nutzung der Bauten, namentlich in Patan mit seinen über 150 ›Klöstern‹, die nicht mehr von zölibatären Mönchen, sondern von Familienverbünden genutzt werden, sowie in der Zunahme von Ritualen bei gleichzeitiger Verdrängung der Doktrin. Diese Rituale sind den hinduistischen Götterdiensten (*pūjā*) ähnlich und umfassen z.B. die regelmäßige (*nitya*) Verehrung von Gottheiten und Buddhas, kalendarische Feste, lebenszyklische Rituale, Feuerrituale (*homa*), Wagenfeste (etwa das Matsyendranātha-Fest), Tänze (etwa für Harisiddhi), Gelübde (*vrata*), Spenden (*dāna*), rituelle Textrezitationen (besonders im Monat Gūlā, wenn die *Aṣṭasāhasrika-Prajñāpāramitā*, ein zentraler Text des Mahāyāna-Buddhismus, gelesen wird), die Verehrung der Planetengötter (*navagrahapūjā*) und vieles mehr.

Besonders in den lebenszyklischen Ritualen (*saṃskāra*) zeigt sich, wie sehr der Newar-Buddhismus brahmanischen Vorbildern folgt, wohl auch deshalb, weil dies für die buddhistischen Kasten eine Aufwertung bedeutete, so dass sie die Chance hatten, am Hof ein besseres Ansehen zu erhalten, diesen mit Waren beliefern zu dürfen oder gar Posten zu erlangen. Dabei wurden buddhistische Wesen verehrt und buddhistische Ritualgegenstände benutzt; die Handlungen selbst sind aber weitgehend der hinduistischen Ritualliteratur und Praxis entnommen. Dass dabei durchaus eigene Formen entwickelt wurden, zeigen das Ihi-Ritual, bei dem Mädchen mit der Bel-Frucht verheiratet werden (vgl. dazu unten, S. 303f.), oder die Gurumaṇḍalapūjā, eine Mischung aus Selbstreinigungs- und Verehrungsriten, die oft die Übergangsrituale rahmt, mit der nahezu jedes newarbuddhistische Ritual beginnt und in deren Zentrum die Verehrung von Buddha-Vajrasattva steht, den die Vajracharya-Priester als ihren Lehrer (*guru*) ansehen.

Ungewöhnlich für den Buddhismus ist auch die newarische Form des Dogmas der Nichtgewaltanwendung (*ahiṃsā*), denn Tieropfer werden zumindest geduldet. Ursprünglich opferten Shakya und Vajracharya Enten für Bhīmasena, dies wurde aber 1923 vermutlich durch den Einfluss des Tibeters Kyanche Lama abgeschafft. Dennoch müssen Vajracharya oft dabei sein, wenn Klienten in einem nicht-buddhistischen Kontext Tieropfer durchführen (lassen). Newar-Buddhisten sind meist keine Vegetarier, und Fleisch ist bei vielen vajrayānistischen Ritualen wichtig.

Für Tibet und China galt Nepal bzw. das Kathmandu-Tal bis in das 15. Jahrhundert als buddhistisches Land. Dadurch wurden die Kontakte zwischen Tibet und Nepal immer enger, besonders unter Pratāpa Malla.

Tibetische Mönche nahmen sich des Bauddha-Stūpas an, begründeten eigene Gemeinschaften und bauten ihre eigenen Klöster. Umgekehrt gingen viele Uray nach Tibet, wo sie einen höheren Status hatten als im Kathmandu-Tal. In seiner eigenen Form hat sich der Newar-Buddhismus erhalten, aber an seine Seite hat sich der tibetische Buddhismus gestellt, der sich auf den Bauddha-Stūpa (auch *Bodhnath* oder Nev. *Khasa Caitya* genannt) und seine Umgebung konzentriert. Bauddha ist mit seinen 40 Metern sowohl im Durchmesser als auch in der Höhe der größte Stūpa im Tal. Seine Erbauung schreibt die *Chronik der Könige Nepals* Mānadeva (5. Jh.) zu. Nach tibetischen Quellen aus dem 16. Jahrhundert soll ein tantrischer Meister der Nying-ma-pa Schule den Caitya am Beginn des Jahrhunderts aus Schutt und Sand ausgegraben haben. Daher versorgen tibetische Mönche das Heiligtum.

Nimmt man Nepal als Geburtsland des Buddha, den Newar-Buddhismus und den tibetischen Buddhismus, der auch bei vielen Bevölkerungsgruppen der hohen Bergregionen Fuß gefasst hat, zusammen, kann mit Fug und Recht gesagt werden, das Nepal weitaus buddhistischer ist, als es im Mitteland, im Tarai und selbst im Kathmandu-Tal mitunter den Anschein hat.

Der Hinduismus

Der Hinduismus hat sich in Südasien ab dem 4. Jahrhundert v. Chr. zeitgleich mit den beiden großen Epen *Mahābhārata* und *Rāmāyaṇa* und dann mit den *Purāṇas* verbreitet. In Nepal war er spätestens mit der Licchavi-Zeit fest verankert. Im Allgemeinen versteht man darunter eine brahmanisch dominierte Religion, die oft als Smārta- (›überlieferter‹) Hinduismus bezeichnet wird und in der fünf Hochgötter bzw. ihre Erscheinungsformen eine herausragende Stellung einnehmen: Śiva, Viṣṇu, Gaṇeśa, die Große Göttin (Devī, Śakti, Kālī o.a.) und Sūrya oder eine Wunschgottheit. Dementsprechend haben sich verschiedene Richtungen – Śivaismus, Śāktismus bzw. der Kult der Großen Göttin, Viṣṇuismus, Kṛṣṇaismus, Rāmaismus und andere – herausgebildet, die aber nicht als Sekten zu verstehen sind, weil es im Hinduismus keine für alle verbindliche Institution gibt, von der man sich abspalten könnte. Im Unterschied zur vedischen Religion wurden und werden diese Götter in festen Tempeln verehrt. Hinzu kommen im Smārta-Hinduismus zahlreiche häusliche (*gṛhya*) und öffentliche (*śrauta*) Rituale, die sich nach vedischen Prinzipien und Handbüchern, den in vedischen Schulen überlieferten Gṛhya-, Śrauta- und Dharmasūtras, richten.

Der Smārta-Hinduismus, der in Nepal auch als Parbatiya- (›Bergleute-‹) Hinduismus bekannt und vor allem im Mittelland und im Tarai verbreitet ist, verdankt seine Vorrangstellung verschiedenen Einwanderungswellen von Brahmanen aus einzelnen Regionen Indiens sowie der Förderung durch viele Herrscher, besonders in der Śāha- und Rāṇā-Zeit. Er trug nicht nur maßgeblich zur kulturellen und religiösen Entwicklung in Nepal bei, unter anderem dadurch, dass er das Kastensystem brachte, an dessen Spitze sich die Bahun-Chhetri sehen, sondern stand und steht auch bis zu einem gewissen Grad in Konkurrenz zum newarisch-tantrischen Hinduismus. Um ihren Status aufzuwerten, haben andere Bevölkerungs- und Religionsgruppen immer wieder Elemente des Smārta-Hinduismus übernommen und sich auf diese Weise mehr oder weniger hinduisiert.

Zwar werden bereits in Licchavi-Inschriften Stiftungen von Dörfern an Brahmanen erwähnt, auch kann man in den Kolophonen frühmittelalterlicher Handschriften immer wieder ›indische‹ Brahmanen-Namen etwa aus Gujarat, Kaschmir, Bengalen oder Südindien erkennen, doch zu größeren Einwanderungswellen und Beeinflussungen kam es erst ab dem 13. Jahrhundert, als die Muslime nach Bengalen eindrangen und der aus Mithila stammende König Harisiṃhadeva 1326 n. Chr. nach Bhaktapur fliehen musste. Er starb allerdings auf dem Weg dorthin und nur seine Frau Devaladevī und ihr Sohn Jagat Siṃha erreichten Bhaktapur, wo sie im Palast aufgenommen wurden. In der Folge kamen viele gelehrte Brahmanen aus Mithila – ohnehin seit Langem ein Zentrum großer Gelehrsamkeit – nach Nepal. Auch spricht die *Chronik der Könige Nepals* davon, dass Sthiti Malla (1382–95) fünf indische Brahmanen aus Mithila an den Hof nach Kathmandu geholt habe, eine Tradition, die spätere Malla-Herrscher fortsetzten.

In der Malla-Zeit setzten sich vor allem der tantrische Śivaismus und die Verehrung der Göttinnen durch, da die Herrscher diese Kulte stark förderten. Namentlich die innerhalb des Palastbereichs durch tantrische Ritualspezialisten verehrte Schutzgöttin Taleju (Tulajā; vgl. zu ihr näher S. 284), die Harisiṃha im 14. Jahrhundert nach Nepal gebracht haben soll, wurde zur herausragenden Göttin der Mallas und viele Rituale hatten deutlich mit der Festigung ihres Machtanspruchs zu tun. Die Śāhas und Rāṇās führten diese Verehrung der tantrisch-esoterischen Göttinnen und die Betonung ihrer Verbindung zu exoterischen (Smārta-)Gottheiten weiter. Zugleich überlagerte der Hinduismus viele alte, im Kathmandu-Tal seit Langem beheimatete, ursprünglich volksreligiöse Gottheiten und Rituale. Die Brahmanen setzten dabei auch eigene Akzente, etwa indem sie vedische Rituale modifizierten, wie dies z.B. bei den Übergangsritualen und bei den Modifizierungen des hinduistischen Gottesdienstes (*pūjā*) oder Feuerrituals (*homa*) zu sehen ist.

Im newarischen Kathmandu-Tal sind es hauptsächlich Viṣṇu und Śiva-Paśupati, Bhairava (Śivas schreckenerregende Form), Durgā (auch bekannt als Bhagavatī), die ›Acht Mütter‹ (Aṣṭamātṛkā) bzw. die ›Neun Durgās‹ (Navadurgā) und Gaṇeśa, die auf einer äußeren, öffentlich zugänglichen Ebene als Beschützer der Siedlungen und des Tals fungieren. Aber es gibt, wie der amerikanische Ethnologe Robert Levy (1990) herausgearbeitet hat, neben diesem »Mesokosmos« noch eine innere, esoterische Ebene, den Mikrokosmos, der Götter und vor allem Göttinnen umfasst, deren Identität und Rituale nur den Initiierten vorbehalten sind.

Die Śāhas und Rāṇās propagierten den Hinduismus darüber hinaus als nationale Religion. Zwar sind seit dem *Ain* von 1854 Konversionen zu anderen Religionen verboten, nicht aber Übertritte etwa vom Buddhismus oder Atheismus zum Hinduismus. Seit der Revision dieses Textes von 1935, in der zwischen ›Religion‹ (*dharma*) für den Hinduismus und ›Glaube‹ (*mata*) für Christentum und Islam unterschieden wird, sind zudem Missionierungen verboten, was christliche Missionare nicht daran gehindert hat, in Nepal weiter aktiv zu sein. Artikel 14 der Verfassung von 1962 besagte: »Jeder kann sich zu seiner Religion, wie sie seit alters her überliefert wird, bekennen und kann sie nach den Traditionen praktizieren – mit der Einschränkung, dass keiner berechtigt ist, einen anderen von einer Religion zu einer anderen zu konvertieren.« In der Verfassung von 2015 (Art. 1) wird Nepal ein säkularer Staat genannt, aber in der Erklärung dazu wird ›säkular‹ als religiöse und kulturelle Freiheit definiert, die den Schutz der Religion und der traditionellen Rituale einschließt.

Eine neohinduistische Bewegung wie in Indien gab es in Nepal kaum, aber in den letzten Jahrzehnten sind vereinzelt hinduistische Gefolgschaften wie etwa die Hare-Krishna-Anhänger aufgetreten, während den Buddhismus Theravāda-Reformbewegungen erreicht haben. Die aufstrebende

Mittelschicht wendet sich gerne auch esoterischen oder neureligiösen Vorstellungen und Praktiken oder einem expliziten Säkularismus zu. Letzterer wurde besonders durch die Maoisten gefördert.

Mit der Śāha-Dynastie entwickelte sich eine einzigartige religiöse Spannung und in Ansätzen sogar Rivalität zwischen dem tantrischen Hinduismus bzw. Buddhismus und dem brahmanischen Parbatiya-Hinduismus, die sich bis zu mehr oder weniger offenen Konflikten steigern konnte. Symbolisch ausgetragen wird diese noch heute im unten beschriebenen Fest der Göttin Vatsalā (S. 315 ff.). Im Großen und Ganzen kennzeichnet Nepal aber eine friedliche Koexistenz zwischen den Religionen und religiösen Strömungen, die unten noch näher beschrieben werden. Hängt dies mit einer besonderen Toleranz oder aber mit einer gewissen Ignoranz zusammen? Oder liegt es an der Identität der Götter?

Der Śivaismus

Śivaismus ist eine Sammelbezeichnung für verschiedene Traditionen, die Śiva, auch Maheśvara oder Mahādeva (›großer Gott‹), in Nepal spätestens ab Narendradeva (643–679) auch Paramamaheśvara (›Allerhöchster Gott‹) genannt, als Hochgott in den Mittelpunkt stellen, der in allem und überall, auch in einem selbst ist. In Nepal konnten verschiedene dieser Traditionen von früh an Fuß fassen, nicht zuletzt deshalb, weil sie königliche Protektion erfuhren. Im Allgemeinen unterscheidet man zwischen einem purāṇischen und einem tantrischen Śivaismus; beide grenzen sich deutlich von den brahmanisch-vedischen Traditionen ab und werden von diesen als nicht heilsfördernd weitgehend abgelehnt. Der Śivaismus hat denn auch eigene Schriften, in denen die Überlegenheit gegenüber dem *Veda* betont wird, ohne dass dieser völlig abgelehnt würde. Stattdessen wird betont, dass es zusätzlich zur vedischen Tradition und der entsprechenden Befolgung der Vorschriften für den jeweiligen sozialen (*varṇa*) und altersmäßigen (*āśrama*) Stand der śivaitischen Rituale und spirituellen Praktiken bedürfe, um Erlösung oder übernatürliche Kräfte zu erlangen.

Das prominenteste Śiva-Heiligtum ist der Paśupatinātha-Tempel in Deopatan östlich von Kathmandu, in dem Paśupati verehrt wird. Im Sanktum des Tempels steht ein viergesichtiges (*caturmukha*) Liṅga. Es handelt sich um ein Nationalheiligtum, das weit über die Grenzen Nepals hinaus bekannt ist und jährlich Zehntausende indischer Pilger und Touristen anzieht. Es ist umgeben von einem Feld, dem Paśupatikṣetra, mit zahlreichen Herbergen und Badeanlagen (*ghāṭa*) am Ufer der Bagmati, wo auf Plattformen Leichen verbrannt werden. Die Topographie ist gekennzeichnet durch das Straßendorf Deopatan als Siedlungsfläche und einen unbesiedelten Bereich, den Mṛgasthalī-Hain, abgetrennt durch den Bagmati-Fluss; im Norden liegt eine Erhebung, der Kailāśa-Hügel, um den Tempel herum befinden sich offene Flächen, Plätze und Gärten.

Wie es scheint, haben zunächst asketische Anhänger des tantrischen Pāśupata-Kults, die dafür bekannt waren, dass sie sich an Verbrennungsplätzen aufhielten und mit der Asche der verbrannten Leichen einrieben, den Pāśupati-Tempel betreut. Jedenfalls sprechen viele Handschriften des Śivadharma, einer unter dem Einfluss der Pāśupatas entstandenen Laienbewegung des Śivaismus, dafür, und fünf Licchavi-Inschriften belegen, dass die Pāśupata-Gemeinschaft in der Zeit Aṃśuvarmans eine prominente Rolle spielte. Auch wird der Paśupatinātha-Tempel bereits im 6. Jahrhundert in einer Pāśupata-Rezension des *Skandapurāṇa* erwähnt.

Neben diesen tantrischen Hinweisen auf den Paśupatinātha-Tempel gibt es purāṇische Gründungsmythen für die Entstehung des Heiligtums. So kam nach dem *Nepālamāhātmya* Śiva von Kāśī (Benares) aus in die Gegend, wo er Gazellengestalt annahm, um sich mit seiner ebenfalls gazellengestaltigen Gefährtin Pārvatī in einem heute Mṛgasthalī (›Gazellenhain‹) genannten Waldstück östlich des Bagmati-Flusses zu vergnügen. Dadurch geriet aber die Welt in Unordnung, weshalb sich die anderen Götter aufmachten, um nach Śiva zu suchen. Als sie ihn endlich fanden, baten sie ihn, seine Gazellengestalt abzulegen, was dieser aber ablehnte. Da versuchten sie ihn zu ergreifen, doch Śiva sprang auf die andere Seite des Flusses. Dabei zerbrach sein Horn in vier Stücke und wurde in Form eines viergesichtigen Liṅga zum Heiligtum. Śiva wurde fortan als ›Herr der Tiere‹ (Paśupati) bekannt.

Die eigentliche Entstehung des Paśupatinātha-Tempels liegt im Dunkeln. Es ist anzunehmen, dass sich hier ein vorhinduistisches Heiligtum befand, aber Beweise gibt es dafür nicht. Nach den Chroniken wurde der Tempel in Deopatan im 3. Jahrhundert gebaut, die *Gopālarājavaṃśāvalī* nennt Ananta Malla (1274–1307), der ihn renoviert und das Dach vergoldet haben soll. Seine heutige Grundstruktur verdankt er Jyotir Malla (1408–28). Wei-

Abb. 12: Tempel des Paśupatinātha-Tempels mit Vatsalā-Tempel (unterhalb) und Verbrennungsplätzen, 1981 (Photo A. Michaels)

tere Erneuerungen stammen von Śivasiṃha (1578–1619), Pratāpa (1641–74) und vor allem Bhūpālendra Malla (1687–1700), der den Haupttempel 1696 abbauen und nach einhundertfünf Tagen wiederaufbauen ließ.

Der Tempel hat über die Jahrhunderte viele weitere Stiftungen erhalten. Das reichte von Vergoldungen kleinerer Statuen bis hin zu extensiven Landschenkungen und wertvollen Paraphernalien. Namentlich die Tore sind immer wieder versilbert oder vergoldet worden: 1814 das Nordportal durch Amara Siṃha Thāpā, vier Jahre später das südliche durch Premierminister Bhīmasena Thāpā und 1834 das Westportal durch den Brahmanen Kulānanda Jhā. Noch die Könige Mahendra und Vīrendra Śāha ließen die Dächer vergolden oder die Decke versilbern. In der Umgebung des Paśupatinātha wurden zwischen 1848 und 1870 rund 700 Statuen sowie große und kleine Votivtempel- und Schreine errichtet. Älter und rituell bedeutsamer sind die vielen Tempel und Schreine der Göttinnen, darunter eine lokale Navadurgā-Gruppe mit dem Vatsalā-Tempel (s. dazu den Focus 🔎 Fest der Göttin Vatsalā ab S. 315).

Seit Aṃśuvarman (605–621) haben sich viele Mitglieder des Militärs und der Aristokratie, später auch die Könige, »durch den Ehrwürdigen Paśupati begünstigt« gefühlt, wie es in zahlreichen Inschriften bis hin zu Yakṣa Malla (1428–82) heißt. In den Inschriften erscheint Śiva in einer milden Form als Schöpfer und Bewahrer, aber auch als mächtiger Zerstörer, und es ist wohl diesem Aspekt zuzuschreiben, dass er für die Herrscher so wichtig wurde. Ein anderer Grund für die königliche Förderung dürfte darin gelegen haben, dass die śivaitisch-tantrischen Priester für Könige eine besondere Initiation anboten, die sie nicht auf die mühevollen rituellen Praktiken verpflichtete, aber dennoch Erfolg in diesem Leben und nachtodliche Erlösung für den Fall versprach, dass sie die śivaitischen Laienanhänger und Asketen förderten. Diese Bevorzugung Śivas fiel zusammen mit seiner wachsenden Popularität in Nordindien etwa ab dem 3. Jahrhundert.

Den tantrischen Śivaismus kennzeichnen die vielen asketischen und Laien-Bewegungen, die schon früh in Nepal Fuß fassten. Viele Unterschiede zwischen diesen religiösen Gruppen betreffen die Doktrin und sind in Nepal historisch eher in Texten als in Ritualen feststellbar. Gemeinsam ist ihnen aber, dass es eine Weihe (*dīkṣā*) braucht, um auf den Weg der Erlösung zu gelangen. Dabei geht es auch um den Erwerb spezieller übernatürlicher Kräfte bzw. entsprechender Mächte (*siddhi*) und esoterisch-sinnliche Vergnügungen (*bhoga*). Das können bestimmte rituelle Techniken sein bis hin zur rituell-sexuellen Vereinigung mit Śivas weiblicher Kraft, der Śakti, die mit ihm als göttlicher Partner verbunden ist.

Trotz dieser intensiven tantrischen Verehrung Śivas, die sich auch in śivaitischen Texten zur Laienpraxis wie dem *Śivadharmaśāstra* oder dem *Śivadharmottara* niederschlägt, waren viele Licchavi-Machthaber zugleich Verehrer Viṣṇus und anderer Gottheiten. Aṃśuvarman etwa unterstützte gleichermaßen Paśupatinātha und Cāṅgunārāyaṇa (= Viṣṇu) wie buddhistische Klöster. Auch Aṃśuvarmans Sitz Kailāśakūṭabhavana weist darauf hin, dass er ein Śiva-Verehrer war, denn der Kailāśa-Berg gilt als Sitz Śivas. Ein gleichnamiger Hügel, der aber nach neuesten archäologischen Erkenntnissen keine größeren Baurelikte birgt, befindet sich nördlich des Paśupatinātha-Tempels.

Der Liṅga-Kult ist in Nepal spätestens seit dem 4./5. Jahrhundert nachweisbar. Er drückt sich aus in einem schlichten, abstrakten Phallussymbol, das aber an den vier Seiten auch Gesichter von Erscheinungsformen des

Gottes oder nur eine Büste haben kann, welche Śiva als Ersten Yogī darstellt. Schon in der frühen Licchavi-Zeit – beginnend mit dem Ratneśvara-Liṅga (477 n. Chr.) – ließen viele Mitglieder der Aristokratie und wohlhabende Kaufleute im Umfeld des Paśupatinātha Votivliṅgas errichten – eine Tradition, die Südasiens größtes Korpus an Inschriften auf Liṅgas hervorbrachte und sich bis in das späte 19. Jahrhundert und vereinzelt bis heute fortsetzte. Ab der Licchavi-Zeit gingen die Liṅga-Aufstellungen oft mit teilweise umfangreichen Landschenkungen einher. Als Motive für diese Praxis werden vor allem das Erreichen des Himmels, der Wunsch nach einem langen Leben und Gesundheit genannt. In der Śāha- und Rāṇā-Zeit wuchsen in Erinnerung an einen Verstorbenen gestiftete Votivliṅgas zu teilweise monumentalen Bauten an. Das größte Liṅga nicht nur in Nepal, sondern in ganz Südasien, ist der Virāṭeśvara (spätes 4. Jh.?), der auf einem Brunnen an der Bagmati und vor dem Rājarājeśvarī-Tempel steht. Von diesem Brunnen erzählt man sich, dass man darin seine eigene Wiedergeburt sehen könne. Die Chroniken berichten, dass der historisch nicht belegte Licchavi-König Śaṅkaradeva (um 425) dort hineingeblickt und unten eine Ratte gesehen habe, woraufhin er den Brunnen mit dem Liṅga habe zudecken lassen. Teilweise sind die Liṅgas auch in Gruppen angeordnet, wie etwa bei der 15-Liṅga-Gruppe (Pandraśivālaya) am Ostufer der Bagmati, die nach dem Koṭa-Massaker (14. 9. 1846) errichtet wurde. Im Hof des Paśupatinātha-Tempel gibt es sogar einen Tempel, den Koṭiliṅgeśvara, mit 1008 Liṅgas, der 1654 von Prātapa Malla errichtet wurde.

Die purāṇische Verehrung Śivas in Liṅgas zieht sich durch die Geschichte Nepals. An zahlreichen Orten finden sich beliebte Heiligtümer, die Śivas Stellung als Hochgott (›Mahādeva‹) oder gar als höchsten Gott reichhaltig belegen. Texte wie das *Skandapurāṇa*, der *Himavatkhaṇḍa* oder das *Nepālamāhātmya* enthalten Lobpreisungen vieler śivaitischer heiliger Stätten, ebenso wie die *Gopālarājavaṃśāvalī*, in der Śiva meist Bhṛṅgeśvara oder Paśupati Bhaṭṭāraka genannt wird, und die Zahl der tantrischen Śaiva-Manuskripte geht in die Tausende. Viele śivaitische Heiligtümer sind durch Prozessionen (*tīrthayātrā*) verbunden. Die größte Wallfahrt zu einem śivaitischen Heiligtum ist die Große Nacht Śivas (*Mahāśivarātri*) im Februar/März, wenn Tausende Pilger, darunter viele Asketen, zum Paśupatinātha-Tempel kommen, um dort Śiva zu verehren und zu fasten sowie vereinzelt die Nacht über wach zu bleiben. Das Fest, das in Indien seit dem 12. Jahrhundert belegt ist, geht zurück auf einen Mythos, der deutlich zeigt, wie nicht-hinduistische Schichten in die hinduistische Gesellschaft und damit in das Kastensystem integriert wurden. So soll einmal über einen Jäger, also ein Mitglied einer unreinen Kaste, die Nacht hereingebrochen sein, als er im Wald jagte. Aus Furcht kletterte er auf einen Pippal-Baum und nahm etwas Wasser mit. Immer wieder tropfte in der Nacht etwas Wasser herunter, ebenso fielen Blätter des Baumes hinab – und zwar auf ein im Laub verborgenes Liṅga. Da der Jäger, wenn auch unabsichtlich und unbewusst, durch seine Nachtwache die Blätter und das Wasser Śiva verehrt hatte, wurde er in seinen Himmel aufgenommen.

In ikonographischen Darstellungen wird Śiva oft als Asket mit langem hochgebundenen Haar und in friedlicher Umarmung mit seiner Gefährtin Pārvatī oder als Ardhanarīśvara (halb Śiva, halb Pārvatī) abgebildet. In diesen Darstellungen taucht die Gefährtin in der Regel in ihrem wohlwollenden Aspekt auf. Pārvatī (›Bergtochter‹), Umā (›Morgenröte‹) oder Gaurī (›Die Goldene‹) sind ihre häufigsten Namen. Sie kann auch isoliert auftreten wie etwa auf einem großen Gaurī-Stein im Bagmati-Fluss nördlich des Paśupatinātha-Tempels. Diese in Nepal zahlreich vorhandenen Darstellungen und Mythen unterscheiden sich kaum von purāṇischen Abbildungen oder Quellen aus Indien.

Im Kathmandu-Tal wird Śiva aber noch in besonderen Formen verehrt: etwa als Lukumahādyaḥ, Nāsaḥdyaḥ oder Bhairava, bei denen sich aufgrund des tantrischen Einflusses die Beziehung zu Pārvatī nicht immer harmonisch gestaltet. Das ist z.B. beim schwer datierbaren Lukumahādyaḥ-Ritual der Fall, das die Newar feiern, wenn die Innenhöfe am 14. Tag der dunklen Hälfte des Monats Caitra (März/April), dem ›Tag des Dämons‹, von Schutt und Müll gereinigt werden – eine Zeit, in der sich besonders die indigenen Kulte manifestieren. Dann wird unter den Müllhaufen oder aus einem Loch ein kleines Liṅga oder ein unbehauener Stein hervorgeholt und in der Nacht verehrt. Diese Steine heißen auf Nevārī Lukumahādyaḥ, ›Versteckter Mahādeva‹ (= Śiva). Den mündlich überlieferten Mythen zufolge hat Śiva hier Schutz gesucht, weil, je nach Quelle, wilde Göttinnen, bösartige Dämonen oder gar ignorante Buddhisten drohten, ihn zu verunreinigen.

Ersichtlich vermischen sich hier alte vorhinduistische Kulte mit dem hochtraditionellen Śivaismus. Dies gilt auch für den Gott Nāsaḥdyaḥ (›Gott des Tanzes‹), den Schutzgott der newarischen Musiker, dessen Wege man nicht behindern darf. Daher sind an vielen Mauern und auch in gesonderten Schreinen Schlitze angebracht, durch die der Gott ziehen kann, ohne Umwege machen zu müssen. Weder der Kult noch die Erscheinungsform hatten ursprünglich etwas mit Śiva gemein. Nun ist aber Śiva in der indischen Hochtradition auch der Gott des Tanzes (Nāṭyeśvara oder Naṭarāja). Es lag also nahe, beide Götter zu verbinden, zumal damit eine Statusaufwertung für die Musiker verbunden war. Daher erhielt der Schutzgott den Namen Nāsadyaḥ, die Nevārī-Version von Nāṭyeśvara.

Auch Bhairava – eine schreckenerregende und zerstörerische Form Śivas – ist bisweilen ein nackter Stein, wenngleich er auch in einer Statue oder Maske verehrt wird. In diesem Phänomen zeigt sich noch deutlich die Erinnerung an vorhinduistische Gottheiten, die im Zuge der Hinduisierung dadurch aufgewertet wurden, dass sie prestigevolle Sanskrit-Namen erhielten. Hauptsächlich durch den Tantrismus hat der Bhairava-Kult, der sich schon seit der Licchavi-Zeit nachweisen lässt, im Kathmandu-Tal und unter den Newar viel Aufwind erhalten, zumal wenn mit ihm die Verehrung der Göttinnen oder der Yoginīs einhergeht. Zahlreiche tantrische Texte, die Bhairava-Tantras, besonders das *Brahmayāmala* und das *Śrītantrasadbhāva* sowie das *Jayadrathayāmala*, belegen den Kult. Einem Mythos des *Śivapurāṇa* zufolge entstand Kāla Bhairava aus einem Fingernagel Śivas; kaum auf diese Weise kreiert, schlug er dem Schöpfergott Brahmā einen seiner fünf Köpfe ab. Zufriedengestellt wird Bhairava durch Alkohol und Blutopfer. Zu den herausragenden Bhairava-Heiligtümern gehört etwa die große Statue des Kāla/Kālo (›Schwarzen‹) Bhairava am Hanuman Dhoka, die im 17. Jahrhundert von Pratāpa Malla errichtet oder entdeckt worden sein soll und bei der die Beamten eingeschworen wurden. In der Nähe des Kāla Bhairava und hinter einem Holzgitter versteckt steht der 1795 von Raṇabahādura Śāha gestiftete Sveta (›Weiße‹) Bhairava, aus dessen Mund während der Indrajātrā-Prozession Reisbier strömt, das die Gläubigen trinken. Weitere herausragende Bhairavas sind der Pacali Bhairava in Kathmandu, zu dessen Verehrung die Kumārī-Kindgöttin erscheint, das alle zwölf Jahre erneuerte Nīlabhairava-Gemälde an der Nordseite des Jayavāgīśvarī-Tempels in Deopatan oder ein Bhairava-Tempel in Bhaktapur, der bei der Bisketjātrā, dem Neujahrsfest, im Mittelpunkt steht.

Eine Verbindung des nepalischen Śivaismus zur indisch-śivaitischen Nātha-Bewegung, die ab dem 11. Jahrhundert neben theologischen Lehren eine Mischung aus Yoga-Praktiken und Śiva-Verehrung propagierte, zeigt sich im Gorakhanātha- bzw. Gorakṣanātha-Kult. Dieser Asket und Heilige wird in seinen Fußabdrücken verehrt, z.B. in eigenen Tempeln in Deopatan, Pharping oder im Dathuṭol, dort seit 1648 (NS 769), sowie im Kāṣṭhamaṇḍapa in Kathmandu. In einem Mythos der Chroniken heißt es, er habe in Assam eine mehrjährige Dürre ausgelöst, weil er auf den Regen bringenden Schlangen sitzend meditiert habe. Der Priester Bandhudatta Ācārya ging daraufhin auf Befehl Narendradevas mit Matsyendranātha nach Assam, wo dessen Schüler Gorakhanātha aus Respekt gegenüber seinem Lehrer aufstehen musste, so dass die Schlangen befreit wurden und Regen bringen konnten. In der jährlichen Matsyendranātha-Prozession (Mai/Juni) wird ein kleines schwarzes Hemd (*bhoṭo*) gezeigt, woraufhin es, so sagen viele, an diesem Tag regnen muss.

Diese Matsyendranātha-Prozession, die nach der *Chronik der Könige Nepals* von Narendradeva (643–679) gestiftet wurde, zeigt erneut eine enge Verbindung zwischen Hinduismus und Buddhismus, denn der hinduistische Matsyendranātha (›Der Herr (Śiva), der die Form des Indras der Fische annahm‹) wird zugleich auch als buddhistischer Avalokiteśvara und Karuṇāmaya (›der Mitleidvolle‹) sowie als Volksgottheit Buṅgadyaḥ (›der Gott aus Bugā‹) verehrt. Nach der *Gopālarājavaṃśāvalī* war der Ort Bugā, an dem alle zwölf Jahre die Prozession beginnt, bereits im 12.–14. Jahrhundert ein beliebter Wallfahrtsort. Die Verehrung Matsyendranāthas lässt sich erst ab 1647 n.Chr. (NS 795) durch eine Inschrift Śrīnivāsa Mallas in Bugā belegen, dürfte aber älter sein. Im 17. Jahrhundert wurde auch der Matsyendranātha-Tempel in Patan (Ta Bāhāḥ) gebaut.

Von Matysendranātha gibt es verschiedene örtliche Erscheinungsformen. So kennt Kathmandu einen Weißen Matsyendranātha, Patan den Roten (Rāto) Matsyendranātha und einen Mīnanātha, der mal als Kind, mal als andere Erscheinungsform des Matsyendranātha gilt. Trotz dieser verschiedenen Namen und Formen wird kaum ein Gott von den verschiedenen Bevölkerungsgruppen Nepals so geschlossen verehrt wie der Rāto Matsyendranātha in Patan. Seine Wochen dauernde Prozession gilt als Höhepunkt des Jahres.

Der elefantenköpfige Gott Gaṇeśa bzw. Vināyaka, der ›Beseitiger (von Hindernissen)‹, hat in Nepal einen ganz eigenen Charakter, der ihn nicht so sehr als Sohn Śivas ausweist; vielmehr erscheint er in vielen Traditionen des Śivaismus, Śāktismus und Buddhismus als unabhängiger oder untergeordneter Gott. Auch bei Gaṇeśa haben sich vorhinduistische Züge

Abb. 13: Newarische Öllampe (*sukundā*) mit einer Büste von Gaṇeśa, Bronze, 2018 (Photo A. Michaels)

mit dem vielleicht beliebtesten Gott Indiens verbunden. So erhält er im Kathmandu-Tal tantrische Blutopfer und Alkohol. Gaṇeśa behütet nicht nur fast jede Kreuzung, Häuser, Tempel oder Stadtviertel, sondern auch das ganze Kathmandu-Tal, von vier Orten aus: Bhaktapur (Sūryavināyaka), Chabahil (Candravināyaka), Kathmandu (Aśokavināyaka) und Chobhar (Jala- oder Koināvināyaka). Spätestens seit der Licchavi-Zeit erscheint er in Hunderten von Statuen. Zu den ältesten gehört der vierarmige Gaṇeśa aus dem 3. Jahrhundert neben einem Rasthaus (Nev. *phalcā*) am Su Bāhāḥ in Patan. Als Gaṇeśa werden zudem bestimmte unbehauene, grobe Steine bezeichnet, bei denen der sonst für diesen Gott typische Rüsselkopf allenfalls mit viel Phantasie zu erkennen ist. Besonders prägnant ist ein Gaṇeśa in Kathmandu, den man bei Zahnschmerzen verehrt, indem man einen Nagel in einen Holzblock einschlägt – mittlerweile handelt es sich nur noch um einen vernagelten Klumpen. Überhaupt wird Gaṇeśa oft zu spezifischen Zwecken angerufen, etwa bei Schwerhörigkeit in einer dickbäuchigen Statue im Gazellenhain (Mṛgasthalī) östlich des Paśupatinātha-Tempels. Wohl am häufigsten wird Gaṇeśa im Kathmandu-Tal von den Newar in einer Öllampe (*sukundā*) verehrt, die ein kleines Bildnis von Gaṇeśa enthält und die bei keinem newar-hinduistischen Ritual fehlen darf.

Zur Śiva-Familie gehört schließlich Kārttikeya – auch Skanda, Kumāra oder (Nev.) Sithīdyaḥ genannt –, der als Sohn Śivas gilt. In der frühen Malla-Zeit wurde ihm wohl deutlich mehr Verehrung zuteil als seinem ›Bruder‹ Gaṇeśa. Er wird in Nepal meist als Kind dargestellt und findet sich manchmal in oder an Umāmaheśvara-Statuen. Ein Licchavi-Relief Kārttikeyas befindet sich in Handigaon.

Die Göttinnen

Ein wichtiger Bestandteil des Tantrismus ist die Verehrung der Göttin. Bereits in der nepalischen Pāśupata-Rezension des *Skandapurāṇa* (6./7. Jh.) taucht Śiva mit seiner rivalisierenden Gefährtin auf. Sie gilt dann als Śakti, als wilde und teilweise bedrohliche Verkörperung der weiblich-kosmischen Energie (*śakti*) Śivas, und als Mahādevī, ›Große Göttin‹. Als solche kann sie den Bezug zu Śiva weitgehend verlieren oder ihn sich unterordnen, so dass sich umso mehr die vorhinduistischen Züge solcher Göttinnen andeuten, die es zu beschwichtigen galt, weil andernfalls Epidemien, Erdbeben oder Missernten drohten. Ein Beispiel dafür ist die Sītalā, die ›Göttin der Pocken‹, von der es eine lebensgroße Statue im Kumbheśvara-Tempel in Patan gibt. Sie muss beschwichtigt werden, damit sie den Menschen nicht schadet. Ein anderes Beispiel ist Hārītī, die am Svayambhū-Stūpa einen stark frequentierten Tempel hat. Ihr wird unter anderem nachgesagt, dass sie Kindern Krankheiten bringt.

›Śāktismus‹ bezeichnet die tantrische Verehrung solcher wilden Göttinnen, die sich hauptsächlich in Verbindung mit dem Śivaismus und dem Buddhismus, weniger im Viṣṇuismus findet, in dem eher milde Göttinnen verehrt werden, wie Lakṣmī, Sītā oder Sarasvatī. Hingegen zeigt sich die ›wilde‹ Göttin in göttlichem Koitus, trägt Ketten aus Köpfen von enthaupteten Männern oder steht triumphierend auf den Körpern ihr unterlegener Dämonen oder Götter, auch auf dem Śivas. Sie taucht als ›Mutter‹ (*-māī*) oder ›Großmutter‹ (*ajimā*) auf, gerne auch in Gruppen, wobei diese Erscheinungsformen mit fürsorglicher (Groß-)Mütterlichkeit wenig zu tun haben.

Vielfach sind die entsprechenden Göttinnen lokale, vorhinduistische Gottheiten, deren ursprüngliche Namen und Funktionen durch die ›Große Göttin‹, namentlich aus der Kālīkula, der ›Familie Kālīs‹, überlagert wurden. Zu dieser zählen unter anderem die Göttinnen Durgā, Bhadrakālī, Caṇḍī und Sītalā, die als Kālīs Aspekte verstanden werden. Kālī und Cāmuṇḍā, die ikonographisch in Nepal kaum auseinanderzuhalten sind, werden oft als eingefallene, dürre Figuren dargestellt, mit flachen, herunterhängenden Brüsten, geschmückt mit Ketten aus Menschenknochen, Schlangen um den Hals, tanzend auf einem Leichnam. Sie halten sich gerne an Verbrennungsplätzen oder ähnlich dunklen Orten außerhalb der Siedlungen auf. Eine ihrer beliebtesten Manifestationen ist die als ›Kālī des

Südens‹, Dakṣiṇakālī, wo sie das Tal von dieser Himmelrichtung aus beschützt. Versteckt in einer Schlucht und an einem Bergbach liegt ihr kleiner Schrein, den Bildnisse von anderen Mutter-Göttinnen umgeben. Einst war hier wohl der Sitz einer vorhinduistischen Göttin, die – wie so oft im Tal – erst allmählich mit der Großen Göttin des hinduistischen Pantheons identifiziert wurde.

Spätestens für das 11. Jahrhundert ist für das Kathmandu-Tal das *Devīmāhātmya*, das ›(Buch) von der Herrlichkeit der Devī‹, auch bekannt als *Durgāsaptaśatī* oder *Caṇḍī*, belegt. Es ist eine der am weitesten verbreiteten śāktistischen Schriften, in der die Mythen von Durgā und Kālī zusammengefasst sind. Letztere ist z.B. in einer Viererform anzutreffen, als Guhyakālī (bzw. Guhyeśvarī), Vatsalākālī, Dakṣiṇakālī und Kalaṅkīkālī – alles Orte, die für ihre Tieropfer bekannt sind. Kālī/Cāmuṇḍā ist im Kathmandu-Tal auch als Bhadrakālī, Kaṅkeśvarī, Svetakālī (auch Naradevī) oder Raktakālī anzutreffen. Die Kāpālikā-Sekte des śivaitisch-tantrischen Mantramārga, deren Mitglieder Halsketten aus Leichenschädeln trugen und sich an den Verbrennungsplätzen aufhielten, verehrten Kālī ebenso wie diejenigen, die ihr in ihrer Erscheinungsform im *Devīmāhātmya* huldigten: als Göttin der Befreiung und Unsterblichkeit.

Ein alter Kult ist auch der der Göttin Kubjikā, der nach Ansicht einiger Forscher in Nepal entstanden sein soll, indem newarische Rājopādhyāya-Brahmanen und -Priester der Malla-Könige diese Göttin zu ihrer Schutzgöttin gemacht hätten. Tatsächlich gibt es in den National Archives viele entsprechende Manuskripte, beginnend mit dem 11. Jahrhundert. Die Verehrung der Kubjikā in Nepal ist fast ausschließlich auf die Newar beschränkt.

Eines der häufigeren Motive ist außerdem die den Dämonen Mahiṣa tötende Durgā, in Nepal oft auch Bhagavatī genannt. Besonders an Torbögen über Tempeleingängen oder in den holzgeschnitzten Dachstreben taucht es immer wieder auf. Dabei steht Durgā meist auf dem Dämonen Mahiṣa, der die Form eines unbändigen, die Welt terrorisierenden Wasserbüffels angenommen hat, und durchbohrt ihn mit einem langen Spieß. Dieses Motiv wird lebendig, wenn beim herbstlichen Dasaĩ-Fest, das Durgā gewidmet ist, Hindus fast überall Tiere opfern. Das auch und vor allem in Indien als Navarātra (›Neun Nächte‹) bekannte Fest war spätestens seit der Malla-Zeit das wichtigste königliche Ritual und wurde besonders von den Śāha-Herrschern teilweise auch anderen Volksgruppen als den Parbatiyas aufgezwungen, nicht zuletzt, um damit im Prozess der Nationenbildung eine religiöse Einheit herzustellen.

Von großer Bedeutung ist in Nepal die Manifestation der Göttin als Taleju (Skt. Tulajā), von der es heißt, sie stamme aus Maharashtra, wo sie besonders verehrt wird. In Nepal ist Taleju vor allem eine vermutlich seit dem 14. Jahrhundert in geheimen (*āgama*) Ritualen versorgte Schutzgöttin der Malla-Herrscher, deren Mantra den Königen die Macht garantieren sollte. In allen drei Palästen des Kathmandu-Tals sind der Taleju die prächtigsten Tempel (Kathmandu) oder Schreine im Hauptinnenhof (Bhaktapur und Patan) geweiht. In Kathmandu ragt ihr Tempel über alle anderen Bauten hinaus. Sein Innerstes ist ein streng gehütetes Geheimnis; man erzählt sich, es berge ein Kultbild oder einen Wasserkrug (*kalaśa*), in dem die Göttin residiere. Der Tempel wird jeden Tag geöffnet, ist aber nur einmal im Jahr anlässlich des Dasaĩ-Festes für die Öffentlichkeit zugänglich.

Am Kult, der Mythologie, den Verehrungsformen und der Ikonographie der Göttinnen kann man sehen, dass es sich immer um die eine Göttin handelt, die in verschiedenen Manifestationen erscheint. Auch bei bestimmten in kosmischen Diagrammen (*maṇḍala*) arrangierten Gruppen von Göttinnen – z.B. ›Acht Mütter‹ (Aṣṭamātṛkā) oder ›Neun Durgās‹ (Navadurgā), die eine Siedlung oder einen Tempel umgeben – handelt es sich im Grunde immer um die eine Große Göttin. Wenn die Göttin unter verschiedenen Namen an weniger herausragenden Orten vertreten ist, liegt ihr Tempel oder Schrein meist außerhalb der Siedlung, von wo aus sie die Bewohner schützen soll. In der Regel wird in der Stadt selbst in einem speziellen Götter-Haus (Nev. *dyaḥchẽ*) ein bewegliches Kultbild von ihr aufbewahrt, welches man bei besonderen Festen herausholt und auf genau festgelegten Wegen herumträgt.

Die Namen und Erscheinungsformen dieser Göttin, ihre Tempel und Schreine sind im Kathmandu-Tal kaum zu zählen. Daher soll in den folgenden Foci auf lediglich zwei Erscheinungsformen näher eingegangen werden: die Göttin Guhyeśvarī, die wie Vajrayoginī stark synkretistische Züge hat, und die Kumārī, die sich besonders in der Verehrung eines lebenden Mädchens manifestiert (vgl. aber auch unten die Foci 🔎 Blutopfer, S. 308 ff., und 🔎 Das Fest der Göttin Vatsalā, S. 315 ff.).

Guhyeśvarī: Die Göttin des Verborgenen

Der Haupttempel der Göttin Guhyeśvarī, der ›Göttin des Verborgenen‹, liegt in Deopatan, nordöstlich des Paśupatinātha-Tempels. Den späten Chroniken zufolge soll Pratāpa Malla (1641–74) diesen Göttersitz entdeckt haben. Schon wegen ihres Namens, der das Geheimnis in sich trägt, stellt sich die Frage, wer Guhyeśvarī eigentlich ist. Diese Frage ist nicht leicht zu beantworten, da hinsichtlich ihrer Erscheinungsformen, der sie verehrenden Priester und Gläubigen und der sie umgebenden Mythen und Legenden eine große Unsicherheit vorherrscht. Ist diese Unsicherheit Ergebnis des divergierenden Materials, oder muss sie als Besonderheit des (nepalischen) Hinduismus angesehen werden?

Schon das Sanktum im Inneren des für Nicht-Hindus verschlossenen Tempels gibt Anlass zu vielfältigen Spekulationen. Es handelt sich um ein Loch, das mit Wasser gefüllt ist, welches den Gläubigen als Göttergabe gereicht wird. Das Loch ist üblicherweise mit einem lotusförmigen, metallenen *śrīyantra* (einem tantrischen Diagramm) oder mit einer Vase bzw. einem Krug bedeckt. Guhyeśvarī gilt als ältester Sitz (*pīṭha*) dieser Art im Kathmandu-Tal. Allerdings ist es möglich, dass ein kleiner Tempel im nordwestlichen Teil des Kathmandu-Tals einen noch älteren Sitz der Göttin darstellen könnte. Auch hier wird die Göttin in einem Loch verehrt, der Sitz wird üblicherweise als ›Alt‹-(Purāṇo-)Guhyeśvarī bezeichnet.

Die Priester, die den regelmäßigen Götterdienst am Guhyeśvarī-Tempel ausführen, sind hinduistisch-tantrische Newar-Priester (*karmācārya*). Nach der *Chronik der Könige Nepals* sollen früher buddhistische Priester das Heiligtum versorgt haben, aber diese seien in einem rituellen Wettstreit von hinduistischen Priestern geschlagen worden und hätten dadurch das Recht auf die Versorgung des Heiligtums verloren. Neben den Karmācārya-Priestern führen auch buddhistisch-tantrische Newar-Priester (*vajrācārya*) und newarische Hindu-Brahmanen (*rājopādhyāya*) Rituale am Guhyeśvarī-Tempel aus. Hinzu kommen lokale Bhaṭṭa-Brahmanen, die aus Südindien stammen, sich dann aber in Nepal angesiedelt haben und im Unterschied zu den Bhaṭṭa-Priestern des Paśupatinātha-Tempels das Nationalheiligtum nicht mehr versorgen dürfen.

Mythologisch gesehen erscheint die Göttin Guhyeśvarī in vier Formen: als vedisch-purāṇische Göttin Pārvatī oder als Satīdevī, also als Frau von Śiva; als unabhängige, tantrische und Alkohol trinkende Göttin Guhyakālī; als buddhistische, genauer gesagt mahāyānistisch oder vajrayānistisch verehrte Göttin bzw. als buddhistische Śakti oder als Gefährtin des buddhistischen Gottes Hevajra und schließlich als Volksgöttin.

Im bekannten, beliebten und verbreiteten *Nepālamāhātmya* (›Lobpreisung Nepālas‹) sowie in den meisten Chroniken erscheint Guhyeśvarī als Pārvatī/Satī, die sich auf das Opferfeuer warf, weil ihr Gefährte Śiva von ihrem Vater Dakṣa beleidigt und nicht zu dem Opfer eingeladen worden war. Śiva nahm dann voller Trauer den Leichnam auf seine Schultern und zog mit ihm durch die Welt. Mit der Zeit fielen die verwesenden Körperteile von Pārvatī, bzw. nun Satī, auf die Erde oder, wie es auch heißt, wurden von Viṣṇu mit seinem Diskus abgeschnitten, dem man die Aufgabe übertragen hatte, um die Welt vor dem Chaos zu bewahren, das Śivas Trauer auszulösen drohte. Die Orte, an denen die Leichenteile niederfielen, wurden zu Sitzen der Göttin, den *śaktipīṭhas*. Am Ort des Tempels der Göttin Guhyeśvarī soll sich demnach ihr Anus bzw. das Pudendum oder die Vagina befinden; diese Deutung ergibt sich aus der Bezeichnung *guhya*, ›geheim‹. Allerdings muss es sich hierbei wohl um eine lokale Interpretation eines überregionalen Mythos handeln, denn die Göttin Guhyeśvarī taucht in den üblichen Listen der *śaktipīṭhas* nicht auf. Außerdem beanspruchen andere Orte, darunter etwa Kamarupa in Assam (Indien), ebenfalls der Ort zu sein, wo die Vagina der Göttin Satī herabgefallen sei. Gleichwohl ist die Identifikation von Guhyeśvarī mit Satī wohl die populärste. Durch diese Identifikation wird die nepalische Göttin mit der sanskritisch-überregionalen Tradition in Verbindung gebracht und an indische Konzepte angebunden. Sie erscheint in diesem Zusammenhang als reine, benevolente Göttin, die sich für ihren Partner wortwörtlich aufopfert.

Für die meisten Newar-Hindus ist die Göttin freilich nicht nur Satī, die treue Gefährtin Śivas, sondern auch eine unabhängige tantrische Göttin mit verschiedenen Namen und Identitäten, z.B. Kubjikā, Kālikā, Candrikā, Durgā, Taleju oder eben Guhyakālī. Unter diesen Namen wird sie in tantrischen Texten erwähnt, allerdings nur selten mit einem örtlichen Bezug zu Nepal. In solchen tantrischen Kontexten erscheint Guhyeśvarī als wild tanzende Göttin, begleitet von Dämonen und Geistern (Bhūtas, Yoginīs und Vetālas), oder als eine Göttin, die den die Menschheit terrorisierenden Büffeldämon Mahiṣa tötet. Die Göttin wird daher in lokalen Chroniken auch als eine von neun Durgās geführt.

Newarische Buddhisten identifizieren Guhyeśvarī oft als *śakti* (weiblich-göttliche Kraft) von Avalokiteśvara oder Ādibuddha und als Prajñāpāramitā oder Tārā. Aber üblicherweise wird sie verehrt als Nairātmyā, als tantrische Gefährtin des Gottes Hevajra und Gottheit mit 16 Armen. Von besonderer Bedeutung ist die Verbindung zu Mañjuśrī, der das Kathmandu-Tal trockengelegt haben soll; und an der Stelle, an der Ādibuddha, der Ur-Buddha, in Form einer Flamme erschien, soll sich auch der

Sitz der Göttin Guhyeśvarī befinden. Von daher gesehen wird die Göttin mit der Buddha-Essenz identifiziert.

In mündlichen Legenden wiederum erscheint Guhyeśvarī als Volksgöttin. So heißt es, dass ein Ölpresser in die Stadt gekommen sei und auf dem Weg dorthin einen Wald durchquert habe, in dem vier Kinder weinten. Er suchte nach ihnen, aber er konnte sie nicht finden. Erst nach einiger Zeit entdeckte er ein Loch, das voller Schmutz war. Aus dem Loch heraus schrien die Kinder: »Wir sind hier drinnen.« Er rief einen Metzger herbei und sagte: »Säubere das Loch jeden Tag und ich gebe dir und den Kindern zu essen.« Anschließend beauftragte er fünf Metzger damit, das Loch zu schützen. In solchen Legenden wird das Heiligtum nicht notwendigerweise mit der Göttin Guhyeśvarī identifiziert. Dennoch wird die Heiligkeit des Ortes hervorgehoben, die Kraft, die von ihm ausgeht.

Wie man sehen kann, geht die prinzipielle Offenheit des nepalischen Hinduismus und newarischen Buddhismus, wo beinahe alles mit allem identifiziert werden kann, bisweilen so weit, dass die Identität einer Gottheit kaum noch festzustellen ist. In der Nähe des oben erwähnten Paśupatinātha-Tempels wird die Göttin in völlig verschiedenen Formen und unter zahlreichen brahmanischen, buddhistischen und volksreligiösen Namen verehrt. Guhyeśvarīs Identität und Funktion sind dadurch verworren und widersprüchlich: Mal ist sie Gefährtin und Ehefrau von Śiva oder Paśupatinātha, mal aber auch eine unabhängige, eigenständige Göttin oder bildet einen von 64 Sitzen (*pīṭha*) der Devī. Sie ist die Schutzgöttin Nepals, die favorisierte Privatgöttin vieler Menschen, darunter auch der Malla-Könige. Sie ist eine buddhistische *śakti* und eine Volksgöttin mit eigenem Fest. Sie zeigt sich anikonisch als Vagina oder Anus (*guhya*) in einem Loch oder in einem Wasserkrug. Wie viele andere Göttinnen ist Guhyeśvarī wild und mild zugleich, fleischverzehrend und vegetarisch; sie wird von reinen Brahmanen ebenso verehrt wie von tantrischen Priestern oder niedrigen Kasten, sie ist in ihren Prozessionen beweglich und doch an ihrem Sitz mit einem Ort verwurzelt.

Viele Fragen stellen sich bei dieser Vielfalt der Verwandlungen: Wer ist Guhyeśvarī ›wirklich‹? Wie erklärt sich die Vielfalt? Ist die Göttin jeweils in ihrem spezifischen, das heißt hinduistischen, buddhistischen oder volksreligiösen, Kontext individuell, weil etwa die Gläubigen nicht sehr viel von der Vielfalt wissen, die der Forscher aufdeckt? Verwandelt sich die Göttin? Und weiß sie das? Oder verwandeln die Gläubigen bzw. die Betrachter die Göttin?

Tatsächlich erklärt sich nur ein Teil der Verwandlungen, Namen und Verehrungsformen aus der Zuordnung zu unterschiedlichen historischen Stufen oder Bevölkerungsgruppen. Je nachdem, ob man in bestimmte Texte oder auf das Geschehen im Felde schaut, ergibt sich ein mehr oder weniger geschlossenes Bild oder eine deutlichere Identität der Göttin, auch wenn man meist nicht weiß, wer die entsprechenden Veränderungen vorgenommen hat, ob etwa eine lokale Bevölkerung ihre Gottheit aufwerten wollte, indem sie sanskritische Namen verwendete, oder ob Angehörige der Hochtradition die lokale Volksgottheit vereinnahmen wollten. Immerhin darf aber angenommen werden, dass Guhyeśvarī ursprünglich eine vorhinduistische Gottheit war, die von anderen Namen und Kulten überlagert wurde.

Allerdings löst die Frage nach dem Ursprung und der Geschichte einer Gottheit nicht das Problem ihrer Verwandlungsfähigkeit. Wandlung (in historischen Prozessen) ist nicht Verwandlung. Zudem hängt die Feststellung der Verwandlungsfähigkeit von der Frage ab, ob man überhaupt von einer Guhyeśvarī-Identität sprechen kann. Mit der Methode der historischen oder sozio-religiösen Zuordnung verschiedener Identitäten ergeben sich ja im Grunde ›verschiedene‹ Göttinnen. Hat also Guhyeśvarī eine alle ihre Formen verbindende Identität?

Diese Fragen setzen voraus, dass Identität mit Fixierung, Bildlichkeit und Reduzierung zu tun hat. Dem ist entgegenzuhalten, dass im hinduistisch-buddhistischen Kontext Nepals die Götter nicht auf einen Aspekt reduziert werden können. Das hieße, sie ihrer Kraft zu berauben und ihr eigentliches Wesen nicht zu verstehen, denn dieses besteht vornehmlich darin, dass sie andere und anderes einschließen können. Der Hinduismus ist eine inklusivistische oder identifikatorische Religion, bei der mithilfe von Analogien, Äquivalenzen und Gleichsetzungen das andere oder die anderen oft auch als das eigene oder die eigenen ausgegeben werden können. Die Kategorie der ›Identität‹ im westlich-psychologischen Sinne ist für die Charakterisierung der hinduistischen Götterwelt daher eher unangemessen. Im Westen hat eine starke Identität derjenige, der sich von anderen abgrenzen, andere ausschließen und sich so gut gegenüber anderen behaupten kann, dass er einen eigenen, unverwechselbaren Charakter hat. Guhyeśvarī hätte nach solchen Vorstellungen eine schwache Identität. In Nepal und Indien gilt sie aber als eine starke Göttin, gerade weil sie Widersprüchlichkeiten absorbiert, weil sie im Grunde unendlich viele Identitäten hat, sich ständig verwandelt und keiner Grenzziehungen bedarf. Die Göttin hat alles *in* sich. Das macht ihre Stärke aus.

Kumārī: Die lebende Kindgöttin

Eine besondere Form der nepalischen Verehrung von Göttinnen betrifft die Kumārī, wörtlich ›Mädchen‹, ›Jungfrau‹. Alle Mädchen können in Südasien mit diesem Sanskritwort bezeichnet werden, aber einige wenige Kumārīs sind lebende Göttinnen, die nach einem Findungsprozess unter hohen buddhistischen Kasten ausgewählt werden. Seit Jahrhunderten werden sie als Verkörperungen der Göttin verehrt, besonders die Rājakumārī, die königliche Kumārī, in Kathmandu.

Wann die Verehrung vorpubertärer Mädchen als lebende Göttinnen begonnen hat, ist unklar, ebenso die religiösen Ursprünge. Hinweise darauf, dass die Kumārīs als Teil eines Jungfrauenkults auch in Indien verehrt wurden, gibt es schon in vedischen Texten. Der früheste Beleg für Nepal scheint der 868 errichtete Kumārī-Tempel in Gache Ṭol in Bhaktapur zu sein. Weitere Hinweise geben die späten Chroniken. So berichtet die *Chronik der Könige Nepals*, dass Lakṣmīkāmadeva, König von Kantipur (Kathmandu) in den Jahren 1024 bis 1040, seinen Reichtum den Kumārīs verdanke und deshalb die *kumārīpūjā*, die Praxis der Verehrung eines jungfräulichen Mädchens eingeführt habe. In anderen Quellen werden Sthiti Malla (1382–95) bzw. Jayaprakāśa Malla (1760–64) und für Bhaktapur Trailokya Malla (1561–1613) als Stifter des Kults genannt. Neuere Erkenntnisse weisen aber darauf hin, dass die erste permanente Kumārī in Bhaktapur schon ein Jahrhundert früher während der gemeinsamen Herrschaft von Rāya, Ratna, Rāma und Ari Malla etabliert wurde. In Kathmandu war es Sūrya Malla (1521–29), der die Kumārī und Taleju anrief, ihm bei den Attacken durch König Mukuṇḍa Sena I. aus Palpa beizustehen. In Patan wurde die Kumārī von der Gemeinde des Klosters Hakha Bāhāḥ bestimmt.

Eine spezielle oder ›alleinige‹ Kumārī (*ekāntakumārī*) wird an verschiedenen newarischen Orten von Buddhisten und Hindus gleichermaßen verehrt, meist in tantrischer Form. Üblicherweise erscheint die Kumārī bei vielen Festen wie etwa beim unten beschriebenen Fest der Göttin Vatsalā in einer Schar (*kumārīgaṇa*). Buddhisten gilt sie als eine Erscheinungsform der Vajradevī oder Tārā, Hindus meist als Durgā oder Taleju, die Schutzgöttin der Malla-Könige. Königtum und Kumārī-Verehrung waren also von Anfang an eng verbunden, aber die Kumārī-Verehrung ist nicht unbedingt an das Königtum gebunden.

Die königlichen Kumārīs in Kathmandu, die in einem unter Jaya Prakāśa Malla am 27. März 1757 fertiggestellten Haus, dem *Kumārī Chẽ*, residieren, kommen aus der Kaste der buddhistischen Newar-Goldschmiede (Shakya); in Bhaktapur und Patan entstammen sie auch der Kaste buddhistischer Vajracharya-Priester, in den

Abb. 14: Die Kumārī von Bhaktapur an Dasaĩ, 1976 (Photo N. Gutschow)

Dörfern mitunter den Bauern-Kasten (Jyapu). Bis 2007 wurden die Rājakumārīs in Kathmandu während eines mehrere Tage dauernden Stadtfestes in besonderer Form verehrt. Am letzten Tag und als Höhepunkt der Indrajātrā im August/September erschien nämlich der König, um in einem nicht-öffentlichen Ritual im Kumārī-Haus von der Kindgöttin eine Art Gabe (*prasāda*) zu erhalten und die *ṭīkā* auf die Stirn gedrückt zu bekommen. Mit diesem Ritual bestätigte die Kumārī die Macht des Königs für ein weiteres Jahr. Auch Pṛthvīnārāyaṇa Śāha soll nach seiner Ankunft im Kathmandu-Tal direkt zur Kumārī gegangen sein und von ihr die *ṭīkā* erhalten haben. Dadurch wurde der letzte Malla-König sichtbar entmachtet, was ihm die Kindgöttin den Chroniken zufolge in einem Traum angekündigt hatte.

Für die Auswahl einer Kumārī gibt es der Tradition nach bestimmte Regeln, die besonders bei den königlichen Kumārīs befolgt werden. In Kathmandu wurde die Kindgöttin bis 2007 vom hinduistischen Hauspriester (*rājapurohita*) des Königs und einem tantrisch-buddhistischen Priester (*vajrācārya*) bestimmt. Seit 2007 geschieht dies durch eine halbstaatliche Einrichtung, das *Guthi Samsthana*, die mit der Verwaltung und Organisation religiöser Stiftungen betraut ist. Das oft noch sehr junge Mädchen muss körperlich und geistig gesund sein und im Idealfall 32 äußere Bedingungen erfüllen. So muss die Kumārī vor allem einen wohlgeformten Körper – Brust und Wangen eines Löwen, die Stimme eines Spatzen, die Wimpern einer Kuh usw. – haben. Neben äußeren Zeichen gehören aber auch innere Merkmale wie die Ausstrahlung von Ruhe oder Furchtlosigkeit dazu.

Als Test der letztgenannten Eigenschaft wird die Kumārī von Kathmandu in der Nacht vom achten auf den neunten Tag des Dasaī-Festes in den Hof des Tempels der Göttin Taleju geführt, der in den Palastbezirk integriert ist. Dann ist dieser Tempel voller blutiger Büffelköpfe, die der Göttin geopfert wurden. Die zukünftige Kumārī soll dabei keine Zeichen von Angst zeigen, was als Ausweis ihres göttlichen Status gilt. Umgekehrt gilt das Weinen als schlechtes Omen. So konnte, wie die *Chronik der Könige Nepals* berichtet, eine Kumārī-Schar, die Pratāpa Malla (1641–74) für seine todkranke Frau herbeigerufen hatte, nicht aus Patan nach Kathmandu kommen, weil ein Mädchen, das die Göttin Māheśvarī verkörperte, zu weinen begann. Die Königin starb wenige Tage später. Offenbart zudem das Horoskop noch günstige Voraussetzungen, steht der Auswahl nichts mehr im Wege. Eine neue Kumārī bleibt in der Regel so lange im Amt, bis die erste Monatsblutung einsetzt. Dann muss sie ihren Thron verlassen.

Das Leben einer Kumārī verläuft im dörflichen Milieu, aber auch in Bhaktapur, weitgehend normal, denn sie nimmt nur bei bestimmten Festen eine besondere rituelle Funktion ein. Ganz anders bei den Kumārīs von Kathmandu und – in geringerem Ausmaß – Patan: Hier darf sie das Haus nur zu rituellen Anlässen verlassen, und selbst dann wird sie getragen, weil sie den unreinen Boden nicht betreten soll. Getrennt von der Außenwelt und der Familie, verbringt sie fast ihre gesamte Kindheit in ihrem eigenen Haus, sitzt mehrere Stunden am Tag auf ihrem Thron, wo sie immer wieder von einfachen Leuten, aber auch von Politikern aufgesucht wird. Man überreicht ihr Gaben und Wunschzettel und wird von ihr dafür gesegnet. Sie streut dann Blütenblätter über die Besucher und drückt ihnen die *ṭīkā* auf die Stirn. Ihre Aufgabe ist es, Glück zu bringen.

Diese Lebensumstände haben in jüngerer Zeit zu juristischen Klagen geführt, wobei universale Menschen- und Kinderrechte geltend gemacht wurden. So wurde die Kumārī-Verehrung als Kinderarbeit deklariert, und denjenigen, die sie von der Außenwelt abschirmen, wurde vorgeworfen, sie ihrer Rechte auf Familie und Schulausbildung zu berauben. Infolgedessen erhält die königliche Kumārī jetzt Privatunterricht.

Viṣṇuismus, Rāmaismus und Kṛṣṇaismus

Viṣṇuitische Skulpturen gehören zu den frühesten Kultobjekten Nepals. Überhaupt scheint nach neueren Erkenntnissen der Viṣṇuismus in der ersten Hälfte des 1. Jahrtausends stärker verbreitet gewesen zu sein, als man bislang angenommen hat. Bereits in den frühesten Licchavi-Inschriften wird Viṣṇu angerufen. So etwa in der langen Inschrift auf einer Stele in Changu Narayan, wonach Mānadeva I. (467 n. Chr.) für das Seelenheil seiner Mutter Rājyadevī zwei gleiche Viṣṇu-Statuen aufstellen ließ, auf denen Viṣṇu dargestellt ist, wie er mit drei Schritten (*trivikrānta, trivikrama*) die Unterwelt sowie die diesseitige und die jenseitige Welt durchmisst. Weitere Statuen dieser Art aus dem 7. bis 9. Jahrhundert mit Inschriften stehen am Paśupatinātha-Tempel (Tilganga) und im Kathmanduer Stadtteil Lazimpat.

Der Cāṅgunārāyaṇa-Tempel (›der Viṣṇu auf dem schönen Hügel‹, frühere Namen: Dolādri und Garuḍanārāyaṇa; Dolāśikharasvāmin für den Gott) liegt auf einem Hügel etwa 4 km nördlich von Bhaktapur und ist mit das prominenteste und früheste Zentrum des Viṣṇuismus. Das zentrale Kultbild des Tempels zeigt Viṣṇu, der auf dem himmlischen Vogel Garuḍa reitet. Diese Skulptur aus dem 4. Jahrhundert n. Chr. ist kaum zu erkennen, da der Tempel nicht zugänglich ist, aber Nachbildungen finden sich überall im Kathmandu-Tal, so schon in Form eines Standbildes auf dem Vorplatz aus dem 9. Jahrhundert. Der lebensgroße Garuḍa in Menschengestalt an der Westseite ist möglicherweise ein Porträt des Licchavi-Königs Mānadeva.

Der zweidächrige Tempel selbst stammt in seiner heutigen Form aus dem Beginn des 18. Jahrhunderts und ist umgeben von zweistöckigen Bauten des 19. Jahrhunderts und den ältesten Skulpturen des Kathmandu-Tals. Frühere Erneuerungen sind über Chroniken aus dem 12. Jahrhundert und dem Jahr 1506 sowie für 1676 und 1694 überliefert, also für die Zeit der Regentin Riddhilakṣmī und ihres Sohnes Bhūpālendra Malla, der in Kathmandu von 1687 bis 1700 regierte; Bronzeporträts von beiden befinden sich an der Westseite. Bei der feierlichen Einweihung, 1704 oder 1708, waren alle drei Könige des Kathmandu-Tals anwesend. Der Tempelhof birgt neben einigen meist jüngeren Votivschreinen mit Liṅgas viṣṇuitische Skulpturen von Kṛṣṇa oder Viṣṇu mit seiner Gefährtin Lakṣmī sowie noch weitere Skulpturen. Eine Viṣṇu-Trivikrama-Statue aus dem 8. Jahrhundert stellt Viṣṇu in seiner Zwergengestalt dar: Als ihm der Dämon Bali so viel Land versprach, wie er mit drei (*tri*) Schritten (*vikrama*) abmessen könne, wuchs Viṣṇu in dieser Gestalt zur Größe eines Riesen an und durchschritt Unterwelt, Erde und Himmel. Aus derselben Werkstatt stammt vermutlich die nahe Viśvarūpa-Statue, die Viṣṇu als Weltherrscher zeigt, umgeben von seiner Gefährtin und zahlreichen Begleitfiguren. In dieser seiner universalen Form zeigte er sich – der *Bhagavadgītā* zufolge – dem Wagenlenker und Kṛṣṇas Dialogpartner Arjuna, als dieser um ein Zeichen seiner göttlichen Größe gebeten hatte. Pratāpa Malla stiftete 1657 eine ähnliche, allerdings in Bronze gegossene Statue, die im Hanuman-Dhoka-Palast aufbewahrt und jährlich während der Indrajātrā herausgeholt wird. Eine Narasiṃha-Statue des 12./13. Jahrhunderts im Tempelhof des Cāṅgu Nārāyāṇa zeigt Viṣṇu als ›halb Mann, halb Löwe‹, als der er trickreich einen die Welt terrorisierenden Dämonen tötete. Trotz dieser großen Ansammlung viṣṇuitischer Skulpturen und Heiligtümer ist Changu Narayan rituell gesehen nicht mehr sehr aktiv.

Anders als Śiva und sein Liṅga wird Viṣṇu kaum symbolisch-abstrakt dargestellt und eher als wohlwollender Gott und Bewahrer verehrt, selbst in seinen in der Malla-Zeit verbreiteten tantrischen Formen. Die schlichtesten Formen seiner Repräsentation sind der schwarze Ammonit (*śālagrāma*) und seine stilisierten Füße (Viṣṇupada), aber auch seine Attribute,

Abb. 15: Viṣṇu auf Garuḍa, Changu Narayan, 2014 (Photo N. Gutschow)

seine Waffe, die Wurfscheibe (*cakra*), und die Echte Birnenschneckenmuschel (*Turbinella pyrum*), sind nicht selten auf eigenen Säulen vor Viṣṇu-Tempeln angebracht, ebenso wie sein Reittier, der mythische Vogel Garuḍa. Die Garuḍa-Säulen von Changu Narayan und in Handigaon gehören zu den ältesten Monumenten dieser Art. Die Säule in Handigaon ist zwar undatiert, sie kann aber aufgrund epigraphischer Kriterien ebenfalls der Zeit Mānadevas oder Vasantadevas (506–532) zugerechnet werden.

Häufiger ist Viṣṇu, der oft auch Nārāyaṇa oder Hari genannt wird, aber in anthropomorphen Formen zu sehen. So erscheint er als Śeṣaśayana- oder Jalaśayana-Nārāyaṇa auf einer Schlange in den Urwassern liegend, aus denen heraus die Welt geschaffen wurde. Eine große derartige Statue aus dem 7. Jahrhundert befindet sich als Buḍhānīlakaṇṭha nördlich von Kathmandu, eine weitere im alten Königspalast am Hanuman Dhoka (vgl. Abb. 23). Darin drückt sich die Förderung aus, die der Viṣṇuismus durch die Licchavi- und Malla-Könige bekommen hat. In der Malla-Zeit nahm zwar die Zahl viṣṇuitischer Inschriften ab, aber die Beliebtheit Viṣṇus blieb erhalten. Sie zeigt sich bei den Königen Nepals unter anderem darin, dass sein Name bei ihnen beliebt war: von Viṣṇu Malla (1729–45) bis zum letzten Königspalast, Narayanhiti. Die Śāhas betrachteten sich sogar als Abkömmlinge Rāmas und Inkarnationen Viṣṇus.

Populär sind ferner Darstellungen Viṣṇus in seinen zehn Erscheinungsformen (*avatāra*): Matsya (›Fisch‹), Kūrma (›Schildkröte‹), Varāha (›Eber‹), Narasiṃha, Vāmana (›Zwerg‹), Paraśurāma (›Rāma mit der Axt‹), Rāma, Kṛṣṇa, Buddha und Kalkin (auf einem weißen Pferd reitend). Eine große Varāha-Statue aus dem 6. Jahrhundert steht etwa in Dhumbarahi. Auch Hanumān, ein Gott in Affengestalt, taucht oft an viṣṇuitischen Heiligtümern auf. Er ist äußerst beliebt, da er einer der Erscheinungsformen Viṣṇus, nämlich dem heroischen Gott Rāma, in vielen Notsituationen half.

Neben den klassischen Erscheinungsformen werden Viṣṇus Emanationen (*vyūha*) oft in Gruppen zusammengefasst, etwa in den Vier Emanationen (*caturmūrti* oder *caturvyūha*) Vāsudeva, Saṃkarṣaṇa, Pradyumna und Aniruddha, die bisweilen auf viergesichtigen Säulenstümpfen zu sehen sind. Das Zusammenfassen von Erscheinungsformen oder das Gruppieren verschiedener Heiligtümer gehört zur religiösen Dynamik des Hinduismus und damit auch Nepals. Teilweise werden die entsprechenden Ordnungskriterien zur Grundlage von Pilgerreisen. Wie für Gaṇeśa, Kālī oder andere Götter wurden auch vier Viṣṇu-Tempel zu einer Gruppe, den Cāra (›Vier‹) Nārāyaṇas, zusammengefasst; der Cāṅgu-, der Viśaṅkhu-, der Śeṣa- und der Icaṅgunārāyaṇa-Tempel. Als Stifter gelten den Chroniken zufolge der inschriftlich nicht belegte Haridattavarman (vor dem 4. Jh.?) und/oder Viṣṇugupta (633–641 n.Chr.), dem auch die Stiftung von vier Jalaśayana-Nārāyaṇas zugeschrieben wird.

Rāma und Kṛṣṇa, obgleich Erscheinungsformen Viṣṇus, haben sich von früh an als selbständige und mächtige bzw. intensiv verehrte Götter etabliert. Auch wenn Nepal nicht an die vielfältige Tradition der Rāma- und Kṛṣṇa-Verehrung in Indien heranreicht, finden sich auch hier eigenständige Entwicklungen. Aber weder die Rāma- noch die Kṛṣṇa-Verehrung können sich mit dem Alter, dem Umfang und der Häufigkeit der śivaitischen, viṣṇuitischen oder śāktistischen Rituale messen. Dafür haben sie insgesamt gesehen zu wenig Förderung durch die Könige und die Aristokratie erhalten. Auch handelt es bei ihnen nicht um Religionen, die nennenswerte eigene Priester- oder Gelehrtentraditionen hervorgebracht hätten. Allerdings befriedigten sie ein starkes Bedürfnis nach religiöser Hingabe und zogen daher Gläubige auch aus Indien an.

Der Inhalt des *Rāmāyaṇa*-Epos, in dem es um das abwechslungsreiche Leben Rāmas und seiner Frau Sītā geht, war in Nepal schon im 8. Jahrhundert bekannt, wie aus einer Inschrift Jayadevas II. (713–733 n. Chr.) hervorgeht, in der Daśaratha, nach dem *Rāmāyaṇa* der Vater von Rāma, als Licchavi-König dargestellt wird. Auch in Namen aus der Licchavi-Zeit findet sich ›Rāma‹ wieder, z.B. bei Rāmadeva. Ikonographisch ist Rāma aber in der frühen Zeit nur spärlich belegt. Die einzige Darstellung ist ein 1985 gestohlenes Relief beim Paśupatinātha-Tempel, das Rāma mit Sītā zeigt und das in das 7. Jahrhundert datiert wird. Dann allerdings klafft eine große Lücke, bis Rāma wieder ikonographisch erscheint, denn die nächsten Darstellungen stammen wohl erst aus dem 17. Jahrhundert. Ab dem 12. Jahrhundert sind zahlreiche Manuskripte des *Rāmāyaṇa* nachweisbar, das älteste aus dem Jahr 1154 n. Chr. Auch Aufführungen von Episoden des *Rāmāyaṇa* sind aus der Malla-Zeit überliefert und dauern, etwa in Patan, bis auf den heutigen Tag an.

Rāma-Tempel sind im Kathmandu-Tal eher selten. Ein im Volksmund so genannter Rāma- oder Rāmacandra-Tempel am Ostufer der Bagmati in Deopatan enthält nicht, wie oft zu lesen ist, Statuen von Rāma mit seinen Söhnen Lava und Kuśa, sondern Skulpturen von Viṣṇugupta (633–641) und sein Söhnen, die dieser Herrscher in Auftrag gegeben haben soll. In den Chroniken wird die Errichtung des Tempels Sthiti Malla (1382–95) zugeschrieben. Dennoch ist dieses Areal voll von Heiligtümern Rāmas und seiner Familie, die vor allem die Rāṇās errichten ließen: Beispielsweise steht dort ein Tempel mit »Rāmas Familie« (Rāmaparivāra), gestiftet von Premierminister Bhīma Śamśera (1929–32), der Statuen von Nārāyaṇa, Sītā, Lakṣmaṇa, Bharata und Hanumān beherbergt.

Ein Rāmacandra-Tempel wurde schließlich 1871 von Sanak Siṃha Lāhūrī Ṭaṇḍana Chhetri (bzw. Khatrī) in Battisputali nahe Deopatan errichtet, ein anderer 1864 in Jaisīdevala (Kathmandu) von einem gewissen

Dharma Siṃha. Weitere Rāma-Tempel ließen die Rāṇās an Flusszugängen (*ghāṭa*) errichten, so beim Ramghat (1927) und beim Hanumanghat (1932) in Bhaktapur oder beim Kalamochanghat und Pancalighat in Kathmandu. Diese Häufung von Rāma-Tempeln macht einen Trend deutlich, der sich in Indien noch deutlicher abzeichnet: Rāma wurde zunehmend zu einem der großen Hochgötter des Hinduismus. Die politische Förderung, die er in Indien erhielt, ist aber im Kathmandu-Tal allenfalls für das 19. und die erste Hälfte des 20. Jahrhunderts nachweisbar.

Anders verhält es sich in Janakpur im Tarai, wo der bekannte Heilige Rāmānanda (1400–70), der ein eifriger Rāma-Verehrer war, gelebt haben soll. Anfang des 17. Jahrhunderts soll ein śivaitischer Asket mit Namen Caturbhuj Giri dort zudem Statuen von Rāma, seinen Brüdern und Sītā sowie Lakṣmīnārāyaṇa und den Zehn Erscheinungsformen Viṣṇus ausgegraben haben, nachdem ihm Rāma im Traum erschienen war. Aber erst ab 1816, als Janakpur von den Gorkhalis eingegliedert wurde, entwickelte sich der Ort zunehmend zu einem rāmaistischen Zentrum (s.o., S. 146).

Besonders populär wurde im Kathmandu-Tal Kṛṣṇa, ein Gott mit pastoralen und heroischen Zügen. Seine Beliebtheit beruht vor allem auf seiner romantischen Liebesbeziehung zu Rādhā. In der Verehrung von Kṛṣṇa und Rādhā kommen entsprechend vor allem hingebungsvolle Aspekte zur Geltung. Man betet in innigen Formen zu ihnen und besingt sie in Liedern und Gedichten, aus denen Gottesliebe (*bhakti*) spricht.

Erste zaghafte Hinweise auf eine Kṛṣṇa-Verehrung gibt es in den Licchavi-Inschriften. So taucht in zwei Inschriften Vāsudeva, ein anderer Name für Kṛṣṇa, auf; so zeigt die auf das 8. Jahrhundert datierte Viśvarūpa-Statue in Changu Narayana eine Vertrautheit mit der *Bhagavadgītā*, einem zentralen Text des Kṛṣṇaismus.

In der Malla-Zeit gehörten Kṛṣṇa-Tempel – vermutlich durch den Einfluss des bengalischen Mystiker Caitanya (1485–1533) auf die Mithila-Gegend und durch die in das Kathmandu-Tal strömenden Brahmanen – zu den betriebsamsten heiligen Orten. Dementsprechend viele Zeugnisse aus Kunst und Literatur gibt es. So befindet sich im Innenhof des alten Palasts von Kathmandu eine undatierte, aber kunsthistorisch der frühen Malla-Zeit zuzuschreibende Kālīyadamana-Statue, die Kṛṣṇa als Knaben zeigt, der den Schlangendämon Kālīya erschlägt. Kālīya schaut zu Kṛṣṇa auf, der mit einem Fuß auf der Krone des Dämons und mit dem anderen auf dessen Schulter steht. Über Kālīyas Kopf erhebt sich eine Schlangenhaube. Weitere Darstellungen dieses Motivs stammen aus der späten Malla-Zeit. Auch die vielen kṛṣṇaitischen Manuskripte spiegeln die Beliebtheit dieser religiösen Richtung, die man schon als eine Art Bewegung bezeichnen kann. So ist eine Handschrift des *Harivaṃśa* aus dem Jahr 1136/37 (Saṃvat 257) erhalten, auf der dargestellt ist, wie die Könige Jitāmitra Malla (1673–96) aus Bhaktapur, Nṛpendra Malla (1674–80) aus Kathmandu und verschiedene Minister am Ufer der Bagmati 1674 n. Chr. Frieden schließen.

Der bedeutendste Förderer des Kṛṣṇaismus war Siddhinarasiṃha Malla (1619–61) aus Patan, in dessen Zeit ein Kṛṣṇalīlā-Gemälde entstand, das 31 Episoden aus dem Leben Kṛṣṇas zeigt, und der 1636 nach dem Vorbild eines Kṛṣṇa-Tempels in Mathura bei Delhi den heute noch sehr lebendigen, dreistöckigen Bālagopāla-Tempel im Śikhara-Stil, auch bekannt als Kṛṣṇa-Tempel, gegenüber dem Königspalast in Patan errichten ließ. In der ersten Etage dieses Tempels, der einzige Kṛṣṇa-Tempel, der überregionale Bedeutung erlangt hat, befinden sich die Götterstatuen von Kṛṣṇa, Rukmiṇī und Satyabhāmā, um die ein Fries aus dem *Mahābhārata*-Epos läuft. Im zweiten Stockwerk steht ein Kāśīviśveśvara-Liṅga, der eine enge Verbundenheit mit Kāśī (= Benares) demonstriert, ebenso wie ein Fries mit 108 Miniaturliṅgas, die auch bei der heiligen Umgehung von Benares aufgesucht werden. Im Erdgeschoss ist ein den Tempel umlaufendes Fries mit Episoden aus dem *Rāmāyaṇa* zu sehen. Der teure Tempel war nicht unstrittig, denn in der Gründungsinschrift ist von einem heimtückischen Feind die Rede.

Aufgrund der Strahlkraft dieses Tempels und der Autorität Siddhinarasiṃhas wurden im 17./18. Jahrhundert in Patan weitere königlich geförderte Kṛṣṇa-Heiligtümer gebaut, so im Stadtteil Svotha, wo Kīrtisiṃha, der uneheliche Sohn Siddhinarasiṃhas, 1668 einen Kṛṣṇa-Tempel mit drei Stufendächern errichten ließ. Weitere Kṛṣṇa-Heiligtümer in Patan sind der Vaṃśagopāla-Tempel in Kvā Bāhāḥ, der Lakṣmīnārāyaṇa-Kṛṣṇa-Tempel (1699 n. Chr.) im Stadtteil Nugaḥ oder der achteckige Cyāsiṃ-Deval am Mangal Bazar, den eine mächtige Tochter Yoganarendra Mallas 1723 erbauen ließ. Hinzu kommen zahlreiche private Kṛṣṇa-Tempel, die oft im Namen eines Verstorbenen errichtet wurden. Kathmandu steht in dieser Kṛṣṇa geweihten Bautätigkeit nicht nach. Herausragend sind der ebenfalls achteckige Vaṃśagopāla-Tempel am Königspalast, den Pratāpa Malla 1649 errichten ließ, sowie der dortige Gopīnātha-Pagodentempel, vermutlich auch aus der Mitte des 17. Jahrhunderts. In Bhaktapur fehlte die königliche Patronage der Kṛṣṇa-Tempel, so dass sich dort nur wenige derartige Heiligtümer auf dem Palastplatz finden. Auch die Gorkhalis förderten den Kṛṣṇaismus nicht.

Die Rituale des Kṛṣṇaismus drehen sich hauptsächlich um mit dem Gott in Zusammenhang stehende Feste, namentlich Holī/Holikā im Monat Phālguṇa (Februar/März), bei dem man sich mit Farbpulver bewirft, Kṛṣṇas Geburtstag (Kṛṣṇajanmāṣṭamī) im Monat Bhādra (August/September), die Gāījātrā mit der an diesem Tag nur in Patan stattfindenden Kṛṣṇa-Prozession, bei der eine Gruppe von kostümierten Personen, die Kṛṣṇa, Subhadrā, Rukmiṇī und Prahlāda verkörpern, vom Bālagopāla-Tempel die Prozessionsstraße von Patan entlang- und zum Tempel zurückläuft, sowie jeder 11. Tag (Ekādaśī) der dunklen Hälfte eines Mondmonats.

Seit dem Beginn des 20. Jahrhunderts häufen sich Orte (*bhajanaghara*), an denen sich überwiegend Männer treffen, um devotionale Gesänge (*bhajana*) anzustimmen, die vielfach Kṛṣṇa oder Rāma gewidmet sind. Dazu gehören z.B. der Jānakījīvakuñja oder Hare Rāma Kuñja in Deopatan oder der Śrī Śrī Rādhā-Kṛṣṇa-Tempel in Budhanilakantha, der auch das Zentrum der stärker werdenden *International Society for Krishna Consciousness* (ISCON) ist, die sich auf die von Caitanya begründete Gauḍīya-Bewegung in Bengalen beruft.

Rituale und Feste

Den Smārta-, in Nepal auch Parbatiya-Hinduismus kennzeichnen vor allem seine Nähe zum *Veda* und darauf beruhende Rituale, unter denen die lebenszyklischen Rituale und bestimmte Verehrungsformen, namentlich die *pūjā*, herausragen. Die Licchavi-Inschriften sprechen so oft von vedischen Göttern, namentlich Indra, Sūrya und Agni, dass man von einer lebendigen vedischen Tradition ausgehen muss. So lobte bereits Mānadeva I. (467 n. Chr.) seinen Vater für die Veranstaltung vedischer Opfer. Nach wie vor wird Agni in einem Agniśālā in Patan als kontinuierliches Feuer verehrt – von newarischen Brahmanen.

Ein eigentümliches Ritual betrifft den altindischen Gott Indra, der im *Veda* als Sonnengott und König der Götter erscheint, in Indien aber so gut wie gar nicht mehr beachtet wird. Er wird in mindestens acht Licchavi-

Inschriften erwähnt und in vielen Holz- und Bronze-, aber in keiner Steinstatue verehrt. In Kathmandu ist ihm ein acht Tage andauerndes Fest im Herbst, die Indrajātrā, gewidmet. Die Legende will es, dass Indra einmal in Menschengestalt auf die Erde kam, um die himmlische Pārijāta-Blüte zu stehlen. Dabei wurde er gesehen und wie ein Dieb an einen Pfosten, danach Indradhvaja genannt, gefesselt. Nur durch die Hilfe seiner Mutter kam er wieder frei. Eben diese Episode wird in der Indrajātrā in Szene gesetzt.

Die Ritualspezialisten

Als Priester der Smārta-Rituale fungieren hauptsächlich Brahmanen oder asketische Saṃnyāsīs bzw. Brahmacārins. Buddhisten, Angehörige der ethnischen Minderheiten und Niedrigkastige haben ihre eigenen Priester, aber auch Letztere versuchen oft einen Brahmanen für sich zu gewinnen, um ihren Status aufzuwerten.

Die esoterische Verehrung der tantrischen Götter liegt oft in den Händen spezieller Priester (Rājopādhyāya, Karmācārya, Ācāju), die dafür eine Weihe (*dīkṣā*) erhalten haben. Es gilt als lebensbedrohlich, ein Opfer zu veranstalten, wenn man nicht in den Kult der betreffenden Gottheit initiiert wurde. Auch hört man immer wieder Geschichten, dass jemand gestorben sei, weil beim Opfer Fehler gemacht wurden. Die Götter, die Tieropfer annehmen, sind eben gefährlich und es ist nicht immer leicht, sie zu besänftigen. Nicht zuletzt wegen der Blutopfer und des in den Ritualen verwendeten Alkohols haben diese Priester dabei nicht unbedingt einen hohen Stand. Karmācāryas etwa erhalten ihre Initiation (*vratabandha*) nicht durch einen Brahmanen; es können sogar die unreinen Pore, der Tradition nach Abdecker und Reiniger, sein, die die Göttinnen versorgen. Aber auch Brahmanen können zu tantrischen Meistern werden; sie werden dann meist in eine der sechs Kula-Traditionen initiiert, zu denen etwa die Verehrung der Kubjikā, der Kālī oder der Tripurā gehört. Den höchsten Stand innerhalb der tantrischen Priester haben die ›königlichen‹ Rājopādhyāyas inne, die die Taleju versorgten.

Bei vielen Ritualen wird außerdem eine Reihe von weiteren Ritualspezialisten benötigt: Der Astrologe (Jaisi) bestimmt den glückverheißenden Zeitpunkt, Guṭhī-Mitglieder oder Helfer bereiten die sakrale Arena vor, bringen und schmücken die Götterbilder oder halten Wache; Musiker,

Licht- und Zepterträger begleiten die Umzüge, Frauen sorgen für die meist üppigen Mahle am Ende des Rituals.

In der rituellen Praxis der Newar hat meist der Klanälteste (Nev. *thakāli*), nicht selten zusammen mit seiner Frau (*nakī*), das Sagen. Sie müssen bei den tantrischen Initiationen und anderen Übergangsritualen der Klanmitglieder anwesend sein. Bei den Kasten, die nicht die Heilige Schnur bekommen, sind sie oft die entscheidenden Ritualspezialisten, bei den Zweimalgeborenen agieren sie zusammen mit den Priestern. Ihnen obliegt auch die Verehrung der Lineage- oder Klangottheit (*digudyaḥ*).

Die lebenszyklischen Übergangsrituale (saṃskāra)

Wie wohl überall auf der Welt müssen auch in Nepal wichtige Veränderungen im Leben wie Geburt, Jünglingsweihe, Heirat oder Tod durch einen Priester mit überlieferten religiösen Zeremonien abgesichert werden, damit nicht Unheil und rituelle Verunreinigung die Familie oder den Klan befallen. Die brahmanisch geprägten Bevölkerungsgruppen folgen dabei meist einem spätvedischen Modell, das kaum großen Veränderungen unterworfen war – nicht zuletzt, weil es in Handbüchern festgelegt ist, die auf dem *Pāraskāragṛhyasūtra*, einem Manual für häusliche Rituale aus der Mādhyandina-Schule der *Vājasaneyisaṃhitā* des Weißen Yajurveda, beruhen.

Die wichtigsten Übergangsrituale der Parbatiyas und der Newar

Kindheits- und Adoleszenz-Rituale: Geburt (Skt. *jātakarma*, Nev. *macābū byẽkegu*), Namensgebung (Skt. *nāmakaraṇa*, Nev. *nā̃ chuyegu*), erste Fütterung von fester Speise (Skt. *annaprāśana*, Nev. *macā jāṃko*), Initiation (Skt. *mekhalābandhana*, *vratabandhana*, *upanayana*; Nev. *kaytāpūjā*), Verheiratung der Mädchen an die Bel-Frucht (Nev. *ihi*) und Prämenstruations-Ritual (Nev. *bārhā tayegu*)

Hochzeit (Skt. *vivāha*, *pāṇigrahaṇa*; Nev. *bihe*, *ihipā*)

Altersrituale: Verehrung der Alten (Nev. *jyāḥ jāṃko*)

Totenrituale: Verbrennung (Skt. *antyeṣṭi*, Nev. *sī uyegu*), die ›Zehn Totenrituale‹ (Skt. *daśakriyā*), Fütterung des Verstorbenen (Nev. *nhenumhā*), Aufhebung der Unreinheit (Nev. *du byẽkegu*), Gaben für den Verstorbenen (Nev. *ekādaśīcā bvayegu*), Reinigungsbad (Nev. *svamva luyegu*) und Mahl (*bhoja, bhojana*)

Ahnenrituale: Vereinigung des Verstorbenen mit den Ahnen (Skt. *sapiṇḍīkaraṇa, antyeṣṭi*; Nev. *latyā*), regelmäßige Opferung an die Ahnen (Skt. *śrāddha, sohra-, nāndī-* oder *vṛddhiśrāddha*)

Im Zentrum stehen dabei die lebenszyklischen Übergangsrituale, die nachfolgend für die Newar beschrieben werden: Die Geburt ist ein Ereignis, das nicht nur für die Mutter, sondern für das ganze Haus rituelle Verunreinigungen einschließt. Sie bedarf daher besonderer Reinigungsrituale (*jātakarman*). Dazu gehören die Namensgebung (*nāmakaraṇa*) und Gebete, ebenso wie Waschungen und Beschränkungen in der Nahrung. Eine weiteres wichtiges Kindheitsritual ist die erste Speisung (*annaprāśana*) des Babys mit gekochtem Reis im Alter von etwa sechs Monaten, zu der meist auch gehört, dass man das Baby erstmalig aus dem Haus und zu einem Tempel bringt (*niṣkramaṇa*). Da geht es festlich zu und viele Verwandte kommen zusammen, um das Wohlergehen des Kindes zu feiern.

Im Vergleich zu anderen Ritualen wird die Initiation (*vratabandhana*) der Söhne der oberen Stände (Brahmanen, Kshatriyas, Vaishyas) besonders aufwendig gefeiert. Sie ist ein vorpubertäres Mannbarkeitsritual, das im Anlegen einer heiligen Schnur und eines Lendentuches gipfelt. Bahun-Chhetri erhalten neben der Heiligen Schnur – in symbolischer Form – noch den *Veda* (wörtlich: ›das (heilige) Wissen‹), wodurch sie zu einem vollwertigen und heiratsfähigen Kastenmitglied werden. Der *Veda* wird dem Knaben in Form eines Mantras unter einer Decke vom Hauspriester ins Ohr geflüstert. Nach einem spielerischen Auszug nach Benares (*deśāntara*) zum Erlernen dieses heiligen Textes kehrt der Knabe zurück in den Schoß der Familie. Mit einem Bad (*samāvartana*) beendet er das ›Studium‹.

Bei der buddhistischen Initiation (Nev. *bare chuyegu*) wird das Haar zweimal geschoren: Beim ersten Mal durch den Barbier bleibt zunächst wie in der hinduistischen Tradition der Haarzipfel stehen, er wird aber wenig später ebenfalls abrasiert – und zwar meist vom zweitältesten buddhistischen Priester. Da der Haarzipfel im Hinduismus für die Patrilinie und Abstammung steht, bedeutet dieser kleine Schnitt einen großen Schritt: die Abkehr vom hinduistischen und Hinwendung zum buddhistischen Heilsritual, die auch durch das Anlegen eines Mönchsgewandes markiert wird. Spätestens jetzt erweist sich die buddhistische Initiation als Mönchsweihe, als eine Aufnahme des Jungen in die buddhistische Gemeinde. Mit Ordination oder meditativer Heilssuche hat das Ganze aber wenig zu tun, denn fast alle anderen buddhistischen Ritualbausteine sind in Nepal hinduistisch oder stark hinduistisch geprägt. Auch wird der Novize nicht wirklich ein Mönch, sondern kehrt wie bei der hinduistischen Initiation schon nach kurzer Zeit zur Familie zurück und legt das Mönchsgewand ab.

Während die Jungen mit der Initiation zu vollwertigen Mitgliedern des Klans geworden sind, müssen die Mädchen der Newar drei prämenstruale Initiationsrituale durchlaufen: Im Alter von drei bis zehn Jahren werden sie in einem Ritual (Nev. *ihi*) mit einer Gottheit verheiratet, bei dem keineswegs klar ist, wer eigentlich der symbolische Bräutigam ist. Rätselhaft ist dabei vor allem die frühe Gabe des Mädchens (*kanyādāna*) an die Gottheit. Im entscheidenden Moment halten die Mädchen die Frucht des Holzapfelbaums (*bel*) in den Händen, die wiederum in den Händen des Vaters ruhen, während die Mutter ihnen ein Plättchen aus Gold ins Haar steckt. Ist das Mädchen nun dem Gott Śiva gegeben, dem die Bel-Frucht des Holzapfelbaums gewidmet ist, oder ist es Śivas Sohn Suvarṇa Kumāra, der ›Goldene Knabe‹?

Abb. 16: Mädchen bei der Verheiratung an die Bel-Frucht (*ihi*), 2006 (Photo A. Michaels)

Im Alter von neun bis zwölf Jahren, noch vor der ersten Monatsblutung, müssen sich die Mädchen einem Ritual (Nev. *bārhā taegu*, Nep. *guphā rākhne*) unterziehen, das sie auf ihre Rolle als gebärfähige Frau vorbereitet und einer Initiation gleichkommt. Dabei werden sie bis zu elf Tage in einen dunklen Raum gesperrt, nur begleitet von einer Tante und meist anderen gleichaltrigen Mädchen. Am zwölften Tag reinigt der Barbier mit seiner Frau das ganze Haus, danach verehren die Mädchen auf der Terrasse die Sonne. Anschließend wird ihnen ein gelber Faden um den Kopf gebunden, in dem eine Pfauenfeder steckt, und schließlich bekommen sie roten Puder in den Haarscheitel gerieben: Zeichen einer heiratsfähigen Frau und Abschied von der Kindheit.

Das hinduistische (und buddhistische) Hochzeitsritual der Newar umfasst eine Art Verlobung, bei der die Brautfamilie der Familie des Bräutigams Betelnüsse mit Früchten, Süßigkeiten und Joghurt bringt, das Umschreiten des Opferfeuers, den Austausch von Ringen, die Sieben Schritte, ein gemeinsames Mahl, die Überführung der Braut in den Haushalt des Bräutigams bzw. von dessen Vater und vieles mehr. Entscheidend ist, dass die Braut in einen neuen Familienverbund aufgenommen wird und schrittweise die rituellen Verbindungen zu ihrer eigenen Familie abbaut. Gemäß den Kastenregeln entstammt der Bräutigam entweder der gleichen oder einer höheren Kastengruppe.

Beim Totenritual muss sich der Sohn des oder der Verstorbenen unter anderem die Haare scheren lassen und manchmal für ein Jahr ausschließlich weiße Kleider tragen. Er hat in dieser Periode die Aufgabe, für den Verstorbenen einen jenseitigen Körper zusammenzusetzen, mit dem dieser die Welt der Ahnen erreicht. Beim entscheidenden ›Ritual der Kloßgenossenschaft‹ (Skt. *sapiṇḍīkaraṇa*, Nev. *latyā*) formt er am 45. Tag nach dem Tod mit eigener Hand Klöße aus Weizenmehl, Honig und Butter. Drei Klöße sind den vorangegangenen Generationen gewidmet, dann erst wird sorgfältig ein größerer Kloß geformt, der den Verstorbenen repräsentiert. Nach den Vorgaben und unter Mithilfe des brahmanischen Hauspriesters wird der Kloß in drei Teile geteilt. Je ein Teil wird mit den Klößen vermengt, die die vorangegangenen Generationen repräsentieren. Mit dieser Vereinigung ist der Verstorbene in die Gemeinschaft der Ahnen eingegangen. Am gleichen Tag wird für den Toten für jeden Tag der 360 Tage währenden Reise ein kleiner Wasserkrug gefüllt. Auch wird ihm ein Bett mitgegeben, des Weiteren alle zum Kochen benötigten Geräte und ein

Wanderstab. Zu jeder weiteren Mondphase werden weitere Gerätschaften hinzugefügt, auch ein winziges goldenes Boot, um die Überquerung eines gefährlichen Höllenflusses zu ermöglichen.

Die Götterdienste

Die Praxis der Übergangsrituale folgt bestimmten Strukturen, die meist in normativen Texten vorgegeben sind und auch für andere Rituale gelten. Bei den Newar beginnt z.B. jedes Ritual mit der astrologischen Feststellung des glückverheißenden Moments (Nep. *sāit*) für den Höhepunkt des Rituals und der rituellen Reinigung aller Teilnehmer sowie des Hauses. Dazu gehören ein ritueller Beschluss (*saṃkalpa*) des Hausherrn und oder – stellvertretend – des Priesters, das Ritual durchzuführen, ein rituelles Bad (*abhiṣeka*) mit Wasser aus einem bestimmten Topf (*arghyapātra*) und eine mentale Konzentration (*nyāsa*). Zu den vorbereitenden Riten gehört außerdem die Ahnenverehrung (*nāndī-* oder *vṛddhiśrāddha*), die Verehrung von Göttern in einer Art Vase (*kalaśapūjā*) sowie ein Feuerritual (*homa*, *yajña*).

Das eigentliche Ritual beginnt mit dem Überreichen der Vase, eines Tellers mit Blüten und anderer Ritualgegenstände an den Priester, der wie bei fast allen anderen Ritualhandlungen dazu ein Mantra rezitiert, die Götter in die Vase(n) ruft und sie unter anderem mit Blumen und Weihrauch verehrt. Ein Teil dieser Gaben wird später an einen lokalen Gaṇeśa-Schrein geschickt. Danach heißt der oder die Klan- oder Haushaltsälteste (Nev. *nāyaḥ/nakī*) die Hauptteilnehmer willkommen (Nev. *lasakusa*), während der Priester wieder ein Mantra rezitiert. Oft wird anschließend der Rauch geräucherter Senfkörner oder brennender Kohle über den Ritualplatz und die Teilnehmer geweht, um jeden bösen Einfluss auf das Ritualgeschehen zu verhindern.

Ein wesentlicher Bestandteil der Rituale ist der Einsatz von Licht (*dīpa*), meist in Form einer Öllampe (Nev./Nep. *sukundā*), die auch Gaṇeśa als Gott des guten Gelingens repräsentiert (vgl. Abb. 13). Zusätzlich wird des Öfteren ein mit Öl gefülltes Tonschälchen, in dem ein Docht brennt, auf einen Schutzstein (Nev. *pikhālākhu*, *chvāsaḥ*) vor dem Eingang des Hauses gestellt. Auch das Besprenkeln mit Wasser und die Verehrung des- oder derjenigen, der oder die im Mittelpunkt des Rituals steht, mit einer Öllampe, einem hölzernen Messtopf und Eisenschlüsseln, die über den Kopf gehalten werden, ist üblich. Andere häufig vorkommende Reinigungsriten sind das Anbieten von (Nev.) *svagã*, einer glückverheißenden Mischung aus variierenden Nahrungsmitteln und Objekten, der Gebrauch von Weihrauch (*dhūpa*) und das Aufdrücken eines Stirnmals (*ṭīkā*), mitunter eine Mischung aus Zinnober und Reispaste, das Verstreuen von unzerbrochenem Reis (*akṣata*) und das Anbieten neuer Kleider.

Auf den zentralen Teil des Rituals, dessen Abfolge jeweils unterschiedlich ist und der einen narrativen, nicht selten mythologisch untermauerten Kern birgt, folgen dann wieder Nebenriten, die sich gleichen: Ritualreste werden auf den Schutzstein gelegt, der Messtopf wird erneut über den Kopf gehalten und anderes mehr. Häufig werfen die Teilnehmer auch Puffreis auf die Götter und den Ritualplatz. Zu den abschließenden Riten gehört meist auch *annasaṃkalpa*, wörtlich ›ein ritueller Beschluss für Nahrung‹; in der Praxis handelt es sich um die Gabe von Reis und anderem an den Priester, der dann auch noch eine Art Bezahlung (*dakṣiṇā*) erhält. Am Ende weiht er die Anwesenden (*āśīrvāda*). Den eigentlichen Abschluss bildet ein gemeinsames Mahl (*bhojana*).

Die häufigste Art, Göttern den gebotenen Respekt zu erweisen, besteht in der *pūjā*, einer Art Götterdienst, den Hindus wie Buddhisten praktizieren. Diese Verehrungsform kann ganz schlicht ausfallen, etwa als bloße Verbeugung mit aufeinandergelegten Handflächen, oder ein aufwendiges Ritual beinhalten, bei dem dem Gott viele Gaben – Blüten, Weihrauch, Wasser, Lichter, Zinnoberpuder, Früchte, Reis, Süßigkeiten, Geld, Münzen, Stoffe und anderes mehr – gereicht werden. Die Gaben (*prasāda*) müssen unverbraucht, nach Möglichkeit sogar neu und unbeschädigt sein. Essbare Gaben erhält der Geber meist vom Priester zurück: Darin drückt sich die Unterlegenheit des Gläubigen gegenüber dem Gott aus, denn in der Regel darf man nur von einem Höheren (gekochte) Speise annehmen. Der Priester gibt auch einen Teil des Zinnobers zurück, indem er dem Tempelbesucher die *ṭīkā* auf die Stirn drückt. Beliebt ist es zudem, sich eine geweihte Blüte hinter das rechte Ohr zu stecken.

In einer etwas aufwendigeren Pūjā muss der Gläubige sich innerlich und äußerlich etwa durch ein Bad und frische Kleider säubern und auch die Ritualgegenstände purifizieren. Dann führt er einen rituellen Beschluss durch, damit das religiöse Verdienst auch erreicht wird. Das Verfahren variiert je nach Anlass, Region, Zeit und Schulausrichtung. Als immer wiederkehrende Elemente gelten die 16 Verrichtungen oder Zeichen des Respekts: 1. Herbeirufung (*āvāhana*), 2. Anbieten eines Sitzes (*āsana*), 3. Fußwaschung (*pādya*), 4. Wasserspende (*arghya*), 5. Mundwaschung (*ācamanīya*), 6. Bad (*snāna*), 7. Anziehen frischer Kleider (*vastra*), 8. Umgürtung (*yajñopavīta*), 9. Salben (*gandha, anulepana*), 10. Blumen (*puṣpa*), 11. Weihrauch (*dhūpa*), 12. Licht (*dīpa*), 13. Speisung (*naivedya*), 14. Grüßen (*namaskāra*), 15. Umschreiten (*pradakṣiṇā*) und 16. Abschied (*visarjana*). Diese Liste ist nicht verpflichtend für alle Pūjās; besonders elementar sind fünf Verrichtungen (*pañcopacāra*): Salbung, Blumen, Weihrauch, Licht und Speisung.

Mit der Pūjā wird der direkte Kontakt zu den Göttern gesucht, die beschenkt, bewirtet, angekleidet oder zu Bett gebracht werden. So bittet man auch um Schutz und Wohlergehen. Aber nicht nur Götter werden mit Pūjās verehrt, sondern ebenso Brahmanen, Lehrer, Jungfrauen, Kinder, Kühe und andere Tiere, Pflanzen (etwa der Tulsi-Strauch oder der Pippal-Baum), Bücher, die Erde, ein Wasserkrug (*kalaśa*), in den Götter gerufen wurden, oder heilige Steine, bei Viṣṇuiten etwa versteinerte Ammoniten (*śāligrāma*).

Eine ergänzende Form der Götterverehrung ist das Gebet, das meist aus der Rezitation von Texten und Hymnen (*stotra, stuti*) besteht, weniger aus einem persönlichen Gespräch mit dem Gott. Diese Texte können auch Lobgesänge (*kīrtana, bhajana, vacana*; Hindī *satsang*) und von Musik begleitet sein. Zu den populären Formen des religiösen Ausdrucks gehören außerdem Gelübde (*vrata*). Man unternimmt sie, um religiöses Verdienst zu erwerben, um sich den Segen des Gottes für dieses und das nächste Leben zu sichern oder um den Gott durch ein besonders gefälliges Verhalten gnädig zu stimmen. Manchmal fastet man nur einen Tag lang oder man beschließt, auf eine lange Pilgerreise zu gehen. Mitunter wird auch ein aufwendiges Feueropfer (*homa, yajña*) oder ein Festessen zum Ruhme eines Gottes spendiert. Was man den Göttern gibt, das bekommt man in irgendeiner Form zurück, denn weniger als durch Glauben sichert man sich durch Taten ihren Segen. Es ist diese Haltung, die sich durch alle Formen der religiösen Verehrung zieht.

Nur bestimmte Götter nehmen Tieropfer und Alkohol an. Dazu gehören viele Manifestationen der Göttin, besonders die ›Acht Mütter‹ (Aṣṭamātṛkā) oder die ›Neun Durgās‹ (Navadurgā), sowie Bhairava, Gaṇeśa und der heroische, besonders von Händlern verehrte Bhīmasena, ein seit der späten Malla-Zeit populärer Gott. Solche Gaben Viṣṇu oder den Bodhisattvas darzureichen, wäre dagegen ein schlimmes Sakrileg. Als Opfertiere kommen Ziegen, Schafe, Hühner, Enten und in besonderen Fällen Wasserbüffel in Frage. Sie sollten makellos und möglichst männlichen Geschlechts sein, sie müssen das Opfer ›freiwillig‹ annehmen und dies durch ein Schütteln des Kopfes bezeugen. Es heißt, damit würden die Tiere ihren Wunsch ausdrücken, als ein höheres Wesen wiedergeboren zu werden. Meist helfen aber die Opfernden dadurch nach, dass sie dem Tier etwas Wasser ins Ohr oder auf den Kopf geben, wonach es sich natürlich sofort schüttelt.

Blutopfer

Wie viele, wenn nicht alle Opfer beruhen auch die Blutopfer im Hinduismus auf dem klassischen Prinzip des *do ut des*: Leben wird für Leben gegeben. Dies geschieht aber in Nepal in einem Ritualumfeld, das die vorderhand plausible Formel ›Blut für Leben‹ als nur eine Perspektive erscheinen lässt. Ebenso gut könnte man die Formeln ›Blut für Schutz‹ oder ›Blut für Bündnisse‹ benutzen. Diese Vielschichtigkeit zeigt sich besonders bei der Durgāpūjā: Wenn in Nepal der Reis auf den Terrassenfeldern zur Ernte eingeholt wird, wenn er also geschnitten, geschlagen und zum Trocknen auf den Feldern, Straßen und Plätzen ausgelegt wird, steht das Fest der Göttin Durgā an. Dieses wird in Nepālī Dasaĩ genannt, was soviel bedeutet wie ›10-Tage-Fest‹, weil es diese Zeitspanne umfasst und weil der Höhepunkt auf den zehnten Tag der hellen Mondhälfte des Monats Āśvina fällt. Das Fest wird nicht nur in Nepal, sondern überall, wo Hindus leben, gefeiert.

Der Ursprung der Göttin Durgā (Devī, Bhagavatī) scheint in Stammeskulturen Südasiens zu liegen, aber bereits ab dem 4. Jahrhundert sind Darstellungen zu finden, die Durgā zeigen, wie sie einen Büffel tötet, was auf einem verbreiteten Mythos beruht: Einst war dem Dämonen Mahiṣa nach strenger Askese vom Obergott Brahmā die Gunst verliehen worden, von keinem Mann besiegbar zu sein. Daraufhin bekämpfte er alle Götter und drohte sie zu stürzen. Im letzten Moment kamen die Götter auf die Idee, ihre göttliche Energie zum Körper einer schönen Frau zu verdichten, um den Dämonen zu verführen und zu vernichten. Von Śiva stammte das Gesicht, die Arme von Viṣṇu und so weiter. Auch gab jeder Gott ihr jeweils seine Waffe: Śiva seinen Dreizack, Viṣṇu seinen Diskus, Vāyu, der Gott des Windes, Pfeil und Bogen und so fort. Zehnarmig besiegte daraufhin die übermächtige kriegerische Göttin den Dämonen Mahiṣa, der die Gestalt eines Büffels angenommen hatte, indem sie auf ihn trat, ihm den Kopf abschlug und ihn durchbohrte.

Dieser Mythos, oft in Statuen und auf Bildern zu sehen, wird nun im zehntägigen Fest überall in Nepal gewissermaßen in Szene gesetzt. Tausende Tiere werden dabei geopfert, vornehmlich Ziegen, Schafe, Hühner und Enten, vielfach auch junge Wasserbüffel. Das Muster der Opferung ist jeweils gleich und eindeutig: Das Tier wird enthauptet, ein Teil des Blutes sowie der Kopf und/oder das erste Fleisch- bzw. Hautstück werden der Göttin gegeben. Das Fleisch wird dann als Gabe der Göttin angesehen und gemeinsam in einem Festmahl verzehrt. Die Göttin wird damit zugleich verehrt und befriedet, so dass den Menschen wieder Heil und Gedeihen zuwachsen können und sie vor Unheil geschützt sind. Das Blut stärkt die Göttin, wie diese die Menschen stärkt.

Der Zusammenhang zwischen Göttin und Fruchtbarkeit ist in der Durgāpūjā evident. Immerhin finden die Rituale statt, wenn der Monsun aufgehört hat und die Reisernte und damit ein Hauptnahrungsmittel eingefahren ist bzw. dies kurz bevorsteht. Hinzu kommt, dass am ersten Tag der Feierlichkeiten in den meisten Häusern ein Klumpen Lehm auf dem Boden ausgebreitet wird, auf den Gerstensamen gestreut werden, die dann zehn Tage lang sprießen. Auf den Boden wird zudem ein tönerner Wassertopf gestellt, der als die Göttin verehrt wird. In diesen Formen zeigt sich Durgā/Devī also als die Göttin, die Fruchtbarkeit und Leben bringt, ge-

Abb. 17: Ziegenmarkt während des Dasaĩ-Festes in Kathmandu, 2005 (Photo A. Michaels)

währt und erhält: Sie selbst fördert das Wachstum der Pflanzen, welche wiederum die Menschen ernähren.

Wachstum und Gedeihen beziehen sich aber selbst in einer agrarischen Gesellschaft nicht nur auf Feldarbeit und Ernte. In Nepal erhalten an Dasaĩ auch alle für den Lebensunterhalt bzw. den Beruf wichtigen Geräte, vornehmlich das Auto, aber auch Nähmaschinen, Waagen oder Computer, ein Blutopfer. Sie werden damit gewissermaßen wieder aufgeladen. Das Ganze geschieht weitgehend öffentlich, auf der Straße, für jedermann sichtbar. Die Stadt wird dann zu einem Schlachthaus und in Strömen fließt das rote Blut die engen Straßen und Gassen hinunter. Jeder Haushalt opfert sein Tier und die Pferche der Opfertiere erscheinen wie die Verkaufsplätze der Weihnachtsbäume in westlichen Städten.

So gesehen passt das Dasaĩ-Ritual in die zumindest für nicht-ethisierte Religionen plausible Formel, wonach Blut für Leben gegeben wird. Und es wird hier augenfällig, dass das Blut, der Saft des Lebens, fließen muss, das Opfertier also nicht blutlos erwürgt, erstickt oder erhängt werden darf, sondern geschächtet und geköpft werden muss. Aber so richtig eine solche Aussage ist, so vereinfachend ist sie, wenn man das dazunimmt, was noch alles in einer Zeit und an einem Ort geschieht. In Bhaktapur z.B., wo sich die Durgāpūjā mit den sogenannten Navadurgā-Ritualen vermischt, werden auch Menschen zeitweilig zur Göttin Durgā und Blut wird zu einem sozialen Marker für Gemeinsamkeiten und Differenzen. Der Grund, warum Mitglieder der Gāthā- bzw. landlosen Blumenhändler- und Tagelöhnerkaste zeitweilig zur Göttin Durgā werden, ist in lokalen Legenden und Chroniken festgehalten:

> Während der Regierungszeit von König Guṇakāmadeva (12.–13. Jh.), eventuell aber auch erst zur Zeit König Suvarṇa Mallas, soll eine Gruppe von neun Durgā-Göttinnen in einem Wald nahe Bhaktapur gehaust haben, wo sie immer wieder Bewohner der Stadt ergriffen und deren Blut tranken. Eines Tages ging ein tantrischer Priester der Bauernkasten leichtfertig in den Wald, und als die Durgās ihn töten wollten, vermochte er nur aufgrund seiner magischen Kräfte die Durgās unbeweglich zu machen. Da baten die Göttinnen um Vergebung und versprachen, ihn nicht zu töten. Sunanda Ācājyū, so der Name des Priesters, reduzierte sie daraufhin in ihrer Größe, nahm sie in einem Korb mit und brachte sie in seinen Gebetsraum nach Bhaktapur, wo er sie regelmäßig verehrte. Bald erfuhr ein benachbarter brahmanischer tantrischer Priester, Somarā Rājopādhyāya, Sunandas Guru, von dem Ganzen. Er befand, dass Sunanda nicht in der Lage sei, die Rituale richtig auszuführen, nahm die Göttinnen mit und brachte ihnen das Tanzen bei, indem er sie mit den Händen unterrichtete. Eines Tages musste Somarā Rājopādhyāya aber nach Benares. Er verbot seiner Frau mit strengen Worten,

den Pūjā-Raum der Navadurgās zu betreten. Die Frau war jedoch so neugierig, dass sie gleichwohl hineinschaute. Daraufhin töteten die Durgās die Frau und entflohen. Kaum in Freiheit, töteten sie ein Schwein und tranken dessen Blut, so dass der Brahmane sie wegen der Unreinheit der Schweine nicht mehr in sein Haus nehmen konnte. Die Göttinnen ließen sich nur dadurch bändigen, dass sie ein eigenes Haus bekamen und das Recht, sich jedes Jahr in den Gāthās, der Kaste der Blumenhändler, zu verkörpern. Und so tanzen die Navadurgās in Bhaktapur und benachbarten Orten neun Monate lang, wobei sie stets Blutopfer verlangen.

Dieser Mythos wird teilweise inszeniert, etwa wenn die Navadurgā-Tänzer bei verschiedenen Anlässen, erstmals am ersten Tag nach dem Vollmond, ein Ferkel töten und dabei mit dem Fingernagel die Bauchdecke aufreißen, um an das blutverschmierte Herz zu gelangen, das sie dann verspeisen. Oder in der Nacht vom achten auf den neunten Tag des Dasaĩ-Festes, wenn sich die Tänzer am Tempel der Göttin Brahmāyaṇī, ebenfalls eine Manifestation der Durgā, treffen und einen großen Wasserbüffel (Nev. *khāme*) töten, der zuvor im Götterhaus der Navadurgās gemästet und geölt, dann aber überwiegend von Jünglingen aus der Stadt getrieben wurde. Dieser Büffel versammelt gewissermaßen das kollektive Unheil und die Sünden der Stadt in sich. Als Sündenbock wird er am Tempel der Brahmāyaṇī geopfert.

Die Navadurgās beschützen und begleiten die Stadt. Es sind wilde Göttinnen und es sind wilde Kerle, die sie repräsentieren, fordernd, unberechenbar, berauscht von Unmengen Alkohol, besessen. Übermüdet von den nächtelangen Touren und Tänzen, fallen sie mitunter fast bewusstlos um, bis sie nach ein paar Stunden wieder weitermachen können. Und doch sind diese in ihrem normalen Leben freundlichen Menschen wirklich Götter. Auf den Ritualwegen wird für sie ein Stoffband ausgelegt, weil Götter den unreinen Erdboden nicht berühren dürfen. Man verehrt sie, wo immer sie auftauchen, ruft sie zu häuslichen und lebenszyklischen Ritualen, übergibt ihnen unendlich viele Gaben: Reis, Früchte, Joghurt, Geld und immer wieder Blut und Alkohol. Verdienstvoll ist es, den Navadurgās fünf Tiere zugleich opfern zu lassen: Büffel, Schaf, Ziege, Schwein und Huhn (*pañcaibali*). Man erhält dafür ihren Segen, ein Stirnmal, Fäden, die man sich um den Hals bindet, etwas Zinnober, Blumen oder Oleanderblätter.

Alle Manifestationen der Göttin Durgā bekommen an Dasaĩ ihr Blut ab, ob an ihren Schreinen und Tempeln oder in Form von handbemalten Papierbildern, die auf dem Markt gekauft werden, ob am alten Palast in Kathmandu, wo 108 Büffel für Durgā ihr Leben lassen, ob in Bhaktapur, wo die Navadurgās ein Kollektiv, beinahe eine Bande bilden, die zusammen die ganze Stadt bedroht und beschützt. Die

Navadurgās repräsentieren nämlich auch die ›Mütter‹ genannten Acht Göttinnen (Aṣṭamātṛkā), deren Sitze (*pīṭha*) das alte Bhaktapur umgeben und schützen. Hinzu kommt eine neunte Göttin, Tripurasundarī, im Zentrum der Stadt. Tatsächlich sind die Aṣṭamātṛkā und die Navadurgās an sich identisch – mit der Einschränkung, dass Namen und Anzahl teilweise variieren. Immer handelt es sich aber um eine Gruppe im Grunde gleichrangiger, unverheirateter Göttinnen. In ihrer Verehrung drückt sich zugleich die familien-, klan- und kastenübergreifende Verbundenheit der Stadtbevölkerung untereinander aus: Das Blut fließt hier auch für dieses Bündnis bzw. für die Gemeinschaft der durch die Göttinnengruppen beschützten Stadt.

Noch mehr kommt aber das Stadtkollektiv zum Tragen, wenn am neunten Tag des Dasaĩ-Festes, also nach dem Opfer des großen Büffels, fast jeder Bewohner Bhaktapurs zum Schrein der Göttin Brahmāyaṇī geht, um sich ein Stück Fleisch vom Büffel abzureißen, bis am Ende nur das nackte Gerippe übrigbleibt. Das Tier, wie jedes Opfertier im Hinduismus, wurde ja von der Göttin den Menschen als geheiligte Opfergabe (*prasāda*) zurückgegeben. Daher darf davon nichts weggeworfen werden. Das Horn geht an den Tempel, die Haut an die Lederverarbeiter, aus den Füßen wird eine Suppe gekocht, der Kopf wird nach hierarchischen Kriterien ge- und verteilt, die Gedärme werden gereinigt, aufgeblasen und als Girlande (*mālā*) der Göttin umgehängt. Hindu-Newar machen alles – Fleisch, Haut, Eingeweide, Knochen, Sehnen und Blut – zu Gerichten, die am zehnten Tag des Festes und den nachfolgenden Tagen in familiären Festmahlen verzehrt werden.

Das ganze Blutvergießen findet unmittelbar nördlich von Indien statt, das für seinen Vegetarismus bekannt ist. Wohl keine Hochkultur und keine Religion hat die Vermeidung von Opferblut so sehr auf ihre Fahnen und in ihre Bücher geschrieben wie die ›indischen‹ Religionen Hinduismus, Buddhismus und Jainismus. *Ahiṃsā*, das Gebot der Nichtverletzung von Lebewesen, gehört zu ihren Grundtugenden. Vegetarismus ist daher flächendeckend. Wie ist in der unmittelbaren Nähe zu diesem reinen Hinduismus der nepalische Hinduismus zu verstehen? Hat sich innerhalb des Newar-Hinduismus keine Kritik am Opferritual herausgebildet?

Tatsächlich ist ein zunehmender Protest zu beobachten. In der Mittelschicht häufen sich Fälle, wo nach Substituten für Tieropfer gesucht wird: etwa in Form von Eiern oder Kürbissen. Doch auch, wenn der Einzelne noch so viele Bedenken und Gewissensbisse haben mag; die Familie und der Klan sind damit noch lange nicht dazu zu bewegen, auf die Tieropfer zu verzichten. Dieser Aderlass hat aber de facto nichts oder nur wenig mit Grausamkeit zu tun und macht schon gar nicht blutrünstig. Gefragt, warum am Dasaĩ-Fest so viel Blut fließt, sagt ein Navadurgā-Tänzer: »Wir wissen es nicht, aber es muss sein!«

Feste

Während die lebenszyklischen Rituale und die häuslichen Pūjās auf die Familie und die Verwandtschaft beschränkt sind, kommen bei vielen Festen die Kasten oder gar ganze Siedlungsgemeinschaften zusammen. Das gilt besonders für das Hauptfest der Schutzgötter einer Stadt. Da diese Götter Missernten, Epidemien, Erdbeben oder andere Katastrophen von der Bevölkerung abhalten sollen, ist ihre regelmäßige Verehrung besonders wichtig. Die nepalischen Fest- und Feiertage werden dabei in der Regel nach dem Mondkalender berechnet. Die Organisation dieser Feste liegt meist in den Händen von wenigen Spezialisten, die oft in einem religiösen Verband, einer *guṭhī*, vereint sind (vgl. dazu oben S. 187).

Fest- und Feiertage (Auswahl)

Die Feste richten sich nach dem indischen Mondkalender, und da es in diesem alle drei Jahre ein Schaltjahr gibt, können sie sich jeweils um Wochen verschieben. Die Nepali-Monate sind die folgenden: Vaiśākha (April – Mai), Jyeṣṭha (Mai – Juni), Āṣāḍha (Juni – Juli), Śrāvaṇa (Juli – August), Bhādra (August – September), Āśvina (September – Oktober), Kārttika (Oktober – November), Maṅgsīra (November – Dezember), Pauṣa (Dezember – Januar), Māgha (Januar – Februar), Phālguna (Februar – März) und Caitra (März – April).

Fest	Lunares Datum	Ereignis
Mahāśivarātri (›Große Nacht Śivas‹)	Phālguna 13./14 DH	Fasten und Nachtwache, Verehrung Śivas, besonders mit Wallfahrt zum Paśupatinātha-Tempel
Gyalpo Lhosar	Phālguna 1 LH	Tibetisches Neujahr
Holī/Holikā	Phālguna 14/V	Fest der Farben
Ghoḍejātrā	Caitra N	Pferderennen auf dem Tundikhel-Platz im Zentrum Kathmandus
Piśācacaturdaśī / Lukumahādyaḥ	Caitra 14 DH	Verehrung Śivas unter dem Müll
Rāmanavamī (›Rāmas Neunter‹)	Caitra 8/9 LH	Verehrung von Rāma in seinen Tempeln

Fest	Lunares Datum	Ereignis
Vatsalājātrā	Caitra 11-V	Prozession der Göttin Vatsalā in Deopatan
Nepalisches Neujahr	Vaiśākha 13 DH	Bisketjātrā in Bhaktapur (Wagenfest mit Wettstreit zwischen zwei Stadtteilen)
Matsyendranāthajātrā	Vaiśākha 1 LH	Aufrichten des Großes Wagens von Matsyendranātha in Patan mit der Bitte um Regen
Buddhajayantī (›Buddhas Geburtstag‹)	Vaiśākha V	Wird besonders am Svayambhū und Bauddha begangen
Gāījātrā	Bhādra 1 DH	Tag der Erinnerung der im letzten Jahr Verstorbenen, Verehrung einer Kuh
Kṛṣṇajayantī (›Kṛṣṇas Geburtstag‹)	Bhādra 8 DH	Verehrung Kṛṣṇas in seinen Tempeln mit Gesängen und Tänzen
Tīja	Bhādra 3 LH	Frauen in Hochzeitssaris beten am Paśupatinātha-Tempel für ein langes Leben ihrer Männer
Indrajātrā, Kumārījātrā	Bhādra 14 LH	Großes, achttägiges Straßenfest mit Wagenprozession in Kathmandu, parallel dazu Wagenprozession der Kumārī
Dasaĩ (Vijayādaśamī)	Āśvina 10 DH	Höhepunkt des zehntägigen Dasaĩ-Festes, Tieropfer, Verwandtschaftsbesuche
Lakṣmīpūjā, Tihāra	Kārttika N	Verehrung der Göttin Lakṣmī mit Lichtern
Bhāiṭīkā	Kārttika 2 LH	Schwestern und Brüder verehren sich und beschenken sich gegenseitig.
Mani Rimdu	Nov./Dez.	Maskentanz bei tibetischstämmigen Volksgruppen

V = Vollmond, N = Neumond, LH = Lichte Monatshälfte mit zunehmendem Mond, DH = Dunkle Monatshälfte mit abnehmendem Mond

Dabei laufen selbst zentrale Feste mitunter fast unter Ausschluss der Öffentlichkeit ab. Um die Götter zu besänftigen, reicht es, dass der Priester und andere Ritualspezialisten das Notwendige verrichten. Täten sie es nicht, wäre die Aufregung, ja die Furcht vor Unheil sehr groß. Nur an bestimmten Tagen der oft mehrtägigen, manchmal Wochen dauernden Prozessionen (*jātrā*) erscheinen große Teile der Bevölkerung, um die Götter selbst zu verehren. Während die Stadtfeste verbindlich sind, bleibt es bei anderen Festen dem Einzelnen überlassen, ob und in welcher Form er daran teilnimmt. Das gilt etwa für Śivarātri, der Zahl der Teilnehmer nach wohl das größte Fest Nepals. An diesem Tag im Frühjahr kommen besonders viele Pilger auch aus Indien, um Śiva im Paśupatinātha-Tempel aufzusuchen und durch Fasten oder nächtliches Wachen zu verehren. Zwischen beiden Festkategorien besteht nämlich ein deutlicher Unterschied: Die Stadtfeste werden zum Wohl der Gemeinschaft durchgeführt, indem man die Götter meist um die Siedlung herum trägt. Die anderen Feste werden zum eigenen Wohl zelebriert und man geht zu den Göttern hin. Daher sind die Stadtfeste auch an bestimmte Daten des Kalenders gebunden, die viel mit dem Erntezyklus zu tun haben. Demgegenüber wird der beste Zeitpunkt für Familienfeste und religiöse Gelübde anhand von bestimmten glückverheißenden Wochentagen oder nach dem persönlichen Geburtshoroskop des Einzelnen bestimmt.

Das Fest der Göttin Vatsalā

Der Tempel der Göttin Vatsalā (wörtlich ›Kälbchen‹, ›die Zärtliche‹) am Bagmati-Fluss in Deopatan, wenige Schritte südlich des Paśupatinātha, hat keine Türen, die man verschließen könnte, weil die Göttin gerne, wie es in örtlichen Legenden und Mythen heißt, den ›Duft‹ der nahen Leichenverbrennungsplätze einatmet. Diese Geschichte zeigt schon, was für eine Natur diese Göttin hat. Ihr Fest beginnt damit, dass der Hauptpriester (*mūlakarmācārya*) in der Dämmerung des ersten Tages der dunklen Hälfte des Mondmonats Caitra der Vatsalā an ihrem Tempel ein Ziegenbockopfer darbringt. Dies ist der Beginn der eigentlichen Vatsalā-Rituale, die neun Tage und acht Nächte andauern.

In der folgenden Nacht steigert sich am Vatsalā-Tempel die Serie der Tieropfer zu ihrem vorläufigen Höhepunkt, einem Büffelopfer. Zunächst erfolgt die rituelle Beschlussfassung für das Opfer, bei der vier Männer an den Zugängen zum Vatsalā-

Tempel Platz nehmen, die in den späteren Tagen viele rituelle Aktivitäten ausführen werden: Der Hauptpriester sitzt am nördlichen Tor, ein sogenannter Schakalkönig im Osten, im Süden der jüngere Bruder des Hauptpriesters und im Westen der jüngere Bruder des Schakalkönigs. In diesen Funktionsträgern drückt sich bereits eine Polarität des Festes aus, bei der zwei von acht beteiligten religiösen Organisationen (Nev. *guthi*) die Hauptrolle spielen: die Cva- (›Obere‹) und Kva- (›Untere‹) Guṭhī – bezogen auf die Topographie der Stadt. In der Unterscheidung zwischen einer ›Oberen‹ und einer ›Unteren‹ Guthi drückt sich aber nicht nur ein topographischer Unterschied aus, sondern auch und vor allem ein ritueller. Die Cva-Guṭhī wird nämlich auch als Śakti-Guṭhī bezeichnet, die Kva-Guṭhī hingegen als Śiva-Guṭhī. Genau diese Polarität zwischen Śiva und seiner Gefährtin Śakti ist das bestimmende Merkmal des Vatsalā-Festes. Viele Ritualteile werden z.B. zweimal ausgeführt, einmal für Vatsalā/Śakti durch die Cva-Guṭhī, das andere Mal durch die Kva-Guṭhī für Śiva/Paśupati.

Es folgt das Opfer des Büffels. Dessen Kopf wird zunächst Bhairava hingelegt, während gleichzeitig weitere Tiere – wie schon den ganzen Tag über – geopfert werden. Der Verteilung des Büffelfleisches (ausgenommen der Kopf) widmen alle Beteiligten viel Aufmerksamkeit: Metzger hacken es zunächst in acht genau gleichgroße Teile, die an die acht Guṭhīs verteilt werden. Den Kopf trägt der Schakalkönig mit Trommelmusik im jährlichen Wechsel ins Gotteshaus von Śakti/Vatsalā in der Oberstadt bzw. Śiva/Paśupati in der Unterstadt. Bis zum Ende der Prozession, dem zweiten Tag der lichten Hälfte des Monats Caitra, bleibt der Büffelkopf unangerührt dort. Erst dann wird er zerhackt und aufgeteilt.

Am folgenden Schwarzen Vierzehnten des Monats Caitra opfern die Bevölkerung wie die Priester Schafe, Ziegen oder Hühner. Auch wird eine bereits im Nordwesten des Vatsalā-Platzes aufgestellte Prozessionslade für die nächsten Tage vorbereitet. Danach holen die Priester und Verantwortliche der Kva- bzw. Cva-Guṭhī Statuen von Śiva und Vatsalā herbei. Es handelt sich dabei um kleine, flache Silberstatuen, die nur schwer zu identifizieren sind, da sie bereits in ihren Gotteshäusern mit Zinnober und Blumen verehrt wurden, so dass ihre Konturen nur noch verwischt zu sehen sind.

Auf ein nordwestliches, mit Kreide gezeichnetes Diagramm (*yantra*) stellt der Schakalkönig dann einen kupfernen, zugedeckten Topf, in dem sich die Schakalgottheit befindet. Welche Form diese angeblich äußerst maliziöse und unruhige Gottheit hat, ist geheim. Sie wurde in ein Tuch eingewickelt hergebracht. Zwar ist am nächsten Morgen zu erkennen, dass sich in dem Topf eine Art Sieb befindet, durch welches Alkohol auf den Sitz der Vatsalā gegossen wird. Was aber in dem

Sieb ist, wird nicht gesagt und ist auch nicht zu erkennen. Wegen ihrer Gefährlichkeit darf die Schakalgottheit nur vom Schakalkönig verehrt werden, der dazu die Weihe vom Hauptpriester erhält.

Nachdem die Gottheiten auf ihren provisorischen Sitzen (*pīṭha*) westlich des Vatsalā-Tempels platziert worden sind, beginnt eine lange Nacht, bei der beide Gottheiten, Vatsalā und Śiva, umfangreich verehrt werden. Gegen Mitternacht treffen 22 Kinder mit ihren Müttern oder Vätern ein. Je 11 Kinder – neun Mädchen und zwei Jungen – setzen sich auf die mit Diagrammen versehenen Reihen, eine Hälfte auf Śivas Seite im Norden, die andere auf Vatsalās Seite im Süden. Kurz nach Mitternacht wird dann auf einem auch sonst im Pflaster des Vatsalā-Platzes erkennbaren Rechteck aus neun Balken ein hoher Scheiterhaufen aufgeschichtet. Diese Stelle liegt zwischen den provisorischen Sitzen von Śiva und Vatsalā, trennt sie gewissermaßen. Allein Männer aus Kasten, die Scheiterhaufen aufschichten, dürfen die Feuerstelle, welche früher für Menschenopfer bestimmt gewesen sein soll, vorbereiten und schließlich unter lautem Trommelspiel anzünden.

Unterdessen erhalten die Kinder ein Essen, das aus 84 Bestandteilen bestehen muss, und werden zu temporären Gottheiten gemacht: die Kinder der Vatsalā-Seite durch den Hauptpriester und den Schakalkönig, die Kinder der Śiva-Seite durch die beiden anderen Priester. Bei den Gottheiten handelt es sich um Neun Göttinnen (Navadurgā) nebst ihren Begleitern Gaṇeśa und Bhairava bzw. Kumāra.

Im Anschluss an die Speisung verteilen der Hauptpriester und sein Bruder an die Anwesenden eine Art rituelle Götterspeise (*prasāda*), die überwiegend aus geschlagenem Flachreis (*ciurā*) und diversen Linsensorten besteht. Der Hauptpriester nimmt den Prasāda aus einem großen Korb, ohne hineinzusehen. Dieses eigentümliche Verfahren erklärt er so: Als Vatsalā noch Menschenopfer dargebracht wurden, sei das Opfer ein Jahr im Voraus bestimmt worden – und zwar dadurch, dass ein Stück des Opfers vom laufenden Jahr, ein Daumen z.B., unter den Prasāda gemischt worden sei; damit er nicht sehe, wer dieses Stück Menschenfleisch bekomme, dürfe er nicht in den Korb schauen, während er den Prasāda verteile. Natürlich habe das auf diese Weise vorausbestimmte Opfer manchmal zu fliehen versucht, aber die Macht der Vatsalā habe immer bewirkt, dass es zur rechten Zeit auf eben der Schwelle erschienen sei, an welcher die Kinder empfangen werden.

Zur nun folgenden Auflösung des Opferplatzes gehört, dass die Statuen von Śiva und Vatsalā von ihren provisorischen Sitzen genommen und in den Vatsalā-Tempel gebracht werden, wo sie die Priester und der Schakalkönig zusammen mit einem viereckigen Kasten auf das *sanctum* stellen: Śiva nach Süden, Śakti/Vatsalā nach Norden weisend.

Es ist hell geworden, wenn die lange Nacht ihren rauschenden Abschluss findet. Denn nun gießen die Karmācārya-Priester und der Schakalkönig aus großen Tonkrügen und durch riesige Büffelhörner Reisbier durch das Sieb der Schakalgottheit auf das Sanktum. Helfer reichen den immer wieder mit Wasser aufgefüllten Alkohol in kleinen Krügen nach innen. Sobald der Vatsalā-Tempel kniehoch aufgefüllt ist, heult der Schakalkönig wie ein Schakal. Auf dieses Zeichen hin werden drei mit Stroh verstopfte Rohre in der Ostwand des Tempels geöffnet, so dass der Alkohol über Wasserspeier (*makara*) in die Bagmati fließen kann. Unten im kalten Wasser des Flusses stehen bereits mehrere Frauen und Priester, die in dem Alkohol baden wollen.

Am Abend des letzten Tages der dunklen Hälfte von Caitra beginnt die Vatsalā-Prozession. Dazu begibt sich der Hauptpriester (*mūlabhaṭṭa*) des Paśupatinātha-Tempels mit seinen Zeptern und eskortiert von Wächtern und Tempelbediensteten zur Göttin Vatsalā. Als Hüter des Nationalheiligtums handelt es sich bei ihm um den höchsten Würdenträger von Nepal. In der eigens für ihn ausgeleuchteten und rituell gereinigten Laube gegenüber dem Vatsalā-Tempel setzt er sich nieder.

Auf dem Tempelplatz herrscht unterdessen eine heitere Stimmung. Viele Menschen haben sich versammelt; sie tanzen und musizieren, während die tantrischen Priester und der Schakalkönig erneut die Göttin Vatsalā verehren. Nach etwa einer Stunde rufen sie den Mūlabhaṭṭa hinzu, damit er das Zeichen zum Beginn der Prozession gebe. Sogleich bringen die Priester die Statuen von Vatsalā und Śiva zur Prozessionslade, binden sie dort fest und schmücken sie: mit einem Schirm und Fahnen, Blumen- oder bunten Papiergirlanden und Tüchern – die ersten Gaben von vielen, die in den nächsten Tagen folgen werden. Tiere dürfen jetzt, da Śiva und Vatsalā zusammen sind, nicht mehr geopfert werden. Fortan sind nur noch reine Gaben im brahmanischen Sinne erlaubt.

Dann heben etwa 30–40 junge Männer die schwere Prozessionslade hoch. Dazu hängen sie an die Längsbalken Ketten, durch die dicke Bambusbalken gesteckt werden. Vor und hinter der Lade wuchten sich die Männer diese Bambusbalken auf die Schultern, so dass sie die Lade gerade eben über den Boden schleppen können. In den folgenden zwei Tagen und Nächten wird die Göttin Vatsalā zusammen mit Śiva auf der Prozessionslade durch die Stadt getragen und überall mit Früchten, Reis, Süßigkeiten, Zinnober, Geld sowie mit Blumengirlanden, Stoffstreifen oder kleinen Schirmen, die oben an die Lade gebunden werden, verehrt.

Am Tag nach Neumond wird die Lade weit nach Westen durch das Stadttor geschleppt, womit Vatsalā andeutet – so heißt es –, dass sie die Stadt Deopatan verlassen will. Paśupati (bzw. Śiva), ihr Gefährte, soll sie jetzt ablehnen, weil sie Blut- und Alkoholopfer angenommen habe. Diese Zurückweisung der Vatsalā durch

Paśupati wird noch deutlicher am Abend, wenn die Prozession den Paśupatinātha-Tempel erreicht. Vor dem Portal setzen die Träger die Lade ein letztes Mal ab. Obwohl sie bislang wegen ihres Gewichts kaum mehr als zehn Meter ohne Unterbrechung getragen werden konnte, nehmen nun die Träger alle Kraft zusammen und rennen das letzte Stück – etwa 100 Meter – brüllend auf das Tor zu. Sie rammen mit den tiefliegenden Balken der Lade das Fundament, dass es nur so bebt. Ein großes Geschrei geht durch die Menge. Es ist der spielerische Ausdruck der Empörung darüber, dass Paśupati der unreinen Śakti/Vatsalā den Eintritt in seinen Tempel verwehrt. Tatsächlich sind die Flügeltüren des Portals symbolisch halb geschlossen. Paśupati ist nach wie vor entsetzt über seine Gefährtin, die Tieropfer und die Mischung der Kasten. Jetzt hat der Konflikt zwischen Paśupati und Vatsalā seinen Höhepunkt erreicht.

Am Morgen des dritten Prozessionstages begibt sich aber der Hauptpriester des Paśupatinātha-Tempels zur Prozessionslade, um Vatsalā aufzusuchen. Es heißt, Paśupati empfinde nun Reue und Liebeskummer, er wolle Vatsalā an seine Seite, das heißt, in die Stadt zurückrufen und sich mit ihr versöhnen. Damit beginnt in Deopatan ein Tag, an dem wieder nahezu alle newarischen Bewohner die Göttin hochleben lassen. Noch einmal wird sie in einem langen Prozessionsweg durch die Stadt getragen, vor allem durch die Oberstadt.

In der Dämmerung erreicht die Prozession erneut die westliche, zum Paśupatinātha-Tempel führende Straße. Wieder rammen die Träger das Portal, jetzt sogar dreimal. Fast alle Bewohner Deopatans sind auf den Beinen und genießen ersichtlich jeden Anlauf. Beim dritten Mal steht der Hauptpriester des Paśupatinātha-Tempels in der Tür, um Vatsalā und Śiva zu empfangen. Er verehrt sie kurz, umkreist dabei einmal die Prozessionslade und schenkt der Göttin ein Stück roten Stoff – Symbol für einen Sari und Zeichen der Aussöhnung zwischen Paśupati und Vatsalā. Damit ist die eigentliche Prozession erstaunlich schnell beendet.

Es ist dies ein wichtiger Zeitpunkt, auf den ein Stück weiter westlich, in einer kleinen, unscheinbaren Nische, Vertreter der acht Vatsalā-Guṭhis warten. Sie haben sich dort eingefunden, um den Kopf des vier Tage zuvor geopferten Büffels in acht Teile zu hacken und untereinander zu verteilen. Sie müssen damit in genau dem Augenblick beginnen, in dem die Lade die als ›Hauptplattform‹ bezeichnete Stelle erreicht hat. Da sie dies aber von ihrem Standort aus nicht sehen können, wird ihnen der rechte Zeitpunkt durch einen Rhythmuswechsel der seit drei Tagen ununterbrochen aufspielenden Musiker angezeigt.

Die Vatsalā-Statue kann noch weitere vier Tage lang auf ihrem Sitz im Gottes-Haus verehrt werden. Erst danach wird sie wieder auf ihren angestammten Sitz gesetzt, wo sie das folgende Jahr über nur noch vom Schakalkönig und den Karmācārya-Priestern versorgt werden darf. So findet ein Ritual, bei dem der Konflikt zwischen Smārta- und tantrischem Hinduismus rituell bzw. ›spielerisch‹ ausgetragen wird, sein friedliches Ende.

Die Vielfalt der Rituale, Feste und Verehrungsformen im Kathmandu-Tal ist nicht bloß das Ergebnis einer rituellen Vermischung von Religionen, sondern auch Ausdruck des Glaubens, dass es viele Götter gibt und mehrere Wege zum religiösen Heil führen können: vedische, purāṇische, tantrische, buddhistische, esoterische und exoterische, spirituell-meditative und ritualistische. Obwohl Gelehrte sich in religiösen Auseinandersetzungen gelegentlich ereifern, trotz durchaus heftiger Polemiken in historischen Texten etwa zwischen Buddhisten und Śiva-Anhängern, trotz ritualisierter Streitigkeiten bei einzelnen Festen ist Nepal nach wie vor ein Land, in dem das religiöse Leben weder eingeschlafen noch hitzig ist oder gar gewalttätig aufflammt. Nicht ganz zu Unrecht wird Nepal in Sanskrittexten daher auch als eine Zufluchtsstätte der Götter bezeichnet. Obwohl dies eine stehende Lobpreisung für heilige Orte in Südasien ist, strahlt das Kathmandu-Tal mit seiner religiösen und rituellen Vielfalt doch tatsächlich eine völlig eigenständige Religiosität aus.

8. Kunst und Kultur

Wie die Religionsgeschichte ist die Geschichte der Kunst und Kultur Nepals durch die ethnische, sprachliche und religiöse Vielfalt des Landes sowie durch wechselseitige Beeinflussungen, besonders auch im Austausch mit Indien und Tibet, geprägt. Im Folgenden konzentriere ich mich wieder auf Ausschnitte: bei den Literaturen auf die Nevārī- und Nepālī- sowie die orale Literatur und hinsichtlich Kunst, Architektur, Musik und Tanz sowie das Handwerk auf das Kathmandu-Tal.

Die Sprachen und Literaturen

In dem Verfassungsentwurf von 2015 (Art. 1.6) sind alle Sprachen, die dort als Muttersprachen aufgeführt werden, zu Nationalsprachen erklärt worden, auch wenn Nepālī die einzige offizielle Sprache ist. Das wären mehr als 120 Sprachen. Diese Sprachen teilen sich in fünf südasiatische Sprachgruppen auf, die aber nicht mit ethnisch-rassischen Einteilungen zu verwechseln sind:

(a) Zu den indoarischen Sprachen gehört die Nationalsprache Nepālī (ca. 45 % Muttersprachler nach dem Census von 2011), ursprünglich *Khasa-Kurā* genannt, die wie Sanskrit oder Hindī in der Devanāgarī-Schrift geschrieben wird. Sie entwickelte sich aus dem Sanskrit und mittelindischen Idiomen und wird hauptsächlich von Brahmanen und Chhetri als Muttersprache gesprochen. Nepālī ist aber auch die Zweitsprache bzw. *lingua franca* der meisten anderen Bevölkerungsgruppen. Weitere indoarische Sprachen Nepals sind Maithilī (12 %), Thāru (6 %), Bhojapurī bzw. Bihārī (6%), Avadhī (2 %) sowie Bengalī, Hindī und Sanskrit.

(b) Tibeto-birmanische oder sino-tibetische Sprachen sprechen hauptsächlich die Tamang (5 %), die Newar (3 %), die Magar (3 %), die Gurung (1 %),

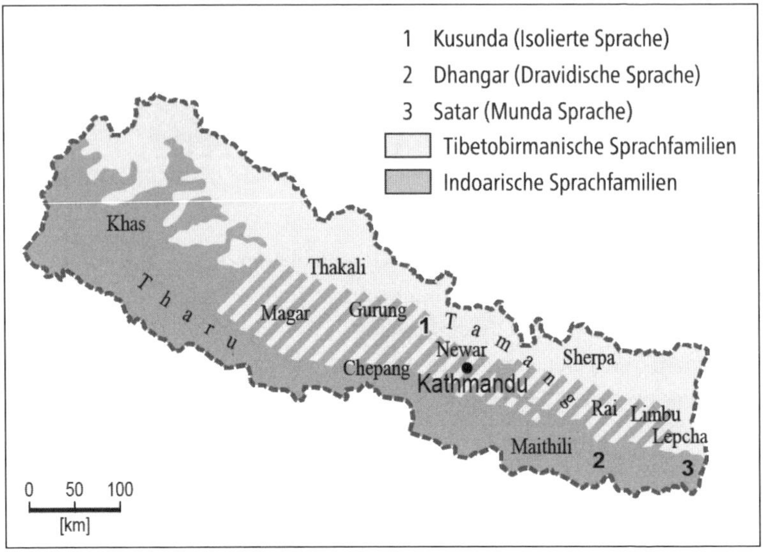

Karte 1: Ethnische Gruppen und Sprachen Nepals (Zeichnung N. Harm)

die Kiranti (Rai, Limbu: 3%), die Sherpa, die Bhotiya (tibetisch-stämmige Bevölkerungsgruppen), die Chepang, die Dolpo und die Thakali.

Kleinere Sprachgruppen bilden (c) Austro-Asiatisch (Munda), das von den Santhalis gesprochen wird, (d) Dravidisch, das die Kurukh als Muttersprache haben, und (e) Kusunda, eine isolierte Sprache, die erst ab 2004 richtig erforscht wurde und bei der es nur noch wenige Muttersprachler gibt.

Historisch gesehen sind vor allem Sanskrit und das von den Newar gesprochene Nevārī, Tibetisch, Nepālī, Maithilī und Avadhī von größerer Bedeutung, haben sie doch die größten Korpora an Texten, Inschriften und Dokumenten hervorgebracht. Dabei schließt die Sanskritliteratur das ganze Spektrum der klassischen Literatur ein, die sich im Wesentlichen an Priester, Mönche, Gelehrte und höfische Kreise wendet. Zeitweilig war auch Maithilī zur Hofsprache geworden, was sich unter anderem darin zeigte, dass zahlreiche Dramen und Gedichte selbst von Königen wie Jagajjyotir Malla (1614–37), Jitāmitra Malla (1673–96) oder Bhūpatīndra

Malla (1696–1722) in dieser Sprache abgefasst wurden. Die umfangreichen oralen Literaturen etwa der Magar oder der Rai-Limbu sind erst teilweise erforscht.

Mehrsprachigkeit war und ist in Nepal eher der Normalfall als die Ausnahme. Englisch ist eine verbreitete Fremdenverkehrssprache, wenngleich nicht so flächendeckend, wie das in den ehedem kolonialisierten Ländern Südasiens der Fall ist. Über die Flüchtlinge aus Tibet findet auch Tibetisch eine gewisse Verbreitung. Hindī, die Nationalsprache Indiens, wird aufgrund seiner Verwandtschaft mit Nepālī, aber auch wegen der Arbeitsmigration und der indischen Medien, häufig verstanden, im Süden mehr als im Norden.

Das klassische Nevārī, auch Nepāla Bhāṣā oder Nevā Bhāy genannt, ist eine Sprache überwiegend des Kathmandu-Tals und nach Sanskrit und Maithilī die einzige tibeto-birmanische Sprache mit einer klassischen Literatur. Es ist durchsetzt mit Wörtern aus indoarischen Sprachen (Sanskrit, Persisch, Hindī), enthält aber kaum Lehnwörter aus dem Tibetischen – und dies, obgleich die Newar viele Verbindungen nach Tibet hatten. Die Sprache ist seit 1114 n. Chr. durch eine Palmblatt-Handschrift, seit 1334 durch eine Steininschrift am Kāṣṭhamaṇḍapa in Kathmandu und ab dem 14. Jahrhundert durch verschiedene Texte belegt. Viele frühe Texte sind aber bilingual, eine Mischung aus Sanskrit und Nevārī. Die frühesten sind das Fabelbuch *Hitopadeśa* (1360), *Haramekhalā* (1374), ein medizinischer Text, ein Kommentar zur *Nāraḍasmṛti* (1380), einem Rechtstext, Amarakośas Sanskrit-Nevārī-Lexikon (1382 und 1386) und die Chronik *Gopālarājavaṃśāvalī* (1389). Die Malla-Zeit umfasst etliche Dramen und Gedichte auf Nevārī, die zum Teil auch von Frauen verfasst wurden, sowie Texte zum Ayurveda und den Astralwissenschaften, wobei die Literatur hier stark den Sanskrit-Vorlagen verhaftet bleibt. Bis zum 16./17. Jahrhundert lassen sich kaum eigenständige Entwicklungen erkennen. Dann aber setzten sich vor allem in Dramen und poetischen Schriften kreative Elemente durch. Jagajjyotir Malla (1614–37) machte hier mit seinem *Saṅgītacandra*, einem Kommentar zum *Nāṭyaśāstra*, einem alten Text zu Tanz und Ästhetik, den Anfang. Das erste derartige Drama, das *Mūladevaśaśidevavyākhyānanāṭaka*, wird König Jagatprakāśa Malla (1643–72) zugeschrieben. Eine besondere Originalität zeigt die Nevārī-Literatur in Texten, mit denen bestimmte (heilige) Orte gepriesen werden, allen voran das

Svayambhūpurāṇa (1558, eventuell auch früher), der wohl erste vollständig auf Nevārī verfasste Text (vgl. S. 18f.). Ebenso sind hier die Nevārī-Gedichte und -Lieder (Skt. *caryāgīta*, Nev. *cacā mye*), Ritualtexte, die die newarische Hybridpraxis spiegeln, und die Ereignislisten (*thyāsaphu, ghaṭanāvalī*) zu nennen. Außergewöhnlich sind auch die Palmblattrollen, in denen es überwiegend um Landschenkungen und Hypotheken gibt und die in Sanskrit und Nevārī verfasst sind.

Nur wenige Nevārī-Texte sind bislang übersetzt worden. Den Anfang machte der Däne Hans Jørgensen 1921 mit *Vetālapañcaviṃśati* (›25 (Erzählungen) eines Vampirs) und *Vicitrakarṇikāvadānoddhṛta* (1931), einer Sammlung buddhistischer Legenden aus dem 18. Jahrhundert. Jørgensen, der Begründer der Nevārī-Forschung im Westen, veröffentlichte auch eine Nevārī-Grammatik und ein Wörterbuch. Ihm folgte der Österreicher Siegfried Lienhard, der 1963 das *Maṇicūḍāvadānoddhṛta*, eine buddhistische Wiedergeburtsgeschichte aus der Mitte des 18. Jahrhunderts, sowie 1974 die *Nevārīgītīmañjarī*, 100 Gedichte, die zwischen Mahendra Malla (1560–74) und Pṛthvīnārāyaṇa Śāha (1743–75) gesammelt wurden, übersetzte.

Ab dem 20. Jahrhundert setzte eine Renaissance der Nevārī-Literatur ein, im Zuge derer auch neue buddhistische Schriften verfasst und eigene Zeitschriften herausgebracht wurden. Chittadhar Hridaya (1906–82), Siddhicharan Shrestha (1912–92) und Phatte Bahadur Singh (1902–83) gehörten hier zu den prominentesten Autoren. Vielfach waren die Schriftsteller Anfeindungen und Verfolgungen ausgesetzt, weil sie auf Nevārī schrieben oder sich gegen das Rāṇā-Regime auflehnten. So schrieb Hridaya sein *Sugata Saurabha* (1949), ein episches Gedicht zum Leben Buddhas, im Gefängnis. Im 20. Jahrhundert schrieben namhafte Nevārī-Poeten wie Satya Mohan Joshi (geb. 1920), Madan Mohan Mishra (1931–2013) oder Durga Lal Shrestha (geb. 1937) Gedichte, Kurzgeschichten und Satiren zur Kultur und Geschichte Nepals.

Nepālī ist eine neu-indoarische Sprache, die unter verschiedenen Namen bekannt geworden ist: Khasa-Kurā bzw. Khasa ist erstmalig in Westnepal ab dem 11./12. Jahrhundert durch einige Edikte belegt; die Bezeichnung Pahāḍī oder Parvatīyā (›Die Sprache der in den Bergen Lebenden‹) taucht schon 1386 in einem *Amarakośa*-Manuskript auf; andere Bezeichnungen sind Himālī, Gorkhā Bhāṣā oder Gorkhālī, wie Nepālī bis 1930 offiziell genannt wurde.

Ab dem 14. Jahrhundert liegen mit einigen Manuskripten ausführlichere Texte vor. Dazu gehören *Bhāsvatī* (um 1333) und *Khaṇḍakhādyaka* (um 1393), beides astralwissenschaftliche Schriften. Ab dem 17. Jahrhundert ist Nepālī als Schriftsprache durch viele Werke, hauptsächlich Übersetzungen aus dem Sanskrit, gut belegt. Auch in Inschriften, etwa in der Rani-Pokhari-Inschrift, wurde nun mehr und mehr Nepālī verwendet, was bedeutet, dass die Sprache nicht erst durch die Śāhas ins Kathmandu-Tal gekommen ist. Aber erst mit Bhānubhakta Ācārya (1814–68), auch ›Erster Dichter‹ (Ādikavi) genannt, hat sich Nepālī mit einer eigenständigen Literatur durchgesetzt. Er brachte das Sanskrit-Epos *Rāmāyaṇa* in eine metrische Nepālī-Fassung und löste sich von den Genres der Sanskrit-Literatur.

Ab 1769 entwickelte sich Nepālī zur Amts- und Verwaltungssprache und ersetzte damit nach und nach Sanskrit, Nevārī und Mathilī. Dementsprechend sind die meisten Dokumente der Śāha- und Rāṇā-Zeit in Nepālī verfasst. 1905 hatte Candra Śamśera verfügt, dass alle Dokumente in Nepālī bzw. Gorkhālī zu schreiben seien, und spätestens ab den 1920er Jahren hat sich die Sprache als verbindliche Amtssprache durchgesetzt, doch schon 1796 tadelte Raṇabahādura Śāha den nepalischen Gesandten Dīnanātha Upādhyāya in Kalkutta, weil dieser seinen Bericht auf Persisch verfasst hatte: »Du schreibst in Persisch, doch als Hindu sollst Du in Nāgarī-Buchstaben [in denen Nepālī geschrieben wird] schreiben.«

1820 verfasste J.A. Ayton im Fort William College in Kalkutta seine *Grammar of the Nepalese Language*, vermutlich war dies das erste Mal, dass Nepālī als Bezeichnung zumindest angedeutet wurde. Dieses Buch ist wohl auch das erste, in dem Nepālī-Wörter in der Devanāgarī-Schrift gedruckt wurden. Das erste vollständige Nepālī-Buch in Devanāgarī ist vermutlich die von der Serampore Mission 1821 in Kalkutta gedruckte Bibel.

In der Rāṇā-Zeit wurden zahlreiche Nepālī-Werke noch in Benares gedruckt, da Nepal selbst über keine Druckerei verfügte. Viele Schriftsteller ließen sich von der in Nordindien aufkeimenden Hindī-Literatur beeinflussen und 1975 hat die *Sahitya Akademi* in New Delhi Nepālī als eine indische Literatursprache anerkannt. Zu den frühen Nepālī-Schriftstellern gehörte Motīrāma Bhaṭṭa, der 1887 Bhānubhaktas *Rāmāyaṇa* und 1891 eine Biographie über ihn veröffentlichte. Motīrāma versammelte junge Schriftsteller um sich und ermutigte sie zu literarischen Debatten. Auch öffnete er sich wie andere Dichter der in Urdu gedichteten Lyrik und der devotional-erotischen Śṛṅgāra-Literatur, herausgegeben von Lekhanātha Pauḍyāla

(Lekh Nath Poudyal) in der Anthologie *Sūktisindhu* (1917). Die daraus entstandene Literatur fand aber kaum Verbreitung, weil es nicht genügend Verleger und Druckereien gab.

Zu Beginn des 20. Jahrhunderts änderte sich die Situation unter anderem dadurch, dass Deva Śamśera 1901 die erste Zeitung Nepals, den *Gorkhāpatra*, begründete. 1913 richtete Candra Śamśera das *Gorkhā* (später *Nepālī*) *Bhāṣā Prakāśinī Samiti* (›Komitee zur Veröffentlichung (von Werken) in Nepālī‹) ein, um die Nepālī-Literatur zu fördern. Auf der anderen Seite gab es eine strenge Zensur, die zur Folge hatte, dass nach wie vor zahlreiche Bücher in Benares oder Darjeeling gedruckt wurden. Die Großen Drei, wie die Lyriker Lekhanātha Pauḍyāla (1885–1966) und Lakṣmī Prasāda Devakoṭā (1909–59) sowie der Dramatiker Bālakṛṣṇa Sama (1902–81) genannt wurden, gingen nicht ins Ausland und schrieben daher zunächst in einem eher konservativen Stil. Andererseits erschienen zunehmend Periodika wie *Sundarī* (ab 1906), *Mādhavī* (ab 1908), *Gorkhālī* (ab 1916) oder ab 1932 die *Nepālī Sāhitya Sammelana Patrikā* (›Journal der Assoziation für Nepālī-Literatur‹), in denen Gedichte und andere Werke abgedruckt wurden. Wie subtil die Kritik an den Rāṇās bisweilen ausfiel, verdeutlicht Lekhanātha Pauḍyālas beliebtes, zu Beginn des 20. Jahrhunderts verfasstes Gedicht *Pījaḍāko Sugā*, ›Ein Papagei im Käfig‹, mit dem er einerseits die im Körper gefangene Seele, andererseits aber auch indirekt seine Situation als Priester und Lehrer bei Bhīma Śamśera anspricht. Sama, der ursprünglich Bālakṛṣṇa Śamśera Jaṅga Bahādura Rāṇā hieß und also aus der Rāṇā-Aristokratie stammte, landete einige Monate im Gefängnis, weil er mit Gegnern des Regimes sympathisierte. Demgegenüber schrieb Devakoṭā meist in einem verinnerlichten und zeitweise melancholischen Stil. Sein bewundertes metrisches Werk *Munā-Madana* (1935) ist dafür bezeichnend: Es handelt von einem Händler, der nach Tibet geht und dort zu lange bleibt, obwohl ihn seine Frau genau davor gewarnt hatte. Als er schließlich zurückkehrt, sind seine Frau und seine Mutter gestorben.

1958 wurde Nepālī zur einzigen Nationalsprache erklärt und zunehmend gefördert, durchaus auch auf Kosten anderer Sprachen und Literaturen. Dadurch änderte sich viel in der Nepālī-Literatur: Sie wurde fiktionaler und öffnete sich neuen Genres wie der Novelle, der Kurzgeschichte oder dem Kriminalroman. Vor allem wurde sie kritischer, indem sie politische und soziale Themen und Konflikte aufgriff und meist in einem realistischen Stil verarbeitete. So veröffentlichte etwa Pahalamāna Siṃa Svā̃ra schon 1907

Aṭala Bahādura, eine Tragödie, in der es um konspirative Machenschaften unter den Rāṇās geht. Siddhicaraṇa Śreṣṭha (1912–92) schrieb revolutionäre Gedichte gegen die Rāṇās und wurde deswegen 1940 zu 18 Jahren Gefängnis verurteilt, kam aber fünf Jahre später frei. 1934 erschien *Śāradā*, die erste literarische Monatszeitschrift, über die sich neben den Großen Drei zahlreiche Schriftsteller einen Namen machten. Dazu gehörte unter anderem Gopāla Prasāda Rimāla (1918–73). Dessen berühmtestes Gedicht *Āmāko Sapanā* (›Mutters Traum‹), in dem eine Mutter von einem Sohn träumt, der das Böse besiegt, zeigt, wie zukunftsorientiert und hoffnungsvoll die damalige Literatur war. Tatsächlich wurde 1951 das Rāṇā-Regime gestürzt, was Rimāla zu dem Gedicht *Parivartana* (›Der Wechsel‹) veranlasste.

Die zeitgenössische Nepālī-Literatur zeichnet sich durch viele Experimente aus, die auch durch die westliche Literatur, besonders durch englische Werke, beeinflusst sind. Diese Literatur zieht noch immer kein Massenpublikum an, hat sich aber neue Medien erobert, darunter *Rūparekhā*, die zu einer führenden Zeitschrift für Nepālī-Literatur wurde, und das Online-Magazin *Sāhitya*. Auch diese Schriftsteller mischen sich immer wieder in die Politik ein und schreiben in einem intellektuellen und humorvollen Stil. Hinzu kommt, dass nun vermehrt auch andere Volksgruppen als die Bahun-Chhetri in Nepālī schreiben. Immer wieder gibt es Dichterlesungen und Poetry Slams, zu denen wie auch in der Kunstszene überwiegend junge Nepalis kommen. Diese Literatur ist bislang nur wenig ins Englische übersetzt worden. Einige nepalische Schriftsteller wie Manjushree Thapa (*Forget Kathmandu*, 2005) oder Samrat Upadhyay (*Arresting God in Kathmandu*, 2001) schreiben aber überwiegend auf Englisch und erhalten dadurch international Aufmerksamkeit.

Viele Mythen und Legenden, die sich in den Chroniken finden, beruhen auf einer oralen Tradition, wie sie sich besonders in Kulturen, die keine Schrift entwickelt haben, erhalten hat. Während jedoch die Erforschung der schriftlichen Überlieferung relativ früh begann, setzte die mit Feldforschung verbundene Arbeit an der oralen Tradition Nepals erst in den 1970er Jahren in nennenswertem Umfang ein.

Zunächst wurden vor allem Märchen und Fabeln gesammelt und aufgeschrieben. Sie gingen ein in die Erzählungsliteratur wie etwa das *Hitopadeśa* oder das *Vetālapañcaviṃśati*, in Mythentexte wie die *Purāṇas* und *Mahātmyas* und in die Chroniken. Vor allem werden sie aber nach wie vor mündlich weitergegeben. Zwar gibt es in Nepal kaum professionelle Barden oder Geschichtenerzähler, aber in den Dörfern findet man sehr schnell alte Menschen, Priester oder Schamanen, die einen wahren Schatz an Märchen, Sagen, Schwänken, Geistergeschichten oder Legenden in sich tragen. Wie man aus vergleichenden Untersuchungen weiß, begeben sich diese Geschichten auf weite Reisen und finden sich als Erzählgut in vielen Literaturen wieder. In Nepal kreisen sie oft um Götter und Dämonen; beliebt sind auch Fabeln, Zaubermärchen oder Schelmengeschichten. Nach wie vor sind zahlreiche Märchen noch in keine Sammlung eingegangen. Ein Beispiel für die lange Zeit wohl mündliche Überlieferung eines Erzählstoffes sind die ›25 (Erzählungen) eines Vampirs‹ (*Vetālapañcaviṃśati*), eine Mischung aus Horror- und erotischen Geschichten, von denen es viele Versionen in indischen Sprachen und auf Nepālī gibt.

Eine andere Gruppe der oralen Literatur bilden die Ursprungs- und Schöpfungsmythen, die besonders bei schamanistischen Séancen vorgetragen werden. Darin geht es z.B. um die Taten des Ersten Brahmanen oder um die Entstehung der Menschen, der Tiere und der Natur. Ebenso wichtig sind rituelle Hilfsgesänge, die weniger erzählerisch sind, aber den rituellen Gegenständen und Handlungen einen mythischen Unterbau geben. Ethnologen konzentrierten sich anfangs in erster Linie auf das Leben und die rituelle Praxis des Schamanismus und weniger auf die darüber tradierten Gesänge und Texte. Das Interesse daran wuchs in den 1980er Jahren, als man sich auch in der Ethnologie den Sprachen und Gedankenwelten der untersuchten Ethnien zuwandte.

Der Ethnologe Michael Oppitz hat mit seinem Film *Schamanen im blinden Land* (1980), in dem er den Schamanismus und die Lebenswelt der nördlichen Magar dokumentiert hat, diese Situation eindrücklich eingefangen. Später hat er auch eine Sammlung mit einem Großteil der Gesänge herausgegeben, sie übersetzt und analysiert. Man kann hier geradezu von einer literarischen Archäologie sprechen, bei der Archaismen und Ursprünge zu Tage treten, befasst sich doch ein Großteil der oralen Literatur mit den Kosmologien, Anfängen oder Stammvätern bzw. den Urahnen der Welt, des Stammes oder der jeweiligen Kultur. Oft schimmern dabei vorbuddhistische oder vorhinduistische Traditionen durch.

Meist lernt der Neophyt die Gesänge von seinem Meister. Er muss lange Texte memorieren, wobei ihm ein mnemotechnischer Stil, etwa echoartige Parallelstrukturen oder metrische Wechsel, helfen. Die rituellen Texte haben dabei oft die Qualität von geschriebenen Texten, da sie mit wenigen Variationen jeweils wortgetreu weitergegeben werden. Auch die vedischen Texte wurden auf diese Weise erhalten. Trotz dieser Starre in Wortlaut und Metrik unterscheiden sich die oral überlieferten Texte dadurch von den Schrifttexten, dass sie nicht monologisch vorgetragen werden, sondern meist auf den konkreten Kontext, etwa eine Heilungsséance, eingegangen wird. Die Diskurssituation wird damit Teil der ›Aufführung‹ der Texte. Und nicht selten bestehen die Texte aus Sprechakten, bei denen das Gesagte zugleich das Getane ist, so wie bei der Hochzeit das Jawort zugleich die Eheschließung bedeutet. Der Schamane, Priester oder Ritualspezialist singt oder rezitiert seine Texte in performativen Akten, bei denen die Handlung mindestens genauso wichtig ist wie der Inhalt der Texte. Deshalb sind die Gesänge jeweils Unikate; je nach Aufführungskontext unterscheiden sie sich voneinander.

Die Gesänge der Schamanen kommen darüber hinaus oft rituellen Reisen gleich, bei denen der Spur eines Geistes oder Ahnen gefolgt wird. Mitunter spricht der Schamane auch nur die Worte eines anderen aus, wird dabei zum Medium. Handlung und Text gehen dann nicht immer konform und der Sound wird wichtiger als die Bedeutung.

Die Sprachpolitik der Rāṇās und späten Śāhas ließ die Pflege der ethnischen Sprachen nicht zu. Es war nicht gestattet, sie in den Schulen zu verwenden, und Bücher in diesen Sprachen durften nicht gedruckt werden. Erst seit 1990 ist dies möglich, und seitdem entwickeln sich viele Literaturen mit eigenen Texten und Schulbüchern, in denen es nicht selten um die Findung einer alten oder neuen Identität der entsprechenden Volksgruppen geht.

Die Kunsthandwerke

In Nepal sind viele Statuen für Rituale gemacht und daher noch in religiösem Gebrauch. Die Stein-, aber auch zahlreiche Metallstatuen stehen *in situ*, das heißt in Tempeln, am Wegesrand oder in den Innenhöfen der Häuser, wo sie verehrt werden, wo aber auch Kinder auf ihnen spielen Frauen und Männer ihre Kleider auf ihnen trocknen. Die alten Städte des Kathmandu-Tals wirken daher wie lebendige Museen, zumal vielen Bewohnern nicht bewusst ist, welche Schätze sie in ihrer Umgebung haben. Erst allmählich greift der konservatorische Gedanke um sich – mit teilweise kuriosen Auswirkungen. Beispielsweise hat der grassierende Kunstdiebstahl dazu geführt, dass kostbare Statuen, aber auch wertlose Tympana, mit Eisenwehren oder -gittern versehen wurden, so dass die Götter wirken, als säßen sie im Gefängnis.

Trotz solcher Maßnahmen und obwohl viele Statuen, namentlich die sehr alten, in die Museen geschafft wurden, ist dem Diebstahl von Kulturgütern in Nepal kaum Einhalt zu gebieten. Zwar ist für alle älteren Gegenstände eine Ausfuhrgenehmigung des Department of Archaeology notwendig, dennoch ist es dem verbrecherischen internationalen Kunsthandel immer wieder gelungen, wertvolle Objekte aus dem Land zu schmuggeln. Nach einem urbanen Mythos sollen Diebe sogar versucht haben, mit einem Kran die große Statue von Bhūpatīndra Malla vor dem Palast in Bhaktapur zu stehlen. Die Liste der gestohlenen Skulpturen ist inzwischen sehr lang geworden. Zwei Bücher – des ehemaligen Präsidenten der Royal Academy, Lain Singh Bangdel (1989), und des deutschen Rechtsanwalts Jürgen Schick (1997) – halten diese traurige Bilanz fest. Daran haben auch spektakuläre Rückführungen wie etwa die aus Los Angeles, von wo 1999 wertvolle Statuen von Buddha (9. Jh.), Garuḍāsana-Viṣṇu (10. Jh.), Sarasvatī (12. Jh.) und Sūrya (12. Jh.) zurückgebracht wurden, nicht viel geändert. Nach wie vor schmücken gestohlene Objekte etliche westliche Museen, von denen im privaten Besitz ganz zu schweigen. Eine gängige Unsitte ist es auch, alte Manuskripte mit Miniaturen zu übermalen und sie dann an Touristen zu verhökern.

Töpferei und Keramik

Die Geschichte der Skulpturen beginnt mit dem Lehm, dem am wenigsten haltbaren Material, denn die wohl älteste Skulptur Nepals ist ein weiblicher Terrakotta-Kopf aus dem 3. Jahrhundert v. Chr., den man in Banjarahi nahe Lumbini ausgegraben hat. Auch in dem nahe gelegenen Ort Tilaurakot wurden ein ebensolcher Kopf sowie Tierfiguren aus vorchristlichen Jahrhunderten gefunden, abgesehen von etlichen Tonscherben von Gebrauchsgegenständen.

Damit lässt sich für die Töpferei ein hohes Alter nachweisen. Nach wie vor wird dieses Handwerk in Nepal im alten Stil betrieben, im Kathmandu-Tal hauptsächlich in Thimi und in Bhaktapur: Die Töpfer modellieren die Gegenstände auf einer handbetriebenen Töpferscheibe. Die Tonware wird dann zum Trocknen auf den Boden gestellt, nach ein paar Tagen in Stroh eingepackt und zu einem großen Haufen aufeinandergeschichtet. Dieser noch zusätzlich mit Stroh aufgefüllte Haufen wird als offener Feldbrand angezündet und mit Erde bedeckt. Häufig tun sich mehrere Töpferfamilien zusammen, um den Feldbrand inmitten der Stadt zu betreiben. Getöpfert werden kleine Teller, Tassen, Schüsseln, Töpfe, Halter für Räucherstäbchen, Lampenschirme, aber auch kleine Figuren und Gottheiten. Das meiste ist umweltverträgliche Einwegware.

An dieser sehr alten Technik hat sich bis heute nur wenig geändert. Zwar gab es ein paar, auch von der einstigen Gesellschaft für Technische Zusammenarbeit unterstützte Modernisierungsversuche, im Zuge derer eine elektrisch oder mit Kerosin angetriebene Töpferscheibe sowie mit Brennstoff betriebene Öfen eingeführt wurden, die mehr Hitze erzeugen konnten, doch haben die Töpfer diese Techniken wegen der vergleichsweise hohen Investitionskosten nur wenig angenommen. Ihre Produkte weisen dadurch einen gewissen technologischen Rückstand auf; sie sind z.B. üblicherweise nicht lasiert, obgleich in China diese Technik schon um 1500 v. Chr. bekannt war. Nur einige Töpferkooperativen haben sich mittlerweile auf diese Technik spezialisiert und bieten bunte Gebrauchskeramik an, die vor allem Ausländer kaufen. Demgegenüber geraten die traditionellen Produkte durch Plastik- und Aluminiumwaren immer mehr unter Druck. Am ehesten halten sich noch die Souvenirs und für Rituale benötigte Tonwaren.

Steinmetzarbeiten

Schon in der Licchavi-Zeit wurden viele fein modellierte Skulpturen in Stein gehauen. Die meisten älteren Statuen finden sich in Deopatan, Changu Narayan und in den drei alten Königsstädten, besonders in Patan. Umfangreiche Ensembles von Statuen stehen z.B. in Gokarna, am königlichen Bad (Tusāhiti) im Palast von Patan oder in Deopatan. Die Steinmetze stellten auch Säulen, Wasserspeier und heilige Steine her, die man vor den Häusern in den Boden einließ, meißelten die Inschriften in die Steine und bearbeiteten die Schwellensteine. Sie hauten die Skulpturen aus ganzen Steinen, die bevorzugt aus Steinbrüchen in Hattiban, südlich von Kathmandu, stammten. Es handelt sich meist um festen, schwarzen Kalkstein, der keine Risse aufweisen durfte.

In einzelnen Fällen sind die Statuen, besonders die aus Stein, mit Inschriften versehen, so dass präzise Datierungen möglich sind, wenn auch bisweilen nur aufgrund von paläographischen Indizien. So etwa bei einer Buddha-Statue in Capāt Ṭol, Patan, deren Inschrift in der Gupta-Schrift darauf schließen lässt, dass sie aus der Zeit vor Aṃśuvarman (605–621 n. Chr.) stammt. Aber Inschriften auf separaten Steinen bei den Statuen beweisen nicht, dass auch die Statue aus derselben Zeit stammt. Bei der Identifikation, besonders von alten oder stark beschädigten Skulpturen, ergibt sich noch eine weitere Schwierigkeit: Die Menschen verehren sie nicht selten unter verschiedenen Namen. Hinzu kommt, dass besonders tantrische Göttinnen vielfach in unbehauenen Steinen verehrt werden, für deren Identifikation man auf die Angaben der Gläubigen zurückgreifen muss oder darauf, dass bei Prozessionen meist außerdem eine ikonische Repräsentation der Gottheit herumgetragen wird, deren Identität leichter zu bestimmen ist. Probleme bereitet mitunter auch der schlechte Erhaltungszustand von Skulpturen, bei denen etwa der Kopf oder die Arme, die wegen der Attribute für eine Bestimmung hilfreich sind, weggebrochen sind. So bleiben viele Unsicherheiten. Beispielsweise gelten die drei schlichten Steine am Pīgāmāī-Schrein nahe dem Paśupatinātha-Tempel als Tripurasundarī, Vajreśvarī (alias Pīgāmāī) oder Pārvatī. Noch schwieriger als die kunsthistorische Identifikation, ja, als geradezu aussichtslos gestaltet sich die Bestimmung des Künstlers, denn der Steinmetz hat sich fast nie mit Namen verewigt.

Wegen solcher Probleme steckt eine differenzierte Einteilung der Kunstgeschichte Nepals in relativ klare Stile und Epochen noch in den Kinderschuhen. »Die nepalische Kunst bleibt eine der am wenigsten erforschten der asiatischen Kunsttraditionen«, schrieb Mary Slusser 1972. Der Satz hat noch immer Gültigkeit, denn noch immer gibt es zu wenige kunsthistorische Detailstudien. Dabei zeigen sich deutliche Parallelen zwischen indischen Kunststilen und denen des Kathmandu-Tals: Für alle Skulpturen und religiösen Objekte gilt, dass sie bis ins 18. Jahrhundert grundsätzlich indischen Vorlagen folgten. Eine eigene Formgebung findet sich eher in Bezug auf die dargestellten Gottheiten als in der Formgebung selbst, wenngleich ab der Malla-Zeit doch durchaus typisch newarische Merkmale, etwa in der Ornamentik, festzustellen sind. Folgt man den Datierungen des indischen Kunsthistorikers Pratapaditya Pal, Mary Slussers und Gautam Vajracharyas, die sich am intensivsten mit dem Thema befasst haben, so lassen sich in der Geschichte der Skulpturen Nepals folgende Linien erkennen:

Nach dem zur Religion Gesagten ist es nicht verwunderlich, dass sich in den nepalischen Skulpturen hinduistische und buddhistische Bildmotive mischen. Die frühesten derartigen Skulpturen stammen aus dem 4./5. Jahrhundert n. Chr. Es handelt sich um Statuen von Viṣṇu als Zwerg, eine von ihnen am Tilganga-Fluss nahe dem Paśupatinātha-Tempel, datiert auf 467 n. Chr., und eine weitere, vermutlich aus der gleichen Hand, in Lazimpat, Kathmandu. Die zweitälteste derartige Skulptur ist ein Bodhisattva Avalokiteśvara nahe dem Gefängnis in Kathmandu; aus ihrer Inschrift geht hervor, dass sie aus der Mitte des 6. Jahrhunderts stammen muss.

Aus der Licchavi-Zeit stammen auch die frühen viṣṇuitischen Skulpturen in Changu Narayan und Kathmandu, darunter ein auf Garuḍa reitender Viṣṇu aus dem 4. Jahrhundert in Changu Narayan (Abb. 15), Viṣṇu als Eber (Varāha) am Dhumvārāhī-Schrein in Kathmandu (6. Jh.), eine frühe Viṣṇu-Viśvarūpa-Statue in Chabahil aus dem 6./7. Jahrhundert, der Jalaśayana-Viṣṇu in Budhanilakantha (642 n. Chr.) und Garuḍas in Changu Narayan, Handigaon, Kathmandu und im Los Angeles County Museum (ab 6./7. Jh.). Noch älter könnte eine Statue in Tapahiti, Patan, sein, die Pratapaditya Pal mit Fragezeichen als Viṣṇu identifiziert und ins 4. Jahrhundert datiert hat. Die älteste Kṛṣṇa-Statue ist die Kāliyadamana-Schlange im Hanuman-Dhoka-Palast; sie stammt aus dem 7. Jahrhundert.

Ebenso zahlreich sind śivaitische Statuen, darunter etliche Umāmaheśvaras – die älteste in Patan ist auf 573 n. Chr. datiert, eine andere in Deopatan stammt vermutlich aus dem 7. Jahrhundert, eine weitere in Kvā Bāhāḥ ist von 987. Eine vermutlich ältere, aus dem 3./4. Jahrhundert stammende Śiva-Pārvatī-Statue mit Nandī steht beim Bāghabhairava-Tempel. Schwer zu datieren sind die vielen Liṅgas im Kathmandu-Tal, es sei denn, sie tragen, wie zahlreiche Licchavi-Liṅgas, Inschriften. Der früheste derartige Liṅga, der Bhasmeśvara an den Verbrennungsplätzen in Deopatan, ist auf 533 n. Chr. datiert. Besondere Liṅgas wie der Virāṭeśvara, vermutlich das größte Liṅga Südasiens, oder das eingesichtige Ekamukhaliṅga, beide in Deopatan, werden mit Hunderten Jahren Differenz datiert; vermutlich stammen beide aber aus dem 4./5. Jahrhundert. Viergesichtige Liṅgas wie den im Sanktum des Paśupatinātha-Tempels gab es wohl erst ab dem 9./10. Jahrhundert; eines von ihnen stand in Deopatan in der Nähe des Vatsalā-Tempels, ein anderes befindet sich im Kumbheśvara-Tempel in Patan. Die wohl älteste anthropomorphe Śiva-Statue aus dem 6. Jahrhundert steht beim Bāghabhairava-Tempel in Kirtipur; eine andere aus dem 7./8. Jahrhundert im Kaṅkeśvarī-Areal in Kathmandu. Einzigartige, in Nordindien kaum bekannte Darstellungen von Kārttikeya gab es spätestens ab dem 8./9. Jahrhundert in Handigaon und an anderen Orten.

Vermutlich aus dem 7. Jahrhundert stammt eine Śaṅkara-Nārāyaṇa-Statue, deren eine Hälfte Śiva und deren andere Viṣṇu zeigt; sie ist ein Beispiel für synkretistische Statuen, bei denen verschiedene religiöse Richtungen zusammengebracht werden. Außergewöhnlich ist auch eine viergesichtige Statue mit Śiva, Brahmā, Viṣṇu und Devī aus dem 4. Jahrhundert (?) in Kathmandu.

Aus dem Bereich des Buddhismus sind zwölf Licchavi-Caityas mit Buddha- und Bodhisattva-Statuen aus dem 7. Jahrhundert zu nennen. Frühe Buddha-Statuen in stehender Pose finden sich unter anderem in Chabahil, Bangemura, Patan und Handigaon (6. Jh.), in Deopatan und im Vajrayoginī-Schrein (beide 11. Jh. oder früher). Ein besonderes Relief aus dem 6.–8. Jahrhundert stellt Māras Angriff auf den Buddha dar; es steht jetzt im Nationalmuseum. Mañjuśrī-Skulpturen finden sich kaum ältere als aus dem 10./11. Jahrhundert. Allerdings tauchte 2015 in Ausstellungen in Frankfurt und Völklingen eine 59 cm hohe Statue aus dem 7./8. Jahrhundert auf (vgl. Abb. 11 auf S. 268). Ebenfalls herausragend ist eine Statue des meditierenden Buddha, der auf der Schlange Mucalinda sitzt, die ihn vor einer herannahenden Flut bewahrt; sie steht in Banepa und stammt aus dem 7./8. Jahrhundert.

Zu den weniger verbreiteten, aber frühen Darstellungen gehören eine Virūpākṣa-Statue (6. Jh. oder früher) in Deopatan, zwei Brahmā-Skulpturen am Rashtriya Nach Ghar in Kathmandu (4. Jh.) und in Deopatan (8. Jh.), mehrere Sūrya-Statuen aus dem 11. und 12. Jahrhundert, ein Nāgarāja (8. Jh.), ein Vāsuki (10./11. Jh.) und ungezählte Begleitfiguren oder Dämonen.

Bronzen und der Cire-perdue-Guss

Wegen des gemeinsamen ikonographischen Repertoires weisen viele nepalische Steinskulpturen Ähnlichkeiten mit in Metall gegossenen Bronzen auf, auch wenn diese aufgrund des Materials und der Herstellungstechniken detailreicher ausfallen können. Die Technik des ›Gusses in verlorener Form‹, das Wachsausschmelzverfahren bzw. der Cire-perdue-Guss, ist in Südasien weit verbreitet; sie lässt sich bis in die vorvedische Harappa- oder Indus-Zivilisation (2600–1900 v. Chr.) zurückverfolgen. Ab wann sie genau in Nepal praktiziert wurde, ist schwer zu sagen. Die erste datierte Bronze-Statue ist wohl ein stehender Buddha Śākyamuni, der aus dem Jahr 591 n. Chr. stammen soll. Allerdings spricht die Legierung eher gegen ein so hohes Alter. Immerhin berichtet der chinesische Pilger Hsüan-tsang (603–664) vom Cire-perdue-Guss.

Die frühen nepalischen Bronzen sind überwiegend buddhistisch, allen voran ein lebensgroßer Buddha in Sankhu aus dem 6./7. Jahrhundert, gefolgt von vielen Avalokiteśvara-, Padmapāṇi-, Mañjuśrī- oder Tārā-Statuen. Aus Tibet wurden besonders Bronzen von Mañjuśrī und Vajrapāṇi angefordert. Zu den frühen hinduistischen Bronzen zählen Devī-, Indra-, Viṣṇu- und Garuḍa- und Umāmaheśvara-Statuen oder viergesichtige Liṅgas. Stilistisch unterscheiden sich diese Statuen kaum von indischen Vorbildern.

Die Bronze-Statuen sind nur selten datiert. Die Feststellung ihrer Entstehungszeit beruht daher meist auf kunsthistorischen Vergleichen, die täuschen können, da nicht selten Kopien älterer Statuen angefertigt wurden. Freilich hilft dann die Legierung weiter: Bis zum 17. Jahrhundert wurden fast alle Statuen mit einem hohen Anteil an Kupfer gegossen, danach in Messing oder Bronze. Der Wechsel hatte offenbar finanzielle Gründe, aber auch die Tatsache, dass Messing wie Gold wirkte, während Kupfer meist vergoldet werden musste, spielte eine Rolle.

Wie bei den Steinskulpturen sind Angaben zu Künstlern, wenn überhaupt, nur aus indirekten Quellen zu bekommen. Einer von ihnen hat es jedoch zu großem Ruhm gebracht: Aniko oder Araniko (alias Balabāhu, 1245–1306), nach dem die Verbindungsstraße zwischen dem Kathmandu-Tal und Tibet/China benannt ist. Er erhielt unter Abhaya Malla eine umfangreiche Ausbildung in den Handwerkskünsten und wurde von Bhīmadeva Malla nach Tibet geschickt, um einen goldenen Stūpa zu bauen. Von dort holte ihn Kaiser Qubilai Khan als Baumeister nach China und machte ihn zum Leiter der kaiserlichen Metallarbeitergemeinschaft in Beijing. Später ging Aniko wieder nach Lhasa und baute dort zusammen mit 100 nepalischen Handwerkern eine florierende Werkstatt auf. Ende 1662 kehrte er nach Beijing zurück, wo er am Bau oder der Renovierung mehrerer Stūpas beteiligt war, darunter des Miaoying Tempels in Beijing.

Der Handel mit Bronzen, der fast ausschließlich in den Händen der newarischen Uray- und Shakya-Handwerker lag (vgl. dazu oben, S. 43), florierte durch alle Zeiten hindurch. Der tibetische und chinesische Bedarf an Statuen hielt unvermindert an. Hinzu kam ab den 1970er Jahren der Markt für Touristen.

Die Technik des Cire-perdue-Gusses ist in alten Sanskrittexten dokumentiert. Einige Texte wie die *Bṛhatsaṃhitā* drohen dem Handwerker Unheil einschließlich seines Todes an, wenn die Statue in ihren Proportionen misslinge. Im *Mayaśāstra* werden sogar Epidemien oder Hungersnöte einem fehlerhaften Guss zugeschrieben. Die vorgeschriebenen ikonographischen Normen, die nicht selten in Skizzenbüchern festgehalten sind, einzuhalten, war dabei keine leichte Aufgabe, ist doch jede Statue von Hand gemacht. Die Technik selbst ist oft beschrieben worden: Zunächst wird die Statue in Wachs modelliert. Das kann durchaus in verschiedenen Teilen geschehen, die nach dem Guss zusammengesetzt werden. Danach wird die Wachsfigur mit Lehmschlamm, der mit Kuhdung vermischt ist, und mit festerem Lehm, der Reisspelzen enthält, ummantelt. Wenn dieser Mantel getrocknet ist, wird die Gussform stark erhitzt, so dass das Wachs aus eigens dafür angebrachten Kanälen und Fülltrichtern herausfließen kann. Gleichzeitig wird ein Schmelztiegel vorbereitet; das heiße Metall wird in die Hohlformen der Gussform gegossen. Dabei muss unter anderem darauf geachtet werden, dass das Metall nicht mit zu viel Sauerstoff in Berührung kommt, weil sonst die Statue porös wird. Nach dem Guss wird die Ummantelung abgeschlagen und heraus kommt die Statue. Diese muss anschließend gereinigt und von den Füllkanälen befreit werden.

Nach dem Guss geht die Statue zu Handwerkern, die sie mit Feilen und kleinen Spateln abschleifen, mit Punzen ziselieren, polieren und ornamentieren, aber nicht gravieren. In Einzelfällen wird feuervergoldet, patiniert, bemalt und ab dem 9. Jahrhundert wurden Krone oder Sockel mit Edelsteinen oder Halbedelsteinen besetzt. Beim Feuervergolden wird die Statue zunächst mit einem Kerosinbrenner erhitzt, dann in einem Becken mit Schwefelsäure abgekühlt und mit Messingbürsten noch einmal gereinigt.

Danach wird ein Gold-/Quecksilbergemisch im Verhältnis 1:5 in einem Mörser verrieben und auf die Statue aufgetragen. Anschließend wird die Statue wieder minutenlang erhitzt. Dies geschieht meist draußen, etwa auf der Dachterrasse, denn dabei entweichen giftige Quecksilberdämpfe. Zwar ist diese Technik inzwischen verboten, doch wird sie weiterhin geduldet. Der Vergolder ›schützt‹ sich bisweilen dadurch, dass er rohes Hackfleisch in den Mund nimmt, das er nach der Prozedur ausspuckt, und mit Schnaps nachspült. Frisch mit einem Poliergriffel poliert, erhält die Statue ihren Glanz. Ein Maler trägt zum Schluss Farben auf und malt die Augen und die Pupillen. Bei einer Statue, die für den rituellen Gebrauch bestimmt ist, kann das Setzen der Pupillen auch durch einen Priester erfolgen, der damit die Skulptur zum Leben erweckt.

Das Repertoire der Gelbgießer in Patan ist sehr umfassend. Es reicht von kleinen Gebrauchsgegenständen und Ritualobjekten bis hin zu sehr großen Statuen. Besonders für die vielen Hausrituale müssen immer wieder Vasen und Wasserbehälter, Schälchen für Öllichter, Glocken, Vajras (buddhistische Ritualobjekte), Kannen für Schnaps, Teller, Löffel, Schüsseln und Pfannen hergestellt werden. Auch die drei größten Glocken Nepals auf den Königsplätzen sind im Cire-perdue-Verfahren gefertigt. Bei den Statuen sind besonders Bronzen von Buddha, Avalokiteśvara, Vajrapāṇi, Mañjuśrī und Tārā sowie hinduistischer Gottheiten gefragt. Große Statuen können mehrere Meter hoch sein und Tiegel mit einer Füllmenge von bis zu 10 kg Metall erfordern. Sie sind in Teilen gegossen, die später zusammengesetzt und innen mit Eisengerüsten verstärkt werden. Dazu gehören z.B. die auf Säulen angebrachten Statuen von Bhūpatīndra Malla (1996–1722) in Bhaktapur und Pratāpa Malla (1641–74) vor dem Degutale-Tempel in Kathmandu.

Eine andere Technik der Metallverarbeitung, die Repoussétechnik, erfreut sich in Nepal ebenfalls großer Beliebtheit. Dabei werden dünne Kupfer-, Silber- oder gar Goldbleche in reliefartigen Formen und Mustern verformt, indem das Metall auf Ambossen oder mit Werkzeugen in kaltem Zustand oder durch Weichglühen bearbeitet wird. Diese Technik, die nicht selten mit dem Gelbguss Hand in Hand geht, gilt als anspruchsvoller, weil anders als im Wachsmodell Fehler nicht korrigiert werden können. In Messing-Repoussé hergestellt werden etwa Götterpanele, große Buddha-Figuren, der Nimbus von Statuen, Reliquienschreine, Mandalas, Masken, Tempellöwen, Tempeltüren, Tympana, Dachaufsätze und -spitzen (*gajura*) oder Dachbänder. Auch die Klangschalen werden teilweise durch das Treiben von Metallrohlingen in schwach glühendem Zustand hergestellt. Sie haben einen vergleichsweise hohen Zinnanteil, der den Klang ausmacht. Allerdings werden die Klangschalen auch massiv gegossen oder aus Blechmodellen gefertigt, die mit viel Kraft und schnell rotierend auf eine hölzerne Halbkugel gedrückt werden.

Holzschnitzkunst

Kaum etwas ist für das traditionelle Stadt-Bild des Kathmandu-Tals so prägend wie die meist aus dem Holz des Sal-Baumes geschnitzten Fenster und Türen der alten Bauten. Da die Holzschnitzerei mehr als Handwerkskunst denn als Kunst galt, hat sie zu Unrecht nicht die gleiche kunsthistorische Aufmerksamkeit erfahren wie die Skulpturen und Malereien Nepals. Und da Holz verderblicher ist als Stein und Metall, hat man die erhaltenen Artefakte meist nicht vor das 17. Jahrhundert datiert. Neuere C^{14}- oder Radiokarbon-Messungen, veranlasst von Mary Slusser und Niels Gutschow, haben aber ergeben, dass die ältesten Holzschnitzereien Nepals aus dem 6./7. Jahrhundert, also noch aus der Licchavi-Zeit, stammen. Sie befinden sich unter anderem an zwei Avalokiteśvara-Statuen und an Dachstreben des Bhelãchẽ in Patan.

Viele figurative Streben wurden ab den 1960er Jahren bemalt. Die Mittelstreben stellen hier eine Baumnymphe (*vṛkṣadevatā*, wörtlich ›Baumgottheit‹) dar – eine stehende, leicht gebeugte weibliche Figur mit nackten Brüsten und einem angedeuteten Rock, deren einer Arm in einen Baum greift, während der andere um die Hüfte gelegt ist. Sie steht auf einer dämonischen, zusammengedrückten Zwergenfigur, oben befinden sich Blumengirlanden, die die weibliche Figur berührt; daher stammt auch der Name (Skt.) *śālabhañjikā*, ›eine, die (einen Zweig) aus dem Sal-Baum bricht‹. Die Eckstreben stellen ein stehendes, ithyphallisches Phantasiewesen mit gehörntem Vogelkopf, Flügeln und Hufen dar. Auf Nevārī heißen diese Balken *kũsala*, ›Eckpferd‹. Sie sollen wohl apotropäisch Stärke symbolisieren, die in alle vier Richtungen ausstrahlt. Von diesen Stützbalken sind noch etwa 40 erhalten geblieben, die aus der Zeit vor dem 13. Jahrhundert stammen.

An hinduistischen und besonders an tantrisch-hinduistischen Tempeln stellen die Zwischenstreben meist stehende, mehrarmige Göttinnen mit

Abb. 18: Göttin Indrayāṇī auf ihrem Elefanten reitend, Gokarṇeśvara-Tempel, spätes 16. Jahrhundert (Photo A. Rajbansh, 2014)

überschlagenen Beinen und oft mit Kronen dar. Sie stammen überwiegend aus jüngeren Jahrhunderten, sind kaum vor dem 16. Jahrhundert entstanden. In die unteren Segmente sind oft erotische Darstellungen geschnitzt, die deutliche sexuelle Stellungen zeigen. Hierzu gibt es mannigfaltige Theorien: Einige behaupten, dass diese Darstellungen eine Art Sexualkunde seien und Fruchtbarkeit bringen sollten; andere meinen, dass sie eine apotropäische Wirkung entfalten sollen, weil sich die jungfräuliche Göttin ›Blitz‹ aus Scham abwenden und den Tempel verschonen würde; wiederum andere meinen, dass diese Szenen den Besucher in eine heitere und damit der Begegnung mit dem Gott angemessene Stimmung versetzen sollen, einen Test in Bezug auf die religiöse Ernsthaftigkeit darstellen oder das weltliche Leben draußen mit dem religiösen im Inneren des Tempel kontrastieren.

Mit die komplexesten Schnitzereien sind die halbkreisförmigen Tympana (Skt./Nep. *toraṇa*) über Türen und den oft dreiteiligen Portalen, von

Abb. 19: Türrahmen des Hariśaṅkara-Tempels in Patan nach der Wiederherstellung, 2017 (Photo A. Rajbansh)

denen der Bauhistoriker Niels Gutschow 2016 zwölf systematisch beschrieben und analysiert hat. Die Portale ruhen auf langen, rechteckigen Schwellensteinen oder -balken, die mitunter leicht ornamentiert sind und in seltenen Fällen Inschriften haben, die einen Anhaltspunkt für das Alter des Tempels geben. Die Portale sind umgeben von gebogenen oder rechteckigen geschnitzten Tafeln und Winkelhalterungen, die links und rechts der Seitenpfosten in die Wand eingelassen und teilweise als Türstürze mit dem Portal verbunden sind. Auf ihnen sind meist Götter wie die Aṣṭamātṛkā oder Bhairava dargestellt, die Planeten, Sonne und Mond, die Flussgöttinnen Gaṅgā und Yamunā sowie Begleitfiguren wie das fischartige Wasserwesen Makara mit dem Maul eines Krokodils oder Gavials, dessen Oberlippe eingerollt ist und aus dem weibliche Fabelwesen (*yakṣī*) herauskommen. Die Mitteltür hat kleine geschnitzte Pfosten an den Seiten und ist außen oft an beiden Seiten von Steinlöwen flankiert. Sie ist der Zugang zum Hauptheiligtum (*garbhagṛha*). Die Mitteltür selbst kann geschnitzt sein oder aus einem geschnitzten Gitter bestehen. Nicht selten besteht sie aber nur aus einem Türblatt.

Das Tympanum hängt geneigt über der Mitteltür. Es bildet in der Mitte eine Gottheit ab, an den Seiten Begleitfiguren und Blumenornamente. Oben steht meist ein Wesen (*kīrtimukha*, wörtlich ›ruhmreiches Gesicht‹)

mit hervorquellenden Augen, Löwenkopf, angedeuteten Hörnern und ausladenden Schwingen. Der Kīrtimukha hält in der Regel eine Schlange in seinen Klauen und im Mund. Über ihm sieht man auch glückverheißende Symbole wie einen Schirm oder einen Wasserkrug (*kalaśa*). Das älteste nepalische Tympanum aus dem 12. Jahrhundert befindet sich am Yatkhā Bāhāḥ.

In den oberen Stockwerken der Tempel oder Häuser finden sich auch geschnitzte rechteckige, in einigen Fällen runde Fenster. Abgesehen von einem Glasfenster im Palast in Bhaktapur, das schon in der *Chronik der Könige Nepals* als besonders erwähnt wird, sind diese ornamentierten Fenster mehr luft- als lichtdurchlässig. Im Mittelteil befindet sich in der Regel ein Gitter, durch das man hinaus-, aber kaum hereinsehen kann. Viele Fenster sind nicht zu öffnen. Herausragende Fenster sind die großen, doppelstöckigen Fenster, wie sie am Kumārī-Haus in Kathmandu zu sehen sind, die fünfteiligen Fenster besonders an Klöstern, aber auch am großen Bhairava-Tempel in Bhaktapur, die vergoldeten oder mit Elfenbein beschichteten Fenster etwa am Palast in Patan, die mehrfach gerahmten Fenster etwa am Yatkhā Ṭol in Kathmandu, die seltenen Eckfenster, eines davon am nördlichen Ende des Darbar-Platzes in Patan, oder die Pfauenfenster, von denen besonders das am Pūjarī Maṭha in Bhaktapur berühmt geworden ist.

Eines der wichtigsten und speziellsten Bauwerke aus Holz ist das Kāṣṭhamaṇḍapa (wörtlich ›Hölzerne Halle‹, Nev. Maru Sataḥ, vgl. Abb. 4) in der Mitte Kathmandus, das dieser Stadt vermutlich auch seinen Namen gegeben hat. Es ist (oder besser: war, denn es wurde 2015 vom Erdbeben völlig zerstört) eine offene Pfeilerhalle mit einem mehrstöckigen Ziegeldach, die wohl als Versammlungs- und Markthalle diente und das Vorbild für ähnliche, zu allen Seiten hin offene Versammlungsbauten (Nep. *pāṭī*, *sattala*) bildete. Nach Forschungen des britischen Archäologen Robin Coningham stammte das Kāṣṭhamaṇḍapa in seiner ursprünglichen Form aus dem 8. Jahrhundert. Eine neuere Form stammte wohl aus dem 15./16. Jahrhundert, als Mitglieder der Kanaphaṭṭā-Asketen das Gebäude übernahmen. Von Interesse war auch ein sechs Meter langes, geschnitztes Fries aus dem 18. Jahrhundert, das in eine die Halle umlaufende Ornamentik eingebettet war. Es stellte śivaitische und buddhistische Szenen dar, die Mary Slusser 2017 in einer ihrer letzten Publikationen ausführlich beschrieben hat.

In neuerer Zeit verdienen sich viele Holzschnitzer (Nev. *sīkahmi*, Skt./Nep. *śilpakāra*) ein Zubrot, indem sie Skulpturen und Objekte für Touris-

Abb. 20: Nach dem Erdbeben von 2015 zwischengelagerte Holzfenster aus zerstörten Tempeln in Patan, 2015 (Photo A. Rajbansh)

ten schnitzen. Allerdings bestehen diese Objekte oft nicht aus dem harten Sal-Holz, sondern vielfach aus billigem, weichem Holz, das schwarz gebeizt wird. Einige Holzskulpturen werden in den Museen aufbewahrt, im Bhaktapur Museum etwa eine Vasundharā und eine tanzende Königin aus dem 15. Jahrhundert oder ein Gaṇeśa aus dem 17. Jahrhundert. Dort befand sich auch das 1987 eingerichtete, inzwischen aufgegebene National Woodcarving Museum, in dem die Technik der newarischen Holzschnitzkunst, bei der traditionellerweise keine elektrischen Geräte benutzt werden, dokumentiert war.

Masken

Masken (Nev. *khvāepāḥ*) sind Skulpturen, die im Kathmandu-Tal (und darüber hinaus) bei vielen Ritualen gebraucht werden, besonders bei Ritualtänzen, Festen und Prozessionen, aber auch bei theatralischen Aufführungen etwa des *Rāmāyaṇa* in Patan. Sie bilden Gottheiten wie Gaṇeśa, Varāha oder die ›Acht Mütter‹ (Aṣṭamātṛkā), die Dīpaṅkara-Buddhas, Dämonen oder Tiere ab. Die Tänzer tragen meist farbenprächtige Kostüme und tanzen barfuß. Beliebt sind auch die Lākhe-Tänze, besonders während der Indrajātrā, bei denen die Tänzer die Maske eines wilden Dämons tragen, dessen Haar aus Yakschwänzen gemacht wird. In den Klöstern tanzen buddhistische Bajracāryā-Priester nach genau vorgegebenen Mustern. Die frühesten Filme darüber von Sylvain Lévi stammen aus den 1920er Jahren. Eine besonders große Maske ist die des Sveta Bhairava am Hanuman-Dhoka-Palast, die das ganze Jahr über mit einem Gitter verschlossen ist, das nur während Indrajātrā geöffnet wird, wenn aus dem Mund des Sveta Bhairava Alkohol strömt. Eine Maske Bhairavas und eine weitere der buddhistischen Gottheit Mahākāla ziert auch die Spitze des Prozessionswagens der Kumārī.

Wenn die Masken Gottheiten abbilden, gelten sie meist selbst als heilig. Sie sind dann rituell belebt und der Träger der Maske stellt die Gottheit nicht dar, sondern er *ist* die Gottheit. Dann verdeckt die Maske nicht ein Gesicht, sondern bildet ein neues Gesicht (Nev. *khvāḥ*). Die entsprechenden Masken werden wie bei den Navadurgās in Bhaktapur (dazu unten ab S. 360) jedes Jahr aufs Neue ›geboren‹ und nach Gebrauch an den Verbrennungsplätzen rituell verbrannt.

Ältere Masken sind aus Kupfer und Messing hergestellt, im Cire-perdue-Verfahren gegossen oder in Repoussé-Technik modelliert. Solche Masken werden bei Ritualen oft vor anikonische Steine gelegt und ermöglichen dann eine Identifikation mit diesen Göttern. Hauptsächlich werden die Masken aber aus einer Mischung aus Papier, Jute, Baumwolle und Lehm fabriziert, wobei es Formen aus Ton gibt, in die das Pappmaché hineingepresst wird. Anschließend werden die Masken nach einer gewissen Farbsymbolik bemalt: weiß für die reinen und hochgestellten Götter oder Charaktere, schwarz für Dämonen, rot für wilde Gottheiten. Ebenso gibt es, wenn auch seltener, aus Holz geschnitzte Masken, die wie etwa am Aṣṭamātṛkā-Tempel in Panauti außen in den Fenstern angebracht sein können.

Malerei

Die Geschichte der Malerei beginnt im Kathmandu-Tal im 11. Jahrhundert mit der Miniaturmalerei in Manuskripten. Diese entstand in Klöstern und lehnt sich stark an indische Vorbilder an; wenn auch das Manuskript in Sanskrit verfasst ist und keine ortstypischen Merkmale oder Kolophone aufweist, ist sie oft kaum von diesen zu unterscheiden. Bei den frühen Handschriften handelt es sich um längliche Palmblattmanuskripte zwischen zwei Holzdeckeln, die ebenfalls bemalt sein können. Papiermanuskripte gab es im Kathmandu-Tal erst ab dem 12. Jahrhundert.

Der Stil der Illustrationen richtete sich in der Frühzeit meist nach der bengalischen Pāla-Schule; nach der muslimischen Invasion im 12. und 13. Jahrhundert wanderten einige Maler von dort ins Kathmandu-Tal ein. Dargestellt wurden meist buddhistische Themen, der Buddha bzw. Bodhisattvas und mythologische Szenen, die nicht unbedingt mit den Texten korrespondieren mussten. Dargestellt wurden aber auch monastische Szenen und Stūpas. Seltener sind frühe hinduistische Illustrationen, die erst ab dem 15. Jahrhundert zunahmen. Der Erhaltungszustand der Malereien ist vielfach nicht sehr gut, da sie sich auf Texten finden, die im rituellen Gebrauch waren. Zwar wurden die Texte oft abgeschrieben, aber die bildlichen Illustrationen wurden dabei nicht unbedingt wiederhergestellt oder erneuert. Zu den frühesten illustrierten Manuskripten gehören ein *Aṣṭasāhasrika*-Manuskript auf Nevārī aus dem Jahr 1015 n. Chr. (NS 136) und eine *Prajñāpāramitā*-Handschrift aus dem Jahr 1028 n. Chr. (NS 148) sowie śivaitische Manuskripte aus dem Jahr 1036 (NS 156) und ein anderes, tantrisches Manuskript, *Piṅgalamata*, datiert auf 1174 n. Chr. (NS 294).

Andere Malereien sowie gemalte Ornamente befanden sich in oder an vielen Tempeln; von ihnen sind aber nur wenige erhalten und meist auch nur dann, wenn sie regelmäßig erneuert wurden. Das gilt etwa für das Bhairava-Wandbild am Jayavāgīśvarī-Tempel in Deopatan, das alle zwölf Jahre erneuert wird, das Ākāśa-Bhairava-Bild am Caṇḍeśvarī-Tempel in Banepa oder die ursprünglich nahezu 220 Meter langen Wandmalereien im von Pratāpa Malla erbauten und Anfang des 20. Jahrhunderts erneuerten Śāntipura-Tempel am Svayambhū, der beim Erdbeben 2015 so weit zerstört wurde, dass Regenwasser die Malereien erheblich beschädigt hat.

Ein besonderes nepalisches Genre sind die Malereien auf langen Baumwollstoffen (Skt. *paṭa*, Tibetisch *thang ka*, Nev. *paubhā*), die in Tempeln, Klöstern und in den Häusern für religiöse Zwecke oder für Meditationen meist im Monat Gūlā aufgehängt wurden (und werden) und überwiegend buddhistische Bildinhalte haben. Sie sind mit Seidenstreifen gerahmt und nicht selten haben sie eine Art Vorhang, der bei Verehrungen hochgerollt wird. Die Tradition dieser Malerei geht auf das 14. Jahrhundert zurück, die früheste datierte Paubhā stammt aus dem Jahr 1367: Sie zeigt einen

Amitābha-Buddha und wird im Los Angeles County Museum aufbewahrt. Während in der frühen Zeit zwischen dem 14. und 17. Jahrhundert der indische Einfluss hier größer war, zeigen sich danach vor allem tibetische Einwirkungen. Daher ist der Stil auch als ›nepalo-tibetisch‹ oder ›indo-tibetisch‹ bezeichnet worden. Diese Hängebilder, die sich an die Miniaturmalerei anlehnen, sind reich ornamentiert und oft farbenfroh; die Farbe Rot dominiert. Der Bildaufbau ist meist symmetrisch oder orientiert sich an einem Mandala. Im Zentrum stehen eine oder mehrere Gottheiten oder ein Buddha bzw. ein Bodhisattva, dessen Kopf meist von einer Aura umgeben ist, darüber ist vielfach ein thronartiger Torbogen mit Garuḍa oder dem mythischen Kīrtimukha, der zwei Schlangen hält, zu sehen, umgeben von zahlreichen Begleitfiguren (Schlangen, Siddhas, Tiere) und Blumenverzierungen oder anderen Ornamenten. Weibliche Wesen sind in der Regel getrennt von männlichen Figuren dargestellt. Gesicht und Körper sind mit feinen Pinselstrichen skizziert. Im Hintergrund erscheinen Tempel, Schreine, Stūpas oder Naturmotive wie Wolken, Berge oder Flüsse, die auch die Bildelemente voneinander trennen können. Am unteren Bildrand sind vielfach ausschmückende Szenen dargestellt. Oft befinden sich auch an den Rändern, in fensterartigen, nicht selten beschrifteten Kästen, kleine Bilder, die ergänzende Szenen darstellen, die mit der Gottheit zu tun haben. Die Bildinhalte repräsentieren dann das Leben der Gottheit oder sie dienen zur Erläuterung der Doktrin. Dies gilt auch für meterlange Bildrollen, die überwiegend hinduistische Bildinhalte haben und ab dem 17. Jahrhundert hergestellt wurden. Einige davon betreffen Szenen aus dem Leben Kṛṣṇas (Kṛṣṇalīlā), wie sie an den Außenwänden des Kṛṣṇa-Tempels in Patan zu sehen sind.

Die Paubhās wurden und werden in Klöstern, beispielsweise im Guitaḥ Bahī und im Thaṃ Bahī, oder im Privatbesitz aufbewahrt und zu bestimmten Anlässen gezeigt, etwa anlässlich der relativ neuen Erfindung von ›Buddhas Geburtstag‹, Buddhajayantī, am Svayambhū oder im newarischen Monat Gūlā (August/September) in den Klöstern Patans. Einige Paubhās werden während Ritualen an Prozessionsladen oder -wagen befestigt und dann herumgetragen, etwa das Bildnis eines Wasserkrugs (*kalaśa*) bei der Guhyeśvarījātrā. Die größte Paubhā befand sich im Itum Bāhāḥ (Patan) und maß 191 × 161 cm. Sie wurde nur einmal im Jahr gezeigt, in den 1970er Jahren gestohlen und 2003 in Chicago in restauriertem Zustand wieder gezeigt. Viele Paubhās sind jetzt in Museen, in Nepal vor allem im Nationalmuseum und in der National Art Gallery in Bhaktapur aufbewahrt. Ein großes Banner (*bilāpau*) im New Yorker Rubin Museum, das 24 × 0,35 m misst, basiert auf dem *Guṇakāraṇḍavyūha* aus dem 15. Jahrhundert und zeigt Episoden um Avalokiteśvara; ein anderes im Cleveland Museum of Art, datiert auf 1635, zeigt die Verbindung von Nāgas, Schlangen, und Tīrthas, heiligen Orten, auf der Basis des *Svayambhūpurāṇa*.

Die Leinwände für die Paubhās und Thangkas werden in einer besonderen und zeitaufwendigen Technik hergestellt: Zunächst wird das Baumwolltuch auf einen Rahmen gespannt, dann wird die Oberfläche mit Kleber (*saresa*) und weißer Tonerde (*sapetā*) beschmiert; sobald diese Mischung getrocknet ist, wird sie mit einem glatten Stein mehrmals am Tag poliert. Die Farben sind traditionellerweise Naturfarben, für die Mineralien und andere Materialien mit einem Stößel in einem Mörser zerstampft werden. Die Auswahl der Farben folgt einer Symbolik, die für jede Gottheit verschieden ist; dabei werden auch Gold und Silber benutzt. Die ikonographischen Muster, die der Maler zunächst mit feinen Strichen auf der Leinwand skizziert, sind vorgeschrieben.

Gemalt wurden diese Bilder meist von einer professionellen Malerkaste, den Chitrakars (Nev. Pū), die aber in der Regel anonym blieben. Die Maler, die sich 1995 sogar in einem Berufsverband zusammengeschlossen haben, malen nicht nur Thangkas und Paubhās, sondern sind in vielen anderen Kontexten gefragt. So bemalen sie Ritualgegenstände, etwa die großen Räder des Prozessionswagens bei der Bisketjātrā, dem Neujahrsfest, in Bhaktapur oder die Tontöpfe, die für zahlreiche Rituale gebraucht werden. Sie kolorieren kleine Zeremonialbilder, wofür sie alte hölzerne Klischees benutzen. Sie bemalen die Masken und Ritualschirme, die Schlangenbilder, die an Nāgapañcamī über den Türeingängen befestigt werden, die Bilder der Göttin Durgā, die beim Dasaĩ-Fest gebraucht werden, oder kleine Chakren-Bilder für Einheimische und Touristen. Sie sind aber auch Ritualspezialisten, denn hin und wieder hauchen sie, manchmal zusammen mit einem Priester, den Wandbildern Leben ein, indem sie als letztes die Pupille der Gottheit malen. Nach Auskunft von Niels Gutschow wurde das Thangka-Malen um 1976 vom *Bhaktapur Development Project* bzw. den dort angestellten Chitrakars wiederbelebt. Als Vorlagen dienten Kunstbücher aus dem Westen; sehr beliebt war die Blaue Tārā bzw. Ekajaṭī, eine der mächtigsten Göttinnen im Vajrayāna-Buddhismus.

Die moderne Kunstszene (von Christiane Brosius)

Die moderne Kunst und Kultur im Kathmandu-Tal ist durch einen lebendigen Austausch über die eigenen nationalen Grenzen hinweg gekennzeichnet: Newarische Maler waren Pioniere der als Thangka-Malerei bekannten spirituellen und religiösen Kunst in Tibet und prägten den als Paubhā bekannten newarischen Stil der Miniatur- und Wandmalerei. Bis heute erfreut sich die traditionelle, nach wie vor lebendige Malerei, die vor allem hinduistische und buddhistische Themen verarbeitet, international wie national großer Beliebtheit. Sie zeigt jedoch auch eine bemerkenswerte Wandlungsfähigkeit. Herausragender Vertreter der jüngeren Paubhā-Malerei mit einem eigenen Studio ist etwa Lok Chitrakar. Seine Arbeiten weisen keinen Bruch mit der Tradition auf, sondern zeigen, wie aktuell die in europäischen Kontexten leicht als folkloristisch oder traditionell abgetane Kunst des heutigen Nepal ist.

Ein Blick zurück lohnt sich, um die nepalische Vielfalt an Kunstproduktionen und Kunstaustausch zu verstehen. Im 19. Jahrhundert begann die Auseinandersetzung einiger newarisch-nepalischer Künstler mit der durch die britische Wirtschaftsexpansion und spätere Kolonialisierung Indiens eingeführten Tradition der *Company School*, benannt nach der Ostindien-Kompanie. Pionier war hier Rajman Singh (1797–1865), der Zeichner des britischen Gesandten Brian Hodgson, der in den 1830er und 40er Jahren viele mit »Rājamān Siṃ Nepāla« signierte Architektur- und Landschaftszeichnungen (vgl. Abb. 4) angefertigt hat, von denen allein 50 jetzt in der Royal Asiatic Society in London aufbewahrt werden. In der britischen Gesandtschaft wirkte 1850–63/64 auch der Arzt Henry Ambrose Oldfield, der hobbymäßig Aquarelle besonders von Bauwerken und Landschaften anfertigte. Die Originale seiner 75 Bilder werden in der British Library, der Royal Geographic Society und der Bayrischen Staatsgalerie aufbewahrt und wurden 1880 in seinem *Sketches of Nipal* veröffentlicht (vgl. Abb. 24, S. 385). Auch Bhajuman Chitrakar (1817–74) gehörte zu den Pionieren dieses Stils. Er begleitete 1850 Premierminister Jaṅga Bahādura Rāṇā auf dessen Europareise nach London und Paris und konnte sich dort mit historischen Gemälden der Zeit vertraut machen. Durch ihn wurde dann die Technik der Ölmalerei auf Leinwand in der Form des europäischen Historismus in Nepal eingeführt, aber auch die Landschaftsmalerei oder das Genre des Porträts. Da er seine Werke nicht signiert hat, bleibt unsicher, was ihm zuzuschreiben ist.

Manche Künstler, die wie Tej Bahadur Chitrakar (1898–1971), der ›Hofmaler‹ Candra Śamśeras, in dieser Tradition standen, hatten eine formelle, ›westlich‹ ausgerichtete Ausbildung, etwa an der von den britischen Kolonialherren gegründeten

School of Art in Kalkutta, genossen; andere waren Autodidakten oder stammten aus Künstlerfamilien der Paubhā-Tradition, was gerade im 20. Jahrhundert zu bisweilen fließenden Übergängen zwischen ›europäischer‹ Moderne und nepalischer Tradition führte. Bis in die 1930er Jahre hinein porträtierten Künstler, z.B. Dirghaman Chitrakar (1876–1950) oder eben Tej Bahadur Chitrakar, im ›europäischen‹ Stil vor allem Mitglieder der Aristokratie. In der Tat konnten sie nur unter der Patronage dieser Eliten überleben, da sie nicht (mehr) im Kontext religiöser Künstlernetzwerke verortet waren. Sie statteten etwa den neuen Palast (Singha Darbar) von Candra Śamśera aus, der Kunstwerke im ›europäischen‹ Stil besonders liebte.

Die Künstler dieser Zeit waren wichtige Kulturdiplomaten oder ›Broker‹ in einem transnationalen Raum, in dem auch über die Kunst Gedanken zu Moderne oder Fortschritt erprobt wurden. Einige dieser Künstler prägten wiederum die Kunstausbildung in Nepal, etwa an der Darbar High School, der Juddha Art School oder später der Lalitakala Academy. Die Idee einer künstlerischen Ausbildung an einer eigens dafür eingerichteten Schule säkularer Art etablierte sich in Nepal in den ersten Dekaden des 20. Jahrhunderts und galt maßgeblich der nationalen Bildung. Die *Royal Nepal Academy*, die 1957 unter dem Namen *Nepal Academy of Literature and Art* gegründet wurde, und die 1963 gegründete *Nepal Association of Fine Art* (NAFA) waren weitere Schritte in Richtung Begründung einer ›nationalen‹ Kunst. Auch diese Einrichtungen wurden von der Königsfamilie finanziert, die westliche Kunst fördern wollte.

In den 1960er Jahren war die nepalische Kunst bemerkenswert produktiv und innovativ sowie kosmopolitisch ausgerichtet. Viele der modernen Schule zugeordnete Künstler studierten Kunst in Benares, aber wenigen wie etwa Laxman Shrestha (geb. 1939) gelang der Sprung in indische Metropolen wie Bombay oder Delhi, noch weniger konnten sich ein Leben in den Hochburgen der europäischen Moderne, etwa in London oder Paris, leisten. Zwei Künstler repräsentieren durch ihre bemerkenswerte Mobilität und Ausprägung einer ›nepalischen Moderne‹ diese Wende hin zu einer modernen Kunst Nepals: Lain Singh Bangdel (1919–2002) sowie Rama Nanda (»RN«) Joshi (1938–88).

Bangdels oft als ›Rückkehr‹ bezeichnete Niederlassung in Kathmandu markiert das Jahr 1961 als einen Schlüsselmoment der klassischen Moderne in Nepal. Bangdel hatte tatsächlich nie in Nepal gelebt, sondern war in Darjeeling aufgewachsen, hatte zuerst an der Kunstakademie in Kalkutta studiert und war dann 1952 an die École des Beaux-Arts in Paris gegangen, wo er sich intensiv mit der Frage seiner Identität als ›Nepali ohne Nepal‹ beschäftigt hatte. Mit dem Umzug nach Nepal brachte Bangdel seine Erfahrungen mit der europäischen Moderne und ihren Metropolen in sein ›Heimatland‹, das in den 1950er Jahren damit begonnen hatte, sich nach außen zu öffnen. Sein Förderer war König Mahendra, der Bangdel dazu ermutigte, abstrakte Kunst in Nepal einzuführen. 1972 wurde Bangdel von König Vīrendra zum Präsidenten der *Royal Nepal Academy* ernannt.

RN Joshi studierte von 1959 bis 1964 an der berühmten Sir JJ School of Art in Bombay. Er war wohl einer der ersten Künstler, der sich stark in der Kunstausbildung (mit neuen Lehrformen wie dem Malen in der Natur) engagierte, aber auch für die Idee einer ersten Galerie für nepalische Kunst setzte er sich ein. Diese *Park Gallery* wurde 1968 in Kathmandu eröffnet und von dort aus wurden internationale und nationale Ausstellungen sowie Künstlerworkshops organisiert. Kunst war für Joshi dabei auch eine soziale und politische Aktivität; sie sollte helfen, die nepalische Gesellschaft aus ihrem vermeintlich zurückgebliebenen Zustand in die Moderne zu führen. Entsprechend trat er auch als Sozialarbeiter und -reformer sowie als früher Umweltaktivist (z.B. im Zusammenhang mit dem Zustand des Bagmati-Flusses) auf. RN Joshi fertigte Aquarelle an, zeichnete und malte; seine Arbeiten umfassen Themen wie Landschaft, Flora und Fauna, Rituale (wie die große Prozession des Gottes Matsyendranātha), pittoresk anmutende Szenen aus dem Dorfleben im Kathmandu-Tal, aber auch abstrakte Yantras (Diagramme).

Die *Park Galery* liegt heute in Patan und ist nach wie vor ein zentraler Ort der künstlerischen Begegnung für die vielfältige Kunstszene Nepals. Diese konzentriert sich weitgehend auf das Kathmandu-Tal und erfreut sich einer bemerkenswerten Dynamik und Vitalität, trotz einer minimalen Infrastruktur, was Galerien, Museen (es gibt z.B. kein Museum für zeitgenössische Kunst), Sammler und Ausbildungsmöglichkeiten betrifft. Zwar existiert als klassische Kunstschule die Lalitakala Academy und es gibt eine Künstlerausbildung an der Tribhuvan University und an der Kathmandu University (Department of Arts and Design). Aber die Situation zeitgenössischer Künstler ist von Armut und geringem sozialen Ansehen geprägt. Deswegen verwundert es umso mehr, dass viele junge Menschen aus unterschiedlichen sozialen Klassen, Kasten oder ethnischen Gruppen – oft mit kaum vorhandenem finanziellen Kapital und ohne Ausbildung im Rücken – den Weg der ›freien Kunst‹ wählen.

Dabei verdient insbesondere die Generation der ab den 1970er Jahren geborenen Künstler Beachtung. Einige von ihnen sind international mobil, erhalten Stipendien und Einladungen in die USA, nach Japan oder Südkorea, in den letzten Jahren auch nach Europa, so etwa Hitman Gurung (geb. 1986) und Sheelasha Rajbhandari (geb. 1988), die Gründer des Künstlerkollektivs *ArTree Nepal*. Mehr und mehr hat sich die Kunst in Nepal zu einer kollaborativen und interdisziplinären Kunst, zu einem sozialen Sensorium entwickelt. Aus dem Innenraum der Galerie und des Museums hat sie sich in den öffentlichen Raum begeben und damit begonnen, gemeinsam mit lokalen Akteuren Stellung zu beziehen und dies auch auszuformulieren. Künstler haben sich zur Verfasstheit der Politik oder Korruption in Nepal, zum gewalttätigen Bürgerkrieg, der ein Jahrzehnt andauerte, zur Situation der Arbeitsmigranten in den Golfstaaten oder in Südostasien, aber auch zu Forderungen nach dem Ende des Hindu-Königtums und nach einer demokratischen Verfassung bzw. einer Republik geäußert. Die Arbeiten von Performancekünstlerinnen wie Ashmina Ranjit (geb. 1966) drehen sich besonders um die Rolle der Frau in einem patriarchalisch geprägten Land wie Nepal. Viele Künstler versuchen die Darstellung des weitreichenden sozialen Wandels (mit Themen wie Migration, Rolle der Frau, Demokratie, Klimawandel) mit Bemühungen um die Pflege der Rituale und Traditionen zu verbinden. Die enge Verbindung zwischen Kunstaktivismus und sozialem, ökologischem und politischem Engagement, die die nepalische Kunstszene auszeichnet, zeigte sich besonders nach dem dramatischen Erdbeben von 2015: Die Künstlerinitiative *CampHub* etwa traf sich in der fast völlig zerstörten Nachbarschaft von Thulo Byasi in Bhaktapur; über sechs Monate hinweg organisierten die Künstler der Gruppe *ArTree Nepal* therapeutische Workshops, kümmerten sich um Frauen, Kinder und Alte, sammelten deren Geschichten und setzten sie vor Ort in ein öffentliches Ausstellungsprojekt um.

Zeitgleich hat sich die Infrastruktur der kleinen, aber dynamischen Kunstszene entwickelt. Auf Initiative von Sangita Thapa, der Besitzerin der *Siddhartha Gallery*, die 1987 gegründet wurde und sowohl traditionelle als auch zeitgenössische Kunst ausstellt, sowie der Kunsthistorikerin und Kuratorin Dina Bangdel (1964–2017) wurden internationale Veranstaltungen wie die *Kathmandu International Art Fair* (KIAF), die 2017 in *Kathmandu Triennale* umbenannt wurde, ins Leben gerufen. Junge Künstler erhalten durch solche Kunstereignisse und durch Initiativen der *Siddhartha Arts Foundation* oder von *PhotoCircle* nicht nur die Möglichkeit, sich zu präsentieren und zu vernetzen, sondern sich auch als Kulturmanager oder Kuratoren weiterzubilden und Methoden kritischen Schreibens und Ausstellens zu erlernen. So wächst die Kunstszene Nepals einer Internationalisierung entgegen, ohne ihre lokalen Wurzeln und Themen zu vergessen. Daher müssen in Nepal, wo eher von einer Gleichzeitigkeit verschiedener Kunstrichtungen und -stile zu sprechen ist, die Begriffe ›Tradition‹ und ›Moderne‹ anders und neu gedacht werden.

Musik

Musik ist im Kathmandu-Tal über die Vielfalt an Musikstücken, Performances und Instrumenten allgegenwärtig. In Lauben sitzen alte Männer und singen devotionale Lieder, begleitet von Trommeln, Zimbeln oder einem Harmonium, Trommler und Flötenspieler laufen vor und mit Prozessionen und bei Ritualen durch die Straßen, Konzerte mit klassischer (indischer) Musik werden organisiert, Musikgruppen spielen zu Festen und Tänzen auf, der Schamane versetzt sich mit seiner Trommel in Trance, Bands begleiten Hochzeitsgesellschaften, junge Musiker versuchen sich mit alten und neuen Instrumenten in neuen Genres. Alle Bevölkerungsgruppen haben ihre eigenen Musikstile. So sehr ist Musik in Nepal mit dem Leben verbunden, dass eine Geschichte der Musik in Nepal zu schreiben fast heißt, eine Geschichte Nepals zu schreiben. Das einzige Problem dabei ist, dass die Musik historischer Zeiten nicht oder nur indirekt – über Darstellungen von Musikern auf Skulpturen und in Miniaturen, über Liedtexte, Manuskripte oder Dokumente – erhalten geblieben ist und daher alle geschichtlichen Studien auf der zwar nicht völlig unberechtigten, aber auch nicht beweisbaren Annahme beruhen, dass die heute gespielte Musik vielfach auch die der vergangenen Zeiten war.

Das von Instituten in Paris, Heidelberg und London herausgegebene *European Bulletin of Himalayan Research* hat 1997 einen sich annähernden Überblick über die musikalische Vielfalt Nepals und des Himalaya gegeben. In der Ausgabe 12–13 kommen Artikel zu folgenden Themen zusammen: zum Nāsaḥdyaḥ (dem Gott des Tanzes und der Musik), zu den buddhistischen Caryās (tantrische Lieder und Tänze, die bis in das 12. Jh. zurückreichen), zur Musik der Maharjan-Bauern, zur Musik an Dasaĩ, am Manakāmanā-Tempel oder bei den Gurung, zu den schamanistischen Trommeln und zum Frühlings-Rāga, einer melodischen Grundstruktur der klassischen indischen Musik. Es fehlte nur noch ein Beitrag zur weit verbreiteten Musik der Gaine, wörtlich ›Sänger‹, die teilweise als Bettler mit ihrer Stabgeige (*sāraṅgī*) durchs Land ziehen und früher als *singing newspapers* galten, weil sie auch Nachrichten verkündeten. Im Kathmandu-Tal sind vor allem zwei Stile verbreitet: die Pañcai- oder Pañcabājā-Musik der Indo-Parbatiyas und die Dāphā-Musik der Newar.

Das zeremonielle Musikleben in Nepal ist über Institutionen wie die Guṭhīs, die für Feste und Rituale zuständig sind, oder durch eigene Guṭhīs zum Spielen von Musik an Heiligtümern strukturiert. Die kastenmäßig organisierten Gruppen, professionellen Bands und in jüngerer Zeit privaten Gruppen, die Jazz oder andere neuere Musik spielen, werden traditionell durch Sponsoren gefördert, zu denen in vergangenen Zeiten immer wieder die Könige zählten. Seit 1996 gibt es auch ein von dem Musikethnologen Gert-Matthias Wegner gegründetes Department of Music an der Kathmandu University, das der ehemalige Bundespräsident Roman Herzog eröffnet hat und an dem nepalische und ausländische Lehrer unterrichten. Das Department organisiert zudem Kurse und Konzertreisen für die Meistertrommler aus Bhaktapur und anderen Orten.

Je nach Anlass sortiert sich die Musik. Bei vielen rituellen Anlässen wird die traditionelle Musik der Pañcaibājā, ›Fünf Instrumente‹, gebraucht, die zu *naumatī bājā*, ›Neun (und mehr) Instrumente‹, erweitert werden kann. Es handelt sich dabei um ein Ensemble von Blasinstrumenten, Trommeln und Zimbeln. Mit Variationen findet sich diese Musik nahezu überall im Land, wo Hindus leben. Nur die Bevölkerungsgruppen in den Hochgebirgen und die Newar kennen diese Musik nicht. Sie wird fast ausnahmslos von den niedrigkastigen Damai gespielt, die traditionell Schneider sind. Überhaupt spielen eher die unteren Schichten die Musikinstrumente, auch weil etwa die aus Leder gefertigten Trommeln den Höherkastigen als unrein gelten. Die Pañcaibājā wurde und wird meist bei lebenszyklischen Ritualen, ausgenommen dem Toten- und Ahnenritual, gebraucht. Bei Hochzeiten ist sie heute eher von modernen Brass-Bands abgelöst worden, aber bei vielen anderen religiösen oder weltlichen Anlässen wird sie noch eingesetzt, und sei es nur, um lautstark die Ankunft eines Politikers zu annoncieren. Im Klang dominieren dabei die Sanaī, eine kurze Oboe, die auch als Schalmei bekannt geworden ist, und die doppelkonusförmige, hölzerne Kesseltrommel (*ḍholaka*), die mit der Hand oder mit Schlegeln gespielt wird und vor dem Bauch des Musikers hängt. Hinzu kommen eine Art Pauke (*damāhā*) mit einem kupfernen Klangkörper, die mit einem oder zwei Schlegeln geschlagen wird, sowie eine kleine hölzerne Kesseltrommel (*ṭyāmko*) und Zimbeln (*jhyāli*) aus Messing oder einer speziellen Legierung aus fünf Metallen. Auffällige Instrumente sind zudem die Narsiṅgā, ein konisch gebogenes, langes Horn, oder das Karnāla (Nev. *kāḥ*), eine fast zwei Meter lange Trompete. Bei den Blasinstrumenten können auch verschiedene Bambusflöten hinzukommen. Das Repertoire der Pañcaibājā umfasst Hochzeitsmusik, Volkslieder und verschiedene klassische saison-

oder ritualabhängige Melodien (*rāga*), aber auch moderne Bollywood-Schlager. Nicht selten tanzen die Musiker zu der Musik. Bei Prozessionen ist der Klang oft monoton und weht vor dem Prozessionszug her.

Der Ursprung der Pañcaibājā liegt im Mittleren Osten, von wo aus die islamischen Eroberer nach Indien eindrangen. In ihrem Gefolge waren Militärbands, die sich in Südasien ausbreiteten und vermutlich im 14. Jahrhundert auch nach Nepal gelangten. Rund 300 Dokumente der National Archives Nepal, die im Katalog des Heidelberger Projekts »Documents on the History of Religion and Law of Pre-modern Nepal« verzeichnet sind, belegen, dass spätestens ab dem 17. Jahrhundert immer wieder Könige Aufträge für den Einsatz dieser Musik erteilten. Besonders die Malla-Könige, denen auch viele Lieder in Liederbüchern zugeschrieben werden, haben sich dabei hervorgetan. So hat Pratāpa Malla dem Schatzhaus des Paśupatinātha-Tempels (Paśupati Bhaṇḍāra Tahabila) 1644 für das Spielen von Trommeln und Trompeten bei verschiedenen Ritualen, besonders während der Śivarātri, großzügig Land gestiftet. Desgleichen bezeugt ein Dokument des Jahres 1781 eine Landschenkung für das Spielen von Musik am Guhyeśvarī-Tempel, und 1782 stiftete Raṇabahādura Śāha Land dafür, dass 15 namentlich genannte Kusle (auch Jugi genannt) jeden Morgen und jeden Abend im Tempel aufspielten. Zahlreiche ähnliche Dokumente belegen den hohen Stellenwert der Musik im religiösen und höfischen Leben. Auch die Instrumente wurden in Nepal nicht selten von Herrschern gestiftet.

Während es sich bei der Pañcaibājā meist um Instrumentalmusik handelt, stehen bei der Bhajana- oder Dāphā-Musik die devotionalen Gesänge im Vordergrund. Hierbei handelt es sich um teilweise sehr alte Lieder (*kīrtana*, *bhajana*, *vacana*, Hindī *satsang*), die von nicht immer bekannten Dichter-Heiligen komponiert wurden und in den Bhakti-Bewegungen (s.o., S. 297) eine zentrale Rolle spielen. Dāphā-Musik basiert auf bestimmten Rhythmen (*tāl*), die durch Klatschen, Zimbeln oder Trommeln vorgegeben bzw. durchgehalten werden, sowie auf Modi (*rāga*), wortlosen Melodien, die wiederholt und variierend gesungen werden. Eine Session beginnt oft mit drei Schlägen des kleinen Beckenpaares, gefolgt von einer instrumentalen Einführung oder Anrufung. Es darf nur eine ungerade Zahl an Liedern gesungen werden, wobei das erste meist an Śiva gerichtet ist.

Ein typisches Dāphā-Ensemble besteht aus Männern, die Trommeln (Nev. *dhimay*, *khī*, *nāykhī*, *nagarā*, *ḍamaru*) und große oder kleine Beckenpaare oder Zimbeln (*jhyāli*, *tāḥ*, *bhusyā*, *kaypuī̃*) sowie bisweilen Bambusflöten (*bā̃surī*) oder Trompeten spielen und dazu singen. Manche Stücke können nur zu bestimmten Tages- oder Jahreszeiten gespielt werden. Musiziert wird in den Innenhöfen von Tempeln, in halboffenen Lauben (*pāṭī*, *sattala*) oder draußen auf Plattformen (Nev. *dabū*, Nep. *ḍabalī*), meist abends und morgens, manchmal die ganze Nacht hindurch, jeden Tag oder zu bestimmten Anlässen. Die Gesänge beginnen mit einem eröffnenden Stück (*ālāpa*) oder mit einem Refrain. Gesungen wird jeweils im Chor, wobei zwei etwa gleich große Gruppen sich abwechseln. Frauen sind an den Dāphā-Gesängen nicht beteiligt. Die Ensembles sind in der Regel in eigenen Guṭhīs organisiert.

Dāphā war ursprünglich höfische Musik, wie Manuskripte von Dāphā-Liederbüchern (*dāphā saphū*), von denen die Dāphā-Gruppen meist mehrere haben, deutlich machen. Grundlegende Texte, die oft im Leporello- oder Thyāsaphu-Format zusammengehalten wurden, sind etwa der *Gītagovinda* oder der *Saṅgītaratnākara* aus dem 13. Jahrhundert. Diese Texte sind in Maithilī, Nevārī und Sanskrit oder einer Mischung aus ihnen geschrieben und bedienen sich oft einer altertümlichen Sprache mit eigenen sprachlichen Konstruktionen. Dabei haben sich die Mallas immer wieder als Freunde und Förderer auch dieser Kunst hervorgetan. Ihnen sind viele musikologischen Texte zu verdanken, darunter alte Manuskripte etwa des *Nāṭyaśāstras*, des grundlegenden Textes der indischen Tanz-, Musik- und Ästhetiktheorie. Namentlich Jagajjyotir, Jagatprakāśa, Pratāpa und Jitāmitra Malla sind hier zu erwähnen; besonders bedeutsam ist auch Jagajjyotirs *Gītapañcāśika* aus dem Jahr 1628. Desgleichen soll Raṇajit Malla, der letzte König Bhaktapurs, ein leidenschaftlicher Komponist von Dāphā-Gesängen gewesen sein. Sein bekanntestes Lied *Hāya hāya Rāma Rāma* soll er verfasst haben, als er 1769 ins Exil nach Indien fliehen musste, nachdem Pṛthvīnārāyaṇa Śāha die Stadt erobert hatte. Die Śāhas und Rāṇās haben die Tradition der devotionalen Gesänge übernommen, vielleicht auch dadurch, dass Pṛthvīnārāyaṇa drei Jahre am Hof Raṇajit Mallas verbrachte und dort die Dāphā-Gesänge kennen und schätzen lernte. Juddha Śamśera ordnete an, dass die Musiker von jeglicher Zwangsarbeit zu befreien waren. Bis in die 1980er Jahre überlebte eine hochkastige Dāphā-Gruppe am Taleju-Tempel in Bhaktapur. Die Dāphā-Musik blieb aber nicht in höheren und höfischen Kreisen, denn die newarischen Bauern haben sie übernommen und bis auf den heutigen Tag bewahrt. Auf diese Weise wurde diese

Musik zu öffentlicher Musik. In Bhaktapur ist sie allabendlich am Bhairava- oder Dattātreya-Tempel zu hören.

Was ist das Besondere an ritueller Musik? Rituelle Klangräume haben eine besondere Akustik, einen speziellen *soundscape*, der jeden Hörer in eine andere Welt versetzt. Um nur zwei Beispiele aus der äußerst sonalen Kultur Nepals zu erwähnen: Eine *Veda*-Rezitation, wie man sie an Tempeln oder bei speziellen Feiern in eigens errichteten Zelten, meist in Deopatan, hören kann, versetzt einen sogleich in die Welt der brahmanischen Rituale und Spiritualität; das Singen (Chanten) von Götternamen, begleitet von Doppelkonustrommeln, transferiert den Hörer unweigerlich in die Welt der hinduistischen Pūjā.

Rituale sind raumzeitliche Absonderungen vom Alltag, und Musik macht dies möglich, so dass sie viel mehr als nur Untermalung ist. Musik ist in Nepal weder bloßes Dekor noch Programmmusik, sondern wird – zumindest in religiösen Ritualen – selbst zum Ritual, indem sie singuläre, überhöhende und leiblich erfahrbare Klangräume erzeugt. Ritualmusik wird also nicht nur gehört, sondern auch in einen Aktionsraum eingebettet; Anlass und Raum (Tempel, Prozession etc.) stehen von vornherein fest. Und es ist auch nicht gleichgültig, wer die Musik spielt, weil es ja nicht nur um Musik geht. Entsprechend müssen bestimmte Personen auf bestimmten Instrumenten an bestimmten Orten bestimmte Musikstücke spielen. Dabei haben sich Traditionen auch über Ortswechsel hinweg erhalten. Noch heute müssen beim Deśoddhāra-Ritual, einem kastenübergreifenden Ritual zur Bekräftigung des Landes, am Paśupatinātha-Tempel in Deopatan zwei Bläser der Jyapu- bzw. Bauern-Kaste aus dem etwa 10 km entfernten Patan kommen, nur um auf den langen Kāḥ-Trompeten wenige Töne zu spielen. Obgleich sie nach traditionellen Tarifen und nicht marktgerecht bezahlt werden, kommen sie, wenn auch unmutig. Es geht nicht um Musik allein, sondern um verkörperte Musik.

Zum Ritual gehört die Wiederholung; es lebt von Imitation und Mimesis. Der Rhythmus, besonders der der Schlaginstrumente, zieht die (Körper der) Ritualteilnehmer in den Rhythmus des Rituals hinein. Aber der Rhythmus eines Rituals ist nicht nur akustisch zu verstehen, sondern als ein bestimmter Takt, der durch Anzahl, Art, Abfolge und Wiederholung der Ritualsequenzen vorgegeben ist. So entsteht ein bestimmtes Taktgefühl – im doppelten Sinne: rhythmisch und moralisch. Man hört, was sich gehört. Und derjenige, der sich in den Takt der Rituale nicht hineinhören kann, stößt an, benimmt sich daneben, ist taktlos.

Rituale oder Ritualsequenzen werden oft durch Glocken, Gongs, Becken oder Zimbeln markiert. Dadurch weiß man nicht nur, wann ein Ritual beginnt, sondern auch, wann es aufhört oder einschneidende Wechsel bevorstehen. Oft verrät die Art der Instrumente, welches Ritual bevorsteht: Die Zimbeln und die Trommel der Navadurgā-Tanzgruppe in Bhaktapur sind so klirrend, dass sie jeden sofort zum Innehalten bringen.

Ritualmusik umrahmt die Rituale, nicht alle, aber doch die meisten. Eine Hochzeit oder eine Prozession sind in Nepal ohne eine Pañcaibājā-Musikgruppe fast undenkbar. In den Straßen und Gassen kündigt die Musik schon an, was man erst später sehen kann. Dadurch verschafft sie den Ritualteilnehmern den Raum, den sie brauchen. Zugleich werden die Ritualteilnehmer dadurch von den anderen Menschen auf den Straßen und Plätzen abgegrenzt. Und schließlich markiert die Musik den Rahmen und den Raum, innerhalb dessen sich die Götter bewegen können, denn die in Nepal verbreitete und kunstvolle Musik der Rituale kommt vielfach nur dann zum Einsatz, wenn die Götter sich bewegen, das heißt, wenn sie ihren angestammten und mit der Erde bzw. dem Territorium verwurzelten Platz verlassen, um als Statuen herumgetragen zu werden. Man könnte sagen, dass in Nepal (Ritual-)Musik erklingt, wenn die Götter aufstehen.

Ritualmusik erklingt nicht nur, sie wirkt auch – und zwar nicht allein ästhetisch, sondern auch performativ. Sonanz wird zu Resonanz. Durch die Ritualmusik wird der Hörer hineingezogen, vor allem durch die rhythmischen Körperbewegungen, die sie begleiten. Diese Musik wendet sich an die Gemeinschaft, die sich durch gemeinsames Handeln (und nicht nur durch Sprache oder Bilder) verständigt. Repertoire und Instrumente gelten dabei oft als gesegnet oder von den Göttern selbst gestiftet. Sie verheißen Glück, gutes Gelingen oder einfach das Wohlwollen der Götter und damit das, was die Ritualhandlungen bewirken sollen. Die rituelle Kraft der Musik ist natürlich besonders augenfällig bei den in Trance versetzenden Trommeln der Schamanen.

Die Schamanentrommel

Kaum ein Musikinstrument hat in Nepal so viele Seiten und so viele Funktionen wie die Trommel. Die Formen dieses Schlagzeugs reichen von der in der Hand gehaltenen Sanduhrtrommel (*ḍamaru*) bis hin zur übergroßen Kesseltrommel (*nagārā*) am Hanuman Dhoka in Kathmandu, von der Tablā für die klassische Musik bis zu den großbäuchigen Röhrentrommeln (*dhimay*, *dhime*) der Newar. Besonders gut erschlossen sind die Schamanentrommeln, die der Berliner Ethnologe Michael Oppitz, intensiv erforscht hat. Seine Ergebnisse hat er 2013 in einem monumentalen zweibändigen Werk zur Morphologie der Schamanentrommel veröffentlicht. In seinem preisgekrönten Film *Schamanen im Blinden Land* von 1980 erwacht die Welt der Magar-Schamanen im Westhimalaya zum Leben.

Die Schamanentrommeln bezeugen eine religiöse Praxis, die seit Jahrhunderten in zahlreichen Völkern Asiens, aber auch Europas und Nordamerikas gepflegt wird und die nicht nur über die Trommeltypen, sondern auch über wandernde Gesänge Nord- und Zentralasien miteinander verbindet. Aus dem Vergleich von Hunderten von Trommeln hat Oppitz fast eine Grammatik mit wiederkehrenden Elementen

Abb. 21: Ein Ramma, ›Schamane‹, der Magar in Taka mit seiner Trommel während einer rituellen Reise im Zuge einer Zwei-Nacht-Heilungsséance, 1984 (Photo M. Oppitz)

abgeleitet. So handelt es sich bei den Trommeln ausnahmslos um Rahmentrommeln mit Reifen aus Holz und einer Membran oder einer Doppelbespannung aus dem Leder verschiedener Tiere, in der Regel von Wild- oder Bergziegen. Sie haben größtenteils einen länglichen, geschnitzten Stiel, oft in der Gestalt eines Ritualdolches, oder innen Haltegriffe und werden mit einem Schlegel geschlagen. Es ist die Art und Weise, wie der Resonanzkörper hergestellt, zusammengebunden und bespannt wird, die die Vielfalt eint.

Eingesetzt werden die Trommeln z.B. bei Heilungsséancen. Mit den Klängen sendet der Schamane Signale an übersinnliche Wesen, vertreibt oder beschwichtigt sie, wehrt Unheil ab. Mit der Trommel besingt er die Ursprungsmythen oder begibt sich auf eine Reise zu den Ahnen, den Göttern oder in die Unterwelten. Die Trommel dient dazu, die Wesen herbeizurufen und in sich eintreten zu lassen, weil der Schamane sie als Beistand braucht. Sie ist die Begleiterin des Schamanen auf seinen Jenseitsreisen und wird so zu einem Fahrzeug für ihren Besitzer, auf dem er reitet, fliegt oder fährt. Die Trommel ist dem Schamanen zu Diensten, wie Oppitz schreibt,

> als Schrittmacherin, als Kundschafterin, als Navigationsgerät, als Landkarte oder als Fernrohr; oder sie kann sich selbst in ein Fahrzeug ihres Besitzers verwandeln. Als Transportmittel des Heilers begegnet man ihr mal als Pferd, mal als Rentier, mal als Vogel, mal als Boot oder Barke, mal als Schlitten, mal als astronautisches Gefährt – entsprechend den geographischen Bedingungen und den aktuellen Bedürfnissen ihres Benutzers.

Und mit der Trommel wird der Schamane zum Heiler, stellt Diagnosen, erarbeitet Therapien oder sagt die Zukunft voraus. Die Trommel akzentuiert das Metrum der Gesänge, gibt den Takt für Tänze vor, versetzt den Schamanen in Trance und markiert Beginn und Ende der Gesänge. Der Schamane verwächst geradezu mit seinem Instrument, das ihn von seiner rituellen Geburt bis zu seinem Tod begleitet, bis es am Ende mit zerschlagener Membran über dem Grabhügel des Toten in einen Baum gehängt wird und verstummt. Er weiht es, sitzt auf ihm, flucht mit ihm. Er benutzt es als Auffangbecken oder Versteck für die feindlichen Einflüsse, befragt es über zukünftige Ereignisse oder dreht es auf dem Boden, um schließlich eine Richtung anzuzeigen, in die die Seele gegangen ist oder aus der sich eine andere nähert. Mal scheint es, als führe die Trommel ein Eigenleben, das der Schamane bändigen muss, besonders dann, wenn er und mit ihm die Trommel zu zittern beginnt. Dann kann es passieren, dass er sie wegwirft, weil er zu mächtig von ihr ergriffen wird. Der wiederkehrende Lärm der Trommel ist aber auch eine Warnung an übelwollende Kräfte, die es zu vertreiben gilt, weil sie den Kranken bedrängen.

Dann wird die Trommel geradezu zur Waffe oder zum Schutzschild und der Schlegel zu einem bedrohlichen Stock.

Viele Trommeln sind bemalt, auch wenn die Bemalung oft verwischt oder ausgewaschen ist. Diese Bemalungen geben Auskunft über den von Menschen, Göttern, Geistern und Fabelwesen bevölkerten Kosmos der Schamanen. Die Magar benutzen zum Zeichnen verflüssigte weiße Kreide, tragen sie mit einem Stock auf und lassen die Bemalungen am Feuer trocknen. Auch Laien dürfen dies tun, wenn sie sich im entsprechenden Bildrepertoire auskennen. Dazu gehören kosmographische Inhalte wie Sonne, Mond oder Sterne, Tiere, erotische Motive und Gegenstände der rituellen Praxis – oder die Trommel selbst.

Tanz

Nāsaḥdyaḥ (Skt. Nṛtyanātha) ist die newarische Schutzgottheit der Musik und des Tanzes, die oft in einem Schlitz in einer Mauer verehrt wird, angeblich weil der Klang sich einen Weg sucht. Musik und Tanz gehören oft zusammen, und so gehört zur reichhaltigen Musikkultur Nepals auch eine ebenso reichhaltige Tanzkultur. Meist handelt es sich dabei um Kostüm- und Maskentänze mit mehreren Akteuren, die gut in das breite Spektrum südasiatischer Tänze passen. Beliebt sind aber auch die zahlreichen Volkstänze, die auch zur Unterhaltung der Bevölkerung und der Touristen aufgeführt werden.

Bei den Maskentänzen gibt es grundsätzlich eher wilde und eher wohlwollende. Bei den wilden Tänzen der Navadurgās tauchen die Göttinnen, verkörpert von Männern, mit schreckenerregenden roten Gesichtern, mit heraushängenden Zungen oder weit aufgerissenen Augen auf. Die Tänzer erhalten Blutopfer und trinken viel Alkohol. Bei den wohlwollenden Tänzen werden mythologische Szenen dargeboten, die oft eine eher heitere Atmosphäre erzeugen. Die Tänze werden auf alten Plattformen (*ḍabali*, Nev. *dabū*) aufgeführt, auf Einladung auch in privaten Innenhöfen oder auf der Straße.

Wie ernst diese Maskentänze genommen wurden, verdeutlicht ein Brief des königlichen Gurus Raṅganātha Paṇḍita (Pauḍyāla) an den Verwaltungschef (*amālī*) von Patan aus dem Jahr 1838, in dem es um die Rekrutierung von Knaben für die jährlichen Narasiṃha-Tänze im Monat Kārttika geht. Offenbar hatten sich bestimmte Familien geweigert, ihre Söhne für diese Tänze zur Verfügung zu stellen, die Siddhinarasiṃha Malla (1619–61) nach den Chroniken als Zeichen seiner Vorliebe für den Kṛṣṇaismus stiftete. Da die Tänzer alle drei Jahre ausgetauscht werden sollten, gab es Engpässe, so dass der Amālī die Jungen trotzdem herbeizuschaffen hatte.

Bei vielen Tänzen, wie etwa bei den Navadurgās in Bhaktapur, sind es die Götter selbst, die tanzen (vgl. 🔎 Blutopfer ab S. 308): Beginnend mit dem Dasaĩ-Fest im Herbst werden in Bhaktapur Männer der Blumenhändler- und Tagelöhner-Kaste (Gāthā) zu diesen Göttinnen. Sie tanzen an den 21 traditionellen Quartieren der Stadt und an etwa zwölf verschiedenen Orten des ehemaligen Königtums von Bhaktapur. Die Navadurgās führen dabei bestimmte vorgeschriebene choreographierte Bewegungen aus, die sich deutlich von alltäglichen Bewegungen abheben: Sie schreiten, hüpfen teilweise, drehen sich, manchmal schütteln sie sich, als wären sie besessen. Begleitet werden sie von drei Musikern. Für die Navadurgā-Repräsentanten und die Bevölkerung sind dies allerdings nicht alles Tänze, sondern teilweise rituelle Prozessionen von Göttern. Beides wird terminologisch deutlich voneinander unterschieden: Prozessionen heißen *jātrā*, Tänze hingegen (auf Nevārī) *pyākhã* und beide unterscheiden sich auch durch den Musik- und vor allem durch den Trommelstil. Rhythmusänderungen zeigen also an, ob die Navadurgās tanzen und dann Götter sind oder nicht. Auch sind die Orte bekannt, an denen explizit getanzt wird.

Für die Tänze werden eine bestimmte Kleidung, Silberschmuck in Form von Ketten, Armreifen und Fingerringen sowie Fuß- und Armschellen angelegt. Außerdem bedürfen die Ritualtänzer eines ausgiebigen, jahrelangen Trainings, das jedes Jahr vor dem Beginn des Navadurgā-Zyklus aufgefrischt wird. Hierbei werden nicht nur genaue Schritt- und Bewegungsfolgen erlernt und vererbt, sondern auch die zu den Tänzen gehörenden Mythen und Geschichten gelehrt (obgleich die Tänzer während ihrer Tänze niemals sprechen). So versucht z.B. der Sveta (›Weiße‹) Bhairava in einem »Fischertanz« (Nev. *nyā̃ lāyegu*) Zuschauer zu ›fischen‹ bzw. zu fangen, um die Göttin Mahālakṣmī, die ihm einen Schal gestohlen hat, zufriedenzustellen.

Alles zusammen macht die spezifische Qualität und Ausstrahlung der Navadurgā-Tänze aus. Die Tänze sind dabei nicht zu trennen von den Ritualen mit ihrer eigenen inneren ›Logik‹, auch wenn sie sich formal von ihnen abheben. Tatsächlich gerät bei den Navadurgā-Festen die ganze Stadt in

Abb. 22: Tanz des Sveta Bhairava auf dem Darbar-Platz anlässlich des Besuches der Navadurgās am 13. Februar 1983 (Photo N. Gutschow)

Bewegung. An Dasaĩ lässt man Drachen fliegen, an nicht-newarischen Orten werden Schaukeln aufgestellt, und Götter wie Menschen stehen von ihren Sitzen auf: die Götter von ihren angestammten und mit dem Erdboden verwurzelten Göttersitzen (*pīṭha*), um in Prozessionen herumgetragen zu werden oder um zu tanzen; die Menschen verlassen ihre Häuser, um Verwandte und Freunde zu besuchen. Dasaĩ ist die Neubelebung einer ganzen Stadt, bei der das Individuum zugunsten des Sozialen und Kollektiven zurücktritt. Die Navadurgā-Tänze bilden dabei nur ein Element der rituellen Choreographie in einem durch Bewegung verdichteten Raum. Diese Bewegung ist oder ritualisiert, aber sie dient auch der Unterhaltung, denn bei allem religiösem Respekt werden die Navadurgā-Tänze nicht nur getanzt, um einen Zweck zu erfüllen, sondern auch, um sich an ihnen zu erfreuen.

Die Beispiele und Ausschnitte aus der Kunst und Kultur Nepals haben gezeigt, in welchem Ausmaß das Kathmandu-Tal, aber auch viele Traditionen außerhalb davon, noch heute kulturell mit seiner langen Geschichte verwoben ist. Und wieder ist es eine kaum noch zu überblickende Vielfalt, die das Land kennzeichnet: Nepal hat nicht nur *ein* Kulturvolk, sondern viele.

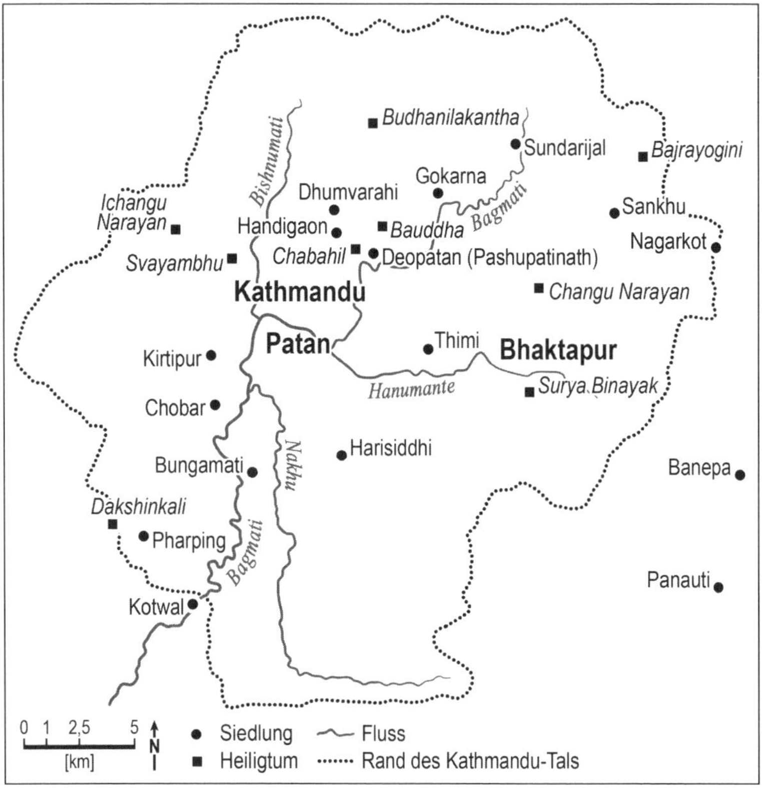

Karte 2: Das Kathmandu-Tal

9. Die Baugeschichte des Kathmandu-Tals

Spricht man von der Architekturgeschichte Nepals, spricht man von Niels Gutschow. Seine vielen, in den letzten Jahren monumentalen Werke zu Bhaktapur, den Stūpas und vor allem eben zur nepalischen Architekturgeschichte zeugen von einer intensiven Vertrautheit mit der Materie sowie von einem Streben nach Vollständigkeit, wie man es fast nur noch aus den enzyklopädischen Werken des 19. Jahrhunderts kennt. Meine nachfolgende Darstellung der Baugeschichte des Kathmandu-Tals, mit der ich nicht anstrebe, einen Kunstführer zu ersetzen, sondern versuche, Grundzüge historischer Entwicklungen aufzuzeigen, beruht im Wesentlichen auf seinen Werken und teilweise sogar auf seinen Formulierungen. Den Schlussabschnitt über das Kulturerbe haben wir zusammen verfasst.

Freilich ist Gutschow nicht der Erste, der sich mit der Architekturgeschichte Nepals befasst hat. Es begann vergleichsweise spät mit der nie publizierten Dissertation des indischen Kunsthistorikers Pratapaditya Pal, die er 1962 in Kalkutta einreichte. Und 1976 folgte Wolfgang Korn mit seiner *Traditional Architecture of the Kathmandu Valley*, in der erstmals Bauaufnahmen auf der Basis von Aufmaßen zu sehen waren. Es folgten namhafte Kunsthistoriker wie Mary Slusser oder Adalbert Gail.

Die urbane Kultur der Newar

Mindestens seit dem 6. Jahrhundert haben die Bewohner des Kathmandu-Tals eine baugeschichtlich einzigartige Kultur entwickelt, die im 16. bis 18. Jahrhundert unter den Malla-Königen ihren Höhepunkt erreichte. Diese Kultur ist eine urbane. Drei miteinander wetteifernde Königsstädte, Kathmandu, Patan und Bhaktapur, überboten sich gegenseitig in punkto Architektur, Kunst und Handwerk. Neben diesen ›Hauptstädten‹ sind viele kleinere Städte und Siedlungen zu belebten oder historisch wichtigen Städten geworden, deren Bauarten sich jeweils ähneln: die zeitweilig mächtige Stadt Banepa mit dem Caṇḍeśvarī-Tempel; Bungamati, seit dem Beginn des 7. Jahrhunderts belegt, Heimat des Matsyendranātha und alle zwölf Jahre Ausgangspunkt der gleichnamigen Prozession; Kirtipur, die Stadt, die als letzte von Pṛthvīnārāyaṇa Śāha erobert wurde, mit ihren Bāghabhairava- und Umāmaheśvara-Tempeln; Panauti, unter Bhūpatīndra Malla (1696–1722) Hauptstadt eines kleinen Reiches, mit dem Palast und dem alten Indreśvara-Tempel; Sankhu, Sitz des wichtigen Vajrayoginī-Tempels; Thimi, die Töpferstadt zwischen Kathmandu und Bhaktapur; Nuvakot, erster Sitz der Śāha-Könige außerhalb von Gorkha, in dem aber schon die Könige von Kathmandu Paläste gebaut hatten, bevor dann Pṛthvīnārāyaṇa einen Turm mit drei Dächern und sechs Geschossen hinzufügte; oder Gorkha, Sitz der Śāha-Könige bis zu Pṛthvīnārāyaṇa mit seinem alten Palast und dem Manakāmanā-Tempel nahebei, zu dem jetzt eine Seilbahn hinaufführt. Sieben Stätten (*monument zones*) sind 1979 zum UNESCO-Weltkulturerbe »Kathmandu Valley« erklärt worden: die Bereiche um die Darbar-Plätze von Kathmandu (mit dem Hanuman Dhoka), Patan und Bhaktapur (mit dem Nyātapola-Tempel), die Areale um die beiden Stūpas Svayambhū und Bauddha und die Umgebungen der hinduistischen Tempel Paśupatinātha und Cāṅgunārāyaṇa.

Die markantesten Kennzeichen dieser städtischen Architektur sind Tempel mit mehrfach gestuften Dächern, meist fälschlicherweise ›Pagodentempel‹ genannt, große Palastanlagen im Zentrum der Städte, private Wohnhäuser aus Backsteinen mit geschnitzten Holzfenstern und -türen, buddhistische Stūpas bzw. Caityas (Nev. *chibhāḥ*; Tibetisch *mchod-rten*, sprich: *chörten*), Klöster und hinduistische Asketenherbergen, offene oder halb überbaute Schreine, Stufenbrunnen, Plattformen für Rituale und Tänze sowie arkadenartige Rast- und Versammlungshäuser.

Die Heiligtümer sind nicht selten aufeinander bezogen und nach religiösen Kriterien angeordnet, etwa wenn wie in Bhaktapur die ›Acht Mütter‹ (Aṣṭamātṛkā) den alten Stadtkern umgeben und abgrenzen. Solche Anordnungsmuster bilden auch die Grundlage der Prozessionen, bei denen die Gesamtheit einer Göttergruppe aufgesucht wird, und nicht wenige machen jeden Tag die Runde, um etwa alle Sitze (*pīṭha*) der Mātṛkās, der ›göttlichen Mütter‹, in Bhaktapur aufzusuchen. Als Ordnungsmuster dienen beispielsweise auch die ›Vier Nārāyaṇas‹ – Cāṅgunārāyaṇa, Icaṅgunārāyaṇa, Śeṣanārāyaṇa und Viśaṅkhunārāyaṇa – an den Rändern des Kathmandu-Tals; die vier ›Aśoka‹-Stūpas, Erdhügel, die Patan umgeben, oder ›Zwölf Tīrthas‹ und Sitze der Schlangen, die Buddhisten an jedem achten Tag des zunehmenden Mondes aufsuchen.

Das Alltagsleben der Städte des Kathmandu-Tals war geprägt durch die Bauern, die in den Städten wohnten, durch Handwerk und Handel. Aber es war vor allem geprägt durch die Religion. Kaum zählbar sind die vielen kleinen Schreine, Tempel und Göttersitze, die sich in jedem Hinterhof, an jeder Straßenkreuzung oder an den Türschwellen der Häuser finden und denen nicht selten mehr Beachtung geschenkt wird als vielen der großen Monumente auf den Palastplätzen. Allmorgendlich bestätigt fast jeder Haushalt seine Zugehörigkeit zum jeweiligen Stadtteil, indem ein Mitglied, meist eine Frau, den nächstgelegenen Göttersitz des Viertels aufsucht. Das kann ein kleiner, überbauter Schrein sein oder nur ein unbehauener Stein am Wegesrand, der Gaṇeśa, Bhairava oder den Mātṛkās, den ›Göttlichen Müttern‹, geweiht sein kann. Meistens residieren die Götter in sogenannten Chvāsaḥ-Steinen, die jedem Haushalt zugeordnet sind. Die Götter werden um Beistand für den Tag, aber auch um die Erfüllung ganz konkreter Wünsche, wie die Heilung einer Krankheit, die Geburt eines Sohnes, Erfolg fürs Examen oder Glück im Spiel, gebeten. Und man bittet sie um Schutz bei rituellen Verunreinigungen. Nur bestimmte Götter und Dämonen nehmen aber verunreinigte Sachen wie etwa abgeschnittene Haare, Nabelschnüre oder Totenkleider an.

Einem jeden Stadtteil zugeordnet sind auch verschiedene Verbrennungsplätze. Stirbt ein Mensch, so wird der Leichnam auf genau vorgegebenen Totenwegen durch die Altstadt zum Verbrennungsplatz seiner Kaste getragen. An diesen sogenannten Ghāṭas befinden sich meist nur kleinere Götterschreine, Stūpas, Liṅgas, Votivtempel oder laubenartige Bauten (*sattala*), die Schutz bieten oder den Alten einen Platz zum Ausruhen.

Tempel und Paläste

Die Tempel des Kathmandu-Tals zeugen nicht nur von einem lebendigen religiösen Leben, sondern auch von dem Bestreben, dieses Leben sichtbar zu machen. Die Motive für die Errichtung der Tempel sind vielfältig: Zum einen wurden Tempel für die Schutzgottheiten, meist tantrisch verehrte Göttinnen, in der Regel die Taleju (eine Form der Durgā), gebaut. Zum anderen galten die Herrscher als Inkarnationen von Viṣṇu, was die große Zahl an viṣṇuitischen Tempeln erklärt. Zum dritten war Nepal seit alters her vom Śivaismus geprägt, als dessen Ausdruck das Nationalheiligtum, der alte und immer wieder erneuerte Paśupatinātha-Tempel, gilt. Reiche Aristokraten und religiöse Gemeinschaften haben sich diesen Vorlieben angeschlossen, aber auch wie manch ein ›Gewöhnlicher‹ kleinere Tempel oder Schreine gestiftet, die oft Gaṇeśa oder Bhairava gewidmet sind.

Im Hinduismus können sich die Götter nahezu überall manifestieren: in Tempeln und Schreinen ebenso wie in Menschen, Tieren oder Pflanzen. Die einfachste Form der Repräsentation sind Göttersitze in unbearbeiteten Steinen für tantrische Pīṭha-Gottheiten. Das können große Felsbrocken sein oder kleine unbewegliche oder bewegliche Steine wie etwa beim ›Versteckten Śiva‹ (Lukumahādyaḥ) in den newarischen Innenhöfen oder Klangottheiten (Nev. *dugudyaḥ/digudyaḥ*) auf den Feldern (vgl. S. 278f.). Oft sieht man vor den Häusern oder auf dem Weg auch einen kleinen, mit Zinnober bestreuten Stein. Dabei handelt es sich um einen fest mit dem Boden verwurzelten und daher nicht beweglichen Sitz von Gottheiten (Nev. *chvāsaḥ*, *pikhālākhu*, Skt. *kṣetrapāla*), die als Wächter der Schwelle, des Ortes oder von Kreuzungen betrachtet werden und die es zu beschwichtigen gilt. Je nach Bedeutung und Verehrungsfrequenz können diese einfachen Sitze, die in der Regel von Niedrigkastigen versorgt werden, zu meist offenen, U-förmigen, ornamentierten Schreinen erweitert werden. Dies gilt besonders für die Sitze (*pīṭha*) von lokalen, mehr und mehr sanskritisierten Göttinnen, die im inneren Stadtbereich noch zusätzlich ein Götterhaus haben, das manchmal nur schwer von normalen Wohnhäusern der Newar zu unterscheiden ist, wenn es nicht eine Spitze oder einen Dachreiter aufweist. Am Schrein finden sich fast immer noch Skulpturen mit Wächterfiguren (*dharmapāla*, *kṣetrapāla*) sowie lotusförmige Steine (*maṇḍala*) im Boden. Am Eingang zum Schrein steht normalerweise eine Glocke.

Im Unterschied zu den tantrischen Pīṭha-Gottheiten brauchen die hinduistisch-purāṇischen Hochgötter ein Dach über dem Kopf: einen Tempel. Der größte Typ des newarischen Tempels ist die sogenannte Pagode – ein im 19. Jahrhundert auch für Nepal übernommener Begriff, der irreführend ist, weil dieser Stil keine Verbindungen nach Ostasien aufweist und der

Begriff eigenständige Besonderheiten der newarischen Architektur eher verdeckt als heraushebt. In Nepal werden die betreffenden Bauten mit mehrstufigen Dächern (Nev.) *degaḥ* oder (Nep.) *mandira* bzw. *devālaya* genannt; alle diese Wörter bedeuten schlicht ›Gotteshaus‹ oder ›Tempel‹. Begriffe für tantrische Götterbehausungen sind z.B. (Nev.) *āgãchẽ* oder *dyaḥchẽ*, die die gleiche Bedeutung haben.

Die Tempel tragen in der Regel den Namen der zentralen Gottheit. Im Inneren steht das Sanktum, meist eine Statue, umgeben von anderen Gottheiten. Um dieses Sanktum kann man nur in wenigen Fällen herumgehen. Patan führte ab 1627 mit dem Viśveśvara-Tempel äußere Wandelgänge ein, die sich schnell großer Beliebtheit erfreuten. Hinduistische Tempel sind aber keine Versammlungshallen für Gläubige, sondern dafür gedacht, dass Einzelpersonen oder kleine Gruppen die Götter frontal verehren.

Zunächst hatten die Tempel wohl nur ein Dach und einen quadratischen Grundriss sowie Türen an allen Seiten. Die Obergeschosse sind normalerweise für die Gläubigen nicht begehbar; nur in Ausnahmefällen, wie etwa beim Bhīmasena-Tempel in Patan, befindet sich daher das Sanktum oben. Im Bestreben, die Götterbauten weithin sichtbar zu machen, kamen in der Malla-Zeit bis zu vier Dächer hinzu, die sich nach oben hin verjüngen, ohne dass sie zusätzlich begehbaren Raum schaffen. Die meisten Tempel der Malla-Zeit stehen zudem auf einem Stufensockel. In Kathmandu wurde in der Mitte des 17. Jahrhunderts der monumentale Taleju-Tempel sogar mit einem zwölfstufigen Sockel gebaut. Noch höher sind aber der Kumbheśvara in Patan und der 1702 in nur acht Monaten errichtete Nyātapola-Tempel in Bhaktapur mit jeweils fünf Dächern, gefolgt von zwei Tempeln in Nala und Handigaon mit je vier Dächern. Tempel für Göttinnen und Bhairava haben oft auch einen rechteckigen Grundriss und nur eine Tür – so der Mahālakṣmī-Tempel in Thimi (spätes 17. Jh.), der Bālakumārī-Tempel in Patan (1622, erneuert im 18. Jh.) oder der Bhairava-Tempel in Bhaktapur (1717, neu gebaut 1940). Drei Tempel mit einem achteckigen Grundriss sind Kṛṣṇa geweiht.

Die Tempel bestehen aus gebrannten Ziegeln und handtellergroßen Dachziegeln, die mehrfach überlappend in einen Untergrund aus Lehm gedrückt werden – ein Charakteristikum newarischer Baukunst –, sowie aus Holz für Säulen, Dachstreben, Tympana und Fenster. Dachkonstruktionen mit bis zu vier Meter überhängenden Traufen sind typisch für Häuser, Klöster (Nev. *bāhāḥ*, *bāhāla; bahī*), zweistöckige Gemeinschaftshäuser (Nev. *capāḥ*, Nep. *sattala*) und Tempel. Die Dachhaut ruht auf in ganz geringem Abstand gesetzten Sparren und Pfetten, die von den geschnitzten, im Winkel von 45 Grad angebrachten Streben gehalten werden. Diese geschnitzten Teile sind aus dem Holz des Sal-Baums (Skt./Nep. *śāla*, *Shorea robusta*) gefertigt, einem harten Tropenholz, das früher aus den benachbarten Tälern herbeigeschafft wurde; heute wächst der Sal-Baum aber überwiegend an den Ausläufern des Himalaya.

Nur einige prunkvolle Tempel haben Dächer aus Kupferblechplatten, die wie beim Paśupatinātha auch vergoldet sein können. An fast allen Tempeldächern sind kleine, im Wind erklingende Glocken angebracht, und bei besonderen Anlässen werden sie mit einem umlaufenden, rot-goldenen Banner geschmückt. Das Dach ziert meist eine aus Kupfer gefertigte Spitze (*gajura*), die auch vergoldet sein kann.

Über den ein- bis dreiteiligen Türen der Tempel hängt in der Regel ein geschnitztes Tympanum (*toraṇa*) und in die Türrahmen sind oft anthropomorphe Figuren der Flussgöttinnen Gaṅgā und Yamunā geschnitzt (vgl. Abb. 19). Der Türsturz ist meist extrem breit und reicht weit über die Türpfosten hinaus. An den Außenwänden befinden sich in Nischen hölzerne Tafeln mit Darstellungen diverser Gottheiten, oft von Wächtern des Universums. Vor den Eingängen stehen nicht selten steinerne Löwen oder andere Fabeltiere als Wächter. Vor hinduistischen Tempeln stehen außerdem die Reittiere und Paraphernalien der jeweiligen Gottheit, bei einem Śiva-Tempel also meist der Bulle Nandī und ein Dreizack, bei einem viṣṇuitischen Tempel der mythische Vogel Garuḍa oder eine Muschel. Der Viśveśvara-Tempel in Patan von 1627 diente als Prototyp für mehr als 300 so oder ähnlich ausgestattete Tempel. Er weist aber auch zahlreiche ikonographische Besonderheiten auf. So findet sich hier erstmals die Darstellung von Drachen, die chinesischen Darstellungen entsprechen, die die newarischen Handwerker bei ihren Auftragsarbeiten und Reisen kennengelernt hatten.

Der kurvilineare Śikhara-Tempel ist ein zuweilen weiß getünchter Stein- und Ziegeltempel mit einem Turmaufbau, der an den Außenseiten meist ornamentiert ist. Dieser aus Indien stammende Typus ist im Kathmandu-Tal, aber auch außerhalb davon seit dem 16. Jahrhundert verbreitet. Zu den frühesten Śikhara-Tempeln gehören der Narasiṃha-Tempel (1589) und der Mahābauddha-Tempel (1601) in Patan. Bis etwa 1870 wurden weitere 75 Śikhara-Tempel gebaut. Zu den herausragenden gehört der 1637 errichtete Kṛṣṇa- oder Bālagopāla-Tempel in Patan. Er hat drei Stockwerke, die alle von außen umwandelt werden können. Im ersten Stock hat Kṛṣṇa seinen Sitz, im zweiten Śiva als Viśvanātha, ›Herr des Universums‹. Dieser Tempel wurde zum Vorbild für eine Reihe ähnlicher Tempel, darunter der zweite, 1723 erbaute, achteckige Kṛṣṇa-Tempel im Süden des Palastplatzes von Patan.

Kuppeltempel, deren Außenwände ebenfalls gemauert und in der Regel verputzt sind, stehen auf einem meist quadratischen Fundament und haben eine zwiebelartige Kuppel als Dach. Sie sind durch die nordindische Mogul-Architektur beeinflusst, die in der Rāṇā-Zeit nach Nepal importiert wurde. Derartige Tempel wurden meist zur Erinnerung an Verstorbene errichtet und stehen besonders in Deopatan oder beim Kalamochanghat in Kathmandu.

Lauben und Versammlungshäuser (Nev. *phalcā*; Nep. *pāṭī*, *sattala*; Skt., *maṇḍapa*, *dharmaśālā*) sind als Aufenthaltsräume bei Ritualen gedacht und meist von Privatleuten oder Guṭhīs gestiftet. Diese Pāṭīs, von denen es in unterschiedlichen Formen und Größen in Nepal über 500 gibt, sind in der Regel im Erdgeschoss zur Straße hin offen; hier werden unter anderem die Festessen der Guṭhīs zubereitet, bisweilen auch Ritualobjekte aufbewahrt. Viele sind inzwischen zu Wohnungen oder Läden umgewandelt worden. Größere Versammlungshallen sind bzw. waren der Kāṣṭhamaṇḍapa (um 1640) und der Kavīndrapura (1657, 1940 erneuert und 1988 neu errichtet) in Kathmandu sowie der Dattātreya in Bhaktapur (16. Jh., erweitert im 19. Jh.).

Markante Bauten der Newar-Architektur sind auch die Paläste. Als Machtzentren sind sie pompös und sichtbar ausgestaltet. Die Macht wird den Herrschern aber von den Göttern verliehen, oder zumindest sind die Herrscher auf deren Wohlwollen angewiesen. Daher befinden sich in unmittelbarer Nähe von Malla-Palästen immer große Tempel für die Schutzgöttin der Mallas, die Taleju. Wie die Paläste vor der Malla-Zeit ausgesehen haben, wissen wir nicht, auch wenn sich in den Licchavi-Inschriften Hinweise und Namen von Machtzentren finden. Die einzelnen Räume der Malla-Paläste dienten vermutlich als Gemächer für den Klan des Königs, als Verwaltungsgebäude und Unterkünfte für die Dienerschaft. Da aber viele Innenräume nur wenig belichtet und belüftet, oft sehr eng und im Erdgeschoss feucht sind, ist ihre tatsächliche Nutzung unklar. Größere Versammlungen konnten dort nicht stattfinden, auch als Lagerräume taugen diese Räumlichkeiten kaum.

Die Paläste sind in der Regel um Innenhöfe herum angelegt. In den privaten Teilen befinden sich Stufenbrunnen für rituelles Wasser sowie kleine Tempel oder Schreine. Manche Gebäude sind im Erdgeschoss zum Hof hin offen. Es ist anzunehmen, dass dort und in den Innenhöfen Empfänge stattfanden oder Gerichtsurteile gefällt wurden, wobei der Hauptinnenhof für Rituale reserviert gewesen sein könnte. An die Paläste schließen sich Gartenanlagen an, in denen sich auch das Schatzhaus befindet. Um diese abgeschlossenen Bereiche herum, aber ganz in der Nähe des Machtzentrums, auf den Palastplätzen (Darbar Squares), stehen sehr viele große und kleine Tempel, die oft von der Aristokratie, aber auch von den Herrschern selbst gestiftet wurden.

Große Glocken, hohe Säulen mit Herrschern darauf oder wie in Kathmandu eine riesige Pauke verleihen den Plätzen eine herrschaftliche Anmutung, wobei aber nicht das Militärische im Vordergrund steht. Anders als bei den Śāhas in Gorkha oder Nuvakot handelt es sich bei den Palästen der Mallas nicht um Festungen oder Burgen, obgleich die architektonische Machtanordnung ein Gemisch aus Offenheit und Abgeschlossenheit repräsentiert: Die Fenster der newarischen Paläste (und Häuser) sind im ersten Obergeschoss immer vergittert, so dass das Haus im Prinzip uneinsehbar ist; im zweiten Obergeschoss können die vergitterten Flügel geöffnet werden. Insbesondere für die Frauen gilt, dass sie zwar aus den Holzgitterfenstern heraussehen, selbst aber nicht gesehen werden konnten. Der König lebte meist auch abgesondert vom Stadtgeschehen und ließ sich überwiegend nur bei Festen und Ritualen blicken. Der Zugang zum Palast war streng bewacht und nur über einen Haupteingang möglich. Vom 1770 von Pṛthvīnārāyaṇa in Auftrag gegebenen, ursprünglich neungeschossigen und vierdächrigen, jetzt fünfstöckigen Basantapur- oder Nautale-Turm in Kathmandu aus ließ sich die ganze Stadt überblicken.

Nahezu alle Könige und Königinnen sowie manch ein Minister haben sich in Stiftungstempeln verewigt oder sind in Votivtempeln verewigt worden, die zur Erinnerung an sie errichtet wurden. Wenige größere Tempel wurden von Privatpersonen in Auftrag in gegeben. Interessant ist, dass selbst die Geliebte von Raṇabahādura Śāha, Lakṣmīdevī, einen Tempel in Erinnerung an diesen König bauen durfte: den Lakṣmīśvara in Teku (1812/13). Bei vielen der größeren oder besonders reichhaltig ausgestalteten Tempel handelt sich um Staatstempel, wie beim Indreśvara in Panauti, dem Yakṣeśvara in Bhaktapur und den Nārāyaṇa-Tempeln auf allen Palastplätzen.

Stūpas und Klöster

Die Erbauung buddhistischer Heiligtümer, zu denen neben den Tempeln die Stūpas und die Klöster zählen, ist meist buddhistischen Gemeinden geschuldet. Ein Stūpa, auch *caitya* (Nev. *cibhāḥ*) genannt, ist ein nicht begehbarer Kuppelbau, der linkshändig umwandelt wird. Er besteht aus einem Unterbau, einer kuppelartigen Wölbung, in der sich bei den großen Stūpas ein zentraler Pfahl (Skt. *yūpa*, *yaṣṭi*, Nev. *yaḥsī*) befindet, einem daraufgesetzten viereckigen ›Hals‹ und unterschiedlich vielen Kultschirmen. Diese Elemente haben Anlass zu vielen Deutungen gegeben, etwa dass die Kuppel als Weltenei (*aṇḍa*, *garbha*), der innere Pfahl als *Axis mundi*, die Schirme (*chatra*) als Königssymbol und die Stufen als die Stufen eines Bodhisattva oder der 13 Götterklassen zu verstehen seien. Ein Stūpa kann wie beim Mahābauddha-Tempel in Patan auch auf einem kleinen, schreinartigen Śikhara-Tempel aufgesetzt sein. Fast alle Stūpas tragen Skulpturen der vier Tathāgatas und Bodhisattvas an ihren Seiten und sind Votivstūpas, errichtet im Gedenken an die Verstorbenen und zum eigenen Heil.

Das baugeschichtliche Muster der Stūpas zeigt sich besonders am monumentalen Svayambhū in Kathmandu. Der Legende nach soll Mañjuśrī an der Stelle des späteren Svayambhūcaitya, der erst seit dem letzten Jahrhundert auch Svayambhūnātha (›der von selbst Entstandene [Buddha]‹) genannt wird, einen Lotus gefunden haben, als er mit einem Schwert in die umliegenden Berge schnitt, um den See abfließen zu lassen, der einst das Tal bedeckte. Ein Mañjuśrī-Tempel, der von Hindus auch als Sitz von Sarasvatī, der Göttin der Weisheit und der Künste, verehrt wird, liegt westlich des Svayambhūcaityas. Einen ersten Hinweis auf den Svayambhū gibt eine Inschrift aus dem 5. Jahrhundert, konkret erwähnt wird er aber erst in den *Roten Annalen* des Panchen Sonam Drakpa aus dem 14. Jahrhundert, wo es um die Erneuerung des zentralen Pfahls geht.

Die heutige Gestalt des Caitya geht wohl auf eine umfassende Erneuerung aus dem Jahr 1372 zurück, wie eine Inschrift kundtut. Seit dem 18. Jahrhundert wird der Caitya als *mahācaitya* (›großer Caitya‹) bezeichnet, dessen vier Augenpaare am quadratischen Kuppelaufsatz in alle Richtungen schauen und weithin sichtbar sind. Der Hauptzugang ist die östliche Treppe mit 365 Stufen, die von mehreren Votivcaityas und Akṣobhya-Statuen aus der frühen Śāha-Zeit gesäumt wird. Der Caitya selbst ist voll von einer Symbolik, die, auch in Manuskripten, vielfach diskutiert und immer wieder neu gedeutet wurde. Auf einem kreisförmigen Grundriss erhebt sich die oben abgeflachte Halbkugel: der Leib des Buddha und Sinnbild seiner Vollkommenheit. Ein Geländer mit 211 Gebetsmühlen umgibt die Kuppel, eine jede trägt das heilige Mantra *Oṃ maṇi padme hūṃ* (›O du Kleinod in der Lotosblüte‹). Auch wurden ab dem 18. Jahrhundert Nischen mit den fünf Transzendenten Buddhas nebst bewachenden Reittieren in den Caitya eingelassen, die von Bhāskara Malla (1700–22) gestiftet wurden: im Osten Akṣobhya auf dem Elefanten sowie Vairocana auf dem Löwen, im Süden Ratnasambhava auf dem Pferd, im Westen Amitābha auf dem Pfau und im Norden Amoghasiddhi auf dem himmlischen Vogel Garuḍa. Zwischen diesen Transzendenten Buddhas, die auch die kosmischen Elemente verkörpern, liegen Nischen für die vier ihnen zugeordneten weiblichen Aspekte, die Buddhaśaktis.

Ein zentrales Element des Caitya ist der hölzerne Pfahl im Inneren, der nach einer Beschädigung durch Blitz oder Sturm erneuert werden muss; letztmalig geschah dies 1817, und 1918 wurde der ganze Caitya in größerem Umfang mit Kupferblech aus Deutschland renoviert. Aus alten Aufzeichnungen wissen wir, dass der Baum immer 48 Ellen (22 m) und sieben Fingerbreiten umfasste, während die Gesamthöhe des Caitya knapp 31 Meter beträgt.

Von König Pratāpa Malla (1641–74) stammt der große, mit 1667 datierte, bronzene Vajra (tibetisch Dorje) auf einem großen Mandala im Osten des Caityas. Vajra ist in der hinduistischen Mythologie eine Donnerkeil-Waffe Indras, im Buddhismus aber eher ein Diamantzepter und Symbol der Unzerstörbarkeit der Lehre des Buddha. Pratāpa Malla errichtete auch zwei Sakralbauten im Stil hinduistischer Śikhara-Tempel: Pratāpapura und Anantapura, die nach ihm und seiner Lieblingsfrau benannt, aber esoterischen Göttinnen des Vajrayāna-Buddhismus geweiht sind. Der Caitya ist seit dem 18. Jahrhundert umgeben von einem bhutanesischen und seit 1962 einem tibetischen Kloster (Gompa, Tibetisch: *dgon pa*), Versammlungshäusern, Pāṭīs und Sattalas für Besucher, Häusern der Wärter und Betreuer sowie von Souvenirläden. Zu den größeren Bauten zählt ein tantrischer Tempel, der der vor Pocken und Kinderkrankheiten schützenden Göttin Hārītī bzw. Sītalā geweiht ist, die aber in diesem buddhistischen Umfeld keine Blutopfer erhalten kann.

In welchem Ausmaß der Vajrayāna-Buddhismus sich selbst als Vervollkommnung des Buddhismus versteht, zeigt sich an der Deutung der

Schirme des Svayambhūcaityas, die aus dem Turm herausragen. In Indien hatten die Stūpas des 2. Jahrhunderts wohl nur einen Schirm, frühe Bauten hatten drei. Der Svayambhū hat seit dem 12. Jahrhundert 13 Schirme. Aus alten Bauzeichnungen und teilweise tibetischen Texten gehen Zuordnungen der Doktrin zu diesen Schirmen hervor. Demnach entsprechen die ersten zehn Schirme den zehn Stufen (*daśabhūmi*) des Bodhisattvaweges: 1. die freudige (*pramuditā*), 2. die fleckenlose (*vimalā*), 3. die Licht bewirkende (*prabhākarī*), 4. die flammende (*arciṣmatī*), 5. die zugewandte (*abhimukhī*), 6. die schwer erringbare (*sudurjayā*), 7. die weitreichende (*dūraṅgamā*), 8. die unbewegliche (*acalā*), 9. die mit höchster Weisheit versehene (*sādhumatī*) und 10. die mit der Wolke der Lehre versehene (*dharmameghā*) Stufe. Man hätte auch andere Zehner-Begriffsreihen nehmen können, wie sie im Buddhismus beliebt sind, etwa die zehn Erkenntnisfähigkeiten (*daśajñānabala*), beim Svayambhū hat man aber die zehn Stufen genommen, die derjenige, der den dringenden Wunsch verspürt, einstmals zum Buddha zu werden, spirituell erklimmen muss. Vom newarischen Vajrayāna-Buddhismus wurden nun noch drei weitere Stufen und dementsprechend drei Schirme hinzugefügt, wobei man sich offensichtlich nach dem *Dharmasaṃgraha*, einem in Nepal verbreiteten Kompendium buddhistischer Begriffe, richtete. Dieser Text schließt an die zehn *bhūmis* noch diese drei an: 11. die ganz erleuchtete Stufe (*samantaprabhā*), 12. den brennenden Wunsch (*adhimukti*) [nach Erleuchtung] und 13. die Welt des Vajra (*vajra*). Die Welt des Vajra, das heißt in diesem Fall die Weihe zum *vajrācārya*, dem Vajra-Meister, ist also die höchste Stufe. Der Svayambhūcaitya bringt damit sichtbar zum Ausdruck, dass sich der Vajrayāna-Buddhismus als Vervollkommnung des mahāyānistischen Heilsweges versteht.

Ein besonderes baugeschichtliches Merkmal Patans (und in geringerem Umfang Kathmandus) sind die rund 350 ehemaligen Klöster. Allein Siddhinarasiṃha Malla (1619–61) soll 25 Klöster an Gemeinden übergeben haben. Nahezu jeder vierte Hofeingang der Altstadt von Patan führt in eine solche Klosteranlage, die nicht vor dem 17. Jahrhundert erbaut wurden. Allerdings handelt es sich meistens nicht mehr um Herbergen buddhistischer Mönche, sondern um mehr oder weniger weltliche Wohnplätze von Newar-Großfamilien, die sich als Gemeinde (*saṃgha*) verstehen. Wie auch in Kathmandu unterscheidet die Tradition in Patan zwischen Klöstern (Nev. *bāhāḥ*) für verheiratete Mönche (*gṛhastha-bhikṣu*) und Klös-

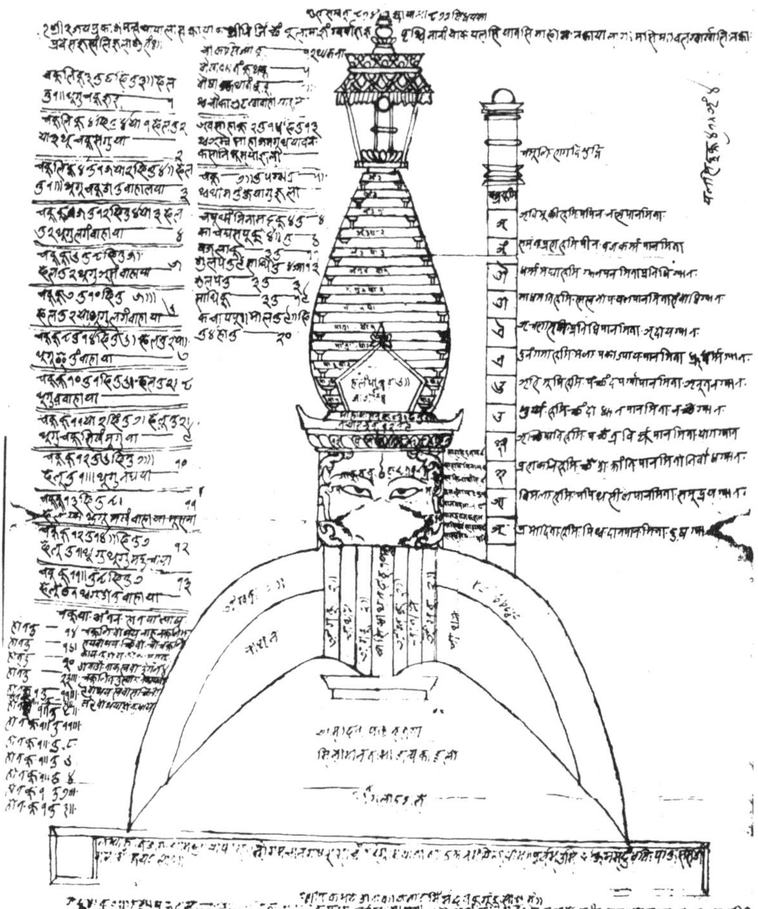

Abb. 23: Zeichnung mit Maßangaben für die Rekonstruktion des Svayambhū-Stūpas, 1753–56 (aus: Kölver 1992a: 5)

tern (Nev. *bahī*), die ursprünglich unverheirateten Mönchen vorbehalten waren. Die Hauptklöster (*mū bāhāḥ*) haben Zweigstellen (*kacā bāhāḥ*). In einigen Bāhāḥs sind nur Vajracharya, in anderen Vajracharya und Shakya; in den älteren Bahīs sind nur Shakya vertreten (zu den Kastennamen s.o., S. 43).

Wasser und Wasserarchitektur

Besonders wichtig und daher architektonisch sorgfältig ausgeschmückt sind die vielen Wasserstellen Nepals: die Zugänge zu den Flüssen (*ghāṭa*), die Wasserbecken (*kuṇḍa*, Nev. *pukhū*), die alten Ziehbrunnen (Nev. *tun*) oder die begehbaren Stufenbrunnen (*dhārā*, Nev. *hiti*) mit den Wasserspeiern, die Krokodilen ähnlich sehen (*makara*). Genauer gesagt handelt es sich um hybride Fabelwesen mit dem Maul eines Krokodils oder Gavials, die oft mit nach oben gerollter Schnauze dargestellt werden. Diese Architektur zeugt von der Bedeutung des Wassers in Nepal als wichtigster natürlicher Ressource; angeblich hat Nepal die zweitgrößten Wasserserven der Welt. Sie schöpfen in erster Linie aus dem ›Ort des (ewigen) Schnees‹, wie der Himalaya wörtlich heißt, sowie aus großen Mengen an Regenwasser. Es gibt in Nepal geschätzte 6000 Flüsse und Nebenflüsse mit über 45.000 km Länge. Das Himalaya-Wasser fließt über das Ganges-Brahmaputra-System in die Bengalische Bucht oder über das Indus-System ins Arabische Meer.

Der Wasserreichtum könnte eine der großen Einnahmequellen Nepals sein, bildet er doch die Grundvoraussetzung für Wasserkraftwerke und damit für die Gewinnung der benötigten und exportierbaren elektrischen Energie. Allerdings ist die wiederholt vorgetragene Ansicht, dass Nepal über mehr Wasser verfüge als Indien, irrig. Die Berge speichern nämlich nur wenig Schmelzwasser, so dass die großen Flüsse nach Süden hin zwar wasserreich sind, aber in den Dörfern jenseits von ihnen besteht oft Wasserknappheit. Vor allem profitiert Indien vom Wasser Nepals: In der Regenzeit stammen 70, in der Trockenzeit 40 % des Ganges-Wassers, von dem ein Viertel der Bevölkerung Indiens abhängt, aus dem nepalischen Himalaya. Es wird benötigt, um die Bewässerung und damit die ausreichende Ernährung Nordindiens zu gewährleisten. Hier gibt es entsprechend einen Interessenskonflikt zwischen Indien und Nepal: Während Indien an einer kontinuierlichen Versorgung interessiert ist, möchte Nepal das Wasser stauen und zur Gewinnung von Elektrizität nutzen, um diese wiederum an Indien verkaufen zu können.

Kein Wunder also, dass es schon vergleichsweise früh Auseinandersetzungen um Nepals Wasser gegeben hat, wobei sich die Überzeugung festgesetzt hat, dass Indien Nepal in ungünstigen Abkommen über den Tisch gezogen hat. Tatsächlich hat Indien ab 1927 Wasserstauwerke an der Grenze zu Nepal gebaut, deren Nutzen vornehmlich Indien selbst zugutekam. Vor allem hat aber das Ende der 1980er Jahre gebaute Tanakpur-Stauwerk zu erheblichen politischen Turbulenzen geführt, denn dieses wurde auf der Grundlage eines geheim gehaltenen Vertrags zu einem großen Teil auf nepalischem Boden gebaut. Im Ergebnis musste Nepal Wasser umsonst abgeben und Strom hinzukaufen. Der Protest blieb nicht aus; vor allem die maoistischen Rebellen klagten die bürgerliche Regierung Nepals immer wieder für diesen Ausverkauf an.

Doch auch bevor sich solche ›modernen‹ Konfrontationen ergaben, die durch Umweltprobleme noch verstärkt werden, da einige Flüsse zu stinkenden Abwässern geworden sind, gab es in der Geschichte Nepals regelmäßig Auseinandersetzungen um Wasser. Sie entzündeten sich entweder – im Monsun – an zu viel Wasser, was zu vernichtenden Überschwemmungen und Erdrutschen führte, oder – in den übrigen Monaten – an zu wenig Wasser, was Dürren bis hin zu Hungersnöten zur Folge hatte. Das Wohl und Wehe Nepals hing also schon immer an einer klugen und vorausschaubaren Wasserregulierung, sofern diese möglich war. Der Streit um die Bewässerung der Reisfelder ist kein neuer, die mangelnde Versorgung der Bevölkerung mit sauberem Trinkwasser kein rezentes Phänomen, die fehlende Kanalisation ebenso wenig.

Im traditionellen Nepal vertraute man in erster Linie auf die Regen spendenden Götter und Halbgötter wie die in der Unterwelt, in Seen oder Brunnen lebenden Schlangen (*nāgas*), die in den Chroniken und anderen Texten als Wassertiere und Hüter der Wasser – im Sanskrit ist ›Wasser‹ (*āpas*) ein Pluralwort – erscheinen. Dabei wurde das Einsetzen des Monsuns nach dem heißen und trockenen Frühsommer immer als Erlösung empfunden. Tatsächlich verändert sich mit dem heftigen Regen fast über Nacht die gesamte Vegetation: Alles wird grüner und bunter, Blüten sprießen, herunterhängende Äste und Zweige richten sich auf, trockene Flussbetten wachsen zu unüberwindbaren Flüssen an, überall quaken Frösche. Ein zu früh, zu spät oder zu heftig einsetzender Monsun konnte und kann dagegen verheerende Folgen haben.

Dieses Bangen um das Wasser hat sich in der Literatur, in Kunst und Architektur, in Mythen und in Ritualen niedergeschlagen. Dabei spielen die Schlangen als Regenmacher, die es zu verehren und zu beschwichtigen galt, eine zentrale Rolle. Geschah dies nicht, konnte eine Dürre die Folge sein. Schon die Entstehung von Nepāla, dem Kathmandu-Tal, wird auf die Schlangen zurückgeführt, indem der See der Vorzeiten, Kālīhrada (›See der Kālī‹) oder Nāgavāsa (›Wohnort der Schlangen‹), als von den Schlangen und ihrem König Karkoṭaka beherrscht vorgestellt wurde. Als Mañjuśrī mit seinem Schwert die südöstliche Bergkette durchschlug und bei Kotwal das Wasser abfließen ließ, waren die Schlangen in Gefahr. Ihnen blieben, so das *Svayambhūpurāṇa* und die Chroniken, nur einzelne Seen und Teiche, besonders der Taudaha-(›Schlangen‹)-See nahe Chobhar, wo die Bewohner Karkoṭaka einen Unterwasserpalast bauten. Der Ort wurde zu einem beliebten Pilgerort. Das

Rāto-Matsyendranātha-Fest beruft sich auf die Legende, nach der Gorakhanātha durch seine Meditation auf den Schlangen eine zwölf Jahre andauernde Dürre auslöste, die erst durch einen Trick seines Schülers Matsyendranātha gestoppt werden konnte, der ihn zum Aufstehen bewegte. Danach regnete es wieder. Das kleine schwarze Hemd (*bhoṭo*), das auf dem Höhepunkt der mehrwöchigen Wagenprozession gezeigt wird, ist ein Geschenk des Schlangenkönigs Karkoṭaka an einen Heiler (Vaidya), der seine Frau gesund gemacht hatte. An diesem Tag muss es, so der Volksglaube, regnen.

Die Angst der Menschen vor zu wenig oder zu viel Regen bringt auch das zum Ausdruck, was man sich am ›Zwölf-Jahre-Brunnen‹, dem Bāhrabarṣa Ināra, im Musum Bāhāḥ, Kathmandu, erzählt. Der Legende nach soll dort König Guṇakāmadeva bei einer Dürre zwölf Jahre lang gegraben haben, um die Unterwelt und damit den Schlangenkönig Karkoṭaka zu erreichen. Ihm half der Priester Śāntikara, der in einer Höhle nahe dem Svayambhū-Stūpa lebte. Als sie den Grund erreichten und Karkoṭaka erschien, sangen der König und sein tantrischer Priester ihm zu Ehren 108 Hymnen. Der Schlangenkönig war darüber so erfreut, dass er versprach, immer dann Regen zu schicken, wenn ihm diese Gesänge gesungen würden. Guṇakāmadeva ließ daraufhin für Karkoṭaka einen Schrein, den Nāgapura oder Vāsīgāḥ, beim Svayambhū errichten, ganz in der Nähe des Transzendenten Buddhas Amoghasiddhi, der selbst auf einer Schlange sitzt. Ein großes Wandgemälde im dortigen Śāntipura-Tempel gab Szenen dieses Mythos nach dem *Svayambhūpurāṇa* wieder, bevor es beim Erdbeben von 2015 zerstört wurde. Die besondere Rolle des Wassers in Nepal spiegelt sich auch in dem Mythos, dass die ersten Wasser aus Viṣṇus Nabel entsprungen seien, imposant dargestellt in dem auf dem Wasser schlafenden (Jalaśayana) bzw. auf einer Schlange ruhenden (Śeṣanārāyaṇa) Viṣṇu in Budhanilakantha.

Viele nepalische Rituale sind direkt oder indirekt den Schlagen gewidmet. An Nāgapañcamī, dem ›Schlangenfünften‹ des Monats Śrāvaṇa (Juli/August), also in der Regenzeit, werden die Schlangen mit Milch und Süßigkeiten verehrt und die Schlangenbilder über den Hauseingängen erneuert, bei jedem Hausbau müssen die Schlangen ihren Teil abbekommen und an Sithinakha, dem sechsten Tag des Monats Jyeṣṭha (Mai/Juni), werden die Brunnen und Wasserstellen gereinigt und verehrt. An Janaipūrṇimā, dem Vollmond von Śrāvaṇa, schließlich wird das Liṅga am 1392 errichteten und 1809 erneuerten Kumbheśvara-Tempel in Patan mit einer Metallhaube aus Schlangenmustern bedeckt – der Name des Tempels, ›Herr der Wassertöpfe‹, drückt ebenso die Nähe zu den Wassern aus wie die angenommene unterirdische Verbindung zum heiligen See Gosainkund, so dass Gläubige durch

Abb. 24: Budhanilakantha, Viṣṇu auf den Schlagen, 1976 (Photo G. Eichmann)

ein Bad im Wasserbecken des Kumbheśvara dasselbe religiöse Verdient erwerben können wie durch die mühsame Pilgerreise zu diesem See.

Überhaupt richtet sich der newarische Festkalender nach der vom Wasser abhängigen Reispflanzung, vom ersten Aussetzen der Saat an Jyā Punhī, dem Vollmond des Monats Āṣāḍha (Juni/Juli, und dem Pflanzen der Setzlinge bis zum Erntebeginn an Dasaī̃ und dessen Ende am Lakṣmīcaturdaśī im Monat Kārttika (Oktober/November). Auch wenn die newarischen Bauern zu Beginn des Monsuns am 15. Tag der lichten Hälfte im Monat Śrāvaṇa an den Ecken eines Feldes Frösche mit Reis und Bohnen verehren und eine Frosch-Figur aus Lehm vergraben, wird diese Verbindung zwischen Regenwasser und Fruchtbarkeit deutlich.

Da Schlangen in der Unterwelt leben, gelten sie außerdem als Tiere, die Reichtum und Edelsteine bringen oder beschützen. Dementsprechend werden sie oft zusammen mit Juwelen dargestellt, etwa beim Schlangenstock (*nāgakaṣṭha*) des Wasserbeckens im Yachẽ Ṭol in Bhaktapur. Auch die Architektur greift diese Reichtum und Fruchtbarkeit verheißende Verbindung von Wasser und Schlangen auf. So zieren Schlangen als Türwächter (*dvārapāla*) viele Tempeleingänge und Tympana, dort auch oft in Verbindung mit Garuḍa, der die Nāgas kontrolliert und besiegt, indem er sie im Maul oder in den Klauen hält. So halten im Kloster Haka Bāhāḥ in Patan stilisierte Schlangen einen Baldachin über einen Votivcaitya. Vor allem, aber nicht nur in der Wasserarchitektur treten Schlangen als schützende Wächter und Spender der Wasser auf: Die Haube der Weltenschlange Ananta schützt den

König auf seinem Thron, zu sehen etwa in einer Kopie aus dem Jahr 1666, die sich im Patan Museum befindet, oder auf der hohen Säule von Yoganarendra Malla (1684–1705) auf dem Darbar-Platz in Patan, ebenso auf den vielgebrauchten Öllampen (Nev. *sukundā*) oder in der Darstellung des meditierenden Buddha, den der Schlangenkönig Mucalinda beschirmt. Im engeren Sinne zur Wasserarchitektur gehören die Schlangenstöcke mit stilisierten Kobraköpfen, die sich inmitten von Teichen finden, etwa im Nāga Pokharī in Naxal, Kathmandu, oder die begehbaren Stufenbrunnen (*hiti*, *hitimaṅga*) wie das ›Königliche Bad‹ (Tusāhiti) in Patan, das auch eine Statue des Schlangenkönigs (Nāgarāja) ziert.

Zu den ältesten Stufenbrunnen gehört der Maṇihiti ein paar Schritte nördlich des Tusāhiti mit Fragmenten aus dem 6. Jahrhundert, der 1652 von Pratāpa Malla gebaute im Hauptinnenhof des alten Palastes in Kathmandu und der Lũhiti aus dem 12. Jahrhundert am Taumadhi-Platz in Bhaktapur. In die Stufenbrunnen fließt das Wasser in der Regel aus den Mäulern von drachenähnlichen Wasserspeiern (*makara*), von denen es Fragmente aus der Licchavi-Zeiten gibt; die meisten stammen aber aus dem 17. Jahrhundert. Ihr Wasser dient weltlichen, aber auch religiösen Zwecken, denn rituelle Waschungen sind im Leben eines Hindu oder Buddhisten unverzichtbar. Sie können mehr oder weniger symbolisch ausfallen, etwa wenn ein Priester oder Gläubiger ein paar Tropfen aus einem Wasserkrug (*kalaśa*) über sein Haupt träufelt. Sie können aber auch wie im Stufenbrunnen die Waschung des ganzen Körpers oder das Eintauchen in Flüsse oder eigens dazu angelegte Teiche oder Wasserbecken umfassen. Das prominenteste dieser Becken ist der Rānī Pokharī (›See der Königin‹) in Kathmandu. Er wurde im Auftrag von Pratāpa Malla um 1670 gebaut und speist sich, wie eine Inschrift besagt, aus dem Wasser von 51 Tīrthas (heiligen Wasserplätzen). Es heißt, dass der König das rechteckige Wasserbecken anlegen ließ, um seine Frau nach dem frühen Tod ihres Sohnes Cakravartendra Malla zu trösten, zu dessen Erinnerung und Ehren in der Mitte ein Śivālaya (Votivlinga) errichtet wurde, der nach dem Erdbeben von 1934 erneuert wurde.

Die Bauperioden

Die meisten Bauten des Kathmandu-Tals lassen sich gut den verschiedenen Epochen zuordnen, wobei naturgemäß die ältere Baugeschichte nur durch Fragmente erfassbar ist, während die Zeugnisse für die jüngere Zeit, besonders ab dem 17./18. Jahrhundert, reichlich ausfällen, was die Altstädte des Kathmandu-Tals tatsächlich wie ein lebendiges Freilichtmuseum erscheinen lässt. Nicht ausreichend erfasst ist nachfolgend die jüngste Baugeschichte, die man wegen der Bevölkerungszunahme auch als einen Bauboom bezeichnen kann. Es nimmt nicht Wunder, dass diese rapide Stadtentwicklung zu Diskussionen um die Bewahrung des baulichen Kulturerbes geführt hat – eine Frage, die am Ende dieses Abschnitts aufgegriffen wird.

Die Licchavi-Zeit (3.–8. Jahrhundert)

Aus der Licchavi-Zeit sind etwa 300 architektonische Fragmente erhalten geblieben, die teilweise Ähnlichkeiten mit der nordindischen Gupta-Architektur (3. bis 7. Jh.) aufweisen. Dazu gehören rund 50 Liṅgas wie das große Virāṭeśvara-Liṅga beim Rājarājeśvarīghāṭa in Deopatan aus dem 5. Jahrhundert oder der nahe gelegene, auf 533 n. Chr. datierte Bhasmeśvara an den Verbrennungsplätzen. Nach der Zählung von Niels Gutschow, der 1997 einen Überblick über alle Caityas des Kathmandu-Tals veröffentlicht hat, gibt es 263 Caityas, die Licchavi-Fragmente integrieren, von denen aber nur etwa 12 ihre ursprüngliche Form behalten haben. Dabei steht kaum einer von ihnen an seinem ursprünglichen Ort; viele wurden ab dem 17. Jahrhundert umgewidmet, umgestaltet und an anderer Stelle wiederaufgebaut. Inwieweit die vier Caityas in Form eines Erdhügels (*thudvan*) in Patan, die auch als Aśoka-Stūpas bezeichnet werden, der Licchavi-Zeit zuzurechnen sind, ist fraglich. Die Ausgrabung eines Backsteins mit einer Brāhmī-Inschrift in Chabahil scheint eine frühe Datierung zu bestätigen. Die Svayambhū-, Bauddha- und Chabahil-Caityas in Kathmandu, Bodnath und Deopatan gehen wohl auch auf die Licchavi-Zeit zurück. So soll der Svayambhū im 5. Jahrhundert von Vṛṣadeva, dem Urgroßvater von Mānadeva, gegründet worden sein, doch ist die jetzige Substanz dieser Bauwerke der Malla-Zeit zuzurechnen.

Erhalten sind auch viele Säulen und Dachstreben, die zwar nicht datiert, aber möglicherweise der Licchavi-Zeit zuzurechnen sind und die darauf schließen lassen, dass es in jener Epoche bereits größere und kunstvolle Bauten gegeben hat. Solche Licchavi-Säulen sind in spätere Tempelbauten wie etwa den im Śikhara-Stil gebauten Taumādhi in Bhaktapur aus dem 16. Jahrhundert integriert worden. Ein vollständiger Tempel aus der Licchavi-Zeit ist in Nepal allenfalls in Form eines kleinen Śikhara-Tempels aus dem 7. Jahrhundert beim Paśupatinātha erhalten geblieben, und auch der der Legende nach 639 n.Chr. erbaute Jhokhang-Tempel in Lhasa hat wichtige Details bewahrt. Die tibetischen Quellen besagen, dass König Songtsen Gampos, der mit Bhrikuti, einer mutmaßlich nepalischen Prinzessin, verheiratet war, für den Bau des Tempels nepalische Architekten nach Tibet kommen ließ. Einen Paśupatinātha-Tempel hat es sehr wahrscheinlich schon im 6. Jahrhundert gegeben, weil die Licchavi-Inschriften mehrfach diesen Gott als Schutzgott der Herrscher anrufen. Ebenso ist davon auszugehen, dass der Cāṅgunārāyaṇa-Tempel auf diese Zeit oder sogar das Jahrhundert davor zurückgeht. In beiden Fällen sind jedoch keine Architekturfragmente erhalten geblieben.

Die Übergangszeit (8.–12. Jahrhundert)

Die Baugeschichte der Übergangszeit liegt weitgehend im Dunklen. Nur wenige Fragmente sind erhalten geblieben. Immerhin konnten aber Mary Slusser und Niels Gutschow etliche Holz-Fragmente mittels der Radiokarbonmethode dem 8. bis 11. Jahrhundert zuordnen. Aufgrund ihrer Ergebnisse ist davon auszugehen, dass viel mehr Bauelemente als bisher gedacht der Vor-Malla-Zeit zuzuordnen sind.

In Nischen der Außenwände des knapp 2 qm großen Caitya-Tempels beim Dhavalacaityavihāra in Kathmandu befinden sich aus Holz geschnitzte Tafeln, auf denen sich weibliche Figuren, die ›Weisheitsträgerinnen‹ (*vidyādharī*), aus dem 10. Jahrhundert erhalten haben. Ähnliche kleine Tafeln finden sich vielfach auch an den Wänden der Klöster in Patan. Die älteste geschnitzte Holztür stammt aus dem 9. Jahrhundert und findet sich am Mañjuśrī-Tempel neben dem Kvā Bāhāḥ in Patan.

In die Übergangszeit fallen auch die ältesten Klosterbauten Nepals, zu denen das Uku Bāhāḥ und das Itum Bāhāḥ in Patan mit Holzschnitzereien und Dachstreben aus dem 9./10. Jahrhundert gehören. Andere ältere Klosteranlagen sind das Yatkhā Bāhāḥ mit Schnitzereien aus dem 10./11. Jahrhundert, das Uku Bāhāḥ, beide ebenfalls in Patan, sowie das Būga Bahī in Bungamati.

In der Mitte des 12. Jahrhunderts wuchsen einzelne Licchavi-Siedlungen zur Stadt Kāṣṭhamaṇḍapa zusammen, benannt nach einer überdachten

Plattform im Zentrum, die beim Erdbeben 2015 völlig zerstört wurde. Aus diesem Namen wurde im 17. Jahrhundert das heutige ›Kathmandu‹, das schon früher auch als ›Kāntipura‹ belegt ist. Nach den Chroniken soll Kathmandu aber bereits im 10. Jahrhundert von König Guṇakāmadeva gegründet worden sein. Ihm soll im Traum die Göttin Lakṣmī erschienen sein, die ihm aufgetragen habe, Kantipur dort zu gründen, wo die Flüsse Bagmati und Vishnumati zusammenfließen. Die Stadt sollte die Form eines Schwertes haben; ein Gemälde aus dem 19. Jahrhundert visualisiert diese Vorstellung. Danach soll das alte Kathmandu ummauert gewesen sein, wofür es jedoch keine Belege gibt.

Die Malla-Zeit (13.–18. Jahrhundert)

Auch die frühe Malla-Zeit hat wenige architektonische Überbleibsel zu bieten. Aber ab dem 17. Jahrhundert setzte eine Bautätigkeit ein, die im Himalaya ihresgleichen sucht. Kern und Ergebnis der intensiven Aktivitäten waren die rivalisierenden Königshäuser mit ihrem Hang zu imposanten Palästen (*darbāra*, ein Begriff aus dem 18. Jh.) und der Förderung von Tempeln und Klöstern. Für mehr als ein Jahrhundert überboten sich die miteinander verwandten Herrscher jeweils gegenseitig; diesem Wettstreit sind Hunderte von Tempeln und Schreinen, Palast- und Klosterbauten zu verdanken. Zu den prägenden Bauherren dieser Zeit gehörten Siddhinarasiṃha Malla (1619–61) in Patan, Pratāpa Malla (1641–74) in Kathmandu und Bhūpatīndra Malla (1696–1722) in Bhaktapur.

Die ältesten mehr oder weniger intakt gebliebenen Tempel der Malla-Zeit sind der nach der *Gopālarājavaṃśāvalī* auf 1297 und nach der Radiokarbonmethode ins frühe 13. Jahrhundert datierte Indreśvara in Panauti, der Yakṣeśvara in Bhaktapur, der Yakṣamalla (1428–82) zugeschrieben wird und der durch die C-14-Methode verlässlich auf die Mitte des 15. Jahrhundert datiert werden konnte, sowie der Ratneśvara in Patan; andere frühe Tempel sind zerstört und in mehr oder weniger veränderter Form wiederaufgebaut worden.

Niels Gutschow hat im Kathmandu-Tal und angrenzenden Städten wie Banepa und Panauti insgesamt 91 hinduistische Stufentempel mit zwei, 96 mit drei und je zwei Tempel mit vier bzw. fünf Dächern gezählt. Hinzu kommen rund 57, meist zu einer Seite hin offene Tempel oder Schreine mit einem Dach sowie Gotteshäuser (*dyaḥchẽ*) oder Klostergebäude mit Schreinen und zwei oder drei Dächern. Es ist weder möglich noch nötig, an dieser Stelle auf die Typologie dieser Heiligtümer einzugehen. Das Gleiche gilt für andere Bauwerke, etwa die nahezu 2000 Caityas und mehr als 400 Klöster. Stattdessen sollen nachfolgend die drei Königsstädte und einige herausragende Heiligtümer in ihren Besonderheiten erfasst werden.

Bhaktapur

Bhaktapur, die ›Stadt der Gottergebenen‹, auch Bhadgaon genannt und die drittgrößte Stadt des Kathmandu-Tals, liegt etwa 16 km östlich von Kathmandu an einer alten Handelsstraße zwischen Indien und Tibet, die auch heute noch als Lebensader durch die Stadt läuft. Dem urbanen Stadtbild zum Trotz wohnten bis in die 1970er Jahre hinein in der dichtbebauten Altstadt nur Newar, ganz überwiegend hinduistische Newar-Bauern, wie aus einer Erhebung von Niels Gutschow und Bernhard Kölver (1975) hervorgeht. Die Bauern gingen tagsüber in die Felder rings herum und ließen ihre Hühner, Ziegen, Schweine und Kühe in der Altstadt nahezu frei herumlaufen. Auf den Märkten und in den größeren Straßen herrschte ein munteres Treiben und nachts erklang Musik von den Tempeln oder aus den offenen Versammlungshäusern, den Pāṭī, denn vor allem lebte die Stadt von den Göttern, die mit zahlreichen Tempeln, Schreinen und Skulpturen überall vertreten sind. Bhaktapur, sagt der amerikanische Ethnologe Robert Levy in seiner vielbeachteten Studie *Mesocosm* (1990), ist ein sakraler Ort, der durch religiöse Symbole organisiert ist. Demnach sind die Götter hier nicht jenseits des Weltlichen, sondern in einem Mesokosmos mittendrin und hier auf Erden, in den Menschen, die sie zum Teil verkörpern. Sie bewachen sie und sie fordern sie heraus. Ein Großteil des täglichen Lebens in Bhaktapur richtet sich nach ihnen, ebenso der Jahres- und Erntezyklus. Und doch war und ist Bhaktapur eine Stadt mit einer urbanen Struktur in Kultur und Kommunikation und mit vielen Bezügen zu den anderen Städten im Kathmandu-Tal und zum nahen Land.

Von allen drei Königssitzen des Tals war der Kern von Bhaktapur bis vor Kurzem am wenigsten zersiedelt, auch wenn über die Jahre etliche Neubauten hinzukamen, wobei der Durchgangsverkehr weitgehend draußen blieb. Aber immer noch bietet Bhaktapur das seltene Bild einer mittelalterlichen

Stadt, an deren Erhaltung das nepalisch-deutsche *Bhaktapur Development Project* (1974–86) prägend beteiligt war. Maßnahmen zur Verbesserung der Lebensqualität (Wasserversorgung, Kanalisation, Straßenbau) wurden mit der Erneuerung und Restaurierung von 168 Bauten verbunden. Es ging darum, die Tradition nicht den notwendigen Modernisierungen zu opfern. Im Unterschied zu manch anderer nepalischer Stadtverwaltung setzt sich auch die seit 1990 von der ›Arbeiter- und Bauernpartei‹ dominierte Stadtverwaltung Bhaktapurs für die Erhaltung des Stadtbildes ein.

Die Stadt ist räumlich in zwei Bereiche unterteilt, die sich auch sozial voneinander abheben: in eine Oberstadt im Osten und eine Unterstadt im Westen. Bei bestimmten Festen wie etwa der Bisketjātrā im Frühjahr prallen diese Bereiche in rituellen, mitunter aber durchaus heftigen Kämpfen aufeinander. Wie auch in den anderen Newar-Städten des Kathmandu-Tals bilden offene Plätze die Mittelpunkte der 24 Stadtteile. In Bhaktapur sind sie besonders ausgeprägt und geben oft die Namen für die Stadtteile ab.

Den Chroniken zufolge soll König Ānandadeva I. (1147–66) Bhaktapur mit 12.000 Häusern gegründet haben, nachdem er die Regentschaft über Kathmandu und Patan seinem älteren Bruder Narendradeva überlassen hatte. In der Übergangszeit und der frühen Malla-Zeit war die Stadt auch unter dem Namen Khopa bekannt. Unter Sthiti Malla erlangte Bhaktapur im 14. Jahrhundert die Vorherrschaft im Kathmandu-Tal. Tatsächlich ist Bhaktapur aber aus mehreren kleinen Siedlungen zusammengewachsen und im Laufe der Zeit besonders unter Yakṣa Malla (1428–96), der die Stadt zu seiner Hauptstadt machte, und Jitāmitra (1673–96) sowie Bhūpatīndra Malla (1696–1722) geeint und ausgebaut worden. 1768 wurde Bhaktapur von Pṛthvīnārāyaṇa Śāha erobert, der dort selbst vor der Eroberung einige Zeit bei Raṇajit Malla gewohnt hatte.

Anders als in Kathmandu und Patan liegt der alte Palast von Bhaktapur nicht im Zentrum der Stadt, sondern am nördlichen Rand. Dadurch ist er baulich in geringerem Maße in das Stadtleben integriert, also nicht wie in Patan und Kathmandu von Geschäften und Werkstätten umgeben. Der Palast in Bhaktapur lässt sich auch nicht bis in die Licchavi-Zeit zurückverfolgen, wenngleich zwei Fragmente aus dieser Zeit stammen. Der alte Palast beim Gotteshaus (Nev. *dyaḥchẽ*) der Göttin Tripurasundarī könnte das ursprüngliche Zentrum der Stadt gebildet haben. Die ältesten architektonischen Reste in Form eines schmalen Türrahmens hinter dem Goldenen Tor stammen aus dem 14. Jahrhundert, so dass man annehmen kann, dass der Hauptinnenhof auch in diese Zeit fällt, wenngleich das gegenwärtige Ensemble aus der Zeit Jitāmitra Mallas (1673–96) stammt. Die erste Inschrift ist mit 1482 datiert; sie stammt von Yakṣamalla und bezieht sich auf die Stiftung eines Topfes, der immer noch während der Dasaĩ-Feiern gebraucht wird. Die erste Palastinschrift ist mit 1551 datiert; sie befindet sich im Tympanum des Fensters im ersten Stock. Vor allem Bhūpatīndra Malla hat den Palast zu Beginn des 18. Jahrhunderts erweitert und umgestaltet. Der zentrale Bau der breiten Palastanlage, der später zur National Gallery umfunktioniert wurde, wurde jedoch erst um 1855 gebaut. Die Mitte des 19. Jahrhunderts angefertigten Aquarelle und Zeichnungen von Henry Ambrose Oldfield zeigen diese Bauten.

Abb. 25: Der Palastplatz von Bhaktapur, Zeichnung H.A. Oldfield 1853, 32,2 × 47,6 cm (British Library)

Insgesamt ähnelt der einstige Palast, von dem es heißt, er habe 29 Innenhöfe gehabt, dem von Patan – zwei Innenhöfe sind nur angedeutet, die anderen wurden von Pṛthvīnārāyaṇa Śāha und seinem Sohn Pratāpa Siṃha im späten 18. Jahrhundert sowie von Bhīmasena Thāpā um 1820 renoviert. In den Bau wurden zwei goldene Fenster und Wandmalereien aus dem 17. Jahrhundert integriert, davor stehen die mit 1708/09 datierten Statuen von König Jitāmitra und seiner Frau. Taleju, die Schutzgöttin der Malla-

Könige, wurde schon Anfang des 14. Jahrhunderts in die Stadt gebracht. Sie bekam im Haupthof ihren Sitz und Tempel. Den Haupthof umgeben mehrere Nebenhöfe und das königliche Badebecken Nāga Pokharī bzw. Nāgapukhū, das 1678 von Jitāmitra Malla in Auftrag gegeben wurde. Diese Tempelanlage konnte man durch ein reich verziertes Goldenes Tor, den Sunaḍhokā, betreten, das Raṇajit Malla, der letzte König von Bhaktapur, 1753 in die Palastfront einfügen und mit seiner Wunschgöttin verzieren ließ. Die Inschrift daneben verbietet es Besuchern, beim Betreten Schuhe oder Schirme zu tragen. Der gleiche Herrscher ließ vor diesem Tor eine lebensgroße Statue auf einer Säule aufstellen, die seinen Vater Bhūpatīndra Malla zeigt, wie er unter dem Schutz eines Schirmes in ehrfurchtsvoller Haltung vor Taleju kniet.

Die Palastanlage besteht im Grunde aus mehreren Palästen, deren Funktion teilweise unklar ist. Die Fassade des aus roten Ziegelsteinen erbauten und 2002–08 restaurierten östlichen Teils mit seinen 25 schwarzen Holzfenstern kontrastiert mit dem weiß verputzten und mit Stuckdekor versehenen westlichen Teil, dem Lāla Baiṭhaka, den Bhūpatīndra errichten und Dhīra Śamśera 1855 zum Sitz des Gouverneurs umbauen ließ. Noch weiter westlich steht der Siṃhadhvākhā Darbāra sowie der Eingang zum nicht mehr erhaltenen Basantapura Darbāra, der um 1660 von Jagatprakāśa Malla erbaut wurde.

Wie auch in den anderen Königsstädten ließen die Könige ihre Tempel nicht nur im Palast bauen, sondern auch auf dem Vorplatz Heiligtümer errichten. Dennoch befinden sich auf dem Palastplatz von Bhaktapur vergleichsweise wenige Monumente. Wie man auf frühen Zeichnungen erkennen kann, war er aber ehemals erheblich dichter bebaut. Die Erdbeben von 1934 und 2015 haben einen Teil der Gebäude zerstört. Zeugnis davon legen etwa die Reste eines nur provisorisch wieder hergerichteten, ursprünglich großen Śiva-Tempels, Silumahādyaḥ genannt, im Westen des Palastes ab, der 2015 einstürzte und nun rekonstruiert wird.

Liṅga-Tempel wie diesen, zu denen auch der Yakṣeśvara-Tempel gehört, der nach seinem Stifter Yakṣa Malla benannt ist und mit dessen Bau man 1478 begann, ließen die Könige errichten, damit man Paśupati verehren könne, ohne den weiten Weg nach Deopatan auf sich nehmen zu müssen. In Bhaktapur ließen sie aber vor allem Tempel für ihre Wunschgöttinnen bauen, so den um 1690 von Jitāmitra Malla in Auftrag gegebenen, erhöht auf einer Terrasse stehenden Tempel im Śikhara-Stil, der der Göttin

Vatsalā geweiht ist und der 2015 völlig zusammengebrochen ist. Auch diese Wunschgöttin hat ihren eigentlichen Sitz beim Paśupatinātha-Tempel in Deopatan. Die Tempel für die Wunschgöttinnen waren für die Bevölkerung weitgehend bedeutungslos; jedenfalls wurden sie von ihr nicht oder nur selten aufgesucht.

Anders als der Darbar Square liegt der Taumadhi-Platz mitten in der Stadt, umgeben von alten newarischen Wohnhäusern, an denen Händler und Passanten vorbeiziehen. Es scheint, als sei dieser Platz viel mehr als Zentrum der Stadt wahrgenommen worden als der Palastplatz. Doch täuscht ein solcher Eindruck, weil die Idee eines Stadtmittelpunktes der polyzentrischen Struktur der Bevölkerungsgruppen in Bhaktapur und der Machtverhältnisse, die zwischen Göttern und Menschen herrschen, nicht gerecht wird. Zwei Tempel stoßen auf dem Taumadhi-Platz aufeinander: der große, quadratische Nyātapola und der nahe gelegene rechteckige Bhairava-Tempel. Der hohe Nyātapola, den Bhūpatīndra Malla 1702 errichten ließ, vermutlich in Konkurrenz zum hohen Taleju-Tempel in Kathmandu, ist dessen Wunschgöttin Siddhilakṣmī geweiht. Der hohe Tempel ist aber nicht nach ihr benannt; Nyātapola bedeutet schlicht ›fünfdächriger (Tempel)‹. Er steht auf einem fünfstufigen Podest, dessen Ecken vier Gaṇeśa-Schreine umgeben und dessen Aufgang jeweils Paare von Ringern, Elefanten, Löwen, mythologischen Greiftieren (*śārdūla*) mit Löwenklauen und tantrischen Wächtergöttinnen, die löwenförmige Siṃhinī und die tigerförmige Vyāghrinī, bewachen. Auch dieser Tempel war gewissermaßen ein Privattempel des Königs und wird dementsprechend wenig aufgesucht.

Anders der dreidächrige Bhairava-Tempel, der wichtigste Tempel Bhaktapurs: Er wird *nāyo*, ›Chef‹ oder ›Anführer‹, genannt. Auch er wurde von Bhūpatīndra Malla gestiftet, im Jahre 1717, wie eine Inschrift an der Nordwand besagt. Darin heißt es aber auch, dass der Tempel »dort schon seit Langem« stehe. Bhairava hat im Obergeschoss seinen Sitz, in Form eines Steines, der als Hüter der Stadt gilt, während im Erdgeschoss ›nur‹ eine kleine ikonische Repräsentation des Gottes sowie Nāsaḥdyaḥ, der Gott der Musik und des Tanzes, verehrt wird. Beim großen Neujahrsfest, der Bisketjātrā, wird ein Bhairava-Kultbild aus dem Tempel geholt und zu einem großen Prozessionswagen gebracht. Diesem folgt ein kleiner Wagen, in dem die Göttin Bhadrakālī untergebracht ist. Beide Wagen bleiben auf dem Taumadhi-Platz an der Grenze zwischen Ober- und Unterstadt stehen. Der Platz wird dann zur Bühne eines performativen Stadtdramas: Zu

Beginn ziehen Männer aus den beiden Stadtteilen den Wagen an langen Seilen, die vorne und hinten angebracht sind, in beide Richtungen. Oft kommt es dabei zu Kämpfen zwischen den Stadtteilen, bei denen alte Rivalitäten aufbrechen. Häufig gewinnt die Oberstadt. Erst wenn Tage später die Wagen einen Platz im Süden erreicht haben, wird das neue Jahr durch Aufstellen eines langen Baumstammes rituell eingeleitet.

Es sind diese Plätze, auf denen das religiöse Leben kulminiert. Das gilt auch für den großen Tacapāla-Platz am östlichen Ende der alten Handelsstraße, die Bhaktapur durchquert. Seinen Mittelpunkt bildet der dreigeschossige Dattātreya-Tempel, eigentlich ein Maṇḍapa, der ursprünglich wie der Kāṣṭhamaṇḍapa in Kathmandu als Versammlungsstätte (*sattala*) für Asketen diente. Seine Cella birgt Statuen der Göttertrias Brahmā, Viṣṇu und Śiva. Nach einer fragmentarischen Inschrift soll Yakṣa Malla den Bau um 1460 errichtet haben, und Viśva Malla oder Jitāmitra Malla ließen ihn Mitte des 16. Jahrhunderts erneuern; Mitte des 19. Jahrhunderts wurde er von einem benachbarten Abt erweitert, indem der Vorbau im Westen, die beiden Wächterfiguren, Kopien des untersten Statuenpaars vor dem Nyātapola-Tempel, und die drei Säulen mit Garuḍa, Diskus und Muschel hinzugefügt wurden. Im Westen begrenzt den Platz der rechteckige und zweigeschossige Bhīmasena-Tempel. Bhīmasena ist ein wegen seiner Kraft populärer Gott, ein vergöttlichter Held des *Mahābhārata*-Epos und in Nepal auch Schutzgott vieler Händlerkasten. Damit wird eine zweite Funktion der großen Plätze sichtbar: der Handel. Denn dort, wo zu besonderen Anlässen die Götter stehen oder tanzen, liegen an normalen Tagen Gemüse und Obst, Kleidung und Geräte zum Verkauf aus.

Es nimmt nicht Wunder, dass Handelsplätze und -straßen auch Anziehungspunkte für Asketen sind, die auf Spenden angewiesen sind. So wie in Patan buddhistische Mönche vom Stadtreichtum lebten, waren es in Bhaktapur hinduistische Entsager, die sich nicht nur am Dattātreya-Tempel versammelten, sondern auch in dem dahinter gelegenen Pūjārīmaṭha, einer von ursprünglich zwölf Herbergen für meist śivaitische Pilger und Asketen. Solche Maṭhas sind im Grunde aufwendig gestaltete Häuser, die sich in das Stadtbild integrieren und daher nicht wie die meisten Tempel frei stehen. Sie zeugen von einer starken Förderung der Asketen durch die späten Malla-Könige. Das viergeschossige Pūjārīmaṭha ist das größte seiner Art. Es ist umgeben von Bauernhäusern und zeitweilig war darin eine Verwaltungsbehörde für Tempelländereien untergebracht, mit seiner

Restaurierung im Winter 1971/72 und 1987 wurde es aber zu einem Museum für Kunsthandwerk umgebaut. Berühmt ist das Pūjārīmaṭha vor allem wegen der besonders nuancierten und reichen Holzschnitzereien aus der Mitte des 18. Jahrhunderts an Türen und Fenstern, darunter ein berühmtes »Pfauenfenster« in der Gasse an der Ostseite. Die Restaurierung und Wiederherstellung des Baus war ein Hochzeitsgeschenk der Bundesrepublik Deutschland an König Vīrendra.

Abb. 26: Bhaktapur mit Blick auf Palast (links) und die mehrdächrigen Tempel von Nyatapola und Bhairava im Hintergrund, 1973 (Photo N. Gutschow)

Und noch etwas charakterisiert Bhaktapur: Neben den vielen Tempeln und Schreinen der Götter eines jeden Stadtteils beschützen vor allem die Navadurgās (›Neun Durgās‹) und die Aṣṭamātṛkā (›Acht Mütter‹) die Stadt als Ganze. Die Aṣṭamātṛkā haben rings um den Stadtkern ihre Sitze (*pīṭha*), von denen etwa die von Mahākālī und Mahālakṣmī besonders reichhaltig gestaltet sind und einige erst in den letzten Jahren überdacht wurden. Während die Plätze an linearen Strukturen ausgerichtet sind, verkörpern diese Göttinnen die zirkulare Stadtstruktur. Dies zeigt sich, wenn beim Dasaĩ-Fest viele Einwohner Bhaktapurs an acht aufeinanderfolgenden Tagen zu allen Schreinen gehen, um die Göttinnen um das Gedeihen der

Reisernte zu bitten. Die Göttinnen haben aber nicht nur einen permanenten und unverrückbaren Sitz am Rande der Stadt, sondern jeweils auch ein Götterhaus (Nev. *dyaḥchẽ*) innerhalb der Stadt, das meist nicht von normalen Wohnhäusern zu unterscheiden ist. Dort werden Statuen oder die Masken von ihnen aufbewahrt, die nur bei den Festen oder Umzügen aus den Obergeschossen ›herabsteigen‹, um durch die benachbarten Quartiere getragen zu werden. Die Navadurgās haben ihr Götterhaus im Osten der Altstadt und sie sind es, die mit ihren Tänzen und Ritualen die Verbindung zwischen linearer und zirkularer Struktur, aber auch die Verbindung zur Außenwelt bzw. dem alten Herrschaftsbereich von Bhaktapur besonders deutlich zum Ausdruck bringen.

Palast und Tempel, Plätze und Straßen machen Bhaktapur aus und bilden die Grundstruktur eines intensiven, rituell geprägten Lebens. Die Stadt hat sich diesbezüglich seit der Malla-Zeit nur wenig verändert. Sie hat ihren eigenständigen Charakter bewahrt, was man unter anderem noch immer an der stark dialektisch gefärbten Nevārī-Sprache sehen kann. Vor allem aber haben ihre ›Agrarbürger‹ vorhinduistische Strukturen in eine hinduistisch-tantrische Stadt überführt und so zugleich konserviert– das heißt: in eine nach Kasten segmentierte, in soziale Gruppen segmentierte, hierarchisch gegliedert und doch gemeinschaftlich organisierte, überwiegend auf die Göttinnen und Bhairava hin ausgerichtete Stadt.

Patan

Anders als Bhaktapur liegt Patan eine ›Stadtidee‹ zugrunde, die dadurch zum Ausdruck kommt, dass der Palast an einer Kreuzung zweier Achsen liegt, deren Endpunkte jeweils die vier erdhügelförmigen Aśoka-Stūpas bilden. Der Platz war offenbar auch schon vor der Errichtung des Palastes das Zentrum der Siedlung; jedenfalls lässt der Altnevārī-Name Manigala, ›zentraler Platz‹, heute Mangal Bazaar, darauf schließen. Schon der früheste Beleg für eine Besiedelung von Patan, auch Lalitpur (Lālitapura) oder (Nev.) Yala genannt, weist auf diese Kreuzung hin. Er besteht aus einer Inschrift aus dem Jahr 570 n. Chr., die zusammen mit Fragmenten aus der Licchavi-Zeit am Maiṇihiti genannten Stufenbrunnen im Norden des Palastplatzes gefunden wurde. In seiner heutigen Form ist der Brunnen aber ein Produkt des späten 16. oder frühen 17. Jahrhunderts. Darüber hinaus gibt es Hinweise auf ein möglicherweise aristokratisches Haus an jenem Ort, die einer auf den 26.12.1414 datierten Inschrift auf einem Liṅga entstammen, die erst 2008 gefunden wurde.

Der Kern des eigentlichen Palastbaus ist mit einiger Wahrscheinlichkeit um 1627 entstanden und wurde von Siddhinarasiṃha Malla anlässlich der Geburt seines Sohnes Śrīnivāsa in Auftrag gegeben. Den Chroniken zufolge soll der Sohn den Palast nach dem Tod seines Vaters umgestaltet und z.B. durch den hohen Taleju-Tempel erweitert haben. Offenbar hat aber 1681 ein Erdbeben wieder große Teile zerstört – ein Schicksal, das den Palast nochmals 1934 ereilte, während er beim Erdbeben von 2015 relativ intakt blieb. Um 1730 wurde die gesamte Frontseite erneuert und erhielt in etwa das heutige Aussehen, wobei ältere Elemente integriert wurden. Neuere Forschungen von Gudrun Bühnemann und Niels Gutschow haben gezeigt, dass das zentrale Goldene Fenster (Nev. *lũjhyāḥ*), das die *Chronik der Könige Nepals* Viṣṇu Malla (1729–45) zuschreibt, erst ins 19. Jahrhundert fällt. Dieses Jahrhundert brachte weitere Erneuerungen und ›Verschönerungen‹, von denen einige durch das Department of Archaeology und den Kathmandu Valley Preservation Trust (KVPT) wieder zurückgenommen wurden. Dies gilt besonders für den südlichen Hof mit dem ›Königlichen Bad‹ und seinen Nischen und Skulpturen, der eigentlich ein Stufenbrunnen ist und auf Śrīnivāsa Malla zurückgeht.

Wie in Bhaktapur stehen auch in Patan mehrere Tempel auf dem Palastvorplatz, aber anders als in Bhaktapur ist keine von ihnen den tantrisch verehrten Wunschgöttinnen der Könige geweiht. Stattdessen stehen dort viṣṇuitische und, weniger, śivaitische Heiligtümer, obgleich die Stadt selbst mit ihren vielen Klöstern buddhistisch geprägt ist. Im Palast und auf dem Vorplatz finden sich aber keine buddhistischen Heiligtümer.

Der älteste Tempel auf dem Palastplatz ist der 1565 errichtete Cāranārāyaṇa-(›Vier-Nārāyaṇa‹)-Tempel, der Viṣṇu in seinen vier Emanationen (*caturvyūha*) zeigt. Der Bau wurde beim Erdbeben von 2015 völlig zerstört und wird gegenwärtig wiederaufgebaut. Die Stiftungsinschrift erwähnt Pundarasiṃha als Erbauer, der als mächtiger Adliger (*mahāpātra*) zeitweilig die Macht usurpiert hatte und mit seinen drei Söhnen bis 1597 in Patan regierte.

Mit Siddhinarasiṃha und seinen beiden Nachfolgern Śrīnivāsa und Yoganarendra Malla erlebte Patan einen Aufschwung. Von Siddhinarasiṃha stammen der einflussreiche Viśveśvara (1627) und der populäre Kṛṣṇa-

Tempel im Śikhara-Stil (1637), auch Bālagopāla-Tempel genannt. Er wurde angeblich gebaut, nachdem dem König Kṛṣṇa und Rādhā im Traum erschienen waren. Sein Sohn Śrīnivāsa ließ den Viśveśvara erneuern und den Maṇimaṇḍapa sowie den ebenso populären Bhīmasena-Tempel (1681) bauen, bei dessen Errichtung alle drei Könige des Kathmandu-Tals zusammenkamen. Dieser Tempel wird von Kapāliyogīs, verheirateten Śaiva-Asketen, versorgt. Bhīmasena galt als Gott des Handels, wird jetzt aber als einer der Pāṇḍava-Brüder des *Mahābhārata*-Epos verehrt. Seine Statue ist lebensgroß, in der Hand trägt er eine Keule, die seine Kraft zum Ausdruck bringen soll. Yoganarendra, der auf einer 2017 wieder aufgerichteten zentralen Säule zusammen mit seinen zwei Frauen zu sehen ist, hat dem Palast den achteckigen Taleju-Tempel hinzugefügt, zu dem die von Viṣṇu Malla 1737 gestiftete große Glocke auf dem Palastplatz gehört. Auf ihn geht auch die 1694 erfolgte Erneuerung des Stufenbrunnens Maṇihiti (›Juwel-Quelle‹) mit drei Wasserspeiern und zwei überdachten Plattformen zurück, von denen eine für Krönungen reserviert war. Der zweite Kṛṣṇa-Tempel, auch Cyāsī (›Achteckige‹) Degaḥ genannt, ist ein Votivtempel, den die Regentin Yogamatī 1723 zum Gedächtnis an ihren früh verstorbenen Sohn Lokaprakāśa errichten ließ. Auch der Hariśaṅkara-Tempel, eine Manifestation von Viṣṇu und Śiva, gehört zur Familie: Yogamatīs Schwester Rudramatī ließ ihn 1706 für ihren Vater Yoganarendra bauen. Im Norden der Stadt liegt der Kumbheśvara-Tempel, dessen heutige Form Yoganarendra selbst zu verdanken ist. Er ist neben dem Nyātapola-Tempel in Bhaktapur der einzige Tempel im Kathmandu-Tal, der fünf Dächer hat.

Liegt in Bhaktapur der Palast räumlich am Rande, so liegt er in Patan mit seiner hinduistischen Umgebung in einem religiösen Sinne außerhalb des Mainstreams. Denn das markanteste Merkmal Patans sind die vielen buddhistischen Klöster mit ihren Innenhöfen, in denen sich ein Großteil des sozialen Lebens abspielt, gemeinsame Feste, Rituale und Essen der Gemeindemitglieder organisiert werden oder Badminton gespielt wird. Neben dem ikonographischen Programm kommt die buddhistische Struktur der ehemaligen Klöster vor allem in den jeweiligen Tempeln zum Ausdruck. Ein Beispiel mag dafür genügen: Das 1206 gegründete Kvā Bāhāḥ oder Hiraṇyavarṇa-Mahāvihāra hat mit über 2000 initiierten Mitgliedern nicht nur die größte Gemeinde, sondern auch eine besonders reiche Ausstattung. Viele Klosterinschriften, die früheste aus dem Ende des 14. Jahrhunderts, zeugen von den zahlreichen Stiftungen an das Kloster. Schon beim Betreten des Innenhofs versteht man, warum das Koster auch als *Golden Temple* bezeichnet wird, denn man erblickt mehrere vergoldete Statuen und vor allem die drei vergoldeten Kupferdächer des Hauptschreins. In diesem Tempel ist die Hauptgottheit Akṣobhya (einer der fünf Transzendenten Buddhas) oder Buddha Śākyamuni in seiner die Erde berührenden Grundhaltung untergebracht. Beide werden oft mit den gleichen ikonographischen Merkmalen ausgestattet, so dass es nicht immer möglich ist, sie auseinanderzuhalten, zumal wenn die Statue mit schmückenden Gegenständen überhäuft ist. Im Zentrum des Hofs steht ein weiterer Tempel mit einem vergoldeten Dach. Es ist ein Schrein mit der Klan-Gottheit der Gemeinde, ein Caitya aus der Licchavi-Zeit. Den Hof umgibt ein Wandelgang mit Öllampen, Gebetsmühlen und vielen Heiligtümern, darunter vier nahezu lebensgroße Bodhisattva-Statuen in den Ecken. Abgesehen von periodisch wechselnden Wächtern der Götter lebt niemand in den Häusern rund um den Hof. Dort werden heilige Texte gelesen oder religiöse Lieder gesungen.

Anders als in Bhaktapur mit seiner Bisketjātrā, die auf dem Taumadhi-Platz gefeiert wird, fehlte es in Patan an einem Platz, an dem die Mehrheit der Bevölkerung zusammenkam und an einem zentralen Ereignis teilhatte. Die große und äußerst bedeutende Matsyendranāthajātrā, das wichtigste Fest Patans, kulminiert noch immer außerhalb der Altstadt, und sie kommt ursprünglich aus Bungamati. Patan ist eine Stadt der Klöster; Bhaktapur hingegen hat nur zwei nennenswerte Klöster für die wenigen Shakya und Vajracharya. Patan ist eine Stadt der Gemeinschaften, nicht der Gemeinschaft.

Kathmandu

Kathmandu, auch Kantipur genannt, ist eine Mischung aus dem hinduistischen Bhaktapur und dem buddhistischen Patan. Die Stadt ist eine alte Handelsstadt und lag wie Bhaktapur am Handelsweg von Indien nach Tibet. Sie weist wie Patan viele buddhistische Klöster auf, in nahezu gleichem Umfang aber auch hinduistische Heiligtümer. Als Hauptstadt hat Kathmandu sich in der Śāha- und Rāṇā-Zeit monumentaler entwickelt, wurde weitaus dichter und höher besiedelt und war auch schwerer vom 1934er Erdbeben getroffen als die anderen Königsstädte. Bis dahin hatte es mit ihnen fast auf gleicher Stufe gestanden.

Abgesehen vom Kāṣṭhamaṇḍapa (s.o., S. 71f. und Abb. 4), geht der Altstadtkern auf das 15. Jahrhundert zurück, als Kathmandu gegenüber dem älteren und politisch wichtigeren Bhaktapur an Bedeutung gewann und sich unter Ratna Malla (1482–1520) schließlich als unabhängiges Königreich etablierte. Von ihm selbst sind aber keine Tempelbauten erhalten geblieben. Erst mit Mahendra Malla (1560–74) und damit fast 100 Jahre später als in Bhaktapur begann eine nennenswerte herrschaftsbezogene Bautätigkeit. Mahendra Malla ist auch die Stele mit einem vierfachen Viṣṇu, dem Cāranārāyaṇa, datiert mit 1563, zu verdanken. Nach historischen Notizbüchern (Nev. *thyāsaphu*) soll er außerdem 1564 den großen Taleju-Tempel auf dem neunstufigen Sockel gebaut haben; er hat damit ein weithin sichtbares Zeichen für seinen Machtanspruch gesetzt. Der Legende nach soll Mahendra täglich nach Bhaktapur gegangen sein, um dort Taleju zu verehren. Die Göttin habe ihm aber ein Zeichen gegeben, dass er ihr auch in Kathmandu einen Tempel bauen könne, wo sie in Gestalt eines *yantra*, eines magischen Diagramms, verehrt werden solle. Später ließen Mahendras Urenkel Pratāpa Malla und dessen Sohn Pārthivendra viele Änderungen am Tempel vornehmen. Nach Einschätzung von Niels Gutschow wurde der heutige Tempel um 1820 neu gebaut.

Unter Mahendra Malla, der durch die Vergabe von steuerfreiem Land viele Familien anlockte, wurden auch die ältesten Teile des Palastbezirks gebaut, der mit seinem Vorplatz und den umliegenden Tempeln eine Mischung der verschiedenen Bautypen bietet. Mit seinen vielen Innenhöfen (Nev. *cuka*) ähnelt der Palast denen von Patan und Bhaktapur; die wichtigsten sind der um 1650 gebildete Mohanacuka mit dem Sūndhārā-Stufenbrunnen, der im gleichen Jahr entstandene Sundāricuka mit der Kāliyadamana-Statue aus dem 7. Jahrhundert, der 1708 umgestaltete Hauptinnenhof (Mūcuka) und der Nāsacuka mit einer 1826 erneuerten Plattform, auf der die Śāha-Könige gekrönt wurden, während dies in der Malla-Periode im Mūcuka geschah. Außerhalb des Palastes ließ Pratāpa Malla 1670 den dreistöckigen, 1795 aufgestockten Degutale-Tempel bauen, der im Westen mit einer großen Sveta-Bhairava-Maske und im Osten mit einem 1810 vergoldeten Haupttor und einer 1672 errichteten, mit einem roten Tuch umhängten Hanumān-Statue abschließt, die dem ganzen Bereich den Namen *Hanuman Dhoka* (›Tor des Hanumān‹) gegeben hat. Im Sockel des Nordflügels mit 34 angedeuteten Bogenfenstern befindet sich eine Steininschrift in 15 Sprachen, die Pratāpa Malla als einen weltoffenen

Herrscher ausweisen soll. Er selbst ist zusammen mit seinen zwei Königinnen und fünf Söhnen auf der 1670 errichteten Säule vor dem Palast zu sehen. Dieser verputzte, dreistöckige Teil der Palastanlage stammt aber von Bhīmasena Thāpā und aus dem Jahr 1822, der ebenfalls dreigeschossige, im Erdgeschoss teils offene Bau westlich des Degutale stammt von Jaṅga Bahādura Rāṇā.

In Kathmandu hat man später als in Bhaktapur und Patan mit den Prunkbauten begonnen, dann aber diese beiden Städte übertroffen und sich so als Zentrum des Kathmandu-Tals und sogar Nepals angeboten: Kathmandu hat die meisten repräsentativen Gebäude und ist die königlichste Stadt. Das zeigt sich an der Indrajātrā, die dem Indra, selbst der ›König der Götter‹ genannt, geweiht ist und direkt am Palast beginnt und endet – es versteht sich, dass sich hier der König präsentieren musste. Das zeigt sich auch am permanenten Sitz der Kumārī, der Kindgöttin, neben dem Palast, die dem König rituell seine Macht verleiht. In den anderen Königsstädten gibt es keine so zentralen Kumārī-Sitze. Kathmandu hatte zudem die meisten rituellen Bezüge zu außerhalb gelegenen Heiligtümern, etwa zum Svayambhū und zum Paśupatinātha. Bauhistorisch entwickelte sich Kathmandu mit der Übernahme der Macht durch die Śāhas und Rāṇās deutlich weiter als Patan und Bhaktapur.

Die Śāha- und Rāṇā-Zeit (1768 – 1951)

Die Śāhas und Rāṇās haben sich der Königsstädte, vornehmlich Kathmandu, und anderer Orte aus Prestigegründen angenommen. Baugeschichtlich brachten sie dabei große Veränderungen und neue Bauweisen. Zunächst traten die Śāhas aber nicht als revolutionäre Erneuerer auf. Pṛthvīnārāyaṇa (1743–75) verabscheute sogar das Leben in der Stadt und zog es vor, an den Rändern des Kathmandu-Tals zu kampieren. Bei den Veränderungen am Palast von Kathmandu griff er noch viele Bauelemente der Malla-Architektur auf. Das gilt auch für den ursprünglich neungeschossigen, jetzt siebengeschossigen Palast von Nuvakot, der 1744 von den Śāhas erobert und 1762 von Pṛthvīnārāyaṇa erneuert wurde, für den Palast von Gorkha, den Stammsitz der Śāhas, der ab etwa 1780 seine heutige Gestalt erhielt, für den Erweiterungsbau des Palastes von Kathmandu und den Basantapur-Turm, der um 1770 von Pṛthvīnārāyaṇa hinzugefügt wurde. Desgleichen ist der vermutlich von Raṇabahādura Śāha um 1790 dem Patan-Palast hinzugefügte Nordflügel, was das Material betrifft, noch der Newar-Architektur verpflichtet, wenngleich der umlaufende Balkon, die verglasten Fenster und venezianischen Blenden im dritten Stock sowie die weiß umrandeten Fenster schon bauliche Neuerungen ankündigten, denn bald fingen die Śāhas und ab 1846 auch die Rāṇās damit an, sich durch neue imposante und imperiale Bauten zu verewigen. In erster Linie ist ihnen die Einführung einer Bauweise zu verdanken, die als Mogul- oder Lucknow-Stil bekannt geworden ist, den die Nawabs von Oudh in Nordindien pflegten. Die Machthaber hatten intensiven Kontakt zur Verwaltung und zu Händlern in Lucknow, Kalkutta und Patna, wohin sie Botschafter entsandten und von wo sie die neuen Ideen und manch einen Baumeister holten. Die neue Bauweise bildete die islamisch-nordindische Architektur im neoklassizistischen Stil nach, den die britische Ostindien-Kompanie in Nordindien eingeführt hatte. Charakteristisch waren ab etwa 1880 Zugänge mit korinthischen Säulen und entsprechenden Säulenhallen oder -aufgängen, Stuckarbeiten, Glasfenster und Fensterläden sowie zwiebelförmige Kuppeln. So entstanden unter anderem monumentale, weiß gekalkte Residenzen und Kuppeltempel, die mit der rötlichen Backsteinarchitektur der Mallas kontrastierten.

Mit Premierminister Bhīmasena Thāpā, der Raṇabahādura Śāha als Militärberater nach Benares begleitet hatte, gelangte die neue Bauweise endgültig zum Durchbruch. Er ließ sich ab 1806 eine Residenz in Lagan, im südöstlichen Teil von Kathmandu, bauen, deren zentraler Teil verputzt und weiß getüncht war. 1820 ließ Bhīmasena dann zunächst noch den Bagh Darbar, auch im Südosten der Stadt, und dann noch eine weitere Residenz im Stadtteil Chhauni bauen, die später zum Arsenal (*silkhānā*), um 1860 zum Waffenmuseum und 1930 zum Nationalmuseum umfunktioniert wurde. Beide Residenzen, die Candra und Juddha Śamśera noch veränderten und erweiterten, sind ganz im Mogul-Stil gehalten.

Zu den größten Gebäudeanlagen der Śāha- und Rāṇā-Zeit gehörte ein weitgestreckter Palast, den Jaṅga Bahādura Rāṇā und seine Brüder in einigen hundert Metern Entfernung entlang des Bagmati-Flusses zwischen 1847 und 1877 bauen ließen, von dem aber nur einzelne Gebäudeteile erhalten geblieben sind. Stilistisch entsprach er dem dreistöckigen Nordflügel des Hanuman-Dhoka-Palastes, der um 1822 einen alten Bau ersetzte. Um

1847 besetzte Jaṅga Bahādura Rāṇās Bruder Raṇoddīpa Siṃha Kũvara den Nārāyaṇahiti-Palast, der ursprünglich Premierminister Fateh Jaṅga Śāha gehört hatte, welcher 1846 im Koṭa-Massaker getötet worden war; ab 1881 zwangen die Rāṇās die Śāhas dazu, den Bau zu ihrer Residenz zu machen. 1889 wurde er stark erweitert und 1969 ließ Mahendra ihn durch einen modernen Bau nach Plänen des amerikanischen Architekten Benjamin Polk ersetzen. Ebenso wie der alte Hanuman-Dhoka-Palast dient dieser Palast jetzt als Museum.

Von den Śamśera Rāṇās war vor allem Vīra Śamśera (1885–1901) baulich aktiv. Mindestens 15 neue Gebäude im Lucknow-Stil werden ihm zugeschrieben, darunter die Residenzen Seto Darbar (1890–92), Lal Darbar (1893), aus der später das Fünf-Sterne-Hotel *Yak & Yeti* wurde, Phora Darbar (1895) sowie der Bahadur Bhavan (1889) am Kantipath, der später zum *Royal Hotel* wurde und jetzt die *Election Commission* beherbergt. Das sagenumwobene *Royal Hotel* gründete Boris Lisanevich, ein ehemaliger russischer Tänzer, Freund von König Tribhuvan (mit dem er 1951 nach Nepal kam), Protokollchef von Mahendra und schließlich Barkeeper im *Yak & Yeti* Hotel. Boris, wie er allenthalben genannt wurde, brachte im März 1955 auch die erste Touristengruppe nach Nepal und trug damit viel zum Mythos Nepals als einer Art Shangri La, ein fiktiver paradiesischer Ort im Himalaya, bei. Das *Royal Hotel* wurde zum ersten internationalen Hotel Nepals. Zu einer Zeit, als es in Nepal kaum Strom und keine Kühlschränke, noch keine Straße nach Indien und kein Gas oder Kerosin zum Kochen gab, richtete Boris festliche Banketts – unter anderem 1961 für Queen Elisabeth II. – aus, hofierte Juan Carlos und seine Frau auf ihrer Hochzeitsreise oder bewirtete Celebrities wie die Industriellen John D. Rockefeller III. oder Alfred Krupp, Filmstars wie Vivian Leigh oder Cary Grant. In diesem Hotel traf Prinz Basundhara Śāha, der Sohn von Tribhuvana, 1961 auch die amerikanische Journalistin und Autorin Barbara Adams, die zu seiner Geliebten wurde. Sie sollte eigentlich nur für ein italienisches Magazin über den Staatsbesuch Elisabeths II. berichten, blieb aber über fünf Jahrzehnte bis zu ihrem Tod in Nepal und gründete eine der ersten nepalischen Reiseagenturen. Ihre extravaganten Feste und Fahrten mit dem Prinzen im offenen *Sunbeam Alpine Cabrio* stehen sinnbildlich für die Wendung von Nepals abgeschotteter Aristokratie hin zu einer neuen globalen Öffentlichkeit, für die die Rāṇā-Paläste den alten ›kolonialen‹ Glanz wiederaufleben ließen.

Der Seto Darbar überlebte das Erdbeben von 1934 nicht, und der Phora Darbar mit seinen Gärten wurde einem amerikanischen Klubneubau geopfert. Gegenüber entstand 1895 der Keshar Mahal, dessen um 1920 angelegter Garten 2000 bis 2007 vom österreichischen Architekten Götz Hagmüller zum heutigen *Garden of Dreams* umgestaltet wurde. Ein weiterer Palast, der Agni Bhavan, den Jit Śamśera Rāṇā, einer der Brüder von Jaṅga Bahādura Rāṇā, 1894 errichten ließ und den später General Agni Śamśera Rāṇā, der Sohn Juddha Śamśera Rāṇās, übernahm, wurde 1964 in ein Hotel umgewandelt: das *Hotel Shanker* in Lazimpat. 1903 ließ Candra Śamśera den größten Palast des Kathmandu-Tals bauen, den Singha Darbar, der ursprünglich über 1000 Räume hatte und zeitweilig als eines der größten Gebäude Südasiens gefeiert wurde. Er ist bis auf den heutigen Tag der Sitz der Regierung. 1973 wurde er aber durch ein verheerendes Feuer fast völlig zerstört und 2015 durch das Erdbeben in Teilen unbenutzbar. Um 1913 baute Candra Śamśera außerdem den Babar Mahal, jetzt teilweise ein elegantes Einkaufszentrum mit Shops und Restaurants.

Den neuen Stil des Kuppeltempels führte Bhīmasena Thāpā ein. Zu den frühesten gehören der 1823 gebaute Bhīmabhakteśvara in Kathmandu, der den Erbauer als treuen Verehrer (*bhakta*) Śivas ausweisen sollte. Solche Tempel mit einem Liṅga im Inneren wurden fortan in großer Zahl und Variationsbreite errichtet, vor allem um den Paśupatinātha-Tempel herum, der ohnehin über die Jahrhunderte viele Stiftungen erhielt, weil sich Könige, Adel und reiche Händler immer wieder mit Votivlingas in der Nähe der Schutzgottheit des Landes verewigen wollten. Diese Votivliṅgas oder Śivālayas (›Orte Śivas‹) haben dabei selten eine starke rituelle Funktion, denn in der Regel handelt es sich um ›ruhige‹ Heiligtümer, zu denen allenfalls morgens ein Priester kommt, um die nötigen Verehrungen durchzuführen. Man könnte sie auch als eine Art Erinnerungsstätte bezeichnen, da diese Tempel in der Regel im Namen des Stifters oder eines verstorbenen nahen Verwandten errichtet wurden. In den meist erhaltenen Inschriften wird der jeweilige Anlass festgehalten: zum Ruhm (*-prakāśeśvara*), zur Befreiung (*-mukteśvara*) oder zur devotionalen Erinnerung (*-bhaktīśvara*, *-bhakteśvara*) an den Verstorbenen.

Die größeren Tempel, die sich zuspitzende Blindfenster haben und umlaufende Ornamentierungen, Rankenwerk sowie Glocken vor dem Haupteingang aufweisen, sind bisweilen umgeben von vier kleineren Schreinen an den Ecken der Plattformen. Einige der größten Tempel Deopatans gehören zu dieser Kategorie. Den Anfang machte hier Jaṅga Bahādura Rāṇā mit dem 1864 errichteten, 2015 eingestürzten Viśvarūpa inmitten des Śleṣmāntaka-Waldes östlich des Paśupatinātha-Tempels. Es handelte sich um einen der größten Tempel Nepals, fast 30 Meter hoch, mit einem inneren Umgang. 1870 wurde auf der anderen Seite der Bagmati der Pañcadevala gebaut, der eine Gruppe von fünf Votivtempeln umfasst, die auf einer erhöhten Plattform stehen: den zentralen Surendreśvara des Stifters Surendra Śāha (1829–81) und für seinen Vater Rājendra Śāha den Rājendreśvara, für seine beiden Frauen Rājyalakṣmī und Sūryalakṣmī den Devarājeśvara und den Sūryarājeśvara sowie für seinen Sohn den Trailokyeśvara. Die Śāhas haben sich mit weiteren Śivālayas auch auf dem Guhyeśvarī-Tempelareal verewigt. Dazu gehört der Tripureśvara, der drittgrößte Tempel Nepals, den Königin Lalitatripurasundarī 1817/18 in Erinnerung an ihren Mann Raṇabahādura Śāha noch im alten newarischen Stil errichten ließ.

Die Rāṇās machten unter anderem mit knapp 60 Votivlingas im Mṛgasthalī-Hain auf sich aufmerksam, die rund um den Śikhara-Tempel des Gorakhanātha, des legendären Begründers der dort beherbergten Kanaphaṭṭā-Gefolgschaft, stehen. Auf ihre Initiative geht auch die Anlage von ›15 Śivālayas‹ (Pandhraśivālaya) am Ostufer der Bagmati zurück, die zwischen 1859 und 1864 in Erinnerung an die Opfer des Koṭa-Massakers (1846) errichtet wurden. Einzigartig ist der ovale Jitajaṅgaprakāśeśvara, den Jaṅga Bahādura Rāṇās zweiter Sohn Jit Jaṅga 1874 in seinem eigenen Namen errichten ließ.

Auch Privatpersonen, die nicht zu den Śāhas oder Rāṇās gehörten, ließen immer mal wieder Tempel errichten. Als Beispiel dafür soll der Rāmacandra-Tempel dienen, den Sanak Siṃha Lahūrī Ṭaṇḍana Chetrī, der Schwager von Jaṅga Bahādura Rāṇā und von diesem zunächst zum Chief Captain und später zum kommandierenden Generaloberst ernannt, 1871 in Battisputali nahe Deopatan errichten ließ. Nach einer Legende soll Sanak Siṃha drei Töpfe mit Goldmünzen gefunden haben, die zu behalten ihm Jaṅga Bahādura erlaubte. Aus Dankbarkeit versprach er, einen Rāma-Tempel zu bauen, in dessen Innerem wie in einer längsgerichteten Kirche Statuen von Rāma, Sītā, Lakṣmaṇa sowie Bharata und Śatrughna stehen und ovale Fresken des *Rāmāyaṇa*-Epos die Wände zieren. Bemerkenswert sind auch die Chandeliers und ein Ventilator.

Die moderne Stadtentwicklung und das Kulturerbe

Mitte des 20. Jahrhunderts hatte das gesamte Kathmandu-Tal knapp eine halbe Million Einwohner. Inzwischen, bis 2018, hat sich die Bevölkerung fast verzehnfacht. Die rasante Stadtentwicklung in Nepal, die auch durch diese Zahlen zum Ausdruck kommt, ging baulich in die Breite und in die Höhe und führte dazu, dass die heutigen Städte kaum noch etwas mit den Städten gemein haben, die die Luftfotos von Erwin Schneider aus den 1960er Jahren zeigen. Längst sind die alten Paläste und Sakralbauten in den Altstädten von modernen, vielgeschossigen Häusern umgeben. Nachdem Stockwerkseigentum legalisiert wurde, entstanden an der Peripherie der Stadtkerne seit dem Ende der 1990er Jahre Wohnhochhäuser mit bis zu 16 Geschossen. Bestand etwa Bauddha früher im Wesentlichen aus dem Stūpa, der weithin sichtbar war, so wird dieser heute von den ihn umgebenden Häusern überragt.

Die Städte des Kathmandu-Tals sind also bei den Problemen einer jeden und besonders einer jeden asiatischen Metropole angekommen. Auslöser dafür sind die Bevölkerungszunahme, die Erschließung des gesamten Landes durch Straßen und die Landflucht. 1956 wurde die Straße, die Nepal mit Indien verbindet, fertiggestellt, 1966 die Straße nach Tibet/China, was eine rasante Zunahme des Verkehrs und des Gütertransports zur Folge hatte. Für den Bauboom, der Mitte der 1980er Jahre einsetzte, brauchte man Bauarbeiter und entsprechende Rohstoffe, vor allem Stahl für die Bewehrungen. Der erste Stahl, den man zuvor nur für Hängebrücken (ab 1903), Wasserhydranten (1905), Strommasten (1911) oder die Seilbahn (1922–25) gebraucht hatte, war noch ins Kathmandu-Tal getragen worden. Auch die ersten Autos waren ab 1920 auf diesem Wege in die Hauptstadt gelangt. Inzwischen reiht sich ein Lastwagen an den anderen, um die Hauptstadt zu versorgen. Selbst Wasser wird aus Tiefbrunnen oder aus den außerhalb des Kathmandu-Tals gelegenen Flüssen geholt und in Tankwagen herangekarrt.

Nach dem verheerenden Erdbeben von 1934 gab Juddha Śamśera mit dem Bau der New Road in Kathmandu den ersten geplanten Eingriff in Auftrag. Dazu brauchte man Backsteine und Lehmmörtel, beides war im Tal erhältlich. Noch immer produzieren die über 80 Ziegelbrennereien des Tals auf vollen Touren. In den 1960er Jahren kamen die ersten Stadtplaner als Berater nach Kathmandu, und 1964 wurde ein *Town Development Com-*

mittee Act erlassen, ein Jahr später ein Stadtplanungsamt eingerichtet. Zwar riet einer der ersten Berater, der Österreicher Carl Pruscha, dazu, nicht zu viel des Ackerlandes für die Stadterweiterung in Anspruch zu nehmen, und auch der *Masterplan for the Conservation of the Cultural Heritage of the Kathmandu Valley* von 1979 des österreichisch-amerikanischen Architekten Eduard Sekler oder das deutsche *Bhaktapur Development Project* (1974–86) waren dazu angetan, die Stadterweiterung in Grenzen zu halten. Zum Teil wurde dabei aber der als vorindustriell erlebte Charakter der nepalischen Städte romantisiert und immer hinkten die Planungen der rapiden Entwicklung hinterher. Die Urbanisierung des Tals erfolgt nach wie vor entlang der Parzellenstruktur der Felder. Dabei sind die Grundstücke in der Regel kaum 100 qm groß. Bei einer fünfgeschossigen Bebauung und einem winzigen Hinterhof von 15 qm entsteht so eine kaum vorstellbare Dichte. Bis heute fehlt es den Städten an einer ausreichenden Kanalisation und verkehrstechnischen Erschließung, von erdbebensicheren Häusern ganz zu schweigen.

Wie kann man unter diesen Umständen das bauhistorische Kulturerbe bewahren? Eine Frage, die durch die Erdbeben von 2015 noch verschärft wurde und auch in der Öffentlichkeit unerwartet heftig an die Oberfläche drängte. Am 25. April und 12. Mai 2015 zerstörten schwere Erdbeben Teile der Altstädte, in den Gebirgsregionen wurden Tausende getötet oder obdachlos gemacht. Der Verlust bedeutsamer Baudenkmäler aus dem 16. und 17. Jahrhundert war vor allem bei den Darbar-Plätzen der drei Königsstädte verheerend.

Nepal ist an Erdstöße gewöhnt (vgl. oben, S. 30 ff.). Immer hatte man sich danach darangemacht, die alten Städte wiederaufzubauen. Aber nach den Erdbeben von 2015 war die Situation eine andere. Zwar wurden die Trümmer schnell weggeräumt, die verwertbaren Backsteine aufeinandergeschichtet und ein großer Teil der Statuen in Sicherheit gebracht. Auch der Kathmandu Valley Heritage Trust (KVPT) hatte unmittelbar nach dem Erdbeben unter Mithilfe von Polizei und Militär allein auf dem Darbar-Platz in Patan alle wichtigen Architekturelemente geborgen und gesichert. Wenige Wochen nach dem Erdbeben arbeiteten dort die begabtesten Zimmerleute aus Bhaktapur an der Wiederherstellung der beschädigten und an der Ersetzung verlorener Teile. Die staatliche Denkmalpflege dagegen war wie gelähmt und musste 18 Monate warten, bis die Wiederaufbaubehörde (Nepal Reconstruction Authority) Mittel bereitstellte, die die internationale Gemeinschaft bereits im Herbst 2015 gestiftet hatte.

Mit dem Wiederaufbau mussten Ziele und Arbeitsweise der nepalischen Denkmalpflege neu definiert werden. Ursprünglich war die Unterhaltung, Instandsetzung oder auch Ersetzung von religiösen Bauten durch Stiftungen (*guṭhī*) gesichert. In Inschriften war vermerkt, wem das Land gehörte und wie die Einnahmen aus diesem Besitz zu verwenden waren. Indem aber mit der Landreform von 1962 das Einkommen der Stiftungen eingezogen wurde, wurde den Bauten und auch den Ritualen (etwa in Form des Entgelts für die Musiker oder der Verköstigung von Mittellosen) die materielle Basis entzogen. Die Lücke sollte die staatliche Denkmalpflege füllen, die auf der Grundlage des *Ancient Monument Preservation Act* von 1956 nach britisch-indischem Vorbild eingerichtet worden war. Von Beginn an war deshalb von »archäologischen« Denkmälern die Rede. Das traf auf die Stätten zu, die im Tarai auf die Herkunft des Buddha verwiesen, nicht jedoch auf die mehreren Tausend Bauten aus dem hinduistischen oder buddhistischen Kontext in den kulturell von den Newar dominierten Städten. Die staatliche Denkmalpflege wurde ähnlich wie die Stadtplanung als westlicher, neo-kolonialer Import in die einheimische Verwaltung integriert, um das Land für Mittel der internationalen Entwicklungshilfe zu qualifizieren, doch fehlte es ihr damals nicht nur an Mitteln, sondern auch an Expertise. Dass sieben Stätten des Tals 1979 als Weltkulturerbe ausgezeichnet wurden, ist einem Gutachter aus den USA sowie der Tatsache zu verdanken, dass die UNESCO dringend Unterzeichnerstaaten für die Weltkulturerbe-Konvention suchten. Daraus entstand schließlich die paradoxe Situation, dass Kernbereiche des Weltkulturerbes – die Taleju-Tempel in Kathmandu, Patan und Bhaktapur sowie der Paśupatinātha- und der Cāṅgunārāyaṇa-Tempel und der Nyatapola in Bhaktapur –, das doch eigentlich allen Menschen gehören soll, nur für Hindus zugänglich sind und auch noch von der Armee bewacht werden.

Bis in die 1990er Jahre beschränkte sich das Department of Archaeology, das auch für die Unterhaltung und den Bau von Museen zuständig ist, auf ›Verschönerungen‹, die heute teilweise wieder rückgängig gemacht werden. Erst die Aufnahme des nepalischen Weltkulturerbes auf die Liste der gefährdeten Stätten im Jahr 2003 ließ die Behörden wach werden und zugleich das Budget erhöhen. In den Folgejahren machte sich die Behörde nie befolgte Prinzipien zu eigen, die weit über die 1964 formulierte *Char-*

ta von Venedig hinausgingen. Danach sollten bei der Restaurierung allein traditionelle Materialien und Techniken zur Anwendung kommen und, ganz in Übereinstimmung mit eurozentrischen und seit 1923 auch in Indien kodifizierten Richtlinien, die Nachbildung ikonographischer Details verboten werden. Diese Prinzipien wurden im Herbst 2017 erneut festgeschrieben, was heftige Kontroversen zur Folge hatte. Eine einflussreiche Gruppe nepalischer Architekten und Ingenieure, die das Amt als Berater und Meinungsmacher hinzugezogen hatte, schließt die Verwendung von Stahl und Beton und damit die statische Unterstützung im Hinblick auf zukünftige Erdbeben kategorisch aus. Die Architekten und Ingenieure des KVPT hingegen bestehen auf einer sensiblen Verwendung moderner Materialien an nicht sichtbaren Stellen. Die Tempel werden dadurch keineswegs erdbebensicher, aber doch zumindest sicherer sein.

Zu den Problemen der Kontroverse gehört, dass das immer wieder novellierte Gesetz weiterhin ganz pauschal alle Bauten, die älter sind als 100 Jahre, unter Schutz stellt. Es gibt bis heute keine Inventarisierung der Monumente und keine Klarstellung, was denn nun eigentlich ein Denkmal ist und ob die Denkmaleigenschaft mit einem Wiederaufbau womöglich verloren geht. Ein Blick in die nepalische Geschichte zeigt, dass die Kultbauten nach Brand, Termitenbefall oder Erdbeben vor allem an den Ort gebunden waren, die Gestalt sich jedoch veränderte. Wichtig war vor allem, den Göttern ihre Behausung zurückzugeben. Zerbrochene Kultbilder sind tot, sie können nicht wiederverwendet werden. Ebenso war es mit Architekturelementen: Geborstene Türeinfassungen oder Fenster wurden selten repariert, sondern verkamen eher zu Feuerholz. Die tatsächliche Praxis des Department of Archaeology unterscheidet sich davon nicht wirklich, denn der Wiederaufbau von eingestürzten Bauwerken muss auf der Grundlage einer Ausschreibung an den preisgünstigsten Bauunternehmer vergeben werden. Und da Reparaturen sehr aufwendig sind, kam es seit 2017 zu zahlreichen Abbrüchen. Dabei sind auch die Wünsche derjenigen zu berücksichtigen, die dem jeweiligen Bauwerk zugetan sind: Immer noch ziehen die meisten Menschen in Nepal einen tadellosen neuen Tempel oder einen Neubau ihres traditionellen Wohnhauses dem alten, zerfallenden Bau vor; Denkmalpflege hingegen ist ein importierter Wert, der allenfalls im Bereich des Weltkulturerbes zur Geltung kommt.

Was heißt also Bewahrung in einer sich rapide verändernden Welt? Die durch das Erdbeben ausgelöste Debatte lässt erkennen, dass in Nepal ein Bündel an konservatorischen Dogmen (wie Authentizität, Originalität oder ästhetischer Wert) dem Wunsch nach praktischer und schneller Gestaltung gegenübersteht. Problematisch ist es, wenn Tradition gegen Modernität ausgespielt wird, denn Tradition ist nichts Festgeschriebenes, sondern immer auch in Bewegung.

10. Nepal in der Welt

In dem langen 19. Jahrhundert, in dem zuerst die Śāha-Könige und dann die Rāṇā-Fürsten herrschten, verschloss sich Nepal weitgehend den Prozessen und Transformationen, die die Welt bis auf den heutigen Tag prägen und die in Indien längst Fuß gefasst hatten. Es gab keine durchgreifenden politischen, infrastrukturellen, kulturellen oder religiösen Reformen, keine sozialen und zivilgesellschaftlichen Bewegungen oder Protestformen mit Massenversammlungen, keine neue Öffentlichkeit in neuen Medien, kein Aufkommen einer neuen Klasse von Intellektuellen, keine Beteiligung des Landes an internationalen Organisationen und dem globalen Wettbewerb. Nepal ging seinen eigenen Weg und suchte nur sehr langsam Anschluss an die sich verändernde Welt. Nie kolonisiert und erst seit etwas mehr als einem halben Jahrhundert mit internationalen Normen, Werten und Arbeitsweisen konfrontiert, konnten sich so in Nepal soziale, religiöse und kulturelle Strukturen in einer Vielfalt erhalten, die andernorts nicht mehr oder nur noch schwer zu finden ist.

Diese Abgeschiedenheit hat dazu geführt, dass die Geschichte Nepals meist als Geschichte des Abstiegs oder der Isolation wahrgenommen wird. Verstärkt wird dieser Eindruck durch das hundert Jahre währende Regime der Rāṇās – eine Zeit, die als dunkle Zeit oder Jahrhundert der Tyrannei in die Geschichtsbücher eingegangen ist. Das ist nur bedingt richtig, denn die Rāṇās waren zugleich verantwortlich für zahlreiche moderne Errungenschaften, etwa die Vereinheitlichung des Rechts, das Verbot der Witwenverbrennung und der Sklaverei oder die Errichtung von Schulen und Krankenhäusern. Und bis zur Mitte des 20. Jahrhunderts waren es vor allem die Rāṇās, nicht die Śāhas, die den Kontakt zu den Briten suchten.

Gleichwohl schien Nepal irgendwie aus der großen Welt gefallen zu sein; geschubst wurde es jedoch nicht. Und als es schließlich von der Welt wahrgenommen wurde, pflegte es weiter das Image eines entlegenen, weltfernen Landes, mal als eine Art *Shangri La*, mal als Dach der Welt, wo man dem Alltag enthoben ist, oder – aus der Sicht Indiens – als Bewahrer des ›reinen‹ Hinduismus, weil es nicht von der großen Welt außerhalb seiner Grenzen erobert und gar verdorben worden sei. Nepal präsentierte sich so als Fossil, in dem sich Elemente aus einer Zeit erhalten hatten, die anderswo untergegangen war.

Spätestens durch den von Maoisten ausgelösten langen Bürgerkrieg, das Erdbeben von 2015 und den zögerlichen oder ganz ausbleibenden Wiederaufbau sind diese schönen Bilder ins Wanken geraten und ein neues Image kommt hinzu: das eines gescheiterten Staates (*failed state*). Denn die Bewältigung der großen Probleme des Landes – mangelnde Infrastruktur in Bezug auf Energie, Wasser, Verkehr und vor allem Bildung und Gesundheitsversorgung, Korruption, geringes Wirtschaftswachstum, Landflucht und Verstädterung, gewaltsame Konflikte, ethnische Sonderwege – ist für weite Teile der Bevölkerung unbefriedigend bis inexistent.

Meine These in diesem Schlusskapitel, das auch eine Art rückblickende Zusammenschau bildet, ist nun, dass erstens Nepals Stellung in der Welt viel mit Nepals besonderem Weg der Staatenbildung in einem multiethnischen und -religiösen Umfeld und mit seiner Selbststilisierung zum letzten Hindu-Königreich der Welt zu tun hat und dass zweitens Nepal trotz seiner Geschichte der brahmanischen Dominanz auch eine Geschichte der vielbeschworenen Einheit in der Vielfalt aufzuweisen hat, wenn auch deren Potenzial noch nicht ausgeschöpft zu sein scheint.

Nepal als letztes Hindu-Königreich

1768 steht der König von Gorkha, Pṛthvīnārāyaṇa Śāha, am Rande des fruchtbaren Kathmandu-Tals und fragt: »Ist das Nepal?« Sein Begleiter sagt: »Das ist Bhadgaon, das ist Patan und das ist Kathmandu.« Daraufhin sagt Pṛthvīnārāyaṇa: »Dann fühle ich ein Verlangen in meinem Herzen, dass ich der König dieser drei Städte werde.« Sein Hofastrologe stimmt zu, und ein Jahr später hat Pṛthvīnārāyaṇa das Tal und damit das politische und ökonomische Machtzentrum des Landes, das er Gorkhā Rāj (›Reich der Gorkhas‹) nennt, eingenommen. Seitdem gilt Pṛthvīnārāyaṇa als Gründungsvater Nepals und wird mit Statuen, Straßennamen, in Schulbüchern und auf Briefmarken entsprechend geehrt.

Diese Heroisierung Pṛthvīnārāyaṇas als Begründer der Nation und die damit beschworene Einheit des Landes gehört zu den großen nationalen Mythen Nepals. Bis zur Mitte des 20. Jahrhunderts war indes davon nicht die Rede und auch im 19. Jahrhundert finden wir kaum Lobpreisungen des Gorkha-Königs als Nationenbildner. Es heißt, dass Nepālī-sprechende Intellektuelle in Darjeeling diesen Mythos in die Welt setzten, um durch den Verweis auf eine ruhmreiche Vergangenheit ihren Status in der indischen Gesellschaft aufzuwerten. Die Śāhas nahmen mit der 1951 zurückgewonnenen Macht diese Vorstellung bereitwillig auf und glorifizierten Pṛthvīnārāyaṇa zum Vater der Nation; mit Baburam Acharyas 1967 erschienener Biographie erreichte der Kult seinen Höhepunkt.

In einer Karte der *Society for the Diffusion of Useful Knowledge* von 1838 taucht Nepal aber nur als kaum begrenztes, diffuses Gebilde auf und in Mitchells *New General Atlas* von 1864 taucht es als Staat gar nicht auf. Noch 1896 schrieb Herbert Hope Risley, der Direktor des *Ethnographic Survey of India*, dass Nepal »eine Art umstrittenes Land zwischen arischem und mongolischem Territorium ist, das die breite Masse seiner Bevölkerung aus Tibet und die intellektuellen und sozialen Führer aus Indien bezieht.« Zwar hatte Pṛthvīnārāyaṇa, der in erster Linie siegen wollte und sich als Kshatriya, als Angehöriger des Krieger-Standes, erster Güte ansah, ein durch Macht und militärische Eroberungen vereintes Königreich geschaffen, das die Handelswege von Indien nach Tibet und zurück kontrollierte. Es war ihm aber nicht gelungen, eine von innen geeinte Gesellschaft mit einer Sprache und einer gemeinsamen Geschichte oder gar einen Nationalstaat zu kreieren. Pṛthvīnārāyaṇa hatte keine Vision von einem geeinten Königtum. Im Gegenteil, die Śāha-Könige, angefangen mit Pṛthvīnārāyaṇa, und später die Rāṇā-Fürsten verstärkten durch eine rigide Hinduisierung noch die bestehende Heterogenität des Landes, das erst nach und nach Nepal werden sollte. Wohl wissend, dass es »eine Knolle zwischen zwei Felsen« war, wie es im *Divyopadeśa* heißt, legte der Gorkha-König seinem Land zudem eine defensive Haltung gegenüber China und den Briten ans Herz.

Die These, dass Pṛthvīnārāyaṇa Śāha den Staat Nepal als Nation mit einer eigenen Staatsideologie geschaffen und geeint habe, ist daher in den letzten Jahren zu Recht in Verruf geraten, denn Nepal war (und blieb bis 1951) ein weitgehend isolierter Staat, der am globalen Nationenbildungsprozess des 19. Jahrhunderts nicht teilnahm, auch wenn er, mit großer

Verzögerung, sukzessive nationalstaatliche Institutionen, wie staatliche Schulen und Universitäten, Museen oder etwa die Polizei, übernahm. Seit Pṛthvīnārāyaṇa und bis weit ins 20. Jahrhundert hinein verfolgten denn auch alle Herrscher weniger eine politische als vielmehr eine religiöse Strategie der Einheitsbildung: Es war zunächst das Dogma des letzten ›reinen‹ hinduistischen Königreiches, das zum identitätsstiftenden Merkmal des jungen Staates stilisiert wurde. Dafür konnte man nahtlos an bestehende alte Verbindungen anknüpfen: Wie in vielen Inschriften immer wieder versichert wird, hat sich Nepal tatsächlich meist als Teil des Āryāvarta, des geheiligten Hindu-Subkontinents, verstanden. Spätestens ab dem 4. Jahrhundert gab es sehr enge Verflechtungen politischer, sozialer, kultureller und wissenschaftlicher Natur zwischen dem Kathmandu-Tal, und später auch den meisten anderen Regionen Nepals, und Indien. Es ist müßig, hier erneut die vielen Verbindungslinien aufzuzeigen – in Religion, Politik, Literatur, Kunst, Architektur und anderem mehr –; sie beruhen zu einem großen Teil auf dem dominanten Einfluss der Brahmanen, ihrer Rituale und Sanskrittexte, und auf der beanspruchten Herkunft der Śāhas und Rāṇās aus Rajasthan.

Diese enge Verbindung zeigt sich schon bei jedem Beschluss (*saṃkalpa*) zu einem hinduistischen Ritual, bei dem in einer Formel der brahmanische Priester Nepal in den heiligen Kontinent Bhāratavarṣa bzw. Indien integriert. Nepal war Teil jener von dem amerikanischen Indologen Sheldon Pollock 2006 so bezeichneten hegemonialen »Sanskrit-Cosmopolis«, die ab dem 5. Jahrhundert weite Teile Süd-, Südost- und Zentralasiens erfasste und im Zuge derer sich brahmanische Lehren verbreiteten. Auch das Gorkhā Rāj betrachtete sich als Teil des großen südlichen Nachbarn. Noch 1951 sagte Premier B.P. Koirala auf der Gründungsveranstaltung des Nepali National Congress: »Nepal und Indien sind nicht zwei Länder (…) Die politischen Unterschiede, die man findet, sind im Grunde nur das Spiel von selbstsüchtigen Diplomaten und Politikern.« Zu Recht hat daher David Gellner in seiner *Mahesh Chandra Regmi Lecture* (2016) darauf hingewiesen, dass Nepal nicht, wie so oft behauptet, auf die Rolle einer Schnittstelle (*interface*) zwischen Indien und Tibet bzw. China reduziert werden sollte, wenngleich das Land in religiöser Hinsicht durchaus wie ein Katalysator brahmanischen Wissens und vor allem buddhistischer Lehren gewirkt hat. Schon 1857 hieß es im Bericht über Waldemar von Preußens Reise nach Nepal: »Nepāl bildet den Uebergang von den hindostanischen zu den tübetanischen Völkern, von den Bekennern des Brahma zu denen des Buddha.« Lebensweltlich hat sich Nepal aber – abgesehen von wenigen Ethnien, die in den nördlichen Grenzregionen leben – immer nach Süden orientiert, und selbst heute orientieren sich die grenznahen Ethnien zunehmend nach Süden. Reisen nach Tibet oder der Konsum tibetisch-chinesischen Fernsehens sind, so Gellner, selbst bei Sherpa oder Tamang, weitaus weniger beliebt als Indienreisen oder Hindi-Filme.

Freilich heißt dies nicht, dass Nepal in Indien aufgegangen wäre. Die Abgrenzung zu Indien erfolgte ab dem 18. Jahrhundert vor allem dadurch, dass sich Nepal als besonders geheiligtes Land, als wahres Indien (*asala hindusthāna*), betrachtete, das Indien bzw. Mughallana – so Pṛthvīnārāyaṇa Śāha in dem *Divyopadeśa* – erfolgreich widerstand: Von Indien aus gesehen lag Nepal im Norden, im Himalaya, wo Śiva seinen göttlichen Sitz hat. Und je mehr Indien ›fremden‹ Einflüssen, z.B. dem der Muslime, der christlichen Missionare oder der westlichen Welt, ausgesetzt war und sich als säkularer Staat zu formieren begann, desto engagierter popagierte Nepal seine Stellung als letztes Hindu-Königreich der Welt. So stilisierte sich Jaṅga Bahādura Rāṇā zum Verteidiger eines »wahren« Hinduismus gegen die Rindfleisch essenden Muslimen und Christen. Der *Ain* von 1854 beginnt mit den Worten:

> Es gibt ein Hindu-Königreich, dessen Gesetz so ist, dass es das Töten von Kühen, Frauen und Brahmanen verbietet; ein unabhängiges Land mit diesem Verdienst und mit einem Palast, der im Himalaya liegt, im Land der Schlange Vāsuki, ein Pilgerort für die Āryas, in dem Paśupatis ›Lichtstrahlliṅga‹ (*jyotirliṅga*) und der verehrungswürdige Sitz der Guhyeśvarī liegt. Dieses Land ist das einzige Hindu-Königreich im Kaliyuga-Zeitalter.

In letzter Konsequenz bedeutete ein solches Selbstverständnis, dass auch jene Teile von Nepal hinduisiert werden mussten, die dem Hinduismus nicht oder nur in einer besonderen Form folgten und die etwa die Kuh nicht für heilig hielten. Im Kern lief daher die staatliche Entwicklung auf die brahmanische Hinduisierung nicht-hinduistischer Bevölkerungsteile hinaus – ein Prozess der Fremdbeeinflussung, der schon mit den Licchavis einsetzte und in der Malla-Zeit fortgesetzt wurde. Denn sowohl die Licchavi-Herrscher als auch die Khasa- und Malla-Könige, die ihre Herkunft teilweise auf die nordindische Region Mithila zurückführten, waren entweder Brahmanen oder stark von immigrierenden Brahmanen abhängig. Allerdings hat Joanna Pfaff-Czarnecka (1999) berechtigterweise darauf hingewiesen, dass es den Herrschern bis 1951 in Wirklichkeit gar nicht so sehr darauf ankam, das Land vollständig zu hinduisieren. Ihnen kam es darauf an, dass die Untertanen (nicht Bürger) treu und loyal waren – ausgedrückt in der in den Dokumenten vielfach eingeforderten, auf persische Ursprünge zurückgehenden Treueformel *Hāmrā nimaka-ko sojho* (»Loyal gegenüber dem Salz des Königs«); *Jaya deśa, jaya Nareśa* (»Heil dem Land, heil dem König«) oder *Rājā sabaika sājhā* (»Der König ist allen gemeinsam«) sind die Slogans, die der Palast immer wieder propagierte.

Gleichwohl erfolgte eine schleichende Hinduisierung Nepals durch den König und die Bahun-Chhetri-Gruppierungen, mithin die Oberschicht der Mittellandbewohner. Sie traf zahlreiche ethnische Gruppen. Sozial gesehen bedeutete sie eher eine Trennung als eine Einigung, denn sie implizierte unter anderem das hierarchisch angelegte hinduistische Kastensystem, das viele Bevölkerungsgruppen in Nepal aber entweder nicht kannten oder nicht befolgten. Die alte Formel der Śāhas und Rāṇās von ›vier Ständen und 36 Kasten‹ (*4 varṇa 36 jāta*) bezog sich real auf eine Mischung von Ethnien und Kasten mit verschiedenen Identitäten und Sprachen, nur dass die Ethnien, die vorher *jātis* waren, nun sämtlich auch zu *jātas*, ›Kasten‹, erklärt wurden.

Freilich handelte es sich bei dieser Hinduisierung eher um eine ideologische und symbolische Vereinnahmung als um die sozio-religiöse Realität. Daher zeigte sich der König bei staatstragenden Festlichkeiten und Ritualen, etwa bei der Indrajātrā mit der Kindgöttin Kumārī, die dem König die *ṭīkā* und damit religiöse Legitimation verlieh, ober beim Śivarātri-Fest sowie bei der Matsyendranātha-Prozession, um dem ganzen Land Segen angedeihen zu lassen. Faktisch gab es jedoch viele ethnische Gruppen, die zwar etliche Rituale und Lehren sowohl aus dem Hinduismus wie aus dem Buddhismus aufnahmen, dadurch aber nicht zu Hindus wurden. Die brahmanisch proklamierte religiöse Einheit verfing in der religiösen Praxis dieser Gruppen nicht, besonders nicht in den nördlichen, oft tibetisch-buddhistischen, und den östlichen Gebieten, wo unter anderem schamanistische Religionen praktiziert wurden. Die Hinduisierung Nepals, die einer staatlichen Einheit Vorschub leisten sollte, fand also nur schleichend und in Ansätzen statt. Abgesehen von den vielen Mischformen wurden im ganzen Land weiterhin die verschiedensten Religionen, Traditionen und Kulturen gepflegt. Auch von dieser Warte aus betrachtet war Nepal zumindest im 18./19. Jahrhundert mehr ein Reich als ein Staat, der – nach landläufigem Verständnis – von dem Gedanken eines gemeinsamen politischen Willens, einer gemeinsamen Kultur oder einer gemeinsamen Sprache und Literatur getragen wird.

Trotz der teilweise erfolgreichen Eroberung kleiner Königtümer durch Pṛthvīnārāyaṇa und der übers Land verteilten Tempel für seine Schutzgottheiten regierten gerade in abgelegenen und zerklüfteten Landstrichen weiterhin zahlreiche kleine (vielleicht zu viele) Herrscher, je nach Zählung zwischen 40 und 50. Über die Ideologie der hinduistischen Monarchie versuchte Pṛthvīnārāyaṇa einen gemeinsamen Nenner für diese staatliche Vielfalt zu finden und sie damit zu einen. Nur wenn sein Königreich nicht zu einem »Garten für alle (Gruppen)« (*sabai jāta-ko phulabārī*) würde, könne es ein ›wahres‹ (*asila*) *hindusthānā* bleiben – wie es im *Divyopadeśa* in einer freilich umstrittenen Stelle heißt. Im Grunde herrschte er aber über ein mühsam zusammengeflicktes Reich, das stetig drohte auseinanderzubrechen. Dennoch gelang es in einem kontinuierlichen Prozess, ein Bewusstsein von Nepal als Staat zu entwickeln, der unabhängig vom jeweiligen Herrscher bestand. Es entstand sogar ein Zusammengehörigkeitsgefühl zwischen den Pahāḍīs, den Menschen, die in den Bergen leben, und den Tieflandbewohnern. Auch der Kampf gegen England und die Abgrenzung zu Indien und China trugen dazu bei, dass sich eine grundlegende Identität konstituieren konnte. Die Einheit wurde indes wiederholt infrage gestellt durch die vielen ethnischen Gruppierungen, Religionen und Sprachen, was auch dazu führte, dass sich in Nepal keine wirklich starke Zentralregierung mit einer starken administrativen Infrastruktur herausbilden konnte. Die Autonomie oder Gleichgültigkeit einzelner Regionen gegenüber dem Staat blieb auch in der Śāha- und Rāṇā-Zeit weitgehend unverändert bestehen.

Ungeachtet der genannten Schwachstellen hat die Stärkung der (hinduistischen) Religion die Modernisierung und Ansätze zu einer Gleichbehandlung der Menschen sowie zu einer staatlichen Einheit nicht behindert. Wir haben dies vor allem beim *Ain* von 1854 gesehen, der zwar selbst die Ausgeburt eines feudalistischen Herrschaftssystems ist, mit dem aber durchaus eine gewisse Rechtssicherheit und in Ansätzen Gleichheit vor dem Gesetz eingeführt und der feudalen Willkürherrschaft entgegengesetzt wurde. Die ohnehin fragliche These Max Webers, dass Modernisierung die rationalisierende Entzauberung der Welt und Säkularisierung voraussetzt, kann daher für Nepal nicht bestätigt werden. Es blieb in seinem Modernisierungsprozess ein durch und durch religiöses Land – bis auf den heutigen Tag.

Nepal als Vielvölkerstaat

Die Śāha-Dynastie konnte über die eher repräsentative Hinduisierung hinaus das Land nicht wirklich einen: Meist waren die Könige zu schwach, mental verwirrt oder zu jung, um das Land wirklich beherrschen zu können. Sechs der sieben Könige aus der Zeit zwischen 1777 und 1950 waren bei der Inthronisierung zwischen zwei und sechs Jahre alt; auch der gegenwärtige König i.R., Jñānendra, war bei seiner ersten Krönung erst drei Jahre alt. Eine Folge davon waren starke Machtkämpfe zwischen den Regenten, seien sie Königinnen, Königinmütter oder Premierminister. Eine andere Folge waren Massaker: 1846, als im Koṭa-Massaker fast die gesamte herrschende Elite ausgelöscht wurde, oder am 1. Juni 2001, als der Kronprinz seine Eltern, Geschwister und weitere Verwandte tötete. Noch im Koma wurde er für drei Tage König. Seit der Exilierung der Romanovs durch Lenin hatte es kein solches Blutbad in einem Könighaus mehr gegeben.

Nepal war also selbst in der Zeit zwischen 1768/69 und 1951 kein gefestigter Staat und schon gar kein moderner Nationalstaat. Das Herrschaftssystem war die meiste Zeit über ein duales, mithin gab es keine eindeutige Machtkonzentration. Bis zum Beginn des 20. Jahrhunderts besaß Nepal kein klar umrissenes Territorium mit Grenzsicherung; noch heute ist die Grenze zu Indien porös und die Staatsangehörigkeit der dort Ansässigen entsprechend oft ungeregelt bzw. umstritten. Nepal als klar definierter Raum und als klar definierte Einheit im Sinne eines modernen Staates gab es allenfalls in minimalen Ansätzen. So wurde das Monopol der Gewaltanwendung in Verwaltung, Justiz, Finanzwesen und Militär vom Kathmandu-Tal beansprucht (der *Ain* von 1854 zeigt es), nach innen war es jedoch nur eingeschränkt gültig bzw. blieb oft wirkungslos (die Zeit des Maoistenaufstandes hat dies noch einmal in aller Deutlichkeit gezeigt); das Monopol der Gewaltanwendung nach außen, also die Kriegsführung, basierte auf der Rekrutierung zunächst nur weniger loyaler Ethnien und Kasten, nicht aber etwa auf einer allgemeinen Wehrpflicht. Andere Ethnien und insbesondere auch das an die indische Tiefebene angrenzende Tarai hatten stets ein zwiespältiges Verhältnis zur Zentralregierung. Nepal blieb – in der Terminologie von Wolfgang Reinhard (2017) – ein Reich, ein kleines Imperium, aber ohne die Wirkkraft des modernen europäischen Staates. »Weder in der Gegenwart noch als Hoffnung war Nepal eine Nation«, sagt richtig Kumar Pradhan. Tatsächlich hatte Nepal kein einheitliches Staatsvolk als ansässigen Personenverband mit einer staatlich verbürgten Mitgliedschaft. Noch 1968 berichtete das Forscherpaar Horace B. und Mary J. Reed:

> Einige Bergstämme und -dörfer Nepals sind sich noch immer nicht bewusst, dass es die Nation Nepal gibt. Sie betrachten sich als Mitglieder einer anderen ethnischen Gruppierung, und Staatsbürgerschaft in einer großen Organisation ist unverständlich für sie. *Nepal* bezeichnet für sie nur das Kathmandu-Tal.

Stattdessen gab es in Nepal mächtige nichtstaatliche Formen der Macht und des politischen Einflusses sowie viele Ethnien mit unterschiedlichen Machtbefugnissen. Dazu gehörte auch das Modell einer ›Konsensualen Herrschaft‹, wie wir es im Fall von Mustang kennengelernt haben (vgl. S. 167f.) und wie es Bernd Schneidmüller für das europäische Mittelalter herausgearbeitet hat, als Herrschaftsform, die »weder Hierarchien noch Abhängigkeiten in Befehl und Gehorsam (leugnet), sondern die Bindung monarchischer Herrschaft in der mittelalterlichen Adelshierarchie und in ständischen Mitwirkungen (spiegelt).«

Wie sowohl Richard Burghart (1984, 1987) als auch David Gellner (2016) betonen, waren die Śāha-Könige nicht in erster Linie auf einen Territorialstaat aus, sondern auf Loyalitäten und Besitztum (*muluk*). Chittaranji Nepālī bemerkt dazu:

> In (Bhīmasena Thāpās) Zeit wurden Probleme nicht von einem nationalen, landesweiten Standpunkt aus behandelt. Kaste und Loyalität waren die Basis für das Lösen von Problemen. Folgerichtig gab es zu jener Zeit keinen Plan, der für das ganze Land angewendet und national genannt werden könnte.

Die Aufgabe des Staates bestand dabei weitgehend in der Gewährung von symbolischen wie materiellen Vorrechten auf Land, Arbeit, Wasser, Wälder, Märkte sowie den Waren- und Kapitalfluss. Diese Rechte konnte der König verschiedenen Autoritäten gewähren, in erster Linie Aristokraten, Beamten, Lehnsmännern und anderen Magnaten. So wanderten Reichtum in Form von Steuern ins Kathmandu-Tal und Privilegien und Prestige zu den begünstigten lokalen Oberschichten. Wie im mittelalterlichen Lehnsrecht besaß der König das gesamte Land und übertrug dann in Größe und Umfang unterschiedliche Besitztitel auf bestimmte Inhaber. Der Besitz konnte aus Landstrichen, Personenverbänden und Kulturen bestehen und manchmal konnten ganze Länder darunterfallen, wie David Gellner hervorhebt: »Als ein Imperium umfaßten die Besitztümer der Shah Könige viele verschiedene Völker und ›Länder‹«. Diese Besitztitel mussten jährlich während des Dasaĩ-Festes in einer persönlichen Empfangszeremonie (*pajanī*) bestätigt werden. Zugleich erkannte der König alte, z.B. stammesrechtliche Besitzrechte (*kipaṭa*) an, ohne freilich den grundsätzlichen Anspruch auf das Land aufzugeben.

Im Grunde war es diese Pfründeverteilung, neben Zwang und der Ideologie des angeblich einenden Hindu-Königs, die Pṛthvīnārāyaṇa und seinen Nachfolgern dazu verhalf, das Land zusammenzuhalten – ein ausbeuterisches System, das in einem erschreckenden Ausmaß zu Lasten der Bauern, der tibetoiden Bevölkerungsgruppen und der Kastenlosen ging. Da wurde durch den von oben verordneten *Ain* von 1854 grundsätzlich unterschieden zwischen den Trägern der Heiligen Schnur (*tāghādhārī*), also den Brahmanen, Thakuris und Chhetri, und ›Alkoholtrinkern‹ (*matavālī*), also eben den tibetoiden Bevölkerungsgruppen wie den Newar, Magar, Gurung, Sherpa, Rai, Limbu und anderen. Da war die Tatsache, dass es einen Zuwachs an Prestige bedeutete, wenn lokale Götter sanskritisch-brahmanische Namen und Rituale erhielten. Da war die Vorschrift, dass ethnische Gruppen für gewisse Traditionen, etwa das Verzehren von Rindfleisch, bezahlen mussten – Toleranz bestand hier nicht in der Duldung, sondern in der Möglichkeit, für seine Andersartigkeit zu bezahlen. Da waren die drakonischen Strafen, die besonders für die Kastenlosen vorgesehen waren – während Brahmanen und Cautārās etwa von der Todesstrafe ausgenommen waren. Und da war die Nichtberücksichtigung bestimmter Gruppen bei der Aufnahme in der Armee.

Die herrschenden Gorkhalis nahmen die transkulturelle ethnische, sprachliche und religiöse Vielfalt, die in diesem Land abseits der Weltgeschichte gedieh, entweder nicht wahr oder sie versuchten, sie zu unterdrücken. Doch immer noch werden in Nepal 123 Sprachen gesprochen; laut der Verfassung von 2015 (Art. 1.6) sind sie alle Nationalsprachen. 125 Bevölkerungsgruppen (ethnische Gruppen und Kasten) sind registriert. Diese in der Welt vielleicht einmalige Vielfalt war und ist eine Herausforderung, an der sich Nepal nach wie vor abarbeitet, bisweilen aufreibt, zugleich aber auch aufbaut.

Zwar hat es in Nepal insgesamt erstaunlich wenig Aufruhr gegen die asymmetrischen Machtverhältnisse – gegen die Einschränkungen bei den Landrechten, Fronarbeit, Sklaverei oder Verschuldung – oder gar separatistische Bewegungen gegeben, aber diese waren mitverantwortlich für die massenhafte Arbeitsmigration. Erst in den späten 1980er und Anfang der 90er Jahre formierten sich Bewegungen, die gegen die damals nicht nur propagierte, sondern sogar eingeforderte Dominanz der Bahun-Chhetri – und damit gegen Nepālī als einzige Nationalsprache und gegen den Hinduismus als Staatsreligion – opponierten und für einen säkularen Staat mit einer angemessenen Berücksichtigung der Janajatis kämpften. Im Jahr 1991 – nach dem ersten Volksaufstand (*jana āndolana*) – schlossen sich viele ethnische Vereine und Organisationen, darunter 56 Organisationen der Tamang, Magar, Gurung, Rai/Limbu, Tharu, Sherpa und anderer Ethnien, im *Nepal Janajati Mahasangh* (*Nepal Federation of Nationalities*, NEFEN; 2003 umbenannt in *Nepal Federation of Indigeneous Nationalities*, NEFIN) zusammen. Ethnizität, das heißt die Berufung auf die eigene ethnische Identität und die Pflege der ethnischen Kultur, war in Nepal vor 1990 eher unterdrückt worden. Nach 1990 gehörte sie jedoch zur Tagesordnung, auch wenn nach der Verfassung von 1990 regionale oder ethnische Parteien noch verboten waren, weil man darin eine Bedrohung für die nationale Einheit sah. Erst ab 2003 gab es für sie reservierte Sitze im Parlament. Während man die ethnischen Gruppen früher als (primitive) Stämme bezeichnet hat, verbreitete sich in den 1990er Jahren der Begriff *janajāti*. Konkret ging es in der Folge vor allem um Fragen der öffentlichen Repräsentation und des Zugangs zu Positionen in staatlichen Institutionen.

Zwar bestreitet heute kaum jemand mehr, dass Nepal ein einheitlicher Staat ist, was aber dessen Identität ausmacht, wird äußerst kontrovers diskutiert, wie die langen Debatten um die Verfassung zeigen. So lehnen die Janajātis mehrheitlich eine hinduistische Staatsdefinition und das hinduistische Stände- und Kastensystem ab; sie verstehen sich als die ursprünglichen Bewohner Nepals. Die NEFIN nimmt daher auch keine Kastenlosen-Gruppierungen auf, ebenso wenig christliche und muslimische Minoritäten. Demgegenüber fühlen sich die Kasten-Hindus, in Nepal oft

Indo-Parbatiyas genannt, von ihnen als Nepalis zweiter Klasse behandelt und missverstanden.

Parallel zu dieser Auseinandersetzung erklärten die Vereinten Nationen das Jahr 1993 zum Jahr (später Jahrzehnt) der indigenen Bevölkerungen. Zahlreiche Entwicklungshilfeorganisationen, aber auch die Weltbank, unterstützten entsprechende Bewegungen und Projekte. Sich zu den indigenen Bevölkerungsgruppen zu rechnen, zahlte sich nun plötzlich aus. Und NEFEN reagierte umgehend. Im März 1994 definierte die Organisation, was eine indigene Bevölkerungsgruppe Nepals ausmache. Sie müsse:

eine eigene distinkte Sprache und kulturelle Tradition sowie einen Glauben haben, der auf Animismus (Verehrung von Ahnen, dem Land oder der Natur) beruhe und auf keinen Fall hinduistisch sei;

ihre Herkunft auf die ursprünglichen Siedler des heutigen Staatsgebiets von Nepal zurückführen und eine eigene Geschichte in schriftlicher oder mündlicher Form überliefert haben;

von ihrem eigenen, kommunal bewirtschafteten Land vertrieben oder ihres Rechts auf dessen Nutzung beraubt worden sein;

eine soziale Gruppierung sein, deren Struktur traditionell auf Gleichheit (auch der Geschlechter) und nicht auf der indoarischen Hierarchie des Kastensystems beruhe,

und aufgrund der vorgenannten Kriterien formell oder informell beanspruchen, eine »indigene Bevölkerungsgruppe Nepals« zu sein.

Unter diesen Bedingungen waren die NEFEN-Anführer sogar bereit, die Chhetri in ihre Organisation aufzunehmen, allerdings nur, wenn sie sich wie noch bis zur Mitte des 19. Jahrhunderts als Khasa bezeichneten und sich von der Hinduisierung distanzierten. Im Ergebnis, so David Gellner, war NEFEN also anti-Hindu und besonders eine anti-brahmanische Organisation.

Trotz solcher Bemühungen sind Hindus der oberen Kasten in Nepal nach wie vor unverkennbar dominant. Noch immer besetzen sie mehrheitlich die wichtigen Posten in Regierung, Parlament und Verwaltung. Noch in der Verfassung von 1990, in Artikel 4, wird Nepal als »ein multiethnisches, mehrsprachiges, demokratisches, unabhängiges, unteilbares, souveränes Hindu- und konstitutionell-monarchisches Königtum« bezeichnet. Die Strukturen, die die Parbatiyas mit ihrer Definition Nepals als letztem Hindu-Königreich geschaffen haben, wirken also bis auf den heutigen Tag nach. Und im Kern sind sie es, die den Wiederaufbau nach dem Erdbeben von 2015 behindern. Denn die verschiedenen Gruppierungen stritten und streiten sich noch heute um Deutungshoheiten und Mehrheiten: Die Volkszählungen haben für die Hindus einen Bevölkerungsanteil von 80 % ergeben, die Janajatis beanspruchen 70 % und die unterdrückten Minderheiten, vereint im 1987 gegründeten *Utpidit Jatiya Utthan Manch* (*Uplifting Forum for the Oppressed Castes*), 60 %. Muss Nepal eine Nation im oben definierten Sinne werden, um seine strukturellen Probleme besser in den Griff zu bekommen? Muss Nepal seine Heterogenität opfern, um ein starker Staat zu sein? Kann es sich überhaupt leisten, große Rücksicht auf ethnische Minderheiten zu nehmen? Wie weit muss die Nationalisierung gehen?

Die Entwicklung zum unabhängigen Nationalstaat

Die Frage der Unabhängigkeit hat Nepal im 19. und beginnenden 20. Jahrhundert viel beschäftigt. Die Briten haben das Land lange Zeit nicht als unabhängig betrachtet, gleichwohl aber als unabhängigen Staat behandelt, indem sie mit ihm z.B. Verträge abschlossen. Genau genommen wurden die ersten Verträge aber nicht mit Nepal, sondern mit dem jeweiligen König abgeschlossen. Das Land war von drei Seiten vom Gebiet der Ostindien-Kompanie umgeben, und im Norden befand sich der wenig durchlässige Himalaya. Es bestand also kein Anlass zur Sorge, dass Nepal zu mächtig werden könnte. Noch 1903 schrieb Vizekönig Lord Curzon, dass Nepal vollständig unter den politischen Einfluss und die Kontrolle der Briten falle. Obgleich Nepal die Oberhoheit der Briten nie öffentlich anerkannte, erklärte es sich aber erst 1923 offiziell für unabhängig.

1951 öffnete Nepal seine internationalen Grenzen, und am 14. Dezember 1955 betrat das Land die internationale Bühne, indem es Mitglied der Vereinten Nationen wurde, obgleich Russland und die Ukraine 1949 noch dagegen votiert hatten, weil sie in Nepal keinen selbständigen Staat, sondern eher eine Kolonie Indiens sahen. Nepal entwickelte sich langsam zu einem international agierenden Nationalstaat und damit zum Mitspieler bzw. Mitglied in modernen, globalen Netzwerken und Gremien – vom

Weltpostverein oder dem Internationalen Roten Kreuz bis hin zum Internationalen Olympischen Komitee. Hat diese Öffnung des Landes seine Handlungsfähigkeit gestärkt?

Zunächst versuchte Nepal nach innen eine Einheitlichkeit zu erzwingen, wobei ›erzwingen‹ bedeutet, dass dabei nach wie vor die Dominanz der Parbatiyas ausschlaggebend war. Alle sollten auf das hinduistische Königtum verpflichtete Nepalis werden, aber nicht nur die nepalischen Tibeter (Bhoṭiyā) oder Muslime taten sich mit einer solchen Zuschreibung schwer. Es gab nun keine Amtsstube mehr ohne das Porträt des Königs. Darüber hinaus wurde Nepālī zur National- und Amtssprache erklärt. Das geschah auf Kosten der vielen anderen Sprachen, die als Sprachen der Minoritäten kaum Chancen hatten, zu Amtssprachen zu werden, solche zu bleiben oder zumindest in Schulen gefördert zu werden. Das Motto der Panchayat-Ära (1962–90) war *eka bhāṣā, eka bheṣa, eka rājā, eka deśa* (›eine Sprache, eine Kleidung/Tracht, ein König, ein Land‹). Gleichzeitig grenzte man sich bewusst von Indien ab, denn Maithilī oder Bhojapurī, der Hindī-Sprache verwandte Idiome, wurden als offizielle Sprachen abgelehnt, obgleich in Nepal eine Mehrheit diese Sprachen spricht. Als der aus dem Tarai kommende Vizepräsident Paramananda Jha 2008 seinen Eid auf Hindī sprach, gab es in der Öffentlichkeit einen Aufschrei, und ein Jahr später wurde höchstrichterlich entschieden, dass die Minister auf Nepālī eingeschworen werden müssen. Weiterhin wurde die typische Männerkleidung mit langem Hemd (*daurā/labedā*), oben weiter und unten enger Hose (*suruvāla*) und einer Kappe (*ṭopī*) zur nationalen Kleidung, das Hausmesser (*khukurī*) zum nationalen Symbol erklärt. Ethnizität wurde an sich nur als Folklore bzw. als Reaktion auf die Vorliebe des Westens für ›authentische‹ Kultur geduldet, da Nationenbildung immer auch eine gewisse zur Schau getragene Ethnizität beinhaltet. Öffentliche Kultur-Veranstaltungen wie Tänze oder Liederabende und der Zuwachs an ethnischen Feiertagen spiegeln diese Entwicklung. Zusammen mit den Feiern zu den Kalenderwechseln gibt es mittlerweile allein neun Neujahrsfeste: Gyalpo oder Bhotia Lhosar, Sonam oder Tamang Lhosar, Tamu oder Gurung Lhosar sowie Naya Barsa (Neujahr); Vikrama Samvat, Nepal Samvat, Hijri Kalender, Gregorianischer Kalender und Yele Samvat.

Spätestens seit 1990 herrscht in Nepal aber auch die Gleichheit vor dem Gesetz, beruhend auf einer einheitlichen Rechtsidee und dem Grundsatz der Gleichheit aller Menschen. Dadurch wurde die Jahrhunderte währende Herrschaftswillkür, die Tyrannei der Rāṇā-Aristokratie (aber auch der Śāha-Könige), beendet – von der zehnjährigen Tyrannei der maoistischen Rebellen einmal abgesehen. Ebenso wurde die Säkularisierung durchgesetzt, auch wenn sie immer wieder an ihre Grenzen stößt, etwa bei der Frage, ob die Kumārī-Kindgöttin, die bis heute alle Premierminister oder Präsidenten legitimiert hat, indem sie ihnen das rote Stirnmal (*ṭīkā*) gegeben hat, als Form von Kinderarbeit zu verbieten ist. Der demokratische Nationalstaat, der einen einheitlichen Volkswillen repräsentiert, und der Sozialstaat lassen hauptsächlich wegen der Kastenhindernisse in Nepal noch etwas auf sich warten, setzen sich aber mehr und mehr durch.

Nepal folgt damit in seiner Staatenbildung einem dreistufigen Modell nationaler Einheit, wie es von Joanna Pfaff-Czarnecka 2004 auch für andere Staaten herausgearbeitet wurde: (1) vom Modell ›Imperium‹ des Pṛthvīnārāyaṇa Śāha mit unterschiedlichen gesellschaftlichen Hierarchien und Rechtssystemen ohne den Drang zu einer Einheitskultur (2) über das Modell ›kulturell homogene Nation der Moderne‹ unter Mahendra und teilweise Bīrendra Śāha bzw. der Panchayat-Ära, basierend auf dem Versuch, »moderne Prinzipien der Demokratie, Staatsbürgerschaft, Volkssouveränität, rational organisierter Verwaltung und einer Politik der Gleichheit aller Individuen vor dem Gesetz sowie wohlfahrtsstaatlicher Statusgarantien« und eine Art einheitlicher Nationalkultur bei gleichzeitiger Unterdrückung oder Vernachlässigung von Minderheitenkulturen zu implementieren, (3) zum Modell ›plurikulturelle Eingliederung‹ (nach 1990), im Zuge derer es zu einer zunehmenden Ethnisierung der Politik kommt und die Minderheiten ihre Rechte einfordern und in der Verfassung verankert bekommen.

Was hat diese Entwicklung zum modernen Nationalstaat gebracht? Haben die damit verbundenen Spannungen Nepal scheitern lassen?

Ist Nepal gescheitert?

Zunächst ist festzustellen, dass der Aufbau eines modernen Nationalstaates und seine Einbettung in die globalisierte Moderne nicht die stromlinienförmige Vereinheitlichung gebracht hat, die sich mancher erträumt hatte. Im Gegenteil, je lauter die Nationalisierung propagiert wurde, desto mehr verschafften sich die Minderheiten Gehör. Ethnizität wurde plötzlich nicht mehr als Fossil wahrgenommen, sondern als eine Ressource. Tatsächlich bilden die ethnischen Gruppen – zusammengenommen – in einigen Landesteilen sogar die Mehrheit. Selbst im Parlament von 1991 waren, gemessen an ihrem Bevölkerungsanteil, nicht nur die Brahmanen überrepräsentiert, sondern auch Limbu, Gurung, Newar und Thakali. Dennoch sind die ethnischen Minderheiten einzeln zu schwach, zu verstreut und zu heterogen, als dass sie mit Separationsbewegungen Aussicht auf Erfolg gehabt hätten. Das gilt auch für das Tarai, in dem sich keine Mehrheit für eine politische Separation findet.

Ohne Zweifel hatte die Nationalisierung ihren Preis, denn insbesondere in den Bereichen, die von der Globalisierung betroffen sind, wurde auch Nepal zum Opfer der entzauberten Moderne: als Entwicklungsland, dem geholfen werden muss; als Land, das durch den Tourismus überschwemmt, verdorben und vermüllt wird, und als Land, das seine besten Söhne und Töchter an die weitflächige Arbeitsmigration verliert. Auch angesichts des explosiven Bevölkerungswachstums, der Landflucht, der Umweltverschmutzung und den politischen Unruhen hat sich immer mehr der Eindruck durchgesetzt, dass Nepal seine Probleme nicht in den Griff bekommt. Dieser Eindruck wurde durch die Wahrnehmung der Erdbeben von 2015 in den internationalen Medien noch erheblich verstärkt. Nepal – lange Zeit eine Art *Shangri La* – wurde zunehmend zu einem *paradise lost* oder, schlimmer noch, zu einem *failed state* erklärt, was man besonders an der oben angesprochenen Arbeitsmigration, aber auch am Ausmaß der notwendigen Entwicklungshilfe und am Tourismus festmachte.

Entwicklungshilfe gibt es in Nepal seit rund 65 Jahren. Mehr als eine Milliarde US Dollar werden dem Land pro Jahr versprochen. Trotzdem ist Nepal neben Afghanistan noch immer eines der am wenigsten entwickelten Länder Asiens. Die Gründe dafür liegen nicht allein bei den Maoisten, denn die zerstörte Infrastruktur war nach dem Bürgerkrieg relativ schnell wiederhergestellt. Viel entscheidender sind die meist korrupten staatlichen Korporationen sowie Syndikate von Geschäftsleuten und Militär, die Monopole auf Elektrizität, Trinkwasser, Gas, Verkehr und andere für die Versorgung zentrale Güter haben. Im Ganzen gesehen hat die Entwicklungshilfe in Nepal eher zu Trägheit und einer Versorgungsmentalität geführt. Ein Viertel der Spendengelder wird nicht ausgegeben, sondern versickert. Es gibt auch nicht wirklich einen Bedarf an technischer oder medizinischer Hilfe, wohl aber an politischer Unterstützung. Und solange die Spenden nicht an klare Zielvorgaben der Spender gebunden sind, zeitigen sie oft nicht die erhoffte Wirkung. Die nicht abgerufenen oder ausgegebenen Spenden nach den Erdbeben von 2015 sind nur ein weiteres Beispiel dafür.

Tourismus ist ein wesentlicher Bestandteil und eine Triebfeder von Wirtschaft und Globalisierung. Nepal ist, wie man weiß, wegen seiner einzigartigen Natur- und Kulturlandschaft sowie seiner Nationalparks (20 % der Fläche des Landes stehen unter Schutz) ein äußerst beliebtes Reiseziel. Reisen verbindet, ja verändert. Es ist bekannt, dass der Tourismus damit einer der ganz großen Motoren der Transkulturalität ist. Aber der Tourismus ist mehr als Reisen: Er ist eine Berg- und Talfahrt mit vielen Widersprüchen: Der Tourist will unberührte Natur und berührt zu diesem Zwecke die Natur, die er nicht selten – etwa auf den Himalaya-Touren oder am Everest – vermüllt hinterlässt. Der Tourist will Authentizität und wendet sich ab, wenn die einheimische Bevölkerung völlig authentisch das kulturelle Erbe nach ihren Vorstellungen umgestaltet oder eben – nach westlichen Geschmacksvorstellungen – verunstaltet (etwa indem sie in den alten Tempeln Neonlichter installiert). Der Tourist will die alten Traditionen und Rituale sehen, erschrickt aber, wenn beim Ritual Blut fließt, weil etwa beim Dasaĩ-Fest vor nahezu jedem hinduistischen Haus noch immer Tiere geopfert werden. Der Tourist will weg und das ganz andere haben und doch soll irgendwie alles so wie zuhause sein. Der Tourist will Pluralität, aber bitte nicht zu viel. Der Tourist ist also der perfekte Ausdruck der Gegenwart: Er flieht vor der unwirtlichen Welt, die er selber geschaffen hat. Die Folge: Nepal zahlt für diese Widersprüche; es zahlt in der Währung der gleichmachenden Globalisierung, in die alle anderen Schätze eingetauscht werden müssen, auf Kosten der Diversität.

Damit sind wir beim Kern des Problems angelangt, nämlich bei der Frage, ob die aus der Entwicklung zum Nationalstaat entstandenen und mit der Globalisierung verbundenen Probleme Nepal zu einem gescheiterten Staat gemacht haben bzw. Ausdruck davon sind. Die Antwort darauf ist einfach: Nach gängigen Kriterien liegt ein *failed state* dann vor, wenn das Territorium nicht mehr kontrolliert werden kann, die Staatsmacht erodiert, öffentliche Dienstleistungen und Versorgung nicht mehr funktionieren und zwischenstaatliche Beziehungen unmöglich geworden oder eingefroren sind. All dies trifft auf Nepal nicht oder, im Fall der öffentlichen Versorgung, nur in einem eingeschränkten Maße zu. Also ist Nepal kein *failed state*!

Nepal ist aber ein fragiler Staat. Das zeigen nicht nur die zeitweilige Verknappung von lebenswichtigen Gütern (Wasser, Strom, Gas oder Medizin), die massive Arbeitsmigration wegen mangelnder Versorgung der ländlichen Gebiete oder die Gewaltausbrüche vonseiten maoistischer Rebellen und ethnischer Gruppierungen. Das zeigt auch Nepals mühsamer Weg zum Nationalstaat, der seitens der Bahun-Chhetri fast immer auf der Vorstellung einer einheitlichen Kultur und Politik beruhte:

> Nationalismus ist eine Theorie der politischen Legitimität, die bedingt, daß ethnische Grenzen nicht die politischen überschreiten. (…) Daraus folgt, daß eine territorial politische Einheit nur ethnisch homogen werden kann, wenn sie alle nichtnationalen [Menschen] tötet, vertreibt oder assimiliert,

sagte schon 1983 Ernest Gellner. So gesehen ist Nationalismus stets in einem gewissen Ausmaß mit Gleichmacherei verbunden – zu Lasten der ethnischen, sozialen und kulturellen Vielfalt.

Ist das so? Muss das so sein? Zunächst hat es den Anschein. Denn tatsächlich gelten die eigenständigen Kulturen der Hochgebirgsregionen des Himalaya heute als gefährdet. Zugleich haben die Menschen in Nepal aber seit der Mitte des 20. Jahrhunderts dem äußerst dominanten Einfluss des Hinduismus oft widerstanden bzw. ihn in einer verträglichen Form hingenommen und die ethnischen Traditionen bis zu einem gewissen Grad – völlig können auch sie sich nicht der Globalisierung widersetzen – wieder aufleben lassen. Sie haben ein gemeinsames Staatsbewusstsein und egalitäre Formen des Zusammenlebens entwickelt, diese gesetzlich abgesichert und mehr und mehr in die Praxis umgesetzt – trotz des nach wie vor verbreiteten hierarchischen Kastensystems. Darüber hinaus hat es – ungeachtet zweifelsohne vorhandener, tiefgreifender Differenzen – fast keine gewaltsamen religiösen Auseinandersetzungen zwischen den Bevölkerungsgruppen gegeben. Gestritten wurde in Nepal über fast alles, aber Religionskriege sind nicht zu verzeichnen. Nepals Duldsamkeit ist sprichwörtlich und hat es viele Krisen hinnehmen lassen.

Ein auf den Nationalstaat mit seinem Machtzentrum, in Nepal also auf das Kathmandu-Tal fokussierter Blick blendet diese Aspekte aus, die unterschiedlichen Geschichten der einzelnen Regionen, die verschiedenen politischen Ansprüche und Organisationsformen, die fluiden und multiplen Identitäten, die grenzüberschreitenden transkulturellen und -religiösen sowie wirtschaftlichen Verflechtungen und mobilen Lebensformen in

Randzonen, Durchgangsregionen und Enklaven, von denen Nepal voll ist und von denen dieses Buch handelt. Wenn es Nepal gelingt, auf diesem Weg voranzuschreiten, indem es seinen ethnischen und kulturellen Reichtum bewahrt, den ethnischen Bevölkerungsgruppen eine gewisse Autonomie belässt und sie gleichzeitig (mehr) in die politischen Entscheidungen einbindet, indem es Ethnizität nicht mehr als Fossil, sondern als Ressource entdeckt und indem es die nötigen gesellschaftlichen Reformen in Bezug auf Landbesitzverhältnisse und Bildungschancen durchsetzt – wenn all dies in Angriff genommen wird, kann das Land mit dieser wahrlich abwechslungsreichen Geschichte selbst in Zeiten der Globalisierung ein *Shangri La* der kulturellen Vielfalt bleiben – und darin vielleicht sogar der Welt die nah wie fern ersehnte Einheit in der Vielfalt vorleben.

Anhang

Zeittafel

ca. 450–380 B. C.	Buddha in Lumbini geboren
3.–8. Jh.	Die Licchavis
12.–14. Jh.	Khasa–Mallas in Westnepal
13.–18. Jh.	Die Mallas
1349	Sultan Shams ud-dīn Ilyās von Bengalen überfällt das Kathmandu-Tal
1382–95	(Jaya) Sthiti Malla konsolidiert das Malla-Reich
1428–82	Yakṣa Malla eint das Malla-Reich
1484	Aufteilung des Malla-Reichs in die drei unabhängigen Königtümer von Kathmandu, Bhadgaon (Bhaktapur) und Patan (Lalitpur)
1533	Einwanderung der Sherpa nach Solukhumbu
1768/69–2008	**Die Śāhas**
1559	Dravya Śāha errichtet das Gorkha-Königtum
1606–33	Rāma Śāha erobert Gorkha
1715	Kapuziner-Mission in Kathmandu
1768–69	Pṛthvīnārāyaṇa Śāha erobert das Kathmandu-Tal und weite Teile Ost- und West-Nepals
1783–89	1. Krieg mit Tibet
1791–92	2. Krieg mit Tibet
1793	Kirkpatricks Mission nach Kathmandu
1802	Captain Knox als Gesandter der Ostindischen Handelskompanie in Kathmandu
1806	Tötung Raṇabahādura Śāhas
1846–1951	**Die Rāṇās**
1814–16	Krieg mit der britischen Ostindien-Kompanie
1846–77	Jaṅga Bahādura Rāṇā Premierminister
1850	Jaṅga Bahādura Rāṇā besucht England und Frankreich

1855–56	3. Krieg mit Tibet
1856	Das Amt des Premierministers wird erblich
1885–1901	Vīra Śamśera; die Śamśera Rāṇās reißen die Macht an sich
1914–18	Gurkha-Regimenter unterstützen England im 1. Weltkrieg
1920	Verbot der Witwenverbrennung
1923	Großbritannien erkennt Nepals Unabhängigkeit an
1924	Abschaffung der Sklaverei durch Chandra Śaṃśera
1934	Schweres Erdbeben im Kathmandu-Tal
1941	Exekution der ›Vier Märtyrer‹
1951–62	**Von der Monarchie zur Republik**
1947	Gründung des *Nepali Congress* im indischen Exil
1948	Erste schriftlich fixierte Verfassung durch Padma Śamśera
1950 (6. 11.)	Flucht von König Tribhuvana nach Indien
1950 (Dez.)	Rücktritt des letzten Rāṇā-Ministerpräsidenten Mohana Śamśera
1951 (15. 2.)	Rückkehr von König Tribhuvana
1951 (18. 2.)	Proklamation der konstitutionellen Monarchie
1951 (30. 3.)	Verabschiedung der Interims-Verfassung
1953 (29. 5.)	Erstbesteigung des Everest durch Tenzing Norgay und Edmund Hillary
1955 (12. 3.)	Mahendra wird König
1959 (12. 2.)	Erste demokratische Verfassung
1959 (18. 2.)	Direkte Wahlen mit Wahlsieg des *Nepali Congress*
1960 (15. 12.)	Auflösung des Parlaments durch den König und Entlassung des Ministerpräsidenten Koirala; Verbot der Parteien
1962–90	**Die Panchayat-Periode**
1962 (16. 12.)	Erlass der Panchayat-Verfassung
1975	Krönung König Virendras
1979 (Mai)	Unruhen wegen ausbleibender Demokratisierung
1980	Referendum zum Panchayat-System mit knappem Votum für die Beibehaltung
1980 (15. 12.)	Einführung einer neuen, ›demokratischeren‹ Panchayat-Verfassung
1981 (9. 5.)	Wahlen mit Niederlage vieler Panchayat-Kandidaten
1989 (19. 3.)	Wirtschaftsblockade durch Indien

1990–2008	**Konstitutionelle Monarchie mit Mehrparteien-System**
1990 (18. 2.)	Aufkommen der Demokratiebewegung, Volksaufstand (*jana āndolana*)
1990 (9. 11.)	Erlass einer neuen Verfassung mit Nepal als konstitutioneller Monarchie mit einem Mehrparteiensystem
1990 (12. 5.)	Wahlen mit absoluter Mehrheit des *Nepali Congress* und G.P. Koirala als Premier
1992	Wahlen mit knappem Sieg des *Nepali Congress*
1994 (15. 11.)	Wahlen mit Sieg der *Communist Party of Nepal* (*Unified Marxist-Leninist*/CPN-UML), ab 30. 11. erste kommunistische Minderheitsregierung
1995 (13. 6.)	Auflösung des Repräsentantenhauses durch den König, Wiedereinsetzung des Repräsentantenhauses aufgrund Urteil des Obersten Verfassungsgerichts am 28. 8.
1996 (13. 2.)	Beginn einer maoistisch motivierten Bauernrevolte im Nordwesten Nepals
2001 (1. 6.)	Massaker im Königspalast, Jñānendra wird am 4. 6. zum König gekrönt
2002 (22. 5.)	Auflösung des Kabinetts, Bildung einer Übergangsregierung
2005 (1. 2.)	Jñānendra entlässt die Regierung und reißt die Macht an sich
2006 (7. 4.)	Proteste zur Wiedereinsetzung des Parlaments
2006 (21. 11.)	Vereinbarung zur Beendigung des Bürgerkriegs durch G.P. Koirala und Dahal
2007 (15. 1.)	Interimsverfassung
2007 (24. 12.)	Sieben-Parteien-Regierung mit Maoisten kommt überein, die Monarchie abzuschaffen und erklärt Nepal zu einer Republik
2008 – heute	**Demokratische Republik Nepal**
2008 (10. 4.)	Wahlen zu einer Verfassungsgebenden Versammlung
2008 (28. 5.)	Konstituierende Sitzung des Parlaments: Maoisten erhalten Mehrheit in Wahlen, Auflösung der Monarchie, König Jñānendra verlässt den Palast am 11. 6.
2008 (23. 7.)	Ram Baran Yadav (*Nepali Congress*) wird erster Präsident der Republik Nepal
2008 (15. 8.)	Der Maoistenführer Pushpa Kamal Dahal (›Prachanda‹) wird Ministerpräsident

2008 (28.12.)	270 von 329 Abgeordneten stimmen für eine föderal-demokratische Republik
2013 (19.11.)	Neuwahlen mit Sieg der bürgerlichen Parteien
2015 (20.9.)	Neue Verfassung unter heftigen Protesten der Minoritäten im Tarai; als Folge blockiert Indien wochenlang die Grenze
2017 (26.11.–7.12.)	Erste Wahlen auf der Basis einer demokratischen Verfassung; Kommunisten und Maoisten erringen fast eine Zwei-Drittel-Mehrheit

Könige und Premierminister

(Eckige Klammern markieren in Inschriften anderer Herrscher erwähnte Machthaber.)

Die Licchavi-Dynastie

n. Chr.	*Herrscher* (Anzahl der Inschriften mit/ohne Namensnennung)
um 185	[Jayavarmā (auch Jayadeva I.)]
ca. 400	[Vṛṣadeva, Viśvadeva]
ca. 425	Śaṅkaradeva I.
ca. 450	Dharmadeva
464–505	Mānadeva I. (13/4)
505–506	[Mahīdeva] (nur in Jayadevas Paśupatinātha-Stele erwähnt)
506–532	Vasantadeva (2/4)
	Manudeva (1) (nur eine undatierte Inschrift)
538	Vāmanadeva (1/1)
545	Rāmadeva (1), Amaradeva, Guṇakāmadeva (?)
560–565	Gaṇadeva (7/1)
567–ca. 590	Bhaumagupta, Bhūmigupta (?)
567–573	Gaṅgādeva (1/2)
575/576	[Mānadeva II.] (keine Inschrift, aber wegen des Beginns einer neuen Āra erschlossen)
590–604	Śivadeva I. (13/2)
605–621	Aṃśuvarman (19/7)
621	Udayadeva (1)

624–625	Dhruvadeva (4)
631–633	Bhīmārjunadeva, Jiṣṇugupta (6)
633	Viṣṇugupta – Jiṣṇugupta
640–641	Bhīmārjunadeva/Viṣṇugupta (3)
643–679	Narendradeva (9/2)
694–705	Śivadeva II. (6/1)
713–733	Jayadeva II. (4/4)
	Gaṇadeva (?)
748–749	Śaṅkaradeva II.
756	Mānadeva III. (2)
826	Balirāja (1)
847	Baladeva (1)
877	Mānadeva IV. (1)

Herrscher der Übergangszeit

n. Chr.	*Herrscher*
	[Rudradeva], [Bālārjunadeva]
879	[Rāghavadeva]
920	Śaṅkaradeva I.
987–990	Guṇakāmadeva I.
998	Narendradeva I. und Udayadeva
1004	Udayadeva
1005	Nirbhayadeva
1008	Nirbhayadeva und Rudradeva I.
1011	Bhojadeva
1012	Rudradeva I. und Bhojadeva
1015	Bhojadeva, Rudradeva I. und Lakṣmīkāmadeva I.
1024–39	Lakṣmīkāmadeva I. [Jayadeva]
1045–48	Bhāskaradeva
1048–60	Baladeva
1060–66	Pradyumnakāmadeva
1066–69	Nāgārjunadeva
1069–83	Śaṅkaradeva II.

1083–85	Vāmadeva
1085–99	Harṣadeva
1099–1122	Siṃhadeva
1099–26	Śivadeva (ev. mit Siṃhadeva identisch)
1126–37	Indradeva
1137–40	Mānadeva
1140–46	Narendradeva II.
1147–66	Ānandadeva I.
1167–74	Rudradeva II.
1174–78	Amṛtadeva
1178–83	Someśvaradeva
1185–95	Guṇakāmadeva II. (evtl. gemeinsam mit Lakṣmīkāmadeva II. und Vijayakāmadeva)
1192–97	Lakṣmīkāmadeva II.
1192–00	Vijayakāmadeva

Malla-Könige

n. Chr.	*Herrscher*
1200 –16	Ari Malla I.
1216–55	Abhaya Malla
1221	Raṇasūradeva
1256–58	Jayadeva
1258–71	Bhīmadeva
1271–74	Sīha Malla
1274–1307	Ananta Malla u.a.
1295–1326	Rudra Malla
1308–20	Ānandadeva II.
1320–44	Ari Malla II.
1347–61	Rājadeva
1361–81	Arjunadeva
1382 –95	Sthiti Malla
ca. 1395–1408	Dharma Malla
1408–28	Jyotir Malla
ca. 1428–82	Yakṣa Malla

Malla-Könige nach der Dreiteilung

Kantipur (Kathmandu):		*Lalitpur (Patan):*	*Bhadgaon (Bhaktapur):*
1482–1520	Ratna	1482–1546 Rāya u.a.	1482–1504 Rāya u.a.
1520–29	Sūrya	1546–56 Viṣṇusiṃha	1504 Vīra
1529–60	Amara = Narendra	1560–97 Purandarasiṃha	1505–19 Bhuvana
1560–74	Mahendra	1597–1619 Śivasiṃha v. Kantipur	1519–22 Raṇa, Vīra, Jita
1575–81	Sadāśiva	1619–61 Siddhinarasiṃha	1522–23 Raṇa, Bhīma, Vīra, Jita
1578–1619	Śivasiṃha	1661–84 Śrīnivāsa	1524–48 Prāṇa
1619–41	Lakṣmīnarasiṃha und Raṇajitsiṃha	1684–1705 Yoganarendra	1548–60 Viśva
1641–74	Pratāpa	1705–06 Lokaprakāśa	1561–1613 Trailokya, Tribhuvana u.a.
1674–80	Nṛpendra	1706–09 Indra (Purandara)	1614–37 Jagajjyotir
1680–87	Pārthivendra	1709 Viranarasiṃha	1637–43 Nareśa
1687–1700	Bhūpālendra	1709–1715 Mahīndra	1643–72 Jagatprakāśa
1700–22	Bhāskara = Mahindrasiṃha	1715–17 Ṛddhinarasiṃha	1673–96 Jitāmitra
1722–34	Jagajjaya	1717–1722 Bhāskara = Mahindrasiṃha	1696–1722 Bhūpatīndra
1735–46 u. 1752–68	Jayaprakāśa	1722–29 Yogaprakāśa	1722–69 Raṇajit
1746–52	Jyotiprakāśa	1729–45 Viṣṇu	
		1745–58 Rājyaprakāśa	
		1758–1760 Viśvajit	
		1760–61 u. 63–64 Jayaprakāśa v. Kantipur	
		1762–63 Raṇajit v. Bhaktapur	
		1764–65 Dalamardana Śāha	
		1765–1768 Tejnarasiṃha	

Śāha- und Rāṇā-Herrscher

Regierungszeiten	Śāha-Könige (Lebenszeiten)	Regent(in)	Premierminister
1559–70*	*Dravya*		
…			
1609–33*	*Rāma*		
1633–45*	*Dambara*		
1645–61*	*Kṛṣṇa*		
1661–73*	*Rudra*		
1673–1716*	Pṛthvīpati		
1716–43	*Narabhūpāla* (1697–1743)		
1743–75	*Pṛthvīnārāyaṇa* (1723–75)		
1775–77	*Pratāpa Siṃha* (1751–77)		
1777–99	*Raṇabahādura* (1775–1806)	1777–85 *Rājendralakṣmī* (Mutter)	
		1785–94 *Bahādura Śāha* (Onkel)	
1799–1816	*Gīrvāṇayuddha* (1797–1816)	1799–1800 u. 1802–04 *Rājarājeśvarī*, 1800–02 *Suvarṇaprabhā Rājarājeśvarī*, 1806–32, 1799–1804 Lalita, Tripura, Sundarī (Stiefmütter)	1799–1804 Damodara Pā̃ḍe
			1804–06 *Raṇabahādura Śāha* (Vater)
			1806–37 *Bhīmasena Thāpā*
			1837–38 *Raṅganātha Pauḍela*
			1838–40 *Raṇa Jaṅga Pā̃ḍe*
			1840–43 u. 1845–46 *Phatte (Fateh) Jaṅga Chautariyā*

1816–47	*Rājendra* (1813–81)	*Sāṃrājya Lakṣmī* Devī (1839–41)	1843–45 *Māthavara Siṃha Thāpā*
			1846–56, 1857–77 *Jaṅga Bahādura Kūvara (Rāṇā)*
			1856–57 *Bam Bahādura Rāṇā*
1847–81	Surendra (1829–81)		1877–85 *Raṇoddīpa Siṃha*
1881–1911	Pṛthvī (1875–1911)		1885–1901 *Vīra Śamśera*
			1901 *Deva Śamśera*
1911–50	Tribhuvana (1906–55)		1901–29 *Candra Śamśera*
			1929–32 *Bhīma Śamśera*
			1932–45 *Juddha Śamśera*
			1945–48 *Padma Śamśera*
1950/51	Jñānendra (geb. 1947)		1948–51 *Mohana Śamśera*
1951–55	Tribhuvana (1906–55)		
1955–72	*Mahendra* (1920–72)		
1972–2001	*Vīrendra* (Birendra) (1945–2001)		
2001	Dīpendra (1971–2001)	*Jñānendra* (Gyanendra)	
2001–08	*Jñānendra* (Gyanendra, geb. 1947)		

Kursiv: die eigentlichen Machthaber
*Daten nicht gesichert
Für Premierminister ab 1951 s.:
https://en.wikipedia.org/wiki/List_of_Prime_Ministers_of_Nepal (Zugriff: 23.8.2018)

Abkürzungen

ANHS	Association for Nepal and Himalayan Studies
BSOAS	*Bulletin of the School of Oriental and African Studies*
CNSt	*Contributions to Nepalese Studies*
DN	*Documenta Nepalica*: http://abhilekha.adw.uni-heidelberg.de/nepal/index.php/ (Zugriff: 25. 8. 2018)
EBHR	*European Bulletin of Himalayan Research*
GopV	*Gopālarājavaṃśāvalī*
HAdW	Heidelberger Akademie der Wissenschaften
H.M.G.	His Majesty's Government
IGNO	Internationale Nichtregierungs-Organisation (*international non-governmental organization*)
IIJ	*Indo-Iranian Journal*
JAS	*Journal of Asian Studies*
JNRC	*Journal of the Nepal Research Centre*
LA	*Licchavi Abhilekha* (Numerierung nach Dhanvajra Varacharya 1973)
NBhV	*Nepālikabhūpavaṃśāvalī*
NGMPP	Nepal-German Manuscript Preservation Project
NGO	Nichtregierungs-Organisation (*non-governmental organization*)
NS	*Nepāla Saṃvat* (beginnt 879 n. Chr.)
VS	*Vikrama Saṃvat* (beginnt 57 n. Chr.)
RRC	*Regmi Research Collection*
RRS	*Regmi Research Series*
StNHS	*Studies in Nepali History and Society*
ZDMG	*Zeitschrift der Deutschen Morgenländischen Gesellschaft*

Literaturhinweise

* = Dokumente
🔍 = im Focus
\+ = Literatur mit weiteren Nachweisen
≈ = teilweise wörtlich aufgenommen
[Z] = Zitat

1. Die Quellen

Die Erforschung Nepals: Zu den Jesuiten: Landon 1928/II: 231–238; [Z]Grueber: Kircher 1985: 168 • Frühe Reisende: Buchanan-Hamilton 1819, Hodgson 1874 u. 1880, Oldfield 1880, Wright 1877, Schlagintweit-Sakünlünski 1869–80, Brescius, Kaiser & Kleidt 2015; Donner 2010 • Zu Waldemar von Preußen: Kutzner 1857 • Zu Brian H. Hodgson: Hunter 1896, Waterhouse 2004 • Zu Bronkhorsts These: Bronkhorst 2014 • Zu Sylvain Lévi: Höfer 1979; [Z]Lévi 1905/I: 129; [Z]1905/I: 28 • **Archäologie, Inschriften und Münzen**: Zur Archäologie: Mukherji 1969, Verardi 1992, 1997 u. 2007, Darnal 2016 • Zu Lumbini: Deeg 2003, Coningham u.a. 2013 – Zu Mustang: Schuh u.a. 1999, Pohle 2000 • Zu Hadigaon u. Lazimpat: Deo 1968, Verardi 1992 • Zu Dhumbarahi: Banerjee 1969 • Zu den Inschriften: Bledsoe 2004, Acharya 2008 u. 2009, +Mirnig 2013 u. 2016 • Zu Münzen: Walsh 1908, J.Ch. Regmi 1982, M.C. Regmi 1982, Rhodes u.a. 1989; [Z]Koirala: R. Shrestha 2007: 13 • **Manuskripte und Dokumente**: Bendall 1886, Shastri 1905–06, Lévi 1905–08, D.R. Regmi 1965–66/I: 38–42, Malla 1982 • Zu den Dokumenten: +Cubelic u.a. 2018 • **Archive und Museen:** Zu Archiven: [Z]*Gīrvāṇayuddha Śāha 1812, Thapa 1967 • Zum ersten Museum: *Juddha Śamśera 1930 • Zum Patan-Museum: Hagmüller 2002 • **Die einheimische Geschichtsschreibung**: Zu den Chroniken: Wright 1877, Lévi 1905, Hasrat 1970, +Bajracharya & Michaels 2012; zur GopV: M.R. Pant 1987, K.P. Malla 2015: 497–562; zum *Svayambhūpurāṇa*: Brinkhaus 1993, Shakya & Bajracharya 2010; zur NBhV: Michaels u.a. 2016; zum *Nepālamāhātmya*: K.P. Malla 2015: 381–294; zur Historiographie: Witzel 1990, Raj & Onta 2014, +Michaels u.a. 2016.

2. Das Land

Die Infrastruktur: Wiesner 1976, Donner 1972 u. 1990 – Zur Bezeichnung ›Nepāla‹: LA 23, Lévi 1909/I: 364, Burton-Page 1954, Nepālī 1983, Burghart 1984, Bledsoe 2004: 69f., K.P. Malla 2015: 270–283, D. Acharya 2017 • Zur Topographie u. Flora: Miehe & Pendry 2015 • **Heilige Berge und Bergbesteigungen**: Zu den Bergen: Salisbury/Hawley 2011; +Website von Guenter Seyfferth: https://www.himalaya-info.org/index.htm, (Zugriff: 23. 8. 2018); Michaels 2006a • [Z]Sunar: nach Gutschow 2012: 106 • 🔍 **Der Everest**: Unsworth 2000, Hemmleb 2002, Asisi 2012 • **Erdbeben**: Zum Wiederaufbau: http://www.icimod.org/nepalearthquake2015 (Zugriff: 23. 8. 2018) u.

Asia Foundation 2016; Campbell 1833, M.R. Pant 2002, Bollinger u.a. 2016, B. Sh. J. B. Rana 2013 (1934), Raj & Gautam 2015, Brosius & Maharjan 2017.

3. Die Menschen

Familien- und Sozialstrukturen: Zur Bevölkerung: Bista 1972, G.S. Nepali 1965, Toffin 1984, Gaborieau 1978, P. Sharma 2014 • Zu den Newar: G.S. Nepali 1965, Rosser 1966, Toffin 1984 u. 2007, Gellner 1986 u. 1992, Gellner & Quigley 1995, Levy 1990 • Tab. nach Whelpton 2008: 53–54, Tab. nach Gellner 1992: 44 • Zum Verhältnis der Śāhas zu den Magars: Buchanan-Hamilton 1819: 26 • Zur Zählung der Kasten: Rosser 1966, B.G. Shrestha 2007 • Zur Ethnizität: Krämer 1996, Gellner u.a. 2008 • **Die soziale Hierarchie nach dem *Ain* von 1854**: Höfer 197, Pfaff-Czarnecka 1989 • Tab. nach Höfer 1979a: 45 • Zu den Tharu: s.u. zu Kap. 5 • **Die Stellung der Frau**: Bennett 1983, Bennett u.a. 2013 • Zur *Svasthānīvrathakathā*: Iltis 1985, Birkenholtz 2018 • **Witwenverbrennung**: Oldfield 1880/II: 251, Michaels +1992, 1993 u. 1994, Maskey 1996: 64–85; [Z]Buchanan-Hamilton 1819: 23 • Zu den Chroniken: Hasrat 1970: 120 u. 128, *Rājendra Śāha 1841 • Zur Satī einer Konkubine: *Rājendra Śāha 1822 u. 1836, vgl. auch Notes zu *Rājendra Śāha 1836a • Zur Satī von Samudravatī: M.R. Pant 1977 • Zu anderen Satīs: M.R. Pant 1984 • Zur Mānadeva-Inschrift: D.R. Regmi 1983 I u. II: 2–3 (in beiden Bänden) • Zu Candra Śamśeras Verbot: *Candra Śamśera 1925: 45.

4. Die Geschichte des Kathmandu-Tals

D.R. Regmi 1960, 1965–66 u. 1975, Shaha 1990, Whelpton 2005, Slusser 1982 • **Die Ur- und Frühgeschichte:** Corvinus 2007, Darnal 2016 • Zum Kathmandu-Tal als See: Dongol 1985, Sakai et al. 2006 • Zu den Licchavis in Indien: Jha 1970 • Zu den Kiranti: Chemjong 1967, Dh. Vajracharya 1968, K.P. Malla 1981, K. Pradhan 2009 • **Die Kirāta, die Licchavis und die Abhīra-Guptas (3.–8. Jh.):** Dh. Vajracārya VS 2030 (=LA), D.R. Regmi 1960, Petech 1961, Slusser 1982: 18–40 • Zu den Newar u. Nevārī: Lévi 1905/I: 220–222, D.R. Regmi 1966/4: inscr. 52 [90–91], Slusser 1982: 9–11 • Zu »kirāti« in Licchavi-Inschriften: LA 91 • Zu Vijayatī: LA 20 • Zur Mānadeva-Inschrift: LA 2, Riccardi 1989 • Zum Kushana-Bezug: Alsop & Tamot 1969/2001, Verardi 1992, T.N. Mishra 2000 • Zu Mānadevas Stiftung eines Klosters: Petech 1984: 51–59 • Erwähnung des Mahāyāna: D. Acharya 2009 – Tab. nach Slusser 1982: 397, u. Alsop & Tamot 1996/2001 • Zur Sāmantaisierung: Kulke & Rothermund 1998: 166ff. • Zur Handigaon-Inschrift: D. Acharya 2009, vgl. Riccardi 1980: 272 • Zur tibetischen Eroberung: Snellgrove 1987/II: 372 • **Die Übergangszeit (9.–12. Jh.)**: D.R. Regmi 1965/66/I, Slusser 1982: 41–51, Petech 1958 • [Z]Petech 1958: 1, [Z]de Siminis 2016: 257(vgl. Petech 1984: 68) • Zu Nepāla-Saṃvat: K.P. Malla 2015: 203–208, N.R. Pant 1965: 4 • Zu Bāladeva: GopV fol. 23b • Zu den tibetischen Mönchen: Davidson 2002: 130, Roerich 1996: 41–42, Lewis & Bajracharya 2016: 90f. • Zu Guṇakāmadeva I.: BhV II: 32, GopV 23b; Petech 1984: 23–34 • **Die Newar und die Malla-Zeit (13.–18. Jh.)**: Zu den Newar: vgl. o. Kap. 3 • Zu den Palmblattrollen: Kölver & Śākya 1985 • Zu Rājyalakṣmīdevī: D.R. Regmi 1965–66 II: 423 • Zur tibetischen Abtlineage: Bledsoe 2004: 77 • Tab. nach Slusser 1982: 399–401 • Zur *Jātamālā*: NBhV 19: 34–48 (Wright 1877: 182–187) • Zu *Tyāsaphu B*: D.R. Regmi 1965–66/II: 333–334; Slusser 1982: 64 • Zu Angriffen von außen: D.R. Regmi 1965–66/II: 33 • **Die Monarchie der Gorkha-Śāhas (1768/69–1846)**: Hasrat 1970: 169–344, Stiller 1973, 1976 u. 1993, Riccardi 1977, D.R. Pant 1986 u. 1988, Shah 1990, Whelpton 1992 u. 2005, Mocko 2016 • Zu den abgeschlagenen Nasen: Kirkpatrick 1811: 383, NBhV I: 134, Giuseppe 1799, S. Shrestha 2016 • Zu den Häuser-Zahlen: Buchanan-Hamilton 1819: 244, D.R. Regmi 1975: 16, K.L. Pradhan 2009: 24 • Zur Eroberung des Kathmandu-Tals: Stiller 1989 • Zu Pṛthvīnārāyaṇa Śāha: Baral 1964, B. Acharya 1967 u. 1970, Stiller 1973 u. 1989 • Zum *Divyopadeśa*: Stiller 1989, Whelpton 2007, D.R. Panta 2016; [Z]Pṛthvīnārāyaṇa: Stiller 1976: 7 • [Z]**Foreign Secret Records* 28. Mai (?) 1800; [Z]W.D. Knox M.C. Regmi 1995: 9 • Zum anglo-nepalischen Krieg: Chaudhuri 1960, Pemble 1971, Stiller 1973, Des Chene 1991 • [Z]*Girvāṇayuddha Śamśera 1813 • Der Friedensvertrag von Sagauli: in: Stiller 1976: 22–24 • Zu den landwirtschaftlichen Einbußen: Gaige 1968 • Zu Eroberungen im westlichen Himalaya: M.C. Regmi 1999, Moran 2018. • **Die Zeit der erblichen Premierministerschaft (1846–1951)**: • Zur Rāṇā-Zeit allgemein: Kumar 1967, K.K. Adhikari 1984, Shaha 1990, Whelpton 1983 u. 1992, Sever 1993; aus der Sicht der Rāṇās: P.S. Rana 1978 • Zu Bhīmasena Thāpā: Ch. Nepālī 1956 (VS 2013), K.L. Pradhan 2012 • Zum Koṭa-Massaker: K.K. Adhikari VS 2034 u. 1984: 29–23, Shaha 1990: 217–221, Whelpton: 1992: 158–164, Stiller 1976: 78–94 u. 198, ≈Michaels 2007a, K. Pradhan 2012 • Zu Jaṅga Bahādura Rāṇā: K.K. Adhikari 1984, Shaha 1990, Whelpton 1983 u. 1992 • Zu seiner Europa-Reise: *Dixit 1957/58, Whelpton 1983, S. Shrestha 2018 • Zur Abstammung der Rāṇās: Whelpton 1987 • Zur Verleihung der Titel: *Surendra Śāha 1849 u. 1856a • Zu Raṇa Bahādura Śāha: *D.R. Panta 1969 • Zum Dokument Rājendras (1857): *K.K. Adhikari 1984: 63f. • Zum *dharmādhikārin*: Michaels 2005a • Zu den Landrechten s.u. Kap. 6, »Landbesitz und Landwirtschaft« • **Die Gurkha-Soldaten**: Buchanan-Hamilton 1819: 14–55, Caplan 1991, Smith 1991, Onta 1997, Mulmi 2017 • Zur »martial race theory«: Montgomery 1998, Des Chene 1991 u. 1993; [Z]Hearsay: nach Des Chene 1991: 13, [Z]Oldenberg 1917: 2 • **Von der Monarchie zur Republik (1951–2017)**: Gupta 1964, Joshi & Rose 1966, Pemble 1971, Whelpton 2005 • Zu den Maoisten: D. Thapa 2004, Upreti 2004, Hachhetu 2008-09, A. Adhikari 2014 • Zur Notsituation (*āpaddharma*): Zharkevich 2017 • Zur Verfassungsgeschichte: Gaenszle 1991a • Zum 2001-Massaker: P.A. Raj 2001, Gregson 2002 • **Macht und Autorität: König, Brahmane, Premierminister und Maoistenführer:** Zum nepalischen Königtum: ≈Michaels 2007a; [Z]Hocart 1950: 68, Burghart 1987 u. 2016, Krauskopff & Lecomte-Tilouine 1996, Mocko 2016, A. Zotter 2016 u. 2017; [Z]Prachanda 2000 • Zu den *little kingdoms*: Stein 1980, Dirks 1987 • Zum Gabentausch: +Michaels 2016: 218 • Zum Einfluss der Königinnen: G. Karmacharya 2005.

5. Die Geschichte einzelner Regionen

Das Khasa-Malla-Königreich: Atkinson 1986, Tucci 1956, D.R. Regmi 1965–66/II: 710–735, Pandey 1970 u. 1997, P.R. Sharma 1972, Adhikary 1988, Lecomte-Tilouine 2009a u. 2009b, M.R. Pant 2009, T.B. Shrestha 2009 • Zur Kunstgeschichte: D.R. Sharma 2012 • Zu den 22 bzw. 24 Königtümern: *Pṛthivīnārāyaṇa

Śāha 1774a, Stiller 1973: 70–73 (mit Listen der Kleinkönigtümer) • Zum Staat als *dhuṅgo* (›Stein‹, ›Felsen‹): Whelpton 2008: 43 • Zu den Dhāmīs: Gaborieau 1969, P.R. Sharma 1972, W. Winkler 1976 • **Das Tarai**: Gaige 1975/2009, Michael 2011 u. 2013, Guneratne 2011, Mathema 2011, Gellner 2013, Chaudhary 2015 • Zu den Sena-Königen und Palpa: Ghimire 1988, Stiller 1989, Michael 2013: 57–59 • Zu Mithila und Tirhut: S.M. Singh 1922, Choudhary 1970, Burghart 2016 • Zu Maithilī-Manuskripten: Witzel 1985 • Zu Janakpur: M. Jha 1971, Burghart 2016 • Die Tharu: Krauskopff 1988 u. 1999, Müller-Böker 1999, Krauskopff & Meyer 2000, Guneratne 2002 u. 2011 • Zur Schuldknechtschaft (*kamaiya*): Fujikura 2011, Giri 2011 • 🔍 **Elefanten**: +Bajracharya u.a. 2015 • Zu den Tributzahlungen: Locke 2011: 61, Krauskopff & Meyer 2000, P. Locke 2006 u. 2011 • Zu wilden Elefanten: Buchanan-Hamilton 1928: 425 • Zu *kāṭṭo-grahaṇa*: Kropf 2002 • **Die Sherpa**: Fürer-Haimendorf 1964, Oppitz 1968 u. 1974, M.C. Regmi 1975, +Ortner 1978, ≈1989 u. 1999 • Dokumente: *Rājendra Śāha 1828 (VS 1885) u. *Subba Purnanand 1848 (VS 1791) • Zum Dokument von 1892: *Bīra Śamṣer 1892 u. Oppitz 1968: 64–66 • 🔍 **Lastenträger und das Postläufertum**: Bastien u.a. 2005 • Zum Hulāka-System: M.C. Regmi 1972: 104–105, Stiller 1976: 52–54, RSS 11.5 (1979): 78 u. 14.3–4 (1982): 50–3; *Surendra Śāha 1850 (VS 1907), 1855 (VS 1912), 1816 (VS 1872); *Pṛthvī Bīra Śāha 1911 (VS 1968) • Zur Stromleitung: *Gorkhāpatra* Phālguna 10, 1966 (= 21. 2. 1911) = RRS 11.9 (1979): 139–140 • **Mustang**: Tucci 1953, Fürer-Haimendorf 1975, Jackson 1976, 1978 u. 1984, Snellgrove 1987, Pant & Pierce 1989, Gutschow 1998, Fisher 2001, Dhungel 2002, Ramble & Vinding 1987, Schuh u.a. 1999, Pohle 2000, +Ramble 2008, Vitali 2012 • Zu den Thakalis: Vinding 1998 • **Die Kiranti (Rai-Limbu)**: Buchanan-Hamilton 1819, Chemjong 1967, Caplan 1970, McDougal 1979, Sagant 1982 u. 1996, Gaenszle 1991a, 2002 u. 2013, Pradhan 1991 • *Pṛthvīnārāyaṇa Śāha 1774 u. 1774a – [Z]Pradhan 2009: 87.

6. Staat, Wirtschaft und Gesellschaft

Landbesitz und Landwirtschaft: Zu den rezenten Wirtschaftsdaten: Die Websites der Asian Development Bank, der Weltbank, des Auswärtigen Amtes sowie »Nepal in Data« u. »UNdata« • Zum Landnutzungs- u. Abgabensystem: die Arbeiten von M.C. Regmi, +Onta 2013, v.a. M.C. Regmi 1976 (eine Zusammenfassung von M.C. Regmi 1963–68/1978), 1978 u. 1978a, D.R. Regmi 1965–66/II.1: 494–537, Stiller 1976, Sh. Thapa 2000 • Zur Malla-Zeit: Kölver & Śākya 1985, Gögge 2001: 66–68 • Zur Landschenkung u. Raṅganātha Pauḍyālas Urkunde: *Rājendra Śāha 1833 • Zum Brachland: *Ain* von 1854: Kap. 1.1 • Zur Wassermühle: *Surendra Śāha 1856 • Zu Bhīmasena Thāpās Enteignung: M.C. Regmi 1978: 343 • Zu Guṭhīs am Paśupatinātha-Tempel: Michaels 1994: 166–168 • Zur Viśaṅkhunārāyaṇa-Guṭhī: *Gīrvāṇayuddha Śāha 1802 • Zur Guṭhī-Stiftung Rājendras: M.C. Regmi 1978: 433–434 • Zur Rückgabe von Land des Taleju-Tempels: *Pratāpa Siṃha Śāha 1775 • Zu den *goṣṭhīs* der Licchavis: LA 2, 24 u. 70 • Zu den Rājya-Dokumenten von 1769 u. 1791: M.C. Regmi 1978a: 42, *Raṇabahādura Śāha 1791 (VS 1848), *Pṛthvīnārāyaṇa Śāha 1769 (VS 1825) • Zum *Divyopadeśa*: Stiller 1989: 44 • Zum Dokument Pṛthvīnārāyaṇa Śāhas von 1774: M.C. Regmi 1978: 626–627 • Zum Rāṇā-

Landbesitz: M.C. Regmi 1978a: 44, RRS 13.7 (1981): 110–112 • Zur Rückgabe von Land an Nepal: Aitchison 1863 • Zu den Sondersteuern: M.C. Regmi 1972: 63–65 • Zur Arbeitsmigration im 19. Jh.: K.L. Pradhan 2009: 210–212 • Zu den heutigen Landnutzungsrechten: *Country Code* 1963, *Land Survey and Measurement Act* 1963, *Act Concerning Land* 1964, *Guthi Corporation Act* 1976, *Land Acquisition Act* 1977, *Land Revenue Act* 1978 • **Migration und Arbeit**: Zur Zwangsarbeit: M.C. Regmi 1972: 101–123, u. 1976: Kap. 9, Krauskopff 1999; *Raṇa Bahādura Śāha 1783 u. 1796, *Rājendra Śāha 1835 • Zur Migration: Sijapati & Limbu, 2012, Government of Nepal 2013/14 • Zu früheren Wanderarbeitern: M.C. Regmi 1976: 13 • 🔎 **Sklaverei**: Landon 1928: 163–172, M.C. Regmi 1972: 101–123, u. 1978a: 156–169, Maskey 1996: 39–77, D.R. Pant 1997 • Zum Gerücht, dass Candra Śamśera eine Sklavin heiratete: Whyte 1998: 321 • Zu den Sklaven in Garhwal: Atkinson 1984: 620, Pradhan 2009: 195, ZAtkinson ebd. • Zum versklavten Großvater: Whyte 1998: 328 • Dokumente: Aufruf zur Abschaffung der Sklaverei: *Candra Śamśera 1924 u. 1925 • Schuldschein von 1919: *Lāla Bāhādura Khatrī Chetrī, Abschaffung der Sklaverei: *Rājendra 1839 • Sklavinnen-Spende: *Bālakṛṣṇa Deva Śarmā 1773 • Zum *Ain* von 1854: Kap. 81 (Verkauf von Sklaven), 83 (Kindersklaven, vgl. Michaels 1986: 27–28) u. 85 (kranke Sklaven) • Palmblattrolle von 1051: Verkürzte Übers. nach Kölver 1986 • Zur Befreiung vieler Sklaven anlässlich der Amtseinführung Deva Śamśeras: *Daṅgola u.a. 1984 (VS 2041) • Zu Amalekhghar: Whyte 1998 • Zum Kamaiya-System s.o., Kap. 5, »Die Tharu« • Zum Fall der Limbu: Rupakheti 2017: 183–184 • **Handel**: Hodgson 1874 (Kapitel »On the Commerce of Nepal«), Kumar 1967: 132–141, Markham 1971, M.C. Regmi 1972, 1975 u. 1988, Rankin 2004 • Zum Salzhandel: Bauer 2004: 124–129 • Zu den Khacharas: T.P. Mishra 2003 • Zum Tsum-Handel: *Jagat Śamśera 1890 • 🔎 **Der Wald u. heilige Bäume**: +Michaels 1994: 29–34, u. 1999 • Zu forstwirtschaftlichen Gesetzen: M.C. Regmi 2002: 221–242 • Zum Schutz heiliger Bäume u. Wälder: *Gīrvāṇayuddha Śāha 1803 u. 1815, *Surendra Śāha 1847, *Anonymus 1837 (VS 1894), *Anonymus 1905 • Zur Aufforstung: Martens 1981 • **Das Verwaltungssystem**: Zur Verwaltung in der Licchavi- u. Malla-Zeit: D.R. Regmi 1965–66/II: 432–497, Dh. Vajracarya 1968a, T.N. Shrestha 2005 • Zur Verwaltung der Rāṇās: Kumar 1967, K.K. Adhikari 1984, Edwards 1975 (für die Vor-Rāṇā-Zeit) u. 1977, T.N. Shrestha 2005, Gautama 2008, Bhaṭṭarāī 2008 • Zum *munśī*: M. Bajracharya 2018 • Zur Verwaltungsstruktur ab 1951: Caplan 1975, Asia Foundation 2012 • **Das Rechtssystem**: Adam 1934, K.K. Adhikari 1984: 273–320, Dh.B.S. Thapa 1985, Vaidya & Manandhar 1985, Fezas 1990 u. 2000, R.R. Khanal 2002, Höfer 2004, Michaels 2009a • Zum Dokument von Raṇabahādura Śāha: *Raṇabahādura Śāha 1806 • ZStiller 1976: 72 • Zum Dokument von 1861: T.R. Mannadhar, Khatiwoda 2017 • Zu den Ablasszertifikaten: Vajrācārya & Śreṣṭha VS 2032: 93, Michaels 2005a • Zu den Ordalen: Hodgson 1880/II: 220–223 • 🔎 **Heilige Kühe**: +Michaels 1997 • Zu Kuhpferchen: *Raṇa Bahādura Śāha 1791a, Dh. Vajrācārya & Śreṣṭha 1980: Nr. 239, M.C. Regmi 1976: 52 • Zum *Gorakṣaśāhavaṃśa*: Kölver 1986a • Zur Kuh u. Lakṣmī (Kāmadhenu): Michaels 1997: Abb. 4 (S. 84) • Zum Kuh-Yak-Verhältnis: Oppitz 1997; vgl. auch o. den Abschnitt über die Sherpa • Zum Herabstoßen von Kühen: Ortner 1977: 17 • Zum allgem. Rindertötungsverbot: RRS 9.8 (1979): 126–128 (RRC 40: 165–168), D.R. Regmi 1965–66/II: 538 (Brief des Missionars) • Strafen bei Kuhtötungen u. ZD.R. Regmi 1980 • Schlachtung von Yakkälbern: *Jaṅga Bahādura Rāṇā 1853 • Lieferung von Kuhhäuten: *Gīrvāṇayuddha Śāha 1805, RRS 11.2 (1979): 21–22

• Zu Sühnezahlungen: RRS 8.8 (1979): 127–128, RRS 9.9 (1979): 129–130; vgl. auch RRS 1.1 (1969): 15–16 u. 12.11 (1980): 169, sowie Stiller 1973: 265 • **Das Bildungswesen und die Medien**: Malla 1970, Maskey 1996, Raj & Onta 2014, Subedi & Uprety 2014, [Z]Wright 1877: 31 • Zu den Schul-Dokumenten Candra Śamśeras: *Anonymus 1921 u. 1940 • Zu den Bedenken Candra Śamśeras: Stiller 1993: 136f. • Zu den Medien: Sonntag, S.K. 1995 • Zur Pressezensur: Hutt 2006 • **Nepalische Gelehrsamkeit** (der Abschn. konzentriert sich auf Verstorbene): Zur frühen newarischen Gelehrsamkeit: Malla 1982, M.R. Pant 1979 u. 2002, Raj 2014 • Zu Baburam Acharya: B. Acharya 2013 • Zu Dh. Vajracharya: P.R. Sharma & Malla 1994 • Zu gelehrten Bajracharyas: Lewis & Bajracharya 2016: 155–166 • Zu M.C. Regmi: Gaenszle 1992a, M.R. Pant 2002, Onta 2003, Raj 2014 • Zu D.B. Bista: +Bista 2015: 138–142 • Zu P.R. Sharma: Kharel & KC 2016 • Zu Father Locke: Sharkey 2009, Owens 2011 • Zu L.S. Bangdel: Messerschmidt & D. Bangdel 2004 • **Das Gesundheitswesen:** Marasini 2003, Dixit 2002, Government of Nepal 2015; Dokumente: Raj, Aryal & Mishra 2016; *Bīra Śaṃśera 1890, *Survey Office 1896, *Tribhuvana Śāha 1927, *Anonymus 1899, 1916, 1916a u. 1945 • Zur Kurpfuscherei: *Ain* von 1854: § 54.2, [Z]Liechty 2017: 67 • Zu traditionellen Heilungssystemen: Durkin-Longley 1982, Gewali 2008 • Zu Heilern: Macdonald 1975, Wiemann-Michaels 1994 • Zum Schamanismus: Hitchcock & Jones 1976, Oppitz 1979/80 (Film), Höfer 1994 u. 1981/97, Sagan 1996, de Sales 2000, Maskarinec 1995 u. 1999/2009 • Zur Schamanentrommel: s. Die Schamanentrommel • **Hexerei:** Wiemann-Michaels 1994 • Zur Hexerei im *Ain* von 1854: Macdonald 1976.

7. Die Religionsgeschichte

Slusser 1982: 213–380, J.Ch. Regmi 1982, van Kooij 1978, Levy 1990 • Zu Einwanderungen von Brahmanen: D.R. Regmi 1965/I: 640 • D.R. Regmi 1865/I: 271–293, Petech 1984: 113–117, Witzel 1985, Gögge 2007: 166–169 • Zur Überlagerung: A. Zotter 2013, C. Zotter 2018 • Zur religiösen Toleranz: Zur Kupferplatte in Bhatgaon: D.R. Regmi 1965–66/II: 558 • Zu Konversionen: Höfer 1979a: 158, Gellner 2005 • Zum Synkretismus: Lienhard 1978 u. 1978a, Michaels 2018a • Zu neuen religiösen Bewegungen: Toffin 2012 u. 2016, Gibson 2017 • Zum Nātha-Kult: Briggs 1973, Unbescheid 1980, Boullier 1986 u. 1993 • Zum Islam: Gaborieau 1977, Siddika 1993, Sijapati 2011 • **Der Buddhismus**: M.R. Allen 1973, Greenwold 1974, Slusser 1982, K. Vaidya 1986, Gellner 1992, N.M. Bajracharya 1998 • Zu Lumbini: Falk 1998 u. 2012, Coningham 2013 • Zu A.A. Führer: Ch. Allen 2008 • Zum Trockenlegungsmythos: Brinkhaus 1987, Rospatt 2009, Deeg 2016: 58–225 u. 261–347 • Zu den frühen archäologischen Quellen: Verardi 1992 • Zu den Licchavi-Inschriften: LA 1 u. 98, D. Acharya 2008 • Zum Sukhāvatī-Kult: D. Acharya 2008 • Zu den Licchavi-Caityas: Gutschow 1997: 100–171 • Zu Yaśodharā: NepBhV 14.23 • Zum Guṃ-Vihāra: Dh. Vajracarya 1966a, LA 77 • Zur inschriftlichen Erwähnung des Vajrayāna u. Narendradevas Förderung von Klöstern: LA 89 u. 133–134, Verardi 1992: 69–87 • Zur Zerstörung von buddhistischen Heiligtümern: Deeg 2016: 18 u. 26 • Zur buddhistischen Sanskritliteratur: Mishra 1882, Tuladhar-Douglas 2006, Lewis & Bajracharya 2016: 173–175, [Z]Tuladhar-Douglas 2006: 205 • Zu den chinesischen Pilgern: Lévi 105/I., Deeg 2016 • Zum Einfluss newarischer Gelehrter auf Tibet: Lo Bue 1997 • Zur Laisierung der Klöster: M. Allen 1973, Gellner 1987, Lewis & Bajracharya 2016: 177 • Zum Newar-Buddhismus: Chattopadhyay 1980, Gellner 1992, Lienhard 1999, Tuladhar-Douglas 2006, Lewis & Bajracharya 2016 • Zur buddhistischen Vereinnahmung des Hinduismus: Lewis & Bajracharya 2016: 110–113 • Zu den Klöstern während Siddhinarasiṃha Mallas Zeit: NBhV 19.3 • Zum Matsyendranātha-/Karuṇāmaya-Kult: N. Allen 1974, J.K. Locke 1980, Owens 1989 • Zu den buddhistischen Übergangsritualen: *Daśakarmavidhi*, Gutschow & Michaels 2008 u. 2012 • Zum Ihi-Ritual s.u. »Die lebenszyklischen Übergangsrituale« • Zur Gurumaṇḍalapūjā: Lewis & Bajracharya 2016: 138–141, Gellner 1991 • Zum Theravāda-Buddhismus in Nepal: Kloppenburg 1977, LeVine & Gellner 2005 • Zum tibetischen Buddhismus: Snellgrove 1987, Lewis 1996 • **Der Hinduismus** +Michaels 2012; vgl. Einführung zu diesem Kap. • **Der Śivaismus**: Sanderson 2009 u. 2015, Slusser 1982: 223–239 • Zum Paśupatinātha-Tempel: +Michaels 1994 u. 2008 • Zum Paśupatinātha-Mythos: *Nepālamāhātmya* I.9–23, Michaels 1994: 60–66 • Zu den Pāśupatas: Acharya 1998 u. 2005, Mirnig 2013 u. 2016 • Zu den Liṅga-Inschriften: Mirnig 2016 • Zu den Śivadharma-Manuskripten: de Siminis 2016 • Zum Licchavi-Palast: Witzel 1980 • Zu den Votivliṅgas: Michaels 1994: 66–78 • Zum Virāṭeśvara: NepBhV 12.112–113 • Zu Śivarātri: Michaels 1996 u. 2008: Kap. 10 • Zu frühen Darstellungen Śivas: LA 53, Slusser 1982: pl. 351–353 • Zu Lukumahādyaḥ: Michaels 2008: Kap. 9 • Zu Bhairava: LA 107, Slusser 1982: 235–239 (bes. Pacali Bhairava), Bühnemann 2013 (Nīlabhairava), Chalier-Visuvalingam 2013 • Zu Gorakhanātha: Briggs 1973, Unbescheid 1980 • Zur Matsyendranātha-Lokeśvara-Buṅgadyaḥ-Prozession: D.R. Regmi 1965–66/II: 569f., Anderson 1971, J.K. Locke 1980, Owens 1989 • Zu Gaṇeśa: Slusser 1982: 261–263, M.R. Shakya 2006 • **Die Göttinnen**: Tachikawa 2001 • Zu Kubjikā: Dyczkowski 2001 • Zum *Netratantra*: Flood 2009 • Zur Herkunft der Taleju: Jansen 1995, K. Pradhan 2009: 10, Bledsoe 2000 • Zu Dasaĩ u. Navarātra: Pfaff-Czarnecka 2011, A. Zotter 2018 • Zu Vatsalā: s.u. Das Fest der Göttin Vatsalā • **Guhyeśvarī: Die Göttin des Verborgenen**: +Michaels 1996 u. ≈2006b • **Kumārī: Die lebende Kindgöttin**: ≈Michaels 2009, Slusser 1982: 311ff., Toffin 1984, M. Allen 1975, Tree 2014 u. 2014a • Zu Navarātra: A. Zotter 2018 • Zur einenden Kumārī: NepBhV 19.3.61 • **Viṣṇuismus, Rāmaismus und Kṛṣṇaismus**: Pal 1970, Slusser 1982: 239–258, Lienhard 1991, Jurami 2001, Pauḍyāla 2005, Gögge 2007, Mocko 2016 • Zu Changu Narayana: J.Ch. Regmi 1982: 109, M.P. Khanāla 1983 • Zu den alten Viṣṇu-Statuen: LA 4, Gnoli 1965: Nr. 6 • Zu Viśvarūpa: Slusser 1982: 240–242 • Zu den Cāra Nārāyaṇas: Gail 1984: 12–29, Gögge 2007: 28 • Zu ihren Stiftern: GopV fol. 20a u. 30b, Hasrat 1970: 36–37, *Bāṣāvaṃśāvalī* I: 55 u. 81 • Zur Stiftung der Jalaśayananārāyaṇas: Slusser & Vajracharya 1973, Gögge 2007: 29f. • Zum Rāmaismus: Zu der »Rāmāyaṇa«-Inschrift: LA 148, Gnoli 1965: 81 • Zum Rāma-Relief: Pal 1970: 44–45, Bangdel 1989: 67–68, Slusser 1982: 241 • Zu Rāma-Tempeln: Gögge 2007: 238–270, Michaels 1995, Burghart 2016 • Zum Kṛṣṇaismus: Lienhard 1992, Gögge 2007: 162–211 • Zu Vāsudeva: LA 64 u. 101, • Zum Kālīyadamana-Motiv: Gögge 2007: 172–173 • Zum *Harivaṃśa* u. dem Friedensschluss: *Thyāsaphu* E, folio 7 in D.R. Regmi 1965–66/III: 90 u. *ibid.* II: 296 • Zum Kṛṣṇalīlā-Gemälde: Lienhard 1995 • Zur Gründungsinschrift des Bālagopāla-Tempels: Dh. Vajracharya 1973a: 74–78 • Zu neueren Entwicklungen: Gögge 2007: 205–209 • **Rituale und Feste**: Zu frühen vedischen Opfern u. Priestern: LA 2 u. 22 • Zur Indrajātrā: Toffin 2006 • Zum Agniśālā: Witzel 1986 • Zu den Übergangsritualen: Gutschow & Michaels 2005a, 2008 u. 2012, Zotter & Zotter 2010, Gögge 2010, C. Zotter 2018 • Zu den Götterdiensten: Michaels 2016 u. 2017 • 🔍 **Blutopfer**: ≈Michaels 2007 u. +2016b; Krauskopff & Lecomte-Tilouine 1996 • Zu den Navadurgā: s. Kap. 7, »Tanz« • **Feste:** Anderson 1971 • Zum Guṭhī-System: M.C. Regmi 1976: Kap. 4, Toffin 2005 • LA 2, 24 u. 70 • 🔍 **Das Fest der Göttin Vatsalā**: Michaels +1994: 191–240 u. 2008: 79–106.

8. Kunst und Kultur

Die Sprachen und Literaturen: Zu Sprachen: Sonntag 1995, van Driem 200, Watters 2005 • Zur Nepālī-Literatur: K.L Pradhan 1984 u. 1992, Hutt 1986, 1988 u. 1991, Sinha 1997, M.L. Karmacharya 2005 • Zu Bhānubhakta: J. Acharya 2011 • Zu Raṇabahādura Śāhas Dokument: [Z]*Raṇabahādura Śāha 1796 • Zur Inschrift am Rani Pokhari: Pokhrela u.a. 1953, Clark 1957 • Zur Nevārī-Literatur u. -Sprache: Jørgensen 1921, 1931, 1936 u. 1941, Malla 1982 u. 2015, Lienhard 1963, 1974 u. 1992a, Tuladhar 2000, Lewis 2000 • Zur newarischen Ritualliteratur: Lewis 2000, Gutschow & Michaels 2005a, 2008 u. 2012 • Zum *Svayambhūpurāṇa*: s. Kap. 1, »Chroniken« • Zu Märchen: *Aitihāsika Kathā-Saṃgraha* 1966, N. Sharma 1976, *Märchen aus Nepal* 1987, Kretschmar 1995 • Zur *Vetālapañcaviṃśatī*: Riccardi 1971 • Zu oralen u. schamanistischen Texten: Höfer 1981 u. 1997, Steinmann 1987, Holmberg 1989, Oppitz 1986 u. 1991, Gaenszle 1992 u. 2002, Maskarinec 1999 u. 2009, de Sales 2000 • **Die Kunsthandwerke** (in diesem Abschn. werden nicht wie in vorherigen Kapiteln einzelne Statuen beschrieben, sondern Entwicklungslinien und Techniken): Zur nepalischen Kunst allg.: Kramrisch 1964, Waldschmidt & Waldschmidt 1967, M. Singh 1971, Wiesner 1978, Macdonald & Stahl 1979, Pal 1985, L.S. Bangdel 1987 • Zu den Skulpturen allg. : Waldschmidt & Waldschmidt 1967, Slusser 1972. Pal 1968 u. 1974, +Schroeder 1981 u. 2001, L.S. Bangdel 1982 • Zum Kunstdiebstahl: Bangdel 1989, Schick 1989 • **Töpferei und Keramik:** Müller[-Böker] 1981–82, Manandhar 1984, Kasten 2011 • **Steinmetzarbeiten**: Zu Kārttikeya als Bhagavatī: Slusser 1972: 94 • Zu Aniko: B. Acharya 1960, Petech 1984: 100–102 • **Bronzen und der Cire-perdue-Guss**: Michaels 1988, +Furger 2017 • **Holzschnitzkunst**: Deo 1968/69, Tucci 1969, Slusser 2010, Gutschow 2011/I: 226–267, Gutschow & Roka 2017 • Zu den erotischen Darstellungen: Tucci 1969 • Zu den Tympana u. Portalen: Gutschow 2016 • Zum Glasfenster: NepBhV 19.1.47–48 • Zum Kāṣṭhamaṇḍapa: Slusser 2017 • **Masken**: Vergati 2000, Kropf 2003, Dollfus & Krauskopff 2014, Toffin 2014 • **Malerei**: Pal 1974a, Slusser 1987 u. 2005, Gutschow 2006, Krejger 1999, Jackson 2010, G. Vajracharya 2016 • Zu Manuskriptillustrationen: Mokerjee 1946 u. 1959, Macdonald & Stahl 1979: 119–124 • Zur Erneuerung von Malereien: Bühnemann 2013, Vergati 2004 • Zum Chicago-Paubhā: G. Vajracharya 2004 • Zum Banner im Rubin Museum: G. Vajracharya 2016: 89–96 • Zur Bildrolle im Cleveland Museum: Slusser 1979 • Zu Bildrollen: Pal 1970 u. 1974a, Lienhard 1980 u. 1995, Slusser 1979 u. 1985 • Zu den Skizzenbüchern: Vergati 1982, Blom 1989, Bühnemann 2003 u. 2008 • 🔍 **Die moderne Kunstszene**: D. Bangdel 2011 • Zu Kunst u. Erdbeben: Brosius & Maharjan 2017 • Zu Rajman Singh u. der ›kolonialen‹ Kunst: Losty 2005, Gutschow 2015

• Zu Tej Bahadur Citrakar: M. Citrakar 2004 • Zu L.S. Bangdel: Messerschmidt & Bangdel 2004 • Zu RN Joshi: B. Shrestha 2006 • **Musik**: Grandin 1989/2011, Moisala 2000 • Zu den Gāine: Macdonald 1975a • Zur Pañcabājā: Tingey 1990 u. 1994 • Zu den Hochzeitsbands: Brosius & Pariyar 20012 • Zur Dāphā-Musik: Widdess 2013 • Zur Musik am Paśupatinātha-Tempel: Ṭaṇḍana 1985, Michaels 1994: 148–150 • Zu den Liedern: Lienhard 1992a • Zu den Dramen: Brinkhaus 1987 • Zur Ritualmusik: ≈Michaels 2005, Tingey 1992 • Zum Navadurgā-Mythos: Levy 1990: 503ff. • Zum Nāsadyaḥ: Gutschow 2011/I: 69–74 • 🔍 **Die Schamanentrommel**: Wegner 1986, 1986a u. 1988, Tingey 1992, Oppitz 2007 u. 2013, [Z]Oppitz 2007: 105 • **Tanz**: Zum Brief von 1938: *Raṅganātha Paṇḍita 1938 • Zu den Navadurgā-Tänzen: Gutschow & Bāsukala 1987 u. 1996, Levy 1987 u. 1990, ≈Michaels 2007, Gutschow 2017 • Zum Navadurgā-Mythos: Levy 1990: 503ff.

9. Die Baugeschichte des Kathmandu-Tals

Wiesner 1976, ≈Michaels 1990, Hutt u.a. 1994 • Zur urbanen Kultur: Kathmandu Valley 1975, Gutschow 1982 u. 2011, Gutschow u.a. 1987, Gutschow & Kreutzmann 2013 • **Die urbane Kultur der Newar**: Zu Kathmandu: Bell 2014; zu Bhaktapur: Gutschow & Kölver 1975, Levy 1990, Gutschow 2017; zu Patan: Gellner 1992; zu Gorkha: Gutschow 2011/I: 167–171; zu Kirtipur: Herdick 1988; zu Nuvakot: Gutschow 2011/I: 154–166; zu Panauti: Barré 1981; zu Sankhu: B.G. Srestha 2012; zu Thimi: Müller 1981, M.R. Pant 2002 • **Tempel und Paläste**: Zur Tempel-Architektur: Bernier 1970 u. 1979, Wiesner 1978, Korn 1979, Becker-Ritterspach 1982, Gutschow 1982, 1997 u. 2011, Gail 1984 u. 1988, Hutt 1994, Tiwari 2009 • Zum Śikhara-Stil u. Kuppelbauten: Gutschow 1986, Basukala, Gutschow & Kayastha 2014 • **Stūpas und Klöster**: zum Svayambhū: GopV fol. 20b, vgl. LA 18 u. 96, Slusser 1982: 276 u. 1985, Ehrhard 1989 u. 1991, Kölver 1992a, von Rospatt 2009, 2011 u. ›Im Erscheinen‹, Gutschow 2011:/II: 681–706 • Zu Klöstern: Locke 1985, Gail 1991 • 🔍 **Wasser und Wasserarchitektur**: Zur Wasserproblematik: Subba 2010, A. Adhikary 2014: 21–28 • Zur Wasserarchitektur: Becker-Ritterspach 1988 u. 1995, Hegewald 2002, G. Vajracharya 2016 • Zu Wasserritualen: Slusser 1979 u. 1982: 353–361, Vergati 1987, Lewis 1993, Brinkhaus 2001 • **Die Bau-Perioden: Die Licchavi- und Übergangs-Zeit**: Zur Licchavi-Architektur: Gutschow 1997 u. 2011/I u. 2011/II: 359 • **Die Malla-Zeit**: Zu den Palästen: Gutschow 2011/II: 281–350, Gutschow & Roka 2017 • Zum Golden Fenster in Patan: Bühnemann 2010 • Zum Vatsalā-Tempel in Bhaktapur: Basukala u.a. 2014 • **Die Śāha- und Rāṇa-Zeit**: Zu den Rāṇā-Bauten: Gutschow 2011/III • Zum Rāmacandra-Tempel: Michaels 1995 • Zum Royal Hotel, Boris Lisanevich u. Barbara Adams: Peissel 1962, Adams 2004, Rai 2010, Liechty 2017: 37–44 u. 64–93, Gill 2018 • **Die moderne Stadtentwicklung und das Kulturerbe**: Zur Mittelschicht: Liechty 2003, Lotter 2011 • Zur modernen Architektur: Weiler 2010, Gutschow 2011/III: 963–984 u. 2012 • Zu historischen Photos von Erwin Schneider u.a.: Gutschow & Kreutzmann 2013 • Zu den Seilbahnen: Gyawali u.a. 2004 • Zum Kulturerbe: Amatya 1987, Kathmandu Valley Preservation Trust 2016, Weiler & Gutschow 2016, Tiwari 2016, Bajracharya & Michaels 2017.

10. Nepal in der Welt

Burghart 1984, Des Chene 2007, Gellner 1997/2008 u. 2016, K.L. Pradhan 2009, Michaels o.D. [2017], Rupakheti 2017 • **Nepal als letztes Hindu-Königreich**: Zur Heroisierung Pṛthvīnārāyaṇas: Onta 1996, K.L. Pradhan 2009, [Z]Risley 1896: viii • Zum *saṃkalpa*: Michaels 2000 [Z]Koirala: Whelpton 2005: 81, [Z]Waldemar: Kutzner 1857: 160 • Zum »Salz des Königs«: *Ain* von 1854: Kap. »Gaddi-ko«, § 20 *et passim*, Eaton 1993: 162–164 • Zur umstrittenen Stelle im *Divyopadeśa*: Gellner 2008: 24, K.L. Pradhan 2009: 169–170, P.R. 2008: 478–479 • Zur Säkularisierung: Letizia 2016 • **Nepal als Vielvölkerstaat**: Zur Hinduisierung in der Vor-Malla-Zeit: Kölver 1985, K.L. Pradhan 2009: 178-180, [Z]K.L. Pradhan 2009: 168, [Z]Reed & Reed 1968: 5, [Z]Schneidmüller 2018: 109, [Z]Ch. Nepālī 1956: 185 • Zu den Besitztiteln am Land: Regmi 1971: 209–211, [Z]Gellner 2016: 14 • Zur Ethnizität: Pfaff-Czarnecka 1999 u. 2011, Gellner u.a. 2016 • Zur NEFEN-Erklärung: Gellner 2008: 20–21 • **Die Entwicklung zum unabhängigen Nationalstaat**: Reinhardt 2017, Stiller 1976: 180–183 • Zum Panchayat-Slogan »Eine Sprache, eine Kleidung, ein Land«: Whelpton 2008: 49 • Zur Unabhängigkeit: Mulmi 2017, [Z]Pfaff-Czarnecka 2004: 5 • **Ist Nepal gescheitert?**: Zur Staatenbildung: Pfaff-Czarnecka 2004, Bergmann 2016 • [Z]E. Gellner 1983: 1–2.

Literaturverzeichnis

I. Texte

Abhilekha Saṃgraha, hg. v. R. Tevārī u.a. Kathmandu VS 2020.
Ācārya, B.: *Bhānubhaktako Rāmāyaṇa*. Kathmandu 1982.
Ain von 1854: s. [*Mulukī Ain*]
Aitihāsika Kathā-Saṃgraha, hg. v. L. Munakarmī. Kathmandu 1966.
Aitihāsika Patrasaṃgraha, hg. v. R. Tevārī. 2 Bde. Kathmandu VS 2014 u. 2022.
Bhāṣāvaṃśāvalī [Tl. 1:], hg. v. N. Pauḍela. Kathmandu VS 2020; [Tl. 2:] hg. v. D. Laṃsāla. Kathmandu VS 2033.
The Blue Annals by Gö Lotsawa, übers. v. G.N. Roerich & G. Chöphel. 2 Bde. Delhi 1949/ND 1996.
Chronik der Könige Nepals: s. *Nepālikabhūpavaṃśāvalī*
Dixit, K. (Hg.): *Jaṅga Bahādurako Belāita Yātrā*. Lalitapura 1957/58 (VS 2014).
Gopālarājavaṃśāvalī, hg. u. übers. v. D. Vajrācārya & K.P. Malla. Stuttgart 1985.
Gorakṣaśāhavaṃśa, hg. v. H. Prasāda. Kāśī 1966 (VS 2022).
Hasrat, B.J. (Übers./Hg.): *History of Nepal as Told by its Own and Contemporary Chroniclers*. Hoshiarpur 1970 [1971].
Himavatkhaṇḍa (Skandapurāṇamadhye) [mit Pariśiṣṭa]. Kāśī VS 2013.
Itihāsa-Prakāśa, hg. v. (Yogī) Naraharinātha. Bde. 1 u. 2, Tle. 1–3. Kathmandu VS 2012 (1955) u. VS 2013 (1956/57).
Kāṭhmāṇḍu-Upatyakāko eka Rājavaṃśāvalī, hg. v. B. Śarmā, in: *Prācīna Nepāla* 4–6 (1968–69).
Licchavikālako Abhilekha, hg. u. übers. v. D. Vajracharya. Kathmandu VS 2030.
Manus Gesetzbuch, übers. v. A. Michaels unter Mitarb. v. A. Mishra. Berlin 2010.
Märchen aus Nepal, übers. v. G. Unbescheid. Köln 1987.
Markham, C.R. (Hg.): *Narratives of the mission of Georg Bogle to Tibet and the journey of Thomas Manning to Lhasa*. New Delhi 1971.
Mūladevaśaśidevavyākhyānanāṭaka. Jagatprakāśamallas Mūladevaśaśidevavyākhyānanāṭaka: das älteste bekannte vollständig überlieferte Newari-Drama, hg. v. H. Brinkhaus. Stuttgart, 1987.
[*Mulukī Ain*]: *Śrī 5 Surendra Vikrama Śāhadevakā Śāsanakālamā Baneko Mulukī Ain*. Kathmandu VS 2020.
[*Mulukī Ain*]: J. Fezas (Hg.), *Le Code Népalais (Ain)*. 2 Bde. Turin 2000.
Das Nepālamahātmyam des Skandapurāṇam: Legenden um die hinduistischen Heiligtümer Nepals, übers. v. H. Uebach. München 1970.
Nepālikabhūpavaṃśāvalī: History of the Kings of Nepal – A Buddhist Chronicle. Bde. 1–2 (*Edition and Translation*), hg. u. übers. v. M. Bajracharya & A. Michaels, Bd. 3 (*Maps and Illustrations*), hg. v. N. Gutschow. Kathmandu 2015–16.
Nevārīgītīmañjarī: religious and secular poetry of the Nevars of the Kathmandu Valley. Stockholm 1974.

Padmagiris Chronik: s. Hasrat 1970
Prācīna Nepāla [*Rājabhogavaṃśāvalī*] = »Nepālko Itihāsa Rājabhogamālā«, in: *Prācīna Nepāla* 7–11 (1969–70).
Śāha, P.: *Śrī 5 Bada Mahārāja Pṛthvīnārāyaṇaśāhako Divya-upadeśa*, hg. v. Yogī Naraharinātha. Kathmandu 1959 (*Gorakṣagranthamālā* 80); vgl. auch D. Panta 2016, engl. in: Stiller 1989.
Sandhipatrasaṃgraha, hg. v. Yogīnaraharinātha. Dang VS 2022 (1965).
Śrī Svayambhū Mahācaitya, hg. v. H.R. Śākya. Kathmandu 1977 (engl.: Śrī *Svayambhū Mahācaitya. The Self-Arisen Great Caitya of Nepal*, übers. v. M.B. Shakya. Kathmandu 2004).
Sugata Saurabha – An Epic Poem from Nepal on the Life of the Buddha by Chittadhar Hridaya, hg. u. übers. v. T.T. Lewis & S.M. Tuladhar. New York 2010.
Svasthānī-Vrata-Kathā, hg. v. B. Parājulī. Kathmandu VS 2039.
Vaidya, A.K. (= G.R. Vajracharya): *The Daśakarma Vidhi. Fundamental Knowledge on Traditional Customs of Tem Rites of Passage Amongst the Buddhist Newars*. Kathmandu 2010.
Vajrācārya, D. & Ṭ.B. Śreṣṭha: *Śāhakālakā Abhilekha*. Kathmandu VS 2037.
Wright, D. (Hg.): *History of Nepal – translated from the Parbatiyā by Munshī Shew Shunker Singh and Pandit Shrī Gunānand*. Cambridge 1877.

II. Dokumente

Anonymus. 1837 (VS 1894). *A rukkā from king to Amāli re preservation of forest of Phulabārī Dādā Gāũ belonging to Bhagavatī (VS 1894)*. NGMPP K 580/4.
–. 1899 (VS 1956). *Establishing Hospital in Hanumannagar, Saptari*, in: Raj, Aryal & Mishra 2016: 363–379.
–. 1905 (VS 1962). *A patra ordering not to cut trees of forest at random (VS 1962)*. NGMPP E 3136.5.
–. 1916 (VS 1973). *A bid by contractors to the Guthi Administration on in respect of the rate of clothes to be provided to the patients of the hospital (VS 1973)*. NGMPP K 161.11.
–. 1916a (VS 1973). *A note from Guthi Administration to Bhaktapur Hospital regarding finding out whether the son of Harṣa Kumāra is squint-eyed (VS 1973)*. NGMPP K 168.62.
–. 1921 (VS 1978). *An instruction to all revenue offices re to draw school funds first from Pāṭhaśālā Guṭhī resources (VS 1978)*. NGMPP K 196.58.
–. 1940 (1997). *A prativedana by the General Administration to the com.-in-chief/premier re providing of the mats to the primary school of Gorakhā (VS 1997)*. NGMPP E 2778.31 u. 39.
–. 1945. *Documents relating to contracting the supply of food to Pasupatinagar hospital (VS 2002–03)*. NGMPP DNA 8.1.
Bālakṛṣṇa Deva Śarmā. 1773 (Śaka Saṃvat 1695). *A copperplate inscription recording the offering of two slave girls to serve Paśupatinātha*, hg. v. M. Bajracharya. HAdW (DN), 2017.

Candra Śaṃśera. 1924 (VS 1981). *Saṃvat 1981 Sālka, mārga 14 gate, śukravārakā gina Śrī 3 Mahārāja Candrasaṃśera Jaśga Bahādura Rāṇā (…) bāṭa bhāradāra, āphisara ra bhalādmīharū jammbāgarī amalekha garne bāremā vicāra garnālāī ṭuṃḍikhelamā bakseko spīc*. Kathmandu.

–. 1925. *Maharaja Chandra Shum Shere Jung Bahadur Rana's Appeal to the people of Nepal for the Emancipation of Slaves and Abolition of Slavery in the country*. Kathmandu.

Devagiri Gosāi. 1707 (NS 830). *Kopie einer Steininschrift der Dattatreya Guṭhī*. NGMPP K 149.57 (vgl. K 271.16 u. K 271.16).

Foreign Secret Records. 1800. *Intelligence from Benares dated 28 May (?) 1800*. National Archives India, Foreign Secret Records (1801–02), Kopie der Tribhuvan University Central Library/NGMPP T 32.11–12 (Transcript F. Stiller: NGMPP T 36.21).

Gīrvāṇayuddha Śāha. 1802 (VS 1859). *A lālamohara from King Gīrvāṇa donating land to the Visaṅkhunārāyaṇa Guṭhī (VS 1859)*, hg. v. R. Timalsina. HAdW (DN), 2017.

–. 1803 (VS 1860). *A lālamohara from King Gīrvāṇa re retaining of the trust for collecting firewood during the festival of Śrī 5 Devīnārāyaṇa (VS 1860)*. NGMPP K 1.35A.

–. 1805 (VS 1862). *Regulations on taking the flesh of dead cattle, 1805*, RRS I3.2 (1971): 31–32 (RRC 6: 180).

–. 1807 (VS 1864). Rukkā von Gīrvāṇayuddha Śāha an die Beamten von Nawalpur bezüglich »Disturbances of traditional rights and customs«, in: Krauskopff & Meyer 2000: 169.

–. 1812 (VS 1869). *A lālmohara from King Gīrvāṇayuddha placing Kedāranātha Jhā Paṇḍita in charge of manuscripts and books in the Kathmandu Palace (VS 1869)*, hg. v. A. Michaels & M. Bajracharya. HAdW (DN), 2016.

–. 1813. Brief an den Generalgouverneur von Kalkutta, in: Stiller 1975: 246.

–. 1815 (VS 1872). *A lālamohara from King Gīrvāṇa commanding Nīlakaṇṭha Bhatta to handle the deity's forest for performing rituals (VS 1872)*, NGMPP K_0495_0012, hg. v. G. Ṭaṇḍan, in: »Śrī Paśupatinātha Mandiramā Dakṣiṇātya Brāhmaṇa Pūjārīharūbāṭā Pūjā Garne Paramparā – Ek Adhyayana«, *Abhilāṣa (Antarāṣṭriya Yātrā Varṣa 1985ko)*, Pariśiṣṭa 2 (90–116).

Jagat Śamśera. 1890 (VS 1946). *A letter from Jagat Samasera ordering to enforce customary fees on mogalāniyā traders before trading in Pācapārvā of Syāra (VS 1946)*, hg. v. N. Plachta & R. Shakya. HAdW (DN), 2017.

Jaṅga Bahādura Rāṇā u.a. 1853 (VS 1910). »Punishment for Eating Yak-Meat«, RRS 4.11 (1972): 215 (RRC 33: 193–194).

Juddha Śamśera. 1930 (VS 1986). *An iśtihāra by the premier instructing the people not to export palm leaves, old books and works of art (VS 1986)*. NGMPP E 2848.21.

Lāla Bāhādura Khatrī Chetrī. 1919 (VS 1976). *A mortgage of a slave borrowing money (VS 1976)*, NGMPP K 241.45.

Pratāpa Siṃha Śāha. 1775. *A lālamohara from King Pratāp Siṃha restoring guṭhī land to Śrī Taleju (VS 1832)*. NGMPP DNA 12.50.

Pṛthvīnārāyana Śāha. 1769 (VS 1825). »Confirmation of Gajendra Shah as Raja of Jajarkot«, RRS 2.1 (1970): 17 (= *Sandhipatrasaṃgraha*, p. 4).

–. 1774. *A letter from King Pṛthvīnārāyaṇa to Bhagavantanātha re personal and foreign affairs [VS 1831]*, hg. v. C. Zotter, HAdW (DN), 2018.

–. 1774a (VS 1831). »Royal Order to the Limbus of Pallo-kirat, 1774«, Übers. in: M.C. Regmi 1978: 626p–q.

Rājendra Śāha. 1817 (VS 1874). »Kush Birta [Dokument]«, in: M.C. Regmi 1978: 433–434.

–. 1822 (VS 1879). *An executive order from King Rājendra Sāha donating a house to Rādhāramaṇa Aryāla on the occasion of the satī of the juniormost concubine of King Raṇa Bahādura Sāha (VS 1879)*, hg. v. A. Michaels (mit M. Bajracharya & R. Khatiwoda). HAdW (DN), 2017.

–. 1828 (VS 1885). Sendschreiben an die Sherpas, übers. v. M. Oppitz (1968: 64).

–. 1833 (VS 1890). *A lālamohara from King Rājendra updating a VS 1863 land grant to Raṅganātha Pauḍyāla (VS 1890)*, hg v. S. Cubelic (mit R. Khatiwoda & R. Timalsina). HAdW (DN), 2017.

–. 1835 (VS 1892). »Forced Labor in Jumla«, RRS 3.3 (1971): 59–60 (RRC 1: 818–819).

–. 1836 (VS 1893). *A lālamohara from King Rājendra granting kheta-ghaḍeri to Indu Bhānsyā (VS 1893)*. NGMPP DNA 13.86.

–. 1836a (VS 1893). *A lālamohara of King Rājendra establishing a guṭhi for the feeding of rice pudding to Paśupatinātha (VS 1885)*, hg. v. A. Zotter (mit S. Cubelic, R. Khatiwoda & C. Zotter). HAdW (DN), 2017.

–. 1839 (VS 1896). »On the emancipation of slaves«, in: C. Nepali, *Nepālamā Kariyāmocanako Itihāsa*, 1964 (VS 2021), 9–10.

–. 1841 (VS 1898). *A sales deed of the land donated to the Brahmin prior to committing satī by the senior queen of King Rājendra (VS 1898)*, hg. v. A. Michaels (mit R. Khatiwoda & R. Rimal). HAdW (DN), 2017.

Raṇabahādura Śāha. 1783 (VS 1840). *A rukkā from the king exempting goldsmiths who mint coins from corvee (VS 1840)*. NGMPP DNA 14.26.

–. 1791 (VS 1848). »Bajura Rajya« [*Lālamohara* an Rāja Anantapāla von Bajura], RRS 6.1 (1974): 17 (RRC 19: 452).

–. 1791a (VS 1848). »Royal Cattle Farms, 1791«, RRS, 6.7 (1974): 126–127 (RRC 5:79–81 u. 756–757).

–. 1796 (VS1853). »Raṇabahādura Śāha to Dīnanātha Upādhyāya«, *Aitihāsika Patrasaṃgraha* 2: 99.

–. 1796a (VS 1853). »Royal Order to (…) the town of Gorkhā«, hg. u. übers. v. M. R. Pant, *Ādārśa* 2: 106–107 (NGMPP E 2430/2) = RRS 17 (1985): 175.

–. 1806 (VS 1862): »Svāmī mahārāja Raṇabahādura Śāhako vi. saṃ. 1862 ko bandobasta«, hg. v. D. R. Panta, *Pūrṇimā* 24.6 (VS 2026): 238–267 (engl. in: RSS 3 (Juni 1971): 128–137 u. Stiller 1976: 79–85).

–. 1816 (VS 1872). »Ban on Begar Labor«, RRS 14.9 (1982): 134 (RRC 42: 186).

Raṅganātha Paṇḍita. 1837. *A letter to the amālī of Patan re the term of boys who perform at the Kārttika dance 1838 (VS 1894)*, hg. u. übers v. S. Cubelic & R. Khatiwoda. HAdW (DN), 2017.

Subba Purnanand. 1848 (VS 1791) Sendschreiben (*rukkā*) an Lama Kanchhinap Gumba, Yang Gumba, übers. v. M. Oppitz (1968: 62).

Surendra Śāha. 1847 (VS 1904). »Sleṣmāntaka Vana Bāreko Sanad«, H.M.G., hg. v. Rāṣṭriya Abhilekhālaya, *Abhilekha* II.3: 19–21.

–. 1849 (VS 1905). *Lālamohara* zur Verleihung des Titels ›Rāṇā‹ an Jaṅga Bahādura Rāṇā, Abstract translation, in: Kumar 1967: 158–159 (auch in: K.K. Adhikari 1984: 60–63).

–. 1850 (VS 1907). »Forced Labor in Jumla«. RRS 15.5 (1983): 77–79 (RRC 79: 138–140).
–. 1855 (VS 1912). »Recruitment of Gurungs«. RRS 9.8 (1977): 116 (RRC 33: 244–245).
–. 1856 (VS 1913). *A lālamohara from King Surendra directing Lakṣmī Narasiṅgha to build a water mill (VS 1913)*, hg. v. R. Khatiwoda (mit A. Michaels). HAdW (DN), 2016.
–. 1856a (VS 1913). *Lālamohara* zur Verleihung des Titels Mahārāja von Kāski u. Lamjung an Jaṅga Bahādura Rāṇā, Abstract transl. in: Kumar 1967: 159–160 (auch in: K.K. Adhikari 1984).
–. 1857 (VS 1914). »Abstract Translation on the Maharaja of Nepal to Maharaja Jung Bahadoor Ranajee«, in: K.K. Adhikari 1984: 63f.
Survey Office 1896 (VS 1953). *A purjī from the survey office to the Hospital Guṭhī regarding land donated by Sāhilā Badāmahārānī to the Hospital Guṭhī (VS 1953)*. NGMPP K 372.2.
Tribhuvana Śāha. 1927 (VS 1979). *A lālamohara from King Tribhuvan providing substitute land for Degutale Guṭhī (VS 1979)*. NGMPP K 62/22.
Vīra Śaṃśera. 1890 (VS 1947). *A document from premier directing Sadara Daftar Khānā to substitute land affected guṭhī land (VS 1947)*. NGMPP K 28.10.
–. 1892 (VS 1949). »Kipat Lands in Solukhumbu«, RRS 6.8 (1974): 147–149 (RRC 57: 14–21).

III. Sekundärliteratur

Ācārya, B.R. (B. Acharya). 1963 (V.S. 2020). »Kirāta Nāma«, *Nepālī* 16: 1–31.
–. 1967 (VS 2024). *Śrī 5 Baḍamahārajādhirāja Pṛthvīnārāyaṇa Śāha*. Kathmandu.
–. 1970. »Aniko: His Family and Place of Birth«, RRS 3.11: 241–243.
–. 2013. *The Bloodstained Throne. Struggles for Power in Nepal (1775–1914)*. New Delhi.
Acharya, D. 1998. »Prācīna Nepalmā Pāśupata Mata«, *Garimā* 191: 85–92.
–. 2005. »The Role of Caṇḍa in the Early History of the Pāśupata Cult and the Image on the Mathurā Pillar Dated Gupta Year 61«, IIJ 48: 207–222.
–. 2008. »Evidence for Mahayana Buddhism and Sukhavati Cult in India in the Middle Period: Early fifth to late sixth Nepalese inscriptions«, *J. of the Intern. Association of Buddhist Studies* 31.1–2: 23–78.
–. 2009. »Anuparama's *Dvaipāyanastotra* Inscription from the Early 6th Century: Text, translation and comments«, *J. of Indological Studies* 19: 29–53.
–. 2017. *Nīpajana ra Nepāla: Euṭā Choṭo Ādya-Itihāsa*. Kathmandu.
Acharya, J. 2011. *Bhanubhakta Acharya. His life and Selected Poems*. Kathmandu.
Adam, L. 1934. »Recht und Sitte in Nepal. Angaben und Schilderungen von Angehörigen der Gurkha-Regimenter«, *Zeitschrift für Vergleichende Rechtswissenschaft* XLIX.1–2: 1–264.
Adams, B. 2004. *Barbara's Nepal*. New Delhi.
Adhikari, A. 2014. *The Bullet and the Ballot Box: the story of Nepal's Maoist revolution*. London.

Adhikari, K.K. 1976. »Criminal cases and their punishments before and during the period of jang bahadur«, *Contributions to Nepalese Sociology* 3.1: 105–116.
–. VS 2034 (= 1977/78). »Particulars Relating to the Massacre that Occured at Kathmandu between 14th and 15th of September 1949«, *Voice of History* 3: 31–39.
–. 1984. *Nepal under Jung Bahadur 1846–1877*, Bd. I. Kathmandu.
Adhikary, S.M. 1986 (VS 2043). *Paścima Nepālako Aitihāsika Anveṣana* (Historical Research on Western Nepal). Kathmandu.
–. 1988. *The Khaśa Kingdom. A Trans-Himalayan Empire of the Middle Age.* Jaipur & New Delhi.
Agrawal, H.N. 1976. *The Administrative System of Nepal.* New Delhi.
Aitchison, C.V. 1863. *A Collection of Treatises, Engagements, Sunnuds Relating to India and Neighbouring Countries.* Calcutta.
Allen, C. 2008. *The Buddha and Dr. Führer. An archaeological scandal.* London.
Allen, M.R. 1973. »Buddhism without Monks: The Vajrayana Religion of the Newars of The Kathmandu Valley«, *South Asia* 2: 1–16
–. 1975. *The Cult of Kumari – Virgin Worship in Nepal.* Kathmandu.
Allen, N. 1986. »The Coming of Macchendranāth to Nepal – Comments from a Comparative Point of View«, in: N.J. Allen u.a. (Hg), *Oxford University Papers on India I.* Delhi, 75–102.
Alsop, I. 1993. »The Masks of the Newars«, *Orientations* Sept. 1993: 52–57.
–. 2011. »Traditional Religious Painting in Modern Nepal – Seeing the Gods with New Eyes«, in: Shimkada 2011: 47–59.
– & K. Tamot. 1996/2001. »A Kushan-period Sculpture from the reign of Jaya Varma, A.D. 184/185 Kathmandu, Nepal«, Appendix: http://www.asianart.com/articles/jaya/kings.html; Zugriff: 23. 8. 2018.
Amatya, S. 1987. »Nepal's Strategy on Heritage Conservation«, in: Gutschow & Michaels 1987: 95–104.
Anderson, M.M. 1971. *The Festivals of Nepal.* London.
Asia Foundation. 2012. *A Guide to Government in Nepal: Structures, Functions, and Practices.* Kathmandu.
–. 2016. *Nepal Government Distribution of Earthquake Reconstruction Cash Grants for Private Houses.* Kathmandu.
Asisi, Y. (Hg.). 2012. *Everest – Erlebnis zwischen Expedition und Tradition. Yadegar Asisis 360°-Panorama zum Dach der Welt im Panometer Leipzig* (Ausst.-Kat.). Berlin.
Atkinson, E.T. 1984/86. *Gazetteer of the Himalayan Districts of the North-Western Provinces of India.* Bde. II u. III. Allahabad.
Ayton, J.A. 1820. *A Grammar of the Nepalese Language.* Calcutta.
Bajracharya, M. 2018. »Munsīs in the Courts of Early Śāha and Rāṇā Rulers: The Career of Lakṣmīdāsa Pradhāna«, in: Cubelic, Michaels & Zotter 2018: 377–397.
– & A. Michaels. 2012. »On the Historiography of Nepal: The ›Wright‹ Chronicle reconsidered«, EBHR 40: 83–98.
– & A. Michaels. 2017. »›Religious‹ Approaches to Heritage Restoration in Post-Earthquake Kathmandu«, *Material Religion* 13.3: 379–381.
–, R. Khatiwoda & A. Michaels. 2015. »Six 19th – 20th Century Documents on *Elephants* from the National Archives of Nepal«, *Abhilekha* 32: 96–105.
Bajracharya, N.M. 1998. *Buddhism in Nepal (465 B.C. to 1199 A.D.).* Delhi.

Banerjee, N.R. 1969. »Discovery of the remains of prehistoric man in Nepal«, *Ancient Nepal* 6: 6–9.
Bangdel, D. 2011. »Contemporary Nepali Art – Narratives of Modernity and Visuality«, in: Shimkada 2011: 59–70.
Bangdel, L.S. 1982. *The Early Sculptures of Nepal*. New Delhi.
–. 1987. *Nepal – Zweitausendfünfhundert Jahre nepalische Kunst*. München.
–. 1989. *Stolen Images of Nepal*. Kathmandu.
Baral, L.S. 1964. *Life and Writings of Pṛthvīnārāyaṇ Śāh*. Diss. London.
Barré, V., P. Berger, L. Feveile & G. Toffin. 1981. *Panauti. Une ville au Népal*. Paris.
Bastien, G.J., B. Schepens, P.A. Willems & N.C. Heglund. 2005. »Energetics of Load Carrying in Nepalese Porters«, *Science* 308 (17.6.2005): 1755.
Basukala, B., N. Gutschow & K. Kayastha. 2014. *Towers in Stone: Śikhara Temples in Bhaktapur – Vatsalā and Siddhilakṣmī*. Kathmandu.
Bauer, K.M. 2004. *Dolpo and the Changing World of Himalayan Pastoralists*. New York.
Becker-Ritterspach, R.O.A. 1982. *Gestaltungsprinzipien in der newarischen Architektur*. Diss. Berlin.
–. 1995. *Water Conduits in the Kathmandu Valley*. 2 Bde. New Delhi.
Bell, T. 2014. *Kathmandu*. Gurgaon & London.
Bendall, C. 1886. *A Journey of Literary and Archaeological Research in Nepal and Northern India during the Winter of 1884–5*. Cambridge.
Bennett, L. 1983. *Dangerous Wives and Sacred Sisters – Social and Symbolic Roles of High-Caste Women in Nepal*. New York.
–, B. Sijapati & D. Thapa. 2013. *Gender and Social Exclusion in Nepal – Update*. Kathmandu.
Bergmann, C. 2016. »Confluent territories and overlapping sovereignties: Britain's nineteenth-century empire in the Kumaon Himalaya«, *J. of Historical Geography* 51: 88–98.
Bernier, R.M. 1970: *The Temples of Nepal: An Introductury Survey*. Kathmandu.
–. 1979. *The Nepalese Pagoda. Origins and Style*. New Delhi.
Bhaṭṭarāī, D. 2008. *Nepālako sthānīya praśāsanako itihāsa (1768–1951)*. Delhi.
Bickel, B. & M. Gaenszle (Hg.). 1999. *Cultural Horizons and Practices in Himalayan Space*. Zürich.
Birkenholtz, J.V. 2018. *Reciting the Goddess – Narratives of Place and the Making of Hinduism in Nepal*. Oxford.
Bista, D.B. 1972. *People of Nepal*. Kathmandu.
–. 1980. »Nepalis in Tibet«, CNSt 8.1: 1–19
–. 2015. *Anthropology of Nepal. A Compilation of Dor Bahādur Bista's Articles*, hg. v. N. Khatri. Kirtipur.
Bledsoe, B. 2000. »An Advertised Secret: The Goddess Taleju and the King of Kathmandu«, in: D.G. White (Hg.), *Tantra in Practice*, Princeton, 195–205.
–. 2004. *Written in Stone: Inscriptions of the Kathmandu Valley's Three Kingdoms*. Bd. 1. Diss. Chicago.
Blom, M.L.B. 1989. *Depicted Deities – Painters' Model Books in Nepal*. Diss. Utrecht.
Bollinger, L., P. Tapponnier, S.N. Sapkota & Y. Klinger. 2016. »Slip deficit in central Nepal: omen for a repeat of the 1344 AD earthquake?«, *Earth, Planets and Space* 68.

Bouillier, V. 1986. »La caste sectaire des Kānphaṭā Jogī dans le royaume du Népal: L'exemple de Gorkhā«, *Bulletin de l'Ecole française d'Extrême-Orient* 75: 125–168.
–. 1993. »The Nepalese state and Gorakhnathi yogis: the case of the former kingdoms of Dang Valley: 18–19th centuries«, CNSt 20.1: 29–51.
–, M. Brauen & C. Ramble (Hg.). 1993. *Anthropology of Tibet and the Himalaya*. Zürich.
Brescius, M. von, F. Kaiser & S. Kleidt (Hg.). 2015. *Über den Himalaya. Die Expeditionen der Brüder Schlagintweit nach Indien und Zentralasien 1854 bis 1858*. Köln & Wien.
Briggs, G.W. 1973. *Gorakhnath and the Kanphata Yogis*. Delhi.
Brinkhaus, H. 1987. *The Pradyumna-Prabhāvatī Legend in Nepal. A Study of the Hindu Myth of the Draining of the Nepal Valley*. Stuttgart.
–. 1993. »The Textual History of the Different Versions of the ›Svayaṃbhūpuraṇa‹«, *Nepal, Past and Present. Proceedings of the Franco-German Conference Art-et-Senans, June 1990*. Paris, 63–72.
–. 2001. »Śāntikara's Nāgasādhana in the Svayaṃbhūpurāṇa – A medieval Legend of a Rain Charm in the Nepal Valley«, JNRC 12: 17–38.
Bronkhorst, J. 2014. »Misunderstood origins: how Buddhism fooled modern scholarship – and itself«, in: D.N. Jha (Hg.), *The Complex Heritage of Early India: Essay in Memory of R.S. Sharma*. New Delhi, 307–325.
Brosius, C. & J. Maharjan. 2017. *Breaking Views – Engaging Art in Post-Earthquake Nepal*. Kathmandu.
– & T. Pariyar. 2012. »Inside and Outside the Marriage Tune: Wedding Bands in the Kathmandu Valley«, in: Gutschow & Michaels 2012: 57–75.
Buchanan-Hamilton, F. 1819. *An Account of the Kingdom of Nepal and of Territories Annexed to this Dominion by the House of Gorkha*. New Delhi.
–. 1928. *An Account of the District Purnea 1809–10*, hg. v. den Buchanan-Manuskripten von H.P. Jackson. Patna.
Bühnemann, G. 2003. *Buddhist Deities of Nepal. Iconography in Two Sketchbooks*. Lumbini.
–. 2008. *Buddhist Iconography and Ritual in Paintings and Line Drawings from Nepal*. Lumbini.
–. 2010. »Complex Configurations: On the Iconography and Date of the Golden Gate Window of Patan«, *Orientations* 41.3: 24–30.
–. 2013. »Bhairava and the Eight Charnel Grounds: On the History of a Monumental Painting at the Jayavāgīśvarī Temple, Kathmandu«, *Berliner Indologische Studien* 21: 307–326.
Burghart, R. 1984. »The Formation of the Concept of Nation-State in Nepal«, JAS 44.1: 101–125.
–. 1987. »Gifts to the gods: power, prosperity and ceremonial in Nepal«, in: D. Cannadine & S. Price (Hg.), *Rituals of Royalty – Power and Ceremonial in Traditional Societies*. Cambridge, 237–270.
–. 2016. *The History of Janakpurdham. A Study of Asceticism and the Hindu Polity*. Kathmandu.
Burton-Page, J. 1954. »The Name Nepal«, BSOAS 16: 592–597.
Campbell, A. 1833. »Account of the earthquake at Kathmandu«, *J. of the Asiatic Society of Bengal* 2: 564–567.

Caplan, L. 1970. *Land and Social Change in East Nepal: A study of Hindu-tribal relations*. London.
–. 1975. *Administration and Politics in a Nepalese Town: A Study of a District Capital and its Environs*. London.
–. 1991. »›Bravest of the Brave‹: Representations of ›The Gurkha‹ in British Military Writings«, *Modern Asian Studies* 25.3: 571–597.
Census 2011: http://unstats.un.org/unsd/demographic/sources/census/wphc/Nepal/Nepal-Census-2011-Vol1.pdf; Zugriff: 23. 8. 2018.
Chalier-Visuvalingam, E. 2013. *Bhairava: terreur et protection. mythes, rites et fetes à Bénares et à Katmandou*. Brüssel.
Chattopadhyay, K.P. 1923/ND 1980. *History of Newar Culture*. Kathmandu.
Chaudhary, D. 2015. *Tarai/Madhesh of Nepal. Anthropological Study (Upgraded Version)*. Kathmandu.
Chaudhuri, K.C. 1960. *Anglo-Nepalese Relations: From the Earliest Times of the British Rule in India Till the Gurkha War*. Calcutta.
Chemjong, I.S. 1967. *History and Culture of the Kirat People*. Kathmandu.
Chitrakar, M. 2004. *Tej Bahadur Chitrakar. Icon of Transition*. Kathmandu.
Choudhary, R. 1970. *History of Muslim Rule in Tirhut (1206–1765)*. Varanasi.
Clark, T.W. 1957. »The Rānī Pokhrī Inscription«, BSOAS 20, 167–187.
Coningham, R.A.E. u.a. 2013. »The earliest Buddhist shrine: excavating the birthplace of the Buddha, Lumbini (Nepal)«, *Antiquity* 87 (Dez. 2013): 1104–1123.
Corvinus, G. 2007. *Prehistoric Cultures in Nepal: From the Early Palaeolithic to the Neolithic and the Quaternary Geology of the Dang-Deokhuri Dun Valleys*. 2 Bde. Wiesbaden.
Cubelic, S., A. Michaels & A. Zotter (Hg.). 2018. *Studies in Documents of India and Nepal*. Heidelberg.
Ḍaṅgola, B., Ś. Rājavaṃśī & P. Vajrācārya. 1984 (VS 2041). »Amalekha Garieкā Kamārā Kamārīko Lagata«, *Abhilekha* 2: 115–120.
Darnal, P. 2002. »Archaeological Activities in Nepal Since 1893 A.D. to 2002 A.D.«, *Ancient Nepal* 150: 39–39.
–. 2016. »Archaeology of Nepal«, in: G.R. Schug & S.R. Walimbe (Hg.), *A Companion to South Asia in the Past*. Chichester, 412–425.
Davidson, R. 2002. *Indian Esoteric Buddhism: A Social History of the Tantric Movement*. New York.
Deeg, M. 2003. *The Places Where Siddhārtha Trod: Lumbinī and Kapilavastu*. Lumbini.
–. 2016. *Miscellanae Nepalicae: Early Chinese Reports on Nepal. The Foundation Legend of Nepal in its Trans-Himalayan Context*. Lumbini.
Democracy Resource Center. 2017. *Preliminary Statement on Nepal's House of Representatives and Provincial Assembly Elections, 2017*. Kathmandu.
Deo, S.B. 1968. *Archaeological investigation in the Nepal Tarai, 1964*. Kathmandu.
Des Chene, M.K. 1991. *Relics of empire: A cultural history of the Gurkhas, 1815–1987*. Diss. Stanford.
–. 1993. »Soldiers, Sovereignty and Silences: Gorkhas as diplomatic Currency«, *Comparative Studies of South Asia, Africa and the Middle East* 13.1–2: 67–80.
–. 2007. »Is Nepal in South Asia? The Condition of Non-Postcoloniality«, StNHS 12.2: 207–223.

Dhungel, R.K. 2002. *The Kingdom of Lo (Mustang). A Historical Study*. Kathmandu.
Dollfus, P. & G. Krauskopff. 2014. *Mascerades en Himalaya: Les vertus du rire*. Paris.
Dongol, G.M.S. 1985. »Geology of the Kathmandu fluvial lacustrine sediments in the light of new vertebrate fossil occurrences«, *J. of Nepal Geological Society* 3: 43–57.
Driem, G. van. 2001. *Languages of the Himalayas: An Ethnolinguistic Handbook of the Himalayan region*. Leiden.
Donner, W. 1972. *Nepal – Raum, Mensch und Wirtschaft*. Wiesbaden.
–. 1990. *Nepal – Im Schatten des Himalaya*. München.
–. 2010. *Ins verbotene Land: frühe Reisende in Nepal*. Berlin.
Durkin-Longley, M.S. 1982. *Ayurveda in Nepal: A Medical Belief System in Action*. Diss. Ann Arbor.
Dyczkowski, M.S.G. 2001. *The Cult of the Goddess Kubjika: A Preliminary Comparative Textual and Anthropological Survey of a Secret Newar Goddess*. Wiesbaden.
Eaton, R. 1993. *The Rise of Islam and the Bengal Frontier, 1204–1760*. Berkeley.
Edwards, D.W. 1975. »Nepal on the Eve of the Rana Ascendency«, CNSt 2: 99–116.
–. 1977. *Patrimonial and Bureaucratic Administration in Nepal: Historical Change and Weberian Theory*. Diss. Chicago.
Ehrhard, F.-K. 1989. »A Renovation of Svayambhunath Stupa in the 18th Century and its History«, *Ancient Nepal* 114: 1–9.
–. 1991. »Further Renovations of Svayambhūnātha Stūpa (from the 13th to the 17th Centuries)«, *Ancient Nepal* 123–125: 10–20.
Falk, H. 1998. *The Discovery of Lumbini*. Lumbini.
–. 2012. »The Fate of Aśoka's Donations at Lumbini«, in: P. Olivelle u.a. (Hg.), *Reimagining Aśoka: Memory and History*, New Delhi, 204–216.
Fezas, J. 1990 (VS 2047). »The Nepalese Juridical Tradition and its Sources – A List of the *Ain* books kept in the National Archives«, *Abhilekha* VIII.8: 121–134.
Fisher, W.F. 2001. *Fluid Boundaries: Forming and Transforming Identity in Nepal*. New York & Chichester.
Flood, G. 2011. »Body, Breath and Representation in Śaiva Tantrism«, in: A. Michaels & C. Wulf (Hg.), *Images of the Body in India*. London, 70–83.
Fujikura, T. 2011. »Emancipation of Kamaiyas: Development of social movement, and youth activism in post-jana andolan Nepal«, in: Guneratne 2011: 54–69.
Fürer-Haimendorf, C. von. 1964. *The Sherpas of Nepal: Buddhist Highlanders*. London.
–. 1975. *Himalayan Traders*. London.
– (Hg.). 1979. *The Anthropology of Nepal*. Warminster.
Furger, A.R. 2017. *Der vergoldete Buddha. Traditionelles Kunsthandwerk der Newar-Giesser in Nepal*. Basel & Frankfurt/M.
Gaborieau, M. 1969. »Note preliminaire sur le dieu Maṣṭa«, *Objets et Mondes* 9.1: 19–50.
–. 1977. *Minorités musulmanes dans le royaume hindou du Népal*. Nanterre.
–. 1978. *Le Népal et ses Populations*. Brüssel.
Gaenszle, M. 1991. »Blut im Tausch für Demokratie. Der Kampf um eine neue Verfassung in Nepal 1990«, *Internationales Asienforum* 22.3–4: 233–258.
–. 1991a. *Verwandtschaft und Mythologie bei den Mewahang Rai in Ostnepal. Eine ethnographische Studie zum Problem der ethnischen Identität*. Wiesbaden & Stuttgart.

–. 1992. »The Text Within – Studies of Oral Ritual Texts in Nepal in the last Decade«, EBHR 3: 5–16.
–. 1992a. »On the Topicality of History: An Interview with Mahesh Chandra Regmi«, EBHR 4: 40–46.
–. 2002. *Ancestral Voices. Oral Ritual Texts and their Social Contexts among the Mehawang Rai of East Nepal.* Münster.
–. 2013. »The Power of Script: Phalgunanda's Role in the Formation of Kiranti Ethnicity«, in: V. Arora & N. Jayaram (Hg.), *Routeing Democracy in the Himalayas: Experiments and Experiences.* New Delhi, 50–73.
–, M. Turin, W. Tuladhar-Douglas & R.B. Chhetri. 2015. »People«, in: Miehe & Pendry 2015: 251–269.
Gaige, F.H. 1968 (VS 2025). »The Role of the Tarai in Nepal's Economic Development «, *Vasudha* 11: 53–61.
–. 1975/²2009. *Regionalism and National Unity in Nepal.* Berkeley u.a.
Gail, A.J. 1984. *Tempel in Nepal (Bd. I) – Ikonographie hinduistischer Pagoden in Pāṭan Kathmandutal.* Graz.
–. 1988. *Tempel in Nepal (Bd. II) – Ikonographische Untersuchungen zur späten Pagode und zum Śikhara-Tempel.* Graz.
–. 1991. *Klöster in Nepal. Ikonographie buddhistischer Klöster im Kathmandutal.* Graz.
Gautama, R. 2004. *Rāṇakālīna nepālako praśāsnika, śāikṣika ra sāmājika sudhāraharu.* Delhi.
Gellner, D. 1986. »Language, Caste, Religion and Territory – Newar Identity, Ancient and Modern«, *European J. of Sociology* 27: 102–148.
–. 1987. »The Newar Buddhist Monastery – an anthropological and historical typology«, in: Gutschow & Michaels 1987: 365–414.
–. 1991. »Ritualized Altruism, Devotion and Meditation: The Offering of the Guru Maṇḍala in Newar Buddhism«, IIJ 34: 161–107.
–. 1992. *Monk, Householder, and Tantric Priest. Newar Buddhism and its Hierarchy of Ritual.* Cambridge.
– (Hg.). 2002. *Resistance and the State: Nepalese Experiences.* New Delhi.
–. 2005. »The Emergence of Conversion in a Hindu-Buddhist Polytropy: The Kathmandu Valley, Nepal, C. 1600–1995«, *Comparative Studies in Society and History* 47.4: 755–780.
–. 2008. »Ethnicity and Nationalism in the World's Only Hindu State«, in Gellner, Pfaff-Czarnecka & Whelpton 2008: 3–31.
– (Hg.). 2013. *Borderland Lives in Northern South Asia.* Durham & London.
–. 2016. *The Idea of Nepal* (Mahesh Chandra Regmi Lecture 2016). Kathmandu.
–, S.L. Hausner & C. Letizia (Hg.). 2016. *Religion, Secularism and Ethnicity in Contemporary Nepal.* New Delhi.
–, J. Pfaff-Czarnecka & J. Whelpton (Hg.). 1997/²2008. *Nationalism and Ethnicity in a Hindu Kingdom: The Politics of Culture in Contemporary Nepal.* Kathmandu.
– & D. Quigley (Hg.). 1995. *Contested Hierarchies: A collaborative Ethnography of Caste in the Kathmandu Valley, Nepal.* Oxford.
Gellner, E. 1983. *Nations and Nationalism.* Ithaca.
Gewali, M.B. 2008. *Aspects of Traditional medicine in Nepal.* Toyama.
Ghimire, Ś.. 1988, 1999 (VS 2045, 2056). *Palpa Rājyako Itihāsa.* 2 Tle. Chitwan.

Gibson, I. 2017. »Pentecostal Peacefulness: virtue ethics and the reception of theology in Nepal«, *J. of the Royal Anthropological Institute (N.S.)* 23: 765–782.

Gill, M. 2018. »Barbara Didi & Me«, *ECS Nepal Magazine* (März 2018).

Giri, B.R. 2011. »The bonded labor system in Nepal: Exploring *haliya* and *kamaiya* children's life-worlds«, in: Gunaratne 2011: 71–100.

Giuseppe, Father. 1799. »Account of The Kingdom of Nepal«, Asiatic Researches 2: 307–322.

Gnoli, R. 1956. *Nepalese Inscriptions in Gupta-Characters*. Rom.

Gögge, K. 2001. *Nepalische Landdokumente. Kaufurkunden aus der Mallazeit*. Unveröff. Magisterarb., Univ. Leipzig.

–. 2007. *Viṣṇuitische Heiligtümer und Feste im Kathmandu-Tal/Nepal*. Diss. Heidelberg.

–. 2010. »Early Childhood Rituals among the Newars and Parbatiyās in the Kathmandu Valley«, in: Zotter & Zotter 2010: 87–136.

Government of Nepal. 2015. *2015 Statistical Year Book*. Kathmandu.

–. 2015a. *Labour Migration for Employment: A Status Report for Nepal: 2013/2014*. Kathmandu.

Grandin, I. 1989/[2]2011. *Music and Media in Local Life. Music practice in a Newar neighbourhood in Nepal*. Kathmandu.

Greenwold, S. 1974. »Buddhist Brahmans«, *European J. of Sociology* XV: 101–123.

Gregson, J. 2002. *Blood against the Snows. The Tragic Story of Nepal's Royal Dynasty*. London.

Grewenig, M.M. & E. Rist (Hg.). 2017. *Buddha: 2000 Years of Buddhist Art – 232 Masterpieces*. Köln.

Guneratne, A. 2002. *Many Tongues, One People. The Making of Tharu Identity in Nepal*. Ithaca & London.

– (Hg.). 2011. *The Tarai: History, Society, Environment*. Kathmandu.

Gupta, A. 1964. *Politics in Nepal. A Study of Post-Rana Political Developments and Party Politics*. London.

Gutschow, N. 1982. *Stadtraum und Ritual der newarischen Städte im Kathmandu-Tal – Eine Architekturanthropologische Untersuchung*. Stuttgart.

–. 1986. »Die Kuppelbauten des 19. Jh. im Kāṭhmāṇḍu-Tal«, in: Kölver 1986: 283–310.

–. 1997. *The Nepalese Caitya – 1500 Years of Buddhist Votive Architecture in the Kathmandu Valley*. Stuttgart.

–. 1998. »The Settlement Process in Lower Mustang (Baragaon), Nepal. Case Studies from Kag, Khyinga and Te«, *Beiträge zur Allgemeinen und Vergleichenden Archäologie* 18: 49–145.

–. 2006. *Kunst im Ritual. Das Handwerk der Maler in Bhaktapur, Nepal*. Uenzen.

–. 2011. *Architecture of the Newars. A History of Building Typologies and Details*. 3 Bde. Chicago.

–. 2012. »Gedanken über Berge«, in: Asisi 2012: 98–121.

–. 2012a. *The Kathmandu Valley. New Buildings, Sites under Construction and Demolition 1990–2011*. Kathmandu.

–. 2015. »Maps and Historical Illustrations«, = Bd. 3 der *Nepālikabhūpavaṃśāvalī* (s. I. Texte).

–. 2016. *The Portals in Newar Architecture: Tired Temples in Nepal, 13th to 19th Centuries*. Kathmandu.

–. 2017. *Bhaktapur – Nepal: Urban Space and Ritual*. 2 Bde. Berlin.
– & M. Bajracharya. 1977. »Ritual as Mediator of Space in Kathmandu«, JNRC 1: 1–10.
– & G.M. Bāsukala. 1987. »The Navadurgā of Bhaktapur – Spatial Implications of an Urban Ritual«, in: Gutschow & Michaels 1987, 135–166.
– & B. Kölver. 1975. *Ordered Space – Concepts and Functions in a Town of Nepal*. Wiesbaden.
–, B. Kölver & I. Shresthacarya. 1987. *Newar Towns and Buildings: An Illustrated Dictionary Newārī – English*. Sankt Augustin.
– & H. Kreutzmann. 2013. *Mapping the Kathmandu Valley with Areal Photographs by Erwin Schneider*. Kathmandu.
– & A. Michaels (Hg.). 1987. *Heritage of the Kathmandu Valley: Proceedings of an International Conference in Lübeck, 1987*. Sankt Augustin.
– & A. Michaels. 2005. *Handling Death. The Dynamics of Death and Ancestor Rituals Among the Newars of Bhaktapur, Nepal. With a Film on DVD by Christian Bau*. Wiesbaden.
– & A. Michaels. 2008. *Growing Up – Hindu and Buddhist Initiation Rituals among Newar Children in Bhaktapur, Nepal*. With a Film on DVD by Christian Bau. Wiesbaden.
– & A. Michaels. 2012. *Getting Married – Hindu and Buddhist Marriage Rituals among Newars of Bhaktapur and Patan, Nepal. With a Film on DVD by Christian Bau*. Wiesbaden.
– & R. Roka (Hg.). 2017. *Patan Palace: The Restauration of Sundari Cok 2006–2016*. Kathmandu.
– & T. Sieverts (Hg.). 1977. *Stadt und Ritual – Beiträge eines Internationalen Symposiums zur Stadtbaugeschichte Süd- und Ostasiens*. Darmstadt.
Gyawali, D., A. Dixit & M. Upadhya (Hg.). 2004. *Ropeways in Nepal: Context, Constraints and Coevolution*. Lalitpur.
Hachhetu, K. 2008–09. »The Communist Party of Nepal (Maoist): Transformation from an Insurgency Group to a Competitive Political Party«, EBHR 33–34: 39–71.
Hagmüller, G. 2002. *Patan Museum. The Transformation of a Royal Palace in Nepal*. London.
Hasrat, B.J.: s. I. Texte.
Hegewald, J.A.B. 2002. *Water Architecture in South Asia. A Study of Types, Developments and Meanings*. Leiden.
Hemmleb, J. (Hg.). 2002 *Everest. Göttinmutter der Erde*. Zürich.
Herdick, R. 1988. *Kirtipur. Stadtgestalt, Prinzipien der Raumordnung und gesellschaftlichen Funktion einer Newar-Stadt*. Köln.
Hitchcock, J.T. & R.L. Jones (Hg.). 1976. *Spirit Possession in the Nepal Himalayas*. Warminster.
Hocart, A.M. 1950. *Caste: A Comparative Study*, London.
Hodgson, B.H. 1874/ND 1971. *Essays on the Languages, Literature and Religion of Nepal and Tibet together with further Papers on the Geography, Ethnology and Commerce of those Countries*. London & Varanasi.
–. 1880/ND 1992. *Miscelleanous Essays Relating to Indian Subjects*. 2 Bde. London/New Delhi.
Höfer, A. 1979. »On Re-reading *Le Nepal*: What we social scientists owe to Sylvain Levi«, *Kailash* 7: 175–190.

–. 1979a/ND 2004. *The Caste Hierarchy and the State in Nepal – A Study of the Muluki Ain of 1854*. Innsbruck & Lalitpur.
–. 1981 und 1997. *Tamang Ritual Texts*. 2 Bde. Wiesbaden.
–. 1994. *A Recitation of the Tamang Shaman in Nepal*. Bonn.
Holmberg, D.H. 1989. *Order in Paradox. Myth Ritual, and Exchange among Nepal's Tamang*. Delhi.
Hunter, W.W. 1896/ND 1991. *Life of Brian Houghton Hodgson, British Resident at the Court of Nepal*. London/New Delhi & Madras.
Hutt, M. 1986. »Diversity and Change in the Languages of Highland Nepal«, CNSt 14.1: 1–24.
–. 1988. *Nepali: A National Language and its Literature*. New Delhi & London.
– (Hg. u. Übers.). 1991. *Himalayan Voices. An Introduction to Modern Nepali Literature*. Berkeley.
–. 2006. »Things That Should Not Be Said: Censorship and Self-Censorship in the Nepali Press Media, 2001–2«, JAS 65.2: 361–302.
– (mit D. Gellner, A. Michaels, G. Rana & G. Tandan). 1994. *Nepal. A Guide to the Art and Architecture of the Kathmandu Valley*. Gartmore.
Iltis, L. 1985. *The Swasthānī Vrata. Newar Women and Ritual in Nepal*. Diss. Madison, UMI 8528426.
Jackson, D.P. 1976. »The Early History of Lo (Mustang) and Ngari«, CNSt 4: 39–56.
–. 1978. »Notes on the history of se-rib, and nearby places in the upper Kali Gandaki Valley«, *Kailash* 6.3: 195–227.
–. 1984. *The Mollas of Mustang*. New Delhi.
–. 2010. *The Nepalese Legacy in Tibetan Painting*. New York.
Jansen, R. 1995. *Die Bhavani von Tuljapur: Religionsgeschichtliche Studie des Kultes einer Göttin der indischen Volksreligion*. Stuttgart.
Jha, H.N. 1970. *The Licchavis (of Vaiśālī)*. Varanasi.
Jha, M. 1971. *The Sacred Complex in Janakpur. Indological, Sociological, Anthropological and Philosophical Study of Hindu Civilization*. Allahabad.
Jørgensen, H. 1921. »Ein Beitrag zur Kenntnis des Nevārī«, ZDMG 75: 213–236.
–. 1931. *Vicitrakarṇikāvadānoddhṛta. A Collection of Buddhistic Legends*. London.
–. 1936. *A Dictionary of Classical Newārī*. Kopenhagen.
–. 1941. *A Grammar of Classical Newārī*. Kopenhagen.
Joshi, B.L. & J. Rose. 1966. *Democratic Innovations in Nepal: A Case Study of Political Acculturation*. Berkeley.
Jurami, A.-C. 2001. *Architecture et iconographie de Viṣṇu dans le vallée de Kāṭhmāṇḍu, Népal*. 3 Bde. Paris.
Karmacharya, G. 2005. *Queens in Nepalese Politics*. Kathmandu.
Karmacharya, M.L. (Hg.). 2005. *Nepalese literature*. Kathmandu.
Kasten, A. 2011. »The Potters of Thimi: Village Ceramic Traditions in Flux«, in: Shimkada 2011: 81–90.
Kathmandu Valley. 1975. *Kathmandu Valley – The Preservation of Physical Environment and Cultural Heritage, a Protective Inventory*. 2 Bde. Wien.
Kathmandu Valley Preservation Trust. 2016. *Nepal, Patan Darbar – Earthquake Response Campaign. Documentation of the Work to Date*. Patan.
KC, G. & P. Onta. 2013. *Bibliography of Social Scientific Writings by Dor Bahadur Bista*. Kathmandu.

Khanāla, M.P. 1983 (ca. VS 2040). *Cāṃgunārāyaṇa Aitihāsika Sāmāgrī*. Kathmandu.

Khanala, R.R. 2002. *Nepālko kānunī itihāsko rūparekhā* (Nepal's Legal History: An Outline). Kathmandu.

Kharel, P. & G. KC. 2016. *Bibliography of the Works of Prayag Raj Sharma*. Kathmandu.

Khatiwoda, R. 2017. *Formation and Enforcement of the [Mulukī] Ain, Nepal's First Legal Code Containing the Edition and Translation of the Articles on Homicide in the [Mulukī] Ains of 1854 and 1870 Including Contemporaneous Legal Documents*. Diss. Heidelberg.

Kircher, A. 1667/1985. *China monumentis ....* Amsterdam; Übers.: J. Grueber, *Als Kundschafter des Papstes nach China 1656–1664. Die erste Durchquerung Tibets*, hg. v. F. Baumann. Darmstadt.

Kirkpatrick, Colonel. 1811. *An Account of the Kingdom of Nepaul. Being the substance of observations made during a mission to that country in the year 1793*. London.

Kloppenburg, R. 1977. »Theravāda Buddhism in Nepal«, *Kailash* 5.4: 301–321.

Kölver, B. 1985. »Erstarkende Staatsgewalt und Hinduisierung. Neues Material aus Nepal«, in: H. Kulke & D. Rothermund (Hg.), *Regionale Traditionen in Südasien*. Stuttgart, 115–128.

– (Hg.). 1986. *Formen kulturellen Wandels und andere Beiträge zur Erforschung des Himālaya*. Sankt Augustin.

–. 1986a. »Der Staat und die Anderen. Formen institutioneller Auseinandersetzung«, in: ebd.: 23–25.

–. 1986b. »Stages in the Evolution of a World Picture«, *Numen* 32: 131–168.

–. 1986c. »Zwei nepalische Dokumente zur Schuldknechtschaft (*Documents from Nepal* 4)«, ZDMG 136.2: 434–449.

– (Hg.). 1992. *Aspects of Nepalese Traditions*. Stuttgart.

–. 1992a. *Re-Building a Stūpa. Architectural Drawings of the Svayambhūnātha*. Bonn.

– (Hg.). 1997. *Recht, Staat und Verwaltung im klassischen Indien*. München.

– & N. Gutschow. 1975. *Ordered Space: Concepts and Functions in a Town of Nepal*. Wiesbaden.

– & M.R. Pant. 2001. »Two recent documents from Nepal«, JNRC XII: 161–165.

– & H. Śākya. 1985. *Documents from the Rudravarṇa-Mahāvihāra, Pāṭan – 1. Sales and Mortgages*. Sankt Augustin.

Korn, W. 1979. *The Traditional Architecture of the Kathmandu Valley*. Kathmandu.

Krämer, K.-H. 1996. *Ethnizität und Nationale Integration in Nepal: eine Untersuchung der ethnischen Gruppen im modernen Nepal*. New York.

Krauskopff, G. 1988. *Maîtres et Possédés. Les rites et l'ordre social chez les Tharu (Népal)*. Paris.

–. 1999. »Corvées in Dang: ethno-historical notes«, in: H.O. Skar (Hg.), *Nepal: Tharu and Tarai neighbours*. Kathmandu, 47–62.

–. 2018. »The Silent History of the Tharu Farmers: Peasant Mobility and Jungle Frontiers in the Light of Written Archives«, in: Cubelic, Michaels & Zotter 2018: 351–376.

– & M. Lecomte-Tilouine (Hg.). 1996. *Celebrer Le Pouvoir: Dasain, une fête royale de Nepal*. Paris.

– & P.D. Meyer (Hg.). 2000. *The Kings of Nepal & the Tharu of the Tarai*. Kirtipur.

Kreijger, H.E. 1999. *Kathmandu Valley Painting: the Jucker Collection*. London.

Kretschmar, M. 1995. *Erzählungen und Dialekt aus Südmustang*. Sankt Augustin.
Kropf, M. 2002. »Katto khuvaune: two Brahmins for Nepal's departed kings«, EBHR 23: 56–85.
–. 2003. »In the Wake of Commercialised Entertainment: An Inquiry into the State of Masked Dance-Dramas in the Kathmandu Valley«, CNSt 30.1: 53–103.
Kulke, H. & D. Rothermund. 1998. *Geschichte Indiens – Von der Induskultur bis heute*. München.
Kumar, S. 1967. *Rana Polity in Nepal - Origin and Growth*. London.
Kutzner, J.G. 1857. *Die Reise Seiner Königlichen Hoheit des Prinzen Waldemar von Preußen nach Indien in den Jahren 1844 bis 1846: aus dem darüber erschienenen Prachtwerke im Auszuge*. Berlin, 159–198.
Landon, P. 1976. *Nepal*. 2 Bde. Kathmandu.
Le Bon, G. 1886/ND 1981. *Voyage au Népal*. Bangkok.
Lecomte-Tilouine, M. (Hg.). 2009. *Bards and Mediums. History, Culture and Politics in the Central Himalayan Kingdoms*. Almora.
–. 2009a. »From the Bards' Grandeur to the Kings' Orders. History in Various Forms«, in: ebd.: 173–188.
–. 2009b. »The Panchakoshi of Dullu. The Fire Frame of the Malla Imperial Capital«, in: ebd.: 253–276.
– & P. Dolfus (Hg.). 2003. *Ethnic Revival and Religious Turmoil. Identities and Representations in the Himalayas*. Oxford.
Letizia, C. 2016. »Ideas of Secularism in Contemporary Nepal«, in: Gellner, Hausner & Letizia 2016: 35–76.
Lévi, S. 1905. *Le Népal – Etude historique d'un Royaume Hindou*. 3 Bde. Paris (engl. in: *Ancient Nepal* 1973–90, 44 Tle.).
LeVine, S. & D.N. Gellner. 2005. *Rebuilding Buddhism. The Theravada Movement in Twentieth-Century Nepal*. Cambridge (Mass.) & London.
Levy, R. 1987. »How the Navadurgā Protect Bhaktapur – The Effective Meanings of a Symbolic Enactment«, in Gutschow & Michaels 1987: 105–134.
–. 1990. *Mesocosm – Hinduism and the Organization of a Traditional Newar City in Nepal*. Berkeley.
Lewis, T. 1993. »Contributions to the Study of Popular Buddhism: The Newar Buddhist Festival of Gumla Dharma«, *J. of the Intern. Association of Buddhist Studies* 16.2: 309–354.
–. 1996. »A Chronology of Newar-Tibetan Relations in the Kathmandu Valley«, in: Lienhard 1996: 149–166.
–. 2000. *Popular Buddhist Texts from Nepal: Narratives and Rituals of Newar Buddhism*, transl. in collaboration with S.M. Tuladhar and L.R. Tuladhar. Albany.
– & N.M. Bajracharya. 2016. »Vajrayāna Traditions in Nepal«, in: D.B. Gray & R.R. Overby (Hg.), *Tantric Traditions in Transmission and Translation*. New York, 87–198.
Liechty, M. 2003. *Suitably Modern – making middle class culture in Kathmandu*. Princeton.
–. 2017. *Far Out – Countercultural Seekers and the Tourist Encounter in Nepal*. Chicago & London.
Lienhard, S. 1963. *Maṇicūḍāvadānoddhṛta. A Buddhist Rebirth Story in the Nevārī Language*. Stockholm.

–. 1974. *Nevārīgītīmañjarī. Religious and secular poetry of the Nevars of the Kathmandu valley.* Stockholm.
–. 1978. »Problème des syncrétismes religieux au Népal«, *Bulletin de l'École Française d'Extréme Orient* LXV: 239-270.
–. 1978a. »Religionssynkretismus in Nepal«, in: H. Bechert (Hg.). *Buddhism in Ceylon and Studies on Religious Syncretism in Buddhist Countries.* Göttingen, 146–177.
–. 1980. *Die Legende vom Prinzen Viśvantara. Eine nepalesische Bilderrolle aus der Sammlung des Museums für Indische Kunst Berlin.* Berlin.
–. 1991. »Zur Frühgeschichte des Viṣṇuismus in Nepal«, *Nachrichten der Akademie der Wissenschaften in Göttingen, Historisch Philosophische Klasse* 3.8: 351–361.
–. 1992. »Kṛṣṇaismus in Nepal«, in: Kölver 1992: 227–234.
–. 1992a. *Songs of Nepal: An Anthology of Nevar Folksongs and Hymns.* New Delhi.
–. 1995. *The Divine Play of Lord Krishna. A Krishnalīlā Painting from Nepal; With Thirty-One Poems in Newari.* Bonn.
– (Hg.). 1996. *Change and Continuity: Studies in the Nepalese Culture of the Kathmandu Valley.* Turin.
–. 1999. *Diamantmeister und Hausväter. Buddhistisches Gemeindeleben in Nepal.* Wien.
Lo Bue, E. 1997. »The role of Newar scholars in transmitting the Indian Buddhist heritage to Tibet (c. 750 – c. 1200)«, in: S. Karmay & Ph. Sagant (Hg.), *Les habitants du Toit du monde.* Naterre, 629–658.
Locke, J.K. 1980. *Karunamaya – The Cult of Avalokiteśvara-Matsyendranāth in the Valley of Nepal.* Kathmandu.
–. 1985. *Buddhist Monasteries of Nepal. A Survey of the Bāhās and Bahīs of the Kathmandu Valley.* Kathmandu.
Locke, P. 2006. *History. Practice, Identity: An Institutional Ethnography of Elephant Handlers in Chitwan, Nepal.* Diss. Univ. of Kent.
–. 2011. »The Tharu, the Tarai and the History of The Nepali Hattisar«, EBHR 38: 59–80.
Losty, J.P. 2005: »›The Architectural Monuments of Buddhism‹. Hodgson and Buddhist architecture of the Kathmandu Valley«, in: Waterhouse 2004: 77–110.
Lotter, S. 2011. »Distinctly Different Everywhere: Politics of Appearance Amongst Rana Elites Inside and Outside of Nepal«, *Comparative Sociology* 10: 508–527.
Macdonald, A.W. 1975. »The healer in the Nepalese world«, in: ders., *Essays on the ethnology of Nepal and South Asia.* Kathmandu, 113–128.
–. 1975a. »The Gaine of Nepal«, in: ebd.
–. 1976. »Sorcery in the Nepalese Code of 1953«, in: Hitchcock & Jones 1976: 376–384.
–. & A.V. Stahl. 1979. *Newar Art – Nepalese Art During the Malla Period.* New Delhi.
Malla, K.P. 1970. »The Intellectual in Nepalese Society«, *Vasudha* 14.5–6 (zit. nach: ders. 2015: 157–186).
–. 1981. »Linguistic Archaeology of the Nepal Valley: A Preliminary Report«, *Kailash* 8.1–2: 5–23 (abgedr. in: ders. 2015: Kap. 16).
–. 1982. *Classical Newari Literature: A Sketch.* Kathmandu.
–. 1990. »The Earliest Dated Document in Newari: The Palmleaf from Uku Bahah NS 234/AD 1114«, *Kailash* 16.1–2: 15–25.
–. 2015. *From Literature to Culture. Selected Writings on Nepalese Studies, 1980–2010.* Kathmandu.

Manandar, S. 1984. »Teracotta Human Figurines from Tilaurakot: The Ancient Kapilvastu«, *Ancient Nepal* 83: 1–12.
Marasini, B.R. 2003. »Health and Hospital Development in Nepal: Past and Present«, *J. of Nepal Medical Association* 42: 306–311.
Markham, C.R.: s. I. Texte.
Martens, J. 1981. »Wald und Waldvernichtung in Nepal-Himalaya«, *Natur und Museum* 111: 301–332.
Maskarinec, G. 1995. *The rulings of the night: an ethnography of Nepalese shaman oral texts*. Madison.
–. 1999 und 2009. *Nepalese Shaman Oral Texts*. Bd. I & II (*Texts of the Bhuji Valley*). Boston.
Maskey, G. 1996. *Social Life in Nepal: From Tradition to Modernity (1901–1925)*. New Delhi.
Mathema, K.B. 2011. *Madheshi Uprising. The resurgence of ethnicity*. Kathmandu.
McDougal, C. 1979. *The Kulunge Rai. A Study in Kinship and Marriage Exchange*. Kathmandu.
Messerschmidt, D. & D. Bangdel (Hg.). 2004. *Against the Current: The Life of Lain Singh Bangdel-Writer, Painter and Art Historian of Nepal*. Bangkok.
Michael, B. 2011. »The Tarai: A Part of Moghlan or Gorkha?«, in: Guneratne 2011: 1–26.
–. 2013. *Statemaking and Territory in South Asia: Lessons from the Anglo-Gorkha War (1814–1816)*. London.
Michaels, A. 1986. »Der verstoßene Sohn. Nepalische bālyogis und der deśāntara-Ritus während der Initiation«, in: Kölver 1986: 191–36.
–. 1988. *The Making of a Statue: Lost-wax Casting in Nepal*. Stuttgart.
–. 1990. »Königsstädte im Kathmandu-Tal«, *Nelles Guides Nepal*. München, 65–103.
–. 1992. »Recht auf Leben und Selbsttötung in Indien«, in: B. Mensen SVD (Hg.). *Recht zum Leben – Recht zum Töten im Kulturvergleich*. St. Augustin, 95–124.
–. 1993. »Widow burning in Nepal«, in: Toffin 1993: 21–34.
–. 1994. *Die Reisen der Götter – Der nepalische Paśupatinātha-Tempel und sein rituelles Umfeld*. 2 Tle. Sankt Augustin.
–. 1994a. »The Legislation of Widow Burning in 19th-Century Nepal. Edition and Translation of the Chapter *Satijānyako* of the Mulukī Ain«, *Asiatische Studien* XLVIII.4: 1213–1240.
– (Hg.). 1995. *A Rāma Temple in 19th-Century Nepal. History and Architecture of the Rāmacandra Temple in Battīsputalī, Kathmandu*. Stuttgart.
–. 1997 »The King and the Cow. On a Crucial Symbol of Hinduization«, in: Gellner, Pfaff-Czarnecka & Whelpton 2008: 79–100.
–. 1999. »Sakralisierung als Naturschutz. Heilige Bäume und Wälder in Nepal«, in: P. Sieferle & H. Breuninger (Hg.), *Natur-Bilder. Wahrnehmungen von Natur und Umwelt in der Geschichte*. Frankfurt/M., 117–136.
–. 2000. »Ex opere operato: Zur Intentionalität promissorischer Akte in Ritualen«, in: K.P. Köpping & U. Rao (Hg.), *Im Rausch des Rituals. Gestaltung und Transformation der Wirklichkeit in körperlicher Performanz*. Münster, 104–123.
–. 2005. »Rituelle Klangräume«, in: A. Landau & C. Emmenegger (Hg.), *Musik und Raum: Dimensionen im Gespräch*. Zürich, 33–44.

–. 2005a. *The Price of Purity: The Religious Judge in 19th Century Nepal. Containing the Edition and Translation of the Chapters on the Dharmādhikārin in Two (Mulukī) Ains.* Turin.
–. 2006. »Die Herrin des Verborgenen: Verwandlung und Identität im hinduistischen Pantheon«, in: A. & J. Assmann (Hg.), *Verwandlungen*. München, 95–110.
–. 2006a. »Sakrale Landschaften und religiöse Raumgefühle«, *Archäologischer Anzeiger* I: 275–284.
–. 2007. »Blutopfer in Nepal«, in: C. v. Braun & C. Wulf (Hg.). *Mythen des Blutes.* Frankfurt/M., 91–107.
–. 2007a. »Macht und Ritual im Hinduismus«, in: R. Butz & J. Hirschbiegel (Hg.), *Hof und Macht. Dresdner Gespräche II zur Theorie des Hofes.* Berlin, 197–208.
–. 2008. *Śiva in Trouble – Festivals and Rituals at the Paśupatinātha Temple of Deopatan (Nepal).* Oxford & New York.
–. 2009. »Macht und Ohnmacht einer lebenden Göttin – Die Kumārī im politischen Wechsel Nepals«, in: K.-P. Köpping, B. Schnepel & C. Wulf (Hg): *Handlung und Leidenschaft. Jenseits von actio und passio.* Berlin, S. 164–176.
–. 2009a. »Nepal«, in: S.N. Katz (Hg.): *The Oxford International Encyclopaedia of Legal History.* Oxford.
–. 2016. *Homo ritualis. Hindu Ritual and its Significance for Ritual Theory.* Oxford.
–. 2012. *Der Hinduismus – Geschichte und Gegenwart.* München.
–. 2016a. »Blood Sacrifice in Nepal: Transformations and Criticism«, in: Gellner, Hausner & Letizia 2016: 192–225.
–. 2016b. »Kulturelles Erbe in Katastrophen: Nepal und seine Erdbeben«, in: Heidelberger Akademie der Wissenschaften, *Jahrbuch 2015*. Heidelberg, 78–80.
–. 2017. »Rituals«, in: G. Bailey (Hg.), *Hinduism in India: The Early Period.* Los Angeles, 27–59.
–. o.D. 2017. *Nepal in der Welt. Abschiedsvorlesung vom 20. Juli 2016.* Heidelberg.
--. 2018. »Are Hindu Women Allowed to Erect a Śivaliṅga? A Question Asked in a Letter to Jaṅga Bahādura Rāṇā, Dated 1863 CE«, in: Cubelic, Michaels & Zotter 2018: 271–292.
–. 2018a. »Hybridity«, in: L. Abu-er Rub u.a. (Hg.), *Engaging Transculturality. Concepts, Key Terms, Case Studies.* London.
– & M. Bajracharya. 2012. »On the Historiography of Nepal: The ›Wright‹ Chronicle reconsidered«, EBHR 40: 83–98
–, M. Bajracharya, N. Gutschow, M. Herren, B. Schneidmüller, G. Schwedler & A. Zotter. 2016. »Nepalese History in a European Experience: A Case Study in Transcultural Historiography«, *History & Theory* 55.2: 210–232.
– (mit N. Sharma). 1996. »Goddess of the Secret. Guhyeśvarī in Nepal and Her Festival«, in: A. Michaels, C. Vogelsanger & A. Wilke (Hg.), *Wild Goddesses in India and Nepal.* Bern, 303–337.
Miehe, G. & C. Pendry (Hg.). 2015. *Nepal. An Introduction to the natural history, ecology and human environment of the Himalayas – A companion to the Flora of Nepal.* Edinburgh.
Mirnig, N. 2013. »Favoured by the Venerable Lord Paśupati. Tracing the Rise of a New Tutelary Deity in Epigraphica Expressions of Power in Eraly Medieval Nepal«, IIJ 56.3–4: 325–347.

–. 2016. »Early Strata of Śaivism in the Kathmandu Valley. Śivaliṅga Pedestal Inscriptions from 466–645 CE«, IIJ 59: 309–362.
Mishra, T.N. 2000. »Dated Figure of King Jayavarma, The Tradition of Figure Making and the Historical Importance of This Discovery«, *Ancient Nepal* 146: 1–23.
–. 2003. »Nepalese in Tibet: A Case study of Nepalese Half-breeds (1856–1956)«, CNSt 30.1: 1–18.
Mitra, R.L. 1882/ND 1981. *The Sanskrit Buddhist Literature of Nepal*. New Delhi.
Mocko, A.T. 2016. *Demoting Vishnu. Ritual, Politics, and the Unravelling of Nepal's Hindu Monarchy*. New York & Oxford.
Moisala, P. 2000. »Nepal«, in: A. Arnold (Hg.), *The Garland Encyclopedia of World Music*. New York, 696–708.
Montgomery, C. 1998. *The Gurkhas and Colonial Knowledge: Habitat, Masculinity and the Making of a ›Martial Race‹, c. 1760–1820*. Diss. Calgary.
Mookerjee, M. 1946. »A Painted book-cover from Nepal«, *J. of the Indian Society of Art* 14: 95–101.
–. 1959. »An Illustrated Cover of a Manuscript of the *Ashtasahasrika Prajnaparamita* in a Private Collection«, *Lalit Kala*: 6: 53–62.
Moran, A. 2018. *Kingship and Polity on the Himalayan Borderland: The reformulation of Rajput identities during the Early Colonial Encounter*. Amsterdam.
Mukherji, P.C. 1969. *A Report on a Tour of Exploration of the Antiquities of Kapilavastu, Tarai of Nepal*. Delhi.
Müller[-Böker], U. 1981. *Thimi. Social and Economic Studies on a Newar Settlement in the Kathmandu Valley*. Gießen.
–. 1981–82. »Pottery-making in Thimi«, JNRC 5–6: 177–191.
–. 1999. *The Chitawan Tharus in Southern Nepal. An Ethnoecological Approach*. Kathmandu & Stuttgart.
Mulmi, A.R. 2017. »Why did the British not colonize Nepal?«, *the RECORD* (1.10.2017).
Nepālī, C. 1956 (VS 2013). *General Bhīmasena Thāpā ra Tatkālin Nepāla*. Kathmandu.
Nepali, G.S. 1965. *The Newars – An Ethno-Sociological Study of a Himalayan Community*. Bombay.
Nepālī, J. 1983 (VS 2040). *Nepāla Nirukta*. Kathmandu.
Oldenberg, H. ²1917. *Die Religion des Veda*. Stuttgart & Berlin.
Oldfield, H.A. 1880. *Sketches from Nipal, historical and descriptive, with anecdotes of the court life and wild sports of the country*. 2 Bde. London.
Oliphant, L. 1852. *A Journey to Katmandu – The Capital of Nepaul*. London.
Onta, P. 1996. »Creating a brave Nepali nation in British India: The rhetoric of jati improvement, rediscovery of Bhanubhakta and the writing of Bir history«, StNHS 1.1: 37–76.
–. 1997. »Review von *The Gurkha Connection: A History of the Gurkha Recruitment in the British Army* (Jaipur 1994)«, *Modern Asian Studies* 31.2: 445–448.
–. 2003. »The Death of a People's Historian: Mahesh Chandra Regmi (1929–2003)«, *Himāl Southasian* 16.8: 46–50.
–. 2013. *Bibliography of Writings by Mahesh Chandra Regmi and a List of Reviews of Regmi's Books*. Kathmandu.
Oppitz, M. 1968. *Geschichte und Sozialordnung der Sherpa*. Innsbruck & München.

–. 1974. »Myths and Facts: Reconsidering Some Data Concerning the Clan History of the Sherpas«, *Kailash* 2.1–2: 121–132.
–. 1986. »Die Trommel und das Buch. Eine kleine und die Große Tradition«, in: Kölver 1986: 53–126.
–. 1991. *Onkels Tochter, keine sonst. Heiratsbündnis und Denkweise einer Lokalkultur des Himalaya.* Fankfurt/M.
–. 1997. »The Bull, the Ox, the Cow and the Yak. Meat Division in the Himalaya«, in: S. Karmay & Ph. Sagant (Hg.), *Les habitants du toit du Monde* (FS A.W. Macdonald). Nanterre, 515–542.
–. 2007. *Trommeln der Schamanen*. Zürich.
–. 2013. *Morphologie der Schamanentrommel*. 2 Bde. Zürich, Wien & New York.
Ortner, S.B. 1978. *Sherpas Through Their Rituals*. Cambridge.
–. 1989. *High Religion: A Cultural and Political History of Sherpa Buddhism*. Princeton.
–. 1999. *Life and death on Mt. Everest: Sherpas and Himalayan mountaineering.* Princeton.
Owens, B. 1989. *The Politics of Divinity in the Kathmandnu Valley: The Festival of Bungadya/Rato Matsyendranath*. Diss. New York.
–. 2011. »Obituary for John K. Locke«, *Himalaya, the J. of the ANHS* 30.1: Article 25.
Pal, P. 1968. »Umāmaheśvara Theme in Nepali Sculpture«, *Boston Museum Bulletin* 65.345: 85–100
–. 1970. *Vaiṣṇava Iconology in Nepal. A Study in Art and Religion*. Calcutta.
–. 1974. *The Arts of Nepal. Part 1: Sculpture, Part 2: Painting*. Leiden.
–. 1974a. *The Arts of Nepal. Part 2: Painting*. Leiden.
–. 1981. *Hindu Religion and Iconology According to the Tantrasāra*. Los Angeles.
–. 1985. *Art of Nepal – A Catalogue of the Los Angeles County Museum of Art Collection*. Berkeley.
– (Hg.). 2004. *Nepal. Old Images, New Insights*. Mumbai.
Pandey, R.N. 1970. »The Ancient and Medieval History of Western Nepal«, *Ancient Nepal* 10, 11: 53–62, 45–60.
–. 1997. *Making of Modern Nepal: A Study of History, Art and Culture of the Principalities of Western Nepal*, New Delhi.
Panta, D.R. (D.R. Pant). 1969 (VS 2026). »Svāmīmahārāja Raṇabahādura Śāhako V.S. 1862 ko Bandibasta«, *Pūrṇimā* 24/6.4: 238–267.
–. 1986 (VS 2043). *Gorkhāko Itihāsa*. Bd. 2. Kathmandu.
–. 1988 (VS 2045). *Gorkhāko Itihāsa*. Bd. 3. Kathmandu.
–. 1997. »The Institution of Slavery in Nepal and its Analysis Based on the Dharmaśāstras«, in: Kölver 1997: 135–158.
–. 2016 (VS 2073). *Śrī 5 Pṛthvīnārāyaṇa Sāhako divyopadeśa ra saṃkṣipta jīvanī.* Kathmandu.
Pant, M. 2002. *A Study of the Spatial Formation of Kathmandu Valley Towns – The Case of Thimi*. Kyoto.
Panta, M.R. (M.R. Pant). 1977 (VS 2024). »Mahendra Mallako viṣayako kehī kurā«, *Pūrṇimā* 38: 74–89.
–. 1979. *On Sanskrit Education*. Kathmandu.
–. 1984 (VS 2040). »Būḍhākājī Amarasiṃha Thāpā paraloka bhaeko kurā parekā, pāñcavaṭā tatkālika aprakāśita patra«, *Pūrṇimā* 58: 45–61.

–. 1987 (VS 2044). »Da. Gopālarājavaṃśāvalī Sarasarī Herdā«, *Pūrṇimā* 72: 1–65.
–. 2002. »A step toward a historical seismicity of Nepal«, *Ādarśa* 2: 29–60.
–. 2002a. »Documents from the Regmi Research Collections I«, *Ādarśa* 2: 61–152.
–. 2009. »Towards a History of the Khasa Empire«, in: Lecomte-Tilouine 2009: 293–326.
– & P.H. Pierce. 1989. *Administrative Documents of the Shah Dynasty Concerning Mustang and its Periphery. 1789–1844 A.D.* Bonn.
– & A.D. Sharma. 1977. *The Two Earliest Copper-plate Inscriptions from Nepal.* Kathmandu.
Panta, N.R. 1965 (VS 2022). »Licchavikālakā abhilekhamā dekhāparekhā 55 sammakā saṃvatkā aṅkako nirṇaya«, *Pūrṇimā* 7: 1–7.
Pauḍyāla, V. 2005 (VS 2062). *Kāṭhmāṇḍau upatyakākā viṣṇuvibhava mūrti ra citraharū.* Kathmandu.
Peissel, M. 1962/ND 1972. *Tiger for Breakfast: The Story of Boris of Kathmandu; Adventurer, Big Game Hunter, and Host of Nepal's Famous Royal Hotel.* Bombay.
Pemble, J. 1971. *The Invasion of Nepal: John Company at War.* Oxford.
Petech, L. 1958/²1984. *Mediaeval History of Nepal (c. 750–1480).* Rom.
–. 1961. »The chronology of the early inscriptions of Nepal«, *East and West* 12.4: 227–232.
Pfaff-Czarnecka, J. 1989. *Macht und rituelle Reinheit. Hinduistisches Kastenwesen und ethnische Beziehungen im Entwicklungsprozeß Nepals.* Grüsch.
–. 1999. »Debating the State of the Nation: Ethnicization of Politics in Nepal – A Position Paper«, in: dies. u.a. (Hg.), *Ethnic Futures. The State and Identitiy Politics in Asia.* New Delhi & London, 41–97.
–. 2004. »Demokratisierung und Nation-Building in ›geteilten Gesellschaften‹«, in: J. Hippler (Hg.), *Nation-Building – Ein Schlüsselkonzept für friedliche Konfliktbearbeitung?.* Bonn, 49–69.
–. 2011. »Frictions, Frames and Fragments: Belonging and Ethnic Boundary – Making in Nepal's Contested Ritual Communication«, in: G. Kiliánová, C. Janoda & M. Ferencová (Hg.), *Ritual, Conflict and Consensus: Case Studies from Asia and Europe.* Wien, 15–30.
– & G. Toffin (Hg.). 2011. *The Politics of Belonging in the Himalayas: Local Attachments and Boundary Dynamics.* Los Angeles u.a.
Pohle, P. 2000. *Historisch-geographische Untersuchungen im Tibetischen Himalaya. Felsbilder und Wüstungen als Quelle zur Besiedlungs- und Kulturgeschichte von Mustang (Nepal).* Gießen.
Pokhrela, Ś., M. Pāṃḍe, B. Nepāla, K. & S. Pokhrela. 1953 (VS 2010). »Kāntipurabhūpasya Śrī Pratāpamallasya Śilālekhaḥ [Vi. Saṃ. 1727]«, *Saṃskṛta-Sandeśa* I.10–12: 55ff.
Pollock, S. 2006. *The Language of the Gods in the World of Men: Sanskrit, Culture and Power in Premodern India.* Berkeley.
Prachanda (Comrade). 2000. »Red Flag Flying on the Roof of the World«, *The Revolutionary Worker* (20. 2. 2000).
Pradhan, K.L. 1984. *A History of Nepali Literature.* New Delhi.
–. 1991/²2009. *The Gorkha Conquests. The process and consequences of the unification of Nepal, with particular reference to Eastern Nepal.* Kathmandu.

–. 1992. »Modern Nepali Literature«, in: K.M. George (Hg.), *Modern Indian Literature – An Anthology, Bd. 1: Surveys and Poems*. New Delhi, 185–196.

–. 2012. *Thapa Politics in Nepal: With Special Reference Bhimsen Thapa, 1806–1839*. New Delhi.

Pradhan, N.M.B., A.C. Williams & M. Dhakal. 2011. »Current Status of Asian Elephants in Nepal«, *Gajah* 35: 87–92.

Rai, D. 2005. »Remembering Boris: As Inger Looks Back«, *ECS Nepal Magazine* (Nov. 2005): 50–53.

Raj, P.A. 2001. »*Kay gardeko?*« *The Royal Massacre in Nepal*. New Delhi.

Raj, Y. 2014. »Loss of epistemic diversity: Academic historiography in post-1950 Nepal«, StNHS 19.1: 1–39.

–, D. Aryal & S. Mishra. 2016. »Documents related to the early hospitals in Nepal«, StNHS 21.2: 347–400.

– & B. Gautam. 2015. *Courage in Chaos. Early Rescue and relief after the April Earthquake*. Kathmandu.

– & P. Onta. 2014. *The State of History Education and Research in Nepal*. Kathmandu.

Ramble, C. 2008. *The Navel of the Demoness Tibetan Buddhism and Civil Religion in Highland Nepal*. Oxford.

– & M. Vinding. 1987. »The Bem-chag Village Record and the Early History of Mustang«, *Kailash* 13.1–2: 5–47.

Rana, B.S.J.B. 2013. *The Great Earthquake in Nepal 1934 A.D.*, Kathmandu [Originalausg.: *Mahābhūkampa*. Kāṭhamāṇḍau VS 1991 (1934), ^{2}1935].

Rana, P.S. 1978. *Rana Nepal – An Insider's View*. Kathmandu.

Rankin, K.N. 2004. *The cultural politics of markets: economic liberalization and social change in Nepal*. London.

Reed, H.B. & M.J. Reed. 1968. *Nepal in Transition, Educational Innovation*. Pittsburgh.

Regmi, D.R. 1960. *Ancient Nepal*. Calcutta.

–. 1965–66. *Medieval Nepal*. 4 Bde. Calcutta.

–. 1975. *Modern Nepal*. 2 Bde. Calcutta.

–. 1980. »A brief note on the ban on cow slaughter«, RRS 12.11: 169–170.

–. 1983. *Inscriptions of Ancient Nepal*. 3 Bde. New Delhi.

Regmi, J.C. 1982 (VS 2039). *Nepālako dhārmika ithtāsa (prācīna ra madhyakāla)*. Kathmandu.

– (Hg.). 1982a. *Malla Coins. Nepal Antiquary – Golden Jubilee Special Issue* XLVI–L (Sept.).

Regmi, M.C. 1972/ND 1999. *A Study in the Nepali Economic History 1768–1846*. Delhi.

–. 1975. »Landholding, Trade, and Revenue Collection in Solukhumbu«, RRS 7.7: 122–126.

–. 1976. *Landownership in Nepal*. Berkeley, Los Angeles & London.

–. 1978. *Land Tenure and Taxation in Nepal*. Kathmandu (Rev. ND der vierbändigen EA: *Bd. 1: The State as Landlord: Raikar Tenure, Bd. 2: Land Grant System: Birta Tenure, Bd. 3: The Jagir, Rakam, and Kipat Tenure Systems, Bd. 4: Religious and Charitable Land Endowment: Guthi Tenure*. Berkeley 1963, 1964, 1965 & 1968).

–. 1978a. *Thatched Huts and Stucco Palaces: Peasants and Landlords in 19th-Century Nepal*. New Delhi.

–. 1982. »Currency system in nineteenth-century Nepal«, RRS 14.5: 73–75.
–. 1988. *An Economic History of Nepal, 1846–1901*. Varanasi.
–. 1995. *Kings and Political Leaders of the Gorkhali Empire 1768–1814*. Hyderabad.
–. 1999. *Imperial Gorkha: An Account of Gorkhali Rule in Kumaun (1791–1815)*. Delhi.
Reinhard, W. 2017. *Staatsmacht und Staatskredit. Kulturelle Tradition und politische Moderne*. Heidelberg.
Rhodes, N.G., K. Gabrisch & P.D.R. Valdetaro. 1989. *The Coinage of Nepal from the earliest times until 1911*. London.
Riccardi, T. Jr. 1971. *A Nepali version of the Vetālapañcaviṃśatī. Nepali text and English translation with an introd., grammar and notes*. New Haven.
–. 1977. »The Royal Edicts of King Rama Shah of Gorkha«, *Kailash* 5.1: 29–65.
–. 1980. »Buddhism in Ancient and Early Medieval Nepal«, in: A.K. Narian (Hg.), *Studies in the History of Buddhism*. New Delhi, 265–281.
–. 1989. »The Inscription of King Manadeva at Changu Narayan«, *J. of the American Oriental Society* 109.4: 611–620.
Risley, H.H. 1896. »Introduction«, in: *Notes on Nepal by Eden Vansittart*. Calcutta.
Roerich, G.N. 1949/ND 1996. *The Blue Annals*. New Delhi.
Rospatt, A. von. 2009. »The Sacred Origin of the Svayambhūcaitya and the Nepal Valley: Foreign Speculation and Local Myth«, JNRC 13: 31–86.
–. 2011. »The Past Renovations of the Svayambhūcaitya«, in: T.P. Gellek & P.D. Maitland (Hg.), *Light of the Valley. Renewing the Sacred Art and Traditions of Svayambhu*. Cazadero, 157–208.
–. i.E. *The Svayambhū Caitya of Kathmandu and its Renovations*. Lumbini.
Rosser, C. 1979. »Social Mobility in the Newar Caste system [1966]«, in: Fürer-Haimendorf 1979: 68–139.
Rupakheti, S. 2017. »Beyond dharmashastras and Weberian modernity. Law and state making in nineteenth-century Nepal«, in: Th. Ertl & G. Kruijtzer (Hg.), *Law Addressing Diversity. Pre-Modern Europe and India in Comparison (13th – 18th Centuries)*. Berlin & Boston, 169–196.
Sagant, P. 1982. »L'hindouisation des Limbu« in: A.W. Macdonald (Hg.), *Les Royaumes de l'Himālaya. Histoire et civilisation*. Paris, 208–240.
–. 1996. *The Dozing Shaman: The Limbus of Eastern Nepal*. Oxford & New York.
Sakai, T., T. Takagawa, A.P. Gajurel, H. Tabata, N. Ooi & B.N. Upreti. 2006. »Discovery of Sediments Indicating Rapid Lake-level Fall in the Late Pleistocene Gokarna Formation, Kathmandu Valley, Nepal: Implication for Lake Terrace Formation«, *The Quaternary Research* 45: 99–112.
de Sales, A. 2000. *Je suis né de vos jeux de tambours. La religion chamanique des Magar du Nord*. Nanterre.
Salisbury, R. & E. Hawley. 2011. *The Himalaya by the Numbers: A Statistical Analysis of Mountaineering in the Nepal Himalaya*. Kathmandu.
Sanderson, A. 2009. »The Śaiva Age. An Explanation of the Rise and dominance of Śaivism during the Early Medieval Period«, in: S. Einoo (Hg.), *Genesis and Development of Tantrism*. Tokyo, 41–349.
–. 2015. »Tolerance, Exclusivity, Inclusivity, and Persecution in Indian Religion During the Early Mediaeval Period«, in: J. Makinson (Hg.), *Honoris Causa: Essays in Honour of Aveek Sarkar*. London, 155–224.
Schick, J. 1989. *Die Götter verlassen das Land. Kunstraub in Nepal*. Graz.

Schlagintweit-Sakülünski, H. von. 1869–80. *Reisen in Indien und Hochasien. Eine Darstellung der Landschaft, der Cultur und Sitten der Bewohner in Verbindung mit klimatischen und geologischen Verhältnissen*. 4 Bde. Jena.
Schlemmer, G. 2004. »New past for the sake of a better future: Re-inventing the history the Kirant in East Nepal«, EBHR 25/26: 119–144.
Schneidmüller, B. 2018. »Verklärte Macht und verschränkte Herrschaft. Vom Charme vormoderner Andersartigkeit«, in: M. Becher, St. Conermann & L. Dohmen (Hg.), *Macht und Herrschaft transkulturell. Vormoderne Konfigurationen und Perspektiven der Forschung*. Bonn.
Schroeder, L. von. 1981. *Indo-Tibetan Bronzes*. Hong Kong.
Schuh, D. u.a. 1999. *Archaeological, Historical and Geographical Reports on Research Activities in the Nepal-Tibetan Border Area of Mustang During the Years 1992 and 1998*. Bonn.
Sever, A. 1993. *Nepal under the Ranas*. New Delhi.
Shaha, R. 1990. *Modern Nepal: A Political History 1769–1955*. 2 Bde. New Delhi.
–. 1992. *Ancient and Medieval Nepal*. New Delhi.
Shakya, M.B. & S.H. Bajracharya. 2010. *Svayambhū Purāṇa*. Nagarjuna Institute of Exact Methods.
Shakya, M.R. 2006. *Gaṇeśa in Medieval Nepal*. New Delhi.
Sharkey, G. 2009. »Scholar of the Newars: The Life and Work of John K. Locke«, StNHS 14.2: 423–440.
Sharma, D.R. 2012. *Heritage of the Western Nepal: Art and Architecture*. Kirtipur & Kathmandu.
Sharma, N. 1976/ND 1990. *Folk Tales of Nepal*. New Delhi.
Sharma, P. 2014. *Some Aspects of Nepal's Social Demography: Census 2011 Update*. Kathmandu.
Sharma, P.R. 1972. *Preliminary Study of the Art and Architecture of the Karnali Basin, West Nepal*, übers. v. M. Gaborieau. Paris.
–. 2004. *The State and Society in Nepal: Historical Foundation and Contemporary Trends*. Kathmandu.
–. 2008. »Nation-Building, Multi-Ethnicity, and the Hindu State«, in: Gellner, Pfaff-Czarnecka & Whelpton 2008: 471–532.
– & K.P. Malla. 1994. »Dhanavajra Vajracharya (1932–1994): A Tribute«, *Himalayan Research Bulletin* 14: 2–5.
Shastri, H.P. (Hg.). 1905–06. *Catalogue of Palm-leaf and Selected Paper Manuscripts belonging to the Durbar Library, Nepal*. 2 Bde. Calcutta.
–. 1917–57. *A Descriptive Catalogue of the Sanskrit Manuscripts in the Government Collection of the Asiatic Society of Bengal*. Bde. I–XIV. Calcutta.
Shimkada, D. (Hg.). 2011. *Nepal: Nostalgia and Modernity*. Mumbai.
Shrestha, B. 2006. *RN Joshi. Widening the horizon of Nepalese Art*. Patan.
Shrestha, B.G. 2012. *The Sacred Town of Sankhu: The Anthropology of Newar Ritual, Religion and Society in Nepal*. Cambridge, UK.
Shrestha, R. 2007. *Nepalese Coins & Banknotes*. Kirtipur.
Shrestha, S. 2018. »Jung Bahadur's Love for British guns«, *Kathmandu Post* (20.1.2018).
Shrestha, S. 2016. »Nāk kāṭekai ho [›Indeed the noses were cut off‹]«, *Himal Khabar* 8.6.

Shrestha, T.B. 2009. »Dullu-Dailekh as Independent Principalities«, in: Lecomte-Tilouine 2009: 277–292.
Shrestha, T.N. 2005. *Nepalese Administration: A Historical Perspective*. Kathmandu.
Siddika, S. 1993. *Muslims of Nepal*. Kathmandu.
Sijapati, B. & A. Limbu. 2012. *Governing labour migration in Nepal: An analysis of existing policies and institutional mechanisms*. Kathmandu.
Sijapati, M.A. 2011. *Islamic Revival in Nepal: Religion and a New Nation*. London & New York.
de Siminis, F.. 2016. »Śivadharma Manuscripts from Nepal and the Making of a Śaiva Corpus«, in: M. Friedrich & C. Schwarke (Hg.), *One-volume libraries: composite and multiple-text manuscripts*. Berlin, 233–286.
Singh, M. 1968/ND 1971. *Himalayan Art*. New York.
Singh, S.M. 1922. *History of Tirhut. From the Earliest Times to the End of the Nineteenth Century*. Calcutta.
Sinha, G. 1997. »Nepali«, in: K. Ayyappa Paniker (Hg.), *Medieval Indian Literature – An Anthology. Bd. 1: Surveys and Selections*. New Delhi, 84–93.
Slusser, M.S. 1972. Nepali Sculptures – New Discoveries«, in: P. Pal (Hg.), *Aspects of Indian art. Papers presented in a symposium at the Los Angeles County Museum of Art, October 1970*. Leiden, 73–104.
–. 1979. »Serpents, Sages and Sorcerers in Cleveland«, *The Bulletin of the Cleveland Museum of Art* 66.2: 67–82 (auch in: dies. 2005).
–. 1982. *Nepal Mandala – A Cultural Study of the Kathmandu Valley*. 2 Bde. Princeton.
–. 1985. »On a Sixteenth-Century Pictorial Pilgrim's Guide from Nepal«, *Archives of Asian Art* 38: 6–36.
–. 1987. »The Cultural Aspects of Newar Painting«, in: Gutschow & Michaels 1987: 13–27.
–. 2005. *Art and Culture of Nepal: Selected Papers*. Kathmandu.
–. 2010. *The Antiquity of Nepalese Wood Carving – A Reassessment*. Seattle & London.
–. 2017. »On the Loss of Cultural Heritage in Quake-Ravaged Nepal«, *www.asianart.com*; Zugriff: 30.8.2018.
– & G. Vajracharya. 1973. »Some Nepalese Stone Sculptures. A Reappraisal within Their Cultural and Historical Context«, *Artibus Asiae* 35: 1–2, 79-138.
Smith, E.D. 1997. *Valour. A History of the Gurkhas*. Stroud.
Snellgrove, D. 1987. *Indo-Tibetan Buddhism: Indian Buddhists and Their Tibetan Successors*. 2 Bde. Boston.
Sonntag, S.K. 1995. »Ethnolinguistic Identity and Language Policy in Nepal«, *Nationalism and Ethnic Politics* 1: 108–120.
Steinmann, B. 1987. *Les Tamang du Népal. Usages et religion, religion de l'usage*. Paris.
Stiller, L.F. 1968/ND 1989. *Prithivinarayan Shah in the Light of Dibya Upadesh*. Kathmandu.
–. 1973/²1975. *The Rise of the House of Gorkha: A Study in the Unification of Nepal 1768–1816*. New Delhi/Kathmandu.
–. 1976. *The Silent Cry – The People of Nepal 1816–1839*. Kathmandu.
– (Hg.). 1981. *Letters from Kathmandu: The Kot Massacre*. Kirtipur.
–. 1993. *Nepal: Growth of a Nation*. Kathmandu.

Subba, B. [10]2010. »Water, Nepal and India«, in: K.M. Dixit & S. Ramachandrandaran (Hg.), *State of Nepal*. Kathmandu, 235-252.
Subedi, A. 1978. *Nepali Literature: Background & History*. Kathmandu.
Subedi, M. & D. Uprety. 2014. *The State of Sociology and Anthropology: Teaching and Research in Nepal*. Kathmandu.
Tachikawa, M. 2001. *Mother-Goddesses in Kathmandu*. Delhi.
Ṭaṇḍana, G. 1985 (VS 2042). »Śrī Paśupatinātha mandiramā bājā sambandhi vyavasthā – ek carcā«, *Śaiva-Bhūmi* 3.2: 25–41.
–. 1996 und 1999. *Paśupatikṣetrako Sāṃskṛtika Adhyayana*. 2 Tle. Kathmandu.
Thapa, D. (Hg.). [2]2004. *Understanding the Maoist Movement in Nepal*. Kathmandu.
Thapa, D.B.S. 1985. »The Legal System of Nepal«, in: K.R. Redden (Hg.), *Modern Legal Systems Encyclopedia* 9, 121–147.
Thapa, R.J. 1967. *The Archives Movement and Nepal*. Kathmandu.
Thapa, S. 2000. *Historical study of agrarian relations in Nepal, 1846–1951*. Delhi.
Tingey, C. 1990. *Heartbeat of Nepal: The Pañcai Bājā*. Kathmandu.
–. 1992. »Musical instrument or ritual object? The status of the kettledrum in the temples of central Nepal«, *Ethnomusicology Forum* 1: 103–110.
–. 1994. *Auspicious Music in a Changing Society: The Damai Musicians of Nepal*. London.
Tiwari, S.R. 2009. *Temples of the Kathmandu Valley*. Patan.
–. 2016. »Material Authenticity and Conservation Traditions in Nepal«, in: Weiler & Gutschow 2016: 169–184.
Toffin, G. 1984. *Société et Religion chez les Néwar du Népal*. Paris.
–. 1986. »Dieux souverains et rois devots dans l›ancienne royauté de la vallée du Nepal«, *L'Homme* XXVI.3: 71–95.
– (Hg.). 1993. *Nepal, Past and Present: Proceedings of the Franco-German Conference Art-et-Senans, June 1990*. Paris, 21–34.
–. 2005. *From Kin to Caste. The Role of Guthis in Newar Society and Culture* (Mahesh Chandra Regmi Lecture 2005). Lalitpur.
–. 2006. »Construction et transformation d'un rituel urbain népalais. L'Indrajātrā de Katmandou«, in: G. Colas & G. Tarabout (Hg.), *Rites hindous, transferts et transformations*. Paris, 97–251.
–. 2007. *Newar Society: City, Village, Periphery*. Kathmandu.
–. 2012. »The Propagation of a Hindu Sect in India and Nepal: The Krishna-Praṇāmī Sampradāy«, *South Asia: J. of South Asian Studies* XXXIV.1: 1–30.
–. 2014. »Living masks of the Newars. The itinerant masked dances of the Kathmandu Valley«, *Lettre du Toit du Monde* 13 (Okt. 2014): 1–22.
–. 2016. »Neither Statues nor Ritual: An Analysis of New Religious Movements and Therapists in Nepal«, in: Gellner, Hausner & Letizia 2016, 115–149.
Tree, I. 2014. »A House for the Living Goddess: On the Dual Identity of the Kumari Chen in Kathmandu«, *South Asia: J. of South Asian Studies* 37:1: 156–178.
–. 2014a. *The Living Goddess – A Journey into the Heart of Kathmandu*. New Delhi.
Tucci, G. 1953/ND 1982. *Journey to Mustang 1952*. Kathmandu.
–. 1956. *Preliminary Report on Two Scientific Expeditions in Nepal*. Rom.
–. 1969. *Rati-Lila. An Interpretation of the Tantric Imagery of the Temples of Nepal*. Geneva (dt.: *Rati-līlā. Studie über die erotischen Darstellungen in der nepalesischen Kunst*. München 1978).

Tuladhar, P.S. 2000. *Nepal Bhasa Sahityaya Itihas: History of Nepalbhasa Literature.* Kathmandu.

Tuladhar-Douglas, W. 2006. *Remaking Buddhism for Medieval Nepal. The fifteenth-century reformation of Newar Buddhism.* London & New York.

Unbescheid, G. 1980. *Kānphaṭā – Untersuchungen zu Kult, Mythologie und Geschichte śivaitischer Tantriker in Nepal.* Wiesbaden.

Unsworth, W. ³2000. *Everest. The Mountaineering History.* London.

Upreti, B.R. 2004. *The Price of Neglect: From resource conflict to Maoist insurgency in the Himalayan Kingdom.* Kathmandu.

Vaidya, K. 1986. *Buddhist Traditions and Culture of the Kathmandu Valley (Nepal).* Kathmandu.

Vaidya, T.R. & T.R. Manandhar. 1985. *Crime and Punishment in Nepal. A Historical Perspective.* Kathmandu.

Vajrācārya, D. 1966 (VS 2023). »Aprakāśita Thyāsaphu (Aitihāsika Ghaṭanāvali)«, *Pūrṇimā* 12: 22–39.

–. 1968 (VS 2025). »Licchavikālako itihāsama kirāta kālako pradhava«, *Pūrṇimā* 17,5.1: 1–8.

–. 1868a. »Licchavikālako sāsana paddhati«, *Pūrṇimā* 26.6: 223–232.

–. 1973 (VS 2030). *Licchavi Kālakā Abhilekha.* Kathmandu.

–. 1973a (VS 2033). *Hanumānḍhoka Rājadarbār.* Kathmandu.

–. 1973b. »Recently Discovered Inscriptions of Licchavi Nepal«, *Kailash* 1.2: 117–133.

–. 2011 (VS 2068). *Pūrvamadhyakālakā Abhilekha.* Kathmandu.

Vajracharya, G.V. 2004. »Crown Jewel of Newar Painting: Discovery of a Masterpiece«, in: Pal 2004, 64–79.

–. 2013. *Frog Hymns and Rain Babies. Monsoon Culture and the Art of Ancient South Asia.* Mumbai.

–. 2016. *Nepalese Seasons. Rain and Ritual.* New York.

van Kooij, K.R. 1978. *Religion in Nepal.* Leiden.

Verardi, G. 1992. *Excavations at Hadigaon Kathmandu: Final Report. Bd. 1: Text.* Rom.

–. 1997. *Nepalese and Italian Contribution to the History and Archaeology of Nepal.* Rom.

–. 2007. *Excavations at Gotihawa and Pipri, Kapilavastu District Nepal.* Rom.

Vergati, A. 1982. *A Sketch-Book of Newar Iconography.* New Delhi.

–. 1987. »The King as Rain Maker: A New Version of the Legend of the Red Avalokiteśvara in Nepal«, in: Gutschow & Michaels 1987: 43–47.

–. 2000. *Gods and Masks of the Kathmandu Valley.* New Delhi.

–. 2004. »Gods and Monuments in Late Malla Period Paintings«, in: Pal 2004: 92–105.

Vinding, M. 1998. *The Thakali: A Himalayan Ethnography.* London.

Vitali, R. 2012. *A Short History of Mustang (10th – 15th century).* Dharamsala.

Waldschmidt, E. & R. Leonore. 1967. *Nepal: Kunst aus dem Königreich im Himalaya.* Recklinghausen (engl.: *Nepal – Art Treasures from the Himalayas.* Calcutta, Bombay & New Delhi 1969).

Walsh, E.H. 1908/ND 1973. »The Coinage of Nepal«, *J. of the Royal Asiatic Society of Great Britain and Ireland* (Jul. 1908): 669–759, 1132–1136/Delhi & Varanasi.

Waterhouse, D.M. (Hg.). 2004. *The Origins of Himalayan Studies: Brian Houghton Hodgson in Nepal and Darjeeling 1820–1858.* New York.

Watters, D.E. 2005. »Kusunda: a typological isolate in South Asia«, in: Y. Yadava u.a. (Hg.), *Contemporary issues in Nepalese linguistics*. Kathmandu, 375–396.
Wegner, G.-M. 1986. »Anrufung der alten Götter – Notation und Analyse einer newarischen Trommelkomposition«, in: Kölver 1986: 311–340.
–. 1986a. *The Dhimaybājā of Bhaktapur – Studies in Newar Drumming I*. Stuttgart.
–. 1988. *The Nāykhi bājā of the Newar Butchers. Studies in Newar Drumming II*. Stuttgart.
Weiler, K. 2010. *The Neoclassical Residences of the Newars in Nepal – Transcultural Flows in the Early 20th Century Architecture of the Kathmandu Valley*. Diss. Heidelberg.
– & N. Gutschow (Hg.). 2016. *Authenticity in Architectural Heritage Conservation. Discourses, Opinions, Experiences in Europe, South and East Asia*. Heidelberg.
Whelpton, J. 1983. *Jang Bahadur in Europe*. Kathmandu.
–. 1987. »The Ancestors of Jung Bahadur Rana: History, Propaganda and Legend«, CNSt 14.3: 161–191.
–. 1992. *Kings, Soldiers and Priests: Nepalese Politics and the Rise of Jang Bahadur Rana, 1830–1857*. Kathmandu.
–. 2005. *A History of Nepal*. Cambridge.
–. 2005a. »A Reading Guide to Nepalese History«, *Himalaya, the J. of the ANHS* 25.1–2: 1–18.
–. 2007. »Response to Kamal Prakash Malla's review of *History of Nepal*«, EBHR 31: 186–193.
–. 2008. »Political Identity in Nepal: State, Nation, and Community«, in: Gellner, Pfaff-Czarnecka & Whelpton 2008: 39–78.
Whyte, T. 1998. »The legacy of slavery in Nepal«, StNHS 3.2: 311–340.
Widdess, R. 2013. *Dāphā: Sacred Singing in a South Asian City. Music, Performance and Meaning in Bhaktapur, Nepal*. Farnham & Burlington, VT.
–. 2015. »Text, Orality, and Performance in Newar Devotional Music«, in: F. Orsini & K. Butler Schofield (Hg.), *Tellings and Texts: Music, Literature and Perfiormance in North India*. Cambridge, UK, 231–245.
Wiemann-Michaels, A. 1994. *Die verhexte Speise. Eine ethnopsychosomatische Studie über das Depressive Syndrom in Nepal*. Frankfurt/M.
Wiesner, U. 1976. *Nepal – Königreich im Himalaya. Geschichte, Kunst und Kultur im Kathmandu-Tal*. Köln.
–. 1978. *Nepalese Temple Architecture, its Characteristics and its Relations to Indian Development*. Leiden.
Winkler, W. 1976. »Spirit possession in far western Nepal«, in: Hitchcock & Jones 1976: 244-262.
Witzel, M. 1980. »On the Location of the Licchavi Capital of Nepal«, *Studien zur Indologie und Iranistik* V/VI: 311–367.
–. 1985. »Regionale und überregionale Faktoren in der Entwicklung vedischer Brahmanengruppen im Mittelalter«, in: H. Kulke & D. Rothermund (Hg.), *Regionale Traditionen in Südasien*. Stuttgart, 37–76.
–. 1986. »Agnihotra-Rituale in Nepal«, in: Kölver 1986: 157–187
–. 1990. »On Indian Historical Writing: The Role of the Vaṃśāvalīs«, *J. of the Japanese Association for South Asian Studies* 2: 1–57.

Zharkevich, I. 2017. »›Rules that apply in times of crisis‹: time, agency, and norm-remaking during Nepal's People's War«, *J. of the Royal Anthropological Institute* (N.S.) 23: 783–800.

Zotter, A. 2013. *Von Blüten, Göttern und Gelehrten – Die Behandlung von pūjā-Blüten im Puṣpacintāmaṇi. Text, Herkunft und Deutung eines nepalischen Kompendiums.* Diss. Leipzig.

–. 2016. »The Making and Unmaking of Rulers: On Denial of Ritual in Nepal«, in: U. Hüsken & U. Simon (Hg.), *The Ambivalence of Denial: Danger and Appeal of Rituals.* Wiesbaden, 221–256.

–. 2017. »Königliche Rituale ohne König. Zur Selbstrepräsentation des nepalischen Staates zwischen Monarchie und Demokratie«, *Religion unterwegs* 23.1: 4–16.

–. 2018. »Conquering Navarātra: Documents on the Reorganisation of a State Festival«, in: Cubelic, Michaels & Zotter 2018: 493–531.

– & C. Zotter (Hg.). 2010. *Hindu and Buddhist Initiations in India and Nepal.* Wiesbaden.

Zotter, C. 2018. *Asketen auf Zeit. Das brahmanische Initiationsritual der Bāhun und Chetrī im Kathmandu-Tal.* Heidelberg & Berlin.

IV. Filmographie

Geoffrey Barkas & Ivor Mantagu, *Wings over Everest*, Großbritannien 1934 (40 Min., USA 22 Min.).

Christian Bau & Niels Gutschow, *Verabschiedung der Toten. Rituale der Newars in Bhaktapur*, Nepal 2005 (66 min.).

Christian Bau (Kamera), Niels Gutschow, Axel Michaels, *Handling death – A Newar death ritual in Bhaktapur, Nepal*, Hamburg 2005 (dt./engl. 45 Min.).

–, *Growing Up – Hindu and Buddhist Initiation Rituals among Newar Children in Bhaktapur, Nepal*, Hamburg 2008 (dt./engl. 76 Min.).

–, *Getting Married – Hindu and Buddhist Marriage Rituals among Newars of Bhaktapur and Patan, Nepal*, Hamburg 2012 (dt./engl. 55 Min.).

Christoph Fürer-Haimendorf, *Nepal, Mustang, Dolpo.* Stummfilm B&W, 1962 (1:23:40 Min.) (http://ethnoflorence.skynetblogs.be/village-humla-nepal/; Zugriff: 23. 8. 2018).

Johan Reinhard, Göttingen, 1977:

1. »RauteCamp Scenes and Bartering« Film E 2199
2. »RajiShaman Initiation« E 2198.
3. »RajiDivination and Magical Treatment of an Illness« E 2197.
4. »KusundaConsecration of Hunting Equipment« E 2196.
5. »KusundaConstruction of a LeanTo During Hunting« E 2195.
6. »Newar, Kumhale CastePotteryMaking« E 2194.
7. »Newar, Udhas CasteConstruction of a Water Pipe« E 2193.

–, Washington, D.C.:

1. »Aspects of Raji Religion and Daily Life«, 1976.
2. »Kusunda Hunting Techniques«, 1976.
3. »Aspects of Ban Raut Daily Life«, 1976.

4. »Ethnographic Film Survey of Tamang and Sherpa Villages, Nepal«, 1978 (no. 86.13.21).
5. »Ethnographic Film Survey of Tharu Villages, Nepal«, 1978 (no. 86.13.22).
6. »Ethnographic Film Survey of the Raji Peoples of Western Nepal«, 1978 (nos. 86.13.24 and 86.13.30).

Sylvain Lévi, 22 Kurzfilme mit buddhistischen Ritualen (*mudras* etc.) aus Nepal, gefilmt von A.A. Bake in den 1920er Jahren: https://salamandre.college-de-france.fr/audiovisuel-search-form.html; Zugriff: 24. 8. 2018, unter ›Professoren‹ und ›Sylvain Lévi‹ anklicken.

Michael Oppitz, *Schamanen im blinden Land/Shamans of the Blind Country*, 1979–80 (dt./engl. 97 und 126 Min.). Mit Begleitbuch *Bewegliche Mythen/Mobile Myths* und CD *Drei mythische Gesänge/Mythical Chants*. 4 Tle., Berlin 2017.

Kesang Tseten Lama, *On the Road with the Red God: Machhendranath*, Nepal 2005 (75 Min.).

–, *In Search of the Riyal*, Nepal 2009 (85 Min.).

–, *Saving Dolma*, Nepal 2010 (62 Min.).

–, *Who Will Be a Gurkha*, Nepal 2012 (72 Min.).

–, *Castaway Man*, Nepal 2015 (82 Min.).

Weitere historische Filme unter Digital Himalaya (http://www.digitalhimalaya.com/collections/films/ und http://www.britishpathe.com, Stichwort ›Nepal‹; Zugriffe: 23. 8. 2018)

Glossar

Für Namen von Kasten und Bevölkerungsgruppen sowie Festen und Ritualen s. auch die Tabellen im Text.

adhiyā *(adhiyā̃)* Abgabensystem, bei dem die Steuern hälftig zwischen Pächter und Lehnsmann aufgeteilt werden.

ahiṃsā Gebot zur Nichtverletzung von Lebewesen

***Ain* von 1854** erster größerer Rechtstext und eine Art Verfassung von Jaṅga Bahādura Rāṇā

amālī in der Śāha- und Rāṇāzeit untergeordneter Distriktbeamter mit administrativen und rechtlichen Kompetenzen.

ānā Währungseinheit, 1/16 einer Rupie

Aśoka indischer Herrscher (ca. 269–232 v. Chr.)

Avalokiteśvara Bodhisattva des universellen Mitgefühls, auch Karuṇāmaya genannt.

bāhāḥ buddhistisches Kloster, ursprünglich für verheiratete Mönche

bahī buddhistisches Kloster, ursprünglich für unverheiratete Mönche

Bahun (*bāhuna*) Parbatiya-Brahmanen

Bajracharya (*vajrācārya*) buddhistische Priester-Kaste der Newar, auch (Nev.) Gubhāju

bhāradāra ›Träger der Last‹, Bezeichnung für einen hochgestellten Beamten und früher Ratgeber des Palastes

Bhojapurī Sprache aus dem zentralen Tarai

Bhoṭiyā (Bhoṭe) Nepālī-Bezeichnung für Tibeter und tibetische Kultur sowie ihre Sprachen, oft abschätzig gemeint

birtā steuerfreies Land

bodhisattva als ›Götter‹ verehrte Wesen, welche die Erleuchtung erhalten haben, die aber auf Einzug ins *nirvāṇa* verzichten, um anderen zur Erlösung zu verhelfen; stehen zwischen Heiligen (*siddha*) und dem Buddha

Brahmane (*brāhmaṇa*) höchster der vier traditionellen hinduistischen Stände (*varṇa*), Priester- und Gelehrtenstand

Caitya buddhistischer Kuppelbau, Stūpa

cautariyā in der Vor-Rāṇā-Zeit: noble Ratsmitglieder; in der Rāṇā-Zeit: Ehrentitel für Verwandte des Königshauses

Chhetri (Chetrī, Kṣatriya) dominante Parbatiya-Kaste, oft zusammen mit Bahun genannt

Chitrakar (*citrakāra*) newarische Maler-Kaste

Darbar (*darabāra*) Palast

Dasaĩ Zehn-Tage-Fest im Herbst mit vielen Tieropfern, bei dem die Tötung des Büffeldämons Mahiṣa durch Durgā gefeiert wird

dharma traditionelle hinduistische Vorschriften für Recht und Sitten

dharmādhikārin (auch *dharmādhikāra*) religiöser Richter am Hof

dharmaśāstra traditionelle Lehrbücher für Recht und Sitten

dvāre Beamter in Landangelegenheiten, Dorfbeamter mit polizeilichen Rechten, Wachtmeister

Gahrwal Bezirk im indischen Himalaya, zeitweise von Nepal eingenommen

Gopālarājavaṃśāvalī Chronik aus dem Ende des 14. Jh.

Gorakhanātha hinduistischer Heiliger (ca. 11./12. Jh.), Namensgeber von Gorkha

Gorkha (Gorkhā, Gurkhā) Stadt in Zentralnepal, ursprünglicher Sitz der Śāha-Dynastie; auch Bezeichnung für nepalische Soldaten

Gorkhali (*gorkhālī*) Person aus Gorkha, Bezeichnung für Indo-Parbatiyas, Name für die Nepālī-Sprache

Gũlā/Gumla heiliger Monat für Buddhisten (ca. August)

Gurung ethnische Gruppe im mittleren westlichen Bergland

guṭhī religiös oder wohltätig motivierte Stiftung und Organisation, steuerfreies Land für religiöse Organisationen

hulāka Post-und Läuferdienst

Indo-Parbatiya ursprünglich aus Indien stammende Mitglieder von Nepālī als Muttersprache sprechenden Kasten im Mittelland

jāgira, jāgiradāra als Vergütung gegebenes Land; ein *jāgiradāra* ist Besitzer dieses Landes.

Jaisī Nachkommen eines Brahmanen und einer brahmanischen Witwe

janajāti Bezeichnung für ethnische Bevölkerungsgruppen

jāta/jāti Abstammungsgruppe, Kaste, ethnische Gruppe

jhārā Fronarbeit

jimmāvāla wesentlicher Vertragspartner, der hauptsächlich in den Bergregionen Steuern einzutreiben hatte

Jyāpu Newar-Bauer

kājī Minister oder höherer Beamter

Kaliyuga das gegenwärtige, schlechteste von vier Weltzeitaltern

kamaiyā Fronarbeiter, Sklave

Kanaphaṭṭā Yogī Mitglieder der gleichnamigen Sekte, vermutlich von Gorakhanātha gegründet

Kausal (von *council* oder Nep. *kausī*) eine Art Ratsversammlung, unter Jaṅga Bahādura Rāṇā Komitee für Rechtsangelegenheiten, verantwortlich für die Abfassung von Gesetzen, besonders des *Ain* von 1854, sowie ein höchster Gerichtshof für zivil- und strafrechtliche Streitfälle. Dem Kausal saß in der Regel ein Rāṇā-General vor, ihm gehörten hochrangige Rāṇās, der königliche Priester (*rājaguru*), der Religionsrichter (*dharmādhikārin*) sowie bestimmte hohe Beamte und Militärs an.

Khas/Khasa/Khaśa alter Name für Chetris, Name für die Chetris in Westnepal und die Nepālī-Sprache (*khaskurā*)

kheta bewässerbares Land, das für den Anbau von Reis geeignet ist

kipaṭa kommunales Land ethnischer Bevölkerungsgruppen, besonders in Ostnepal

Kiranti/Kirā̃tī Bevölkerungsgruppe in Ostnepal, Sammelbezeichnung für Rai-Limbus und andere Gruppen sowie für ihre Sprachen

Kirāta/Kirā̃ta (auch Kirātī) Bezeichnung für die vermutete Urbevölkerung des Kathmandu-Tals

Kshatriya (*kṣatriya*) zweiter der vier traditionellen hinduistischen Stände (*varṇa*), Stand der Aristokratie und der Krieger

Kumārī Coka eine Art Amt für Finanzen und Rechnungsprüfung

kuta Pachtsystem, bei dem der Pächter eine feste Summe oder Menge der Ernte abzugeben hatte

Kũvara Familienname von Jaṅga Bahādura Rāṇā

Lakṣmī wörtl. ›Glück‹, ›Reichtum‹, glückbringende hinduistische Göttin, Gefährtin Viṣṇus

lālamohara königliches Dekret

lāmā tibetischer Mönch oder Priester, Klanname der Gurung

Licchavi Dynastie im 3. bis 8. Jh.
Limbu Bevölkerungsgruppe in Ostnepal
liṅga phallisches Symbol für Śiva
Magar Bevölkerungsgruppe im mittleren und westlichen Bergland
Maharjan newarischer Bauer
Mahāyāna wörtl. ›Großes Fahrzeug‹, buddhistische Richtung mit Bodhisattva-Verehrung
Maithilī Sprache der Bewohner der ursprünglich Mithila genannten Region im Tarai und nördlichen Bihar
Malla Titel eines Herrschers, Bezeichnung für eine Dynastie des Kathmandu-Tals im 13.–18. Jh.
Mandala wörtl. ›Kreis‹, auf einem Kreis beruhendes Diagramm, das verschiedene Ausdeutungen erfährt
Mantra rituelle Formel
matavālī/matuvālī Alkoholtrinker, Bezeichnung für bestimmte Kasten
Mithila Region im Südosten Nepals und Nordindien
mukhtiyāra in der Vor-Rāṇā-Zeit: Ministerpräsident; in der Rāṇā-Zeit: Premierminister und ***Kamāṇḍara-ina-cīpha*** (Commander-in-Chief), auch Titel eines Regenten
mūcuka Hauptinnenhof eines Palastes
Mulukī Aḍḍā (seit Candra Śamśera Mulukī Bandobasta Aḍḍā) Amt für Innere und Rechtsangelegenheiten, direkt dem Premierminister unterstehend
Munsīkhānā direkt dem Premierminister unterstehendes Amt für Außenangelegenheiten, besonders mit Bezug zu Britisch-Indien und Tibet bzw. China
murī Hohlmaß (ca. 87,23 Liter)
Nepāla indigene Bezeichnung für das Kathmandu-Tal
Nepālikabhūpavaṃśāvalī ›Chronik der Könige Nepals‹, buddhistisch-hinduistische Chronik aus dem 19. Jh.
Nevārī tibeto-birmanische Sprache der Newar
Newar ethnische Gruppe, hauptsächlich im Kathmandu-Tal angesiedelt
Padmasambhava wörtl. ›Lotosgeborener‹, buddhistischer Meister im 8./9. Jh., gilt vielen auch als Begründer des tibetischen Buddhismus
pajanī Liste der Posten und Gehälter, die bei einer jährlichen Anhörung im Palast bestätigt oder widerrufen wurden
pākho trockenes Land, auf dem überwiegend Mais, Hirse und Trockenreis angebaut wird
Panchayat (pañcāyata) ›Fünferrat‹, Dorf- und Stadträte, die in den Jahren 1962–90 an der Stelle von Parteien das Land im Parlament vertraten
Pandit traditionell ausgebildeter Gelehrter
Parbatiya (*parvatiyā/parvatīya/parvate*) Mitglied von Nepālī als Muttersprache sprechenden, sozial oft dominierenden Kasten im Mittelland, besonders Bahun, Thakuri, Chhetri
Paśupatinātha ›Herr der Tiere‹, Name Śivas und eines ihm geweihten Nationaltempels
pāthī Hohl- und Gewichtsmaß (ca. 4,5 Liter)
pāṭī laubenartiges, meist einstöckiges Haus zum Ausruhen u. Versammeln
pradhāna Stadtteilvorsteher, Steuereintreiber
pūjā Ritual der Götterverehrung
Purāṇa Sanskrittexte mit Mythen und Legenden
raikara Land als Lehen
Rājopādhyāya Newar-Brahmanen
Rajput (Rajapūta/Rājapūta) Kaste des Kṣatriya-Standes aus Rajasthan
rājya Kleinkönigen belassenes, steuerfreies Land
Rāṇā von Jaṅga Bahādur Kũvara angenommener Titel und Familienname
ropanī Flächenmaß, ca. 0,05 Hektar

Śāha Bezeichnung für eine Dynastie, die 1769–2008 mit Unterbrechungen herrschte

Śamśera-Rāṇās Klan, der 1885–1951 den Premierminister stellte

sardāra in der Vor-Rāṇā-Zeit meist ein hoher Militärbeamter, später auch in zivilen Angelegenheiten tätig.

śāstra Lehrbuch, meist in Sanskrit

satī Witwenverbrennung; die Witwe, die sich so tötet, heißt ebenfalls ›Satī‹.

sattala laubenartige Bauten, die Schutz oder einen Platz zum Verweilen bieten

śikhara Tempelspitze

Singha Darbar (Siṃha-darabāra) Regierungssitz in Kathmandu

sinu Fleisch von verendeten Rindern

Śiva hinduistischer Hochgott

śivālaya ›Sitz Śivas‹, śivaitischer Tempel oder Schrein, *liṅga*

Shrestha (Śreṣṭha) hohe, meist hinduistische Newar-Kaste

Shudra (*śūdra*) unterster der vier traditionellen hinduistischen Stände (*varṇa*), Stand der Diener und niedrigen Handwerker

Stūpa buddhistischer Kuppelbau, in Nepal auch Caitya

subbā Gouverneur der Provinzen und hoher leitender Beamter, bisweilen Stellvertreter eines *kājī*

Sunā-birtā privates *birtā*-Land, das abgabenpflichtig war

Tamang ethnische Bevölkerungsgruppe, im und um das Kathmandu-Tal angesiedelt

Tantrismus, tantrisch esoterische Traditionen des Hinduismus und Buddhismus, deren rituelle Praktiken u.a. die Darreichung von Alkohol und Blutopfern impliziert

Tarai (auch Terai) zu Nepal gehörendes Himalaya-Vorland

Thakuri (Ṭhakurī) hohe Parbatiya-Kaste, aus der die Herrscher stammten

Ṭhānā Kacaharī (auch Indracoka Ṭhānā) unter den Rāṇās zuständig für Recht und Ordnung. Bis 1910 gab es aber keine Polizei in Nepal, die entsprechenden Aufgaben wurden bis dahin vom Militär übernommen. Später wurden das Sadara Jaṅgī Koṭavālī und Police Gośvārā als Polizei-Institutionen eingerichtet.

tharaghara Oberster bestimmter privilegierter Kasten (*thara*), namentlich Pā̃ḍe, Pantha, Aryjāla, Khanāla, Rāṇā, and Bohorā; Würdenträger

Theravāda reformatorische Richtung des Buddhismus

ṭīkā rotes Stirnmal

tīrtha Wallfahrtsort

Tuladhar (Tulādhara) newarische Händler-Kaste

umarāu, umarāva militärischer Befehlshaber, besonders in den Bergregionen

Uray (Urāy) Sammelbezeichnung für newarische Kasten, meist Handwerker und Händler

vaidya Arzt, Naturheilkundler, meist auf ayurvedischer Grundlage

Vaishya (*vaiṣya*) dritter der vier traditionellen hinduistischen Stände (*varṇa*), Stand der Händler, Handwerker und Großgrundbesitzer, im Altertum auch Bauern und Handwerker

vajra Diamantzepter, Donnerkeil, buddhistisches Symbol für die Dauerhaftigkeit der Lehre

Vajracharya buddhistische Kaste der Newar, oft Priester

Vajrayāna tantrisch-buddhistische Richtung, besonders in Nepal verbreitet

vaṃśāvalī ›Genealogie‹, Chronik

varṇa traditioneller hinduistischer Stand

Personenregister

Ācārya, Bandhudatta 280
— Bhānubhakta 325
Acharya, Baburam 27, 247
— Diwakar 21, 249
— Tanka Prasad 99, 226
Adams, Barbara 397
Adhikari, Man Mohan 112
Akbar 144
Albert Edward 153
Amatya, Shaphalya 15
Aṃśuvarman 63f., 263, 276, 332
Ānandadeva 68, 70, 384
Anderson, Benedict 243
Anuparama 64f.
Arasniko 23, 335
Arjunadeva 77
Aśoka 6, 60, 260, 365, 380, 390
Atīśa 69, 239
Ayton, J.A. 325

Bangdel, Dina 350
— Lain Singh 330, 348f.
Bhāgīrāma 75
Bhāskaradeva 69
Bhaṇḍārī, Gagana Siṃha 91
Bhaṭṭa, Motīrāma 325
Bhattarai, Baburam 113f., 121f., 126
Bhaumagupta 63
Bista, Dor Bahadur 248
Bogles, George 211
Boris (Lisanevich) 252, 397
Bronkhorst, Johannes 3
Brosius, Christiane 11, 347
Bühnemann, Gudrun 391
Burghart, Richard 130, 146, 413

Caitanya 297, 299
Candragupta 61
Cavenagh, Orfeur 152
Chand, Lokendra Bahadur 110
Chitrakar, Dirghaman 348
— Lok 347
— Tej Bahadur 347f.
Coningham, Robin 6, 341
Corvinus, Gudrun 57
Curzon, George 417

Dahal, Pushpa Kamal (›Prachanda‹) 16, 113f., 121–123, 126, 133f.
Dalai Lama 212
Deuba, Sher Bahadur 110, 118, 126
Devakoṭā, Lakṣmī Prasāda 326
Dharmadeva 52
Dixit, Kamal Mani 13
— Kanak Mani 13, 122
Dorje, Lama Sangwa 156

Elisabeth II. 109, 397

Faxian 263
Filchner, Wilhelm 142
Führer, Alois Anton 6
Fürer Haimendorf, Christoph von 248

Gardner, Edward 3, 222
Gautama Śākyamuni 143, 260–262, 335, 393
Gellner David 10, 44, 408f., 413f., 416
— Ernest 422
Georg IV. 13
Goetz, Hermann 17
Grueber, Johann 2, 87
Guṇakāmadeva 69f., 310, 377, 382
Gurung, Hitman 349
Gutschow, Niels 15, 41, 290, 294, 338, 340, 346, 361, 363, 380–383, 389, 391, 394

Hagmüller, Goetz 13, 15, 398
Hamilton, Francis Buchanan 3, 5, 44, 51, 103, 141, 171, 250

Haridattavarman 195
Harisiṃha 259, 271
Harsha 66
Hasrat, Bikram Jit 19
Hearsey, Hyder Young 103
Heglund, Norman 161
Hellmich, Wolfgang 5
Herzog, Roman 352
Hillary, Edmund 25, 28, 153
Höfer, András 4
Hodgson, Brian Houghton 3–5, 17, 88f., 103, 223, 228, 247, 347
Hridaya, Chittadhar 324
Hsüan-tsang 63, 66, 263, 335

Jayadeva 7, 61f., 64, 145, 296
Jayatāri 139
Jayavarman 14f., 62
Jhā, Kedāranātha 12
— Kulānanda 275
— Paramananda 124, 418
Jiṣṇugupta 64
Jørgensen, Hans 324
Joshi, Rama Nanda 348
— Satya Mohan 324

Kansakar, Asha Man Singh 14
— Prem Bahadur 14
Khan, Qubilai 335
Kinloch, George 82
Kirkpatrick, William J. 5, 141
Knox, W.D. 3. 84
Kohl, Helmut 7
Kölver, Bernhard 374, 383
Koirala, Bishweshwar Prasad (B.P.) 99, 107–110, 116, 226, 408
— Girija Prasad (G.P.) 110, 112, 121, 126
— Matrika Prasad (M.P.) 9, 108
Korn, Wolfgang 363
Koselleck, Reinhart 55
Krauskopff, Gisèle 149–151
Krupp, Alfred 397
Kũvara Rāṇā (vgl. Śamśera Rāṇā) 94, 96, 224
— Babara Jaṅga 96
— Bālanarasiṃha 91, 96
— Dhīra 96f., 386
— Jagat Jaṅga 96f.
— Jaṅga Bahādura 12f., 34, 52, 90–93, 97, 99f., 104, 128, 147, 151, 186, 195, 207, 228f., 236, 240, 326, 347, 395–399, 409
— Jit Jaṅga 96, 399
— Juddha Pratāpa Jaṅga 97
— Lalitatripurasundarī 85, 88, 399
— Padma 96, 106
— Raṇoddīpa Siṃha 95–97, 104, 397

Le Bon, Gustave 5
Leigh, Vivian 397
Lévi, Sylvain 4, 13, 20, 343
Levy, Robert 272, 383
Lienhard, Siegfried 324
Lingba, Tertön Ratna 155
Lingden, Phālgunanda 174
Locke, John K. 248

Malla, Ari 72, 77, 289
— Bhīma 74, 211
— Bhīmadeva 335
— Bhūpālendra 275, 293
— Bhūpatīndra 79, 221, 322, 330, 337, 364, 382–387
— Jagajjyotir 79, 322, 354
— Jagatprakāśa 78, 323, 354, 386
— Jaya Prakāśa 82, 289
— Jayadharma 221
— Jitāmitra 75, 298, 322, 354, 385–386, 388
— Jitāri 145
— Jayasthiti s. Sthiti
— Jyotir 78, 274
— Lakṣmīkāmadeva 70, 289
— Mahendra 74, 324, 394
— Nṛpendra 79, 298
— Pārthivendra 74, 394
— Pratāpa 2, 51, 74, 78f., 82, 235, 249, 269, 285, 291, 293, 298, 337, 344, 353, 372, 379, 382, 394
— Pṛthvī 139, 141
— Rājendra 4, 51, 85, 88, 91, 184, 186, 188, 207, 224, 399
— Rājeśvarī 51, 85

— Rājyalakṣmī Devī 74, 89, 91
— Rāma 51, 80
— Raṇa 78
— Raṇajit 81, 354, 384, 386
— Ratna 76, 78, 394
— Rāya 78
— Ṛiddhilakṣmī 74
— Siddhinarasiṃha 78f., 202, 221, 258, 298, 360, 373, 382, 391
— Śivasiṃha 78, 275
— Śrīnivāsa 78, 266, 280, 391f.
— Sthiti 17, 44f., 68, 73, 77, 79, 144, 146, 183, 221, 258, 268, 271, 289, 296, 384
— Tejanarasiṃha 72
— Trailokya 289
— Yakṣa 73, 78, 222, 276, 282, 384–386, 388
— Yoganarendra 74, 78f., 298, 379, 391f.
Mānadeva 7f., 52, 61f., 70, 187, 259, 263, 270, 292–294, 299, 380
Mao Dzedong 135
Meyer, Pamela 151
Mishra, Madan Mohan 324
— Tara Nanda 62
Modi, Narendra 124, 353

Narabhūpāla 51, 80
Naraharinath 138, 247
Narendradeva 64, 273, 280, 384
Nehru, Jawaharlal 99, 107f., 114
Nepal, Gyan Mani 246
Norgay, Tenzing 25, 28, 153

Ochterlony, David 86, 102
Oldenberg, Hermann 104
Oldfield, Hemry Ambrose 4, 51, 250, 347, 385
Onta, Prayoush 105
Oppitz, Michael 154f., 161, 328, 357f.
Ortner, Sherry 154, 157
Ottley, G.O.B. 92

Pā̃ḍe, Dāmodara 83f.
Pal, Pratapaditya 333, 363
Pāla, Pṛthivī 145
Pande, Hemraj 200, 247
Paṇḍita, Kuvalaya Rāja 232
Pant(a), Dinesh Raj 246
— Mahes Raj 10, 138, 245
— Naya Raj 245–247
Pauḍyāla, Lekhanātha 325f.
— Raṅganātha Paṇḍita 184, 359
Pfaff-Czarnecka 410, 419
Pohle, Perdita 11, 165
Polk, Benjamin 397
Pollock, Sheldon 408
Prachanda s. Dahal, Pushpa Kamal
Pradhan, Kumar 102, 171, 413

Rāi, Siṃha 171
Rajbhandari, Sheelasha 349
Rājyavatī 52, 62
Rāmānanda 297
Ramble, Charles 164, 167–169
Rāṇā (s. Kūvara Rāṇā),
Ranjitkar, Rohit 15
Rankin, Katherine 214
Reed, Horace B. und Mary 413
Regmi, Dilli Raman 78, 248
— Mahesh Chandra (M.C.) 248, 408
Reinhard, Wolfgang 413
Rimāla, Gopāla Prasāda 327
Risley, Herbert Hope 407
Rockefeller III., John D. 397
Rose, Alexander 2

Śāha, Aiśvaryarājyalakṣmī 117
— Bahādura 51, 82, 145
— Basundhara 397
— Birendra s. Vīrendra
— Dīpendra 117f., 128f.
— Gajendra 193
— Gīrvāṇayuddha 12, 51, 83–88, 100, 127, 145, 149, 152, 218, 236
— Jñānendra (Gyanendra) 16, 106f., 117–122, 233, 412
— Mahendra 8, 12, 24, 74, 82, 106, 109f., 113, 116, 135, 226, 228, 275, 324, 349, 394, 397, 419
— Pratāpa Siṃha 82, 188, 385

— Pṛthvīnārāyaṇa 2, 8, 21, 51, 69, 75, 79–82, 141f., 152, 158, 172f., 183, 190, 194, 209, 212, 218, 224, 247, 250, 291, 324, 354, 364, 370, 384f., 395f., 406–411, 414, 419
— Raṇabahādura 51, 82–85, 91, 197, 228, 234f., 279, 325, 353, 370, 396, 399
— Raṇoddyota 83
— Saṃrājyalakṣmī Devī 89
— Surendra 4, 12, 89, 91, 94f., 128, 163, 195, 218f., 399
— Sūrya 289
— Suvarṇaprabhā 51, 83, 85
— Tribhuvana 24, 34, 106–108, 200, 240, 250, 253, 397
— Vīrendra (Birendra) 5, 106, 110–102, 118, 128, 152, 275, 349, 389
Sama, Bālakṛṣṇa 326
Samantaśrī 245
Śamśera Rāṇā (vgl. Kũvara Rāṇā) 96f., 105–108, 180, 224, 397f.
— Agni 398
— Bhīma 96f., 296, 326
— Candra 13, 54, 96–98, 105, 183, 192, 200–202, 207, 210, 224, 228, 240–242, 250f., 325f., 347f., 396, 398
— Deva 20, 96f., 326
— Fateh (Phatte) Jaṅga 89, 91, 96, 397
— Juddha 14, 34, 96–98, 228, 253, 348, 354, 396, 398, 400
— Kāntivatī 83, 85
— Keśara 13, 98, 250
— Madana 13
— Mohana 96–99, 106
— Vīra 12, 96f., 158, 185, 215, 228, 250f., 397
Samudragupta 21, 58, 61
Śaṅkara 70, 259, 334
Śaṅkaradeva 62, 70, 277
Schick, Jürgen 330
Schneider, Erwin 5, 400
Schneidmüller, Bernd 413
Sekler, Eduard 401
Shakya, Hemraj 10, 247
Shams ud-dīn Ilyās 76, 144, 259
Sharma, Hemraj 13
Shastri, Hara Prasad 10
Shrestha, Durga Lal 324
— Laxman 348
— Shukrasagar 81
— Siddhicaraṇa 327
— Tek Bahadur 151
Singh, Mohan Bikram 114
— Phatte Bahadur 324
Śivadeva 60, 63f., 69f.
Slusser, Mary 15, 67, 245, 332, 338, 341, 363, 381
Someśvara I. 71
Songtsen Gampo 67, 167, 381
Stiller, Ludwig 87, 228, 249
Svā̃ra, Pahalamāna Siṃa 326

Ṭaṇḍana, Sanak Siṃha Lāhūrī 296, 399
Ṭhakkura, Kāmeśvara 144
— Maheś 144
Thāpā, Amara Siṃha 150, 275
— Bhīmasena 12, 14, 24, 51, 83–88, 91, 127f., 185, 213, 224, 240, 275, 385, 392, 395f., 398, 413
— Māthavara Siṃha 4, 88f., 92, 185
Thapa, Manjushree 327
— Surya Bahadur 110
Theophile, Erich 15
Tseten, Kesang 248
Tucci, Guiseppe 138
Tugglaq, Firuz Sha 144
Tuladhar-Douglas, Will 265f.
Turner, Ralph Lilley 102

Upadhyay, Samrat 327
Upādhyāya, Dīnanātha 325

Vaidya, Asha Kaji 247
Vajracharya, Badri Ratna 247
— Dhanavajra 246
— Gautam Vajra 245, 333
— Ratna Bahadur 247
Vandya, Amṛtānanda 247
Vasantadeva 63

Victoria 92–94
Viṣṇugupta 295f.
Vṛṣadeva 62, 263, 380

Waldemar von Preußen 4, 408
Wang Xuance 264
Weber, Max 4, 411
Wegner, Gert-Matthias 352
Wright, Daniel 4, 17–19, 239, 247, 250

Xuanzang 263

Yang, Myang Hang 172
Younghusband, Francis 212

Orts- und Sachregister

Abgaben 86, 101, 146, 157f., 167, 178–183, 189–196, 208, 220, 222, 225, 228f., 236f.
Ābhīra 5, 59, 63f.
adhiyā̃ 181, 195
Ādibuddha 57, 60, 286
Ahnen 61, 172f., 194, 302, 304, 329, 358, 416
Ain (von 1854) 5, 43–48, 52f., 101, 129, 141, 157, 173, 187–179, 192, 198, 203–208, 215, 223, 227–239, 244, 251, 255f., 272, 409, 411–414
Akṣobhya 261f., 371f., 393
Alkohol (vgl. *mātavālī*) 38, 45f., 148, 157, 186, 204, 279, 281, 285, 307, 311, 316, 318, 343, 359
amālī 149, 157, 163, 359
Amitābha 261f., 264, 345, 372
Amlekhgunj 207
Amoghapāśa 266
Amoghasiddhi 372, 377
Araniko Highway 23
Arbeitsmigration 177, 195, 198, 208, 415, 420, 422
Architektur 114, 321, 347, 363f., 367, 369, 375, 378, 395f., 408
Archiv 5, 10, 12–14, 24, 283, 353
Armee 71, 85–94, 102, 104, 106, 108, 111, 115–122, 128, 134, 142, 147, 222, 233, 236, 259, 402, 414
Armut 48, 105, 113, 150, 175, 183, 196, 208, 214
Arun 170, 176
Asketen 42, 46, 61, 73, 76, 83, 127, 130–134, 139, 146, 187, 215, 253, 276–278, 280, 388, 297, 392
Assam 280, 286
Aṣṭamātṛkā 272, 284, 307, 312, 340, 342f., 364, 389
Avalokiteśvara 66, 70, 72, 249, 262, 265, 267, 280, 286, 333–338, 346

Babar Mahal 398
Baburam 27, 113f., 121f., 126, 247, 407
Bāghabhairava 81, 333f., 364
Bagmati 74, 274, 277f., 296, 298, 315, 318, 349, 382, 396, 399
bāhāḥ 69, 265, 280f., 298, 333, 341, 345, 367, 373–378, 381, 392
bahī 345, 381
Bahun-Chhetri 37, 39, 50, 102, 112, 115, 137, 157, 271, 302, 327, 410, 422
Bajhang 139
Bālagopāla 298f., 368, 392
Bālakumārī 367
Banepa 66, 68, 73, 77f., 120, 251, 334, 344, 364, 382
Baragaon 164, 166
bare chuyegu 268, 302
Basantapur 370, 396
Bauddha (Bodnath) 66, 270, 314, 364, 380, 400
Bauern 40–44, 65, 72, 95, 102, 105, 112–115, 134f., 150, 158, 161, 163, 173,

178–199, 206, 208, 210, 255, 268, 291, 351, 355, 365, 378, 383, 414
Bäume 6, 135, 200, 211, 215–219, 260, 278, 307, 338, 344, 346, 358, 368, 372
Beamte 43, 65, 75, 90, 101, 195–198, 221–228, 237, 239
Beijing 72, 336
Belāyatyātrā 92
Benares 57, 81–84, 110, 246f., 274, 298, 302, 310, 325f., 348, 396
Berge 3, 5, 22–29, 57, 87, 161, 206, 210, 345, 371, 375
Besessenheit 253–255
Bevölkerungsdichte 37, 197
Bevölkerungswachstum 37, 155, 175, 180, 199
Bhadgaon 73, 78, 383, 406
Bhadrakālī 41, 282f., 387
Bhairava 272, 278f., 307, 316f., 340–344, 355, 361, 365, 366f., 387–390, 394
Bhaktapur 2, 7f., 15–17, 68, 73–81, 144, 202, 209, 216f., 249–251, 257, 259, 271, 279, 284, 289–292, 297f., 310–314, 330f., 337, 341–343, 346, 350–356, 360, 363f., 367, 369f., 378–395, 401f.
bhāradāra 83, 221, 223, 229
Bhasmeśvara 333, 380
Bhaṭṭa 71, 207, 285
Bhelāchẽ 338
Bhojapurī 37, 143, 148, 244, 321, 418
Bhojpur 71
Bhote, Bhotiya 38, 46, 157, 322
Bhutan 80, 147, 155, 171, 195, 198f.
Bhutia 171
Bildungswesen 6, 175, 177, 239–242
Bir Pustakalaya 13
Biratnagar 251
Birganj 107, 250
birtā 159, 179, 183–195, 224
Bisketjātrā 216f., 279, 314, 346, 384, 387, 393
Blue Annals 69, 244
Blutopfer 238, 279–281, 284, 300, 308, 310f., 359f., 372
Bodhisattva 66, 260–267, 307, 333f., 345, 371, 373, 393
Bön 160, 168
Brahmā 61, 140, 216, 279, 308, 334, 388
Brahmane 19, 38–46, 52f., 56, 59, 65, 72–75, 80, 83–85, 94, 98, 115, 130f., 135, 140–146, 152, 162, 183f., 187, 195, 197, 204, 218, 223f., 229–239, 245–248, 255, 261, 263, 268, 271f., 283, 285, 287, 297–302, 307, 321, 328, 408f., 414, 420
Bṛhatsaṃhitā 33, 336
Briten 25, 76, 82–89, 92, 96f., 102–127, 124, 146–148, 152, 159, 171, 202, 207, 209, 210–213, 241f., 250, 259, 405, 407, 417
Bronzen 209, 263, 335–337
Brücken 140, 187, 197
Brunnen (vgl. Stufenbrunnen) 277, 376f., 390
Buddha 6, 22, 24, 57f., 72, 76, 109, 143, 257, 259, 260–270, 286f., 295, 330–307, 344f., 371–373, 379, 402, 409
Buddhismus 3, 9f., 18, 62f., 69, 72, 153, 160, 168–171, 247, 258–273, 280, 282, 287, 312, 334, 346, 372f., 410
Buddhisten 64f., 69, 140, 166, 257, 259, 260, 269, 278, 286, 289, 300, 306, 320, 365, 379
Buḍhānīlakaṇṭha 13, 129, 295
Buṅgadyaḥ 70, 72, 266, 280
Bungamati 267, 364, 381, 393
Butterschmalz 162, 181, 209, 232
Butwal 85, 141, 144f.

Caitya 262, 270, 334, 364, 371f., 380f., 383, 393
Caṇḍeśvarī 344, 364
Caṇḍī 282f.
Cāṅgunārāyaṇa 187, 259, 276, 292, 364f., 381, 402
Cāranārāyaṇa 31, 295, 391, 394
cautārā 75, 221
Cautariyā 89, 172, 223
Chabahil 60, 66, 262f., 281, 333, 380
Chalsa 159
Chalukya-Dynastie 71
Chamling 170

Changu Narayana (Cāṅgunārāyaṇa) 7, 62, 74, 187, 259, 276, 292–294, 297, 333, 364f., 381, 402
Chantel 253
Chepang 37, 46, 157, 322
Chhetri 37, 38–42, 45f., 80, 140f., 195, 208, 223f., 239, 296, 321, 414–416
China 2–24, 72, 82f., 93, 95, 99f., 102, 112, 124, 127, 135, 138, 155, 160, 166f., 187, 199, 213, 236, 239, 263, 269, 331, 335, 400, 407f., 411
Chiwong 159
Chobhar 58, 260, 376
Christen 205, 259, 409
Chronik der Könige Nepals 17–20, 34, 39, 44f., 56–58, 77, 79, 81, 260, 265, 270f., 280, 285, 289, 291, 341, 391
Chroniken 15–20, 33f., 51, 56–60, 62, 64, 67–70, 73, 77–80, 129, 144, 259f., 274, 277, 280, 285f., 289–296, 310, 327, 360, 376, 382, 384, 391
Chumbi-Tal 212
Cimang 164, 167
Cire-perdue-Guss 335
Cyāsiṃ-Deval 298

dakṣiṇā 184, 232, 306f.
Dakṣiṇakālī 283
Dalit 26, 38, 42, 125, 143, 233
dāna 188, 269
Dang 142, 243, 251
Danuvar 38, 42, 46, 157, 170, 193
dāphā 351, 353, 354
Darbar (vgl. Palast) 12, 240, 341, 348, 361, 364, 370, 379, 382, 387, 397f., 401
Darbar High School 12, 240, 348
Darjeeling 2, 5, 25f., 153, 159, 195, 198, 326, 348, 407
Dasaĩ 130, 283f., 290f., 308, 310–314, 346, 351, 360f., 378, 385, 389, 414, 421
Dattātreya 78, 355, 369, 388
Degutale 77, 337, 394f.
Delhi 107, 114, 121, 144, 190, 259, 298, 325, 348
Demokratie 9, 14, 107–109, 114, 119, 127, 350, 419
Deopatan 54, 60, 74, 84, 216, 257, 274, 279f., 285, 296, 299, 314–319, 331f., 344, 355, 369, 380, 386f., 399
Deśoddhārapūjā 355
Devī (vgl. Göttin) 48, 270, 282f., 287, 308f., 334f.
Devīmāhātmya 283
dharmādhikārin 47, 101, 223, 227, 231f.
Dharmaśāstra 44f., 50f., 208, 227, 241, 276
Dhavalacaityavihāra 381
Dhimal 38, 42, 142, 170
Dhobi 38, 42, 46, 233
Dhumbarahi 6, 295
Diebstahl 218, 220, 230, 330
digudyaḥ 72, 301, 366
Dīpaṅkara 257, 261, 342
Distrikte 24, 39, 109, 119, 125, 178, 195, 219, 221, 224, 226
Divyopadeśa 82, 190, 209, 407, 409, 411
Dokumente 9–14, 33, 35, 51, 56, 81, 138, 149, 151–158, 163, 167, 172, 179, 185–188, 191, 197, 214, 218f., 224, 228, 230, 236, 241, 246, 248, 250f., 325, 351, 353, 410
Dolādri 292
Dolakha 8, 71, 170
Dorfvorsteher 66, 131, 158, 179–82, 220
Doti 139, 250
Dullu 137f., 141
Durgā 48, 272, 282f., 286, 289, 308–311, 346, 366

Eisenbahn 23, 124, 159, 207, 213
Elefanten 9, 22, 76, 92, 151–153, 161, 198, 213, 215, 236, 339, 372, 387
Elektrizität 114, 175f., 214, 420
Elfenbein 209, 211, 213, 341
Erdbeben 5, 7, 13–17, 28–35, 97, 126, 130, 135, 175, 198, 214, 251, 282, 313, 341–344, 350, 377, 379, 382, 391, 393, 398, 400–406, 420f.
Essen 115, 158, 161f., 198, 206, 232, 256, 317, 392

Ethnien 9, 39, 45, 48, 83, 103, 109, 127, 129, 137, 148, 155, 161, 166, 173, 179, 185, 193, 227, 258, 328, 409–415
Everest 22–30, 34, 153, 160, 247, 421

failed state 121, 406, 420f.
Fenster 35, 72, 266, 338, 341, 343, 367, 370, 385, 389, 391, 396, 403
Fernsehen 243f.
Feste 10, 18, 37, 82, 133, 187, 264, 269, 299, 313, 315, 320, 351, 392, 397
Feueropfer 253, 307
Film 29, 248, 328, 357
Fleisch 65, 85, 162, 235–237, 269, 309, 312
Flüsse 22, 27, 91, 164, 179, 184, 196, 345, 375f., 379, 382
Fronarbeit 48, 86, 150, 195, 197f., 415

Gāījātrā 235, 299, 314
Gaṇeśa 140, 152f., 266, 270, 272, 280f., 295, 305, 307, 317, 342, 365f., 387
Garhwal 80, 83, 88, 138f., 206
Garuḍa 187, 292–294, 333, 335, 345, 368, 372, 378, 388
Gaurī 278
Gaurishankar 170
Geld 12, 33, 105, 160, 181, 193, 198, 209, 210, 242, 250, 306, 311, 318
Gelehrsamkeit, Gelehrte 9f., 76, 78, 138, 145, 244, 245–249, 265, 320, 322
Gelübde 52, 54, 307, 315
gembu 157
Gesandtschaft (Residenz), britische 4, 88, 106, 239, 250, 347
Gesundheitswesen 6, 101, 177, 249, 252
Getreide 148, 159, 191f., 209
Ghāṭa 117, 187, 274, 297
Girlanden 265, 266
Gokarna 74, 331
Gold 8f., 75, 197, 204, 209–212, 222, 303, 335, 337, 346, 399
Gopālarājavaṃśāvalī 17, 34, 56, 60, 62, 66, 138f., 263, 274, 277, 280, 323, 382
Gorakhanātha 70, 134, 234, 247, 259, 280, 377, 399
Gorakhpur 85
Gorakṣa-Śāha-Vaṃśa 234
Gorkha 5, 2, 8, 32, 74, 80–88, 98f., 102, 113f., 141–147, 157, 167, 172f., 190, 192, 195, 198, 208, 224, 232, 234, 241, 251, 364, 370, 395, 406f.
Gorkhā Rāj 406, 408
Gorkhāpatra 97, 163, 244, 326
Gosainkund 377
Göttin 27, 41, 48f., 63, 72, 77, 79, 129f., 134f., 146, 151, 216, 234, 253, 257f., 264, 267, 270–319, 332, 338f., 346, 359f., 366f., 371–390, 394
Grenzen 2, 3, 72, 78, 83, 86f., 109, 125, 146, 178, 347, 406, 412, 417
Großbritannien 32, 93, 98, 105, 240
Grundherren 179, 184, 195
Guhyeśvarī 283–288, 353, 399, 409
Guṃ-Vihāra 263
Guṇakāraṇḍavyūha 265, 266, 346
Gurkhas, Gurkha-Soldaten 97, 102–105, 210, 241
Gurung 37, 44, 46, 102f., 140, 165, 224, 236, 244, 253, 321, 351, 414f., 418, 420
Guṭhī 66, 72, 84, 179, 186–190, 196, 242, 251, 300, 313, 316, 402
Guthi Samsthana 189, 291

Handel, Händler 3, 23, 42–44, 65–67, 72, 81f., 100, 140, 157, 159, 166f., 196, 206, 209–213, 259, 263, 307, 326, 365, 387f., 396, 398,
Handigaon 6, 64, 263, 281, 294, 333f., 367
Handwerk, Handwerkskunst 14, 69, 100, 321, 331, 338, 364, 365
Hanumān 295f., 394
Hanuman Dhoka 16, 90, 106, 279, 293, 295, 333, 357, 394–397
Haridattavarman 295
Harisiddhi 79, 269
Harisiṃhadeva 144, 271
Hārītī 264, 282
Hattiban 332

Hayu 46, 157, 170, 236
Heiler 253–256, 358, 377
Heilige 45, 69f., 204, 264, 267, 302, 353, 414
Heilige Schnur 38, 44, 205, 301
Herrschaft, geteilte 69, 127, 221
Hetaura 210
Hevajra 285f.
Hexerei 229, 254–256
Himavatkhaṇḍa 18f., 77, 277
Hindī 37f., 124, 142, 145, 148, 216, 307, 321–325, 353, 418
Hiraṇyavarṇa-Mahāvihāra 392
Hochzeit 77f., 142, 152, 222, 301, 304, 329, 351f., 356, 389
Holz 67, 198, 209, 213, 215, 218f., 222, 300, 338, 341–343, 358, 367f., 381, 386
Holzschnitzkunst 338, 342
hulāka 100, 162f., 197
Humla 236
Humli 37

ihi 269, 301, 303
Ilam 250
Indo-Parbatiyas 37, 147, 149, 254, 351, 416
Indra 79, 266, 299f., 335, 395
Indrajātrā 130, 216, 279, 291, 293, 300, 314, 343, 395, 410
Indreśvara 364, 370, 382
Initiation 78, 152, 217, 254, 264, 268, 276, 300, 302–304
Inschriften 5–10, 16, 19, 21, 52, 56–68, 71–79, 134, 138–140, 145, 183, 202, 215, 220f., 227, 246–249, 259–265, 271, 274, 276f., 280, 292, 295, 296–300, 322, 325, 332f., 340, 369, 371, 379–381, 386–391, 398, 402, 408
Islam 19, 259, 266, 272

jāgira 86, 180, 187, 190–192, 195
Jajarkot 83, 114, 139, 193
Jalaśayana 294f., 333, 377
Janajati 37–39, 125, 147, 415, 417
Janakpur 143, 146, 245, 297
Jātamālā 44f., 77
Jayavāgīśvarī 279, 344
Jesuiten 2, 15, 73, 248
jhārā 86, 162, 197, 206
Jhokhang 381
Jomsom 166f.
Jumla 80, 138f., 163, 167, 248
Jyapu 41–44, 134, 268, 291, 355

Kagbeni 166
Kailāśa 63, 274, 276
Kailāśakūṭa 64, 219
kājī 74f., 83, 150, 211, 221
Kalamochanghat 297, 369
kalaśa 284, 307, 341, 345, 379
Kālī 48, 151, 270, 282f., 295, 300, 376
Kali-Gandaki 164, 166, 211
Kalkutta 35, 87, 92f., 99, 159, 240, 250, 325, 348, 363, 396
Kami 29, 38f., 42, 46, 233, 253
Kanälen 187, 196f., 215, 220, 336
Kanaphaṭṭā 341, 399
Kangra 80, 147
Kaṅkeśvarī 283, 334
Kapilavastu 6, 143, 245, 260
Kapuziner 82
Karawanen 154, 211
Karkoṭaka 376f.
Karmācārya 43, 285, 300, 318, 320
Karnali 22, 138, 141, 176, 245
Karnata-Dynastie 144
Kārttikeya 281, 334
Karuṇāmaya 72, 267, 280
Kaski 80, 94f., 99, 114, 251
Kaste 39, 40–44, 47–49, 53, 62, 97, 146, 160, 185, 204, 207f., 227–229, 232, 267f., 271, 278, 289, 311, 355, 360, 365, 413, 415
Kāṣṭhamaṇḍapa 70f., 79, 216, 280, 323, 341, 369, 381, 388, 394
Kathmandu University 14, 243, 349
Kathmandu Valley Preservation Trust (KVPT) 391, 401, 403
Kavīndrapura 78f., 369
Keramik 330
Khaling 170
Kham 154f.

Khamba 155
Khasa 5, 38, 72, 76, 80, 103, 125, 137–141, 145, 167, 245, 270, 409, 416
Khasa Arya 125, 141
Khasa-Kurā 138, 141, 321, 324
Khokana 24
Khumbu 5, 24, 153–156
Kinderarbeit 197, 200, 292, 419
kipaṭa 157, 173, 179, 193f., 414
Kiranti 6, 59–60, 137, 169–174, 322
Kirāta 5, 57–62, 170, 174
Kirong 210
Kīrtimukha 341, 345
Kirtipur 69, 81, 146, 243, 254, 334, 364
Kleinkönige 86, 131f., 185, 193
Kleinkönigtümer 8, 80, 83–88, 129, 131f., 141–146, 185, 192–195, 202, 224f.
Kloster (vgl. *bāhāḥ, bahi*) 9, 57, 66, 69, 76, 131, 146, 154, 156, 159, 166, 186, 196, 239, 249, 258, 263–265, 260–270, 276, 341–345, 364, 367, 371, 373, 381–383, 391–393
Kommunisten 111–114, 118, 127
Kora La Pass 164, 167
Korruption 32, 114, 134, 189, 214, 219, 225, 350, 406
Koṭa-Massaker 91f., 94, 186, 277, 397, 399, 412
Kotwal 260, 376
Krankenhäuser 121, 250–252
Krieg 3, 60, 74, 80, 83, 86, 88, 93–95, 98, 102f., 105, 111, 118, 131, 147, 150, 159, 163, 167, 181, 186f., 195, 208, 211f., 221
Kriyāsaṃgraha 265
Kṛṣṇa 96, 129, 258, 293, 295–299, 333, 345, 367–369, 391f.
Kṛṣṇalīlā 298, 345
Kubjikā 283, 286, 300
Kühe 73, 75, 187, 229f., 232–239, 291, 307, 314, 383, 409
Kuhschlachtung 157, 237
Kulturerbe 15, 363, 400f.
Kulung 170
Kumaon 80, 83, 88, 138f.
Kumāradevī 61
Kumārī 13, 48, 72, 130, 279, 284, 289–292, 314, 341, 343, 395, 410, 419
Kumārī Coka 92
Kumbheśvara 282, 334, 367, 377f., 392
Kunst 6, 9, 72, 83, 245, 297, 321, 332, 338, 347–350, 354, 361, 364, 376, 408
Kunstszene 327, 347, 349f.
Kupfer 7f., 10, 43, 67, 213, 255, 335, 337, 343, 368
Kushana-Dynastie 8, 62, 66, 72
Kuta-System 182
Kuti Pass 210f.

Lagan 396
Lahore 102
Lakṣmī 48, 129, 234, 282, 293, 314, 382
Lakṣmīśvara 370
Lama 25, 154, 156, 212, 236, 253, 269
Lamjung 80, 94f., 99
Landbesitz 6, 86, 132, 149, 177f., 185, 192f., 196, 229
Landflucht 106, 160, 166, 175, 177, 196, 199, 400, 406, 420
Landkategorien 180f., 183
Landreform 112, 151, 196, 402
Landschenkungen 7, 11, 65, 73, 138, 146, 184, 275, 277, 324
Landwirtschaft 6, 23, 49, 105, 114, 148, 154, 160, 175, 177, 183, 200
Lapche 236, 253
Lazimpat 6, 292, 398
Lehnsmänner 74, 178, 179–184, 191, 195, 210, 413
Leibeigenschaft 201, 204f.
Lhasa 9, 210–212, 336, 381
Licchavi-Zeit 6–8, 16, 21, 40, 52, 59–69, 137, 151, 170, 183f., 187, 202, 215, 219–222, 227, 246–249, 258f., 263, 265, 270f., 274, 276–281, 292–296, 299, 331–334, 338, 369, 379-381, 384, 390, 393, 409
Limbu 6, 37, 44, 46, 59, 103, 137, 157, 169–174, 193, 208, 224, 236, 244, 253, 322f., 414f., 420

Liṅga 7, 58, 62, 70, 79, 257, 273–278, 293, 298, 333–335, 365, 377, 380, 386, 391, 398
Literatur 71, 245, 297, 321–328, 376, 411
London 3, 93, 223, 229, 347f., 351
Lopa 37, 165
Lucknow 92, 396f.
Lūhiti 379
Lukumahādyaḥ 278, 313, 366
Lumbini 6, 57, 60, 143, 244, 260, 263, 266, 330

Madhesi 6, 38, 123, 125, 142f., 147f.
Magar 37, 39, 44, 46, 76, 103, 140, 155, 224, 244, 253, 321, 323, 328, 357, 359, 414f.
Mahābauddha 368, 371
Mahābhārata 58–60, 64, 138, 140, 270, 298, 388, 392
Maharjan 43, 351
Mahāyāna 10, 61f., 261f., 264, 266f., 269
Māheśvarī 291
Mahiṣa 283, 286, 308
Maithilī 79, 143, 145, 148, 321–323, 354, 418
Maithilis 76, 142, 143, 146
Maitreya 261f.
makara 318, 375
Makwanpur 80, 141, 144–146, 157, 171, 224
Malerei 338, 343f., 347
Malla-Zeit 5, 8, 10, 13, 17, 66, 71, 73–79, 178, 221f., 249, 271–283, 293–298, 307, 323, 333, 367, 369, 380–384, 390, 409
Mānagṛha 62f., 219
Manakāmanā 351, 364
Māneśvarī 258
Mangal-Bazaar 390
Maṇihiti 379, 390, 392
Mañjuśrī 58, 260, 262, 266, 267f., 286, 334–347, 371, 376, 381
Manuskripte 3f., 10–14, 17–20, 67f., 145, 245, 247, 264f., 277, 283, 296, 298, 324f., 330, 343f., 351, 354, 371
Maoisten 113–127, 273, 406, 412, 420
Māra 334
Märchen 327f.
Marsyangdi 80
Martin Chautari 14, 249
Märtyrer 115
Mashal 114
Masken 43, 279, 337, 342f., 346, 390, 394
Massaker 16, 91f., 94, 116, 118, 128, 152, 212, 277, 397, 412
Maṣṭās 141
matavālī 38, 46, 141, 157, 414
Maṭha 240, 388
Matsyendranātha 77, 129f., 140, 249, 267, 269, 280, 314, 349, 364, 377, 410
Maurya-Dynastie 8
Merwar 128
Mewahang 170
Militär 83, 88, 90f., 95, 111, 123, 190, 195, 200, 220, 222–225, 276, 401, 412, 420
Minister 74f., 77, 83f., 90–92, 99, 139, 150, 220f., 116, 298, 370, 418,
Missionare 60, 233, 272, 409
Mithila 6, 71, 76f., 137, 142–146, 259, 271, 297, 409
Mogul 76, 144, 152, 180, 212, 222, 369, 396
Mönche 3, 18, 76, 159, 199, 239, 258, 265–268, 270, 322, 373, 388
Monsun 9, 22f., 192, 309, 376
Mṛgasthalī 218, 274, 281, 399
Mucalinda 334, 379
Mukhtiyāra 84f., 89–94, 224, 229
Muktinath 7, 166
Mukuṇḍa 144, 171f., 289
Mulukī Ain s. *Ain*
Mundhum 173
Münzen 5–9, 14, 19, 62, 65, 67, 106, 209–211, 257, 306
Museen 5, 14–17, 93, 329–330, 333, 342, 345f., 349, 379, 397, 402, 408
Musik 41, 73, 307, 321, 351–360, 383, 387
Muslime 38, 46, 76f., 125, 139, 143, 145, 205, 229, 259, 271, 409, 418
Mustang 6, 27, 83, 139, 142, 163–169, 211, 413

Nāga Pokharī 379, 386
Nāgapañcamī 346, 377
Nāgarāja 138, 334, 379
Nalanda 265
Nandī 333, 368
Nangpa La 155
Nānyadeva 71, 143
Narasiṃha 293, 295, 359, 368
Nārāyaṇa 31, 129, 294–296, 334, 365, 370, 391
Narayanhiti 16, 116, 120, 295
Nāsaḥdyaḥ 278f., 351, 359, 387
Nātha 138, 259, 279
National Archives 12, 283, 353
Nationalstaat 6, 21, 243, 407, 412, 417, 419, 421f.
Nautale 370
Navadurgā 272, 275, 284, 307, 310–312, 317, 343, 356, 359–361, 389f.
Navarātra 283
NEFIN 39, 415
Nemuni 21
Nepal Praja Parishad 98, 108
Nepāla 8, 21, 60, 62, 67f., 137, 229, 234, 264, 323, 347, 376
Nepāla-Saṃvat 67f.
Nepālamāhātmya 18f., 274, 277, 286
Nepālī (Sprache) 7, 10, 14, 17, 27, 37, 39, 82, 97, 109, 124f., 134, 138, 141f., 148, 154, 160, 199, 202f., 218, 232, 235, 241–248, 308, 321–328, 407, 413, 415, 418
Nepali Congress 99, 106–108, 111–113, 116, 123, 126, 248
Nepālikabhūpavaṃśāvalī s. *Chronik der Könige Nepals*
Neujahrsfeste 418
Nevārī (Sprache) 7f., 10, 14, 17f., 58–60, 66, 68, 71, 73, 77, 82, 170, 227, 244, 246f., 279, 321–325, 338, 344, 354, 360, 390
New Road 400
Newar 5f., 10, 21, 38–40, 43f., 46, 59f., 71f., 82, 137, 155, 170, 187, 193, 212, 224, 249, 257f., 266–270, 278–286, 289, 301–305, 312, 321, 323 351f., 357, 363, 366, 369, 373, 383f., 396, 402, 414, 420
Nuvakot 21, 77, 80, 84, 224, 364, 370, 395
Nyātapola 364, 367, 387f., 392

Ödland 177, 193, 196
Oṃ maṇi padme hūṃ 140, 372
Ostindien-Kompanie 3, 80–85, 87, 89, 102f., 144, 146, 149, 159, 209, 212f., 347, 396, 417

Pāḍes 84, 88, 91, 224
Padmapāṇi-Avalokiteśvara 267, 335
pajanī 95, 101, 158, 223f., 414
Pāla 71, 139f., 143, 265f., 344
Palast 7, 12, 15, 20, 62f., 69, 75, 78, 89, 99f., 106, 109, 116, 120, 122, 128f., 143, 151f., 163, 178f., 182, 184f., 197f., 215, 218, 220–226, 240, 249f., 266, 271, 284, 293, 311, 330f., 333, 341, 343, 348, 364f., 369f., 382–386, 389–398, 400, 409f.
Palpa 76, 80, 83, 86, 137, 141, 144f., 250, 252, 289
Panauti 343, 364, 370, 382
Pañcadevala 399
Pañcaibājā 351–353, 356
Panchayat 109–113, 116, 147, 226f., 418f.
Panchen-Lama 212
Panchgaon 164, 166
Pandhraśivālaya 399
Pangboche 156
Parbatiya 42–44, 82, 138, 259, 271, 273, 283, 299, 301, 416, 418
Paris 3, 12, 20, 93, 223, 229, 347f., 351
Parlament 93, 107, 112, 116, 118f., 123, 125, 223, 415f., 420
Parteien 74, 107–113, 116, 118–127, 394, 415
Pārvatī 274, 278, 285f., 332f.
Pässe 10, 40, 67, 81, 116, 148, 154f., 159, 164, 167, 210
Pāśupata 61, 65, 274, 282
Paśupatinātha 8, 17, 49, 54, 57–61, 69–71, 76, 83, 117, 134, 140, 207, 218, 234f., 247, 257, 273–278, 281, 285, 287, 292, 296, 313–315, 318f., 332–334,

353–355, 364, 366, 368, 381, 387, 395, 398f., 402
Patan 7f., 15, 18, 31, 43–49, 74, 77–81, 210, 245, 247, 250f., 258, 262, 265f., 268, 280–284, 289–292, 296–299, 314, 331–334, 337f., 340–342, 345, 349, 355, 359, 363–373, 377–385, 388–396, 401f., 406
pāṭī 341, 354, 369, 372
Patna 240, 396
paubhā 344f., 347f.
Persisch 7, 240, 323, 325
phalcā 281, 369
Pharak 153, 155
Pharping 69, 74, 77, 163, 230, 244, 259, 280
Pīgãmāī 134, 332
pīṭha 285, 287, 312, 317, 361, 364, 366, 389
Plätze 100, 175, 200, 244, 260, 308, 313, 316, 356, 361, 365, 370, 379, 387–390, 393, 401
Pore 41, 43–46, 300
Prajñāpāramitā 265, 267, 269, 286, 344
Priester 10, 37, 40, 43f., 51, 71f., 75, 78, 82, 127, 131–134, 141, 155f., 161, 183–185, 190, 196, 207, 218, 223, 227, 239, 241, 245–247, 253, 257f., 261, 265, 268f., 276, 280–291, 296, 300–302, 305f., 310, 315–320, 326, 328f., 337, 343, 346, 377, 379, 398, 408
Provinzen 24, 94, 123–126, 207, 222, 224f.
Prozession 73, 130, 133, 152, 266, 277, 279f., 287, 299, 314–316, 318f., 332, 342, 349, 353–356, 360f., 364, 410
pūjā 73, 269, 272, 299, 301, 306f., 311, 355
Pūjarī Maṭha 341
Pyuthan 237

Rādhā 297, 299, 392
Rai 6, 37, 39, 44, 46, 103, 137, 155, 157, 169–174, 193, 244, 253, 322f., 414f.
raikara 173, 180, 183, 186f., 190–196
Raj-Darbhanga-Dynastie 144
Rājarājeśvarī 83f., 277
Rajasthan 80, 128, 408
Rajman Singh 70, 347
Rājopādhyāya 72, 75, 283, 285, 300, 310
Rajputen 38, 45, 47, 94, 128, 140f., 144
rājya 141, 179f., 192, 224
Rāma 51, 68, 80, 289, 295–299, 313, 354, 399
Rāmacandra-Tempel 296, 399
Rāmāyaṇa 146, 270, 296, 298, 325, 342, 399
Rani Pokhari 12, 379
Rashtriya Prajatantra Party 112, 123
Rasuwagarhi 210
Ratnasambhava 261, 372
Rechtssystem 6, 225–227, 412
Referendum 110
Regen 129, 159, 267, 280, 314, 376f.
Regmi Research Collection 13
Regmi Research Series 14, 248
Reis 10, 13, 45, 47, 54, 100, 148, 159, 162, 177, 181, 209, 212, 232, 302, 306, 308, 311, 318, 378
Rituale 10, 18, 37, 49, 59, 72, 133, 156, 168, 173, 187, 216, 253, 258, 264, 266, 269, 299–320, 329, 331, 346, 349, 350f., 355f., 364, 370, 377, 392, 408, 410, 414, 421
Rolpa 114, 116
Rukum 114
Rumbu 159

Sagarmatha (vgl. Everest) 22, 25, 244, 247
Śāha- und Rāṇā-Zeit 11, 92–119, 189, 271, 277, 325, 393, 395f., 411
Śakti 264, 270, 276, 282, 285, 316f., 319
Salyan 80, 83, 114, 142, 235
Salz 67, 154, 159, 162, 167, 209, 210–214, 234f., 410
Sankhu 74, 263, 335, 364
Sannyasi 42
Sanskrit 7–10, 17–21, 50, 59, 64, 67, 73, 76, 138, 170, 178, 217, 220, 232–235, 239–249, 261, 266, 279, 321–325, 343, 354, 376, 408

Śāntipura 344, 377
Sarasvatī 267, 282, 330, 371
Sarki 38, 42, 46, 233, 236
satī 48, 51–54, 286
Schamanen 26, 160f., 173, 196, 252–254, 328f., 356–359
Schlangen 33, 59, 135, 240, 260, 266, 280, 208, 297, 345f., 365, 376–378
Schrift 67, 174, 240f., 321, 325
Schuldknechtschaft 150f., 182, 207f.
Schulen 9, 30, 50, 64, 109, 121, 174, 187, 200, 222, 239–243, 249, 253, 270f., 301, 329, 348, 405, 408, 418
Schutzgöttin 78, 271, 284, 287, 289, 385
Sena-Dynastie 76, 107, 141, 144–146, 149, 157, 170–172, 289
Serib 167
Śeṣanārāyaṇa 294, 365, 377
Seto Darbar 397f.
Sexualverkehr 227, 231f.
Shakya 6, 8, 43, 260, 268–269, 289, 336, 374, 393
Shangri La 397, 405, 420, 423
Sherpa 6, 15, 25–29, 37, 46, 50, 137, 153–160, 164, 170, 193, 236f., 253, 322, 409, 414f.
Shrestha 43f., 268, 324
Shudra 42, 204
Siddhilakṣmī 387
Sieben-Parteien-Allianz 119, 121
Sikh 38, 102
śikhara 298, 368, 371f., 380f., 386, 392, 399
Sikkim 2, 71, 80, 83, 147, 153, 159, 171f., 195, 198, 212
Silber 8f., 210f., 337, 346
Silkhana 14, 396
Silumahādyaḥ 386
Simraongarh 71, 143
Singha Darbar 13, 110, 129, 226, 253, 348
Sinja 138
Sītā 48, 146, 282, 296f., 399
Sītalā 216, 282, 372
Śiva 58, 63, 68, 70, 140, 216, 234, 257, 263, 266f., 270–282, 285–287, 293, 303, 308, 315–320, 333f., 353, 366-369, 386, 388, 392, 409
Śivadharma 68, 70, 274
Śivaismus 259, 267, 270–280, 282, 366
Śivarātri 315, 353, 410
Sklaverei 48, 65, 97, 150, 195, 197, 200–207, 229, 405, 415
Skulpturen 7, 14f., 71, 138, 264, 292f., 296, 330–334, 338, 341f., 351, 366, 371, 391
Śleṣmāntaka 399
Smārta 258, 270–272, 299f., 320
Solukhumbu 5, 153–158, 237
Staatsbürgerschaft 123, 147, 199, 248, 413, 419
Städte 75, 78, 81, 115, 329, 364f., 395, 400f., 406
Statuen 7, 62, 66, 72f., 76, 211, 259, 262, 275, 281, 292, 296f., 308, 316–318, 329–338, 356, 371, 385, 388, 390, 393, 399, 401, 406
Steuern 65f., 83, 101, 112, 140, 150, 156f., 163, 179, 180–190, 195, 210, 212, 214, 220, 225, 229, 236, 414
Stiftungen 7, 17f., 187–189, 271, 275, 291, 392, 398, 402
Strafen 47, 129, 184, 205f., 228–231, 414
Straßen 4, 23, 26, 93, 109, 114, 119, 121, 154, 166, 179, 196, 252, 308, 310, 351, 356, 383f., 390, 400
Stufenbrunnen 364, 370, 375, 379, 390–392, 394
Stūpa 6f., 9, 60, 66, 138, 217, 270, 336, 344f., 363–365, 371–374, 380, 390
subbā 173, 222f., 225
sukundā 281, 305, 379
sunābirtā 183
Sunaḍhokā 386
Sunar 26, 42
Sunkoshi 22, 170
Sunuvar 37, 46, 103, 155, 169f., 193, 253
Svasthānīvratakathā 49

Svayambhū 18, 66, 77, 139f., 247, 260–264, 282, 314, 344f., 364, 371–374, 377, 380, 395

Svayambhūpurāṇa 18f., 265, 324, 346, 376f.

Taleju 77f., 188, 258, 271, 284, 286, 289, 291, 300, 354, 366f., 369, 385, 386f., 391–394, 402

Tamakoshi 169, 176

Tamang 37, 39, 43, 46, 59, 155, 157, 170, 321, 409, 415, 418

Tanahun 141, 144f.

Tantrismus 43, 61, 65, 70, 72, 79, 128, 156, 166, 259, 264, 268, 271–279, 282f., 300f., 318, 320, 332, 338, 351, 366f., 387, 390f.

Tanz 79, 269, 321, 323, 343, 351, 358–361, 364, 418

Tārā 267, 286, 289, 335, 337, 346

Tarai 3, 6, 8, 22–24, 37, 38–42, 50, 76, 81–94, 97, 107–110, 113, 123–126, 138–152, 159, 162, 169f., 177, 181, 183, 195–200, 203, 207–210, 213, 215, 219, 234, 259, 270f., 297, 402, 413, 418, 420

Tathāgatas 262, 371

Tauschhandel 9, 210

Tee, Teeplantagen 154, 159, 199, 208, 213

Teku 250, 370

Tengboche 159

Terai 22, 142

Thakali 37, 39, 44, 163, 165, 211, 322, 420

thakāli 301

Thami 37, 156

Thangka 72, 346f.

Thapathali 12

Tharu 37–43, 46, 125, 137, 142f., 148–151, 157, 415

Thimi 81, 331, 364, 367

Thulung 170

thyāsaphu 17, 73, 324, 394

Tibet 5–9, 22, 25, 28, 39, 66–74, 81–83, 88, 94f., 100, 116, 138–140, 153–159, 163, 166-171, 187, 199, 208–213, 222, 239, 245, 263f., 269f., 321, 323, 326, 335, 347, 381, 383, 400, 407–409

Tieropfer 233, 238, 256, 269, 283, 300, 307, 312–315, 319

ṭīkā 48, 74, 130, 291f., 306, 410, 419

Tilaurakot 330

Tirhut 143

tirjā 191

Tista 80, 169

Töpferei 330f.

Tourismus 24, 26, 154, 159–162, 166, 176, 198, 214, 274, 330, 336, 347, 359, 420f.

Träger 26, 45, 47, 59, 161–163, 196, 204, 319, 343

Transzendente Buddhas 261, 267, 372, 377, 393

Tribhuvan -Airport 24, 107, 234

Tribhuvan University 14, 226, 243, 349

Trinkwasser 114, 376, 420

Tripura 68, 300

Tripurasundarī 312, 332, 384

Triśūlajātrā 216

Trivikrama 293

Trommeln 161, 254, 351–359

Tsum 37, 214

Tundikhel 200, 313

Tusāhiti 331, 379

Übergangsrituale 269, 301–305

Übergangszeit 5, 8, 67–73, 137, 381, 384

Umāmaheśvara 281, 335, 364

UNESCO 364, 402

Unreinheit 10, 47, 49, 54, 134, 152, 208, 231, 233, 301, 311

Uray 43, 268, 270, 336

Vairocana 261, 372

Vaishali 61, 143

Vaishya 42

Vajji 61, 143

Vajracharya 10, 43, 247, 268f., 285, 289, 291, 373f., 393

Vajrapāṇi 262, 266, 335, 337
Vajrayāna 18, 69, 72, 245, 258, 264–267, 346, 372f.
Vajrayoginī 257, 284, 334, 364
Vajreśvarī 134f., 332
Vaṃśagopāla-Tempel 298
Varanasi (vgl. Benares) 83
Vatsalā 273, 275, 284, 289, 314–319, 334, 387
Veda 7, 54, 64, 140, 240, 273, 285, 299, 302, 355
Verfassung 45, 48, 98, 107–109, 115, 121, 123–126, 173, 223, 226, 228, 233, 237, 244, 272, 350, 414–416
Verkehr 406, 420
Verschuldung 183, 199, 208, 415
Vetālapañcaviṃśati 324, 327f.
Virāṭeśvara 277, 333, 380
Virūpākṣa 334
Viśaṅkhunārāyaṇa 187, 295, 365
Vishnumati 382
Viṣṇu 75, 107, 129, 140, 166, 216, 258, 262f., 266, 270, 272, 276, 286, 292–295, 307f., 330, 333–335, 366, 377f., 388, 391f., 394
Viṣṇuismus 259, 270, 282, 292, 295
Viśvarūpa 293, 297, 333, 399
Viśveśvara 367f., 391, 392
Volkszählung 39, 148, 153, 170, 202, 259
Votivliṅgas 277, 398

Waffen 2, 14, 75, 91, 94, 112, 116, 119f., 162, 197, 210
Wahlen 98, 108, 112, 120–127, 226, 233
Wald 27, 65, 139, 142, 145, 149, 177, 179, 184, 186, 193, 196, 207, 215–219, 278, 287, 310
Wallfahrt 231, 277, 313
Wasser 2, 12, 32, 38, 45, 47, 49, 54, 57f., 121, 166, 177f., 197, 203, 220, 230, 232, 238, 252f., 256, 260, 267, 278, 285, 305–308, 318, 370, 375–379, 400, 406, 413, 422
Weizen 160, 177, 181, 209
Wiederaufbau 33, 97, 198, 402f., 417
Witwenverbrennung (vgl. *satī*) 7, 51–54, 61, 97, 229, 405

Yaks 27, 154, 161, 169, 177, 211f., 235–238, 397
Yakṣeśvara 370, 382, 386
Yaśodharā 265
Yogi 42, 57, 138, 247
Yoginī 257, 267
Yolmo 253
Yuga 57

Zeitungen 240, 244, 250
Zhung 156
Zölle 65, 179, 184, 212, 214, 220
Zwangsarbeit (vgl. *jhārā*) 65, 197f., 203, 206f., 354

Empfehlungen aus unserem Programm:

Michael Sommer

Römische Geschichte

Von den Anfängen bis zum Untergang

»ganz auf der Höhe der theoretischen Diskussion«
und dabei
»glänzend geschrieben«. (FAZ)

896 Seiten, 57 Abbildungen, 11 Karten, 25 Zeitafeln. Festeinband
ISBN 978-3-520-90901-5

Doris Kurella

Kulturen und Bauwerke des Alten Peru

Geschichte im Rucksack

Imposante Bauwerke, geheimnisvolle Kunstobjekte, Mumien und Scharrbilder – Zeugen vergangener Hochkulturen, um die sich Mythen und Erzählungen ranken. Als erster deutschsprachiger Überblick stellt dieser Band die Kulturen des Alten Peru vor, indem er auf aktuelle Forschungsergebnisse zurückgreift. Der Faszination, die diesen Orten und Kulturen immer noch innewohnt, wird sich kaum ein Leser entziehen können.

312 Seiten, 126 Abbildungen, 13 Karten, 1 Zeittafel. Broschur
ISBN 978-3-520 50502-6